V&R

Forschungen zur Kirchen- und Dogmengeschichte

Herausgegeben von
Adolf Martin Ritter und Thomas Kaufmann

Band 86

Vandenhoeck & Ruprecht

Oliver Kösters

Die Trinitätslehre des Epiphanius von Salamis

Ein Kommentar zum „Ancoratus“

Vandenhoeck & Ruprecht

Bibliografische Information Der Deutschen Bibliothek
Die Deutsche Bibliothek verzeichnet diese Publikation in der Deutschen Nationalbibliografie; detaillierte bibliografische Daten sind im Internet über <http://dnb.ddb.de> abrufbar.

ISBN 3-525-55194-0

Printed in Germany.
Druck: Hubert & Co., Göttingen

Gedruckt auf alterungsbeständigem Papier.

Vorwort

Die vorliegende Arbeit wurde im WS 2001/2002 unter dem Titel „Die Trinitätslehre des Epiphanius von Salamis nach seinem Ancoratus“ an der Evangelisch-Theologischen Fakultät der Westfälischen Wilhelms-Universität Münster als Dissertation angenommen und für die Veröffentlichung leicht überarbeitet. Die nun erfolgte Drucklegung gibt Anlass zum vielfachen Dank.

An erster Stelle möchte ich meinen Doktorvater, Herrn Prof. Dr. Wolf-Dieter Hauschild nennen. Ihm danke ich für eine intensive fachliche und auch menschliche Begleitung bis zur Fertigstellung der Dissertation. Prof. Hauschild hat mich nicht nur für Kirchengeschichte im Allgemeinen und Patristik im Besonderen begeistert, sondern vor allem die Entstehung dieser Arbeit in vielerlei Hinsicht gefördert und über manche Durststrecke hinweg geholfen. Schließlich hat Prof. Hauschild das Erstgutachten erstellt.

Für das Zweitgutachten möchte ich Frau Prof. Dr. Barbara Aland danken.

Herrn Prof. Dr. Adolf Martin Ritter und Herrn Prof. Dr. Thomas Kaufmann danke ich für die Aufnahme des Werkes in die Reihe der FKDG.

Ein besonderer Dank gilt Herrn Hans-Udo Rosenbaum für sein aufrichtiges Interesse an meiner Arbeit und für zahllose Stunden anregenden Gesprächs. Durch seine große Bereitschaft zur Auseinandersetzung mit meinem Thema habe ich viele Anstöße und manche tiefere Einsicht erhalten.

Herrn Dipl. theol. Dipl. Ing. Joachim Schunk möchte ich sehr für mehrfache Korrekturarbeiten danken.

Dem Landeskirchenamt der Evangelischen Kirche von Westfalen danke ich für die Unterstützung zum Druck.

Schließlich danke ich meiner Frau Beatrix und meiner Tochter Nora – für ihre jahrelange Geduld, für ihre liebevolle Unterstützung und dafür, dass sie bereit waren, manche Entbehrung in Kauf zu nehmen. Ihnen sei dieses Buch gewidmet.

Münster, im Juli 2003 Oliver Kösters

INHALT

Einleitung

Karl Holl, der Herausgeber der ersten GCS-Ausgabe des *Ancoratus* und des *Panarion*, beginnt seinen Aufsatz über die handschriftliche Überlieferung des Epiphanius mit folgendem Bericht: „Auf der Rückreise vom Marburger Religionsgespräch fand Melanchthon – es wird am 10. Oktober 1529 gewesen sein – unter den Büchern von Johann Lang in Erfurt eine mehrbändige Handschrift des Epiphanius. Er nahm sie mit sich nach Wittenberg, um sie dort in Muße zu lesen. Zunächst fesselte ihn ihr Inhalt mächtig: fast eine vollständige Geschichte der alten Kirche ließe sich aus Epiphanius entnehmen, schrieb er beglückt an Camerarius. Sofort stand der Entschluß bei ihm fest, einen Auszug aus dem codex anzufertigen. Vierzehn Tage später war freilich seine Begeisterung schon etwas abgekühlt. Er hatte in der Zwischenzeit den Dogmatiker Epiphanius näher kennen gelernt, der es ihm begreiflicherweise weniger antat. Aber wenn er den Schriftsteller Epiphanius jetzt nur noch mäßig bewunderte, so schätzte er den bei ihm aufgehäuften geschichtlichen Stoff andauernd hoch."[1]

Diese Beurteilung des Bischofs von Salamis[2] durch Melanchthon hat sich bis heute durchgehalten[3] und ist exemplarisch für die Einschätzung durch die Forschung: Als Erhalter und Übermittler sonst verlorener Quellen wird Epiphanius geschätzt, als Dogmatiker bzw. theologischer Denker kaum beachtet.[4] Daneben wird vor allem seine Rolle im ersten origenistischen Streit als negativ hervorgehoben (die in der vorliegenden Arbeit nicht thematisiert werden soll) und, damit verbunden, seine Rolle als Ketzerbestreiter. Auch Holl kommt in seiner negativen Einschätzung hinsichtlich des Epiphanius Leistung als Dogmatiker zu keinem anderen Ergebnis. So hält er an anderer Stelle fest, Epiphanius habe „zweimal in der Geschichte das unverdiente Glück gehabt, für einen großen

[1] Holl, Überlieferung, 1.

[2] Nachdem in den Jahren 332 und 342 schwere Erdbeben die Insel Zypern getroffen und die bisherige Hauptstadt Paphos weitestgehend zerstört hatten, wurde Salamis Hauptstadt der Insel. Zwar wurde bei den Katastrophen auch diese Stadt zerstört, sie ist aber von Kaiser Konstantius wieder aufgebaut worden. Obwohl sie von nun an „Konstantia" hieß, blieb der alte Name zur Zeit des Epiphanius weiter in Gebrauch und ist auch heute für diese Zeit geläufig. Aus diesem Grunde soll der alte Name Salamis auch in dieser Arbeit beibehalten werden. Vgl. zu allem Papageorghiou, Cyprus, 27–30; Kirsten, Cyprus, 492; Oberhummer, Salamis, 1838f; Hackett, History, 244–46. Nach Hackett (History, 246) vollzog sich der Wechsel in der Benennung hin zu Konstantia erst um die Wende zum 5. Jahrhundert, was sich auch in den Bezeichnungen der Bischofslisten bemerkbar macht. Das antike Salamis lag wenige Kilometer nördlich des heutigen Famagousta (Karte vgl. z.B. Janin, Chypre, 807f; Oberhummer, Salamis, 1837f).

[3] Vgl. auch Fraenkel, Histoire sainte et hérésie, 177.

[4] Vgl. v.a. Altaner/Stuiber, Patrologie, 315; Bardenhewer, Geschichte, 295; Hörmann, Epiphanius, 729; Quasten, Patrology III, 385. Vgl. auch Dummer, Epiphanius-Ausgabe, 119; Mees, Rezeptionsgeschichte, 119.

Dogmatiker gehalten zu werden“, nämlich einmal auf dem Unionskonzil von Ferrara-Florenz (1437–1442), auf dem er von den Lateinern als Zeuge für das „filioque“ angeführt wurde, und einmal im Zusammenhang mit dem Bilderstreit im 8. Jahrhundert.[5] Übereinstimmend wird Epiphanius von der Forschung ein starker Traditionalismus bescheinigt, der ihn an einer reflektierten Auseinandersetzung mit den theologischen Problemen seiner Zeit hinderte.[6]

Auch in der trinitätstheologischen Einordnung herrscht große Einmütigkeit. SCHNEEMELCHER kommt in seinem RAC-Artikel über Epiphanius zu dem Ergebnis: „E. selbst neigt ohne Zweifel zu diesen Altnicänern [scil. wie Markell], ohne sich aber darüber Rechenschaft ablegen zu können, da das theologische Denken für ihn nur darin besteht, die festgelegten Formeln weiterzugeben u. den Schriftbeweis für sie zu führen.“[7] JÜRGEN DUMMER, der die zweite, bearbeitete Auflage der beiden Panarion-Bände der GCS-Ausgabe besorgt hat und eine solche bearbeitete Auflage für den *Ancoratus* zur Zeit vorbereitet,[8] stellt zwar einerseits kritisch fest, dass Epiphanius sich „aus modernen Federn [...] manche Kritik, wenn nicht gar obtrektatorische Bezeichnungen“ hat gefallen lassen müssen, und weist zudem darauf hin, dass das christliche Altertum das anders sah.[9] Andererseits kommt aber auch DUMMER zu dem Ergebnis, dass Epiphanius sich in allem als ein Mann zeige, „für den die Grenzen im wesentlichen abgesteckt sind“ und für den theologisch „mit dem Konzil von Nicaea 325 alles geklärt“ ist.[10] Auch DUMMER geht davon aus, dass Epiphanius zu keiner Entwicklung im trinitätstheologischen Denken bereit oder in der Lage war und rechnet ihn zu den Altnizänern.

---

[5] Vgl. HOLL, Bilderverehrung, 351.

[6] Vgl. SCHNEEMELCHER, RAC, 909f; 920–26. ALTANER bescheinigt Epiphanius, „im Gegensatz zu den Kappadokiern und anderen fortschrittlichen Theologen seiner Zeit einen damals wohl weitverbreiteten Traditionalismus“ zu vertreten, „der nicht durchdacht ist, sondern oberflächlich mit der Bibel gerechtfertigt werden soll“ (Patrologie, 315f). Auch BIENERT (LThK^3 3, 724) hält fest, dass Epiphanius „kein eigenständiger theol. Denker“ sei. Vgl. ähnlich schon LIPSIUS, Epiphanius, 153 (Sp. 2); vgl. auch QUASTEN, Patrology III, 385.

[7] SCHNEEMELCHER, RAC, 922. Vgl. auch QUASTEN, Patrology III, 384: „An ardent upholder of the faith of the Fathers.“

[8] Nach brieflicher Auskunft von Herrn Prof. Dummer ist die Auslieferung des ersten Bandes, der den *Ancoratus* enthält, für 2003 in Aussicht gestellt.

[9] Ähnlich mahnt SCHNEEMELCHER (RAC, 910): „Die modernen Urteile über seine ‚Beschränktheit‘, seine ‚Maßlosigkeit‘, seinen ‚glühenden, aber unerleuchteten Eifer‘ (Altaner 281) treffen nur zum Teil den Sachverhalt; sie müssen ergänzt werden durch eine Einordnung dieses Mannes in den Zusammenhang seiner Zeit, d.h. des Jahrhunderts, in dem der Kampf um die rechte Lehre in der Kirche u. die Auseinandersetzung zwischen Kirche u. Heidentum mit unerbittlicher Schärfe durchgeführt wurden.“ Auch fordert DROBNER (Patrologie, 254, ebenfalls mit Blick auf die Einschätzung ALTANERS), die modernen aufgeklärten Ansichten nicht „unkritisch auf die Verhältnisse der Alten Kirche zu projizieren.“ Vgl. auch MEES, Rezeptionsgeschichte, 119f; WILLIAMS, Panarion II/III, XII. Zur zeitgenössischen Wertschätzung vgl. z.B. LIPSIUS, Epiphanius, 153; LÖHR, Epiphanius, 196 (Sp. 2).

[10] DUMMER, Epiphanius 242; ebenso SCHNEEMELCHER, RAC, 909f. Vgl. auch DUMMERS Einschätzung des *Ancoratus* als dogmatisches „Kompendium strengster nikänischer Observanz“ (ders., Apologie, 269).

Dieses einmal getroffene Urteil ist seitdem nicht mehr hinterfragt worden, die dogmengeschichtliche Beurteilung des Epiphanius erscheint als geklärt, seine Theologie einer weiteren Untersuchung nicht lohnenswert. Symptomatisch für diesen Sachverhalt ist die Tatsache, dass es lediglich zwei Monographien zu Epiphanius gibt, die sich mit den beiden oben genannten Bereichen befassen: J.F. DECHOW untersucht Epiphanius' Rolle im origenistischen Streit,[11] A. POURKIER fragt nach seiner Häreseologie.[12] Beide Autoren legen ihren Arbeiten das *Panarion* zu Grunde. Für den *Ancoratus*, Epiphanius' dogmatische Schrift, kann lediglich auf die z.T. schon angeführten Kompendien und Lexika sowie auf eine Reihe von Aufsätzen verwiesen werden. Zusammenfassend kann die Feststellung DUMMERs angeführt werden, dass sich der *Ancoratus* „unter dogmengeschichtlichem Gesichtspunkt" (ebenso wie das *Panarion* als Darstellung und Bestreitung der Häresien und Schismen der Alten Kirche) in der „modernen Wissenschaft nicht des allerbesten Rufes" erfreut, „ohne daß das im einzelnen dokumentiert werden müßte".[13]

Die oben genannte einmütige Einschätzung hinsichtlich der trinitätstheologischen Stellung erstaunt vor dem Hintergrund, dass bisher keine detaillierte Untersuchung zur Trinitätstheologie bei Epiphanius vorliegt. Diese zu leisten und damit eine fundierte Aussage über seinen trinitätstheologischen Ansatz zu ermöglichen, ist Ziel dieser Arbeit. Grundlage dafür ist der *Ancoratus*, was zum einen damit zu begründen ist, dass es sich hierbei um Epiphanius' dogmatische Schrift handelt, zum anderen damit, dass die Schrift bisher noch weniger als das *Panarion* Gegenstand einer Gesamtansicht gewesen ist.[14]

Interessant ist der *Ancoratus* alleine deswegen, weil er zu konkreten Anfragen Stellung nimmt. Der Anlass für die Abfassung sind zwei Briefe aus Pamphylien, in denen die Absender von pneumatomachischen Unruhen in ihrer Gemeinde berichten und Epiphanius um Klärung bezüglich des Heiligen Geistes im Besonderen und der Trinitätslehre im Allgemeinen bitten.[15] Folgerichtig bildet die Pneumatologie, präziser die Frage nach der Zuordnung des Geistes zur Gottheit ein Schwerpunktthema der Schrift. Da der *Ancoratus* auf 373/4 zu datieren ist,[16] handelt es sich hierbei neben den *Serapionbriefen* des Athanasius (etwa 356–62)[17] und den Schriften *De Spiritu Sancto* des Didymus (etwa 358/9)[18] bzw. *Adversus Eunomium III* des Basilius (nach 365)[19] um eine frühe

---

[11] Vgl. JOHN FREDERICK DECHOW, Dogma and Mysticism in Early Christianity. Epiphanius of Cyprus and the Legacy of Origen (= PatMS; 13), Revision of the author's Ph.D. thesis, University of Pennsylvania, 1975, Macon (GA) 1988.

[12] Vgl. ALINE POURKIER, L'Hérésiologie chez Épiphane de Salamine, Paris 1992. Zu dieser Arbeit vgl. auch Teil I, A.2.b).

[13] DUMMER, Epiphanius-Ausgabe, 119.

[14] Diesen Sachverhalt, bezogen auf Epiphanius insgesamt, konstatiert auch POURKIER, Hérésiologie, 20.

[15] Zu den Briefen vgl. Teil I, B.3.

[16] Vgl. Teil I, B.2.

[17] Vgl. HAUSCHILD, Pneumatomachen, 16; LAMINSKI, Geist, 30.

[18] Vgl. HAUSCHILD, Pneumatomachen, 30–34, v.a. 34.

literarisch geführte Auseinandersetzung mit pneumatomachischer Lehre, die zeitlich etwa mit der Fertigstellung der Schrift *De Spiritu Sancto* des Basilius zusammenfällt.[20] Dieser Sachverhalt wurde allerdings bisher nicht berücksichtigt.[21]

Der Ausgangspunkt der Untersuchungen zur Trinitätstheologie bei Epiphanius ist die Beobachtung, dass er im *Panarion* die neunizänische Rede von den drei Hypostasen und der einen Usia verwendet, die er in Haer 73,34,3 sogar als die ἀληθινὴ πίστις bezeichnet, die von den Vätern und Bischöfen in Nizäa bekannt wurde, während er im *Ancoratus* zumindest zu Beginn (vgl. Anc 6,4) eine Ein-Hypostasen-Lehre vertritt. Chronologisch ist zwischen dem *Ancoratus* und dem *Panarion* Basilius' Ep. 258 einzuordnen, in der Basilius Epiphanius bescheinigt, die Notwendigkeit der Rede von den drei Hypostasen gesehen zu haben.[22] HAUSCHILD datiert den Brief in den Herbst 376,[23] MÜHLENBERG geht von einem Datum vor 377 aus.[24] Das bedeutet, dass in der Zeit zwischen der Fertigstellung des *Ancoratus* und dem Briefverkehr mit Basilius, also irgendwann zwischen 374 und 376/7, die Adaption der neunizänischen Formel durch Epiphanius erfolgt sein muss. In denselben Zeitraum gehört das Gespräch, das Epiphanius in Antiochien mit dem Apollinaristen Vitalis und dem Altnizäner Paulinus geführt hat, zwischen denen er eine Einigung herbeiführen wollte, sowie die Auseinandersetzung mit Vitalis über apollinaristische Christologie, die einen Niederschlag in Haer 77,20ff gefunden hat (vgl. aber auch Anc 76ff).

---

[19] Vgl. DRECOLL (Basilius, 45ff; 145), der zu dem Ergebnis kommt, dass Basilius *Adversus Eunomium I–II* zur Abwehr der neuarianischen Position für die Synode von Lampsakus verfasst hat. Zu den Auftraggebern für die Schrift rechnet DRECOLL u.a. Eustathius (vgl. ders., a.a.O., 45; 145). AE III habe Basilius dagegen erst nach 365 geschrieben. Als Grund dafür vermutet DRECOLL, dass Basilius vor dem Hintergrund des Dissenses mit Eustathius hinsichtlich der Pneumatologie auf eine Thematisierung derselben zunächst verzichtet hat (vgl. ebd., 145).

[20] Die Datierung von DSS ist aufgrund der literarischen Besonderheiten der Schrift nicht einfach. DRECOLL, der gegen die Protokoll-Hypothese von DÖRRIES die Einheit von DSS betont (vgl. DRECOLL, Basilius, 183–195) und zu dem Ergebnis kommt, Basilius habe zu einem bestimmten Thema eine θέσις verfasst (vgl. a.a.O., 195), unterscheidet zwischen der sachlichen Verortung von DSS II–XVIII, die in die Zeit vor dem Bruch mit Eustathius (373) gehöre (vgl. a.a.O., 248; 263), und der Fertigstellung, die 374 erfolgt sei (vgl. a.a.O., 267).

[21] MEINHOLD (Pneumatomachoi, 1091f) übergeht Epiphanius und den *Ancoratus* bei seiner Auflistung von Werken, in denen „das durch die Pn. aufgeworfene Problem der Homousie des Geistes behandelt wird" (a.a.O., 1091,26–28) z.B. ganz, obwohl Epiphanius die Homousie und die Gottheit des Geistes schon im *Ancoratus* deutlicher betont als die oben genannten Theologen in ihren Schriften (vgl. zusammenfassend Teil III, B.).

[22] Vgl. Ep. 258,3.

[23] Vgl. HAUSCHILD, Briefe III, 224 Anm. 408. Allerdings räumt HAUSCHILD ein, dass der Brief nicht exakt datierbar sei. Er stellt ihn aufgrund inhaltlicher Bezüge in eine zeitliche Nähe zu Ep. 214 (a.a.O., 185 datiert auf „Frühherbst 376"). Vgl. dazu a.a.O., 22f.

[24] MÜHLENBERG (Apollinaris, 51) weist ebenso wie HAUSCHILD darauf hin, dass der Brief kein sicheres Abfassungsdatum hat. Sein Hauptargument für seine Datierung ist, dass Basilius sich in Ep. 258 über christologische Probleme noch ausschweige und dass der Brief deshalb vor den Epp. 263, 261 und 265 gelegen haben muss, die zu dieser Problematik hinreichend Stellung nahmen und die nach MÜHLENBERG alle in das Jahr 377 gehören. Nur so sei die Zurückhaltung in Ep. 258 zu erklären. Vgl. auch LIETZMANN, Apollinaris, 53.

Dieser chronologische Zusammenhang zwischen den Ereignissen in Antiochien und der Adaption der neunizänischen Formel lässt die Frage aufkommen, ob zwischen beiden Bereichen auch ein kausaler Zusammenhang bestanden hat.[25] Ferner ist zu fragen, ob die Annahme der Rede von den drei Hypostasen durch Epiphanius eine grundsätzliche theologische Wende bedeutete oder ob es sich dabei um einen mehr formalen Akt gehandelt hat, der sich im Wesentlichen auf eine Präzisierung in der Formulierung beschränkte. Grundlegend für eine Beantwortung dieser Fragen ist die Bestimmung der Trinitätslehre auf der Basis des *Ancoratus* als der früheren der beiden großen Schriften des Epiphanius.

Die vorliegende Arbeit gliedert sich in drei Teile. Im I. Teil geht es darum, Informationen über das Leben und Wirken des Epiphanius vor der Abfassung des *Ancoratus* zusammenzutragen und auszuwerten, die Aufschluss über seine theologische Stellung geben können. Außerdem werden hier Fragen zur historischen Einordnung des *Ancoratus* erörtert.

Im Mittelpunkt steht die Interpretation des *Ancoratus* (II. Teil). Der Text soll fortlaufend hinsichtlich seiner Gedankenführung, Einzelargumentation und inneren Systematik interpretiert werden, so dass er als einheitliches Werk – trotz der offenkundigen Zusammenfügung unterschiedlicher Teile – betrachtet werden kann. Der Schwerpunkt der Interpretation liegt dabei auf der Trinitätstheologie, doch auch die Nebenthemen und Exkurse sollen in den Blick genommen werden. Nur so ist es möglich, die Vorgehensweise des Epiphanius aufzuzeigen und den dogmengeschichtlichen Ort der Trinitätslehre des *Ancoratus* zu bestimmen.

Wegen der Unübersichtlichkeit von Epiphanius' Ausführungen sollen in einem III. Teil die wesentlichen Ergebnisse zur Trinitätslehre zusammengetragen und ausgewertet werden.

Die der Arbeit zugrunde liegende Quellenausgabe ist die GCS-Ausgabe von KARL HOLL (bzw. für das *Panarion* von HOLL/DUMMER).[26] Für Zitierungen

---

[25] Vgl. auch Teil III, C.

[26] Zur Kritik an der HOLL-Ausgabe vgl. Teil I, B.1. Die verschiedenen Ausgaben zu Epiphanius sind umfassend vorgestellt bei HOLL, Überlieferung, 1–13; vgl. die Zusammenfassung von DUMMER in GCS 37, S. XII. Vgl. auch BARDENHEWER, Geschichte, 295f; LIPSIUS, Epiphanius, 155. Die Mehrzahl der überlieferten Schriften (nämlich das *Panarion*, der *Ancoratus*, die *Anacephalaeosis* und *De mensuris et ponderibus*) wurde in dieser Reihenfolge auf Griechisch herausgegeben zunächst von JOHANNIS OPORINUS, Basel 1544. DIONYSIUS PETAVIUS brachte eine zweibändige, um einige weitere, echte und unechte Schriften bereicherte Ausgabe 1622 in Paris heraus (vgl. HOLL, Überlieferung, 5–11). Diese Ausgabe bildet im Wesentlichen die Grundlage für die Ausgabe von MIGNE (vgl. PG 41–43; für den *Ancoratus* vgl. PG 43, 17–236). WILHELM DINDORF veröffentlichte 1859–62 eine revidierte Fassung in 5 Bänden ohne lateinische Übersetzung. Ebenfalls im 19. Jahrhundert gab FRANZ ÖHLER eine Ausgabe heraus (1859–61). Er nahm von den unechten oder zweifelhaften Schriften nur eine kleine Auswahl auf. DINDORFS und ÖHLERS Ausgaben fußten auf fast denselben Handschriften (vgl. HOLL, Überlieferung, 12). HOLL weist darauf hin, dass für seine eigene Ausgabe vier weitere Handschriften zur Verfügung standen, so dass „die Gesamtzahl der Handschriften, soweit sie die ketzerbestreitenden Werke des Epiphanius bringen, [...] somit auf 9 gestiegen“ sei (vgl. a.a.O., Überlieferung, 13). Außer den genannten sei

werden die einzelnen GCS-Bände 25; 31; 37 nach der Reihenfolge ihres Erscheinens von 1–3 durchgezählt.[27]

hier noch auf die Ausgabe von MOUTSOULAS in der BHPES erwähnt (Abdruck des GCS-Textes ohne kritischen Apparat), die einen umfangreichen Bibelstellen-Apparat sowie ein Bibelstellen- und ein Begriffsregister für jeden Band bietet. Außerdem hat MOUTSOULAS in BHPES 74, S. 26–42 eine umfassende Bibliographie zu Epiphanius zusammengestellt.

[27] Die Kapitelzählung von GCS 25 für den *Ancoratus* weicht im letzten Kapitel von der Zählung der MIGNE-Ausgabe ab, wodurch MIGNE auf insgesamt 120, HOLL auf nur 119 Kapitel kommt: Mit Anc 118,9 der GCS-Zählung beginnt Anc 119,1 der MIGNE-Zählung, von Anc 119,1 (GCS) bzw. 120,1 (MIGNE) an laufen beide Zählungen in der Gliederungszählung wieder parallel. Bei MIGNE bildet somit das erste Symbol des *Ancoratus* einschließlich der folgenden Anmerkung des Epiphanius (HOLL: Anc 118,9–14) ein eigenes Kapitel (scil. Anc 119). Die unterschiedliche Zählung für diese Kapitel wird durch Klammer kenntlich gemacht: Anc 118,9 (119,1) – 118,14 (119,6) und Anc 119(120),1–16.

I. TEIL: BIOGRAPHISCH-HISTORISCHE VORAUSSETZUNGEN

A. Biographie des Epiphanius bis zur Abfassung des *Ancoratus* (373/4)

Das Leben des Epiphanius lässt sich grob in zwei Abschnitte gliedern: in eine monastische Zeit als Mönch in Ägypten bzw. Klostervorsteher in Palästina und in die als Metropolit von Zypern, in der er literarisch und kirchenpolitisch tätig war. Dieses Wirken als Bischof kann dabei nur verstanden werden vor dem Hintergrund der Erfahrungen und Prägungen, die er als Mönch und Klostervorsteher gemacht hat, weswegen es notwendig ist, kurz auf die einzelnen Lebensabschnitte einzugehen.[1]

Über die frühe Zeit, Geburt und Kindheit des Epiphanius, ist kaum etwas überliefert. Diese vormonastische Phase kann bestenfalls in Umrissen rekonstruiert werden. Geboren wurde er Sozomenus zufolge in Besanduk, einem Dorf in der Nähe von Eleutheropolis in Palästina.[2] Das genaue Geburtsjahr liegt im Dunkeln. Es lässt sich allerdings zu einem gewissen Grad erschließen aus einer Angabe bei Hieronymus, der etwa im Jahre 392/3 zu berichten weiß: „Superest [scil. Epiphanius] usque hodie, et in extrema iam senectute uaria cudit opuscu-

---

[1] Dabei können nur die für das Thema und die damit verbundene Aufgabenstellung relevanten Punkte angesprochen werden. Für eine ausführlichere Zusammenstellung vgl. die Untersuchungen v.a. bei DECHOW, Epiphanius, 25–91 und POURKIER, Hérésiologie, 29–47. DECHOW gibt eine gute Übersicht über die historischen Quellen, die Angaben über Epiphanius machen (25–30). Er widmet der Situation in Zypern und dem antiochenischen Schisma je ein eigenes Kapitel (vgl. 45–55; 57–91) und berücksichtigt insgesamt (stärker als POURKIER) den Forschungsstand (der heute nicht anders ist als zu der Zeit, als DECHOW seine Arbeit verfasste (also 1975)). POURKIER thematisiert v.a. den Einfluss, den verschiedene häretische Lehren auf Epiphanius ausgeübt haben. Kürzere Lebensbeschreibungen finden sich in den gängigen Kompendien und Lexika. Hervorgehoben seien hier die Artikel von NAUTIN, DHGE, 617–629 und SCHNEEMELCHER, RAC, 910–920.

[2] Vgl. Sozomenus, Hist. Eccl. VI,32,3,3f: Ἐπιφάνιος δὲ ἀμφὶ Βησανδούκην κώμην ὅθεν ἦν, νομοῦ Ἐλευθεροπόλεως. Eleutheropolis, das heutige Bēt Guvrin/Beit Ǧibrin, liegt ca. 50 km südwestlich von Jerusalem und 25 km nordwestlich von Hebron, an der Straße nach Askalon. Vgl. z.B. V.D. MEER-MOHRMANN, Bildatlas, 18 (Karte 15a). Seit 200 trägt der Ort den Namen Eleutheropolis. Vgl. ABEL, Géographie, 272; POURKIER, Hérésiologie, 19f Anm. 1. SCHIWIETZ, Mönchtum, 126f. JANIN, Éleuthéropolis, 154. Besanduk liegt nach ABEL (Géographie, 264) ca. 3 Meilen von Eleutheropolis entfernt, eventuell bei Deir Sa'd. Nach SCHNEEMELCHER (RAC, 910) könnte der Ort identisch sein mit Becos Abacuc (vgl. dazu Hieronymus, Ep. 82,8 (CSEL; 55, 114,21) bzw. Bycoyca (vgl. Petrus Diaconus, Liber de locis sanctis (CSEL; 38, 114,11f)). Vgl. S. 30, Anm. 75.

la."[3] Der Begriff *senectus* bezeichnet in der Regel den letzten Lebensabschnitt, der mit ca. 70 Jahren beginnt. Zwar gab es auch Einteilungen der Lebensphasen, in denen im Hinblick auf die Altersstufen in 7 Abschnitte unterteilt wurde und wo auf den der senectus noch die *aetas decrepitus* folgte.[4] Doch weist die Formulierung „in extrema senectute" im Zusammenhang mit „superest usque hodie", worin ja ein gewisses Erstaunen darüber zum Ausdruck kommt, dass jemand, den man schon so lange kennt, noch unter den Lebenden weilt, darauf hin, dass Hieronymus hier die höchste Altersstufe meint. Es ist also nicht abwegig anzunehmen, dass Epiphanius zu diesem Zeitpunkt um die 80 Jahre alt war. Von daher kann davon ausgegangen werden, dass er irgendwann zwischen 310–315, vielleicht sogar früher, geboren wurde.[5]

Von Interesse für die frühen Lebensjahre ist ein Brief des Epiphanius an Theodosius etwa aus dem Jahre 394[6], den uns Nicephorus von Konstantinopel (Patriarch von 806–815) in zwei seiner Schriften gegen die Bilderfeinde fragmentarisch überliefert. Epiphanius äußert sich hier über seine frühe Rechtgläubigkeit. HOLL rekonstruiert diesen Brief, so weit als möglich, ausschließlich aus Nicephorus' Schrift *Antirrheticus liber adversus Eusebium et Epiphanidem.*[7] Aus einem der bei HOLL zusammengestellten Fragmente (Nr. 20) ist zweierlei zu entnehmen: Zum einen, dass Epiphanius seit seiner frühen Jugend dem Glauben der Väter von Nizäa gefolgt sei,[8] und zum anderen, dass auch seine Eltern in diesem Glauben geboren worden seien (γεγέννηνται) und dasselbe Bekenntnis gehabt hätten.[9] Allerdings ist diese Überlieferung in zweierlei Hinsicht problematisch:

[3] Hieronymus, Vir. ill. 114,4f. Datiert nach FÜRST, Hieronymus, 287.

[4] Vgl. PERIN, Lexicon I, 137, Sp. 1.

[5] In der Regel wird von 310–320 ausgegangen, so SCHNEEMELCHER, RAC, 910; DECHOW, Epiphanius, 31; POURKIER, Hérésiologie, 29. BARDENHEWER, Geschichte, 293: „um 315"; ebenso MOUTSOULAS, BHPES 74, 12. SCHIWIETZ, Mönchtum, 127: „zwischen den Jahren 312–15". MARTIN (Épiphane I, 113) verlegt das Geburtsjahr aufgrund der Angabe in *De viris illustribus* sogar auf vor 310, was nicht gänzlich unwahrscheinlich ist.

[6] Vgl. THÜMMEL (Bilderlehre, 221), der den Brief auf „zwischen 393 und dem 17. Januar 395, dem Todesdatum des Theodosius" datiert. Vgl. auch a.a.O., 300: „um 394". Vgl. auch HOLL, Bilderverehrung, 380–82.

[7] Ediert bei PITRA, Spicilegium Solesmense, 292–380.

[8] DECHOW verweist in diesem Zusammenhang auf Hieronymus, Ep. 91,3 (Epiphanius, Ep. ad Hieronymum; = CSEL; 55, 146,14f) und entnimmt daraus: „In 400, Epiphanius says the Nicene principles are what he has ‚always proclaimed'." (DECHOW, Epiphanius, 32.) Allerdings geht es an der betreffenden Stelle (wie im ganzen Brief) um den origenistischen Streit, d.h. um Epiphanius' Antiorigenismus, den er durch Theophilus bestätigt sieht. Hierauf bezieht sich das „quod semper clamabam", und nicht, wie DECHOW meint, auf die nizänische Tradition.

[9] Vgl. Nicephorus, Antirrheticus 15 (= Pitra IV,340,8–12), abgedruckt als fr. 20 bei Holl, Bilderverehrung, 360: εἰσφέρει ἑαυτὸν, ἐν τῇ ἐπιστολῇ, τῇ πίστει τῶν ἐν Νικαίᾳ πατέρων ἐκ νέας ἡλικίας ἠκολουθηκέναι καὶ ὡς οἱ γονεῖς αὐτοῦ ἐν ταύτῃ γεγέννηνται καὶ τὴν αὐτὴν εἶχον ὁμολογίαν. An der Echtheit der bei HOLL zusammengestellten Fragmente besteht nach DUMMER kein Zweifel (vgl. ders., Sprachkenntnisse, 397 Anm. 20). HOLL stützt sich für seine Fragmentensammlung allein auf den *Antirrheticus*. Allerdings hat Nicephorus auch in seinem bis heute nicht edierten *Elenchos* die betreffende Stelle zitiert; vgl. dazu unten, Anm. 11.

1.) Es ist zu beachten, dass die Äußerung, jemand sei seit seiner Jugend dem Glauben der Väter von Nizäa gefolgt, vor allem seit Ende des 4. Jahrhunderts allzu oft Klischee ist. Eine solche Betonung ist mit der durch Konstantin eingeleiteten veränderten Situation zu erklären, nach der es selbstverständlich war, Christ zu sein, und mit dem Siegeszug des Nizänums, nach dem es selbstverständlich war, orthodoxer Nizäner zu sein.

2.) Falls die Lesart γεγέννηνται ursprünglich ist,[10] zeigt sich hieran, wie wenig der Quelle zu trauen ist. Denn wenn Epiphanius behauptet, auch schon für seine Eltern gelte: ἐν ταύτῃ (scil. dem Glauben/Bekenntnis der Väter von Nizäa) γεγέννηνται, so kann das nicht stimmen, da sie auf jeden Fall vor 325 geboren worden sein müssen.

Aufschlussreich ist hier eine Rekonstruktion desselben Briefes durch THÜMMEL, der dafür in eine Handschrift des bisher nicht edierten *Elenchos* des Nicephorus Einsicht nehmen konnte, die HOLL noch nicht zur Verfügung stand.[11] Aufgrund dieser Rekonstruktion ergibt sich ein deutlicheres Bild. Die Lesart der betreffenden Stelle differiert hier entscheidend von derjenigen im *Antirrheticus*: Die Nachfolge bezieht sich auf die Väter, nicht direkt auf den Glauben, und es ist allgemein von „unseren Eltern" die Rede, die in diesem Glauben geboren wurden. Außerdem wird durch den im *Antirrheticus* fehlenden Kontext deutlich, dass Epiphanius mit dem Glauben von Nizäa den immer gültigen Glauben meint, der schon vor 325 maßgeblich war und auch von den 318 Bischöfen des ökumenischen Konzils in Nizäa bekannt und dann ausformuliert wurde.[12]

Bei dieser Lesart ist die Stelle, in der Epiphanius über die Orthodoxie seiner Eltern spricht und behauptet, selber seit seiner Jugend im nizänischen Glauben erzogen worden zu sein, lediglich als Hinweis darauf zu verstehen, dass seine Eltern und er immer „rechtgläubig" waren und ist nicht zu pressen. Es scheint so, dass Epiphanius in dem Brief vor allem eine nizänische Tradition herstellen

[10] Zu beachten ist, dass die Formen von γενάω und γίνομαι (mit den Schreibweisen γεν- bzw. γενν-) in den Handschriften oft durcheinander gebraucht wurden, so dass nicht mit Sicherheit gesagt werden kann, dass bei Nicephorus nicht etwa γεγένηνται die ursprüngliche Lesart gewesen ist.

[11] Vgl. dazu THÜMMEL, Schriften, v.a. 169; 176–181; für den Text vgl. 184–187; ders., Bilderlehre, 67f; 300–302. THÜMMEL hat für seine Rekonstruktion neben dem von HOLL benutzten *Antirrheticus* auf eine Handschrift (Parisinus graecus 1250) des *Elenchos* (Ἔλεγχος καὶ ἀνατροπὴ τοῦ ἀθέσμιου καὶ ἀορίστου καὶ ὄντως ψευδωνύμου ὅρου) zurückgreifen können. Auch in diesem *Elenchos* hat Nicephorus einige Fragmente aus Epiphanius zitiert, darunter Teile des Briefes an Theodosius (vgl. zu allem THÜMMEL, Schriften, 169).

[12] THÜMMEL gibt die entsprechende Stelle wie folgt wieder (ders., Schriften, 184,10–18; = ders., Bilderlehre, 300 (Text Nr. 37,8–14)): (ἡ πίστις) ἀεὶ μὲν οὖσα καὶ ὑπὸ ὀλίγων πάλαι φυλαχθεῖσα διὰ δὲ τὴν τοῦ Ἀρείου κακοδοξίαν ὑπὸ οἰκουμενικῆς συνόδου ἁγίων πατέρων ἡμῶν ἐπισκόπων ἐν Νικαίᾳ τῇ πόλει ὁμολογηθεῖσα, καὶ ἔστιν αὕτη, ὡς ὡμολόγησαν καὶ ὑπέγραψαν τριακόσιοι δεκαοκτὼ ἐπίσκοποι, οὐ πρόσφατον ἐκθέμενοι πίστιν, ἀλλὰ τὴν ἀεὶ οὖσαν ὁμολογήσαντες, οἷς καὶ ἡμεῖς ὡς υἱοὶ ἀκολουθοῦντες ἀπὸ νέας ἡλικίας, αὐτοί τε καὶ οἱ ἡμῶν γονεῖς ἐν αὐτῇ γεγεννημένοι, τὴν αὐτὴν ὁμολογοῦμεν τε καὶ κατέχομεν.

wollte.[13] Die Überlieferung bei Nicephorus muss damit nicht in jedem Punkte falsch sein, ist aber aus den genannten Gründen nur unter Vorbehalt heranzuziehen.[14]

Über den folgenden Lebensabschnitt als Mönch und Klostervorsteher gibt es etwas genauere Informationen als zu Geburt und Kindheit. Noch sehr jung, ging Epiphanius nach Ägypten.

1. Wirksamkeit als Mönch in Ägypten und Klostervorsteher in Palästina

a) Als Mönch in Ägypten

Sozomenus berichtet uns, Epiphanius sei bereits als Jugendlicher (ἐκ νέου; vgl. Hist. Eccl., VI, 32,3,4) nach Ägypten gegangen und von den „vortrefflichsten" Mönchen erzogen worden. Es ist anzunehmen, dass er von seinen Eltern dorthin geschickt wurde.[15] Wahrscheinlich hat er zunächst eine Weile in Alexandrien gelebt.[16] Die meiste Zeit (Sozomenus: πλεῖστον χρόνον) wird er sich aber zur Erziehung an einem anderen Ort in Ägypten aufgehalten haben.[17]

Eine präzise Berechnung der Dauer des Ägyptenaufenthaltes ist aufgrund fehlender Angaben nicht möglich. Erneut kann man sich nur auf wenige Indizien stützen. Ein bloßer Richtwert ergibt sich aus den Vermutungen, dass Epiphanius ca. 310–15 geboren wurde (s.o.) und dass er seine Heimat nicht eher

[13] Dies zeigt auch ein Vergleich mit Haer 73,34,2f (3,309,10–14), wo Epiphanius die Rede von drei Hypostasen und einer Usia als den wahren Glauben darstellt, den die Väter in Nizäa bekannt haben.

[14] Gegen HOLL (Bilderverehrung, 380), SCHNEEMELCHER (RAC, 910) und DECHOW (Epiphanius, 32), die alle die Bezeugung der nizänischen Rechtgläubigkeit bei Nicephorus höher bewerten.

[15] So auch DECHOW, Epiphanius, 32. Ein Beispiel für eine solche Praxis stellt z.B. Hilarion dar. Vgl. dazu SCHIWIETZ, Mönchtum, 104f: „Spätestens als zehnjähriger Knabe wurde er [scil. Hilarion] von seinen Eltern nach Alexandria geschickt und einem Grammtikus übergeben." Woher SCHIWIETZ die Altersangabe hat, wird allerdings nicht deutlich.

[16] Vgl. SCHIWIETZ (Mönchtum, 128), der allerdings lediglich von „irgend einer Stadt" ausgeht und diese Vermutung auf einen Bericht des Epiphanius aus seiner Jugend stützt (vgl. dazu Haer 26,17,4–9 (1,297,15–298,18)). Demnach hat Epiphanius in seiner Jugend (ἐν τῇ νέᾳ ἡμῶν ἡλικίᾳ; Haer 26,17,4 (1,297,21)) dazu beigetragen, dass 80 gnostische Frauen, die er bei den „in jenem Ort" versammelten Bischöfen angezeigt hatte, „der Stadt" verwiesen wurden (vgl. Haer 26,17,9 (1,298,14–18)). NAUTIN (DHGE, 618) geht u.a. aufgrund dieser Episode davon aus, dass Epiphanius „ohne Zweifel" auch in Alexandrien gelebt hat (vgl. ebenso POURKIER, Hérésiologie, 30). Insgesamt stützt sich diese Annahme zwar lediglich auf Indizien – so hält z.B. MARTIN (Épiphane I, 115) fest, dass noch nicht einmal sicher sei, ob die in Haer 26 beschriebene Episode vor oder erst nach der Rückkehr des Epiphanius nach Palästina stattgefunden habe. Falls die Episode aber in die frühe Zeit in Ägypten gehört, so wir dadurch die Vermutung, dass sie in Alexandrien gespielt hat, gestützt. Das ergibt sich aus dem Hinweis auf mehrere Bischöfe, die an einem Ort versammelt waren. Bei einer solchen Ansammlung kann es sich eigentlich nur um eine Regionalsynode gehandelt haben. Und da Ägypten seit dem Episkopat des Demetrius (also ungefähr seit der ersten Hälfte des 3. Jahrhunderts) straff zentralistisch organisiert war, kommt als Veranstaltungsort für eine solche Synode nur Alexandrien in Frage.

[17] Vgl. insgesamt Sozomenus, Hist. Eccl. VI, 32,3,4–7.

als mit 10 Jahren verlassen haben wird.[18] Damit kommen als Zeitpunkt für den Beginn des Aufenthaltes die Jahre um 325 oder später in Frage. Die Bestimmung des Endzeitpunktes hängt unter anderem davon ab, ob die Angabe der dem *Ancoratus* vorangestellten Lebensbeschreibung, der zufolge Epiphanius bereits als 20-jähriger sein Kloster in Palästina gründete,[19] zuverlässig ist. Allerdings ist dies eher unwahrscheinlich, da der zeitliche Rahmen für die Ausbildung in Ägypten dann sehr eng gewesen wäre. Sein Aufenthalt dort war für seine weitere Entwicklung offenkundig jedoch so wegweisend, dass er einige Jahre angedauert haben wird. In diesem Kontext sind drei Themenkreise anzusprechen: Die Frage nach des Epiphanius Antiarianismus, nach seinem Antiorigenismus und nach seiner monastischen Prägung.

1.) Epiphanius' Aufenthalt in Ägypten fiel in die Epoche des Kampfes zwischen Alexander bzw. Athanasius und Arius. Obwohl die Frage, wie weit die Mönche an diesen Auseinandersetzungen Anteil hatten, umstritten und wohl auch unterschiedlich zu beantworten ist,[20] kann davon ausgegangen werden,

---

[18] Obwohl nichts darüber bekannt ist, dass er in Begleitung seiner Eltern oder eines Paidagogos seine Heimat verließ, hat diese Annahme aufgrund seines sicher geringen Alters einige Gründe für sich.

[19] Vgl. 1,1,3–5. HOLL macht darauf aufmerksam, dass diese Lebensbeschreibung wahrscheinlich vom Verfasser der ersten Gesamtausgabe der Werke des Epiphanius stammt. Vgl. 1,1,1–15 und die Anmerkungen HOLLS zur Stelle. Vgl. auch HOLL, Überlieferung, 93ff.

[20] Die Frage hängt eng zusammen mit der Frage nach der Bildung der frühen ägyptischen Mönche. RUBENSON kommt aufgrund seiner Untersuchungen zu den Briefen des Antonius (deren Echtheit er überzeugend dargelegt hat) zu einem grundsätzlich positiven Urteil hinsichtlich einer (alexandrinisch-/origenistisch-)theologischen sowie einer (populär-platonisch-)philosophischen Bildung des Antonius wie des frühen ägyptischen Mönchtums überhaupt (vgl. ders., Letters, 11; Der Vierte Antoniusbrief, 102). Er geht davon aus, dass Antonius und mehrere seiner Nachfolger „eine gewisse philosophische und theologische Bildung besaßen" (Der Vierte Antoniusbrief, 103) und weist darauf hin, dass es gerade unter den asketisch-mönchischen Kreisen mehrere Beispiele von Versuchen gab, griechische philosophisch-theologische Spekulationen in koptischer Sprache wiederzugeben. All das deutet auf ein Interesse der koptischen Mönche an den theologischen Auseinandersetzungen hin. Unterstützt wird RUBENSON in seiner Einschätzung von C.D.G. MÜLLER (vgl. ders., Besprechung, 256f). KRAUSE schließlich hält fest, dass die Mönche, die großes Ansehen genossen, bei den dogmatischen Auseinandersetzungen eine wichtige Rolle spielten (vgl. ders., Mönchtum, 171).

Dagegen kommen HEUSSI und HOLZE zu dem Ergebnis, dass die Anachoreten von den großen dogmatischen Problemen der Zeit überhaupt nicht berührt waren. Vgl. HEUSSI, Ursprung, 272; 275f und HOLZE, Mönchtum, 179f; 271f. HEUSSI führt als Gründe für diese Annahme zum einen die Demut des Mönches gegenüber der Schrift an (vgl. a.a.O., 276), zum anderen, dass dogmatische Überlegungen von der „eigentlichen Aufgabe, der Askese" ablenkten (a.a.O., 275). HOLZE (Mönchtum, 179f) nennt den Erfahrungsbezug des monastischen Denkens: Es kann nur das von Gott ausgesagt werden, was im eigenen Leben von ihm erfahren werden kann. Vgl. auch a.a.O., 271f. SCHNEEMELCHER (RAC, 909) schließlich geht davon aus, dass zumindest in den asketischen Mönchskreisen, zu denen er Epiphanius zählt, „dogmatische Fragen nicht theologisch durchdacht u. weitergeführt [wurden], sondern […] als gelöst [galten]."

Trotz der genannten Einwände wird man aufgrund der neueren Untersuchungen von RUBENSON annehmen können, dass es auch unter den ägyptischen Mönchen ein Interesse an dogmatisch-theologischen Fragen gab. Allerdings wird ein Mittelweg zwischen den beiden aufgezeigten Positionen der richtige sein. So verfolgt B. MÜLLER, die auf RUBENSON eingeht, einen beide Posi-

dass Athanasius, der auf die Mönche Ägyptens einen großen Einfluss hatte, diese weithin auch theologisch geprägt haben wird.[21] In der Regel folgten die Mönche in dogmatischen Fragen der „Orthodoxie“,[22] die vom jeweiligen Bischof bzw. Metropoliten vertreten wurde, was gerade für das zentralistisch organisierte Ägypten zutraf. Der junge Epiphanius wird vermutlich in diesem Umfeld seine antiarianische Haltung gewonnen und dann bestätigt gefunden haben – wenn nicht durch einen direkten Kontakt zu Athanasius, so doch zumindest durch den Geist, der in vielen der ägyptischen Klöster wirkte. Aus diesem Kontext erhellt sich sein späteres bedingungsloses Eintreten für das Nizänum. Von welchem Zeitpunkt an er sich als Verfechter desselben verstand, lässt sich allerdings nicht sagen. Auch die Frage, ob er bereits in seiner frühen Zeit speziell das ὁμοούσιος als Zusammenfassung des nizänischen Glaubens und als σύνδεσμος τῆς πίστεως (so Anc 6,4) verstanden hat, kann nicht mit Klarheit beantwortet werden.[23] Darüber gibt auch Nicephorus keinen Aufschluss. Immerhin ist zu bedenken, dass Athanasius die Formulierung ὁμοούσιος mit Ausnahme einer Erwähnung in Or. I c. Ar., 9,2,6[24] erst seit ca. 350 verwendet hat,[25] so dass Epiphanius, wenn er bereits zu Beginn der 30er-Jahre ein Verfechter des ὁμοούσιος gewesen sein sollte, diesen Terminus kaum von Athanasius übernommen haben könnte. Grundsätzlich besteht kein Anlass zu der Annahme, er sei schon vor Athanasius für das ὁμοούσιος eingetreten. Wenn das Verständnis, das er bei der ersten literarischen Erwähnung in Anc 6,3–6 darlegt, sein ursprüngliches Verständnis ist, dann gehört Epiphanius mit dieser differenzierten Sichtweise auf keinen Fall zu den ὁμοούσιος-Vertretern der ersten Generation.[26]

2.) Ebensowenig wie im Hinblick auf das ὁμοούσιος ist die Frage eindeutig zu beantworten, inwiefern Epiphanius' Antiorigenismus in dieser Zeit gründet. Eine Einteilung der ägyptischen Klöster in origenistische und antiorigenistische wird für das erste Drittel des vierten Jahrhunderts zu schematisch sein und kaum

tionen integrierenden Ansatz: Unter den Mönchen Ägyptens habe es sowohl gebildete und literarisch aktive als auch einfachere Mönche gegeben. MÜLLER hält eine Polarisierung zwischen beiden Positionen für sachlich unangemessen (vgl. dies., Der Weg des Weinens, 26). Ungeachtet der Frage, inwiefern die Mönche selber an der Durchdringung dogmatischer Fragen interessiert gewesen sind, hält auch HEUSSI fest, dass sie nicht indifferent blieben, sondern in der Regel der gültigen Orthodoxie folgten, die durch den Bischof repräsentiert wurde (vgl. HEUSSI, Ursprung, 272 mit Anm. 2).

[21] Vgl. NAUTIN, DHGE, 618; POURKIER, Hérésiologie, 34; DECHOW, Epiphanius, 96f; BACHT, Vermächtnis, 29.

[22] Vgl. HEUSSI, Ursprung, 272 mit Anm. 2.

[23] Anders NAUTIN, DHGE, 618. Auch DROBNER (Patrologie, 253f) hält fest: „Da sich das ägyptische Mönchtum Athanasius angeschlossen hatte, galt das nizänische ὁμοούσιος als endgültiges und nicht mehr zu hinterfragendes Dogma.“ Diese Einschätzung wird jedoch zu pauschal sein.

[24] Datierbar auf ca. 340/41. Vgl. TETZ, Athanasius, 344.

[25] Vgl. DINSEN, Homoousios, 115f; 134; STEAD, Homousios, 414f; 419.

[26] Vgl. die Definition zur Stelle und Teil III, D.2.

den damaligen Realitäten entsprechen.[27] Auch macht sie vor den origenistischen Streitigkeiten, die maßgeblich erst durch Epiphanius entfacht wurden, wenig Sinn. DECHOW hält fest: „With some qualification about Peter I, archbishop of Alexandria 300–311, mainstream Egyptian orthodoxy was for the most part sympathetic to Origen until the time of Archbishop Theophilus at the close of the fourth century."[28] DECHOW kommt bei seinen Untersuchungen zu dem Ergebnis, dass vor den Unruhen, die Epiphanius und Theophilus am Ende des 4. Jahrhunderts verursacht haben, der Origenismus bzw. Antiorigenismus in Ägypten geographisch nicht klar abgegrenzt war[29] und hält es für wahrscheinlich, „that the attitudes which later motivated his literary opposition to Origen in Panarion 64 were aided in their formation by the continuing influence of conservative Nicenes such as Eusebius and Lucifer [...] ." Sogar für die Zeit, als Epiphanius bereits Mönch in Palästina war, geht DECHOW davon aus: „Epiphanius' anti-Origenism is still in the process of formation at this time, while no official stigma generally attaches to Origen's name."[30] DECHOW nimmt an, Epiphanius habe sowohl in Ober- als auch in Unterägypten Kontakt zu orthodoxen Mönchen gehabt, unter denen auch Origenisten waren.[31] Insgesamt ist zu bedenken, dass Antiarianismus nicht zwangsläufig Antiorigenismus bedeutete.[32]

3.) Epiphanius hielt sich zu einer Zeit in Ägypten auf, als das Mönchtum eine breite Bedeutung gewann. Neben dem Anachoretentum, das Antonius Anfang des 3. Jahrhunderts in Unterägypten begründet hat, fand etwa seit Beginn der zwanziger Jahre auch das von Pachomius begründete Cönobitentum Verbreitung.[33] Charakteristisch vor allem für die Klöster des Pachomius war

---

[27] Gegen NAUTIN (DHGE, 618), der mit einer solchen Einteilung Epiphanius' Antiorigenismus begründet. Vgl. ebenso DROBNER, Patrologie, 253. KRAUSE (Mönchtum, 171) verweist darauf, dass von Antonius und Pachomius berichtet wird, sie haben sich für die Sache der Orthodoxie eingesetzt und seien gegen die Arianer und Origenes eingestellt gewesen. Daneben gebe es allerdings „auch Mönche, die für Origenes und Meletius [sic!] Partei ergriffen" hätten. (Gemeint ist wohl Melitius von Lykopolis.)

[28] DECHOW, Epiphanius, 143.

[29] Vgl. dazu a.a.O., 34 und 96–105, 139–240.

[30] DECHOW, Epiphanius, 40.

[31] Vgl. DECHOW, Epiphanius, 34. Vgl. auch 96–105. Vgl. a.a.O., 240: „During most of the fourth century, then, Origenism is an integral part of orthodox monasticism in Upper Egypt." Positiv kann also festgehalten werden, dass es Klöster gab, die in origenistischer Tradition standen. Unwahrscheinlich ist dagegen, dass es bereits zu dieser Zeit welche gab, die dezidiert antiorigenistisch eingestellt waren.

[32] Auch der radikale Arius-Gegner Athanasius stand in origenistischer Tradition. Vgl. dazu z.B. ABRAMOWSKI (Hypostasenformeln, 41), die ihm mit Blick auf seine „sekundäre Ein-Hypostasen-Theologie" einen „gekappten Origenismus" bescheinigt. (Als sekundär bezeichnet ABRAMOWSKI die athanasianische Lehre dabei in der Abgrenzung zu Markell, dem genuinen Vertreter der Ein-Hypostasen-Theologie.)

[33] 320 oder kurz danach gründete Pachomius sein erstes Kloster in Tabannese. Vgl. BACHT, Vermächtnis, 293: „320"; KRAUSE, Mönchtum, 156: „nach 320"; LORENZ, Pachomius, 281: „um 321". Weitere Klöster folgten „schon bald" (BACHT, Vermächtnis, 25). Vgl. aber ders., a.a.O., 26:

ihre frühe Ausstattung mit Bibliotheken,[34] wodurch den Mönchen wahrscheinlich eine gewisse Bildung zu eigen war.[35] Ein Aufenthalt des Epiphanius in einem dieser pachomischen Klöster ist jedoch aus einem zweifachen Grund unwahrscheinlich:[36] Zum einen fanden sie gerade erst in dem Zeitraum Verbreitung, als Epiphanius in Ägypten anwesend war. Zum anderen erstreckte sich das Verbreitungsgebiet vor allem der Pachomianer der ersten Generation über ein relativ eng begrenztes Gebiet in Oberägypten (um Tabannese),[37] also in einiger Entfernung zu Alexandrien, wo Epiphanius vermutlich zunächst gelebt hat. Er hätte dann gezielt die pachomischen Klöster aufsuchen müssen, wofür es jedoch keinerlei Hinweise gibt.

Eine Verbindung zum Anachoretentum und zu Antonius ist dagegen nicht nur möglich, sondern auch wahrscheinlicher, und zwar aus geographischen und chronologischen Gründen.[38] Zu der in Frage kommenden Zeit war die Anachorese die weitaus stärker verbreitete Form des Mönchtums. Auch weist Epiphanius' Beziehung zu Hilarion in diese Richtung, der selber Antonius nachfolgte[39] und der spirituelle Vater des Epiphanius wurde.[40] Vor allem aber lassen sich einige wichtige Parallelen zwischen den Anachoreten und Epiphanius aufzeigen. Ausgangspunkt dabei ist der eminente Praxisbezug, durch den sich das Leben und Denken der frühen Anachoreten auszeichnete, was sich an verschiedenen Punkten manifestiert:

„Eine zuverlässige chronologische Festlegung der Entstehungszeit der einzelnen Gründungen ist kaum möglich." Zur Existenz melitianischer Klöster in Ägypten vgl. KRAUSE, Mönchtum, 168f.

[34] Vgl. KRAUSE, Mönchtum, 172. Auch die anderen Klöster besaßen z.T. gute Bibliotheken. Herausragend war hier die Bibliothek des Erzbischofs von Alexandria. Vgl. auch ders., Libraries, 1447f. Vgl. ebd., 1448 Sp. 1: „On the evidence of the literary sources, the librairies of the Egyptian monasteries were especially large." Zur Ausstattung der Bibliotheken gehörten nicht nur die heiligen Schriften, sondern auch Schriften anderer Autoren, z.T. sowohl in Griechisch als auch in Koptisch. Vgl. ebd. Sp. 2. Zu nennen ist in diesem Zusammenhang auch die heidnische Bibliothek im Serapeum in Alexandria, die bis zu ihrer Zerstörung im Jahre 391 sehr umfangreich gewesen ist. Es ist möglich, dass Epiphanius für seine umfangreiche Quellensammlung von diesen Bibliotheken profitiert hat.

[35] Obwohl sie vielleicht schon junge Menschen zur Erziehung aufnahmen, wird man kaum von einem regelrechten Schulbetrieb sprechen können. Zumindest ist jedoch von „pueri" in Klöstern die Rede (vgl. BACHT, Vermächtnis, 28; dazu v.a. Pachomius, Jud 7 (a.a.O., 257; mit Anm. 37, a.a.O., 267f). Vgl. auch Jud 13 (a.a.O., 259; mit Anm. 62f, a.a.O., 272)). Vgl. auch KRAUSE, Libraries, 1448. Zur Frage der Bildung der frühen Mönche vgl. S. 21, Anm. 20.

[36] Anders RIGGI, La figura di Epifanio, 101.

[37] Vgl. BACHT, Vermächtnis, 27. Ebd. weist BACHT darauf hin, dass erst fünfzig Jahre nach dem Tod des Pachomius auf Betreiben des Bischofs Theophilus eine Klostergründung am Rande von Alexandrien (Kanopus) hinzukam.

[38] DECHOW hält es für möglich, dass Epiphanius sowohl Pachomius als auch Antonius gekannt hat. Vgl. ders., Epiphanius, 32f.

[39] Vgl. Hieronymus, V. Hil., 3 (= PL 23, 31 A). Vgl. SCHIWIETZ, Mönchtum, 105f; CHITTY, Desert, 14.

[40] Hieronymus (V. Hil., 1 (= PL 23, 29 C)) zufolge hat Epiphanius und Hilarion eine tiefe Freundschaft verbunden: „Epiphanius ... qui cum Hilarione plurimum versatus est". Vgl. auch SCHIWIETZ, Mönchtum, 129; CHITTY, Desert, 14.

a) Im Umgang mit der *Schrift*. Die heilige Schrift nimmt im anachoretischen Leben eine zentrale Stellung ein.[41] Dies erklärt sich daraus, dass die Schrift als direkte Handlungsanweisung für das Leben und das Streben nach Vollkommenheit verstanden wird.[42] Auf der anderen Seite legen die Anachoreten die Schrift von den Erfahrungen ihres Lebens her aus.[43] Es besteht also eine Wechselbeziehung. Bei der Interpretation folgen sie in der Regel keiner bestimmten exegetischen Methode, denn eine solche Methode würde die Theorie gegenüber der Erfahrung in den Vordergrund rücken.[44] Auch Epiphanius legt sich auf keine bestimmte Methode der Schriftauslegung fest. Er wendet sich in dem Komplex Anc 27–63 sowohl gegen eine Auslegung, die zu sehr am wörtlichen Sinn orientiert ist (gegen Arianer) als auch gegen eine Allegorisierung (gegen Origenes) und setzt beidem ein „pneumatisches" Schriftverständnis entgegen. Maßstab ist für ihn stets die Frage nach dem Nutzen für den Menschen, das heißt für dessen Heil.[45] Von dieser Frage ist seine Exegese bestimmt, und nicht in erster Linie – wie SCHNEEMELCHER meint – vom Dogma, das von den Vätern und den orthodoxen Kirchenlehrern überliefert wurde.[46]

b) In der *Theologie*. „Theologie – das heißt für die Mönchsväter zunächst, daß sie von ihren Gotteserfahrungen berichten, die ihnen in Ekstasen und Visionen, in Versenkung und Begeisterung, in der Einsamkeit und in der Gemeinschaft zuteil werden."[47] Wie bei der Schrift und dem Umgang mit ihr, so ist auch die Theologie von der Praxis, der Erfahrung her bestimmt.[48] Die Erfahrung der Gegenwart Gottes stellt die Voraussetzung dafür dar, überhaupt von ihm reden zu können, nur aus der Erfahrung seiner Zuneigung entstammt das Bekenntnis. Dabei bleibt die Erkenntnis erhalten, dass Gott trotz seiner Nähe unfassbar ist.[49] Verbunden mit der Orientierung an der Schrift und vor allem an der Praxis ist häufig eine Ablehnung oder zumindest eine Distanz gegenüber spekulativem Denken und heidnischer Philosophie zu beobachten. Dies muss aber nicht bedeuten, dass die frühen anachoretischen Mönche grundsätzlich dogmatischen Problemen indifferent gegenüber standen.[50] Zumindest Epiphanius bezog, wenn auch erst später, zu den dogmatischen Streitigkeiten seiner Zeit Stellung – was sein Amt als Metropolit von Zypern jedoch auch erforderte. Dieser Umstand spiegelt sich im *Ancoratus* wider.

Fraglich ist, inwiefern Epiphanius in Ägypten nicht nur eine monastische sondern auch eine wissenschaftliche Ausbildung genossen hat. SCHNEEMELCHER stellt zwar fest, dass über seinen Ausbildungsweg keine genaueren Ein-

---

41 Vgl. HEUSSI, Ursprung, 276; HOLZE, Mönchtum, 64ff.
42 Vgl. HOLZE, Mönchtum, 64.66.
43 Vgl. HOLZE, Mönchtum, 67; HEUSSI, Ursprung, 278.
44 Vgl. HOLZE, Mönchtum, 70.
45 Vgl. z.B. Anc 46,2.
46 Vgl. SCHNEEMELCHER, RAC, 921; ebd., 909.
47 HOLZE, Mönchtum, 150.
48 Vgl. auch HOLZE, Mönchtum, 271.
49 Vgl. HOLZE, Mönchtum, 173f.
50 Vgl. S. 21, Anm. 20.

zelheiten bekannt sind.[51] Dennoch kommt die bisherige Forschung zu einem eindeutigen Urteil über die Bildung des Epiphanius. SCHIWIETZ stellt fest: „Während seines ägyptischen Aufenthaltes legte Epiphanius den Grund zu seinem umfassenden biblisch-exegetischen Wissen. Seine Studien waren schon frühzeitig mehr auf das Praktische gerichtet; eine eigentliche rhetorische Ausbildung ging ihm ab."[52] Dieser negativen Einschätzung hinsichtlich seiner philosophisch-rhetorischen Bildung wird heute allgemein gefolgt.[53] Allerdings ist kritisch zu hinterfragen, ob der Sachverhalt präzise bezeichnet ist, wenn Epiphanius jegliche philosophische Bildung abgesprochen wird. Es ist kaum anzunehmen, dass die zahllosen Quellen, die er für seine Schriften gelesen haben muss, ihn nicht auch geprägt und gebildet haben.

c) Im Umgang mit *Häresien*. Entsprechend den bisherigen Beobachtungen wird auch die Häresie nicht als schultheologisches Problem bestimmt, sondern als praktisch-erfahrungstheologisches. „Für sie [scil. die ägyptischen Mönchsväter] taucht in der Begegnung mit der Irrlehre, die, ohne daß dies eigens reflektiert würde, im Sinne der kirchlichen Lehrentscheidung verstanden wird, weniger ein theologisches als vielmehr ein existentielles Problem auf, ob nämlich die eigene, im anachoretischen Leben gewonnene Gotteserfahrung in Frage gestellt wird."[54] Das heißt, der Häretiker wird in erster Linie deswegen abgelehnt, weil er einen Angriff auf das Heil ausübt. Eine inhaltliche Auseinandersetzung mit ihm findet kaum statt.[55] Dieses Vorgehen entspricht demjenigen des Epiphanius.[56] FRAENKEL und ihm folgend MOUTSOULAS stellen in ihren Untersuchungen

---

[51] Vgl. SCHNEEMELCHER, RAC, 910.

[52] SCHIWIETZ, Mönchtum, 128.

[53] Vgl. SCHNEEMELCHER, RAC, 923–5; NAUTIN, DHGE, 625f; DECHOW, Epiphanius, 34f; RIGGI, La figura di Epifanio, 100–103, aber auch 88–92. Anders z.B. MOUTSOULAS, BHPES 74, 12. Zwar bescheinigt Hieronymus dem Epiphanius in Adv. Ruf., III,6,27–29, fünfsprachig gewesen zu sein (πεντάγλωσσος; so sprach er, wie ders. in II,22,22–24 berichtet, Griechisch, Syrisch, Hebräisch, Koptisch und etwas („ex parte") Latein), doch hat DUMMER in einer detaillierten Sprachanalyse entsprechender Stellen gezeigt, dass diese Einschätzung zu relativieren ist. DUMMER hat, gegen die einschlägigen modernen Darstellungen, zunächst aufgezeigt, dass Hieronymus unter der lingua Syra tatsächlich das Aramäische verstand (vgl. DUMMER, Sprachkenntnisse, 399). Für die einzelnen Sprachen kommt DUMMER dann zu folgendem Ergebnis: Von einer wirklichen Kenntnis des *Aramäischen* (also der lingua Syra bei Hieronymus) könne nicht gesprochen werden. Für das *Hebräische* sei eine Entscheidung nicht möglich, da eventuell alle Angaben über den hebräischen Text des AT aus der Hexapla des Origenes stammen. Bezüglich des *Koptischen* findet DUMMER keine Anhaltspunkte. Die gnostische Literatur habe Epiphanius, soweit er sie zu Gesicht bekommen hat, griechisch gelesen. Allein die Behauptung, Epiphanius habe das *Lateinische* „ex parte" beherrscht, findet DUMMER bestätigt. Eine Erklärung für die allzu wohlwollende Darstellung des Hieronymus sieht DUMMER (a.a.O., 434f) in dessen Polemik gegenüber dem „nur zweisprachigen" Rufin (vgl. Hieronymus, Adv. Ruf., II,22,25f: „... et me trilinguem bilinguis ipse ridebis?"; vgl. auch III,6,25). *Griechisch* sei, so DUMMER (a.a.O., 398), die Muttersprache des Epiphanius gewesen.

[54] HOLZE, Mönchtum, 174.

[55] Vgl. HOLZE, Mönchtum, 175; HEUSSI, Ursprung, 273.

[56] Zu den Häresien, die Epiphanius bereits in Ägypten kennen gelernt hat, gehören neben der arianischen und der gnostischen (vgl. den oben S. 20, Anm. 16 bereits genannten Bericht in Haer 26,17,4–9 (1,297,15–298,18)) mindestens noch die der Hierakiten (vgl. Haer 67) und Melitianer

zum Häresiebegriff bei Epiphanius[57] einen Punkt heraus, der von allgemeiner und grundlegender Bedeutung ist: Epiphanius verstehe die Geschichte als ein Gegeneinander von Häresie und wahrem Glauben, als einen Kampf des Lichtes gegen die Dunkelheit, der sich seit Anbeginn der Schöpfung abspielt.[58] Vor diesem Hintergrund wird die Motivation verständlich, eine Schrift wie das *Panarion* abzufassen.[59] FRAENKEL folgert aus diesem Ansatz: „[...] on peut peut-être en conclure qu'en combattant les hérésies Epiphane croyait défendre non seulement une religion, la meilleure ou la seule valable, mais toute l'œuvre de Dieu, telle que le Créateur l'avait voulue et donnée. En d'autres termes, le combat contre l'hérésie semble avoir son lieu théologique fort près de l'œuvre du salut telle que la concevaient Athanase et la plupart des théologiens grecs: salut qui défait l'œuvre du Diable en faveur de celle de Dieu."[60] Der Kampf gegen die Häresie bezieht sich bei ihm unmittelbar auf das Werk des Heils.[61] Der Häretiker ist für Epiphanius folglich nicht einfach jemand, der eine falsche Lehre vertritt. Von daher ist wie bei der Exegese der Schrift ein Maßstab jeder Lehre die

---

(vgl. Anc 14,1f, hier als Schismatiker bezeichnet; vgl. Haer 68). Vgl. POURKIER, Hérésiologie, 30–34. In Haer 39,1,1f (vgl. v.a. 2,72,3–7) berichtet Epiphanius von Sethianern, die in Äypten ansässig waren.

[57] Neben der Monographie von ALINE POURKIER (1992; vgl. dazu unten Teil I, A.2.b)) gibt es eine Reihe kürzerer Beiträge von FRAENKEL (1962), MOUTSOULAS (1966), RIGGI (1967) und YOUNG (1982) zum Thema Häresie bei Epiphanius. MOUTSOULAS nimmt dabei auf FRAENKEL Bezug, RIGGI wiederum auf MOUTSOULAS und FRAENKEL. Mit einigem zeitlichen Abstand fasst YOUNG vor allem MOUTSOULAS und FRAENKEL noch einmal knapp zusammen, hat aber von RIGGIS Beitrag offensichtlich keine Kenntnis genommen (vgl. YOUNG, Heresy, 199 Anm. 1 = 205 Anm. 1). Anders als in der Arbeit von POURKIER ist in den kürzeren Beiträgen nicht die Methode, sondern speziell der Häresiebegriff Gegenstand der Betrachtung. Ausgehend von FRAENKEL, der nur einen ursprünglichen, neutral-objektiven, das heißt im alten philosophischen Sinne gebrauchten Häresiebegriff bei Epiphanius erkennt, betont zunächst MOUTSOULAS, dass Epiphanius einen doppelten Häresiebegriff verwandt habe. Neben der auch von FRAENKEL vertretenen Bedeutung erkennt er bei Epiphanius auch die negative Bedeutung „Irrlehre", die besonders charakterisiert ist als Entfremdung von der wahren Lehre und dem wahren Leben. Vgl. MOUTSOULAS, Häresie bei Epiphanius, 367ff. Als Beweisstelle führt er Anc 9,6 an. Mit dieser doppelten Definition hebt MOUTSOULAS sich (vgl. auch a.a.O., 371) von FRAENKEL ab. Vgl. z.B. FRAENKEL, Histoire sainte et hérésie, 183f. RIGGI (Hairesis, 5) schließlich geht noch einen Schritt weiter und stellt aufbauend auf MOUTSOULAS die These auf: „[...] crediamo si debba dedurre che *l'accezione è in Epifanio sempre negativa*", sei es als Abkehr von den christlichen Bräuchen oder als Abkehr von der rechten Lehre; sei es als impliziter Irrtum in der Lehre (als Schisma) oder als expliziter Irrtum; sei es als Übel, das sich unorganisiert über die Erde ausbreitet oder in Form einer organisierten Gruppe.

[58] Vgl. FRAENKEL, Histoire sainte et hérésie, 191; MOUTSOULAS, Häresie bei Epiphanius, 370.

[59] Die Inkarnation Christi ist für Epiphanius nicht das Ende dieser Geschichte des Kampfes zwischen der Häresie und dem Glauben, vielmehr ihr Zentrum. Auch nach der Inkarnation gab es Häresien. Vgl. Prooem I,1,3f (1,155,18ff). Vgl. v.a. die Stellung des Artikels „Christentum" zwischen Haer 20 und 21. Der Abschnitt, der keine eigene Zählung hat, wird in dieser Arbeit mit „Christentum" bezeichnet.

[60] FRAENKEL, Histoire sainte et hérésie, 188f.

[61] So MOUTSOULAS (Häresie bei Epiphanius, 370), der FRAENKEL hier folgt. Im Verlaufe der Interpretation des *Ancoratus* wird dieser Punkt immer wieder deutlich werden.

Frage nach dem Nutzen für den Menschen bzw. nach dem Heil.[62] Vor dem falschen Verständnis der Häretiker soll man fliehen (vgl. z.B. Anc 9,1; Anc 46,4). Allerdings macht diese Sorge um das Heil offensichtlich manchmal blind gegenüber dem Anliegen Andersdenkender und unfähig zur sachlichen Auseinandersetzung mit ihnen. Nicht umsonst galt Epiphanius schon zu seiner Zeit als gefürchteter Bekämpfer aller Häresien, der allerdings den Ruf hatte, des öfteren den Blick für die Verhältnismäßigkeit verloren zu haben.[63] Er selber gibt in Haer 26,17,4–9 (1,297,15–298,18)[64] ein vielsagendes Zeugnis für seinen Umgang mit Häretikern. Die hier geschilderte Episode zeigt zweierlei: Zum einen, dass Epiphanius Ketzerbekämpfer von frühester Jugend an war, zum anderen, dass auch Jahrzehnte später, nämlich als er Haer 26 verfasst hat, dies das Bild ist, das er von sich selbst hat und auch verbreiten will. Ein weiteres Zeugnis gibt er in Haer 40,1 (2,80,25ff). Die Ereignisse fallen diesmal in die Zeit, als er in Palästina ein Kloster führte. Es zeigt sich nicht zuletzt an dem Umstand, dass Epiphanius diese Geschichten aus seiner Vergangenheit für erzählenswert hält, dass die Ketzerbekämpfung eine zentrale Rolle in seinem Leben einnimmt.

Im Hinblick auf sein späteres theologisches Denken kann festgehalten werden, dass Epiphanius bei den Mönchen in Ägypten wichtige Prägungen erhalten hat, vor allem bezüglich seiner antiarianischen Haltung. Dagegen gibt es weder Anhaltspunkte dafür, dass er ebenso früh einen dezidierten Antiorigenismus vertreten hat, noch dafür, dass er zu dieser Zeit bereits ein Anhänger des ὁμοούσιος gewesen ist.

Insgesamt wird es einige Zeit gedauert haben, bis das Fundament für seine theologische Entwicklung gelegt war. Das macht es wahrscheinlich, dass Epiphanius vor allem zu Beginn der 30er-Jahre, als Athanasius durch Ägypten reiste[65] und viel Kontakt zu den Mönchen hatte, dort anwesend war. Wenn er also zwischen 310 und 315 geboren wurde und um 325 nach Ägypten gekommen ist, so wird er dort mindestens bis 335 geblieben sein, bevor er in seine Heimat zurückkehrte, um ein eigenes Kloster zu gründen. Eine Zeitspanne für den Aufenthalt von 10 Jahren oder mehr erscheint als realistisch.[66] Die Angabe in der Lebensbeschreibung, er habe mit 20 Jahren Ägypten schon wieder verlassen,

---

[62] Dies zeigt sich im Umgang mit der arianischen Theologie, vor allem aber auch mit der apollinaristischen Christologie. Vgl. v.a. Anc 77,1f; 78,3, wo Epiphanius mehrfach die Frage nach dem Nutzen der neuen Lehre für das Heil stellt. Vgl. auch Anc 75,8. Vgl. im selben Zusammenhang Haer 77,24,3–5 (3,437,10–20).

[63] Vgl. die Zusammenstellung von Zeugnissen bei FRAENKEL, Histoire sainte et hérésie, 176f.

[64] Vgl. dazu oben S. 20, Anm. 16.

[65] Vgl. dazu TETZ, Athanasiana, 4f.

[66] POURKIER (Hérésiologie, 29) setzt das Geburtsjahr zwischen 310 und 320 an und vermutet, dass Epiphanius etwa 16–17 Jahre alt war, als er nach Alexandrien zu einem Rhetor in die Schule ging. Diese Ausbildung habe gewöhnlich bis zum 20. Lebensjahr gedauert. Dann erst sei er, durch das monastische Leben angezogen, in ein Kloster eingetreten und hier etwa 10 Jahre geblieben (vgl. dies., Hérésiologie, 30). Eine absolute chronologische Angabe macht POURKIER hier nicht.

müsste so um wenige Jahre korrigiert werden.[67] Es mag sein, dass der Verfasser dieser Lebensbeschreibung seine Angabe an die Vita des Hilarion angepasst hat, zu der es auffallende Parallelen gibt: Geburt und Kindheit in Palästina, Sprachstudium in Ägypten, Nachahmung der Lebensweise des Antonius in der ägyptischen Wüste,[68] Gründung eines Klosters in Palästina[69] und spätere Übersiedlung nach Zypern.[70] Allein dieser Vergleich zeigt, dass es sich bei bestimmten Aspekten einer Vita um Gemeinplätze handeln kann, mit dem Ziel, den geschätzten Menschen im rechten Licht darzustellen.

b) Als Klostervorsteher in Palästina

Über die Zeit in Palästina ist ebenso wenig Konkretes bekannt wie über diejenige in Ägypten. Es ist anzunehmen, dass Epiphanius in diesen Jahren einige Reisen unternommen hat.[71] Vor allem aber wird er Erfahrungen als Klostervorsteher gesammelt haben. Sein Ruhm als Mönch soll Sozomenus zufolge in ganz Palästina und Ägypten bekannt gewesen sein.[72] Allerdings handelt es sich auch bei dieser Angabe um einen Gemeinplatz. Zumindest später galt er unter Mönchen jedoch als angesehene Autorität.[73]

Wie oben erwähnt, ist die Angabe, Epiphanius habe bereits im Alter von 20 Jahren sein Kloster in Palästina gegründet, wahrscheinlich um einige Jahre zu korrigieren. Etwa 335 oder später, im Alter von ca. 25 bis 30 Jahren wird er in

---

[67] Vgl. auch DECHOW, Epiphanius, 37.

[68] Vgl. zu allem Hieronymus, V. Hil., 2f (= PL 23, 30 C – 31 C).

[69] Vgl. Hieronymus, V. Hil., 24 (= PL 23, 42 A).

[70] Vgl. Hieronymus, V. Hil., 41 (= PL 23, 51 B – 52 A). Vgl. zu allem auch DECHOW, Epiphanius, 34. Zum Leben des Hilarion vgl. z.B. SCHIWIETZ, Mönchtum, 103–119; BEER, Kypros, 109f; CAMELOT, Hilarion, 471f.

[71] Vgl. z.B. MARTIN, Épiphane I, 116; MOUTSOULAS, BHPES 74, 12.

[72] Vgl. Sozomenus, Hist. Eccl. VI,32,3,5–7. Vgl. auch Hieronymus, C. Ioh. 4 (= PL 23, 374 D), von dem zu entnehmen ist, dass Epiphanius bei Eutychius in hohem Ansehen stand („ille vel presbyter monasterii ab Eutychio audiebatur").

[73] Dies lässt sich aus dem Brief des Mönches Palladius (vgl. unten, Teil I, B.3.b)) erschließen, den Epiphanius aus Suedra in Pamphylien erhalten hat. Vgl. auch die Rolle, die Epiphanius ca. 393 (die Datierung ist umstritten. Vgl. JÜLICHER, Bemerkungen, 337; 342: „392/93"; SCHNEEMELCHER, RAC, 912: „393"; NAUTIN, DHGE, 623: „394". Die Datierung NAUTINS ist vor dem Hintergrund der sicheren Datierung von Ep. 51 durch HOLL auf das Jahr 393, nicht 394, auszuschließen. Vgl. HOLL, Bilderverehrung, 381) bei der Priesterweihe des Paulinianus, des jüngeren Bruders von Hieronymus, gespielt hat: Auf Bitten des Hieronymus und einiger Mönche hat er diese Weihe als ortsfremder Bischof wahrscheinlich in seinem alten Kloster in Besanduk vorgenommen. Damit hat er den Protest des Bischofs Johannes von Jerusalem hervorgerufen, der seine Zuständigkeit missachtet sah. Epiphanius rechtfertigt seinen Schritt Johannes gegenüber allerdings damit, dass Paulinianus nur Priester unter den Mönchen von Bethlehem sein solle. Vgl. seine Rechtfertigung in seiner Epistula ad Iohannem (= Hieronymus, Ep. 51,2): „Haec ita acta sunt, ut locutus sum, in caritate Christi, quam te erga paruitatem nostram habere credebam, quamquam in monasterio ordinauerim et non in paroecia, quae tibi subiecta sit." Vgl. auch NAUTIN, DHGE, 623f; MARTIN, Épiphane I, 133f; HOLL, Zeitfolge, 313. Hier wird deutlich, dass Epiphanius auch bei Mönchsgemeinschaften außerhalb seines bischöflichen Zuständigkeitsbereiches Ansehen genoss und als Autorität angesehen wurde.

seine Heimat zurückgekehrt sein.[74] Die genaue Lokalisierung seines Klosters ist schwierig. Hieronymus setzt den Geburtsort Besanduk mit dem Namen des Klosters gleich.[75] Die Lebensbeschreibung spricht nur davon, dass er das Kloster in der Umgebung von Eleutheropolis gegründet hat. Sozomenus berichtet gar nichts darüber. Es ist mit NAUTIN anzunehmen, dass Epiphanius sein Kloster auf einem Familienanwesen errichtet hat.[76] Dafür spricht die Tatsache, dass er es wohl nahe bei seinem Heimatdorf gründete. Das könnte bedeuten, dass seine Familie wohlhabend gewesen ist,[77] allerdings bleibt diese These letztlich spekulativ.[78] Bis in die neunziger Jahre hinein hielt Epiphanius Kontakt zu seinem Kloster.[79]

Als wahrscheinlich erscheint eine Klosterführung nach den ägyptischen Vorbildern, die er zuvor kennen gelernt hat.[80] Die Erfahrungen, die Erkenntnisse und theologischen Einsichten, die er dort gewonnen hat, werden sich hier vertieft haben, was sich zum einen auf das monastische Leben, zum anderen auf die Auseinandersetzungen mit der Häresie bezieht. Auch in Palästina ist Epiphanius mit verschiedenen Häresien konfrontiert worden und hat sie zum Teil verfolgt.[81] Er setzt seinen früh zu beobachtenden Eifer in dieser Angelegenheit

---

[74] POURKIER (Hérésiologie, 35) vermutet: „Vers l'âge de trente ans".

[75] Vgl. Hieronymus, Ep. 82,8 (CSEL; 55, 114,20–115,2): „Monasterium enim sancti papae Epiphanii nomine Becos Abacuc, in quo frater meus ordinatus est presbyter, in Eleutheropolitano territorio et non in Aeliensi situm est." Dem folgen NAUTIN, DHGE, 618, und POURKIER, Hérésiologie, 35. Zu beachten ist allerdings eine andere Lesart („nomine uetus"), aufgrund derer CHITTY (Desert, 128) und MARTIN (Épiphane I, 114) davon ausgehen, das Kloster heiße „vetus monasterium".

[76] NAUTIN (DHGE, 618 unten) hält es für möglich, dass es sich um von den Eltern ererbtes Landgut handelte. Vgl. ebenso POURKIER, Hérésiologie, 35 Anm. 22. Vgl. ähnlich DECHOW (Epiphanius, 31; mit Bezug auf NAUTIN).

[77] So NAUTIN (DHGE, 618 oben) mit PAPEBROCH (Acta S. Epiphanii (= PG 41, 119 C)).

[78] So hält DECHOW (Epiphanius, 32) fest, dass die These PAPEBROCHS vom Richtum der Familie auf reine Vermutungen basiert. Zugleich weist er in diesem Zusammenhang darauf hin, dass die im 18. Jahrhundert vertretene und auf Vita Epiphanii 1f (PG 41, 24 A – 25 D) zurückgehende Auffassung, Epiphanius sei Kind armer jüdischer Eltern gewesen und bis zu seinem 16. Lebensjahr jüdisch erzogen worden, falsch sei. Vgl. ebenso HOLL, Bilderverehrung, 380; SCHIWIETZ, Mönchtum, 128.

[79] Wahrscheinlich stattete er seinem Kloster 393/4 den letzten Besuch ab, bei dem er Paulinianus weihte. Vgl. Epistula ad Iohannem (= Hieronymus, Ep. 51,1); NAUTIN, DHGE, 622f; SCHIWIETZ, Mönchtum, 131.

[80] So auch SCHIWIETZ, Mönchtum, 128. SCHIWIETZ (a.a.O., 129) geht sogar davon aus, dass die Mönche in Epiphanius' Kloster „nach Art der Pachomianer in neben einander gebauten Zellen in unmittelbarer Nachbarschaft des Gotteshauses [lebten], das am äussersten Ende des Dorfes stand." Woher SCHIWIETZ diese Informationen hat, wird nicht deutlich. Wahrscheinlich schließt er von anderen palästinischen Klöstern auf das Kloster des Epiphanius. Für eine Verbindung zu den Pachomianern gibt es jedoch keine Belege.

[81] In Haer 40,1 (2,80,25ff) gibt er selber Zeugnis von einem Fall, den er in Palästina aufgedeckt hat. Daneben vermutet POURKIER noch weitere Häresien, mit denen er hier in Kontakt gekommen ist. Sie nennt (vgl. dies., Hérésiologie, 39–41) die Antidikomarianiten (vgl. Haer 78), einige häretische monastische Gruppen, die Audianer (vgl. Anc 14,3, hier – ebenso wie die Melitianer – als Schismatiker bezeichnet; Haer 70), Aërius (vgl. Haer 75), die „ersten Origenisten" (vgl. Haer 63), die Apostoliker (vg. Haer 61) und die Valesier (vgl. Haer 58), schließlich die

also fort. POURKIER vermutet zudem, dass die Streitigkeiten um das ὁμοούσιος in diesen Jahren einen hohen Stellenwert gehabt haben.[82] Für diese Annahme gibt es jedoch keine Belege. Das Umfeld, in dem Epiphanius sein Kloster geführt hat, war zum größten Teil origenistisch bzw. homöisch geprägt.[83] Nizäner gab es hier kaum. Es ist anzunehmen, dass er zeitweise in Kontakt mit Athanasius stand.[84] Daneben hatte er zu Euseb von Vercell Verbindung, den er, wahrscheinlich 355, in dessen Exil in Scythopolis besuchte.[85] Für eine Verbindung zu Luzifer von Calaris, der nach Eleutheropolis verbannt worden war (356–61),[86] gibt es dagegen keine Anhaltspunkte.[87]

Es ist davon auszugehen, dass das origenistisch-eusebianische Milieu in Palästina auf Epiphanius Einfluss hatte. Eventuell hat er Cyrill, der – noch als Presbyter – im nahen Jerusalem wahrscheinlich zwischen 347–50 seine *Taufkatechesen* gehalten hat[88] und der origenistisch-eusebianischen Mittelpartei angehörte, entweder selbst gehört oder wurde doch zumindest mittelbar von ihm beeinflusst. Zumindest gibt es im *Ancoratus* einige Anklänge an die Theologie der *Taufkatechesen*.[89] Einen besonderen Fall stellt die Verbindung zu Eutychius von Eleutheropolis dar, der ebenfalls der origenistischen Mittelpartei angehörte. Aus Hieronymus ist zu entnehmen, dass Epiphanius in Palästina zum „presbyter

---

Nazoräer (vgl. Haer 29). Allerdings schränkt POURKIER ein, dass es nicht „absolut sicher" sei, dass Epiphanius Bekanntschaft mit diesen Gruppen gemacht habe. Sie stützt ihre Vermutung auf die Tatsache, dass er als Klostervorsteher Verbindung zu anderen Klöstern gehabt haben wird. Vgl. a.a.O., 39 Anm. 40. Bezüglich der Frage nach dem Antiorigenismus kommt DECHOW wie für Ägypten so auch für Palästina zu dem Ergebnis: „There is no specific evidence of Epiphanius' anti-Origenism during this Palestinian monastic stage of his life." DECHOW, Epiphanius, 40. Vgl. auch oben, Teil I, A.1.a).

[82] Vgl. POURKIER, Hérésiologie, 35.

[83] Vgl. BRENNECKE, Studien, 200f.

[84] Vgl. den Bericht in Haer 72,4,4 (3,259,18–22), der wahrscheinlich in diese Zeit gehört. Vgl. dazu MARTIN, Épiphane I, 116.

[85] Vgl. Haer 30,5,2 (1,339,22ff). Zu Euseb vgl. auch Hieronymus, Vir. ill. 96. Zur Datierung vgl. MARTIN, Épiphane I, 118 Anm. 4: „La date est certaine; car Eusèbe ne séjourna que fort peu chez le comte", nämlich Joseph, bei dem Euseb Unterkunft gefunden hatte.

[86] Beide Bischöfe, Euseb und Luzifer, wurden von ihren Sitzen verbannt, weil sie auf der Synode von Mailand 355 nicht der Verurteilung des Athanasius zugestimmt hatten. Vgl. DE CLERCQ, Eusèbe, 1479. Zu Luzifer vgl. auch RITTER, HDThG 1, 215f.

[87] Gegen NAUTIN (DHGE, 619), der behauptet: „... il était sûrement en relations assidues avec un autre nicéen intransigeant, Lucifer de Cagliari, exilé à Éleuthéropolis même..." Eine ähnliche Vermutung äußert DECHOW, Epiphanius, 38. Die Einschätzung beruht augenscheinlich mehr auf der Einordnung des Epiphanius als Altnizäner, wodurch eine Verbindung zu Luzifer als wahrscheinlich angesehen wird, als auf Belege.

[88] Vgl. BARDY, Cyrille, 1183.

[89] Zu nennen ist z.B. die Betonung der Einzahl von Vater, Sohn und Geist, die bei beiden Theologen eine Rolle spielt (zu Cyrill vgl. Catech. XVI,3f; XVI,24; IV,16; zu Epiphanius vgl. insgesamt Anc 2–10) und das *Implikationsprinzip* (vgl. zu Anc 5,9). Ferner ist zu nennen die grundsätzliche Zurückhaltung hinsichtlich spekulativer Fragen (vgl. z.B. Catech. XVI,24 und Anc 55,4ff; 67,1). Daneben gibt es Anklänge, die sich auf einzelne Argumente und Argumentationsweisen beziehen. Auf die betreffenden Stellen bei Cyrill wird im Laufe der Interpretation hingewiesen (vgl. z.B. zu Anc 29,2–30,7).

monasterii“ geweiht wurde,[90] und zwar, wovon auszugehen ist, durch den zuständigen Bischof Eutychius. Im Jahre 358 hat dieser seine Unterschrift unter das homöusianische Synodalschreiben von Ankyra gesetzt,[91] schließlich 359 unter das acacianische bzw. homöische Synodalschreiben von Seleukia.[92] Auf der Synode von Antiochien 363[93] hat er dann jedoch das ὁμοούσιος bekannt. Epiphanius bescheinigt ihm, den orthodoxen Glauben vertreten zu haben, obwohl er ihm die zeitweilige Abwendung von der Orthodoxie vorwirft.[94] Damit kann nur die Unterschrift unter das homöische Synodalschreiben von Seleukia gemeint sein. Das bedeutet, Epiphanius hat Eutychius weder vorher noch nachher als Häretiker angesehen. Dieser Sachverhalt passt zu der Vermutung, dass er von ihm geweiht wurde. Wenn er ihn in Haer 73 unter die „Semiarianer“ zählt und mehrfach als Mitstreiter des Acacius bezeichnet,[95] so ist dies aus einer späteren Sichtweise heraus zu verstehen, als für ihn das ὁμοούσιος das Band des Glaubens war (Anc 6,4).

NAUTIN vermutete zunächst Eutychius’ Abwendung von der Orthodoxie und einen damit verbundenen Konflikt zwischen ihm und Epiphanius als Ursache für dessen Fortgehen aus Palästina und die Übersiedlung nach Zypern, wo er dann von den zypriotischen Bischöfen zum Metropoliten gewählt wurde.[96] In einem späteren Beitrag hat er diese These allerdings revidiert.[97] NAUTIN geht nun davon aus, dass Epiphanius bis zum Schluss eine friedliche Beziehung zu Eutychius unterhalten habe.[98] Er wertet jetzt, anders als in seiner ersten These, den Bericht des Hieronymus, Epiphanius habe bei Eutychius Einfluss gehabt,[99] als glaubwürdig. Außerdem legt NAUTIN nun sehr viel Gewicht auf die Erzählung in Haer 73,23,7, aus der er schließt, Epiphanius bescheinige Eutychius, im Grunde seines Herzens orthodox zu sein.[100] Nach dem Tod des Eutychius kurz

---

[90] Vgl. Hieronymus, C. Ioh. 4 (PL 23, 374 D). Vgl. SCHNEEMELCHER, RAC, 911; NAUTIN, DHGE, 618; POURKIER, Hérésiologie, 35; SCHIWIETZ, Mönchtum, 129 (Anm. 2).

[91] Zum Bekenntnis vgl. Haer 73,2–11 (3,268,30–284,9). Zur Unterschrift vgl. Haer 73,11,11 (3,2847).

[92] Vgl. dazu Haer 73,25f (3,298,1–301,13). Zur Unterschrift vgl. Haer 73,26,2 (3,300,6).

[93] Vgl. auch unten, Teil I, A.2.c).

[94] Vgl. dazu Haer 73,23,7 (3,296,30–34): Εὐτύχιος μὲν γὰρ ὁ Ἐλευθεροπολίτης, οἷα δὴ ἀπὸ τοῦ μακαρίου Μαξιμωνᾶ τοῦ Ἱεροσολυμίτου ὁμολογητοῦ ἐπισκόπου τὴν πίστιν ἔχων σαφῆ τῆς ὀρθοδοξίας, διὰ τὴν πρὸς τὸν Κύριλλον ἐχθρίαν [οὐκ] ἐμίγη τοῖς περὶ Ἀκάκιον, ὀρθοδόξως μὲν ἔχων ἄχρι καιροῦ, ὑποκρινόμενος δὲ διὰ τὸν ἴδιον θρόνον, καὶ ἄλλοι πλείους τῆς Παλαιστίνης. Siehe auch NAUTIN, Eutychius, 95f.

[95] Vgl. Haer 73,23,4 (3,296,12–14); 73,27,7 (3,302,7); 73,37,3 (3,311,32f).

[96] Vgl. dazu NAUTIN, DHGE, 619. Auch DROBNER (Patrologie, 254) vermutet, dass Epiphanius sich als „strikter Nizäner“ mit dem homöischen Bischof von Eleutheropolis überwarf.

[97] Vgl. zum Folgenden NAUTIN, Eutychius, 97.

[98] Er kommt zu dem Ergebnis: „Il semble donc qu’Épiphane, tout nicéen qu’il fût, ait su maintenir jusqu’au bout des relations paisibles avec Eutychius.“ Von dieser Vermutung geht schon SCHIWIETZ aus, der die letztliche Annahme des nizänischen Glaubens durch Eutychius auf die „günstige Beeinflussung seitens des Epiphanius“ zurückführt. Vgl. ders., Mönchtum, 126f.

[99] Vgl. Hieronymus, C. Ioh. 4, (PL 23, 374 D).

[100] NAUTIN stellt nun fest, Epiphanius spreche von Eutychius im *Panarion* „avec une certaine bienveillance“ (a.a.O., 97).

nach 365 habe Epiphanius sich dann selber um den Bischofssitz in Eleutheropolis beworben und sei nach einer Niederlage von dem neuen Bischof Gemellius gezwungen worden zu gehen.[101] Diese spätere These NAUTINs erscheint aus den genannten Gründen wahrscheinlicher.[102]

Es zeigt sich, dass Epiphanius zur Zeit, als er in Palästina sein Kloster führte, nicht als rigoroser Altnizäner zu charakterisieren ist. Vielmehr ist davon auszugehen, dass er – wie Athanasius – der origenistisch-eusebianischen Tradition nicht feindlich gegenüber stand. Schließlich hat er ca. 30 Jahre dort sein Kloster geführt, ohne dass über größere Auseinandersetzungen mit Vertretern der Mittelpartei etwas bekannt ist. Belege dafür, dass er zu dieser Zeit ein radikaler Altnizäner oder Homousianer gewesen ist, gibt es nicht. Seine Gesinnung wird als nizänisch im Sinne des Athanasius zu charakterisieren sein, die für sein origenistisch-eusebianisches Umfeld nicht anstößig war.

Abschließend bleibt festzuhalten, dass sich die Überlegungen zu der Zeit des Epiphanius als Mönch in Ägypten und Palästina zu einem großen Teil auf Indizien und Hypothesen stützen. Die genannten Sekundärquellen, aus denen Angaben über diesen Lebensabschnitt zu entnehmen sind, sind zum Teil klischeehaft und wenig spezifisch.[103] Sie machen häufig nicht den Eindruck, als berichteten die Verfasser aus eigener Anschauung. Aus diesem Grunde sind diese Quellen kritisch heranzuziehen.

Die in diesem ersten, monastischen Abschnitt erhaltenen Prägungen bestimmten Epiphanius' weiteres Leben.[104] Auch als Bischof blieb er Mönch.[105] Vor dem aufgezeigten Hintergrund müssen sein Wirken als Bischof, seine literarische und seine kirchenpolitische Tätigkeit gesehen werden.

---

[101] Als weiteren Beleg für diese These sieht NAUTIN die Tatsache an, dass Epiphanius in Haer 73,37,6 (3,312,11) der Erwähnung des Gemellius nicht den Namen von dessen Bischofssitz folgen lässt, gerade so, als ob er die Gültigkeit von dessen Wahl bestritte.

[102] Vgl. ebenso POURKIER, Hérésiologie, 41; DECHOW, Epiphanius, 42f.

[103] Vgl. z.B. Sozomenus, der Epiphanius in Hist. Eccl. VI,32 überaus positiv darstellt und vor allem seine hervorragende monastische Erziehung und seinen Ruf als Mönch betont. Er äußert sich weder zu einem ungefähren Geburtsjahr, noch etwa dazu, von welchen „vortrefflichsten Mönchen" er erzogen worden sein soll, noch macht er überhaupt nähere Angaben über Umstände und Zeitpunkt des Ägyptenaufenthaltes. Auch über den Zeitpunkt des Amtsantrittes als Metropolit von Zypern erfahren wir nichts: Sozomenus schreibt lediglich μετὰ δὲ ταῦτα (Hist. Eccl. VI,32,3,7; vgl. auch Hist. Eccl. VII,27,1,15f). Was wir erfahren, hat letztlich keinen großen historischen Wert. Eine Ausnahme bildet die Erwähnung des Geburtsortes, doch darf von hierher nicht darauf geschlossen werden, dass auch die anderen Angaben bei Sozomenus den wirklichen Gegebenheiten entsprechen.

[104] Vgl. RIGGI, La figura di Epifanio, 102.

[105] Vgl. die Einschätzung NAUTINs (DHGE, 618): „Abbé en Palestine ou évêque en Chypre, Épiphane sera resté jusqu'à son dernier souffle un moine égyptien."

2. Literarische und kirchenpolitische Tätigkeit als Metropolit von Zypern

Bei der Wahl des Epiphanius zum Bischof von Zypern haben vermutlich in erheblichem Maße kirchenpolitische Gründe eine Rolle gespielt. Seit der diokletianischen Reichsreform, nach der die Insel dauerhaft eine provincia consularis der dioecesis orientis bildete,[106] unterstand Zypern politisch dem Comes Orientis bzw. Dux von Antiochia, der einen Statthalter in Salamis hatte.[107] Kirchlich unterstand sie dem Patriarchen von Antiochien. Beide Umstände widersprachen dem Unabhängigkeitsstreben, das den Bewohnern der Insel, die zudem wirtschaftlich autark war,[108] zu eigen gewesen ist. Das wahre religiöse Oberhaupt war in ihren Augen der Bischof von Salamis.[109] Es wird heute übereinstimmend als wahrscheinlich angesehen, dass die zypriotischen Bischöfe, gegen die antiochenische Tradition, die dem ὁμοούσιος von Nizäa kritisch gegenüberstand, die nizänische Orthodoxie verteidigt haben und dem Bischof von Alexandrien wesentlich näher standen als dem von Antiochien.[110] In den 60er Jahren war der Homöer Euzoius der staatlich anerkannte Bischof von Antiochien, was den Gegensatz verstärkte. Meletius war zur fraglichen Zeit (365–7) im Exil,[111] die Nizänergemeinde um Paulinus spielte nur eine untergeordnete Rolle.

---

[106] Vgl. BEER, Kypros, 106; vgl. die Karte und die Tafel bei BLECKMANN, DNP 3, 579–582; KORNEMANN, Dioecesis, 727f.

[107] Vgl. PAPAGEORGHIOU, Cyprus, 27; KIRSTEN, Cyprus, 492; BEER, Kypros, 106. Zur Reform des Diokletian vgl. STEIN, Bas-Empire I, 67ff; KORNEMANN, Dioecesis, 726f; ENSSLIN, PRE II 7, 248ff, zur Provinzverwaltung v.a. 2456–61.

[108] Vgl. KIRSTEN, Cyprus, 491f.

[109] Salamis hatte unter den Städten Zyperns nach OBERHUMMER (Salamis, 1839) in religiöser Hinsicht eine besondere Bedeutung. Die Stadt war „Hauptsitz des Christentums" auf Zypern. Die Bischöfe und Erzbischöfe von Salamis betrachteten sich, so OBERHUMMER, als „Nachfolger des den Aposteln gleichgestellten Barnabas und gewannen die kirchliche Jurisdiktion über die Insel".

[110] Vgl. NAUTIN, DHGE, 619; DROBNER, Patrologie 254; POURKIER, Hérésiologie, 42. Zypern war traditionell nizänisch. Mindestens zwei, wahrscheinlich sogar drei zypriotische Bischöfe waren auf dem Konzil von Nizäa 325 anwesend. Vgl. TURNER, canones, 80; GELZER, nomina, $46^{189}/47^{188}$; $48^{190}/49^{189}$; $69^{186/7}$; 75^{151}, wo Gelasius von Salamis und Cyrill von Paphos genannt sind. Zu Spyridion von Trimithus, der wahrscheinlich ebenfalls anwesend war, aber nicht zu den Unterzeichnern zählt, vgl. Rufin, Hist. Eccl. I,5 (PL 21, 471f, v.a. 472 AB). Vgl. JANIN, Chypre, 793. Auf dem Konzil von Serdica waren 12 Bischöfe anwesend. Vgl. Athanasius, Apol. sec. 50,2. BRENNECKE (Studien, 197) geht davon aus, dass Zypern von den dogmatischen und kirchenpolitischen Auseinandersetzungen unberührt „nizänisch im Sinne des Eustathius von Antiochien und seiner kleinen, von Paulus geleiteten Gemeinde" gewesen ist. Um 368 sei der aus „syrischem altnizänischem Milieu kommende Epiphanius" Metropolit von Salamis geworden. Beiden Thesen ist zu widersprechen. Es ist weder belegt, dass Epiphanius aus einem syrisch-altnizänischem Milieu stammt, noch dass Zypern 368 (367) altnizänisch im Sinne des Eustathius bzw. Paulinus war. Beide Thesen scheinen sich bei BRENNECKE gegenseitig zu stützen (vgl. auch a.a.O. seine Anm. 125). Es ist jedoch zu beachten, dass der Hauptgrund, weshalb Epiphanius in Antiochien mit Paulinus die Gemeinschaft aufnahm, in der Übereinstimmung in der Christologie lag. Die Trinitätslehre war zunächst ein Hindernis, bis dass Epiphanius sich vergewissert hat, dass Paulinus keinen Sabellianismus vertrat. Vgl. dazu unten, Teil I, A.2.b). Es ist also nicht ohne Weiteres davon auszugehen, dass Epiphanius und Paulinus trinitätstheologisch genau auf einer Linie lagen.

[111] Vgl. CAVALLERA, schisme, 132f.

Auch vor diesem Hintergrund muss die Wahl des Epiphanius zum Bischof gesehen werden. Er genoss nicht nur hohes Ansehen als Asket und Mönchsvater, sondern stand vor allem in athanasianischer Tradition und war Nizäner. Somit vertrat er eine Theologie, die der des bisherigen „Vormunds" Antiochien entgegenstand. Damit erschien er wie geschaffen für das Amt und die Intention, die Autokephalie zu erreichen, die den Zyprioten auf dem Konzil von Ephesus 431 schließlich bestätigt wurde.[112] Darüber hinaus kommt der These einige Wahrscheinlichkeit zu, dass Hilarion, der seit ca. 365 auf Zypern lebte, die Wahl positiv beeinflusst hat, indem er mit der Rechtgläubigkeit des Epiphanius für die Wahl geworben hat.[113]

Allerdings wird im Hinblick auf diese Wahl zu bedenken sein, dass Kaiser Valens, der die homöische Partei unterstützte, kaum die Einsetzung eines rigorosen Altnizäners in Salamis zugelassen hätte. Wenn BRENNECKE verwundert feststellt, dass „völlig ungehindert von der Politik der homöischen Reichskirche [...] der entschiedene Alt-Nizäner Epiphanius während der Herrschaft des Valens sein Amt als Metropolit von Zypern antreten und bis zum Tode des Kaisers ungehindert ausüben"[114] konnte, so ist auch der hier beschriebene Sachverhalt am wahrscheinlichsten damit zu erklären, dass Epiphanius kein solch strikter Altnizäner war, der mit der staatlichen Regierung in Konflikt geraten wäre.

Ob Epiphanius bereits einige Zeit vor seiner Wahl in Zypern gewesen ist, lässt sich nicht entscheiden.[115] Spätestens 367 ist er jedoch zum Bischof gewählt worden.

Die Datierung ergibt sich aus einer Angabe bei Palladius, nach der er 36 Jahre lang der Kirche in Zypern vorgestanden hat.[116] Ausschlaggebend für die Berechnung ist

[112] So POURKIER, Hérésiologie, 42. Auf dem Konzil von Ephesus 431 wurde Zypern Autonomie und Unabhängigkeit von Antiochien offiziell zuerkannt, wobei der gerade amtierende Metropolit von Zypern sich hier auf den Zustand berief, der schon zur Zeit des Epiphanius geherrscht habe. Vgl. ACO I,1,6 (118,16–122,22; vgl. v.a. 121,39–45 mit der Berufung auf Epiphanius). Vgl. NAUTIN, DHGE, 619f; JANIN, Chypre, 794f; KIRSTEN, Cyprus, 496. SCHNEEMELCHER führt die Bischofswahl des Epiphanius dagegen allein auf dessen Ansehen in der Kirche des Ostens zurück. Vgl. ders., RAC, 911. Ebenso SCHIWIETZ, Mönchtum, 130; ähnlich MOUTSOULAS, BHPES 74, 13. Ob dieses Ansehen allein jedoch als Grund für die Wahl zum Metropoliten ausreichte, ist fraglich.

[113] So MARTIN, Épiphane I, 119; DECHOW, Epiphanius, 43. Hilarion begründete auf Zypern das Anachoretentum (vgl. KIRSTEN, Cyprus, 495). Die enge Verbundenheit zu Hilarion kommt darin zum Ausdruck, dass Epiphanius nach dessen Tod im Jahre 372 einen Nekrolog verfasste. Vgl. dazu Hieronymus, V. Hil. 1 (PL 23, 29 B): „Quanquam enim sanctus Epiphanius Salaminae Cypri episcopus, qui cum Hilarione plurimum versatus est, laudem ejus brevi epistola scripserit, quae vulgo legitur." Der Brief ist nicht überliefert. Vgl. MARTIN, Épiphane I, 120; SCHIWIETZ, Mönchtum, 118.129.

[114] BRENNECKE, Studien, 239. Vgl. auch BRENNECKEs Charakterisierung des Epiphanius a.a.O., 197.

[115] NAUTIN (DHGE, 619) hält es für möglich, dass Epiphanius bereits seit 362 auf Zypern war. Auch POURKIER (Hérésiologie, 41) nimmt an, dass er vor 366 dort war. DECHOW rechnet mit der Möglichkeit, dass er zumindest zeitweise dort gewesen ist und bringt dies mit Julians Religionspolitik in Verbindung (vgl. ders., Epiphanius, 41f).

[116] Vgl. Palladius, Dial. 16 (99,17f).

das Todesjahr, das in der Regel auf 403 festgesetzt wird.[117] NAUTIN und ihm folgend POURKIER nehmen dagegen 402 als Todesjahr an und kommen so auf 366 als Jahr des Beginns des Episkopats.[118] Allerdings kann NAUTIN in einem späteren Beitrag auch die Datierung 367 akzeptieren, da er diese Datierung davon abhängig macht, ob Palladius bei seiner Angabe eine Antedatierung zu Grunde gelegt hat, wie dies früher häufig der Fall gewesen sei.[119] Insgesamt bleibt festzuhalten, dass gegen die gültige Lehrmeinung, 367 als Jahr des Amtsantrittes anzunehmen, kaum Gründe sprechen.

Im Folgenden sollen zwei Themenkomplexe in den Blick genommen werden, die bereits mit der frühen Zeit auf Zypern zusammenhängen und die z.T. grundlegend für das Verständnis des *Ancoratus* sind: Der Beginn der literarischen Tätigkeit[120] und die Auseinandersetzung mit zwei wichtigen Häresien, mit denen Epiphanius schon hier konfrontiert gewesen zu sein scheint und die für sein trinitätstheologisches Denken und auch für sein literarisches Wirken von ähnlich hoher Bedeutung sind wie die arianische Häresie.[121] In diesen Kontext gehört eine kurze Erörterung über einige Grundstrukturen der Häreseologie bei Epiphanius.

a) Literarische Tätigkeit

Die „älteste erhaltene, vielleicht die erste Schrift des Epiphanius überhaupt“,[122] ist ein Brief πρὸς Εὐσέβιον καὶ Μάρκελλον, Βιβιανόν τε καὶ Κάρπον· ἔτι μὴν καὶ πρὸς Αἰγυπτίους. Er ist nur grob zu datieren in die Zeit zwischen 367 (Beginn des Episkopats) und 373 (Tod des Athanasius) und gehört in die Aus-

[117] Vgl. zusammenfassend DECHOW, Epiphanius, 413 mit Anm. 161.

[118] Ausschlaggebend für die Bestimmung des Todesjahres ist die Datierung der Rückreise von Konstantinopel nach Zypern, während der Epiphanius verstarb (vgl. Sokrates, Hist. Eccl. VI,14,12; Sozomenus, Hist. Eccl. VIII,15,5). NAUTIN (DHGE, 617) führt als Argument für seine Chronologie die Ereignisse im Zusammenhang mit der letzten Reise des Epiphanius nach Konstantinopel an. Er datiert die Abreise von Zypern dorthin auf „printemps de 402“, die Abreise aus Konstantinopel „dans les premiers jours de mai“ des Jahres 402. Vgl. ders., 624f. Ihm folgt POURKIER, Hérésiologie, 29. Dem Ansatz NAUTINS widersprach v.a. DECHOW, der die entscheidenden Ereignisse in das Jahr 403 verlegt. Vgl. dazu DECHOW, Epiphanius, 409. Er legt schon die Ankunft in Konstantinopel auf „spring of 403“ fest (vgl. a.a.O., 409; 411f). Auch DROBNER (Patrologie, 254f) geht vom Todesjahr 402 und vom Wahljahr 366 aus, allerdings ohne Begründung. Wohl versehentlich spricht DROBNER a.a.O. von 35 Jahren Amtszeit.

[119] Vgl. NAUTIN, Eutychius, 97: „les 36 ans [...] peuvent partir de 367, si Palladius a compris l'année *a quo* dans son calcul, comme cela se faisait souvent“. Bei der Antedatierung wird das Jahr des Amtsantrittes voll dem neuen Inhaber zugerechnet. Vom Todesjahr 402 rückt NAUTIN auch hier nicht ab.

[120] Epiphanius wurde wahrscheinlich auf Zypern erstmals literarisch tätig. Zu seinen Schriften vgl. die Aufstellung bei CLAVIS, II, S. 324–332; Nr. 3744–3761 (S. 332–341; Nr. 3765–3807 = Spuria). Vgl. die kurzen Einleitungen z.B. bei SCHNEEMELCHER, RAC, 914–919(920); NAUTIN, DHGE, 626–629(631).

[121] Die arianische Häresie soll im Vorfeld der Interpretation des *Ancoratus*, in dem Epiphanius sich ausgiebig mit ihr auseinandersetzt, nicht gesondert behandelt werden.

[122] HOLL, Brief, 224.

einandersetzung um den Ostertermin.[123] Für unsere Thematik gibt er nichts her. Der Streit um den Ostertermin ist der einzige uns bekannte Konfliktpunkt zwischen Athanasius und Epiphanius, der niemals vollständig ausgeräumt wurde.[124]

Von größerer Bedeutung für uns ist ein Brief, der an arabische Christen[125] gerichtet ist und der in Haer 78,2–24 im Kapitel gegen die Antidikomarianiten wiedergegeben wird. Diese Häresie bringt Epiphanius dort mit einigen Apollinaristen in Zusammenhang.[126] Er berichtet, dass er bezüglich der Lehre, Maria sei nicht ewig Jungfrau geblieben (vgl. unten), zunächst (πρῶτον; Haer 78,1,2

---

[123] Text bei HOLL, Brief, 205–207. Zur Datierung vgl. HOLL, a.a.O., 224. Epiphanius vertritt in dem Brief eine „antiochenische" Datierung des Ostertermins gegen die auch in Nizäa beschlossene „alexandrinische" Datierung (vgl. HOLL, a.a.O., 222f), weswegen er mit Athanasius in Konflikt geriet (vgl. dazu die Einleitung des Chronicon paschale (PG 92, 76 C, abgedruckt bei HOLL, a.a.O., 223 Anm. 3), die HOLL als Antwort auf den Brief des Epiphanius versteht. Ebenso MOUTSOULAS, BHPES 74, 14. Zur Kritik an dieser These vgl. aber LEBON, fragments, 154 Anm. 28). In den gleichen Zusammenhang gehört wahrscheinlich ein Fragment, das bei Severus von Antiochien in dessen *Liber contra impium Grammaticum* überliefert ist und den Titel trägt: *Ex epistula ad Presbyteros Pisidiae de Sancto Paschate, cuius initium est: „Bonum est quidem fratrem a fratre suo adiuvari".* Zum Text vgl. CSCO; 102/Syr. 51, 235,11–23. LEBON (fragments, 147f) geht von der Echtheit dieses Fragmentes aus. Epiphanius kennt dem Fragment zufolge zwei Arten, Ostern zu feiern: „Wir feiern Ostern nämlich nicht um seiner selbst willen, sondern um unseretwillen. Wir bekennen, dass jene Leiden sich Ostern um unseretwillen ereignet haben." (Non enim propter ipsum pascha celebramus, sed propter nos; illos autem labores pro nobis in ipso accidisse confitemur). Vgl. auch LEBON, fragments, 148f. LEBON sieht das Fragment als Erklärung für die Haltung des Epiphanius in dem Brief nach Ägypten und in der Auseinandersetzung mit Athanasius: „Célébrer la fête de Pâques δι' αὐτὸ [τὸ πάσχα], c'est en fixer le jour d'après des calculs exacts, sans se soucier du jour déterminé actuellement par les Juifs: c'est la pratique que Pierre d'Alexandrie prônait contre Tricentius, celle qu'au dire de saint Athanase, saint Épiphane n'admettait pas, celle aussi qui est rejetée par notre fragment. Au contraire, célébrer la fête de Pâques δι' ἡμᾶς, en souvenir de la mort subie pour nous par le Sauveur en ce jour, c'est en fixer la date en dépendance de celle qui est, actuellement encore, déterminée par les Juifs: c'est la pratique que Pierre d'Alexandrie réprouvait chez Tricentius, celle que saint Athanase engageait saint Épiphane à cesser de défendre, celle aussi qu'approuve l'auteur de notre fragment." LEBON, fragments, 153f. LEBON hält es für möglich, dass sowohl die Adressatenkreise des Fragments und des Briefes identisch sind (Presbyter in Pisidien = Eusebius usw.) als auch, dass die Brieffragmente ursprünglich zum selben Brief gehörten. Doch müsse man hier mit einer Festlegung vorsichtig sein (vgl. ders., a.a.O., 154). LEBON datiert das Fragment bei Severus in Anlehnung an die Datierung HOLLS auf ca. 370 (vgl. LEBON, a.a.O., 154).

HOLL schloss aus der Tatsache, dass Epiphanius seinen Brief sowohl an einige unbekannte Adressaten (Euseb usw.) als auch πρὸς Αἰγυπτίους richtete, dass er von den Antiochenern „als eine Art Schiedsrichter angerufen" worden ist, da er zum einen zur antiochenischen Diözese gehörte und zum anderen Athanasius nahestand. Vgl. HOLL, a.a.O., 224. Inwiefern dies zutrifft, muss jedoch offen bleiben. Ein solcher Sachverhalt passt zumindest schlecht zu der These, dass Epiphanius die Autonomie Zyperns gegenüber Antiochien vorantreiben sollte und sich Alexandrien verbunden sah. LEBON (a.a.O., 154 Anm. 28) hält diese These HOLLS für rein hypothetisch.

[124] Vgl. HOLL, a.a.O., 224. Vgl. auch NAUTIN, DHGE, 620f; SCHNEEMELCHER, RAC, 914.

[125] Nach dem Präskript in Haer 78,2,1 (3,452,19–21) ist der Brief gerichtet an die „geehrten Herrn", „vielgeliebten Kinder", „ebenbürtigen Brüder" und „orthodoxen Glaubensbrüder", und zwar vom „Priester" bis zum „Laien" und zu den „Katechumenen" in Arabien. Mit anderen Wort spricht Epiphanius hier einen sehr breiten Adressatenkreis an.

[126] Vgl. Haer 78,1,1.4; vgl. auch Haer 77,36,2 (3,448,26–28).

(3,452,5)) einen Brief geschrieben und nach Arabien gesandt habe,[127] den er im Folgenden als ausreichende Widerlegung der Häresie zitiert.

NAUTIN datiert den Brief vor den *Ancoratus* mit der Begründung, die Antidikomarianiten würden dort schon unter den Häresien aufgezählt (vgl. Anc 13,8).[128] Auch SCHNEEMELCHER zufolge wurde der Brief vor dem *Ancoratus* verfasst, nämlich „wenige Jahre nach seiner Erhebung zum Bischof 367".[129] Aus dieser Datierung ergibt sich allerdings ein schwerwiegendes Problem, das mit den trinitätstheologischen Aussagen des Briefes in der Gestalt zusammenhängt, wie er in Haer 78 überliefert ist. Das sei im Folgenden näher erörtert.

Bevor Epiphanius auf die eigentliche Lehre der Antidikomarianiten eingeht, beklagt er allgemein die schlechten Zustände der Zeit. So fragt er, von welchem Bekenntnis der Sinn des Menschen noch nicht abgefallen sei,[130] und stellt fest, dass in dem gegenwärtigen Geschlecht sich alles erfüllt habe, alle Blasphemie und alles, „was außerhalb des Heiligen Geistes ist",[131] und dass dieses Geschlecht sich nun neuen Blasphemien zuwende, die dann folgend aufgezählt werden: So heißt es, dass einige, wie die Gnostiker, aber auch wie die Markioniten, Archontiker und Manichäer blasphemisch über den *Vater* des Weltalls (τῶν ὅλων) reden. Sie alle leugnen, dass Gott im Gesetz und in den Propheten geredet hat, dass er zu Recht von allen Geschöpfen als Schöpfer und Demiurg angebetet wird. Den wahrhaft Seienden leugnen sie, einen anderen, Nicht-Seienden, erfinden sie.[132] Einige, die sich davon abwendeten, lästerten stattdessen den *Sohn*, das einziggeborene Kind Jesus Christus, den Sohn des lebendigen Gottes, den wahrhaft Seienden. Dieser ist, so hält Epiphanius fest, anfangslos (ἀνάρχως) und zeitlos (ἀχρόνως) aus dem Vater gezeugt, er ist ewig aus dem Vater und ist ewig mit (σύν) dem Vater, unbegreifbar und unbefleckt gezeugt, ὁμοούσιος mit dem Vater und diesem nicht fremd.[133] Die Lästerer des Sohnes sind zu vergleichen mit den Juden und von daher als οἱ νέοι Ἰουδαῖοι zu bezeichnen.[134] Während die „Juden dem Fleische nach" den Sohn völlig leugneten,[135] leugnen diese die vollkommene Ebenbürtigkeit des Sohnes mit dem Vater und nennen ihn κτίσμα καὶ ποίημα καὶ ἀλλότριον πατρός.[136] Von diesen (ἐκ τούτων)[137] wiederum gibt es einige, die haben nicht den Vater oder die Ebenbürtigkeit des Sohnes zum Vater geleugnet, aber sie lästern den *Heiligen*

[127] Vgl. Haer 78,1–4.
[128] Vgl. NAUTIN, DHGE, 628.
[129] SCHNEEMELCHER, RAC, 914. POURKIER (Hérésiologie, 39) hält es sogar für wahrscheinlich, dass Epiphanius bereits zu seiner Zeit in Palästina mit der Häresie konfrontiert wurde und mit dem Brief auf sie reagiert hat.
[130] Haer 78,2,5 (3,453,9): ποῖα μέρη τῆς πίστεως οὐκ ἀπώλεσεν;
[131] Haer 78,3,1 (3,453,15–17).
[132] Vgl. Haer 78,3,2–5 (3,453,17–454,1).
[133] Vgl. Haer 78,3,6 (3,454,1–7).
[134] Vgl. Haer 78,4,6 (3,455,6).
[135] Das heißt, sie erkannten ihn überhaupt nicht als Sohn Gottes.
[136] Vgl. Haer 78,4,6 (3,455,6–11). Gemeint sind hier die Arianer.
[137] Haer 78,5,1 (3,455,12).

Geist und „werfen ihn aus der Gottheit".[138] Epiphanius stellt dem entgegen, dass der Geist Vater und Sohn nicht fremd ist (οὐκ ἀλλότριον), dass er aus derselben Gottheit ist (τὸ ἐκ τῆς αὐτῆς θεότητος ὂν) und nicht von der Gottheit verschieden sein kann.[139] Die Gegner aber schämen sich nicht zu behaupten, er sei δοῦλος καὶ κτίσμα καὶ πρόσφατον καὶ ποιητόν, und was ihnen sonst noch Schändliches in den Sinn komme.[140] Aufgrund der Anknüpfung ἐκ τούτων stellt Epiphanius hier die Pneumatomachen in eine klare Traditionslinie mit den Arianern. Bemerkenswert ist allerdings, dass sie die Ebenbürtigkeit des Sohnes offenbar nicht leugneten. Ob die hier gemeinten Pneumatomachen sich eventuell sogar auf das Nizänum beriefen, wird nicht deutlich. In Haer 74 unterscheidet Epiphanius dagegen explizit zwei Gruppen von Pneumatomachen: Eine Gruppe, die von den Arianern abstammt und eine, die sich zum Nizänum bekennt.[141]

Insgesamt erkennt Epiphanius eine häretische Traditionslinie, die sich ausgehend von den Lästerungen gegen den Vater über die Lästerungen gegen den Sohn bis hin zu denjenigen gegen den Geist erstreckt. Diese Anordnung zeigt den Anspruch, dass die Lästerung wider den Geist und den Sohn mit derjenigen gegen den Vater vergleichbar ist. Positiv ausgedrückt wird hier ersichtlich, dass es Epiphanius um den Gedanken der Einheit Gottes in der Trias geht. Nicht nur der Sohn, auch der Geist gehört gleichermaßen dazu wie der Vater. Deutlich wird ebenfalls, dass Epiphanius schon vor Abfassung des *Ancoratus* mit der pneumatomachischen Häresie konfrontiert war.[142]

Erst in Haer 78,5,4 geht er zu seinem eigentlichen Thema über. Weil die Welt schlecht ist, wendeten diejenigen, die der Blasphemie gegen die Heilige Trias entflohen sind, ihren Sinn einer neuen Häresie zu, nämlich derjenigen der Antidikomarianiten, die die ewige Jungfrauenschaft Mariens leugnen. Die folgende inhaltliche Auseinandersetzung mit der Häresie gibt für die Trinitätstheologie wenig her.[143] Sie erstreckt sich bis Haer 78,23,4 und endet mit einer Doxologie: τὰ βραβεῖα ἐν Χριστῷ Ἰησοῦ τῷ κυρίῳ ἡμῶν, δι᾽ οὗ καὶ μεθ᾽ οὗ δόξα τῷ πατρὶ σὺν ἁγίῳ πνεῦματι εἰς αἰῶνας. ἀμήν.[144] Bemerkenswert ist, dass der Brief bis hierher auffallend undogmatisch ist.

---

[138] Haer 78,5,1 (3,455,16): ... ἐκβάλλοντες ἐκ τῆς θεότητος τὸ ἅγιον πνεῦμα.

[139] Vgl. Haer 78,5,2f.

[140] Haer 78,5,3 (3,455,23f).

[141] Vgl. Haer 74,1–4; 14,4–8.

[142] Vgl. dazu unten, Teil I, A.2.c).

[143] In endlosen Beweisgängen legt Epiphanius hier die ewige Jungfräulichkeit Mariens dar, der ἀειπαρθένος (vgl. Haer 78,5,5 (3,455,31); 10,13 (3,461,24f); 23,2 (3,472,33f); 23,3f (3,473,6.10)).

[144] Die ungefähr gleiche doxologische Formulierung begegnet bei Athanasius, Ep. ad Serap. IV,7 (PG 26, 648 B): ἡ τελείωσις μία, ἐν Χριστῷ Ἰησοῦ τῷ κυρίῳ ἡμῶν, δι᾽ οὗ καὶ μεθ᾽ οὗ τῷ πατρὶ ἡ δόξα καὶ τὸ κράτος σὺν ἁγίῳ πνεύματι. Die Übereinstimmung zeigt, dass Epiphanius in vielen Bereichen des theologischen Denkens und Formulierens mit Athanasius auf einer Linie lag.

Erst im Postskript des Briefes (Haer 78,24,5f) macht Epiphanius zentrale Aussagen, die wichtig für die Einordnung des Briefes sind. Er grüßt seine Brüder, die mit ihm im rechten Glauben sind. Diesen Glauben spezifiziert er in trinitätstheologischer und in christologischer Hinsicht. Bezogen auf die Trinitätstheologie gehört dazu a) die Gemeinschaft mit den Arianern und das Geschwätz der Sabellianer zu hassen;[145] b) die Trias in einer die Wesenseinheit beachtenden Weise zu ehren (τιμῶντας δὲ ὁμοουσίως τὴν τριάδα; Haer 78,24,5 (3,475,6)), und zwar c) Vater und Sohn und Heiligen Geist, τρεῖς ὑποστάσεις, μίαν οὐσίαν καὶ θεότητα μίαν καὶ ἀπαξαπλῶς μίαν δοξολογίαν (Haer 78,24,5 (3,475,6–8). Im christologischen Teil[146] fordert Epiphanius, nicht über die Heilsveranstaltung und fleischliche Erscheinung unseres Erlösers in Irrtum zu verfallen, sondern seine Menschwerdung vollkommen zu bekennen, ihn als vollkommenen Gott und denselben als vollkommenen Menschen ohne Sünde zu bekennen, der seinen Leib von Maria nahm und dazu eine Seele und einen νοῦς und alles, was zum Menschen dazugehört, mit Ausnahme der Sünde. Dennoch gelte: Es sind nicht zwei, sondern ein Herr, ein Gott, ein König, ein Herrscher, Gott und Mensch, Mensch und Gott, nicht zwei, sondern einer, vereint nicht zu einer Vermischung (συνενωθέντα οὐκ εἰς σύγχυσιν), auch nicht in die Nichtexistenz (οὐδ' εἰς ἀνυπαρξίαν; das heißt, die Menschheit wurde durch die Vereinigung nicht aufgelöst),[147] sondern vereint zum großen Heilsgeschehen der Gnade.[148]

Dieser gesamte Abschnitt spiegelt einen Entwicklungsstand wider, der nicht in die Jahre vor 373/4 passt. Das Hauptargument dafür ist die Tatsache, dass Epiphanius im gesamten *Ancoratus* kein einziges Mal die neunizänischen Formel verwendet; stattdessen vertritt er zumindest zu Beginn eine Ein-Hypostasen-Lehre.[149] Kein Nizäner, der bewusst die Rede von den drei Hypostasen als orthodoxe Redeweise angenommen hat, würde anschließend wieder von nur einer göttlichen Hypostase sprechen. Die Übernahme der Rede von den drei Hypostasen und der einen Usia ist auf jeden Fall nach dem *Ancoratus* anzusetzen. Von daher ist es unmöglich, den Brief in dieser Form auf die Zeit zwischen 367 und 373/4 zu datieren. Ein weiteres Indiz, das gegen eine solche Datierung spricht, ist die im Schlussabschnitt vertretene Christologie, die die Auseinandersetzung mit apollinaristischer Christologie voraussetzt. Die gleichen Gedanken und zum großen Teil auch die gleichen Formulierungen äußert Epiphanius auch in Anc 80,6f.[150] Die Stelle in Haer 78 erscheint wie ein Extrakt aus der Ancoratusstelle.

---

[145] Vgl. auch in Haer 78,23,1 die Gegenüberstellung beider Richtungen als zweier Extreme.

[146] Vgl. Haer 78,24,6.

[147] Beide Zitate Haer 78,24,6 (3,475,15).

[148] Zur Einheit in Christus und den in diesem Zusammenhang verwendeten Begriffen vgl. unten und zu Anc 80 (Teil II, B.3.)

[149] Vgl. Anc 6,5. Vgl. zusammenfassend Teil III, D.3.

[150] Vgl. Anc 80,6f: ... ὁ αὐτὸς θεὸς ὁ αὐτὸς ἄνθρωπος, ὁ μὴ σύγχυσιν ἀπεργασάμενος, ἀλλὰ τὰ δύο κεράσας εἰς ἕν· οὐκ εἰς ἀνυπαρξίαν χωρήσας, ἀλλὰ συνδυναμώσας σῶμα

Aus den genannten Gründen ergeben sich zwei Möglichkeiten. Entweder ist der Brief in der Form, wie Epiphanius ihn in Haer 78 vorlegt, original. Dann muss er auf eine Zeit nach 374 datiert werden. Das Argument NAUTINs, dass die Antidikomarianiten schon im *Ancoratus* zu den Häretikern gezählt werden, stünde einer solchen Datierung nicht im Wege. Schließlich ist die Erwähnung im *Ancoratus* noch kein Beweis dafür, dass Epiphanius sich zu diesem Zeitpunkt schon direkt und schriftlich mit deren Häresie auseinandergesetzt hat.

Wenn der Brief jedoch wie von NAUTIN und SCHNEEMELCHER vorgeschlagen zu datieren ist, kann der Schlussabschnitt nicht in dieser Form zu dem eigentlichen Brief gehört haben. Andernfalls ergäben sich unerklärbare Widersprüche zum *Ancoratus* und ebenso zu dem Brief des Basilius an Epiphanius, in dem dieser seine Genugtuung darüber zum Ausdruck bringt, dass Epiphanius die Rede von den drei Hypostasen angenommen habe.[151] Dieser Brief ist auf etwa 376 zu datieren,[152] auf jeden Fall auf eine Zeit nach dem *Ancoratus*.

Die zweite genannte Möglichkeit ist wahrscheinlicher, auch wenn Epiphanius im Anschluss an das Zitieren des Briefes bekräftigt, dieser sei richtig wiedergegeben worden.[153] Diese Versicherung ist allzu auffällig und ungewöhnlich. Es ist denkbar, dass Epiphanius den Schlussabschnitt trinitätstheologisch und christologisch bearbeitet hat und gerade deswegen betont, der Brief sei korrekt wiedergegeben. Diese Deutung wird gestützt durch seine Aussage in Haer 78,1,2, er habe den Brief zwar διόλου in Haer 78 aufgenommn, allerdings μετὰ καὶ τῶν εὐλόγως ταύτῃ προστεθειμένων ἢ ἀπὸ αὐτῆς ἐξαιρουμένων.[154] Hier bestätigt er die Bearbeitung des Briefes in ihm als begründet erscheinenden Fällen.

Für diese Lösung, dass zwar der Schlussabschnitt bearbeitet, der eigentliche Brief aber älter ist, spricht weiterhin, dass Epiphanius die verschiedenen Häresien gegen Vater, Sohn und Geist in Haer 78,3,2–5,3 recht undifferenziert darstellt, was auf eine Zeit vor den größeren Auseinandersetzungen in literarischer (*Ancoratus*) und mündlicher Form (Gespräch mit den Apollinaristen in Antiochien) schließen lässt. Letztlich gibt es mit Ausnahme dieses Schlussabschnittes keine Gründe, den Brief (in seiner Urform) nicht auf die Jahre um 370 zu datieren.

Die chronologisch folgende, uns erhaltene Schrift ist der *Ancoratus*, der einen aktuellen Anlass hat.[155] Epiphanius' literarische Wirksamkeit beschränkt sich vor 373/4 also auf Briefe.[156]

γῆϊνον τῇ θεότητι εἰς μίαν δύναμιν ἥνωσεν, εἰς μίαν θεότητα συνήγαγεν· εἷς ὢν κύριος εἷς Χριστός, οὐ δύο Χριστοὶ οὐδὲ δύο θεοί.

151 Vgl. Basilius, Ep. 258,3.

152 Zur Datierung vgl. die Einleitung.

153 Vgl. Haer 78,24,7 (3,475,17): τῷ δὲ τῆς ἐπιστολῆς ἀντιγράφῳ ἀρκεσθέντες καλῶς ἔχοντι... SCHNEEMELCHER hält diese Versicherung für überzeugend. Vgl. ders., RAC, 914.

154 Haer 78,1,2 (3,452,7f).

155 Vgl. die beiden vorangestellten Briefe; dazu und zur Datierung vgl. unten, Teil I, B.2.3.

156 Über Privatkorrespondenz ist dabei nichts bekannt.

Nach dem *Ancoratus* widmete Epiphanius sich ganz den Ausführungen zum *Panarion*. Dieses ist in erster Linie ein häreseologisches Werk und entsprechend von Polemik geprägt.[157] Wie die beiden vorangestellten Briefe und die Proömien des *Panarion* vorgeben, ist auch die Abfassung des *Panarion* auf Anfragen zurückzuführen. Obwohl die Abfassungszeit in der Regel auf ca. 375–77[158] datiert wird, ist davon auszugehen, dass Epiphanius Teile dieser Schrift zumindest in einer Vorform früher verfasst hat.[159] Dafür sprechen zum einen zahlreiche Übereinstimmungen zwischen dem *Ancoratus* und dem *Panarion*, die auf frühere Ausarbeitungen hinweisen, die für beide Schriften gemeinsame Grundlage gewesen sein könnten,[160] zum anderen zahlreiche Dubletten im *Panarion* (vgl. v.a. in Haer 69). Ein weiteres wichtiges Indiz ist die Auflistung der im *Panarion* verhandelten Häresien in Anc 12,7–13,8. Diese Auflistung, die – wie schon HOLL zur Stelle anmerkt – „bereits den Entwurf des Panarion" gibt, ist nicht nur der Beweis dafür, dass Epiphanius bereits den *Entschluss* zur Abfassung des *Panarion* gefasst hat, sondern auch ein Indiz dafür, dass er schon mit der *Ausarbeitung* begonnen hat. Es wäre sogar denkbar, dass er durch die dringenden Anfragen aus Suedra in seinem ursprünglichen Plan, der Abfassung des *Panarion*, unterbrochen worden ist und sich nun zunächst der Abfassung des *Ancoratus* zugewendet hat. Das würde die zahlreichen Parallelen zwischen *Ancoratus* und *Panarion* erklären. Auf jeden Fall steht die Tatsache, dass Epiphanius schon in Anc 12f den präzisen Aufbau des *Panarion* nennt, in einem Widerspruch zu seiner eigenen Aussage, der Brief des Acacius und des Paulus (vgl. 1,153,1ff) sei der Anstoß zur Abfassung gewesen (vgl. Prooem I,1,1 (1,155,1ff)).[161] Wahrscheinlicher ist, dass er erste Teile bereits früher zusammengestellt hat.

Im Zusammenhang mit den Häresien fallen einige Unstimmigkeiten und Unklarheiten auf. Im *Ancoratus* werden sie wie folgt untergliedert: Insgesamt bezeichnet Epiphanius 9 Häresien vor dem Gesetz, darunter 5 „Mütter".[162] Von Mose bis Christus

[157] Trotz der Einordnung als häreseologisches Werk wäre es lohnend, das *Panarion* auch auf seine dogmatischen Aussagen und seine dogmatische Intention hin zu untersuchen.

[158] Zur Datierung vgl. Teil I, B.2.

[159] Vgl. auch zu Anc 33.

[160] Vgl. zu Anc 28,1–29,2; Anc 47f. Eine eindeutige Datierung und Identifizierung dieser Teile bzw. älterer Vorlagen, die bestimmten Passagen im *Ancoratus* und im *Panarion* als gemeinsame Quelle gedient haben werden, ist jedoch kaum möglich.

[161] Auf diesen Sachverhalt machte schon POURKIER (Hérésiologie, 49) aufmerksam, die zu dem Schluss kommt: „A strictement parler, ce ne sont donc pas Acace et Paul qui lui ont donné l'intention d'écrire ce livre, malgré ce qu'il en dit dans sa *Première* puis dans sa *Deuxième Préface*." Vgl. dazu Teil I, B.2. zu den Datierungsfragen.

[162] Vgl. Anc 12,7f. Zu den Müttern zählen Barbarismus, Skythismus, Hellenismus, Judaismus und Samaritismus. Vom Hellenismus stammen weitere vier ab: Pythagoreer, Platoniker, Stoiker und Epikureer. Vgl. dazu weiter die ausführlichen Untersuchungen von POURKIER, Hérésiologie, 87ff; FRAENKEL, Histoire sainte et hérésie, 181ff. MOUTSOULAS, Häresie bei Epiphanius, 364ff; YOUNG, Heresy, 201ff (mit Überblickstafel).

waren es 11[163], also von Adam bis Christus zusammen 20 Häresien. Nach der Inkarnation bis zur Regierung Valentinians, Valens' und Gratians' folgten weitere 60 Häresien, die sich fälschlich den Namen Christi zusprachen.[164] Zusammen erreichen alle mit ihren Müttern die Zahl 80.[165] Die Zahl 80 stammt aus Cant 6,8f und symbolisiert die 80 Nebenfrauen, die der einen reinen und vollkommenen „Taube", scil. der (von Epiphanius repräsentierten) Kirche, gegenüberstehen.[166] Um diese Zahl genau zu erreichen, fasst Epiphanius seinen Häresiebegriff sehr weit,[167] was – abgesehen

---

[163] Vgl. Anc 12,9. Aus den Juden 7: Schriftgelehrte, Pharisäer, Sadduzäer, Essäer, Nazoräer, Hemerobaptisten und Herodianer. Aus den Samaritanern 4: Gorothener, Sebuäer, Essener, Dositheer.

[164] Vgl. Anc 13,1ff: Simonianer, Menandrianer, Satorniler, Basilidianer, Nikolaiten, Gnostiker (die auch Stratiotiker und Phibioniten, nach einigen aber Sekundianiten, von anderen Sokratiten, von anderen wieder Zakchäer, wieder von anderen Koddianer, Borboriten und Baräliten genannt werden), Karpokratiten, Korinthianer (auch: Merinthianer), Nazoräer, Ebionäer, Valentiner, Sekundianer (mit denen zu verbinden sind Epiphanes und Isidor), Ptolemänoiten, Markosier, Kolorbasier, Herakleoniten, Ophiten, Kainiten, Sethianer, Archontiker, Kerdonianer, Markioniten, Lukianisten, Apellenisten, Severianer, Tatianer, Enkratiten, Kataphryger (die auch Montanisten und Taskodrugiten heißen), Pepuzianer (welche auch Priscillianer und Quintillianer genannt werden, denen zugerechnet werden die Artotyriten), Quartodezimaner (welche Ostern an einem fixierten Tage des Jahres feiern), Aloger (die das Evangelium und die Apokalypse des Johannes nicht annehmen), Adamianer, Sampsäer (auch Elkesäer genannt), Theodotianer, Melchisedekianer, Bardesianer, Noetianer, Valesier, Katharer (auch Navatäer und Montesier, wie man sie in Rom nennt), Angeliker, Apostoliker (die auch Apotakten heißen), Sabellianer, Origenisten (welche auch „die Schamlosen" heißen), die Origenisten des Adamantius, Paulus von Samosata, Manichäer (oder Akoaniten), Hierakiten, Melitianer, welche in Ägypten ein Schisma bilden, Arianer (oder Ariomaniten), Audianer, welche zwar im Schisma, nicht aber in der Häresie sind, Photinianer, Markellianer, Semiarianer, Pneumatomachen (welche gegen den Hl. Geist Gottes freveln), Aerianer, Aetianer (oder Anhomöer, welchen sich beigesellt Eunomius oder besser der „Anhomos"), Dimöriten (welche die volle Menschwerdung Christi leugnen, auch Apollinarier), Antidikomarianiten (welche behaupten, dass die heilige und beständige Jungfrau Maria nach der Geburt des Erlösers mit Joseph sich ehelich verbunden habe), Kollyrianer (diejenigen, die zu Ehren Mariens einen Kuchen [κολλυρίς] opfern), Messalianer (denen zuzuordnen sind Martyrianer aus den Heiden [Ἑλλήνων], Euphemiten und Satanianer).

[165] Der Aufbau des späteren *Panarion* weicht in der Anordnung der 20 vorchristlichen Häresien von der Gliederung des *Ancoratus* ab, die genannten Häresien sind jedoch die gleichen. Die Unterteilung in Häresien aus den Juden und den Samaritanern fällt weg. Nach der Behandlung der 20 vorchristlichen Häresien ist, chronologisch an der Stelle der Inkarnation, ein kurzer Abschnitt über den „einzigen und alleinigen Glauben an Gott" eingefügt mit der Überschrift: ἐνδημία Χριστοῦ καὶ ἐνσάρκου παρουσίας καὶ ἀληθείας πρόσωπον. ἡ μία καὶ μόνη οὖσα τοῦ θεοῦ πίστις. Für eine Stellenangabe wird in dieser Arbeit die Überschrift HOLLS aus der GCS-Ausgabe übernommen: „Christentum".

[166] Vgl. Prooem I,1,3f, Haer 35,3,5ff und De fide 5,5–7,2 (u.ö. dort). Vgl. auch SCHNEEMELCHER, RAC, 916; ebenso POURKIER, Hérésiologie, 82. Ausführlich FRAENKEL, Histoire sainte et hérésie, 184ff; MOUTSOULAS, Häresie bei Epiphanius, 368; YOUNG, Heresy, 202.

[167] Wie SCHNEEMELCHER (RAC, 916) herausstellt, hat Epiphanius diesen erweiterten Häresiebegriff, „der alles außerhalb des Christentums stehende u. nicht nur den Abfall von der Kirchenlehre umfaßt, von Hippolyt, dessen verlorenes Syntagma bis haer. 57 seine Hauptquelle war, übernommen", was erstmals LIPSIUS (Quellenkritik, 33–70) nachgewiesen hat. Auch YOUNG (Heresy, 202) kommt zu dem Ergebnis: „Heresy [scil. bei Epiphanius] means division which generates further division, and it is all the result of the initial rebellion of mankind; heresy is false religion and includes all that is outside the unity of the one, holy, catholic and orthodox Church." Vgl. auch DECHOW, Epiphanius, 93ff.

von der Frage der Berechtigung der Vorwürfe – zu einigen Ungereimtheiten bei der Aufzählung führt.[168] So werden die Juden und die Samaritaner einmal unter den Müttern aufgeführt und als solche mitgezählt, dann aber in verschiedene Häresien untergliedert, die wiederum mitgezählt werden. Die Melitianer und die Audianer werden in Anc 13,6f bzw. Anc 14,1–3 ausdrücklich als Schismatiker behandelt, nicht als Häretiker. Trotzdem werden sie bei den Häresien mitgezählt.[169] Bemerkenswert bei der Auflistung ist noch, dass der Zusatz Ἀπολλινάριοι zu Διμοιρῖται nachträglich eingefügt worden zu sein scheint.[170]

Schließlich ist der Umstand, dass Epiphanius im *Panarion* solch umfangreiches Quellenmaterial verarbeiten konnte, am besten damit zu erklären, dass er bereits früh, schon vor seiner Zeit auf Zypern, zu sammeln begann, wobei seine Reisen wahrscheinlich eine große Rolle gespielt haben werden.[171] Möglicherweise hat er von der Bibliothek profitiert, die Euseb in Cäsarea aufgebaut hat. Insgesamt ist davon auszugehen, dass er seine Quellen vor allem auf dem Festland zusammengetragen und auf Zypern dann schwerpunktmäßig verarbeitet hat. Dass Epiphanius Quellen-Sammler gewesen ist, zeigt nicht nur das *Panarion*, sondern ebenso der *Ancoratus*.[172]

Die Briefe, die er im Zusammenhang mit den origenistischen Streitigkeiten (ca. 393ff) verfasst hat,[173] haben ebenfalls einen konkreten Anlass und sind in historische Zusammenhänge eingeordnet. Ebenso wie die nur fragmentarisch erhaltenen Schriften gegen die Bilder[174] sind sie geprägt durch einen streitbaren und

---

[168] Vgl. dazu v.a. die oben genannten Untersuchungen.

[169] Um auf die Zahl 80 zu gelangen, müssen im *Ancoratus* die Schismen zu den Häresien gerechnet werden, obwohl Melitianer und Audianer sich eher wegen „Verfahrensfragen“ von der Großkirche abspalteten, aber keinen anderen Glauben vertraten (vgl. Anc 14,3), der sich in der Trinitätslehre bzw. in der Pneumatologie manifestiert hätte. Vgl. dazu auch POURKIER, Hérésiologie, 90f. Sie definiert in diesem Zusammenhang das Verhältnis von Schisma und Häresie bei Epiphanius wie folgt: „Pour Épiphane, le mot ‚hérésie‘ est donc un terme générique qui signifie simplement ‚secte‘ – d'où l'emploi très souple qu'il en fait – et le mot ‚schisme‘ n'est qu'une espèce à l'intérieur de l'hérésie: c'est une secte sans écart de doctrine, mais qui s'est séparée de la grande Église en se rebellant contre l'autorité ecclesiastique.“

[170] Vgl. RAVEN, Apollinarianism, 238 Anm. 2; DECHOW, Epiphanius, 62 Anm. 33. Gegen die Ursprünglichkeit des Namens an dieser Stelle spricht, dass nirgendwo sonst, auch nicht in der Auseinandersetzung in Anc 76ff, Apollinaris erwähnt wird. Dagegen lässt sich leicht erklären, dass aufgrund der intensiven und namentlichen Auseinandersetzung in Haer 77 sein Name nachträglich in den Ketzerkatalog in Anc 12f eingefügt wurde.

[171] Vgl. auch LIPSIUS, Epiphanius, 153 (Sp. 1).

[172] Vgl. hierzu v.a. Anc 27ff.

[173] Dazu gehören zwei Briefe, die nur in lateinischer Übersetzung in der Sammlung der Hieronymusbriefe überliefert sind: Ep. 51 an Johannes von Jerusalem (ca. 393; vgl. HOLL (Bilderverehrung, 381), der hier betont, dass der Brief nicht ins Jahr 394 gehört; MAAS (Episode, 279) datiert auf „etwa a. 392“) und Ep. 91 an Hieronymus (ca. 401).

[174] Es handelt sich hier um drei Schriften, die bei Nicephorus überliefert sind. Dazu gehören (1.) ein Logos gegen die, welche dem Brauch der Idole entsprechende Bilder Christi, Mariens, der Märtyrer, von Engeln und Propheten herstellen. Zum Text vgl. HOLL, Bilderverehrung, 356–359;

auch polemischen Charakter. Neben diesen Briefen gibt es noch Fragmente einiger anderer Briefe, die davon zeugen, dass Epiphanius zu aktuellen Problemen Stellung bezog.[175]

Neben diesen Streitschriften gibt es lediglich zwei Werke, die auch in die Zeit der neunziger Jahre gehören und die Epiphanius offensichtlich aus reinem Interesse am Thema verfasst hat. Beide Werke haben realenzyklopädischen Charakter und sind weitgehend undogmatisch.[176]

THÜMMEL, Bilderlehre, 298f (= Text Nr. 35), ebenda datiert auf „um 394“. Zur Übersetzung vgl. THÜMMEL, a.a.O., 65–67.
(2.) ein Brief an Kaiser Theodosius. Vgl. HOLL, a.a.O., 360–362; THÜMMEL, a.a.O., 300 (= Text Nr. 37), ebenda datiert auf „um 394“. Zur Übersetzung vgl. THÜMMEL, a.a.O., 67f;
(3.) ein Testament an seine Gemeinde. Vgl. HOLL, a.a.O., 363; THÜMMEL, a.a.O., 302 (= Text Nr. 38), ebenda datiert auf „vor 403“. Zur Übersetzung vgl. THÜMMEL, a.a.O., 69. Für seine Datierung stützt sich THÜMMEL im Wesentlichen auf HOLL (Bilderverehrung, 380–82), der – in dieser Reihenfolge – die Ep. 51 an Johannes von Jerusalem, den Logos (HOLL: „Flugschrift“) gegen die Bilder und den Brief an Theodosius auf die Zeit zwischen 393 und 17. Januar 395 (Todestag des Theodosius) datiert. THÜMMEL nennt darüber hinaus noch weitere Stellen aus den Schriften des Epiphanius, die er mit der Bilderlehre in Zusammenhang sieht. Vgl. insgesamt seine Aufstellung a.a.O., 295–302 (Texte 31–38).

[175] Vgl. dazu die drei bei Severus von Antiochien (*Liber contra impium Grammaticum*, CSCO; 102/Syr. 51, 235f) überlieferten Fragmente. Zum Brief an die Presbyter in Pisidien vgl. S. 37, Anm. 123. Außerdem ist dort ein Fragment überliefert *Ex Epistula ad Basilianum, cuius initium est: „Virtus Spiritus Sancti non in corpore tantum insignes reddit eos, qui gratiam acceperunt“*. Die Identität des Basilianus ist unbekannt. Der Brief thematisiert christologische Fragen, die gut zu den Ansichten des Epiphanius passen: Es geht um die Einheit Christi aus vollkommener Gottheit und voller Menschheit. Diese wird präzisiert: „et vere humanam animam assumpsit“ (a.a.O., 235,29). Von einem menschlichen νοῦς ist hier keine Rede. Zum Fragment vgl. LEBON, fragments, 154f. Für den Schluss-Satz „cum unus sit Dominus et unus sit Christus, homo et Deus, non duo sed unus, idemque Deus et homo“ (CSCO; 102/Syr. 51, 235,34f) erkennt LEBON (a.a.O., 155 Anm. 32) eine Parallele in Anc 80,6f (scil. Z. 24f.28). Das dritte Fragment ist weniger wegen seiner inhaltlichen Aussagen von Bedeutung, als wegen der Charakterisierung des Adressaten. Es ist betitelt *Ex epistula ad Magnum, Antiochiae Presbyterum, qui Sabellianus erat, cuius initium est: „Virtus Spiriuts Sancti fortes reddit eos, qui gratiam a Deo acceperunt“* und gibt fast wörtlich einige Zeilen aus Anc 77,2 wieder. Die Übereinstimmung zwischen dem Brief und dem Abschnitt im *Ancoratus* ist von Bedeutung, da es so möglich ist, den Brief dem apollinaristischen Kontext zuzuordnen. LEBON (fragments, 157 Anm. 40) hat darüber hinaus gezeigt, dass es wahrscheinlich ist, dass der Brief ursprünglich auch schon den Text, der Anc 77,2 vorangeht, beinhaltet haben wird. Zu dieser These passt schließlich die Tatsache, dass Magnus Presbyter in Antiochien war. Von Bedeutung ist nun, dass Epiphanius diesem Magnus Sabellianismus vorwirft, was vor allem deshalb bemerkenswert ist, weil Epiphanius in der Anordnung der Kapitel Anc 76–80 (Christologie) und 81 (Trinitätstheologie) ebenso eine Verbindung von Apollinarismus und Sabellianismus herstellt. Die Identität des Magnus ist nicht weiter zu klären. LEBON (fragments, 157) hält es für nicht ausgeschlossen, dass es sich hier um den Schüler des Apollinaris handelt, der auf dem Konzil von Konstantinopel verurteilt wurde. Die Identifizierung des Magnus durch LIETZMANN (Apollinaris, 157) mit dem Kyniker Maximus, dem Gegenspieler des Gregor von Nazianz, hält LEBON mit Recht für wenig wahrscheinlich (vgl. ders., a.a.O., 157 Anm. 45).

[176] Bei der Schrift *De mensuris et ponderibus*/Περὶ μέτρων καὶ σταθμῶν (ca. 392; zur Datierung vgl. Kap. 20 der Schrift; vgl. SCHNEEMELCHER, RAC, 917; NAUTIN, DHGE, 627) handelt es sich um den „Versuch einer biblischen Realenzyklopädie [...], in der Kanonfragen u. Übersetzungsprobleme des AT, biblische Maße u. Gewichte sowie Ortsnamen besprochen werden“ (SCHNEEMELCHER, RAC, 917). Sie ist damit eine Art Handbuch für den Gebrauch der Bibel (vgl.

Der kurze Überblick über die verschiedenen überlieferten Schriften zeigt, dass Epiphanius von sich aus wenig Interesse an dogmatischen Themen gehabt hat.[177] Entweder bezieht er in aktuellen Konflikten Stellung und äußert sich zu konkreten Fragen – dann wird er dogmatisch. Seine Motivation ist dabei soteriologisch. Entsprechend rigoros geht er in seiner Argumentation vor, entsprechend unnachgiebig werden Häresien bekämpft. Oder er schreibt aus Interesse – dann äußert er sich nicht zu dogmatischen Fragen, wie die beiden realenzyklopädischen Werke belegen.

Bevor auf Epiphanius' Auseinandersetzung mit zwei wichtigen Häresien eingegangen wird, mit denen er bereits vor der Abfassung des *Ancoratus* konfrontiert worden ist, sollen einige Grundstrukturen seiner Häreseologie zusammengestellt werden. Grundlage dafür sind die Untersuchungen, die ALINE POURKIER in ihrer Monographie herausgearbeitet hat.

b) Grundzüge der Häreseologie bei Epiphanius

Epiphanius ist, wie das *Panarion* deutlich macht, in eine Reihe mit den großen Häreseologen Justin, Irenäus und Hippolyt einzuordnen, denen er in Eifer und Polemik wenig nachsteht.[178] Es zeigen sich bestimmte Grundstrukturen, die von einem Häreseologen auf den jeweiligen Nachfolger überliefert wurden und die dieser dann z.T. stärker ausprägte als sein Vorgänger. Allerdings ist mit der Bezeichnung des Epiphanius als Häreseologe sein Werk keineswegs erschöpfend charakterisiert – er war vielmehr auch, wie v.a. der *Ancoratus* zeigt, ein Theologe mit einem eigenen Profil und darüber hinaus Seelsorger.

POURKIER verfasste mit ihrer Monographie „L'Hérésiologie chez Épiphane de Salamine" die bisher umfassendste Arbeit zum Thema.[179] Ihr Ziel ist es, die

---

NAUTIN, DHGE, 627 und SCHNEEMELCHER, RAC, 918). Vgl. auch BARDENHEWER, Geschichte, 299f. Das Werk *De XII gemmis*/Περὶ τῶν ιβ' λίθων τῶν ὄντων ἐν τοῖς στολισμοῖς τοῦ Ἀαρὼν βιβλίον (ca. 390/1 oder 393/4; Datierung nach SCHNEEMELCHER) verfolgt SCHNEEMELCHER zufolge eine ähnliche Absicht. Epiphanius wolle wahrscheinlich „mit diesem Werk einen christl. Lithologus den heidnischen Lapidarien entgegenstellen [...], den er dann durch vielerlei exegetisch-theologische Ausführungen anreicherte" (SCHNEEMELCHER, RAC, 918f).

[177] Dies gilt, wie die spätere Überarbeitung des Briefes in Haer 78 im Hinblick auf bestimmte, ihm wichtige trinitätstheologische Sätze zeigt, vor allem für die Zeit vor 373/4.

[178] MOUTSOULAS (Häresie bei Epiphanius, 362) stellt Epiphanius das Zeugnis aus, „zusammen mit Irenäus und Hippolyt zu den größten antihäretischen Denkern" zu gehören. Vgl. schon die Einschätzung des Photius (Bibl. 122 [94b], 5–9) in Bezug auf Epiphanius: πάντων δὲ τῶν πρὸ αὐτοῦ κατὰ αἱρέσεων καταβεβληκότων πόνους πλατύτερός τε καὶ χρησιμώτερος, ὅτι ἅπερ τε ἐκείνοις ἐρρήθη τὸ χρήσιμον ἔχοντα, οὗτος οὐ καταλέλοιπε, καὶ εἴ τι προσεξευρεῖν ἠδυνήθη, προσέθηκε. Vgl. auch TANDONNET, Épiphane, 858.

[179] Die Veranlassung für die Arbeit war die Tatsache, dass bis dahin (scil. bis 1992) Epiphanius „ohne Zweifel der einzige der wichtigen christlichen Schriftsteller des 4. Jahrhunderts war, der noch niemals Gegenstand einer Gesamtansicht [d'un ouvrage d'ensemble] war". POURKIER, Hérésiologie, 20. Von daher machte sie den zentralen Aspekt seines Werkes zum Thema ihrer Arbeit: Die Häreseologie, „das soll heißen, die Art und Weise, wie er vorgeht, um eine Häresie darzulegen und zu widerlegen" (ebd.).

literarische Gattung der Häreseologie, ihre Traditionen, Methoden und „Werkzeuge“ am Bespiel eines ihrer typischen Vertreter zu studieren.[180] POURKIER thematisiert also die *Methode* der Häreseologie bei Epiphanius. Ihr vornehmliches Bestreben ist nicht in erster Linie die Beschäftigung mit den einzelnen Häresien des *Panarion* als solchen. Grundlage ihrer Untersuchungen sind allein die beiden ersten Bücher des *Panarion*.[181] Von daher ist POURKIERs Arbeit für die Untersuchung des *Ancoratus* nur eingeschränkt verwertbar.[182] Doch sind einige Beobachtungen von allgemeinem Belang.

POURKIER unterscheidet bei Epiphanius zwei Methoden der Widerlegung: „Il fallait détruire l'hérésie, essentiellement en montrant, d'un coté, son absurdité ou sa folie, et, de l'autre, son caractère blasphématoire. A cette fin, l'hérésiologue disposait de deux sortes d'armes: des procédés hérésiologiques de déformation, utilisés surtout dans les exposés,[183] et des procédés techniques,

[180] Vgl. POURKIER, a.a.O., 23.

[181] Das gesetzte Ziel soll in erster Linie über einen Quellenvergleich mit den häreseologischen Vorgängern, Irenäus und Hippolyt, anhand exemplarischer Häresien des *Panarion* (Noetianer, Haer 57; Menander, Haer 22; Satornil, Haer 23; Basilides, Haer 24; Karpokratiten, Haer 27; Nikolaiten, Haer 25; Tatianer, Haer 46; Quartodezimaner, Haer 50; Katharer, Haer 59; Nazoräer, Haer 29) erreicht werden, wobei Übereinstimmungen und Unterschiede aufgezeigt werden, um die Spezifika des jeweiligen Häreseologen darzustellen. Bei ihren Untersuchungen geht POURKIER in folgenden Schritten vor (vgl. a.a.O., 24ff): Zunächst schafft sie den Rahmen für ihre eigentlichen Untersuchungen. Dazu stellt sie, ausgehend von den verschiedenen Stationen seines Lebens, diejenigen Häresien vor, die Epiphanius selber kennengelernt hat und über die er folglich aus erster Hand informiert war. Dann thematisiert POURKIER kurz die Häreseologie vor Epiphanius, das heißt seine Vorgänger Justin, Irenäus und Hippolyt und die von diesen überlieferten Quellen, die Epiphanius benutzt hat. Vgl. dazu a.a.O., 53ff. POURKIER kommt zu dem Ergebnis, dass es für eine Kenntnis Justins seitens des Epiphanius zumindest keine eindeutigen Anzeichen gibt (vgl. a.a.O., 59) und eine Kenntnis des *Elenchos* wohl auszuschließen ist (vgl. ebd., 68–70). Dagegen diente die Schrift *Adversus Haereses* des Irenäus dem Epiphanius in großen Teilen als Vorlage für das *Panarion* (vgl. ebd., 59–63), und das (heute fast vollständig verlorengegangene) *Syntagma* Hippolyts war sogar die Hauptquelle für Epiphanius (vgl. ebd., 70–75). Die Benutzung des *Syntagmas* für Haer 13–57 durch Epiphanius wies Mitte des 19. Jahrhunderts bereits LIPSIUS nach. Vgl. ders., Quellenkritik, 33–70. Zum Abschluss dieser „Vorarbeiten“ untersucht und erklärt POURKIER den Aufbau des *Panarion*. Im Folgenden geht es dann um das eigentliche Anliegen, um die inhaltliche Auseinandersetzung mit den Quellen. Durch einen direkten Vergleich zwischen dem Text des *Panarion* und dem der noch vorhandenen oder rekonstruierbaren Urquellen (Auslassungen, Hinzufügungen, Paraphrasen etc.) zieht POURKIER Rückschlüsse auf die Methode der Widerlegung, auf Aspekte, die Epiphanius stärker oder weniger stark betonte als seine Vorgänger. Dabei beschränkt sie sich bei ihren Untersuchungen auf eine repräsentative Auswahl der im *Panarion* behandelten Häresien, wofür sie als Gründe die aufwendige Textarbeit und die schwierige Quellenlage angibt.

[182] Die für den *Ancoratus* und generell für seine Zeit maßgeblichen Häresien verhandelt Epiphanius schwerpunktmäßig im dritten Buch.

[183] POURKIER gliedert die von ihr behandelten Abschnitte des *Panarion* in ein „exposé“, eine Einleitung, in der die jeweilige Häresie vorgestellt wird, und in eine „réfutation“, die eigentliche Widerlegung.

exploités essentiellement dans les réfutations."[184] Die diesbezüglich auch für den *Ancoratus* relevanten Punkte sollen kurz aufgeführt werden:[185]

1.) Einige Grundzüge beziehen sich POURKIER zufolge auf die „déformation", also die *Entstellung bzw. Darstellung der jeweiligen Häresie*. Dazu gehören z.B.: (a) Die Verbindung der neuen Lehre mit einem konkreten Namen.[186] (b) Das Erstellen eines kurzen, oftmals stark verzerrenden Portraits des Häretikers, das dazu dient, ihn als überflüssigen und ehrgeizigen Irrlehrer vorzustellen.[187] (c) Die Herleitung willkürlicher Folgerungen.[188]

2.) Andere Stereotype beziehen sich auf die *Art der Widerlegung*.[189] Schon Irenäus, und ihm folgend Hippolyt, gingen, wie POURKIER anmerkt, so vor, dass sie die Absurdität einer häretischen Lehre durch eine „rationale", d.h. sachliche Auseinandersetzung zu entkräften suchten (a), ihren blasphemischen Charakter dann durch die Konfrontation mit Schriftstellen oder Texten der kirchlichen Tradition widerlegten (b).[190] Als dritten Punkt fügt POURKIER noch die Polemik als Methodik an (c).[191] Alle Vorgehensweisen finden sich bei Epiphanius:

(a) Im Zusammenhang mit der rationalen Argumentation beobachtet POURKIER für das *Panarion*, dass Epiphanius seine Auffassung häufig in der Form eines fiktiven Dialoges mit dem Häretiker darlegt.[192] Diese Methode zieht Epiphanius einer abstrakten Argumentation offensichtlich vor, was zu seiner Ablehnung spekulativen Denkens passt. Ein weiteres, für Epiphanius wichtiges Merkmal ist die Tatsache, dass er offenbar nicht fähig oder nicht willens ist, sich den Erwägungen Andersdenkender ernsthaft zu öffnen und sich mit ihnen

---

[184] POURKIER, Hérésiologie, 485.

[185] Vgl. für das Folgende POURKIER, Hérésiologie, v.a. 485ff.

[186] Erst ein Name macht die Häresie real greifbar. Eine Vielzahl benannter Häresien und benannter Irrwege macht zudem die Abweichung von der Wahrheit, die nur eine sein kann und der Kirche gehört, augenscheinlich. Vgl. POURKIER, Hérésiologie, 486f. Als Beispiel für den *Ancoratus* sind in diesem Zusammenhang z.B. die „Dimöriten" zu nennen, die Epiphanius erstmals in Anc 13,8 und Anc 63,5 erwähnt. Zu den Dimöriten vgl. den Exkurs in Teil II, B.

[187] Vgl. POURKIER, Hérésiologie, 487ff. Vgl. dazu z.B. Anc 14,6.

[188] Als geläufiges Beispiel hierfür nennt POURKIER, von den Worten auf das Denken zu schließen, was sie mit einer Formulierung NAUTINs erläutert: „Tu dis ceci, donc du penses cela" (POURKIER, Hérésiologie, 489, mit Verweis auf NAUTIN, „Histoire des dogmes et des sacrements chrétiens", in: Problèmes et méthodes d'histoire des religions, Paris 1968, 183). Allerdings schränkt POURKIER ein, dass sie in Bezug auf Epiphanius für diese Vorgehensweise keine direkten Belege in den von ihr untersuchten Kapiteln gefunden hat, sondern nur Varianten. Geradezu typisch für Epiphanius sei es aber, von den Taten (und nicht etwa von der Lehre/doctrine) auf das Denken zu schließen. Also gelte das Prinzip: „Tu agis ainsi, donc tu penses cela." Vgl. POURKIER, a.a.O., 489. Als Beispiel führt sie die Quartodezimaner (Haer 50) an, die allein aufgrund ihrer Praxis, das Osterfest genau am 14. Nisan zu feiern und dabei analog dem jüdischen Passahmahl das Abendmahl zu feiern, von Epiphanius als judaisierende Sekte dargestellt werden.

[189] Vgl. POURKIER, Hérésiologie, 492ff.

[190] POURKIER, Hérésiologie, 492: „ L'absurdité de la doctrine hérétique était démontrée par une argumentation rationelle, son caractère blasphématoire par une confrontation avec les textes scripturaires ou la Tradition ecclésiastique. C'est ce que l'on retrouve aussi chez Épiphane."

[191] Vgl. POURKIER, Hérésiologie, 494ff.

[192] Vgl. für den *Ancoratus* z.B. Anc 17,4f; 46,3. Vgl. auch die direkte Anrede in Anc 6,1; 16,6–17,1.

auseinanderzusetzen.[193] Dabei ist allerdings festzuhalten, dass es Epiphanius nicht in erster Linie um das Konservieren der traditionellen Überlieferungen geht. Sein Ansatzpunkt ist streng soteriologisch, und in diesem Rahmen hält er es, wie Haer 74,14,4ff (vgl. dazu Teil I, A.2.c)) zeigt, durchaus für geboten, die kirchliche Lehre im Hinblick auf neu aufgekommene Häresien zu präzisieren.[194]

(b) Sehr viel stärker ausgeprägt als die rationale Argumentation ist bei Epiphanius die Widerlegung durch die Schrift oder durch die Berufung auf die Tradition der Kirche, wodurch die falsche Lehre häufig endgültig enttarnt wird.[195] Ziel ist es, den Häretikern aufzuzeigen, dass sie die Schrift falsch verstehen und auslegen, sei es, dass sie den Sinn nicht verstehen, sei es, dass sie ihn wissentlich verdreht haben.[196]

(c) Als letzte Methode hebt POURKIER die Polemik hervor: Simple Aufrufe an den „gesunden Menschenverstand"[197], Beleidigungen[198], Ironie, Wortspiele[199], Vergleiche, die dazu dienen, den Gegner lächerlich zu machen – alles Methoden, die eine lange Tradition haben. Der Zweck heiligt dabei die Mittel: „Pour écraser l'hérésie, tout est bon."[200] Vor allem die Polemik führt so dazu, dass die Darstellung der gegnerischen Lehre verzerrt wird.[201]

---

[193] Diese Eigenschaft ist vor allem in der Auseinandersetzung mit apollinaristischer Christologie zu beobachten (vgl. dazu unten, Teil II, B.3.). POURKIER stellt hier – in ihrem Kontext mit Blick auf die gnostischen Häresien – ein entscheidendes Charakteristikum bei Epiphanius heraus: „Pensant posséder l'unique vérité, qui est celle de l'Église catholique, Épiphane ne cherche jamais à comprendre réellement la doctrine qu'il attaque en entrant dans le système de pensée de l'adversaire. Il argumente toujours à partir de schémas chrétiens orthodoxes qui peuvent être totalement inadaptés à la théorie critiquée, ce qui ne le gêne aucunement puisque son but n'est pas de saisir la pensée de l'adversaire, mais de la rejeter fermement, car, n'étant pas dans la droite ligne de l'Église, elle représente un danger potentiel ou réel." POURKIER Hérésiologie, 493. Die hier genannte Einstellung erklärt sich aus dem monastischen Milieu, in dem Epiphanius aufgewachsen ist: Die Häresie stellt eine existentielle Herausforderung dar, keine wissenschaftlich-dogmatische. Vgl. dazu Teil I, A.1.a).

[194] Vgl. auch die Paraphrase des Nizänums in Anc 119(120),3–12.

[195] Vgl. dazu z.B. Haer 77,24,6f (3,437,21–26). Epiphanius beruft sich hier gegen die Apollinaristen darauf, dass „keiner der Söhne der Kirche" den νοῦς jemals als Hypostase bezeichnet habe. Vgl. auch Haer 77,34,5 (3,446,32f). POURKIER (a.a.O., 494) hält fest: „L'importance des arguments scripturaires et des appels à la Tradition ecclésiastique, domaine dans lequel il est à l'aise, peut être considérée comme un trait marquant de l'hérésiologie d'Épiphane."

[196] Genau das ist das große Thema in der Auseinandersetzung mit den Arianern in Anc 27ff und mit Origenes in Anc 53ff.

[197] Vgl. z.B. Anc 6,1.

[198] Dazu kann man auch die Bezeichnung der Juden und in Folge dessen der Sabellianer als κυριοκτόνοι zählen; vgl. Anc 116,3.9.

[199] Vgl. z.B. Anc 63,6: Die Γνωστικοί sind κατάγνωστικοι. Die Διμοιρῖται sind die ἀνοήτως τὸν νοῦν παρεκβάλλοντες.

[200] POURKIER, Hérésiologie, 495.

[201] POURKIER schließt ihre Ausführungen dann auch mit dem Appell, bei der Suche nach der authentischen Lehre der Häretiker nach Möglichkeit stets die Quellen genau zu untersuchen und zu vergleichen und den häreseologischen Hintergrund bei der Darstellung des Epiphanius zu berücksichtigen. Vgl. a.a.O., 497.

Die aufgezeigten Eigenschaften und Methoden schärfen den Blick dafür, genau zu fragen, wen Epiphanius bei seinen Auseinandersetzungen im *Ancoratus* wirklich meint. Ferner ist stets damit zu rechnen, dass er gegnerische Lehre verzerrt widergibt.

Abschließend sollen diejenigen Häresien in den Blick genommen werden, mit denen Epiphanius schon in seiner frühen Zeit auf Zypern vor allem konfrontiert gewesen ist. POURKIER nennt als die Hauptkonflikte, die für diese Zeit relevant sind, das antiochenische Schisma, die Häresie des Apollinaris, die der Pneumatomachen und die der Messalianer.[202] Vor allem von den ersten drei genannten Konflikten, die seit den sechziger Jahren allgemein das theologische und z.T. auch (kirchen-)politische Leben bestimmten, waren Epiphanius und seine Gemeinden schon vor 373/4 existenziell betroffen. Die Darstellung der entsprechenden Häresien der Apollinaristen und Pneumatomachen durch Epiphanius soll im Folgenden genauer untersucht werden, und zwar unter Zugrundelegung entsprechender Stellen im *Panarion*. Dieser Schritt ist aus drei Gründen gerechtfertigt: 1.) erstreckt sich die Auseinandersetzung von der vorliterarischen (vor 373/4) über die literarisch geführte im *Ancoratus*[203] bis hin zur ausführlichen Behandlung im *Panarion*. Sie bestimmt damit durchgehend einen wesentlichen Teil der dogmatischen Diskussion und bildet vor allem für den *Ancoratus* einen Schwerpunkt der Auseinandersetzung. 2.) geben die Stellen im *Panarion* wertvolle Informationen über frühere Konflikte der vorliterarischen Zeit, die allein aus dem *Ancoratus* nicht zu erhalten sind. So berichtet Epiphanius im *Panarion* z.B., dass einst Schüler des Apollianris nach Zypern gekommen sind und einige Lehren verbreitet haben.[204] 3.) helfen die Stellen, problematische Stellen im *Ancoratus* zu beleuchten.

Aus diesen Gründen soll die Erörterung der beiden genannten Häresien an dieser Stelle auf der Basis des *Panarion* erfolgen. Auf eine Darstellung der arianischen Häresie (vgl. v.a. Haer 69), die für den *Ancoratus* und Epiphanius insgesamt von Bedeutung ist, wird dagegen verzichtet, da im Kontext der Interpretation des *Ancoratus* ausreichend auf Parallelen verwiesen wird. Die direkte Konfrontation mit den neuen Lehren erklärt Epiphanius' reges Interesse an der Auseinandersetzung, zumal er als Metropolit auf die Probleme, die die ganze

---

[202] Vgl. dies., Hérésiologie, 42–47.

[203] Mit Apollinaristen und Pneumatomachen setzt sich Epiphanius schon im *Ancoratus* intensiv auseinander: Die Lehre der Pneumatomachen ist direkter Anlass für dessen Abfassung (vgl. die beiden dem *Ancoratus* vorangestellten Briefe), in den Kapiteln Anc 76–80 setzt sich Epiphanius, wenn auch ohne Namen zu nennen, dezidiert mit apollinaristischer Christologie auseinander.

[204] Vgl. v.a. Haer 77,2,3f (3,417,8ff) und Haer 77,22,5 (3,435,30–32). Vgl. Haer 77,14,4 (3,428,12f): ἄλλοι δὲ εἰς ἡμῶν ὦτα εἰρήκασιν... Haer 77,18,15 (3,432,29f): τινὲς δὲ πάλιν ἐξ αὐτῶν τῶν πρὸς ἡμᾶς ἐρχομένων... Haer 77,20,2 (3,434,12f): ὡς ὕστερον ἐκ τοῦ στόματος αὐτῶν ἀκριβῶς μεμαθήκαμεν.

Kirche betrafen, eingehen musste.[205] Auch hier geht es ihm nicht um spekulative Erörterungen, sondern um Fragen des Heils. Die folgenden Untersuchungen sollen es ermöglichen, Entwicklungslinien aufzuzeigen, die für eine dogmengeschichtliche Einordnung hilfreich sind.

c) Auseinandersetzung mit apollinaristischer Lehre (Haer 77)

Die Auseinandersetzung mit Apollinaris und seinen Schülern ist für unser Thema deshalb von grundlegender Bedeutung, weil die Ereignisse in Antiochien und das dortige Gespräch mit Vitalis und anderen Apollinaristen in den Zeitraum fallen, in dem Epiphanius den formellen Wechsel von der Ein- zur Drei-Hypostasen-Lehre vollzogen hat. Es muss untersucht werden, ob es Zusammenhänge zwischen beiden Sachverhalten gibt. Nur in Haer 77, also aus einer Perspektive einige Zeit nach den Ereignissen in Antiochien und nach Abfassung des *Ancoratus*, gibt Epiphanius Auskünfte über dieses Gespräch mit Vitalis. Die entsprechenden Passagen aus dem *Ancoratus* sollen im Folgenden nur im Einzelfall hinzugezogen, ansonsten im Verlauf der Interpretation des *Ancoratus* thematisiert werden.

Gleich zu Beginn des Kapitels Haer 77 wird deutlich, dass Epiphanius Apollinaris grundsätzlich Sympathie und Wertschätzung entgegenbringt.[206] Falsche Lehre lastet er lieber dessen Schülern an.[207] Der kritische Punkt für ihn ist, dass es „einigen" angebracht erscheint, bezüglich der Inkarnation den νοῦς auszuschließen und zu behaupten, Christus habe Fleisch und Seele angenommen, einen νοῦς dagegen nicht, und damit auch nicht einen vollkommenen Menschen.[208]

---

[205] Insgesamt kann festgestellt werden, dass der Kampf gegen die Häresie alle Stationen von Epiphanius' Leben durchzieht. Allein von daher ist anzunehmen, dass er bereits vor 373/4 (also vor Abfassung des *Ancoratus*) den Plan zur Ausarbeitung des *Panarion* gefasst hat und zumindest insofern damit begonnen hat, als er Quellen gesammelt und zusammengestellt hat.

[206] Vgl. z.B. Haer 77,1,1.4 (3,416,8–10.15–17); 2,1f (3,416,31–417,5). Vgl. auch Haer 77,18,15f (3,432,28ff). Hier dürfte die Erklärung dafür zu finden sein, dass er im *Ancoratus* den Namen des Apollinaris nicht nennt, sondern unverbindlich und anonym von τινές spricht. Vgl. Anc 76,1; 77,3. Apollinaris war 373/4 kein verurteilter Häretiker, und da Epiphanius in trinitätstheologischer Hinsicht mit ihm durchaus auf einer Linie lag, sah er sich dem Dilemma ausgesetzt, einerseits nicht gegen ihn vorgehen zu wollen und andererseits doch die in seinen Augen problematische Christologie bekämpfen zu müssen. Da die Thematik in Anc 75,5ff und Haer 77 dieselbe ist, kann der Grund für das Verschweigen des Namens nicht in erster Linie im Inhaltlichen liegen. Dann müssen es aber die Ereignisse in Antiochien selber gewesen sein, die die Verschärfung der Frontstellung provoziert haben.

[207] So hält er es für wahrscheinlicher, dass die Schüler ihren Lehrer nicht verstanden haben und dass sie solches nicht wirklich von ihm gelernt hätten. Vgl. Haer 77,2,2f (3,417,2–8).

[208] Haer 77,1,4 (3,416,15–20): ἔδοξε γάρ τισι ... παρεκβάλλειν τὸν νοῦν ἀπὸ τῆς τοῦ Χριστοῦ ἐνσάρκου παρουσίας καὶ λέγειν ὅτι σάρκα ἔλαβεν ὁ Χριστὸς ἐλθὼν ὁ κύριος ἡμῶν καὶ ψυχήν, νοῦν δὲ οὐκ ἔλαβε τουτέστι τέλειον ἄνθρωπον. Vgl. dazu Anc 63,6, wo die Διμοιρῖται als οἱ ἀνοήτως τὸν νοῦν παρεκβάλλοντες charakterisiert werden. Zur Bezeichnung der Schüler des Apollinaris als Διμοιρῖται vgl. den Exkurs in Teil II, B. Die Ursache für deren Irrtum sieht Epiphanius darin, dass die Gegner die Vorgaben der Heiligen Schrift und den einfachen Glauben verlassen haben und stattdessen eine sophistische und mythische Rede-

Damit hat Epiphanius direkt am Anfang die Lehre angesprochen, um die es ihm in Haer 77 geht. Allerdings zeigt ein Blick in den *Ancoratus*, dass er genau diese Lehre auch dort schon bekämpft. Es handelt sich also nicht um eine Thematik, die erst im *Panarion* Bedeutung erlangt.[209] Dazu passt, dass er sich bei seinen Ausführungen in Haer 77 mehrfach auf Auseinandersetzungen in der Vergangenheit bezieht. So weist er wie erwähnt auf den Besuch von Schülern des Apollinaris in Zypern hin. Von ihnen wurde vieles vorgebracht.[210] So lehrten einige (1.), Christus habe seinen Leib „von oben" mit heruntergebracht,[211] andere (2.) leugneten, dass Christus eine Seele angenommen habe,[212] und wieder andere (3.) behaupteten, Christi Leib sei ὁμοούσιος mit der Gottheit.[213] Am

weise eingeführt haben (vgl. Haer 77,1,6). Diese Argumentation passt zu den Beobachtungen im Zusammenhang mit seiner monastischen Vergangenheit und Erziehung.

209 Vgl. Anc 63,6 und v.a. 76ff.

210 Vgl. Haer 77,2,4f (3,417,8–15).

211 Dass das nicht wirklich die Lehre des Apollinaris war, betont GRILLMEIER (Christus, 483f) mit Bezug auf Apollinaris, fr. 160 (= LIETZMANN, Apollinaris, 254). Als „himmlischer Mensch" kann Christus nur aufgrund des göttlichen Pneumas bzw. Logos bezeichnet werden. Vgl. Apollinaris, Apodeixis (= fr. 25; LIETZMANN, Apollinaris, 210).

212 Vgl. auch Haer 77,23,4 (3,436,23f), wo Epiphanius dies als „frühere" Lehre (ποτὲ γὰρ οὐχ ὡμολόγουν...) bezeichnete. Vgl. auch Anc 76,1. Es scheint sich hierbei in der Tat um eine frühere Lehre des Apollinaris zu handeln. LIETZMANN (Apollinaris 5f) spricht in diesem Zusammenhang davon, dass von Apollinaris „zwei theorien über die person Christi nach einander aufgestellt" worden seien. Die frühere Theorie besagt demnach, dass der Logos an die Stelle der Seele getreten ist. Später lehrte Apollinaris dann, dass der Logos nur an die Stelle des νοῦς, d.h. der höheren Seelenkräfte getreten ist, während Leib und animalische Seele (ψυχή) menschlich waren. Vgl. auch GRILLMEIER, Christus, 484; MÜHLENBERG, Apollinaris, 97; RITTER, HDThG 1, 232. Wann genau Apollinaris diese Präzisierung vornahm, lässt sich nicht sagen. Die Ursache für die Präzisierung lag wahrscheinlich darin, dass die Leugnung einer menschlichen Seele (σῶμα ἄψυχον) den Verdacht des Arianismus auf sich zog (vgl. z.B. Eustathius von Antiochien, fr. 15 (= SPANNEUT, Eustathe, 100)). Nach Anc 33,4 haben schon Lukian und alle Lukianisten (so auch die Arianer) geleugnet, dass der Sohn Gottes eine Seele annahm, was zur Folge hatte, dass sie die menschlichen Affekte auf den Logos bezogen.

213 Wie wir wissen, hat auch Apollinaris sich von der Lehre der Homousie von Gottheit und Leib schon früh distanziert. Vgl. Haer 77,25,5f (3,438,18ff). Vgl. MÜHLENBERG, Apollinaris, 62; 223. Vgl. Apollinaris, Ep. ad Serapionem (= fr. 159–161; LIETZMANN, Apollinaris, 253f); De fide et incarnatione 3 (= LIETZMANN, Apollinaris, 194); Epist. ad Dionysium 7 (= LIETZMANN, Apollinaris, 259); fr. 164 (= LIETZMANN, Apollinaris, 262). Die Lehre beruhte vielleicht auf einem Missverständnis der Lehre, die Apollinaris in De Unione 8 vertrat (= LIETZMANN, Apollinaris, 188). Allerdings kann die Lehre mit ziemlicher Sicherheit einem Schüler des Apollinaris, Timotheus von Berytus, zugeschrieben werden; vgl. fr. 181 bei LIETZMANN, Apollinaris, 279. Epiphanius bezieht die Affekte Christi auf den Leib (vgl. Haer 77,32,4–8 (3,444,22–445,15); Anc 78,7–80,3), der schon deswegen nicht mit der Gottheit ὁμοούσιος sein könnte. Aufgrund v.a. der Lehre von der Homousie des Leibes mit der Gottheit wurde eine Synode einberufen, die diejenigen, die so lehrten, verdammte und eine Einigung auf dem Boden des nizänischen Symbols herbeiführte. Vgl. Haer 77,2,5 (3,417,13–16) und Haer 77,13,5 (3,427,25f). Auf wessen Veranlassung und wohin die Synode einberufen wurde, wird hier nicht berichtet. Als Zeugnis dieser Synode führt Epiphanius zur Widerlegung der genannten Häresie den Brief des Athanasius an Epiktet von Korinth an (vgl. Haer 77,3–13 (3,417–427)). Athanasius hat ein Protokoll der Verhandlungen erhalten, in dem die problematischen Sätze wiedergegeben werden. In seinem Brief an Epiktet nimmt er auf die besagte Lehre Bezug und bringt seine Ablehnung zum Ausdruck (vgl. Haer 77,4

Ende des Kapitels, in Haer 77,36, führt Epiphanius noch zwei weitere Beispiele für Irrlehre an, die ihm zu Ohren gekommen sind und die mit Apollinaris in Zusammenhang stehen sollen. In beiden Fällen bringt er seine Skepsis gegenüber den Anschuldigungen zum Ausdruck.[214] Die insgesamt zu beobachtende Tendenz, die fraglichen Lehren den Schülern zuzuweisen, wird ein rhetorisches Manöver sein. Auf diese Weise ist die Bekämpfung der Häresie einfacher: Da Apollinaris hohes Ansehen genoss, war es leichter, sich gegen seine Schüler zu wenden.

In Haer 77,18,15 (3,432,28ff) kommt Epiphanius wieder auf Apollinaris direkt zu sprechen. Erneut bringt er zunächst seine Wertschätzung ihm gegenüber zum Ausdruck.[215] Allerdings bleibt ein Vorwurf bestehen, dessen Erörterung er sich anschließend widmet. Epiphanius greift die Anschuldigung aus Haer 77,1,4 auf: τελείαν οὐ βούλεται λέγειν τὴν ἔνσαρκον Χριστοῦ παρουσίαν.[216] Demnach sei es nach Apollinaris nicht notwendig zu bekennen, dass Christus das vollkommene Menschsein angenommen habe, wodurch, so Epiphanius, das

(3,418ff)). Vgl. auch DECHOW, Epiphanius, 61. Dabei beruft Athanasius sich mehrfach auf den Glauben von Nizäa (vgl. Haer 77,3,1 (3,417,27); 3,3 (3,418,8); 5,1 (3,420,14); 6,2f (3,421,10.13)). Im Anschluss an die vollständige Wiedergabe des Briefes äußert Epiphanius sich zu der Frage, ob Christus tatsächlich dasselbe Fleisch angenommen habe wie das unsrige (vgl. Haer 77,14,4–18,14). Er kennt diese These wiederum aus einem direkten Gespräch (vgl. Haer 77,14,4 (3,428,12)) und legt dagegen breit dar, dass das Fleisch Christi nicht von unserem Fleisch verschieden sei, mit der einen Ausnahme, dass Christi Fleisch nicht gesündigt habe und insofern heilig sei (vgl. Haer 77,14,5–7 (3,428,14–23); Haer 77,17,2 (3,430,25); Haer 77,27,2 (3,439,29f); fast wörtlich wiederholt in Haer 77,35,3 (3,447,27)). Christus ist wahrhaft im Fleisch geboren worden von der immerwährenden Jungfrau Maria durch den Heiligen Geist (so Haer 77,18,3 (3,431,15f). Auch die Tatsache, dass sein Fleisch nicht durch den Samen eines Menschen gezeugt wurde, ändert diese Tatsache nicht (vgl. Haer 77,18,13f (3,432,19–26)).

[214] So berichtet er in Haer 77,36, selber voller Erstaunen über diese Nachricht, dass einige Schüler des Apollinaris mit den Antidikomarianiten in Zusammenhang zu bringen seien, gegen die er direkt im Anschluss (in Haer 78) vorgeht. Vgl. Haer 77,36,2 (3,448,26–28): τινὲς γὰρ καὶ ἐτόλμησαν λέγειν ὅτι πάλιν τινὲς ἐξ αὐτῶν λέγουσιν περὶ Μαρίας, μετὰ τὸ γεγεννηκέναι τὸν Χριστὸν ἐπισυνῆφθαι ἀνδρὶ τῷ Ἰωσήφ. Auch in Haer 78,1,1.4 stellt Epiphanius diesen Zusammenhang her. Wieder andere haben nach Haer 77,36,5ff behauptet, Apollinaris habe chiliastische Lehre verbreitet (vgl. dazu Apk 20,4f). Diese Lehre sieht Epiphanius grundsätzlich in guter orthodoxer Tradition, allerdings fordert er, das ganze Buch der Offenbarung richtig zu deuten, nämlich πνευματικῶς (vgl. Haer 77,36,6 (3,449,5ff), was er im Folgenden ausführt. Das pneumatische Schriftverständnis ist das Prinzip, das er schon im *Ancoratus* zu Grunde legt (vgl. v.a. Anc 27ff).

[215] So hält er die Anschuldigungen, die einige Leute gegen Apollinaris vorgebracht haben, für übertrieben. Er selber kennt Apollinaris als einen Mann ἐν πολλοῖς ἐπαίνοις φημιζόμενον (Haer 77,18,15 (3,432,31)). Die Ankläger haben seiner Meinung nach viel Schaden angerichtet, und damit möchte Epiphanius diese überflüssigen Dinge (περὶ τῶν περιττῶν; Haer 77,18,15 (3,432,34)) auf sich beruhen lassen. Er ist dankbar dafür, dass Apollinaris sich nicht von der Kirche Christi getrennt hat, sondern abgelassen hat von dieser Rede und umgekehrt ist. Vgl. Haer 77,18,16 (3,433,2–4): εὐχόμεθα γὰρ αὐτὸν μὴ μερισθῆναι ἀπὸ τῆς τοῦ Χριστοῦ ἐκκλησίας καὶ τῆς γλυκύτητος τῆς πάσης ἀδελφότητος, ἀλλὰ ἀποθέσθαι αὐτὸν τῆς τοῦ λόγου τούτου φιλονεικίας τὴν ἔνστασιν καὶ ἐπιστρέψαι...

[216] Haer 77,19,1 (3,433,7).

Heil verworfen werde. Hier ist deutlich, dass die Motivation, die neue Lehre zu bekämpfen, soteriologisch ist.[217] Epiphanius berichtet weiter, wie die Lehre einigen Anstoß erregt habe und dass die Gegner sich daraufhin verstellt hätten (εἰρωνείᾳ ἐκέχρηντο), um keinen weiteren Verdacht zu erregen. Davon habe er sich in Gesprächen mit ihnen selber überzeugen können.[218]

Die folgenden Kapitel handeln davon, wie Epiphanius die neue Lehre als Häresie enttarnte. Er berichtet von dem Treffen in Antiochien, wo er mit dem nizänischen Bischof Paulinus und den Häuptern der Apollinaristen, namentlich dem Bischof Vitalis,[219] dem Gegenspieler des Paulinus, diskutierte. Beide, Paulinus und Vitalis, gaben vor, den orthodoxen Glauben zu bekennen.[220] Allerdings stimmten sie untereinander nicht überein – Vitalis bezichtigte den Paulinus des Sabellianismus,[221] weswegen Epiphanius zunächst von der vollen Gemeinschaft mit ihm absah.[222] Doch dann legte Paulinus die Abschrift einer Ekthesis vor, einen Anhang zum Tomus ad Antiochenos.[223] Mit dieser Ekthesis bekannte sich Paulinus (1.) zur Anerkennung der im Tomus formulierten sprachlichen Regelung über die drei Hypostasen und die eine Hypostase bzw. Usia,[224] sowie (2.) zur Menschwerdung (ἐνανθρώπησις) des Logos, der um

[217] Epiphanius muss sich gegen sie wenden, weil es die Wahrheit gebietet (vgl. Haer 77,19,5f (3,433,21ff)). Wieder möchte er die kritischen Punkte lieber den Schülern zuschreiben als Apollinaris selbst. Ihn möchte er am liebsten außer Verdacht stellen. Vgl. Haer 77,19,7 (3,433,27ff): μᾶλλον γὰρ ὠφέλει ἡμᾶς ὁ ἀνὴρ τὰ μέγιστα <διαφέρων κατὰ παιδείαν> τῶν κατὰ κόσμον καὶ κατὰ τὴν ἀγάπην, wenn er nur eines Sinnes in allen Dingen wäre mit der heiligen Kirche Gottes und keine fremde Lehre verträte. Aber er oder die unter seinem Namen auftretenden Schüler vertreten nun einmal eine fremde Lehre. Diese Lehre der Schüler ist zwar nicht einheitlich, aber einige – hier bringt Epiphanius die Lehre schon nicht mehr mit Apollinaris direkt in Verbindung – sagen, der Herr habe nicht die volle Menschheit angenommen und sei nicht vollkommen Mensch geworden. Vgl. Haer 77,20,1 (3,434,9ff).

[218] Vgl. Haer 77,20,2 (3,434,12f).

[219] Vitalis war neben dem Arianer Euzoius (bzw. ab 376 dessen Nachfolger Dorotheus), neben Meletius und neben Paulinus als vierter Bischof am Antiochenischen Schisma beteiligt. Den Angaben des Epiphanius zufolge muss er zum Zeitpunkt des Gesprächs bereits Bischof gewesen sein. Meletius war zum Zeitpunkt des Gesprächs im Exil. Vgl. dazu Haer 73,34,2 (3,309,5f).

[220] Vgl. Haer 77,20,3ff. Ob Epiphanius das Gespräch mit beiden gleichzeitig oder mit jedem einzeln geführt hat, ist nicht überliefert. Auffallend ist, dass Epiphanius Vitalis gegenüber offenkundig einige Autorität genoss, denn er konnte ihn „zu sich rufen" (μετακληθέντα; Haer 77,20,5 (3,434,20)).

[221] Ein Vorwurf, den schon Euseb von Cäsarea gegen Eustathius von Antiochien, den Vorgänger des Paulinus, erhoben hat. Vgl. Sokrates, Hist. Eccl. I,23,8,9f; Sozomenus, Hist. Eccl. II,18,4,23f. Zu Euseb und Eustathius vgl. auch Theodoret, Hist. Eccl. I,21f. Den Vorwurf des Sabellianismus gegen Eustathius erhob auch Kyrus von Beröa; vgl. Sokrates, Hist. Eccl. I,24,2,20f; II,9,4,17f. ROUGIER (termes, 155) geht davon aus, dass der Vorwurf gegen Paulinus mit dessen Rede von den τρία πρόσωπα (und nicht etwa τρεῖς ὑποστάσεις) zusammenhängt.

[222] Vgl. Haer 77,20,6f (3,434,21ff).

[223] Vgl. Haer 77,20,7f (3,434,25–30). Die Ekthesis ist wiedergegeben in Haer 77,21; vgl. Tomus ad Antiochenos 11 (= PG 26, 809 B).

[224] Dies bedeutet natürlich nicht, dass Paulinus die Rede von den drei Hypostasen auch vertrat. Basilius fordert in Ep. 258,3 von Epiphanius, die Brüder in Antiochien, womit nur Paulinus und seine Gemeinde gemeint sein kann, zur Annahme der Rede von den drei Hypostasen zu bewegen. Zwar unterstellt Basilius, dass dies geschehen sei, da Epiphanius ansonsten sicher keine Gemein-

unseretwillen aus Maria und dem Heiligen Geist gezeugt wurde. Die Menschwerdung ist wie folgt präzisiert: οὔτε γὰρ ἄψυχον οὔτε ἀναίσθητον οὔτε ἀνόητον σῶμα εἶχεν ὁ σωτήρ.[225] Mit der ausdrücklichen Erwähnung, dass auch Athanasius solches gelehrt habe,[226] fuhr Paulinus fort: οὐ γὰρ οἷόν τε ἦν τοῦ κυρίου ἀνθρώπου δι' ἡμᾶς γενομένου ἀνόητον αὐτοῦ εἶναι τὸ σῶμα. Die Anathematismen (3.) richten sich schließlich gegen diejenigen, die (3a) den Glauben der Väter von Nizäa verwerfen und sich nicht zum ὁμοούσιος und zum ἐκ τῆς οὐσίας bekennen,[227] ferner gegen diejenigen, die lehren, der heilige Geist sei ein Geschöpf, das durch den Sohn geworden ist (3b). Zum Schluss (3c) werden Sabellius und Photin und jede Häresie anathematisiert.[228]

Mit der Vorlage dieses Bekenntnisses war Paulinus für Epiphanius als orthodox anerkannt, wofür in erster Linie die Übereinstimmung (συγκατάθεσις) mit Athanasius geltend gemacht wird, sodann die Aussagen über die Trinität und über den νοῦς im Zusammenhang mit der Menschwerdung Christi.[229] Aufgrund der Thematik, um die es in der Auseinandersetzung mit Vitalis ging, ist es jedoch wahrscheinlich, dass Epiphanius vor allem die Aussagen zur Christologie überzeugt haben.[230] Die Trinitätslehre spielte nur insofern eine – wenn

---

schaft mit ihnen eingegangen wäre. Allerdings handelt es sich hierbei um eine bloße Annahme, die lediglich die Meinung bzw. Erwartung des Basilius aufzeigt und nicht der Realität entsprochen haben muss.

[225] Haer 77,21,5 (3,435,8f). Vgl. auch Haer 77,21,6. Aus diesen Worten kann ersehen werden, dass der Tomus ad Antiochenos in seinem christologischen Teil (vgl. Tomus ad Antiochenos 7) eine erste Reaktion auf die aufkommende apollinaristische Lehre gewesen ist. Vgl. v.a. TETZ, Tomus ad Ant, 208–217. Vgl. auch LIETZMANN, Apollinaris, 7; MÜHLENBERG, Apollinaris, 229f; RITTER, HDThG 1, 232 Anm. 67.

[226] TETZ (Tomus ad Ant, 220f) stellt überzeugend dar, dass die Einfügung καὶ ἐν τῇ χειρὶ τοῦ ἐπισκόπου Ἀθανασίου in Haer 77,21,5 (3,435,9f) dahingehend zu werten ist, dass Paulinus hier mit einer Bemerkung nachdrücklich auf die Tatsache hinweisen wolle, dass auch Athanasius jene Aussagen zur Christologie vertreten hat, die er dann gegen Vitalis ins Feld führt. Auf keinen Fall sei die Bemerkung als Glosse zu tilgen (gegen den Vorschlag HOLLS).

[227] Vgl. Haer 77,21,7 (3,435,12–14).

[228] Haer 77,21,9 (3,435,16f). LIETZMANN (Apollinaris, 11f) sieht in der Tatsache, dass Epiphanius diesen Brief als Glaubensbeweis des Paulinus zitiert und nicht etwa das an diesen gerichtete Schreiben des Damasus von Rom „Per filium" (vgl. PG 13, 356 A – 357 A), einen Beleg dafür, dass Epiphanius vor der Abfassung von „Per filium" in Antiochien gewesen sein müsse, also vor 375. Vgl. LIETZMANN, Apollinaris, 56. Zur Kritik daran vgl. MÜHLENBERG, Apollinaris, 50f. Zur Diskussion vgl. auch unten in diesem Kapitel.

[229] Vgl. Haer 77,20,7f (3,434,25–29).

[230] Vgl. ähnlich HANSON (Christian doctrine, 659), der die Anerkennung von Paulinus als orthodoxem Bischof von Antiochien durch Epiphanius von dem Gespräch mit *Vitalis* abhängig macht, also nicht von dem Gespräch mit Paulinus. Ausschlaggebend für Epiphanius wird gewesen sein, dass Paulinus sowohl das ἄψυχον als auch das ἀναίσθητον und das ἀνόητον im Zusammenhang mit der Inkarnation verwarf, was Epiphanius vor dem Hintergrund der aktuellen Auseinandersetzung interpretierte. Der Tomus ad Antiochenos darf jedoch nicht ohne Weiteres in dieser Richtung interpretiert werden. Von einer *menschlichen* Seele und einem *menschlichen* νοῦς war 362 keine Rede. Vgl. z.B. MÜHLENBERG, Apollinaris, 61. Bereits im *Ancoratus* spezifiziert Epiphanius gegenüber einer früheren Lehre des Apollinaris, dass es um τὴν ψυχὴν

auch wichtige – Rolle, als sie für Epiphanius kein Hinderungsgrund für eine Gemeinschaft mit Paulinus sein durfte (Vorwurf des Sabellianismus). Dies ist ein wichtiger Sachverhalt, denn die Zustimmung zu Paulinus an dieser Stelle kann isoliert nicht als Beleg dafür herangezogen werden, dass Epiphanius und Paulinus generell dieselbe Trinitätstheologie vertreten haben.[231]

Im Gegenzug wirft Paulinus dem Vitalis und seinen Leuten vor, ὅτι οὐ λέγουσιν τὸν Χριστὸν τέλειον γεγονέναι ἄνθρωπον.[232] Vitalis kann zunächst mit gutem Gewissen argumentieren, dass auch er die vollkommene Menschwerdung bekenne. In dem Gesprächsverlauf, den Epiphanius im Folgenden wiedergibt, wird sichtbar, wie dehnbar diese Aussage ist und wie unterschiedlich sie interpretiert werden kann. Epiphanius fragt weiter nach, was genau Vitalis mit dem vollkommenen Menschsein meine.[233] Am Ende kommt er zu der entscheidenden Frage, ob Christus auch einen *menschlichen* νοῦς angenommen habe.[234] Dies verneint Vitalis und beschreibt, was für ihn zum „vollen Menschsein" dazugehört: τέλειον ἄνθρωπον λέγομεν εἶναι, εἰ τὴν θεότητα ποιήσομεν ἀντὶ τοῦ νοῦ καὶ τὴν σάρκα καὶ τὴν ψυχήν, ὡς εἶναι τέλειον ἄνθρωπον ἐκ σαρκὸς καὶ ψυχῆς καὶ θεότητος ἀντὶ τοῦ νοῦ.[235] Damit ist die apollinaristische Lehre, die Epiphanius bekämpft, präzise formuliert.[236]

Haer 77,23,4 zufolge war es dieses Gespräch mit Vitalis, das Epiphanius die Augen geöffnet und ihm gezeigt hat, dass die Apollinaristen „ein anderes Verständnis vom νοῦς" vertreten.[237] Der folgende Abschnitt Haer 77,23,4–6, in dem er die Hauptergebnisse aus dem Gespräch vorträgt, stimmt mit der Argu-

ἀνθρωπίνην gehe (vgl. Anc 75,6). In dem Streitgespräch mit Vitalis in Haer 77 wird dann deutlich, dass dieser Punkt bereits nicht mehr strittig ist: Vitalis ist ohne Weiteres bereit zuzugestehen, dass Christus eine menschliche Seele angenommen habe (vgl. Haer 77,23,1 (3,436,5f)).

[231] Paulinus hat zeitlebens eine Ein-Hypostasen-Lehre gelehrt. So z.B. LÖHR, Epiphanius,196; RIGGI, DPAC, 1163. Epiphanius hingegen hat im *Panarion* die Rede von den drei Hypostasen übernommen.

[232] Haer 77,22,2 (3,435,21f).

[233] So fragte er ihn zunächst, ob der Logos das Fleisch von Maria angenommen habe. Die Zustimmung dazu bewirkte Erleichterung bei Epiphanius, da er von einigen der genannten „Kinder" (παίδων; vgl. Haer 77,2,3 (3,417,5); eventuell sind hier auch Mönche gemeint), die zu ihm nach Zypern gekommen waren, gehört hatte, dass Vitalis nicht die Annahme des Fleisches allein aus Maria bekenne. Vgl. Haer 77,22,2–5 (3,435,21ff). Des weiteren stimmte Vitalis mit Epiphanius überein, dass Christus τὴν ψυχὴν τὴν ἀνθρωπίνην angenommen habe (vgl. Haer 77,23,1 (3,436,5)), was diesen wiederum erfreute, denn in Haer 77,2,4 (3,417,8ff) führte Epiphanius auch diese Lehre unter den Irrlehren auf, von denen er gehört hatte.

[234] Vgl. Haer 77,23,1ff (3,436,6ff). Hier spricht Epiphanius genau den kritischen Punkt an, der bei der Synode in Alexandrien 362 noch im Unklaren belassen wurde.

[235] Haer 77,23,2 (3,436,10–13).

[236] Er hielt Vitalis zunächst entgegen, dass die Annahme der vollen Menschheit inklusive dem νοῦς aus der Schrift zu beweisen sei (vgl. Haer 77,23,3 (3,436,14f); Stellenangaben macht Epiphanius hier nicht), konnte Vitalis jedoch nicht von seiner Auffassung überzeugen.

[237] Vgl. Haer 77,23,4 (3,436,22f): νενόηται δὲ ἡμῖν ἀπὸ τούτου ὅτι οὐχ ἕνεκεν τοῦ νοῦ αὐτοῖς ὁ λόγος, ἀλλὰ ἐπὶ τοῦ νοῦ ἕτερόν ἐστι τὸ φρόνημα.

mentation in Anc 77,3ff recht gut überein.[238] So ist für ihn hier wie da der Hauptfehler der Apollinaristen, dass sie den νοῦς als ὑπόστασις bezeichnen und ihn als das verstehen, was die Schrift πνεῦμα nennt.[239] Daraus kann geschlossen werden, dass die Gegner die hypostatische Selbstständigkeit des νοῦς daraus ableiten, dass sie νοῦς und πνεῦμα gleichsetzen.[240] Der Gleichsetzung begegnet Epiphanius mit dem Schriftwort I Kor 14,15, das zeigt, dass zwischen beiden Begriffen zu differenzieren sei.[241]

Die Zusammengehörigkeit der Fragen, ob der νοῦς eine Hypostase ist und ob νοῦς und πνεῦμα dasselbe bedeuten, wird in der Beschreibung einer weiteren Gesprächssituation in Haer 77,24,1f (3,437,1–10) deutlich. Einige Gegner haben ihm, so Epiphanius, aufgrund des Schriftbeweises (I Kor 14,15) zugestimmt, dass der νοῦς folglich keine Hypostase sei, sondern die κίνησις τῆς ἡμῶν πάσης ὑποστάσεως.[242] Wenn sie dennoch weiter behaupten, Christus sei „in diesem Sinne"[243] νοῦς, stellen sie ihn letztlich als ἀνυπόστατος dar und verstehen seine Inkarnation als bloß dem Worte und der Erscheinung nach, was – ohne dass Epiphanius das hier erwähnt – Doketismus ist. Auf diese Weise führt die Zustimmung zu der These, νοῦς und πνεῦμα seien nicht identisch, zur Destruktion der ganzen gegnerischen Argumentation. Aus diesem Grunde ist Epiphanius diese Feststellung so wichtig.[244] Der Gedankengang ist nur zu verstehen, wenn für ihn selber das πνεῦμα, gegen das er den νοῦς in dieser Hinsicht negativ profiliert, als göttliche Hypostase verstanden werden kann.[245]

In den darauf folgenden Ausführungen macht Epiphanius deutlich, warum er sich gegen das genannte Verständnis vom νοῦς wehrt. Dazu führt er verschiedene Punkte an. So fragt er (1.) in Haer 77,24,3–5 (wie auch in Anc 77,1f), welchen Nutzen die ganze Diskussion bringen soll. Die neue Lehre diene nicht unserem Heil, sie sei vielmehr eine Leugnung desselben, nicht nur in der Hinsicht, dass (a) die volle Menschheit nicht bekannt werde, sondern auch in der

[238] Das ποτέ in Haer 77,23,4 (3,436,23) kann auf die auch Anc 76ff zu Grunde liegende Situation bezogen werden.

[239] Vgl. Haer 77,23,5ff (3,436,25ff); 77,34,5 (3,446,32–34) und Anc 76ff.

[240] Zu der Gleichsetzung von πνεῦμα und νοῦς vgl. z.B. Apollinaris, Apodeixis (= fr. 25; LIETZMANN, Apollinaris, 210,23f): τὸ δὴ πνεῦμα τουτέστι τὸν νοῦν θεὸν ἔχων ὁ Χριστός... Vgl. dazu Gregor von Nyssa, Antirrheticus, GNO III^1, 143,1f. Da Apollinaris wie auch Epiphanius (vgl. z.B. Anc 7,8) das Wesen Gottes mit Joh 4,24 als πνεῦμα bestimmen konnte und er – anders als Epiphanius – im νοῦς die göttliche Hypostase sah, war es ihm möglich, beide Begriffe synonym zu verwenden. Zum Verständnis des νοῦς bei Apollinaris und zur Gleichsetzung mit πνεῦμα vgl. MÜHLENBERG, Apollinaris, 75; 165f. Vgl. aber schon Origenes, De princ. II,8,2 (154,30–155,6). Vgl. insgesamt auch die Interpretation von Anc 76ff.

[241] So Haer 77,23,6 (3,436,30).

[242] Haer 77,24,2 (3,437,6).

[243] Haer 77,24,2 (3,437,6f): ... νοῦν δὲ λέγετε τὸν Χριστὸν κατὰ τοῦτο τὸ μέρος... Das bedeutet in dem Sinne, dass Christus über sein νοῦς-Sein als Hypostase definiert wird.

[244] Vgl. v.a. Anc 77,4.7. Vgl. auch Anc 76,5f. Hier versteht Epiphanius den νοῦς dagegen als das, was die Schrift gewöhnlich καρδία nennt.

[245] Dies hängt mit dem *ambivalenten Geistbegriff* zusammen, den Epiphanius in Anc 7f darlegt. Vgl. auch die Interpretation zu Anc 77.

Hinsicht, dass (b) von der Wahrheit der Schrift abgewichen werde.[246] Daneben führt er als weiteres Argument (2.) die Abweichung der Lehre von der kirchlichen Tradition an. Niemand habe jemals solches gelehrt.[247]

Doch sind diese Gründe sekundär. Der eigentliche Grund für die Ablehnung wird in Haer 77,23,5 angedeutet[248] und aus den Kapiteln Haer 77,25ff ersichtlich. In verschiedenen Argumentationsgängen legt Epiphanius gegen die Apollinaristen die Personeinheit Christi aus vollkommener Gottheit und voller Menschheit dar. Dies ist sein großes Thema in der Auseinandersetzung mit Apollinaris, und zwar sowohl in Haer 77 als auch, wie zu zeigen sein wird, in Anc 75ff. Zielpunkt der Argumentation ist, wie Haer 77,29 zeigt, die Soteriologie, nämlich die aus der Annahme der vollen Menschheit abgeleitete Hoffnung auf die vollkommene Auferstehung des ganzen Menschen.[249] Einen breiten Raum innerhalb dieser Argumentation nimmt die Exegese von I Kor 2,16 (ἡμεῖς δὲ νοῦν Χριστοῦ ἔχομεν)[250] ein, einer typischen Schriftstelle der Apollinaristen.[251] Die Gegner schließen aus dieser Stelle, dass Christi νοῦς von unserem verschieden sein müsse, dass er also keinen menschlichen νοῦς angenommen und uns folglich einen uns fremden νοῦς mitgeteilt habe.[252] Diese These veranlasst Epiphanius zu der Frage, was die Gegner unter Χριστός bzw. νοῦς Χριστοῦ überhaupt verstehen, worauf eine grundsätzliche Diskussion über die Integrität der Person Christi folgt. Er wirft den Gegnern vor, sie verstünden unter „Christus" etwas anderes als unter der Gottheit (so Haer 77,31,3 (3,443,24f)) bzw. dem νοῦς (so Haer 77,33,5 (3,446,6)).[253] Dagegen hält er

---

[246] Vgl. Haer 77,24,5 (3,437,18–20). Erneut wird die Verbindung von Soteriologie und Schriftbezug deutlich. Vgl. auch Haer 77,25,1 (3,438,2f). Ebenso Anc 76,1.

[247] Vgl. Haer 77,24,6f (3,437,21–26). Vgl. auch Haer 77,34,5 (3,446,32f).

[248] Nämlich in der rhetorischen Frage, ob der Mensch etwa zusammengesetzt (πολλοστός) sei.

[249] Vgl. auch Haer 77,32,7f (3,445,4–15). Epiphanius bekräftigt hier, dass Christus vollkommener Gott und Mensch war, ἵνα ἐν τῇ θεότητι καὶ ἐν τῇ σαρκὶ κατ' ἀμφοῖν ἡμῖν σωτηρία γένηται (Haer 77,32,7 (3,445,6f)). Vgl. auch die Anordnung der Kapitel Anc 75–81 mit der anschließende Auferstehungsthematik in Anc 82ff.

[250] Vgl. Haer 77,31,1.3 (3,443,13f); 33,5 (3,446,3–6); 34,3 (3,446,24ff) u.ö.

[251] Vgl. Haer 77,31,1–77,35,7. Vgl. dazu Anc 76.

[252] Vgl. Haer 77,31,1.4 (3,443,13–15.26); vgl. auch Apollinaris, fr. 155 (= LIETZMANN, Apollinaris, 249,3–5): ζῶν δε Χριστὸς σῶμα θεόπνουν καὶ πνεῦμα ἐν σαρκὶ θεϊκόν, νοῦς οὐράνιος, οὗ μετασχεῖν εὐχόμεθα κατὰ τὸ ἡμεῖς δὲ νοῦν Χριστοῦ ἔχομεν.

[253] Aufschlussreich für das Verständnis dieser Argumentation ist die Interpretation, die Epiphanius selber von I Kor 2,16 gibt. Die Teilhabe am νοῦς Christi bezeichnet für ihn nicht eine substanzielle Teilhabe, sondern eine Gesinnung, ein Leben nicht κατὰ τὸν νοῦν τὸν ἀνθρώπινον, sondern κατὰ τὸν τοῦ Χριστοῦ, τὸν ὑπὸ Χριστοῦ πληρούμενον τῇ συνέσει, τὸν κατὰ τὸν Χριστὸν λογιζόμενον ἐν δικαιοσύνῃ, τὸν ἐν Χριστῷ πεπολιτευμένον τῇ ὁμολογίᾳ, τὸν διὰ Χριστὸν σῳζόμενον ἐν τῇ διακοιπραγίᾳ. Haer 77,34,1 (3,446,13–17). Er versteht I Kor 2,16 in dem Sinne, dass aufgrund der Personeinheit Christus sich uns *ganz* mitteilt, das heißt nicht nur teilweise etwa mit dem νοῦς, und zwar πνευματικῶς bzw. τῇ δὲ δυνάμει τῆς αὐτοῦ θεότητος, aufgrund der er in allem ist. Vgl. Haer 77,34,2 (3,446,18ff). Vgl. auch Gregor von Nazianz, Ep. 102,10f, der die Stelle gegen die apollinaristische Deutung ebenso im Sinne einer Nachahmung interpretiert.

selber am Bekenntnis zur Personeinheit aus voller Gottheit und voller Menschheit fest.[254] Dabei weiss er offensichtlich, dass auch die Apollinaristen diese Einheit wahren wollen. So fragt er: „Wenn sie jedoch davon ausgehen, dass die Gottheit nicht außerhalb der Menschheit ist, dass die Heilsveranstaltung vielmehr *eine* ist, was soll dann ihrer Meinung nach darüber hinaus der sogenannte νοῦς Χριστοῦ sein? Ist also folglich der Gott-Logos nicht für sich, der, wie sie sagen, keinen menschlichen νοῦς in der fleischlichen Erscheinung besitzt? Hat Christus einen anderen νοῦς neben der Hypostase seiner Gottheit?“[255]

Anhand dieser Argumentation wird die Verschränkung von Christologie und Trinitätstheologie bei Epiphanius sichtbar. Es gilt für ihn: Christus ist einer und dabei vollkommener Gott und vollkommen Mensch. Das Göttliche in Christus ist nicht der νοῦς, zumindest nicht ausschließlich und nicht insbesondere.[256] Außerdem ist der νοῦς keine Hypostase. Insgesamt gilt, dass der Mensch und damit auch Christus nicht aus verschiedenen Hypostasen zusammengesetzt ist.[257] Vielmehr ist die Person als ganze Hypostase,[258] ebenso ist Christus Hypostase.[259] Mit Haer 77,33,6 spezifiziert Epiphanius diese Aussage. Die rhetorische Frage zeigt, dass er selber mit dem νοῦς kein konkurrierendes Prinzip neben der Hypostase der Gottheit annimmt.[260]

---

[254] Im Weiteren führt er dies auch an der Exegese von I Kor 2,8 aus und tritt auch hier für die Einheit Christi ein. Vgl. dazu Haer 77,32,3 (3,444,19–22): καὶ γὰρ καὶ κύριον δόξης ὁμολογοῦμεν καὶ αὐτὴν τὴν ἔνσαρκον παρουσίαν· οὐ γὰρ διήρηται ἀπὸ τῆς θεότητος ἡ ἔνσαρκος παρουσία, τῆς ἑκάστης ὑποθέσεως εὐλόγως νοουμένης καὶ ἐπὶ τὸ αὐτὸ τῆς πάσης πραγματείας εἰς μίαν οἰκονομίαν καὶ μίαν τελειότητα ἡμῖν συνηνωμένης.

[255] Haer 77,33,6 (3,446,7–11): εἰ δὲ οὐ λογίζονται ἐκτὸς εἶναι τὴν θεότητα τῆς ἐνανθρωπήσεως, ἀλλὰ μίαν εἶναι τὴν οἰκονομίαν, τί ἄρα ἔσται περισσότερον νοῦς Χριστοῦ ὁ λεγόμενος; μὴ ἄρα καθ' ἑαυτὸν ὁ θεὸς λόγος ἐστί, μὴ ἔχων νοῦν ἀνθρώπινον, ὥς φασιν, ἐν τῇ ἐνσάρκῳ παρουσίᾳ, νοῦν δὲ ἕτερον ἔχει Χριστὸς παρὰ τὴν αὐτοῦ ὑπόστασιν τῆς θεότητος;

[256] Zwar kann auch Epiphanius Christus bzw. Gott als νοῦς bezeichnen (vgl. Haer 77,34,4.6 (3,446,31f; 447,3); 77,35,1 (3,447,9)), allerdings in dem Sinne, dass er alles vollkommen ist und alles vollkommen in ihm ist. Damit nennt er ihn auf dieselbe Weise νοῦς, wie er ihn πνεῦμα oder σοφία nennen kann. Es liegt hier ein ähnliches Verständnis vor wie bei Gregor von Nyssa, der in Antirrheticus adversus Apolinarium, GNO III[1], 136,30ff erklärt: „Aufgrund dessen, dass Gott einfach (ἁπλοῦς), unteilbar (ἀμερής) und unzusammengesetzt (ἀσύνθετος) ist, ist er alles ganz, was von ihm ausgesagt werden kann. Er ist nicht einesteils dies und anderenteils jenes. Es muss alles in ihm als Eines gedacht werden, und wenn er nicht (Eines) ist, fällt alles in Nichts zusammen. [...] Christus ist nicht einfach nur Kraft, sondern Gottes Kraft und Gottes Weisheit.“ Wenn Epiphanius sich an anderer Stelle dagegen wendet, Christus als νοῦς zu bezeichnen, dann in Antithese zu apollinaristischer Sichtweise.

[257] Vgl. Haer 77,23,5 (3,436,25f).

[258] Vgl. Haer 77,24,2 (3,437,6).

[259] Die Bezeichnung Christi als Hypostase nimmt Epiphanius gerade in Abgrenzung zum menschlichen νοῦς vor. Vgl. Haer 77,34,5 (3,446,32–447,1): ἐγὼ δὲ τὸν νοῦν τὸν ἡμέτερον οὐχ ὑπόστασιν ἡγοῦμαι ... τὸν δὲ Χριστὸν ὑπόστασιν λέγω ...

[260] Wenn bei den Gegnern der νοῦς die Hypostase ist, so stellt diese Hypostase in der Interpretation des Epiphanius eine zweite neben der Hypostase der Gottheit dar. Hier offenbart sich das grundsätzliche Missverständnis: Epiphanius erkennt nicht, dass für Apollinaris der (göttliche)

Zentral für diese Sichtweise ist Epiphanius' Bezeichnung der Gottheit als Hypostase. Obwohl er an dieser Stelle nicht explizit vom Logos spricht, ist dieser zweifelsfrei damit gemeint. Denn schließlich ist es der Logos, der Fleisch aus Maria annahm bzw. Mensch wurde.[261] Antithetisch zum apollinaristischen Verständnis vom νοῦς ἔνσαρκος[262] formuliert er in Haer 77,32,8 (3,445,7–9): οὐ γὰρ ψιλὸς ἡμῖν ἄνθρωπος ὁ Χριστός, ἀλλὰ λόγος ἐνυπόστατος ἔνσαρκος <γενόμενος> καὶ θεὸς ἄνθρωπος γεγονὼς ἐν ἀληθείᾳ... Hier wird der Logos (und nicht der νοῦς) als „enhypostasiert" bezeichnet.[263] Explizit äußert Epiphanius sich in diesem Sinne in seinem zwischen Haer 20 und 21 eingefügten Abschnitt über die fleischliche Erscheinung Christi.[264] Hier nennt er Christus „eine pneumatische Hypostase", das heißt eine Hypostase, die mit Leib, Seele und νοῦς zu einer Gottheit verbunden ist.[265] Bei diesem Verständnis überschneidet sich die christologische Diskussion mit der trinitätstheologischen. Denn wenn der Logos Hypostase ist, stellt sich konsequent die Frage, was mit dem Vater und dem Heiligen Geist ist. Das Verständnis der Gottheit bzw. des Logos als Hypostase korrespondiert im *Panarion* damit, dass Epiphanius hier die neunizänische Redeweise von den drei Hypostasen und der einen Usia verwendet.[266]

Folgende Ergebnisse können bezüglich der Auseinandersetzung mit den Apollinaristen festgehalten werden:

1.) Die Frage, ob der νοῦς eine Hypostase ist und ob νοῦς und Pneuma identisch sind, beschäftigt Epiphanius nicht erst im *Panarion* oder in Antiochien, sondern, wie er selber mehrfach betont und wie auch die Auseinandersetzung in Anc 77ff zeigt, schon vor Abfassung des *Ancoratus*. Er hat sich nach eigenem Bekunden in Gesprächen mit den Gegnern mit der Thematik auseinandergesetzt. Bedeutend wird die Problematik dann vor allem in Antiochien in dem Gespräch mit Vitalis. Dieser Besuch in Antiochien wird aller Wahrscheinlich-

---

νοῦς, und zwar nur dieser die göttliche Hypostase ist und dass insofern auch nicht der νοῦς eine Hypostase neben der Gottheit darstellt.

261 Vgl. z.B. Haer 77,22,5 (3,435,28f); Haer 77,16,1 (3,438,1); Haer 77,26,6 (3,439,15f); Haer 77,27,2 (3,439,28–31), Haer 77,29,2 (3,441,30f); Haer 77,29,5–8 (3,442,11–27) u.ö. Vgl. auch die Parallelisierung von Gott-Logos und „Hypostase seiner Gottheit" in Haer 77,33,6.

262 Vgl. dazu z.B. Apollinaris, fr. 48; 69 (= LIETZMANN, Apollinaris, 215,22–26; 220,23–25). Vgl. auch MÜHLENBERG, Apollinaris, 209–215 und v.a. 215–230.

263 Bereits in Anc 75,7 hat Epiphanius im Zusammenhang mit der Menschwerdung den Logos als göttliche Hypostase bezeichnet: οὐκ ἐν ἀνθτρώπῳ οἰκήσας ... ἀλλὰ σὺν τῷ ἰδίῳ πληρώματι τῆς αὐτοῦ θεότητος καὶ τῇ ἰδίᾳ ὑποστάσει τοῦ θεοῦ λόγου καὶ ἐνυποστάτου συμπεριλαβὼν τὸ εἶναι ἄνθρωπος ... Vgl. den Kommentar zur Stelle.

264 Der genannte Abschnitt („Christentum") besitzt bei Epiphanius keine eigene Kapitelzählung, da es sich nicht um eine Häresie handelt.

265 Christentum, 4,1 (1,231,18–20): καὶ ἀνελήφτη εἰς οὐρανὸν ἐν αὐτῷ τῷ σώματι καὶ τῇ ψυχῇ καὶ τῷ νῷ, συνενώσας εἰς μίαν ἑνότητα καὶ μίαν πνευματικὴν ὑπόστασιν καὶ ἔνθεον ἀποτελέσας...

266 Vgl. zusammenfassend Teil III, D.3.

keit nach nicht allzu lange nach Beendigung des *Ancoratus* stattgefunden haben, Ende 374 oder etwas später.[267]

Vor dem Hintergrund, dass die Problematik um den menschlichen νοῦς schon länger das Thema des Epiphanius ist, stellt sich die Frage, warum Vitalis sich überhaupt auf Epiphanius als „Vermittler" eingelassen hat, wenn er doch schon aufgrund der Position, die Epiphanius im *Ancoratus* vertreten hatte, hätte wissen müssen, dass dieser ihm niemals zustimmen würde. Entsprechend wird der Bericht in Haer 77,20,3f dahingehend zu deuten sein, dass es Epiphanius von Anfang an nur darum ging, Vitalis von seinem Irrtum zu überzeugen und zur Gemeinschaft mit Paulinus und damit zu dessen Anerkennung als rechtmäßigem Bischof zu bewegen.[268] Von daher ist die Beschreibung der Gesprächssituation als „Schlichtungs-" oder „Vermittlungsgespräch" sachlich nicht zutreffend, denn hier wird suggeriert, dass Epiphanius neutraler Schiedsrichter zwischen zwei Parteien gewesen sei.

2.) Epiphanius versteht nicht den νοῦς als göttliche Hypostase, sondern in direkter Abgrenzung davon die Gottheit bzw. den Logos bzw. Christus insgesamt. Dadurch sieht er die Personeinheit gewahrt. Es ist zu vermuten, dass er sich in der Reaktion auf die gegnerische Lehre gezwungen sah zu definieren, was, wenn nicht der νοῦς, die göttliche Hypostase ist.

3.) Epiphanius stellt der Lehre des Apollinaris vor allem die Personeinheit Christi aus vollkommener Gottheit und voller Menschheit entgegen. In diesem

---

[267] Die genaue Datierung ist umstritten und hängt von verschiedenen unklaren Faktoren ab. LIETZMANN (Apollinaris, 15; ihm folgend auch HOLL in seiner Anmerkung zur Stelle Haer 77,20,3) datiert das Gespräch in Antiochien auf „etwa im Jahre 374". Er stützt seine These an anderer Stelle dadurch, dass Paulinus bei Epiphanius zum Zeichen seiner Rechtgläubigkeit „nichts anderes vorzuweisen vermag als den alexandrinischen tomus von 362", also nicht etwa das römische Anerkennungsschreiben des Damasus von 375. Vgl. LIETZMANN, Apollinaris, 56f. Allerdings hält MÜHLENBERG dem entgegen, dass das Nicht-Erwähnen des Damasusbriefes noch kein Beweis für dessen Nicht-Existenz ist. Vielmehr sei Epiphanius in seiner Ketzergeschichte darauf bedacht gewesen, „möglichst viele alte und wertvolle Urkunden zu präsentieren". Und in diesem Sinne sei das Synodalschreiben wesentlich höher einzustufen als ein Brief des römischen Bischofs. Vgl. MÜHLENBERG, Apollinaris, 50f. Vgl. ebenso DECHOW, Epiphanius, 67f Anm. 63. Für die Einwände MÜHLENBERGS und DECHOWS spricht, dass Epiphanius auch um 377, als er Haer 77 verfasst hat, den Damasusbrief nicht erwähnte, was ihm jetzt ohne Weiteres hätte möglich sein müssen.

Nach MÜHLENBERG (Apollinaris, 50) ist das Datum der Reise nach Antiochien auf jeden Fall nach 375 anzusetzen. Er begründet dies damit, dass Vitalis bereits Bischof gewesen sein muss. Vgl. MÜHLENBERG, Apollinaris, 223, wo er von 376 spricht. Zur Datierung der Bischofsweihe des Vitalis, die MÜHLENBERG (Apollinaris, 53) „irgendwann zwischen seiner Romreise und dem Herbst 376" ansetzt, vgl. ders., a.a.O., 47ff.

DECHOW folgt im Wesentlichen MÜHLENBERGS Einschätzung und datiert wie folgt: Brief des Damasus „Per filium" (Sommer 376), danach Weihe des Vitalis zum Bischof und Gründung einer Sondergemeinde, Spätsommer oder Herbst 376 folgte dann der Besuch des Epiphanius. Vgl. DECHOW, Epiphanius, 66–70.

HAUSCHILD (Briefe III, 22 Anm. 59) datiert unter Hinweis darauf, dass das Datum unsicher sei und von der Basilius-Chronologie abhängt, vorsichtiger: „375 oder 376?"

[268] MÜHLENBERG (Apollinaris, 52) hält es sogar für möglich, dass „die Gemeinschaft mit Paulinus eine beschlossene Sache war, schon bevor Epiphanius hinreiste".

Verständnis liegt die Motivation begründet, den νοῦς nicht als Hypostase zu verstehen, denn der Mensch und auch Christus ist nicht zusammengesetzt. Allerdings kann Epiphanius die so verstandene Personeinheit nicht stringent begründen: Die Frage, wie sich bei der Annahme der vollen Menschheit die göttliche und die menschliche Hypostase zueinander verhalten oder warum die Menschheit bei der Inkarnation nun keine eigene Hypostase mehr sein soll, thematisiert er nicht einmal, ebenso wenig äußert er sich exiplizit dazu, wie viele Hypostasen in Christus sind.[269] Es reicht ihm das Bekenntnis, dass Christus eine Hypostase ist[270] und dass er vollkommen Mensch wurde. Sein Ansatz ist gänzlich von der Soteriologie bestimmt.

Die in Haer 77 geführte Diskussion wirft ein Licht auch auf den *Ancoratus*. Sie ist zum richtigen Verständnis der Kapitel Anc 76ff hilfreich. Konkret wird zu untersuchen sein, ob sich die These erhärten lässt, dass Epiphanius das Verständnis des Begriffes ὑπόστασις vor allem im Zusammenhang mit der christologischen Auseinandersetzung spezifiziert hat. Die Auseinandersetzung in Antiochien scheint eine zentrale Rolle in der trinitätstheologischen Entwicklung eingenommen zu haben, da Epiphanius nach diesem Ereignis seinen Sprachgebrauch bezüglich der drei Hypostasen geändert hat.

d) Auseinandersetzung mit den Pneumtomachen (Haer 74)

Auch den Pneumatomachen hat Epiphanius im *Panarion* ein eigenes Kapitel gewidmet. Ob sie direkt auf Zypern tätig waren, lässt sich nicht eindeutig belegen. Doch wird Epiphanius unmittelbar mit der Problematik konfrontiert durch die beiden Briefe aus Pamphylien, die ihn wohl im Jahre 373 erreichen.[271] Mit-

---

[269] An diesem Punkt wird die Schwäche der gesamten Argumentation deutlich. Mit seinem Ansatz gerät Epiphanius unweigerlich in ein Paradox: Seine plakative „Einheitschristologie", die die Personeinheit aussagt und dabei an der vollkommenen Gottheit und vollen Menschheit ebenso festhält wie an dem Axiom, dass die Gottheit unveränderbar bleibt, ist durch denkerische Leistung nicht mehr zu bewältigen. Zusammengefasst kommt dies in Haer 77,32,4 (3,444,22–27) zum Ausdruck: παθητὸς γὰρ ἡμῖν κηρύττηται Χριστὸς καὶ πιστεύεται, οὐ καθ' ἑαυτὸν παθών, οὐδὲ ὅτι ἄλλος ἐστὶν ὁ πεπονθὼς καὶ ἄλλος ὁ κύριος, οὐδὲ ὅτι ἡ θεότης πέπονθεν, ἀλλὰ πέπονθε μὲν ὁ κύριος ἡμῶν Ἰησοῦς Χριστός, τῆς θεότητος ἀτρέπτου μενούσης τε καὶ ἀπαθοῦς, πασχούσης δὲ ἐν τῇ σαρκὶ καὶ ἀπαθοῦς μενούσης. Diese Konstruktion steht zu dem differenzierten Ansatz des Apollinaris in denkbarem Gegensatz. RAVEN (Apollinarianism, 238) kommentiert die Argumentationsweise des Epiphanius wie folgt: „To suggest that this needs explanation is blasphemy. Epiphanius does not know what it means and he does not care: if others are curious let them be anathema." Vgl. auch RICHARD, Hypostase, 10. Epiphanius' eigener Ansatz gleicht der Quadratur des Kreises. Erstaunlich ist, dass es ihm nicht gelungen ist, den Ansatz der apollinaristischen Christologie richtig zu erfassen, obwohl er doch zahlreiche Gespräche mit Apollinaristen geführt hat. Es ist von daher auch damit zu rechnen, dass seine Vorgehensweise polemisch war und nicht auf Unfähigkeit bzw. Unverständnis zurückzuführen ist. Die Kritik an der Reaktion des Epiphanius auf die apollinaristische Lehre soll hier nicht weiter vertieft werden. Es geht in diesem Zusammenhang in erster Linie darum, die Gründe für seine Ablehnung der gegenerischen Christologie und die Bedeutung für die Trinitätstheologie aufzuzeigen.

[270] Vgl. Haer 77,34,5 (3,446,32–447,1).

[271] Zur Datierung vgl. Teil I, B.3.b).

telbar wird er aber schon vorher in etwa unterrichtet gewesen sein, vor allem durch die Verbindung zu Athanasius. Dies zeigen zahlreiche Parallelen zwischen dessen *Serapionbriefen* und dem *Ancoratus*.[272] Außerdem zeigt die Bemerkung in Haer 78,5,1–3[273], dass Epiphanius die pneumatomachische Lehre nicht fremd war.

Aufschlussreich ist in Haer 74 die Profilierung der pneumatomachischen Gegner. Die inhaltliche Auseinandersetzung ist dagegen nur z.T. von Bedeutung. Das liegt daran, dass Epiphanius für seine Widerlegung im *Panarion* vor allem sich selbst aus dem *Ancoratus* zitiert. Dies zeigt einerseits, welches Verständnis er selber vom *Ancoratus* hat, den er noch einige Jahre später in weiten Passagen als gute Widerlegung dieser häretischen Lehre ansieht. Es zeigt andererseits, dass Epiphanius nicht in der Lage oder nicht willens war, eine ausführlichere Pneumatologie zu entfalten, die in Haer 74 ihren Platz gehabt hätte. Dem genannten Sachverhalt entsprechend soll die nachfolgende inhaltliche Interpretation weitgehend im Kontext mit dem *Ancoratus* erfolgen, wogegen in diesem Kapitel nur Grundzüge nachgezeichnet werden sollen und auf wichtige Unterschiede hingewiesen werden soll.

Auffallend ist, dass Epiphanius anders als im *Panarion* keine gegnerischen Quellen zitiert und kaum Thesen seiner Gegner wiedergibt. Er scheint sich vor allem auf Fremdberichte gestützt zu haben.[274] Dieser Sachverhalt, der auch für den *Ancoratus* zu beobachten ist, erschwert eine Einordnung der pneumatomachischen Gegner.

Die Bezeichnung Πνευματομάχοι begegnet im *Panarion* lediglich sechsmal.[275] Ähnlich wie im Zusammenhang mit den „Arianern“ fällt auf, dass es sich bei den Pneumatomachen um keine homogene Gruppe handelt und dass Epiphanius Pneumatomachen verschiedener Herkunft kennt. In Haer 74,1 trifft er dahingehend eine wichtige Differenzierung:

1.) Er kennt Pneumatomachen, die von den Arianern abstammen. Hier unterscheidet er zwei Strömungen. Die einen stellt er polemisch in einen Zusammenhang mit den Arianern. Sie lehren zwar nicht, der Sohn sei ein völliges Geschöpf (τέλεον κτιστόν), sondern er sei zeitlos gezeugt (ἀχρόνως γεγεννημένον). Dennoch wirft Epiphanius ihnen vor, die Häresie des Arius noch nicht

[272] Die Parallelen werden im Verlauf der Interpretation genannt.

[273] Zu dem Brief über die Antidikomarianiten und dessen Datierung vgl. oben, Teil I, A.2.a).

[274] Dazu zählen sowohl die *Serapionbriefe* als auch die beiden dem *Ancoratus* vorgeschalteten Briefe aus Pamphylien. Vgl. auch HAUSCHILD, Pneumatomachen, 63.

[275] Davon zweimal im Proömium I zum *Panarion* und einmal innerhalb der *Anakephalaiosis* (vgl. Prooem I 4,7 (1,159,3); Prooem I 5,8 (1,161,6); Anac Tom 6 (3,231,5)). Daneben finden sich drei weitere Vorkommen innerhalb der eigentlichen inhaltlichen Auseinandersetzungen mit den Gegnern. Zwei Belege finden sich in dem Kapitel gegen die Pneumatomachen, nämlich einmal im Titel zu Haer 74 und einmal in Haer 74,14,6 (3,332,23), und ein Beleg im Kapitel über die „Semiarianer“ in Haer 73,1,7 (3,268,19).

überwunden zu haben.[276] Dieser Vorwurf passt zu der polemischen Darstellung der Lehre des Basilius von Ankyra und des Georg von Laodicea in Haer 73,1. Auch ihnen wirft er vor, nur scheinbar die Lehre des Arius hinter sich gelassen zu haben[277] und vergleicht ihre Lehre wiederum mit der der Pneumatomachen: οἱ δὲ αὐτοὶ καὶ περὶ τοῦ ἁγίου πνεύματος ἴσως τοῖς Πνευματομάχοις εἰσὶν ἔχοντες.[278] Über den Sohn lehrten sie nur scheinbar orthodox, indem sie es ablehnen, ihn ein Geschöpf zu nennen, obwohl es nach Epiphanius genau das ist, was sie denken. Er unterstellt ihnen zum einen, das ὁμοιούσιος anstelle des ὁμοούσιος zu lehren, zum anderen, den Sohn als Geschöpf zu verstehen, wenn auch nicht wie eines der anderen Geschöpfe. Den Geist verstünden sie dagegen ganz offen als Geschöpf.[279] Der Vergleich beider Darstellungen in Haer 74,1 und Haer 73,1 legt es nahe anzunehmen, dass Epiphanius in Haer 74,1 diese Leute um Basilius und Georg meint.

Andere Pneumatomachen bringt Epiphanius dagegen in einen direkten Zusammenhang mit den genuinen Arianern.[280]

Entscheidendes Merkmal dieser ersten Gruppe ist die Ablehnung des ὁμοούσιος und damit für Epiphanius zusammenhängend das Verständnis des Sohnes als irgendwie geartetes Geschöpf, das einen Anfang des Seins hat. Der Geist gilt hier mehr oder weniger eindeutig als geschaffen.

2.) Die andere Gruppe, die er kennt, denkt dagegen orthodox über den Sohn. Inhaltlich bedeutet das: ὅτι ἦν ἀεὶ σὺν πατρί, καὶ οὐδέποτε διέλειπε τοῦ εἶναι, ἀλλ᾽ ἐκ πατρὸς μὲν αὐτὸν γεγεννημένον ἀνάρχως καὶ ἀχρόνως.[281] Die hier angesprochene Gruppe wird in Haer 74,14 wieder genannt, wo Epiphanius erklärt, dass sich einige von den Pneumatomachen zum Nizänum bekannt

---

[276] So unterstellt er ihnen, doch eine Zeit vor dem Sohn anzunehmen. Vgl. Haer 74,1,2 (3,313,14–20) mit Verweis auf den Satz des Arius ἦν ποτε ὅτε οὐκ ἦν. Vgl. dazu auch Anc 52,1. Zitiert ist der Satz in dem Brief Alexanders von Alexandrien an seinen Klerus (= Opitz, Urk. 4b,7,21).

[277] Vgl. Haer 73,1,1–4.

[278] Haer 73,1,7 (3,268,19f).

[279] Vgl. Haer 73,1,7 (3,268,21–26): ὡς περὶ τοῦ υἱοῦ, <περὶ οὗ> αἰσχυνόμενοι τέλεον κτίσμα αὐτὸν εἰπεῖν, ὅπερ καὶ οὕτως ἔχουσι, διὰ δὲ τὸν πρὸς ἀνθρώπους φόβον ἐπιφέρουσι τὸ ὁμοιοούσιον καὶ τὸ κτίσμα <ἀλλ᾽ οὐχ> ὡς ἓν τῶν κτισμάτων, περὶ δὲ τοῦ ἁγίου πνεύματος, ὡς ἔφην, οὐ διστακτικῶς ὁρμῶνται, ἀλλ᾽ ὡς λυσσητῆρες κύνες ἀφειδῶς κτίσμα αὐτὸ παντάπασιν ὁρίζονται καὶ οὕτως διαβεβαιοῦνται καὶ ἀλλότριον πατρὸς καὶ υἱοῦ ὑπάρχον. MEINHOLD (Pneumatomachoi, 1077) merkt zu Epiphanius' Vorgehen zwar mit Recht an: „Es ist sicher nicht zutreffend, wenn Epiphanios den Homoiusianern wie Basileios von Ankyra und Georg von Laodikeia die Annahme einer vorzeitlichen Schöpfung des Heil. Geistes beilegt, denn die von ihm überlieferten homoiusianischen Dokumente bieten dafür keinen Anhaltspunkt." Die Frage, ob das Urteil des Epiphanius berechtigt ist, ist jedoch für unsere Belange sekundär. Wichtig ist zunächst, dass er diese Verbindung gesehen bzw. aus polemischen Gründen hergestellt hat.

[280] In Anc 116f stellt Epiphanius die Pneumatomachen explizit in die Tradition der Arianer und versteht sie als ἔγκονοι derselben. Vgl. auch im Kapitel gegen die Arianer Haer 69,12,3 (3,162,14–17) und v.a. Haer 69,52,2 (3,198,18–21): καὶ γὰρ καὶ περὶ τοῦ πνεύματος βλασφημοῦσι καὶ τολμῶσι λέγειν κεκτίσθαι ὑπὸ τοῦ υἱοῦ, ὅπερ ἐστὶν ἄκτιστον ἐκ πατρὸς ἐκπορευόμενον καὶ τοῦ υἱοῦ λαμβάνον.

[281] Vgl. Haer 74,1,3 (3,313,21f).

haben. Allerdings haben sie mit Bezug auf das Nizänum dann nach der Stellung des Heiligen Geistes gefragt: κἂν τε γὰρ ἐξ αὐτῶν τινες θελήσειαν λέγειν ὅτι τὴν μὲν πίστιν τὴν ἐκτεθεῖσαν κατὰ Νίκαιαν καὶ αὐτοὶ ὁμολογοῦμεν· δεῖξον δέ μοι ἀπ' αὐτῆς ὅτι τὸ ἅγιον πνεῦμα ἐν τῇ θεότητι συναριθμεῖται.[282]

HAUSCHILD kommt zu dem Ergebnis, dass die hier genannten Pneumatomachen neben „dem schwankenden Eustathius" die „einzigen Pneumatomachen [sind], die das Nizänum bejahten." Er hält fest, dass die Pneumatomachen, mit denen Epiphanius zu tun hatte, zwischen den in Haer 73 behandelten Semiarianern (= Homöusianern) und den Homousianern standen, „also ‚rechte' Homöusianer waren".[283] Diese Einschätzung ist zu präzisieren. Die zuerst genannte Gruppe wird mit linken Homöusianern, Homöern oder wirklichen Arianern bzw. Neuarianern[284] zu identifizieren sein, also insgesamt mit allen, die das ὁμοούσιος und in Folge dessen das Nizänum ablehnten. Demgegenüber ist für die zweite Gruppe das Bekenntnis zum ὁμοούσιος charakteristisch. Zu ihr gehören nach Haer 73,34,5(4) auch einige in Antiochien, die mit Meletius in Gemeinschaft stehen.[285] Die Repräsentanten der zweiten Gruppe haben also durchaus das Nizänum und z.T. auch das (interpretierte) ὁμοούσιος bejaht.

Für eine historische Einordnung der von Epiphanius vorgenommenen Klassifizierung ist zu fragen, ab wann es Pneumatomachen gab, die das ὁμοούσιος bekannten und sich auf Nizäa beriefen.[286] Die Aussagen passen zu den Vorgängen im Zuge des Einigungsversuches zwischen den Homöusianern und Nizänern und der damit verbundenen Spaltung der Homöusianer. Auf der Synode der Homöusianer in Lampsakus im Frühsommer 364, in deren Zusammenhang die Schrift *Adversus Eunomium* (I–II) des Basilius gehört,[287] wurden die Ent-

[282] Haer 74,14,4 (3,332,14–17). Bei der Frage, ob der Geist in der Gottheit mit aufgezählt wird, handelt es sich um einen verbreiteten pneumatomachischen Einwand.

[283] HAUSCHILD, Pneumatomachen, 64.

[284] LAMINSKI sieht in der Lehre des Aëtius und des Eunomius, die auf der Synode von Sirmimum 357 zur Geltung kam, den Grund dafür, dass „von den alten Schriftstellern dem Arianismus die Lästerung wider den Heiligen Geist zugesprochen wird", indem Aëtius und Eunomius nämlich „die Konzeption des Areios konsequent auf den Heiligen Geist erweitert" haben. LAMINSKI, Geist, 26, mit Bezug auf Haer 69,12,3.

[285] Vgl. Haer 73,34,5 (nach fortlaufender GCS-Zählung 34,4) (3,309,17–20): εἰσὶ γὰρ καί τινες τῶν δοκούντων αὐτῷ κοινωνεῖν καὶ τῇ κατ' αὐτὸν συνόδῳ βλασφημοῦντες τὸ πνεῦμα τὸ ἅγιον, καὶ περὶ μὲν υἱοῦ καλῶς λέγοντες, τὸ δὲ πνεῦμα κτιστὸν ἡγούμενοι καὶ ἀλλότριον θεοῦ παντάπασι. Zur Orthodoxie bezüglich des Sohnes (ὁμοούσιος) vgl. auch Haer 73,28,3.

[286] Zu fragen ist hier nach kleinasiatischen Pneumatomachen. Die Tropiker bei Athanasius haben zwar auch orthodox über den Sohn gedacht, sind jedoch in ihrer Wirksamkeit auf Ägypten beschränkt gewesen. Zu den Tropikern vgl. zusammenfassend HAUSCHILD, Pneumatomachen, 17–29; LAMINSKI, Geist, 30–35; DRECOLL, Basilius, 140.

[287] Vgl. DRECOLL (Basilius, 45ff; 145), der zu dem Ergebnis kommt, dass Basilius *Adversus Eunomium* I–II zur Abwehr der neuarinischen Position für die Synode von Lampsakus verfasst hat. Zu den Auftraggebern für die Schrift rechnet DRECOLL u.a. Eustathius (vgl. ders., a.a.O., 45; 145). AE III habe Basilius dagegen erst nach 365 verfasst. Als Grund dafür vermutet DRECOLL,

scheidungen des Konzils von 360 annulliert, freilich ohne dass dies von Kaiser Valens akzeptiert wurde.[288] Nach dieser Synode nahmen immer mehr Homöusianer das Nizänum in einer homöusianischen Interpretation an, um eine aufgrund der Ablehnung durch Valens gebotene Kirchengemeinschaft mit dem Westen zu ermöglichen. Das bedeutete, dass das ὁμοούσιος im Sinne eines ὅμοιος καθ' οὐσίαν interpretiert wurde. Kurz darauf (365/66)[289] reiste eine dreiköpfige Gesandtschaft der Homöusianer nach Rom, um Unterstützung bei Kaiser Valentinian zu erreichen, den sie jedoch nicht antrafen.[290] Liberius von Rom nahm schließlich die Kirchengemeinschaft mit ihnen auf, nachdem Eustathius von Sebaste, der die Gesandtschaft anführte, diesem schriftlich die (formelle) Zustimmung der Homöusianer zu den Beschlüssen von Nizäa mit der Ablehnung des Arianismus und außerdem die Verdammung der Entscheidungen von Rimini und Konstantinopel bestätigt hatte.[291]

Nachdem die Kirchengemeinschaft mit dem Westen aufgenommen war, wurde eine Klärung des Verhältnisses zu den Meletianern notwendig, die 360 zwar den Beschlüssen von Konstantinopel zugestimmt hatten, sich aber bald davon distanzierten und sich ebenfalls zum (interpretierten) Nizänum bekannten.[292] Die Synode von Tyana 366 diente schließlich der Bekräftigung dieser als „rechtshomöusianisch" zu bezeichnenden Position,[293] da die Meletianer auf den von den Homöusianern vorbereiteten Weg einschwenkten.[294] Im Frühjahr 367

dass Basilius vor dem Hintergrund des Dissenses mit Eustathius hinsichtlich der Pneumatologie auf eine Thematisierung derselben zunächst verzichtet habe (vgl. ebd., 145).

[288] Zur Synode von Lampsakus vgl. BRENNECKE, Studien, 206–209; DRECOLL, Basilius, 143–146. Anders als in Antiochien 363 wurde in Lampsakus das Nizänum nicht bekräftigt. Vielmehr wurde Bezug auf die 2. Antiochenische Formel genommen, die das ὅμοιος κατ' οὐσίαν bekannte.

[289] So datiert von HAUSCHILD, Eustathius, 548,11.

[290] Die Gesandtschaft bestand aus Eustathius von Sebaste, Silvanus von Tarsus und Theophil von Kastabala, die alle durch die Synode von Konstantinopel ihre Bistümer verloren hatten. Vgl. dazu Sokrates, Hist. Eccl. IV,12,3f; Sozomenus, Hist. Eccl. VI,10,4. Vgl. auch BRENNECKE, Studien, 218.

[291] DRECOLL (Basilius, 246) fasst die in dem Brief vertretene Position (zum Brief des Eustathius vgl. Sokrates, Hist. Eccl. IV,12,10–20; Sozomenus, Hist. Eccl. VI,11,1–3) in vier Punkten zusammen. Ausgesagt ist (1.) die Kontinuität zu den Synoden von Lampsakus und Smyrna; (2.) das Bekenntnis zum Nizänum als πίστις ἡ καθολική; (3.) die Verwerfung des Arius und die Abgrenzung zu den Altnizänern, denen sie Sabellianismus vorwerfen; (4.) die Abgrenzung gegen die Homöer und das Reichsdogma von 360. Vgl. auch BRENNECKE, Studien, 218f; DRECOLL, Basilius, 245; RITTER, Konzil, 70. Zur Darstellung der Ereignisse vgl. Sokrates, Hist. Eccl. IV,12,1–9.21; Sozomenus, Hist. Eccl. VI,10,5–7; 11,4. Zum Brief an die homöusianischen Bischöfe des Ostens, den Liberius der Gesandtschaft mitgab, vgl. Sokrates, Hist. Eccl. IV,12,22–37.

[292] Die Gruppe um Meletius hatte sich bereits in Antiochien 363 zu den Beschlüssen von Nizäa bekannt und das ὁμοούσιος im Sinne des ὅμοιος καθ' οὐσίαν interpretiert. Vgl. BRENNECKE, Studien, 218; DRECOLL, Basilius, 16f. Ein Niederschlag davon findet sich auch in Haer 73,28,1–4 (3,302,18–303,6).

[293] Mit DRECOLL (Basilius, 16f) soll als „rechtshomöusianisch" hier die Position bezeichnet werden, die das ὁμοούσιος im Sinne des ὅμοιος καθ' οὐσίαν interpretiert hat.

[294] Vgl. BRENNECKE, Studien, 220. Eustathius war auf dieser Synode anwesend; vgl. HAUSCHILD, Eustathius, 548.

sollte in Tarsus eine umfassende Einigungssynode stattfinden, auf der ein gemeinsames Bekenntnis zum Nizänum abgelegt werden sollte.[295] Allerdings lehnten vor dem Zustandekommen dieser Synode einige Bischöfe der Diözese Asia in Antiochien/Karien 367[296] unter Hinweis auf die homöusianischen Beschlüsse von Seleukia das ὁμοούσιος und damit das Nizänum ab (führend war wahrscheinlich Eleusius von Kyzikos).[297] Folglich gab es nach 367 Homöusianer, die das ὁμοούσιος und das Nizänum verwarfen („Linkshomöusianer"), und solche, die es, zusammen mit den Meletianern, bekannten („Rechsthomöusianer").[298]

Innerhalb dieser letzten Gruppe regte sich seit etwa 367 Widerstand gegen die Anerkennung der Gottheit des Geistes, die seit 362 vor allem von Athanasius gefordert wurde. Der führende Kopf dieser Bewegung wurde Eustathius von Sebaste, der zunächst um einen Ausgleich mit den Nizänern und rechten Homöusianern bemüht war.[299] Die trinitätstheologische Position des Eustathius charakterisiert HAUSCHILD als einen „für das Nizänum nicht prinzipiell verschlossenen, subordinatianischen Binitarismus, verbunden mit einer Aversion gegen eine dogmatische Fixierung der Pneumatologie." Der Heilige Geist sei dem Charismatiker Eustathius primär „eine erfahrene Wirklichkeit, eine göttliche Gabe im Pneumatiker, nicht aber personales Gegenüber Gottes, sekundär – als Hypostase betrachtet – ein ‚dienender Geist' entsprechend Hebr 1,14, ein Vermittler zwischen Christus und den Christen an der Spitze der Hierarchie der Engel" gewesen. Aufgrund dieses Ansatzes lehnte Eustathius „sowohl eine Homousie als auch eine Homotimie des Geistes, eine diesen Gott und Christus gleichstellende Doxologie, ab."[300] Nach 373, also nach dem Bruch mit Basilius,[301] rückte Eusthatius dann vom Nizänum ab[302] und verbündete sich stärker mit

---

[295] Vgl. DRECOLL, Basilius, 246.

[296] Datierung nach HAUSCHILD, Eustathius, 548 und RITTER, Konzil, 71.

[297] Vgl. Sozomenus, Hist. Eccl. VI,12,4. Vgl. BRENNECKE, Studien, 220f; HAUSCHILD, Eustathius, 548,16–19; RITTER, Konzil, 71. Die Ablehnung des Nizänums war verbunden mit der Bekräftigung des „Bekenntnisses Lukians des Märtyrers" der Synode von Antiochien 341, das auch in Ankyra und Seleukia (359) bestätigt wurde.

[298] Vgl. DRECOLL, Basilius, 247.

[299] Sokrates überliefert, dass für Eustathius die Stellung des Geistes ungeklärt war. Vgl. Hist. Eccl. II,45,6, wo er ihn mit Makedonius in eine Linie stellt und Eustathius zitiert: ἐγὼ ἔφη οὔτε θεὸν ὀνομάζειν αἱροῦμαι τὸ πνεῦμα τὸ ἅγιον οὔτε κτίσμα καλεῖν ἂν τολμήσαιμι. Es ist anzunehmen, dass diese unpräzise Positionierung in der Pneumatologie mit der kirchenpolitischen Situation zusammenhing. Vgl. auch HAUSCHILD, Eustathius, 548.

[300] HAUSCHILD, Eustathius, 549.

[301] Zum Bruch zwischen Eustathius und Basilius vgl. v.a. DRECOLL, Basilius, 195–212. Zur Datierung des Bruchs vgl. ebd., 207f. Zum Anlass für den Bruch vgl. ebd., 209f. DRECOLL kommt zu dem Schluss, dass die Ursache für den Bruch in theologischen Differenzen lag, genauer in zwei Punkten: Zum einen in der Stellung zum Nizänum. Die Sebastener warfen Basilius Sabellianismus vor und verleumdeten ihn als ὁμοουσιάστης (vgl. Basilius, Ep. 226,3,5–7), griffen also seine nizänische Haltung und sein Bekenntnis zum ὁμοούσιος an, das sie selber ablehnten, weil sie darin die Aufteilung des einen Wesens in zwei gleichwertige Brüder ausgedrückt sahen (Ep. 226,3,7–9). Die andere Ursache des Bruches macht DRECOLL (a.a.O., 210) in der Pneumatologie aus (mit Verweis auf Basilius, Ep. 226,3,26f).

den Homöern gegen die Neunizäner.[303] Auf der Synode von Kyzikus 376, auf der wahrscheinlich erneut das „Bekenntnis Lukians des Märtyrers“ bekräftigt wurde,[304] schwenkte er offiziell auf die Linie des Eleusius ein.[305] Hier verschwieg er, wie Basilius wohl nicht ohne Polemik berichtet, das ὁμοούσιος, bekannte nun stattdessen das καθ' οὐσίαν ὅμοιος und machte sich darüber hinaus die Argumentation des Eunomius bezüglich des Geistes zu eigen, bezeichnete ihn also als Geschöpf.[306]

RITTER unterscheidet von diesen homöusianischen Pneumatomachen um Eleusius, zu denen er nach 373 auch Eusthatius zählt, einen „rechten Flügel“, der „jedenfalls während der Ära des Valens an der Kirchengemeinschaft mit den Nikäern festhalten wollte, jedoch die ‚neue Lehre‘ von der Gottheit und Homousie des Hl. Geistes mit der Begründung ablehnte, diese Lehre sei weder in der Schrift noch im nikäischen Bekenntnis begründet.“[307] Diese „Rechtsmakedonianer“ stünden auf einer Linie mit dem Eustathius vor 373.

Vor diesem Hintergrund ist es wahrscheinlich, dass Epiphanius mit der zweiten von ihm genannten Gruppe diesen rechten Flügel oder aber Eustathius und seine Anhänger vor 373 im Blick hatte.[308] Dabei ist davon auszugehen, dass er die Lehre des Eustathius und anderer Vertreter dieser Gruppe ebenso wenig differenziert betrachtet hat, wie er die Unterschiede zwischen den verschiedenen „semiarianischen“ Gruppen gesehen hat und zu würdigen bereit war.[309] Worum

---

[302] Vgl. dazu Ep. 99,3,10–13, wo Basilius den Bericht Theodots wiedergibt, Eustathius habe die Ep. 125, in der er sich zum Nizänum bekannt hat, wieder verworfen. Vgl. dazu DRECOLL, Basilius, 204 (der hier versehentlich von Ep. 244 spricht). HAUSCHILD datiert Ep. 99 auf August 373 (vgl. ders., Briefe II, 12f; 156 Anm. 14). Ein weiteres Zeugnis ist Ep. 244,2,32–45. Dort wird berichtet, Boten aus Sebaste seien zurückgekehrt und schilderten, man murre dort darüber, dass Basilius und seine Anhänger einen neuen Glauben verkünden. Eine Mitteilung des Eustathius ging mit keinem Wort auf die getroffene Vereinbarung (vgl. Ep. 125; dazu auch DÖRRIES, De Spiritu Sancto, 35–42; DRECOLL, Basilius, 270–276) ein. Bald gingen Briefe ein, durch die die Gemeinschaft zu Basilius gebrochen wurde. Vgl. DÖRRIES, De Spiritu Sancto, 41f. HAUSCHILD datiert Ep. 244 auf Herbst 375 (vgl. ders., Briefe III, 18; 214 Anm. 302).

[303] Vgl. auch HAYKIN, Spirit of God, 41.

[304] Also wie schon auf der Synode von Antiochien/Karien 367. Vgl. RITTER, Konzil, 75 und 71. Vgl. auch HAUSCHILD, Eustathius, 548,37f.

[305] Vgl. RITTER, Konzil, 74f; HAUSCHILD, Eustathius, 548,32–38; MEINHOLD, Pneumatomachoi, 1084f.

[306] Vgl. Basilius, Ep. 244,9,22–24: τὸ ὁμοούσιον κατασιγάσαντες, τὸ κατ' οὐσίαν ὅμοιον νῦν περιφέρουσι καὶ τὰς εἰς τὸ ἅγιον πνεῦμα βλασφημίας μετ' Εὐνομίου συγγράφουσι. Vgl. auch RITTER, Konzil, 75; DRECOLL, Basilius, 210. Über die Synode von Kyzikus ist weiter nichts bekannt. Ebenso wenig über die tatsächliche Lehre des Eustathius zu dieser Zeit. Allerdings geht RITTER (a.a.O.) davon aus, dass dem Bericht des Basilius einige Wahrscheinlichkeit zukommt.

[307] RITTER, Konzil, 74. RITTER bezieht sich für diese These allein auf Gregor von Nazianz, Or. 31, 1(,5f); 3; 25–27 und auf besagte Stelle bei Epiphanius, Haer 74,14,4.

[308] Auf keinen Fall wird er, wie POURKIER (Hérésiologie, 45 Anm. 68) „zweifelsfrei“ meint, bei dieser zweiten Gruppe an Basilius gedacht haben.

[309] Vgl. dazu Haer 73,23,5 und Haer 73,27,8. In beiden Fällen erwähnt Epiphanius zunächst, dass die Semiarianer in drei Gruppen zerfallen sind und behauptet dann, dass sie letztlich alle das Gleiche lehren.

es Epiphanius geht, ist die Stellung zum Heiligen Geist und die damit verbundene Gefährdung des Heils. Dieser Punkt war schließlich beiden von Epiphanius genannten Gruppen gemeinsam: εἰς τὸ πνεῦμα δὲ τὸ ἅγιον πάντες οὗτοι βλασφημοῦσι, μὴ συναριθμοῦντες αὐτὸ πατρὶ καὶ υἱῷ ἐν τῇ θεότητι.[310] Sie leugneten somit die volle Gottheit mindestens einer göttlichen Person. Aus dieser Tatsache erklärt sich die Nivellierung der genuinen Unterschiede unter den Pneumatomachen sowie zwischen den Pneumatomachen und Arianern, die Epiphanius bei der Widerlegung in der Regel vollzieht.[311] Die Frage, ob er seinen Gegnern damit sachlich gerecht wurde, stellt sich für ihn nicht. Es reichte aus, die Pneumatologie der Gegner in den Zusammenhang mit einer verurteilten und bekannten Häresie zu stellen (nämlich der der Arianer), um sie als unhaltbar zu erweisen. Durch die Verbindung „Arianer/Pneumatomachen" wird positiv der Ansatzpunkt seines eigenen trinitätstheologischen Verständnisses erkennbar: Die Gottheit ist nur in der Trias vollständig. Epiphanius wird hier von Athanasius beeinflusst sein, der ähnlich argumentierte. Auch er stellte in seinem ersten Brief an Serapion die Pneumatomachen in die Tradition der Arianer.[312] Die Gemeinsamkeit zwischen beiden Gruppen sieht Athanasius darin, dass sie die Trinität zerstören, indem sie die Geschöpflichkeit mindestens des Geistes, die Arianer auch die des Sohnes lehren.[313]

Im Hinblick auf den *Ancoratus* wird zu überprüfen sein, ob sich die von Epiphanius getroffene Einteilung wiederfindet. Die „nizänischen" Pneumatomachen traten ja erst etwa Anfang der 70er Jahre in Erscheinung. Von Bedeutung im Hinblick auf die Situation der Gemeinde in Pamphylien ist, dass im Zusammenhang mit Eustathius und seinen Anhängern gerade Kleinasien „zum Schauplatz erbitterter Auseinandersetzungen über das pneumatologische Problem [wurde], die mit unverminderter Leidenschaft bis zum Zusammentritt des Konstantinopler Konzils andauerten."[314] Der große Einfluss, den Eustathius unter den Mönchen genoss, ermöglichte es ihm, seine pneumatomachische Position in Kleinasien zu verbreiten.[315] HAUSCHILD weist darauf hin, dass dort die Pneumatomachen bis 381 neben den Nizänern die bedeutendste Gruppe bildeten.[316] Von daher ist es gut möglich, dass auch die Gemeinde von Suedra von diesen Streitigkeiten erschüttert wurde.[317]

---

310 Haer 74,1,3 (3,313,22–24).

311 Dies gilt vor allem für den *Ancoratus*. Vgl. aber schon Haer 78,5,1–3; dazu oben, Teil I, A.2.a).

312 Vgl. neben Athanasius, Ep. ad Serap. I,(1–)3 auch, mit polemischem Charakter, I,29; I,17; I,21.

313 Vgl. Athanasius, Ep. ad Serap. I,2 und v.a. I,15ff.

314 RITTER, Konzil, 73. Vgl. auch HOLL, Amphilochius, 121. Allerdings folgert HAYKIN aus Basilius, Epp. 113, 114 und 105, 114 und 105, dass schon kurz vor der Führerschaft des Eustathius Pneumatomachen in Kleinasien wirkten. Vgl. HAYKIN, Spirit of God, 30f.

315 Vgl. HAUSCHILD, Pneumatomachen, 212f.

316 Vgl. HAUSCHILD, Eustathius, 548,32–36.41f.

317 Vgl. dazu Teil I, B.3.

Im Folgenden soll auf die inhaltliche Auseinandersetzung eingegangen werden, die Epiphanius in Haer 74 führt, um eine etwaige Entwicklung vom *Ancoratus* her aufzeigen zu können. Auffallend ist, wie schon erwähnt, dass Epiphanius sich in erster Linie auf eigenes, älteres Material bezieht. Dies ist ihm möglich, weil es bereits im Zusammenhang mit „jeder Häresie" sein Bestreben war, den Geist als „Herrn" zu erweisen.[318]

Der größte übernommene Komplex ist eine längere Passage aus dem *Ancoratus*. Er umfasst Haer 74,2–10, also gut zwei Drittel des gesamten Textes von Haer 74. Für Haer 74 markiert er den Beginn der inhaltlichen Auseinandersetzung.[319]

Im Anschluss (Haer 74,11,2) kommentiert Epiphanius diesen zitierten Text und zeigt, worin seine Intention besteht. So will er in dem betreffenden Abschnitt durch viele Zeugnisse[320] die Wirkeinheit von Vater und Sohn (und Geist, s.u.) aufzeigen, die sich auch auf dieselbe Wirkung in der Gnade erstreckt. Der Grund für diese Wirkeinheit liegt nach Haer 74,11,2 in der Wesenseinheit, nämlich darin, dass der Sohn „aus dem Vater" und dessen Macht und Gottheit nicht fremd ist und dass er ὁμοούσιος mit ihm ist. Dasselbe gilt, so die Interpretation der zitierten Passage, auch für den Geist. In Bezug auf ihn hält er ebenfalls fest, dass die Wirksamkeit durch viele Zeugnisse aufgezeigt wurde.[321] Epiphanius verwendet im Zusammenhang mit dem Geist beinahe die gleichen Worte wie vorher beim Sohn, was die Gleichordnung beider unterstreicht. Da auch für den Geist explizit das ὁμοούσιος gilt, muss er in irgendeiner Weise aus dem Wesen der Gottheit stammen: Er ist wahrhaft „aus Gott" und ist Vater und Sohn nicht fremd.[322] Deutlich wird hier die Zuordnung Sohn-Vater und Geist-Sohn/Vater. Die Unterscheidung in der Formulierung „aus dem Vater" für den Sohn und

---

[318] Vgl. Haer 74,1,4 (3,313,24–314,2). Hier bekundet Epiphanius: πολλάκις δὲ περὶ τούτου πολλὰ διελέχθημεν καὶ ἐν ἑκάστῃ αἱρέσει τήν τε ἀληθινὴν περὶ αὐτοῦ σύστασιν οὐ μικρῶς ὑφηγησάμεθα, ὡς σὺν πατρὶ καὶ υἱῷ κυριολεκτεῖται. Als Beleg für diese Behauptung führt er verschiedene Schriftstellen an, die den Geist in Gemeinschaft mit Vater und Sohn stellen: Vgl. Sap Sal 1,7; Joh 16,13; Joh 15,26/16,14; I Kor 12,11; I Kor 2,10.

[319] Vgl. Haer 74,2–10 und Anc 65–73. Die zitierte Passage wird im Zusammenhang mit dem *Ancoratus* eingehend interpretiert.

[320] Vgl. Haer 74,11,2 (3,328,24).

[321] Vgl. Haer 74,11,2 (3,329,1).

[322] Haer 74,11,2 (3,328,24–30): ... ὁ μονογενὴς συμπράττων τῷ πατρὶ καὶ τὰ ἴσα ἐν ἅπασι τελειῶν καὶ χαριζόμενος, ὡς ἐξ αὐτοῦ ὢν καὶ οὐκ ἀλλοῖος παρὰ τὴν τοῦ πατρὸς δύναμιν καὶ θεότητα, ἀλλὰ ὁμοούσιος πατρί, οὐ μόνον δὲ ὁ υἱός, ἀλλὰ καὶ τὸ ἅγιον πνεῦμα συμπρᾶττον υἱῷ καὶ πατρὶ καὶ τὰ ἴσα ἐργαζόμενον δωρούμενόν τε καὶ χαριζόμενον ὡς βούλεται, ὡς καὶ αὐτὸ ὄντως ἐκ θεοῦ ὂν καὶ οὐκ ἀλλότριον πατρὸς καὶ υἱοῦ, ἀλλ' ὁμοούσιον πατρὶ καὶ υἱῷ... Bezeichnend sind auch die Unterschiede: Für den Geist unterstreicht Epiphanius, dass er dasselbe wirke wie Vater und Sohn und dieselben Gnadengaben schenke, und zwar „wie er will", womit seine Souveränität unterstrichen ist. Die Abstammung wird hier als ἐκ θεοῦ verstanden, was jedoch, wie das ὡς καὶ αὐτό zeigt, keinen ontologischen Unterschied zum Sohn ausmacht. Dem Sohn bleibt das ἐκ πατρός hier vorbehalten. Beim Sohn ist betont, er sei nicht andersartig neben (παρά) der Macht und Gottheit des Vaters, was sich eher gegen den Verdacht des Polytheismus wendet. Beim Geist ist dagegen ausgesagt, er sei Vater und Sohn gegenüber nicht andersartig (ἀλλότριον + Genitiv). Hier wird also die Einheit betont.

„aus Gott" für den Geist darf nicht überbewertet werden, denn sie wird nicht überall beibehalten. Das genaue Abstammungsverhältnis des Geistes zu Vater und Sohn ist, wie verschiedene Formulierungen („aus Gott"[323], „aus dem Vater"[324] oder „Geist des Vaters und des Sohnes"[325]) zeigen, in Haer 74 ungeklärt. Deutlich ist aber, um welchen Sachverhalt es Epiphanius geht: Es geht darum, dass Sohn und Geist aus demselben Wesen stammen.

Zusammenfassend kann festgestellt werden, dass Epiphanius die erste Passage, die er aus dem *Ancoratus* zitiert, zum Beleg für die Wirkeinheit heranzieht, die über die Wesenseinheit gewährleistet ist. Dies entspricht der Interpretation der entsprechenden Stelle in Anc 65–73.

In Haer 74,11,3 eröffnet Epiphanius einen neuen Argumentationsgang gegen die Feinde des Heiligen Geistes. Er betont seine Absicht, über die bisher angeführten Zeugnisse hinaus weitere aus der Schrift sammeln zu wollen.[326] Die Lehre der Gegner wird im Folgenden aus seiner Entgegnung erkennbar: Offenkundig zählen sie den Geist zu den übrigen Geistern bzw. Engeln.[327] Epiphanius hält fest, dass er einzigartig (ἑνικόν) sei, von allen angebetet werde (ὑπὸ πάντων προσκυνούμενον)[328], von allen Geschöpfen ersehnt werde (ἐπιπόθητον) und mit nichts zu vergleichen sei, nicht mit Engeln und mit keinem anderen Geist.[329] Die Abgrenzung gegen die anderen Geister gelingt Epiphanius allerdings nicht vollständig. Zwar stellt er einerseits einen ontologischen Unterschied heraus, indem er den Geist als ὁμοούσιος mit Vater und Sohn und als Gott bezeichnet. Andererseits bezeichnet er ihn aber als „höchsten der Geister" (τουτὸ δὲ ἀνώτατον πάντων πνευμάτων; Haer 74,11,5 (3,329,9)), wodurch der ontologische Unterschied zu einem graduellen wird. Wenn es dann wieder heißt, er habe sein Sein „ewig aus dem Vater" (ἀεὶ ἐκ πατρός) und nicht von (ἀπό) dem anderen, das aus dem Nicht-Seienden geschaffen ist,[330] zeigt sich, wie unbestimmt die Charakterisierung des Geistes bei Epiphanius ist. Im Vergleich zu der Argumentation in Haer 74,11,5 ist die Abgrenzung gegen die anderen, vielen Geister, die Epiphanius zuvor in Haer 74,8f (= Anc 71f) vollzieht, zwar eindeutiger: Hier baut er seine Argumentation auf die Gegenüberstellung θέσει/κλήσει und die einzigartige Bezeichnung des Geistes auf. Doch formuliert er in Anc 71,6/Haer 74,8,6 auch unpräzise, indem er den Geist indirekt auf eine Stufe mit den übrigen Geistern und Engeln stellt.[331] Die Abgrenzung gelingt also nicht in jedem Punkt überzeugend. Es zeigt sich an dieser Stelle, dass

---

323 Haer 74,11,2 (3,328,29).
324 Haer 74,11,5 (3,329,9f).
325 Haer 74,13,4 (3,331,5f).
326 Vgl. Haer 77,11,3 (3,329,2–6).
327 Vgl. auch Anc 72,6–9.
328 In der Anbetung sieht Epiphanius in Anc 70,1ff einen Beweis für die Gottheit des Geistes.
329 Vgl. Haer 74,11,4 (3,329,6–8).
330 Vgl. Haer 74,11,5 (3,329,8–10).
331 Vgl. Anc 71,6 (Haer 74,8,6 (3,325,2f)) die Formulierung: οὐδὲ ὡς <u>τὰ λοιπὰ</u> πνεύματα ... οὐδὲ ὡς <u>οἱ λοιποὶ</u> ἄγγελοι.

Epiphanius zwischen dem *Ancoratus* und dem *Panarion* keinen grundlegenden Fortschritt bei der Entfaltung einer Pneumatologie gemacht hat.

Es sind im Wesentlichen zwei Punkte, die Epiphanius den Pneumatomachen in Haer 74,11 entgegenhält: Der Heilige Geist ist aus dem Wesen Gottes; er ist einzigartig und damit verschieden von allen anderen Geistern und Engeln. Die Einzahl ist entscheidend und wird, ausgehend vom Mono-theismus und von der Ein-Geborenheit des Sohnes auf den Geist übertragen, wodurch wiederum dessen Zugehörigkeit zur Gottheit erwiesen ist: ὥσπερ εἷς θεὸς καὶ εἷς μονογενὴς υἱὸς τοῦ θεοῦ, οὕτω καὶ <ἓν> πνεῦμα ἅγιον θεοῦ, ἀπὸ δὲ θεοῦ καὶ ἐν θεῷ.[332] Die Argumentation mit der Einzigkeit der trinitarischen Personen ist vor allem in den ersten Kapiteln des *Ancoratus* (Anc 3–10) zentraler Bestandteil der Beweisführung für deren Gottheit.

Von daher fügt sich die zweite im Anschluss zitierte Passage gut in die Thematik ein.[333] Diesmal ist der Abschnitt nicht als Zitat kenntlich gemacht, sondern wird in die laufende Argumentation eingefügt. Im Grunde geht es in Haer 74,11f wie auch in dem entsprechenden Abschnitt des *Ancoratus* um den Sachverhalt, dass der Heilige Geist einerseits einzigartig ist und eigenständig existiert und andererseits aus demselben Wesen der Gottheit und damit Gott ist. Allerdings übernimmt Epiphanius die für den ersten Teil des *Ancoratus* grundlegende Konzeption der *Theologie der Namen*[334] und die damit verbundene Begriffstheorie nicht, mit deren Hilfe er die Zugehörigkeit des Geistes zur Trias darlegt. Dies spiegelt sich in der Abgrenzung der zitierten Passage wider: Sowohl in dem Anc 6,10 vorangehenden Teil als auch vor allem in Anc 8 legt Epiphanius dieses Verständnis dar. Die Konzeption passt für ihn offensichtlich nur zu der Auseinandersetzung im *Ancoratus*, was zweierlei Gründe haben mag: Zum einen verwendet Epiphanius im *Ancoratus* noch keinen Personbegriff und ist auf die Bezeichnungen der trinitarischen Personen mit den biblischen Namen angewiesen. Ein Grund dafür, seine damit verbundene Theorie in Haer 74 nicht mehr zu vertreten, mag darin liegen, dass er nun mittlerweile die Personen als Hypostasen bezeichnen kann. Der andere Grund könnte sein, dass Epiphanius in den betreffenden Kapiteln im *Ancoratus* dezidiert auf neuarianische Lehre eingeht, während er sich in Haer 74 differenzierter gegen arianische und vor allem nizänische Pneumatomachen richtet.[335]

Zwischen der Vorlage im *Ancoratus* und der Wiedergabe im *Panarion* gibt es einen wesentlichen Unterschied, der eine wichtige Entwicklung andeutet. In Anc 7,6f hält Epiphanius fest, dass in der Trias nichts Geschaffenes oder Hinzugewordenes sei, sondern dass der Vater den Sohn zeuge und dass es keine

---

[332] Haer 74,11,5 (3,329,11–13). Auch Basilius sieht in AE III,6,40–42 durch die Betonung der Einzahl die Einheit in der Trias gesichert. Vgl. auch Athanasius, Ep. ad Serap. I,27 (PG 26, 593 BC).

[333] Vgl. Haer 74,11,6–12,8 mit Anc 6,10–7,8. Zur Analyse vgl. im Zusammenhang mit der Interpretation des *Ancoratus*.

[334] Zu der Formulierung vgl. Teil II, A.1.

[335] Vgl. zu dem entsprechenden Abschnitt im *Ancoratus*, v.a. zu Anc 8.

Zeit gegeben habe, als dieser nicht Sohn war. Eine entsprechende Aussage über den Geist fehlt hier. In der Parallelstelle in Haer 74,12,6f wird Epiphanius präziser. Zunächst lehnt er die Verhältnisbestimmungen συνάδελφος und συναλοιφή sowohl für Vater-Sohn als auch explizit für Geist-Vater/Sohn ab. Als Begründung führt er an: υἱὸς δὲ γεννητὸς ἐκ πατρὸς καὶ πενῦμα προελθὸν ἐκ πατρός (3,330,14f). Hier sind die beiden Hervorgehensweisen „gezeugt" und „ausgehen" für Sohn und Geist eindeutig nebeneinander gestellt und durch den Kontext gezielt gegeneinander abgegrenzt. Der Bezugspunkt ist in beiden Fällen der Vater. Obwohl Epiphanius diese Bestimmung für den Geist nicht konsequent übernimmt,[336] hat die Stelle hohe Bedeutung, weil er in einen bereits bestehenden Text eingegriffen und die Stelle folglich gezielt korrigiert hat. Es deutet sich damit hier eine Präzisierung in der Bestimmung des Hervorgehens des Geistes an, die bei Gregor von Nazianz zu einem bestimmenden Element seiner Trinitätslehre wird.[337]

Im Anschluss an das Zitat fährt Epiphanius in Haer 74,13,1ff fort – wiederum anhand verschiedener Schriftzeugnisse – die Wesenszugehörigkeit des Geistes zur Gottheit zu belegen, wobei ein Schwerpunkt nun auf dem Zusammenhang von Wesenszugehörigkeit und Heil liegt. Eindeutig betont er die Gleichordnung von Geist und Sohn und die Teilhabe des Geistes am Heilsgeschehen.[338]

Zuletzt weist Epiphanius verschiedene pneumatomachische Einwände zurück, die das Wesen des Geistes betreffen.[339] Die inhaltliche Auseinandersetzung in Haer 74 ist damit abgeschlossen.

---

[336] Vgl. z.B. noch Haer 76,3,3 (3,343,17–19); Haer 76,39,13 (3,393,32), wo Epiphanius sich in gleicher Weise äußert. Schon der nähere Kontext in Haer 74 zeigt jedoch, dass diese Verhältnisbestimmung kein zentraler Bestandteil der Argumentation geworden ist. In der Regel beschreibt Epiphanius auch hier das Verhältnis des Geistes zu Vater und Sohn mit den Worten aus Joh 15,26/16,14 (vgl. Haer 74,1,4 (3,314,4f); 4,1 (3,318,5f); 10,1f (3,327,7–10); 11,7 (3,329,18f) u.ö.).

[337] Gregor unterscheidet zwischen der γέννησις des Sohnes und der ἐκπόρευσις des Geistes. Vgl. v.a. Or. 31 (V),8,6–9.11–14; 9,10–13. Vgl. auch Or. 29 (III),2,24–27. Ebendort (2,15.17) bezeichnet Gregor den Vater als Hervorbringer (προβολεύς) und den Geist als Hervorgebrachtes (πρόβλημα). Vgl. auch Or. 29 (III),3,6f. Vgl. auch HOLL, Amphilochius, 161.

[338] So entnimmt er aus Jes 42,1, der Geist des Vaters werde als ebenbürtiger Gott verkündet, und zwar allen Gläubigen zum Heil. Vgl. Haer 77,13,2 (3,330,25–28): εὐθὺς μὲν γὰρ ὁ πατήρ φησι περὶ τῆς τοῦ υἱοῦ παρουσίας... [es folgt Jes 42,1], ἵνα γνήσιον κηρύξῃ θεὸν τὸ ἅγιον αὐτοῦ πνεῦμα, πᾶσι πιστοῖς εἰς σωτηρίαν. Lk 4,18 interpretiert er in dem Sinne, dass Christus dort bezeuge, seine fleischliche Erscheinung sei vom Heiligen Geist den Gläubigen verkündet, ὅτι οὐκ ἀλλότριον τὸ πνεῦμά ἐστι τοῦ θεοῦ (Haer 74,13,3 (3,330,31–331,1)). Nach Joh 14,15f zeige der Sohn seine Gleichheit (ἰσότητα) und Wesenseinheit (ὁμοουσιότητα) zu „seinem und seines Vaters Heiligen Geist" (πρὸς τὸ πνεῦμα αὐτοῦ τε καὶ τοῦ πατρὸς αὐτοῦ τὸ ἅγιον) an. Dem entspricht, dass der Herr selber παράκλητος ist, der Geist auf die gleiche Weise συμπαράκλητος. Vgl. Haer 74,13,4 (3,331,5–9). Dieselbe Argumentation im Zusammenhang mit Joh 14,16 begegnet bei Basilius, AE III,3,21–24: ἐν ᾧ δὲ εἶπεν ὁ κύριος ὅτι· ἐγὼ ἐρωτήσω τὸν πατέρα, καὶ ἄλλον παράκλητον δώσει ὑμῖν (Joh 14,16), καὶ αὐτὸς εἶναι παράκλητος ἡμῶν ἐνδείκνυται.

[339] In Haer 74,13,5 geht es um den Einwand, der Geist sei ein Diener (δοῦλος). Mit der Auslegung von Apg 13,2, einer Schriftstelle, die die αὐθεντία des Geistes aufzeige (vgl. ebenso Anc

In Haer 74,14,1f kommt Epiphanius wieder auf die beiden eingangs genannten Gruppen zu sprechen. Er bekräftigt, dass jede Häresie von der Wahrheit entfernt ist, dass jede Häresie die Wahrheit verleugnet, entweder im Großen (so diejenigen, die Sohn und Geist lästern) oder im Kleinen (so diejenigen, die nur den Geist lästern). Sie werden, auch wenn sie orthodox über den Sohn denken, keine Vergebung der Sünden und kein Heil erlangen, weil sie den Heiligen Geist lästern.[340]

Das gilt auch für diejenigen, die sich zu Nizäa bekennen und fragen, wo dort die Gottheit des Heiligen Geistes ausgesagt sein soll. Epiphanius begegnet ihnen mit dem Einwand, dass es in Nizäa gar nicht um den Heiligen Geist gegangen sei. Vielmehr seien Fragen thematisiert worden, die speziell in diese Zeit gehörten, nämlich Fragen bezüglich des arianischen Problems.[341] Somit könnten sich die Pneumatomachen auch nicht auf Nizäa berufen, um ihre Position zu bekräftigen. Der Kern des Glaubens von Nizäa ist für Epiphanius in dem dreifachen „wir glauben" der drei Artikel ausgesagt: ... ἀλλ' εἰς μίαν δοξολογίαν καὶ εἰς μίαν ἕνωσιν θεότητος καὶ μίαν ὁμοουσιότητα, εἰς τρία τέλεια, μίαν δὲ θεότητα, μίαν οὐσίαν, μίαν δοξολογίαν, μίαν κυριότητα ἀπὸ τοῦ πιστεύομεν καὶ πιστεύομεν καὶ πιστεύομεν. καὶ ἐνταῦθα διέπεσεν ὁ τῶν τοιούτων λόγος.[342] Dieses Verständnis entspricht dem, das er im *Ancoratus* immer wieder entfaltet: Nur in der Dreiheit ist die Gottheit vollständig.[343]

16,7 im Zusammenhang mit I Kor 12,11), belegt Epiphanius dagegen, der Geist sei τῆς αὐτῆς θεότητος. Danach greift er in Haer 74,13,7 eine weitere Argumentation auf, die er auch im *Ancoratus* breit entfaltet (vgl. Haer 74,13,7–9 und Anc 11,3–16,2). Es handelt sich um die Exegese von I Kor 2,10, die er heranzieht, um den Zusammenhang von Wesenszugehörigkeit und Wesenserkenntnis aufzuzeigen. Offensichtlich handelt es sich bei I Kor 2,10 um eine Stelle, die die Pneumatomachen als Beweis dafür herangezogen haben, dass der Geist von Gott verschieden sei, da er die Tiefen Gottes zwar erforsche, aber nicht erkenne. Zur Interpretation vgl. den Kommentar zu Anc 11ff.

[340] Vgl. Haer 74,14,2f.

[341] Vgl. ähnlich Basilius, der in der an Epiphanius gerichteten Ep. 258,2,15–20 die These vertritt, in Nizäa sei die Frage nach dem Geist noch nicht gestellt worden und von daher sei die Doxologie des Geistes dem Nizänum hinzuzufügen. Wie RITTER (Konzil, 188) betont, war man sich „in allen Lagern der orientalischen Orthodoxie [...] spätestens seit dem Konzil von Alexandreia (362) darüber im klaren, dass N in der Auseinandersetzung mit den verschiedenen zeitgenössischen kirchlichen Richtungen nicht mehr genügte, sondern vor allem hinsichtlich der Lehre vom Hl. Geist einer Ergänzung bedurfte."

[342] Haer 74,14,8 (3,332,28–31).

[343] Zu fragen ist, warum Epiphanius in Haer 74,14,8 nicht die Rede von den drei Hypostasen verwendet (stattdessen: τρία τέλεια), wie an anderen Stellen im *Panarion*. Eine Antwort könnte darin liegen, dass in Haer 74 über die Passagen hinaus, die er aus dem *Ancoratus* zitiert hat, noch weitere Abschnitte auf ältere Vorlagen zurückzuführen sind, so auch diese Schlussformulierung. Die hier formulierte Theologie stellt für diese These zumindest keinen Hindernisgrund dar, da Epiphanius bereits im *Ancoratus* ähnliche Formulierungen verwendet hat (vgl. z.B. Anc 10,5; 24,7; 67,4 u.ö.). Wie bei der Interpretation des *Ancoratus* zu zeigen ist, hat Epiphanius auch in dieser Schrift z.T. auf älteres, bereits vorhandenes Material zurückgegriffen, was sich vor allem aus einem Vergleich mit dem Kapitel gegen die Arianer, Haer 69 ergibt (vgl. v.a. zu Anc 28,1–29,2; Anc 47f).

Das in Haer 74,14,4–8 dargelegte Verständnis macht deutlich, dass Epiphanius durchaus die Notwendigkeit sehen konnte, den in Nizäa formulierten Glauben im Hinblick auf den Geist und die neu aufgekommenen Häresien zu ergänzen bzw. zu präzisieren.[344] Dies entspricht der Tatsache, dass er am Ende des *Ancoratus* eine erweiterte Paraphrase des Nizänums formuliert, die speziell auf die neuen Häresien der Apollinaristen und der Pneumatomachen eingeht.[345] Damit ist allerdings die These widerlegt, dass Epiphanius ein Mann war, für den theologisch „mit dem Konzil von Nicaea 325 alles geklärt"[346] war bzw. für den das theologische Denken lediglich darin bestand, „die festgelegten Formeln weiterzugeben u. den Schriftbeweis für sie zu führen."[347]

Bezüglich der Auseinandersetzung mit den Pneumatomachen in Haer 74 kann Folgendes festgehalten werden.

1.) Epiphanius unterscheidet zwischen zwei Gruppen von Pneumatomachen. Seine Klassifizierung passt historisch in etwa zu den Ereignissen der Jahre 367ff. Beide Gruppen lassen sich ungefähr identifizieren einerseits als Linkshomöusianer, Homöer bzw. Arianer, die dem Nizänum und dem ὁμοούσιος ablehnend gegenüberstanden, und andererseits als „Rechtsmakedonianer" (RITTER), Rechtshomöusianer (HAUSCHILD) bzw. frühe Eustathianer, die sich zum Nizänum und zum (interpretierten) ὁμοούσιος bekannten. Letztlich ist der Vorwurf gegen beide Gruppen gleich: Sie zählen den Geist nicht mit Vater und Sohn zusammen und bekennen nicht die vollständige und gleichgeordnete Trias. Der Kampf gegen die Pneumatomachen ist soteriologisch motiviert, denn beide Gruppen verwerfen das Heil.

2.) Epiphanius entgegnet der pneumatomachischen Lehre, indem er die Wesenszugehörigkeit des Geistes aufzeigt. Er ist ὁμοούσιος mit Vater und Sohn und „aus Gott", er ist Gott[348]. Deswegen ist er „Herr" und wird angebetet. Die Wesenzugehörigkeit wird in verschiedenen Argumentationsgängen festgehalten. So sieht Epiphanius Beweise in der Wirkeinheit mit Vater und Sohn (auch im Blick auf die Soteriologie), in der Einzigartigkeit des Geistes und in seiner Wesenserkenntnis. Den verschiedenen Beweisgängen ist z.T. eine wechselseitige Richtung zu eigen: Der Geist ist einzigartig, weil er der Heilige Geist Gottes ist – Der Geist ist Heiliger Geist Gottes, weil er einzigartig ist. Der Geist kann die Tiefen Gottes erkennen, weil er am Wesen Gottes teilhat – andersherum ist die Tatsache, dass der Geist die Tiefen Gottes tatsächlich erkennt und nicht nur erforscht, Beweis für die Teilhabe am Wesen Gottes. Die Belege für seine Argumentation entnimmt Epiphanius ausschließlich der Schrift.

3.) Zur Stützung seiner Aussagen zitiert Epiphanius im Wesentlichen sich selbst aus dem *Ancoratus*, so in Haer 74,2–10 (vgl. Anc 65–73) und Haer

---

[344] Vgl. auch RITTER, Konzil, 189.
[345] Vgl. dazu Anc 119(120),1f.
[346] DUMMER, Epiphanius, 241.
[347] SCHNEEMELCHER, RAC, 922.
[348] Vgl. Haer 77,13,2 (3,330,25–28).

74,11,6–12,8 (vgl. Anc 6,10–7,8). Daneben nimmt er mit der Exegese von I Kor 2,10 mindestens noch eine weitere Argumentation auf, die auch im *Ancoratus* zentral ist.[349] Es wird somit deutlich, dass Haer 74 zu großen Teilen aus älteren Vorlagen besteht.[350]

4.) Für die Trinitätstheologie und die Pneumatologie bringt die in Haer 74 vertretene Theologie gegenüber derjenigen im *Ancoratus* im Grunde nichts Neues.[351] Insofern kann von einer allmählichen Entwicklung bzw. Entfaltung einer wirklichen Pneumatologie bei Epiphanius keine Rede sein. Die Pneumatologie wird auch im *Panarion* fast ausschließlich als Verhältnis Geist-Gott expliziert, das heißt als Teil der Trinitätstheologie. Das Anliegen, den Geist als Gott und als ὁμοούσιος mit Vater und Sohn zu beweisen, ist auf jeden Fall älter als der Abschnitt Haer 74. Schon im *Ancoratus* hat er diese Lehre vertreten und seitdem nicht wesentlich verändert. Die Pneumatologie trug damit (ganz anders als bei Basilius) offensichtlich nicht dazu bei, dass Epiphanius sich in der Trinitätstheologie hinsichtlich der Rede von den drei Hypostasen und der einen Usia sprachlich präzisierte.

5.) Epiphanius ist der Ansicht, dass der in Nizäa formulierte Glaube den Problemen und Themen der damaligen Zeit entsprechend formuliert wurde. Die Grundaussage ist für ihn, dass die Gottheit in der Dreiheit besteht, dass also der Geist ebenso zur Gottheit gehört wie der Sohn und der Vater. Das Bekenntnis ist durchaus zu erweitern und der neuen Situation mit ihren veränderten Auseinandersetzungen anzupassen, wie Epiphanius es in Anc 119(120),3–12 getan hat.

---

[349] Vgl. Haer 74,13,7–9 und Anc 11,3–16,2.

[350] Wie vor allem die zweite zitierte Passage und die Argumentation mit I Kor 2,10 zeigen, hat Epiphanius sein älteres Material keineswegs immer als solches kenntlich gemacht.

[351] Eine Ausnahme bildet hier lediglich die explizite Formulierung, der Geist sei ὁμοούσιος mit Vater und Sohn (vgl. Haer 74,11,2 (3,328,30)). Allerdings darf dieser Punkt nicht überbewertet werden, da die Homousie der Trias zentraler Bestandteil auch der Argumentation im *Ancoratus* ist. Ein Indiz dafür, dass Epiphanius auf älteres Material zurückgegriffen hat, scheint dagegen die Tatsache zu sein, dass er in Haer 74,14,8 nicht die neunizänische Formel verwendet, obwohl dies hier nahe gelegen hätte. Die hier gemachte Aufzählung entspricht denen im *Ancoratus*.

B. Historischer Zusammenhang der Abfassung des *Ancoratus*

1. Zum Problem der handschriftlichen Überlieferung und der Edition Karl Holls

Die handschriftliche Überlieferung für den *Ancoratus* und das *Panarion* hat KARL HOLL dargestellt.[352] Er unterteilt die Handschriften in eine ältere[353] und eine jüngere[354] Gruppe. Bemerkenswert ist, dass die erste uns erhaltene Hand-

[352] Vgl. HOLL, Überlieferung; zusammengefasst wiedergegeben von J. DUMMER in Band 3 der Epiphanius-Ausgabe (GCS 37, zweite bearbeitete Auflage), S. X–XIII.

[353] Zur älteren Gruppe gehören die folgenden Schriften: Die älteste Handschrift, den Codex Vaticanus 503 (V), datiert HOLL auf den Beginn des 9. Jahrhunderts. Sie enthält das erste Buch des *Panarion* (bis Haer 46). Vgl. a.a.O., 13. Ebenfalls in das 9. Jahrhundert (jedoch etwas jünger als V) gehört der Codex Genuensis 4 (G), der V als Vorlage benutzt hat (vgl. a.a.O., 26ff). Die nächste Handschrift, der Marcianus 125 (M), besitzt bereits einen beträchtlichen zeitlichen Abstand zu den beiden ersten und ist laut der Unterschrift am Schluss der Schrift auf das Jahr 1057 zu datieren. Er bietet einen Tomus mehr als V und G (bis Haer 64) und scheint mit V nur durch einen gemeinsamen Archetypus verbunden zu sein (vgl. a.a.O., 30ff). Der Urbinas 17/18 (U) und der Vindobonensis suppl. gr. 91 (W) sind zwei Teile ein und derselben Handschrift (vgl. a.a.O., 46ff). HOLL datiert sie in das 12. oder, mit größerer Wahrscheinlichkeit, 13. Jahrhundert. Der Urbinas 17 bietet das erste Buch des *Panarion* (bis zum Schluss von Haer 46), der Urbinas 18 fährt fort mit dem ersten Tomus des zweiten Buches (Haer 47–64). Damit reicht der Urbinas 17 so weit wie V und der Urbinas 18 bis dahin, wo M endet. Der Vindobonensis suppl. gr. 91 ist der erste erhaltene Codex, der verschiedene Schriften des Epiphanius auszugsweise überliefert, dabei jedoch auf eine Vorlage zurückgreift (vgl. a.a.O., 54ff). HOLL folgert: „In W (oder richtiger in seinem Archetypus) begegnet uns nun zum erstenmal eine Handschrift, die eine Gesamtausgabe des Epiphanius bezeugt. [...] Sicher ist, daß sie das Panarion, die Anakephalaiosis und de mensuris ac ponderibus enthielt. Aber auch der Ancoratus kann nicht gefehlt haben." (HOLL, a.a.O., 60.) Zwischen U und W besteht ein enges Verwandtschaftsverhältnis, ohne dass jedoch eine unmittelbare Abhängigkeit des Vindobonensis von U zwingend nachgewiesen werden könnte. Die Möglichkeit liegt nahe, dass U und W sich in einem ihnen sehr nahe stehenden Archetypus schneiden. W leistet in jedem Fall den Dienst, U in einen größeren Zusammenhang zu rücken. Es bleibt jedoch zu beachten, dass das Verwandtschaftsverhältnis nichts darüber aussagt, ob auch U schon all die Werke, die W in sich vereint, ursprünglich geboten hat. Vgl. HOLL, a.a.O., 62f.

[354] Zur jüngeren Gruppe gehören die folgenden Handschriften: Der Codex Rehdigeranus 240 (R) zerfällt inhaltlich in zwei deutlich voneinander geschiedene Teile. Der erste Teil bietet ca. die Hälfte des *Panarion* und fast den ganzen *Ancoratus*. Er beginnt hier mit der Lebensbeschreibung des Epiphanius und endet mit Anc 116,8 (die von HOLL, a.a.O., 65 zitierte Stelle entspricht GCS 25, 144,20f). Daneben kommen Teile der *Anakephalaiosis* und von *De mensuris et ponderibus* vor. Der zweite Teil umfasst zwei Schriften des Theodoret (*Eranistes* und *Fabulae haereticorum*). Von R führt eine gerade Linie zu den beiden jüngsten Handschriften, dem Angelicus 94 (A), der das *Panarion* bis zum Ende von Haer 69 enthält (= Ende des 2. Tomos des 2. Buches; vgl. a.a.O., 68f) und dem Parisinus 833 (P) bzw. dem Paris. 835 (P^1), die sich sehr eng an A anschließen. P und A decken sich inhaltlich genau. P^1 ist eine Fortsetzung von P. Er bietet das dritte Buch des *Panarion*, den *Ancoratus*, die *Anakephalaoisis* und *De mensuris et ponderibus*. Die Parisini 833 und 835 entsprechen somit inhaltlich zusammen R, soweit dieser Werke des Epiphanius bringt. HOLL hat nachgewiesen, dass A aus R stammt und A wiederum als Vorlage für P gedient hat.

schrift, die den *Ancoratus* vollständig überliefert, zur jüngeren Gruppe gehört. Es sind hier vor allem die beiden Codices Jenensis (J) und Laurentianus VI 12 (L) zu beachten.[355] HOLL kommt zu dem Ergebnis, dass „der Text des Ancoratus, den L bietet, [...] beträchtlich höher [steht] als der von J. L verbessert nicht nur zahlreiche kleinere Mängel in J, sondern füllt namentlich auch zahlreiche Lücken aus, durch die die Überlieferung in J entstellt ist", wobei die schlagendsten Fälle diejenigen sind, „in denen der Ausfall bei J durch Gleichendung veranlaßt ist."[356] Allerdings kommt, wenngleich viel seltener, auch eine Verschlechterung des Textes bei L gegenüber J vor. Aus allem sei zu folgern, dass L und J einerseits voneinander unabhängig sind, dass aber trotzdem eine Verbindung zwischen beiden bestehe.[357] Es handelt sich um eine Parallelüberlieferung, die eine Verbindung in einem gemeinsamen Stammvater haben muss. Dieser Stammvater muss vor J und damit vor dem Jahr 1304 anzusiedeln sein.[358] Letztlich identifiziert HOLL den gemeinsamen Stammvater von LJ mit U, also einem Papyrus aus der älteren Gruppe (ca. 12./13. Jahrhundert), der „der Stammvater der ganzen von J bis zu P sich erstreckenden Gruppe"[359] zu sein scheint.

Auch wenn HOLL zu dem Ergebnis kommt, dass eine Ausgabe in der Form, die UW bietet, bereits zur Zeit der ältesten Codices (also V) verbreitet war,[360] hat das für die Gewichtung der Überlieferung des *Ancoratus* wenig Auswirkungen: Erst in LJ, also im beginnenden 14. Jahrhundert, haben wir die ersten fassbaren Zeugen, die den ganzen *Ancoratus* überliefern. Dass zwischen der von LJ gebotenen Fassung und dem von HOLL bestimmten, wenngleich sehr alten Ar-

---

Vgl. HOLL, a.a.O., 72ff. Neben den genannten gehören zu dieser Gruppe 2. der Jenensis (J) und die Laurentiani VI 12 (L) und LIX 21 (L^1). J kann aufgrund einer Unterschrift auf das Jahr 1304 datiert werden. Der Codex beginnt mit dem Kapitelverzeichnis des zweiten Tomos des zweiten Buches des *Panarion* und führt das *Panarion* zu Ende. Am Schluss steht die Unterschrift mit der Datierung. Darauf folgt der *Ancoratus*, darauf die *Anakephalaiosis*, darauf wiederum *De mensuris et ponderibus*. J diente R als Vorlage (vgl. HOLL, a.a.O., 75–80). L enthält den *Ancoratus*, die *Anakephalaiosis* und *De mensuris et ponderibus*. L^1 ist lediglich eine Abschrift von L (vgl. a.a.O., 82). Eine Datierung von L nimmt HOLL nicht vor.

[355] Vgl. HOLL, a.a.O., 75ff.

[356] HOLL, a.a.O., 82.

[357] Vgl. a.a.O., 84f.

[358] Wie ein Vergleich mit der Papierhandschrift Vat. 1196 (v) zeigt, die den Anfang des *Ancoratus* überliefert (vgl. HOLL, a.a.O., 85), unterstützt v da, wo er LJ begleitet, die Ergänzungen, die L gegenüber J bietet. An einigen Stellen geht er jedoch auch über beide hinaus (vgl. HOLL, a.a.O., 86). Daraus folgert HOLL zum einen, dass L und J zur selben Familie gehören. Außerdem muss die gemeinsame Vorlage weit vor J angesetzt werden, „denn sowohl die reinere Überlieferung des Textes als auch das Fehlen der Anschiebsel hinter de mensuris ac ponderibus beweisen, dass L auf eine beträchtlich ältere Stufe zurückgeht, als sie J darstellt." HOLL, Überlieferung, 87.

[359] HOLL, Überlieferung, 88.

[360] Vgl. HOLL, Überlieferung, 92f. Die Tatsache, dass heute nur noch jüngere Codices die gesammelten Werke des Epiphanius vollständig überliefern, führt HOLL auf den Umstand zurück, dass die Verkleinerung der Schrift es ermöglichte, eine Ausgabe solchen Umfangs in ein oder zwei Bänden zu vereinen und damit die Teilverluste einzuschränken, denen die vielbändigen älteren Handschriften „im stärksten Maße ausgesetzt" waren. Vgl. HOLL, a.a.O., 93.

chetypus eine lange Zeit mit zumindest starken Überarbeitungen des Gesamtwerkes stattgefunden hat, wird durch die Untersuchung HOLLs deutlich.[361]

Von hierher lassen sich die zahlreichen Unstimmigkeiten und Auslassungen im Text erklären. J. DUMMER, der die zweite Auflage des 2. und 3. Bandes der GCS-Epiphanius-Ausgabe besorgt hat,[362] hält fest: „Die Verderbnisse der Überlieferung beider Schriften – sowohl des Ancoratus wie des Panarion – sind recht beträchtlich."[363] Die aufgrund dessen von HOLL vorgenommenen zahlreichen Konjekturen werden z.T. sehr skeptisch beurteilt. DUMMER merkt zwar an, dass HOLL, „wie fast jede Seite seiner Ausgabe lehrt, ausgiebig und bisweilen recht drastisch in den überlieferten Text eingegriffen und für dieses Vorgehen in den Rezensionen die größte Anerkennung" fand. Doch weist er zugleich darauf hin, dass über dieses Vorgehen „die Meinung schon zu seinen Lebzeiten nicht immer einhellig gewesen zu sein"[364] scheint, dass sich aber „erst in jüngerer Zeit [...] eine Reserve gegen Holls Textbehandlung insgesamt bei Pierre Nautin geltend"[365] gemacht hat. HOLL geht in seinem Bestreben so weit, dass er versucht, „über den Archetypus der erhaltenen Handschriften hinaus soweit wie möglich zur Textfassung des Urexemplares vorzustoßen"[366], wobei es offensichtlich erschien, dass an vielen Stellen eine wörtliche Wiederherstellung des Urtextes aufgrund der großen Korruption nicht möglich war.[367]

DUMMER bezeichnet es schließlich als einen empfindlichen Mangel des HOLLschen Apparates, dass „angesichts der großen Anzahl eigener Vorschläge Holls [...] die Konjekturen der früheren Herausgeber prinzipiell nur in Ausnahmefällen notiert sind".[368] Mit Blick auf eine Neubearbeitung werde „vor allem zu prüfen sein, wieweit Holls Konstatierung einzelner Verderbnisse [...] wirklich stichhaltig ist. In vielen Fällen läuft das auf die Frage hinaus, ob anstatt mit einer Verderbnis des Textes nicht lediglich mit einem speziellen, eventuell von der gängigen Koine abweichenden Sprachgebrauch des Epiphanius zu rechnen ist. Das gilt insbesondere für solche Stellen, wo keine Störung des Sinnes zu be-

[361] Vgl. a.a.O., 95 und das Schaubild ebd., 94.

[362] Die 2. Auflage des ersten Bandes, worin der *Ancoratus* enthalten ist, ist – ebenso wie eine Neuausgabe – bereits seit Längerem in Aussicht gestellt (vgl. DUMMER, Epiphanius-Ausgabe, 119f; 120 Anm. 8), bisher leider aber noch nicht erfolgt. Nach brieflicher Auskunft von Herrn Prof. Dummer ist die Auslieferung des ersten Bandes jedoch für 2003 vorgesehen.

[363] DUMMER, Epiphanius-Ausgabe, 121.

[364] DUMMER, Epiphanius-Ausgabe, 121.

[365] DUMMER, Epiphanius-Ausgabe, 122. DUMMER nimmt hier Bezug auf NAUTIN, DHGE, 631. NAUTIN urteilt ebd. über die GCS-Ausgabe von HOLL: „On consultera de préférence celle [scil. die Ausgabe] de K. Holl [...] encore qu'elle ne soit pas toujours satisfaisante. [...] les conjectures de Holl ne sont pas toujours heureuses; une nouvelle révision du texte, appuyée sur une étude attentive de la grammaire et du style d'Épiphane, serait souhaitable. Il n'existe pas de bon ouvrage d'ensemble sur Épiphane."

[366] DUMMER, Epiphanius-Ausgabe, 122. DUMMER bezieht sich dabei auf HOLLs Vorwort zum ersten Band der GCS-Ausgabe und auf die Gedächtnisrede LIETZMANNS für HOLL (vgl. Sitzungsberichte der Preußischen Akademie der Wissenschaften, 1927, XCI (= KARL HOLL, Gesammelte Aufsätze III, 1928, 572. = HANS LIETZMANN, Kleine Schriften III, 1962, 294f)).

[367] Vgl. ebd., 122.

[368] DUMMER, Epiphanius-Ausgabe, 123 Anm. 22.

merken ist, aber Holl aus stilistischen Gründen einen Eingriff in den überlieferten Text vornehmen zu müssen meinte."[369]

Als Ergebnis kann festgehalten werden, dass die Konjekturen HOLLs, die er aufgrund der Lücken und Verderbnisse des *Ancoratus*-Textes meinte vornehmen zu müssen, in jedem einzelnen Falle hinterfragt werden müssen.

2. Zum Problem der Datierung

In der Regel wird der *Ancoratus* heute, ausgehend von der Angabe in der Überschrift „im 90. Jahr Diocletians im Monat Juli", auf das Jahr 374 datiert.[370] Einige ältere Patrologien weichen jedoch von dieser Datierung ab. FABRICIUS / HARLESS bemerkt in Bezug auf die Chronologie in Anc 119,1: „hoc est A.C. 373"[371] und beruft sich dabei auf TILLEMONT, der allerdings lediglich berichtet: „Tout cela marque l'an 374, avant le 25 de fevrier, auquel finissoit la dixieme année de Valentinien"[372], was FABRICIUS/HARLESS wohl zu der Aussage bewegt, die (Haupt-?) Abfassungszeit sei in das Jahr 373 zu verlegen.[373]

Die Schwierigkeiten einer präzisen Einordnung liegen in den Angaben des *Ancoratus* selber begründet. An zwei bzw. vier[374] Stellen finden sich Aussagen

---

369 DUMMER, Epiphanius-Ausgabe, 123. DUMMER gibt in Anm. 23 zwei kurze Beispiele für dieses Vorgehen und fügt im Folgenden (ebd., 123–125) drei Beispiele für das Vorgehen HOLLs an, die dessen Schwächen aufzeigen. Ebenfalls mit Blick auf eine Neubearbeitung und z.T. sich auf DUMMER beziehend äußert sich IRMSCHER (Epiphaniosausgabe, 539–41), der – obwohl er auch die positive Seite für den Benutzer sehen kann – HOLLs Testimonienapparat deswegen kritisiert, weil HOLL, entgegen dem sonst üblichen Verfahren, „verbale Erklärungen gab oder auf Sekundärliteratur hinwies" (ebd., 539). Der Sachapparat gleicht IRMSCHER zufolge mehr einem Kommentar und ist in einer „kritische[n] Ausgabe, die doch auf Dezennien Gültigkeit behalten soll", Fehl am Platze (ebd., 541). HOLLs Konjekturfreudigkeit kritisiert IRMSCHER vor allem deshalb, weil dadurch dem Benutzer „sowohl die sprachlichen Einheiten des Autors als auch die Verderbnisse der Überlieferung" verdeckt bleiben (ebd., 540). Beide Punkte sind bei einer Neubearbeitung zu berücksichtigen.

370 So bereits HOLL, der in einer Anmerkung zu Anc 60,5 schreibt: „[...] daß nach der Überschrift des Ancoratus S. 5,6 das Buch im Juli (374) verfaßt wurde". Hier auch der Verweis auf ZAHN, der zu demselben Ergebnis kommt (zur Bewertung vgl. unten). Ebenfalls mit Verweis auf ZAHN kommt BARDENHEWER auf 374 (vgl. ders., Geschichte, 296 Anm.3). HOLL folgend SCHNEEMELCHER, RAC, („im J. 374 (zum Datum vgl. anc. 60,4 u. 119,1 sowie die Anmerkungen Holls zu 1, S. 1,14; 72, 12ff u. 147,25")); vgl. auch NAUTIN, DHGE, 626 („a été écrit en 374 (LX; cf. CXX")); DROBNER (Patrologie, 255) formuliert präziser, dass Epiphanius den *Ancoratus* im Jahre 374 als Antwort *schickte*. Ähnlich schon LIPSIUS, Epiphanius, 149 („published in the year 374"). Auch HÜBNER übernimmt die „sichere" Datierung (vgl. HÜBNER, Epiphanius und Ps-Athansius 330).

371 FABRICIUS/HARLESS 8, 264.

372 TILLEMONT, Histoire 10, 804. Auf den Widerspruch zu der Aussage des Präskripts „Juli 374" geht TILLEMONT nicht ein.

373 Dabei wurde jedoch offensichtlich übersehen, dass sich TILLEMONT eindeutig gegen das Jahr 373 aussprach. Vgl. dazu TILLEMONT, Histoire 6, 592f; Histoire 10, 805.

374 Die Angabe der (sekundären?) Überschrift des *Ancoratus* hat nicht denselben Stellenwert wie die beiden innerhalb des Textes, die offensichtlich von Epiphanius selber stammen. Die

über die Abfassungszeit. Vergleicht man die verschiedenen Angaben miteinander, so wird deutlich, dass sie nicht nur untereinander schwer in Einklang zu bringen sind, sondern dass sie zum Teil auch in sich widersprüchlich sind. Die Stellen bedürfen deshalb einer eingehenderen Untersuchung.

Ein weiteres Problem stellt die Tatsache dar, dass nicht deutlich ist, welche Datierungsmethode Epiphanius verwendet hat. Er bedient sich insgesamt dreier verschiedener Methoden, die im 4. Jahrhundert, als die Jahresbezeichnungen noch regional verschieden und uneinheitlich waren, üblich gewesen sind:

1.) Eine gängige Methode war es, das Datum anhand verschiedener „Ären" oder von dem Zeitpunkt des Herrschaftsantrittes eines Kaisers her zu bestimmen. Verbreitet war vor allem die sogenannte „Ära Diocletians" oder „Ära der Märtyrer" bzw. die Berechnung der „anni Diocletiani".[375] Diese Datierungsweise hat ihre Wurzeln in Ägypten, wo sich die Kopten noch heute ihrer bedienen.[376] Das ist wohl der Grund dafür, dass der Ausgangspunkt der Berechnung der alexandrinische Jahresanfang ist, der 1. Thot, der dem Regierungsantritt Diocletians vorausging.[377] Dieser entspricht dem 29. August 284 unserer Zeitrechnung.[378] Für die Umrechnung bedeutet das bei präziser Berechnung, dass bei Daten vom 29. August bis zum 31. Dezember die Zahl 283 zu addieren ist, bei Daten vom 1. Januar bis zum 28. August die Zahl 284.[379] Da Epiphanius einige Zeit in Ägypten verbracht hat, ist es gut möglich, dass er diese Datierungsweise kennen gelernt hat.

Abgesehen von dem besonderen Fall der „Ära Diocletians" war es vor allem in den östlichen Provinzen des Reiches eine verbreitete Möglichkeit, die Berechnung des Jahres anhand des Herrschaftsantritts eines Kaisers zu bestimmen. Entscheidend in diesem Zusammenhang ist, dass der Einfachheit halber oftmals die genauen Daten außer Acht gelassen und auf ein festes Jahr reduziert wurden, also nur ganzjährig gerechnet wurde. Das Jahr des Thronwechels wurde dabei entweder dem Nachfolger zugerechnet (*Antedatierung*) oder dem Vorgänger voll zugezählt (*Postdatierung*).[380] Diese Verfahrensweise gilt es im Folgenden zu berücksichtigen.

2.) Bis Justinian im 6. Jahrhundert die Regierungsjahre des Kaisers als offizielles Datierungssystem einführte, benannten die Römer darüber hinaus das Jahr nach den Namen der beiden amtierenden Konsuln. Wichtig erscheint im Zusammenhang mit

---

Datierung der dem *Ancoratus* vorangestellten, sicher sekundären Lebensbeschreibung wird lediglich als Referenzwert herangezogen.

375 Vgl. DABIS, Zeitrechnung, 38: „Die erste feste Jahreszählung bildete sich im Orient dadurch aus, daß man die Regierungsjahre Diocletians nach dessen Tode weiter fortzählte (Diocletianische Aera, wegen der Christenverfolgungen unter Diocletian auch Aera der Märtyrer genannt)."

376 Vgl. SESTON, RAC 3, 1052; MOSSHAMMER, RGG[4] 2, 359.

377 Der genaue Regierungsantritt Diocletians ist umstritten. Vgl. SESTON, RAC 3, 1036. Vgl. auch BLECKMANN, DNP 3, 577ff; ENSSLIN, PRE II 7, 2419ff. BARNES, Empire, 3f, geht vom 20. November 284 aus. Ebenso JONES, Prosopography, 254.

378 Vgl. BARNES, Empire, 28; GRUMEL, Chronologie, 167; KALETSCH, KP 5, 1488f; DABIS, Zeitrechnung, 38; HARTMANN, Zeitrechnung, 61.

379 Vgl. GROTEFEND, Zeitrechnung, 6; SESTON, RAC 3, 1036; LIETZMANN, Zeitrechnung, 11f. Nach BARNES (Empire, 3), wird das erste Jahr Diocletians vom Herrschaftsantritt (= 20. November 284) bis zum Vortag des 1. Thot des Folgejahres (= 28. August 285) gerechnet, während an diesem 1. Thot das zweite Jahr beginnt. Für die Datierung des *Ancoratus* spielt diese Unterscheidung keine Rolle.

380 Vgl. MOSSHAMMER, RGG[4] 2, 357; KALETSCH, KP 5, 1480; 1487.

dieser Zählung, dass das Konsulatsjahr in der Regel zusammenfiel mit dem römischen Jahresbeginn, also dem 1. Januar. Von daher sind hier gewöhnlich volle Jahre zu zählen.[381]

3.) Vom 4. Jahrhundert an wurde es schließlich üblich, Dokumente nach den innerhalb der jeweiligen „Indictio" gezählten Jahren zu datieren.[382] Eine Indiktion (wörtl. „Auflage", „Steuer") beschreibt ursprünglich einen 15-jährigen Steuerzyklus. Bei Datierungsangaben bezeichnet sie „diejenige Zahl, welche angibt, die wievielte Stelle ein Jahr in einem Cyclus von 15 Jahren einnimmt."[383] Das verbreitete „griechische" Indiktionsjahr nahm seinen Ausgangspunkt am 1. September.[384] Als Orientierungsjahr für die Indiktionszählung wird meistens das Jahr 312 angegeben.[385] So gilt z.B. das Jahr von September 312 bis September 313 als erste Indiktion, das folgende Jahr als zweite usw. Im September 327 beginnt die Zählung von neuem.[386]

Zusammenfassend lässt sich feststellen, dass die verschiedenen Systeme zwar Anhaltspunkte geben, die präzise Berechnung jedoch häufig von regionalen Gepflogenheiten oder aber von der Willkür des Chronographen abhängt. Hierin liegt die Problematik einer sicheren Datierung des *Ancoratus*.

In der den Briefen und dem *Ancoratus* vorangestellten Lebensbeschreibung findet sich folgende Datierung: „Das geschah im 90. Jahr Diokletians, im 10. Valentinians und Valens und im 6. Jahr Gratians."[387] Da die Lebensbeschreibung nicht von Epiphanius selber stammt,[388] haben die hier gemachten Angaben nicht denselben Stellenwert wie die im *Ancoratus* getroffenen. Sie können allenfalls als Vergleich herangezogen werden.[389]

---

381 Vgl. KALETSCH, KP 5, 1485; GROTEFEND, Zeitrechnung, 30f.

382 Erstmals in einer öffentlichen Urkunde erwähnt wurde die Indiktion als Datierungsmittel nach heutiger Kenntnis in einem Dekret Konstantins aus dem Jahre 356/7 (Cod. Theodos. XII, 12, 2). Vgl. GRUMEL, Chronologie, 192; DABIS, Zeitrechnung, 37.

383 GROTEFEND, Zeitrechnung, 92.

384 GROTEFEND (Zeitrechnung, 93f) unterscheidet zwischen einer Indictio Graeca, die mit dem 1. September beginnt, einer (späteren, von Beda eingeführten) Indictio Bedana, die am 24. September beginnt, und einer (ebenfalls erst später in Gebrauch kommenden) Indictio Romana, die am 25. Dezember oder am 1. Januar beginnt. Im 4. Jahrhundert verbreitet war die Indictio Graeca. Vgl. auch DABIS, Zeitrechnung, 37f; LIETZMANN, Zeitrechnung, 7; GRUMEL, Chronologie, 193 (hier als „Indiction byzantine" bezeichnet).

385 Vgl. dazu TINNEFELD, DNP 5, 970; GROTEFEND, Zeitrechnung, 93; GRUMEL, Chronologie, 193. Anders evtl. LIETZMANN, Zeitrechnung, 7. Die Frage nach der Einsetzung des Indiktionszyklus ist, solange die Zyklen parallel laufen, insofern sekundär, als die Zyklen als solche nicht gezählt werden (was den Nachteil dieser Datierungsmethode bei größeren Zeiträumen ausmacht).

386 Vgl. neben TINNEFELD, DNP 5, 970 auch DABIS, Zeitrechnung, 37f.

387 Vgl. 1,1,14f.

388 Vgl. die Anmerkung HOLLs zur Stelle.

389 Die eindeutig sekundäre Datierung in der Lebensbeschreibung deckt sich vom Wortlaut her zwar am ehesten mit Anc 60,5, was HOLL wohl dazu veranlasst haben mag, Anc 60,5 als Quelle für die dortige Datierung zu sehen. Vgl. HOLL im Apparat zur Stelle 1,1,14: „die Angabe über die Abfassungszeit stammt aus Ancoratus c. 60,5". Wenn das so wäre, stellte sich allerdings die Frage, warum der Verfasser der Lebensbeschreibung nicht mehr Angaben aus Anc 60,5 übernommen hat. Inhaltlich, wenn auch nicht ganz im Wortlaut, deckt sich die Datierung der Lebensbeschreibung ebenso gut mit Anc 119,1, wo dieselben Angaben gemacht sind. Es ist wahrscheinlicher, dass der Verfasser seine Angaben von hierher übernommen hat.

Von größerer Bedeutung ist die Angabe in der Überschrift des *Ancoratus*. Da auch sie wahrscheinlich nicht von Epiphanius selber stammt, muss diese Datierung an den beiden von ihm selber vorgenommenen überprüft werden:

A) In der Überschrift des *Ancoratus* ist als Datum „im 90. Jahr Diocletians im Monat Juli (= A)“ genannt. Es handelt sich hierbei aufgrund der Nennung des Monats einerseits um die präziseste Angabe, andererseits ist das Jahr nur durch einen einzigen Wert angegeben. Die Angabe stammt wahrscheinlich von Anatolius, dem Schreiber des *Ancoratus*, der auch die letzten Zeilen der Schrift verfasst hat,[390] oder von einem späteren Herausgeber.[391] Die Datierung bezeichnet aller Wahrscheinlichkeit nach den *Abschluss* der Arbeiten am *Ancoratus*. Über den Beginn ist hier nichts ausgesagt.

B) Epiphanius selber macht in Anc 60,5 eine chronologische Angabe, die für ZAHN die Schlüsselstelle seiner Datierung ist.[392] Die vorangehende Kaiserliste in Anc 60,4 beruht, wie HOLL anmerkt, auf der Chronik des Euseb.[393] In Anc 60,5 werden folgende Daten gleichgesetzt: „Bis zu diesem Jahr (ἕως τοῦ ἐνιαυτοῦ τούτου) zählt man seit der Beendigung [scil. der Herrschaft][394] Diocletians 70 Jahre (= B1). Denn dieses Jahr (τὸ ἔθος γὰρ τοῦτό) ist das 90. Diocletians (= B2), das 10. Valentinians und Valens’ (= B3), das 6. Jahr Gratians (= B4), das 3. Konsulat des Augustus Gratian (= B5) und des glorreichen Equitius (= B6), in der 2. Indiktion (= B7).“

C) Eine zweite chronologische Angabe findet sich in Anc 119,1. Dort werden folgende Bezugspunkte gleichgesetzt, um „unsere Tage“ zu bezeichnen (ἐν τῇ ἡμετέρᾳ γενεᾷ ... τουτέστιν ...): „das 10. Herrschaftsjahr der Herrscher Valentinian und Valens (= C1) und das 6. Jahr Gratians (= C2), das ist im 90. Jahr des Tyrannen Diocletian (= C3).“

---

[390] Vgl. Anc 119(120),16.

[391] Vgl. auch unten zu den beiden Briefen (Teil I, B.3.) und zu Titel und Überschrift der Schrift (Teil I, B.4.).

[392] ZAHN (Geschichte, 220 Anm. 1) geht bei seiner Begründung für die Datierung des *Ancoratus* auf das Jahr 374 davon aus, dass Epiphanius bei Diocletian das Jahr 284 als erstes Jahr rechnete. Er bestimmt die Berechnung „Diocletiani a. 90“ als „29. August 373 bis dahin 374“. Mit Verweis auf die Angaben über das Konsulat des Gratian und des Equitius und auf die 2. Indiktion (s.u.) kommt er darauf, dass der *Ancoratus* „zwischen 1. Januar und 29. August 374 geschrieben“ ist. Vgl. ebd. In Bezug auf die übrigen Angaben mit den Kaiserjahren des Valentinian und Valens hält er fest, dass diese „vom 1. Januar nach der Thronbesteigung“ gerechnet wären, was dem Jahr 365 als erstes Jahr entspräche. Warum ZAHN in Bezug auf Diocletian eine präzise Berechnung zu Grunde legte und bei den anderen Kaisern das Folgejahr als Jahr eins gerechnet hat, bleibt unklar. Auf das Problem, das sich selbst bei einer Postdatierung im Zusammenhang mit Gratian in Anc 60,5 ergibt, geht ZAHN nicht ein.

[393] Vgl. Haer 66,19,7 (3,44,7ff) bis Haer 66,20,4 (3,48,2ff) und die Anmerkungen HOLLs zur Stelle.

[394] Das τελευτῆσαι bezieht sich auf die vorher in Anc 60,4 genannten 20 Regierungsjahre. Anders HOLL, Anm. zur Stelle, der davon ausgeht, Epiphanius bezeichne das Jahr 304 hier irrtümlich als Todesjahr Diocletians.

Eine Synopse verdeutlicht Gemeinsamkeiten und Unterschiede:

Lebensbeschreibung:	Überschrift Anc:	Anc 60,5:	Anc 119,1:
ἐπράχθη δὲ ταῦτα		ἕως τοῦ ἐνιαυτοῦ τούτου (B1) μετὰ τὸ τελευτῆσαι Διοκλητιανὸν ἔτη ο΄. τὸ ἔτος γὰρ τοῦτό ἐστιν	τουτέστιν ἐπὶ χρόνου
ἐν ἔτει ἐνενηκοστῷ μὲν ἀπὸ Διοκλητιανοῦ,	(A) ἐν ἐνενηκοστῷ ἔτει Διοκλητιανοῦ, ἐν μηνὶ Ἰουλίῳ	(B2) ἐνενηκοστὸν Διοκλητιανοῦ,	(C3) τουτέστιν ἐν τῷ ἐνενηκοστῷ ἔτει Διοκλητιανοῦ τοῦ τυράννου
Οὐαλεντινιανοῦ καὶ Οὐάλεντος δὲ δεκάτῳ,		(B3) Οὐαλεντινιανοῦ καὶ Οὐάλεντος ι΄	(C1) Οὐαλεντινιανοῦ καὶ Οὐάλεντος τῶν βασιλέων κατὰ τὸ δέκατον αὐτῶν βασιλείας ἔτος
Γρατιανοῦ δὲ ἕκτῳ.		(B4) Γρατιανοῦ δὲ ἔτος ϛ΄	(C2) καὶ πάλιν κατὰ τὸ ἕκτον ἔτος Γρατιανοῦ
		(B5) ὑπατείᾳ Γρατιανοῦ Αὐγούστου τὸ τρίτον	
		(B6) καὶ Ἐκουιτίου λαμπροστάτου,	
		(B7) Ἰνδικτιῶνος β΄.	

Unter Zugrundelegung der oben genannten Datierungsmethoden ergeben sich folgende Berechnungsmöglichkeiten:

Die einzige Angabe, die an allen Stellen vorkommt, ist *das 90. Jahr Diocletians* (= A; B2; C3). Ausgehend von dem oben unter 1.) vorgestellten System der „anni Diocletiani" ist (wenn man mit A vom Monat Juli ausgeht) 284 zu addieren, wodurch man auf das Jahr 374 kommt. Möglich ist jedoch auch, dass Epiphanius hier, analog zu den anderen Datierungen nach Kaiserjahren, eine Ante- oder Postdatierung zu Grunde legte. Somit käme man auf das Jahr 373 (Antedatierung) bzw. 374 (Postdatierung).

Je zweimal (bzw. unter Berücksichtigung der Lebensbeschreibung dreimal) ist die Datierung *das 10. Herrschaftsjahr der Herrscher Valentinian und Valens* (= B3; C1) bzw. *das 6. Jahr Gratians* (B4; C2) bezeugt. Valentinian und Valens regierten gemeinsam seit dem 28. März 364.[395] Bei einer Postdatierung, wie sie ZAHN zu Grunde legt,[396] müsste hier das Jahr 365 als erstes volles Jahr gerechnet werden, somit ergäbe sich als berechnetes Jahr 374. Bei einer Antedatierung und bei einer präzisen Berechnung unter Berücksichtigung der Monate gelangt man entsprechend zum Jahr 373 bzw. zum Zeitraum 28. März 373 – 27. März 374. Gratian herrschte zusammen mit seinem Vater vom 24. August 367 an.[397] Das 6. Jahr kann, analog zur Datierung bei Valentinian und Valens, bezeichnet werden als Jahr 372 (Antedatierung) oder als Jahr 373 (Postdatierung bzw. präzise Berechnung).

Anhand dieser Angaben wird bereits deutlich, dass es nicht möglich ist, unter Zugrundelegung einer einheitlichen Datierungsmethode zu einer Übereinstimmung zu gelangen. Die Angaben über Valentinian/Valens und diejenige über Gratian sind nicht in Einklang zu bringen.

Anc 60,5 bietet über das Genannte hinaus vier weitere Angaben: *seit der Beendigung (scil. der Herrschaft) Diocletians 70 Jahre* (B1); *das 3. Konsulat des Augustus Gratian* (B5), *das (einzige) Konsulat des glorreichen Equitius* (B6), in der *2. Indiktion* (B7).

Da Diocletian am 1. Mai 305 abdankte,[398] ergibt sich aus der Angabe der Zeitraum vom 1. Mai 374 bis zum 30. April 375. Damit ergibt sich bei einer Postdatierung das Jahr 375, bei Antedatierung das Jahr 374. Das 3. Konsulat des Augustus Gratian fand 374 statt.[399] Equitius hat sein erstes und einziges Konsu-

---

[395] Vgl. NAGL, PRE II 7, 2097f. Valentinian regierte vorher allein seit dem 26. Februar 364; vgl. NAGL, PRE II 7, 2158ff; vgl. JONES, Prosopography, 933f. Er regierte bis 375, während die Regierungszeit des Valens bis 378 andauerte. Vgl. auch JONES, Prosopography, 930f.

[396] Vgl. ZAHN, Geschichte, 220 Anm. 1.

[397] Vgl. GOTTLIEB, RAC, 720; LEPPIN, DNP 4, 1208; SEECK, PRE VII, 1831ff. Die selbstständige Herrschaft im Westen übte der dann 16-jährige Gratian zwar erst nach dem Tode seines Vaters Valentinian I. am 17. November 375 aus. Doch wurde er bereits am 24. August 367 zum Augustus erhoben, nachdem sein Vater schwer erkrankte und damit gerechnet werden musste, dass der westliche Reichsteil im Falle seines Todes einer Usurpation zum Opfer fiele, wenn kein rechtmäßiger Nachfolger bestimmt war. Vgl. JONES, Prosopography, 401; SEECK, Geschichte, 37. Epiphanius hat sich bei seiner Chronik am früheren Datum als dem offiziellen orientiert.

[398] Vgl. BARNES, Empire, 4; 31. JONES, Prosopography, 254.

[399] Dem ersten Konsulat im Jahre 366 folgten nach der Thronbesteigung noch vier weitere: 371, 374, 377, 380 (vgl. GIZEWSKI, DNP 3, 149f; SEECK, PRE VII, 1831). Vgl. auch SEECK, Regesten, 227; 240f; 244f; 248f; 252ff.

lat (zusammen mit Gratian) 374 angetreten.[400] Die 2. Indiktion, ausgehend vom 1. September 312 gerechnet, bezeichnet in dem in Frage kommenden Zyklus den Zeitraum vom 1. September 373 bis 31. Juli 374.

Das Jahr 374 ist hier also der gemeinsame Nenner.

Diese Angaben aus dem „Sondergut" von Anc 60,5 sind die präzisesten, da sie unabhängig von der problematischen Datierung nach Kaiserjahren getroffen sind. Vor allem die Hinweise auf die Konsulate von Gratian und Equitius, die vor 374 nicht stattgefunden haben, wiegen hier schwer.

Die damit getroffene Datierung lässt sich allein mit der Angabe zur Herrschaftszeit des Gratian nicht in Einklang bringen. Das ist insofern erstaunlich, als Epiphanius Zeitgenosse des Gratian war und dessen Regierungsantritt hätte kennen müssen.[401] Schon TILLEMONT erkannte diese Unstimmigkeit in der Chronologie und hält die von Epiphanius vorgenommene Datierung über die Herrschaft Gratians schlichtweg für einen Irrtum.[402] Dem wird zu folgen sein. Wird statt des 6. das 7. Jahr Gratians zu Grunde gelegt, gelangt man bei entsprechender Postdatierung auf das Jahr 374.

Interessant erscheint, dass sich die fehlerhafte Datierung auch durch das *Panarion* zieht. Zuerst macht Epiphanius im Prooem II,2,3 (1,170,10–12) eine Angabe. Erneut datiert er mit bekannten Komponenten: ἄχρι τοῦ ἡμετέρου χρόνου τουτέστι „der Herrschaft Valentinians und Valens' 11 Jahre und Gratians 7[403]". Analog zu den Angaben im *Ancoratus* ergäbe sich das Jahr 375.

Die nächste Stelle mit ähnlicher Datierung findet sich in Haer 48,2,7 (2,222,8–10): ἕως τοῦ ἡμετέρου χρόνου, „12 Jahre Valentinians und Valens' und <acht> des Herrschers Gratian". Zu beachten ist die Konjektur <ὀγδόου>, die HOLL aufgrund der Überschrift des Briefes in 1,153,1ff vornimmt,[404] obwohl er dort im Grunde darauf hingewiesen hat, dass die Datierung nicht stimmen kann (s.u.). Er kommt (mit seiner Konjektur) zu dem Schluss: „gemeint ist das Jahr 376".[405]

Zuletzt ist Haer 66,20,5 (3,48,3–8) zu nennen, eine Stelle, die in ihrem Kontext einige Parallelen zu der Kaiserliste in Anc 60 aufweist.[406] Es heißt hier: ... ἕως τοῦ

---

[400] Flavius Equitius aus Pannonien, zeitweilig selber Kandidat für das Kaisertum nach Iovianus' Tod, wurde zusammen mit Gratian 374 Konsul. Vgl. PORTMANN, DNP 4, 38f; auch SEECK, Regesten, 244f; JONES, Prosopography, 282. Die Stelle in Anc 60,5 ist also zu lesen: Das dritte Konsulat des Gratian = das (erste und einzige) des Equitius.

[401] Immerhin nennt er ihn auch in Anc 13,1 zusammen mit Valentinian und Valens.

[402] So erklärte er: „[...] l'Ancorat, qu'il écrivoit au commencement de cette année 374, comme on le voit par les dates, qui conviennent toutes à ce temps là, hormis qu'il conte la sixieme année de Gratian pour la settieme" (TILLEMONT, Histoire 6, 592f). Vgl. ders., Histoire 10, 804f, wo TILLEMONT ausdrücklich die Datierung von Bollandus (373) als einen Irrtum verwirft, der aus der fehlerhaften Gratian-Angabe herrühre.

[403] Die Lesart ἑβδόμου bei Gratian ist in einigen Handschriften nicht überliefert. ZAHN stützt sich auf die Ausgabe DINDORFS, der die der GCS-Ausgabe zu Grunde liegende Lesart von J offensichtlich nicht kannte, denn ZAHN (Geschichte, 220 Anm. 1) weist darauf hin: „die Jahreszahl für Gratian ist nicht überliefert."

[404] Vgl. den textkritischen Apparat zu Haer 48,2,7 (2,222,9).

[405] Vgl. den Apparat zu Haer 48,2,7 (2,222,8).

[406] Vgl. Haer 66,20,7 (3,44,7ff) und die Anmerkung HOLLS zur Stelle.

παρόντος, τουτέστιν „das 13. Jahr des Valens, das 9. Jahr Gratians, das 1. Jahr Valentinians des Jüngeren, das ist das 93. Jahr Diocletians.“ Folgt man den vorgenannten Datierungen, so ist hier das Jahr 377 benannt.

Damit sind die wesentlichen Stellen genannt, über die das *Panarion* datiert werden kann und die dieselbe Datierungsmethode nennen wie in den besprochenen Stellen im *Ancoratus*. Epiphanius behält die fehlerhafte Datierung in Bezug auf Gratian also bei: Der Abstand zwischen diesem und Valentinian/Valens beträgt stets 4 Jahre. Aufgrund der relativen Chronologie ergibt sich, dass die genannten Stellen jeweils ein Jahr auseinanderliegen.

Problematisch ist, worauf schon HOLL an entsprechender Stelle aufmerksam gemacht hat, lediglich die Überschrift des Briefes, den die Presbyter Acacius und Paulus an Epiphanius geschrieben haben und der dem *Panarion* vorgeschaltet ist. Nach der relativen Chronologie ist dieser Brief etwa zwei Jahre später geschrieben als der *Ancoratus*, also 376, nämlich „im 92. Jahr des Herrschers Diocletian, im 12. Jahr Valentinians und Valens‘ und im 8. Jahr Gratians“.[407] Es begegnen hier dieselben Referenzwerte wie in Anc 119,1 und wie in der Lebensbeschreibung, die sich auch in Anc 60,5 finden. Die Datierung stimmt jedoch nicht mit den Angaben des Epiphanius überein, dass er auf der einen Seite nach Prooem I,1,1 (1,155,1ff) den Brief bereits erhalten hat[408] und dass er auf der anderen Seite Prooem II,2,3 (1,170,10–12) auf das Jahr 375 datiert. Der Widerspruch kann, mit POURKIER, dadurch gelöst werden, dass er selber die Datierung in die Überschrift des Briefes aufgenommen hat, was wiederum dazu passt, dass hier dieselbe Unstimmigkeit in der Gratian-Datierung besteht wie an allen anderen besprochenen Stellen.[409]

---

[407] Vgl. 1,153,1–3.

[408] Er nimmt hier Bezug auf die Absender, wodurch dies als vorausgesetzt angesehen werden muss.

[409] Epiphanius datiert das Prooem II,2,3 (1,170,10–12) auf das 11. Jahr der Herrschaft Valentinians und Valens’ und das 7. Jahr Gratians. Der Brief selber (vgl. 1,153f) ist der Überschrift zufolge auf ein Jahr später zu datieren, was mit dem vorher Gesagten unvereinbar ist. Hierzu merkt schon HOLL an: „Unsere Überschrift nennt eine Durchschnittszahl (376); der Brief muß in Wirklichkeit ein Jahr früher fallen. Denn Epiphanius nimmt gleich im prooem. I 1,1; S. 155,4 u. prooem. II 2,5; S. 170,25 des Panarion darauf Bezug.“ Vgl. HOLL im Apparat zur Überschrift des Briefes. Ebenda bestimmt er für die Abfassungszeit des *Panarion* die Jahre 375 bis 377. Für die Datierung verweist HOLL erneut auf ZAHN, Geschichte, 220 Anm. 1. Dieser schließt a.a.O. aus den Angaben des Briefes, dass dieser „frühestens nach dem 28. August 375, wahrscheinlich aber nach dem vorhin Bemerkten [sic!] 1. Januar – 29. August 376“ geschrieben wurde. Diese Berechnung ist mit HOLLS eigener (ein Jahr früher als 376) nicht unbedingt konform. POURKIER (Hérésiologie, 50f) geht ebenfalls auf den Widerspruch ein und äußert sich kritisch zu dem Vorgehen HOLLS, den Brief ohne weitere Explikation und ohne Rücksicht auf das im Präskript gegebene Datum ein Jahr vorzudatieren. Sie hält es sowohl für falsch, Epiphanius’ Datierung in Prooem II,2,3 (1,170,10–12) anzuzweifeln, als auch in Frage zu stellen, dass Epiphanius den Brief von Acacius und Paulus bereits erhalten hat. Um dieses Problem zu lösen geht POURKIER davon aus, dass es sich bei dem Brief nicht um das Original handelte, sondern dass Epiphanius den Brief nachträglich geschrieben hat, aus dem Gedächtnis und in der Form, die ihm für die Stellung vor dem Gesamtwerk des *Panarion* als sinnvoll erschien. Dann hat er diesem neuen Brief das Datum des gerade aktuellen Jahres gegeben. Insgesamt geht POURKIER davon aus, dass Epiphanius tatsächlich im Jahre 375 den Brief erhalten und im selben Jahr mit der Ausarbeitung begonnen hat, wie aus Prooem II,2,3 hervorgeht. Diese Erklärung POURKIERS erhält von daher eine Stütze, dass die Datierung des Briefes von Epiphanius stammen muss: Schließlich liegt die Datierung auf einer Linie mit denjenigen der anderen aufgezeigten Stellen. Vor allem ist auf diese Weise erklärt,

Nimmt man alle im *Ancoratus* genannten Stellen zusammen, so liegt die größtmögliche Übereinstimmung vor, wenn bei den Kaiserjahren von einer Postdatierung ausgegangen wird.[410] So gelangt man auf 374. Allerdings ist, wie schon erwähnt, zu beachten, dass es sich bei der Angabe der Überschrift „Juli 374" wohl um die Datierung des abgeschlossenen Werkes handelt. Der Beginn der Ausarbeitungen ist sicher früher anzusetzen. Er ist begrenzt durch den Terminus post quem, zu dem Epiphanius begonnen haben kann: der Tod des Athanasius am 2. oder 3. Mai 373[411], der offensichtlich ausschlaggebend dafür war, dass sich die Gemeinde in Pamphylien nun an ihn gewendet hat.[412] Unklar ist, wann genau die Briefe an Epiphanius verfasst wurden, doch musste zunächst die Nachricht vom Tod des Athanasius nach Pamphylien gelangen. Es ist also damit zu rechnen, dass die Briefe (bzw. der erste Brief, vgl. dazu unten) erst in der zweiten Jahreshälfte geschrieben wurden. Da der Seeweg von Zypern nach Pamphylien lediglich ca. 70[413] Kilometer beträgt und der für die Landung von Norden her in Frage kommende Hafen von Lapethos durch eine Straße mit dem ca. 80 Kilometer entfernten Salamis verbunden war,[414] wird es wahrscheinlich nicht länger als zwei bis drei Wochen gedauert haben, bis die Überbringer der Briefe bei Epiphanius eingetroffen sind.[415] Es ist demnach möglich, dass er bereits Ende 373 mit den Ausarbeitungen begonnen hat.

---

warum auch im Präskript des Briefes die fehlerhafte Gratian-Datierung vorkommt. POURKIER hält weiter fest, dass Epiphanius 376 Haer 48,2,7 schrieb. Ihre Annahme, Epiphanius habe in einem relativ kurzen Zeitraum mehr als die Hälfte des *Panarion* geschrieben, weil er für diesen Teil auf Hippolyt zurückgreifen konnte, ist plausibel. 377 verfasste Epiphanius dann Haer 66,20,5. Die Beendigung der Arbeiten nimmt POURKIER für das Ende des Jahres 377 bzw. Anfang 378 an. Die Gesamtdatierung entspricht also im Ergebnis der von HOLL.

[410] Dann stimmen überein die Angaben „das 90. Jahr Diocletians" (A1; B2; C3) = „das 10. Jahr Valentinians und Valens'" (B3; C1) = „das 3. Konsulat Gratians" (B5) = „das Konsulat des Equitius" (B6) = „die 2. Indiktion" (B7) = 374. Davon weichen bei Ansetzung des gleichen Maßstabes (Postdatierung) die Datierung „das 6. Jahr Gratians" (B2; C4 = 373) und „seit der Beendigung (der Herrschaft) Diocletians 70 Jahre" (C1 = 375) ab.

[411] Vgl. TETZ, Athanasius, 343.

[412] Vgl. dazu Brief I,3 und unten zu Brief I.

[413] Vgl. BEER, Kypros, 61.

[414] Vgl. die Karte bei BEER, Kypros, 97. Die Straße verlief von Lapethos über Keryneia, dann durch das Gebirge über Chytroi nach Salamis. Vgl. ders., a.a.O., 106.

[415] BARONIUS/THEINER (Annales Ecclesiastici 5, 380), vermutet die Abordnung aus Pamphylien erst im Jahre 374 bei Epiphanius.

3. *Der Anlass des Ancoratus: Zwei Briefe aus Pamphylien*

In der ersten Gesamtausgabe der Werke des Epiphanius[416] sind dem *Ancoratus* zwei Briefe vorangestellt, auf die Epiphanius in Anc 1 Bezug nimmt. Deren Echtheit darf damit als erwiesen angesehen werden.

Dass die Überschriften beider Briefe (und des *Ancoratus*) von den jeweiligen Verfassern selber stammen, ist dagegen anzuzweifeln. Gegen die Annahme der Echtheit spricht die Tatsache, dass die Überschrift von Brief II auf die von Brief I deutlich Bezug nimmt: Ἐπιστολὴ γραφεῖσα... τῆς αὐτῆς πόλεως... πρὸς τὸν αὐτὸν Ἐπιφάνιον... αἰτήσαντος καὶ αὐτοῦ περὶ τῶν αὐτῶν. Diese Bezugnahme spiegelt der Inhalt von Brief II jedoch nicht wieder. Ein gewichtiger Grund ist außerdem, dass die Überschriften der Briefe und des *Ancoratus* insgesamt auffallend gut aufeinander abgestimmt sind. Das lässt vermuten, dass hier ein späterer Herausgeber, der die Briefe und den *Ancoratus* in dieser Reihenfolge erstmals zusammengestellt hat, am Werk gewesen ist.

a) Brief I

Der erste Brief (I)[417] stammt von einem Kreis von Presbytern um Tarsinus und Matidius aus Suedra in Pamphylien. Im Weiteren werden noch Neon und Numerianus genannt, die allesamt Presbyter der „katholischen Gemeinde in Suedra" sind. Dieses Selbstverständnis zeigt den Anspruch, die allein wahre Gemeinde zu repräsentieren.

Σουέδρα (so in den Briefen und im *Ancoratus*) ist identisch mit Σύεδρα und bezeichnet eine Stadt in der Nähe des heutigen Sedra, an der Westküste Kilikiens gelegen.[418] Der Ort bietet in zweierlei Hinsicht Besonderheiten.

Zum einen ist die geographische Lage zu nennen. Suedra war Küstenort, im Süden lag das Meer. Zur Zeit, als die Presbyter ihren Brief an Epiphanius verfassten, gehörte Suedra aufgrund des aktuellen Grenzverlaufes zu Pamphylien. Es lag in einem schmalen, ca. 100 Kilometer langen und nur wenige Kilometer breiten, nach Osten vorgelagerten Küstenstreifen, der weit nach Isaurien hineinreichte (mit der Metropole Seleukia) und im Norden an Lykaonien (mit der Metropole Ikonium) grenzte. Die Lage und Beschaffenheit dieses Küstenstreifens spiegelt den älteren Grenzverlauf von 325 deutlich wider, als Suedra noch

[416] Vgl. dazu oben, Teil I, B.1.

[417] Vgl. 1,2,1–1,3,2.

[418] Einen Beleg für diese Übereinstimmung liefert ein Fragment, das bei MIGNE Amphilochius von Ikonium zugeschrieben ist. Vgl. ders., Fr. XVII (PG 39, 116 A–C). Das Fragment, das Anc 73,5–7 wiedergibt, trägt die Überschrift: Τοῦ αὐτοῦ [scil. Amphilochius], ἐκ τῆς γραφείσης ὑπ' αὐτοῦ ἐπιστολῆς πρὸς τοὺς ἐν Συέδραν περὶ τῆς ἁγίας τριάδος. Daraus wird ersichtlich, dass der Verfasser der Überschrift um die Herkunft des Fragmentes wusste, denn er kann hier nur den *Ancoratus* meinen. Auch das anschließende Zitat, überschrieben mit Ἐκ τῆς αὐτῆς (PG 39, 116 C), stammt von Epiphanius (vgl. dazu zu Anc 81,4f). Zum Austausch von ου und υ (Σουέδρα/Συέδρα) vgl. GIGNAC, Grammar, 214f. Zu Suedra vgl. auch ZGUSTA, Ortsnamen, §1265 (588f, mit Kartenskizze a.a.O., 589); V.D. MEER-MOHRMANN, Bildatlas, 11; 16a (hier: Synedra).

zu Isaurien gehörte, also zur Diözese Oriens, zu der auch Zypern zählte.[419] Der Grenzverlauf im Jahre 373 ist also relativ neu.

Zum anderen ist die kirchenpolitische Situation zu beachten. In Pamphylien gab es die Besonderheit, dass – zumindest im 5. Jahrhundert – zwei Metropolen existierten. So weisen die Konzilsakten von Ephesus 431 sowohl Perge als auch Side als μητρόπολις aus,[420] womit nach SCHWARTZ nur tatsächliche kirchliche Metropolen gemeint sein können, nicht titulare. Der Grund für die kirchliche Teilung der Provinz, die – anders als Phrygien – politisch nie geteilt war, ist nach SCHWARTZ unbekannt.[421] Eine genaue Datierung der Teilung ist nicht möglich, es ist aber nicht auszuschließen, dass schon im 4. Jahrhundert diese Teilung bestand oder sich zumindest abzeichnete. Suedra muss nach dieser Aufteilung zu dem Bereich der Metropole Side gehört haben.[422] Der ungewöhnliche Umstand, dass es eventuell zwei Metropolen und damit auch zwei Metropoliten gegeben hat, sowie die verhältnismäßig neue Zugehörigkeit zu Pamphylien haben vielleicht mit dazu beigetragen, dass sich die Gemeinde in Suedra an Epiphanius und nicht an den zuständigen Metropoliten gewendet hat (vgl. dazu auch unten).

Anlass für den Brief ist offensichtlich das Auftreten von Pneumatomachen in Suedra. In I,2 berichten die Absender, dass, nachdem die Häresie gegen Jesus[423] ein Ende gefunden habe, nun gegen den Geist gotteslästerlich geredet werde. Die pneumatomachische Anschauung scheint in der Gemeinde für einigen Wirbel gesorgt und die Gemeinde gespalten zu haben: Obwohl „Tausende" von der wahren Lehre abfielen, blieb der Teil der Gemeinde um die genannten Presbyter standfest im „gesunden Glauben". Viele, die bereits verloren schienen, wurden durch das schriftliche Einschreiten (διά τε γραμμάτων; I,3) des „andenkenswürdigen und seligen Athanasius" und eines gewissen Proklianus wieder zum rechten Glauben gebracht.[424] HAUSCHILD hält es für wahrscheinlich, dass die Schreiben des Athanasius, die die Gemeinde erhalten hat, Abschriften der *Serapionbriefe* gewesen sind.[425] Diese These ist deshalb glaubhaft, weil Athanasius

---

[419] Seinen Niederschlag findet dies darin, dass alle Zeugnisse mit nizänischen Bischofslisten, also Listen, die die Situation von 325 widerspiegeln, Suedra in Isaurien verzeichnen. Vgl. bei TURNER, canones, 78, wo bezeugt ist, dass Bischof Nestor, der am Konzil von Nizäa 325 teilgenommen hat, aus Suedra in der Provinz *Isaurien* stammt. Ebenso bei GELZER, nomina, 68. Nach der dort beigefügten Karte liegt „Syedra" in Isaurien. Zur politischen und kirchenpolitischen Situation dieser Zeit vgl. auch RUGE, Pamphylia, 375–77.

[420] Vgl. ACO I,1,7, 112[8].112[20].

[421] Vgl. SCHWARTZ, Bischofslisten, 14 Anm. 1. Vgl. auch RUGE, Pamphylia, 377.

[422] So GAMS, series, 450. Vgl. dagegen: SCHWARTZ, Bischofslisten, 24, wo Suedra unter Παμφυλίας Pergensis verzeichnet ist, was nach den geographischen Gegebenheiten wenig Sinn macht. Vgl. auch RUGE, Pamphylia, 376.

[423] Die Bezeichnung τοῦ Ἰησοῦ (und nicht etwa τοῦ λόγου bzw. τοῦ υἱοῦ) weist auf eine bestimmte, biblisch begründete Gemeindefrömmigkeit hin.

[424] Proklianus war nach I,3 ein Amtsbruder des Epiphanius (τοῦ θεοσεβεστάτου συλλειτρουγοῦ σου; I,3), ist aber nicht näher bestimmbar.

[425] Vgl. HAUSCHILD, Pneumatomachen, 33 Anm. 2.

sich in diesen Briefen zur Pneumatologie geäußert hat und von weiteren Briefen zu diesem Thema nichts überliefert ist. Dass die Briefe weit verbreitet waren, bezeugt indirekt Epiphanius selber: Seine Argumentation im *Ancoratus* weist in zahlreichen Zügen Parallelen zu ihnen auf, was auf einen gemeinsamen Hintergrund hindeutet.[426] Auf eine Beziehung zu Athanasius weist auch die Verbindung hin, die die Absender in ihrem Brief zwischen beiden Bischöfen herstellen.[427] Angesichts dieser Tatsache erstaunt es um so mehr, dass Epiphanius Athanasius an keiner Stelle im *Ancoratus* erwähnt und sich auch nicht explizit auf ihn oder die *Serapionbriefe* bezieht. Dieser Umstand ist eventuell damit zu erklären, dass es sich beim *Ancoratus* nicht in erster Linie um ein Werk handelt, dass einer breiten Öffentlichkeit zugedacht ist (wie z.B. das *Panarion*), sondern um eine Antwort auf einen Brief, um konkrete Anweisungen an einen bestimmten Kreis. Epiphanius wird nach *seiner* Lehre gefragt und genau diesem Anliegen wird er gerecht.[428]

Die Gemeinde in Suedra scheint die Situation angesichts des Einschreitens seitens des Athanasius und des Proklianus momentan nicht als dramatisch zu empfinden: Es gibt nur „Überbleibsel“ (λείψανα; I,4) der schlechten Lehre. Epiphanius wird gebeten, (ein) Schreiben (γράμματα; I,4) zu verfassen und in breiter Weise den rechten und gesunden Glauben auszulegen, damit auch das einfache Glaubensvolk und die, die noch zweifeln, durch sein ehrwürdiges Schreiben bestärkt werden und damit „der Feind der Kirche, der Teufel“[429] (I,4), durch seine heiligen Gebete widerlegt werde. Es scheint den Absendern also um eine grundsätzliche Darlegung zu gehen, um eine „ausführliche Darstellung des rechten und gesunden Glaubens“, wobei insbesondere auf die pneumatomachische Irrlehre einzugehen ist.

Bemerkenswert ist die Tatsache, dass die Absender sich mit ihrem Anliegen nicht, was naheliegend wäre, an ihren Ortsbischof, den Metropoliten oder einen anderen, benachbarten Bischof wenden, sondern dass sie stattdessen den ca. 70 Kilometer weiten Seeweg wählen und Epiphanius zu Rate ziehen. Weder die Presbyter noch Epiphanius gehen auf den Ortsbischof oder einen anderen Bischof ein. Als Erklärung für diesen Sachverhalt bieten sich zwei Möglichkeiten an.

---

[426] Ob die Gegner des Epiphanius dieselben waren wie die des Athanasius, wird zu prüfen sein, denn allein die Tatsache, dass er sich Argumentationshilfen bei Athanasius entlieh, lässt noch nicht die Folgerung zu, dass er auch dieselben Gegner vor Augen hatte.

[427] So scheint theologisch bzw. kirchenpolitisch ein enger Zusammenhang zwischen Athanasius, Proklianus, der Gemeinde in Pamphylien und Epiphanius bestanden zu haben. Die Tatsache, dass Epiphanius in einer Reihe mit Athanasius genannt wird, deutet an, dass er theologisch auf einer Linie mit ihm lag.

[428] Dem entspricht, dass Epiphanius sich im *Ancoratus* auf niemanden explizit bezieht, außer auf den Glauben der Väter (vgl. Anc 63,7 und v.a. Anc 118,14 (119,6); 119(120),2). Entsprechend wird die Lehre des *Ancoratus* zusammengefasst in dem paraphrasierten Nizänum, das Grundlage für die Gemeinde in Suedra sein soll. Vgl. dazu unten, Teil II, C.2.

[429] Gemeint ist hier die Häresie.

1.) Zu der Zeit, als die Presbyter ihren Brief schrieben, gab es gar keinen Bischof in Suedra. Zwar ist bezeugt, dass der Ort Bischofssitz war.[430] Allerdings fehlen Angaben für die betreffenden Jahre, in denen die Auseinandersetzung in der Gemeinde stattfand.[431] Den gegebenen Sachverhalt allein auf diese, wahrscheinlich nur lückenhafte Überlieferung zu stützen, ist allerdings unsicher und erklärt nicht, warum sich die Gemeinde nicht an den nächst erreichbaren Bischof gewendet hat. Außerdem stellte sich die Frage, warum nur zu gewissen Zeiten der Bischofsstuhl in Suedra besetzt gewesen sein soll.

2.) Wahrscheinlicher ist es, dass sich die Gemeinde gezielt an Epiphanius als nizänischen bzw. homousianischen Bischof wendete. Diese These setzt voraus, dass die Presbyter selber der nizänischen bzw. homousianischen Gemeinde in Suedra angehörten, was jedoch als gesichert angenommen werden darf.[432] Offen bleibt die Frage, welcher theologischen Richtung der Ortsbischof angehörte. Dazu ist zu fragen, ob es Informationen über das kirchenpolitische Profil Pamphyliens und seiner Nachbarprovinzen gibt, die Aufschluss über die Situation in Suedra geben könnten und damit Gründe, warum die Presbyter ihren Bischof gemieden haben. Allerdings kommt BRENNECKE zu dem Ergebnis, dass für den in Frage kommenden Zeitraum der Regierung des Valens vor allem für *Pamphylien* und *Pisidien* sämtliche prosopograpischen Angaben fehlen, die Aufschluss über die Besetzung der Bischofsstühle geben könnten.[433] Für das

---

[430] Bischof Nestor von Suedra war auf dem Konzil von Nizäa anwesend. Vgl. die Listen bei TURNER, canones, 78[180] und GELZER, nomina, 68[176]. Vgl. auch LE QUIEN, Oriens Christianus, 1007; darauf basierend GAMS, series, 450. Da Nestor die Erklärung des Konzils unterzeichnet hat, wird er als Nizäner gelten dürfen.

[431] Vgl. a.a.O. bei LE QUIEN und GAMS. Der nächste Bischof, der zeitlich ungefähr zugeordnet werden kann, ist nach LE QUIEN Caius, der sein Amt etwa in der Zeit des Konzils von Chalkedon, also um 451 ausgeübt haben muss. Vgl. LE QUIEN, Oriens Christianus, 1007f; GAMS, series 450. Zwischen Nestor und Caius verzeichnet LE QUIEN einen Bischof Seleukus, dessen Amtszeit unbekannt ist, aber zwischen der der beiden anderen Bischöfe gelegen haben muss. LE QUIEN verweist in diesem Zusammenhang auf einen Brief, der unter dem Namen des Amphilochius von Ikonium überliefert ist und der nach LE QUIEN adressiert ist πρὸς Σέλευκον Συέδρων. Dieser Titel findet sich in der Ausgabe von DATEMA (CChr.SG; 3, 263f) jeodch nicht, so dass es zumindest zweifelhaft erscheint, ob tatsächlich Bischof Seleukus von Suedra gemeint ist. Der Brief ist bei DATEMA unter den Spuria verzeichnet und trägt die Überschrift: Ἀμφιλοχίου ἐπισκόπου Ἰκονίου ἐκ τῆς πρὸς Σέλευκον ἐπιστολῆς. Die wahre Verfasserschaft ist wie die genaue Datierung unklar. Der Inhalt des Briefes gibt jedoch eine sehr klar formulierte Trinitätslehre wieder und vor allem eine christologische Argumentation, die eindeutig in die Zeit nach 381 weist, wahrscheinlich sogar in den Beginn des 5. Jahrhunderts. Auch LE QUIEN stellt den Brief in einen Zusammenhang mit den christologischen Auseinandersetzungen des 5. Jahrhunderts. Dass der Brief in den Zeitraum der siebziger Jahre des 4. Jahrhunderts gehört, ist aufgrund der Thematik ausgeschlossen. Von daher sind von hierher keine relevanten Informationen über die Lage in Suedra zu gewinnen.

[432] Das ergibt sich aus drei Sachverhalten. Erstens wurde die fragliche Lehre über den Geist vor allem in nizänischen Kreisen als anstößig empfunden. Zweitens wenden sich die Absender mit Epiphanius an einen Nizäner. Drittens beziehen sie sich auf Athanasius.

[433] Vgl. BRENNECKE, Studien, 191f. BRENNECKE stützt sich bei seiner Aufstellung weitgehend auf LE QUIEN und SCHULTZE, VIKTOR, Altchristliche Städte und Landschaften, II 2. Kleinasien, 2.

benachbarte *Isaurien* liegen ebenfalls kaum Nachrichten vor, doch hält BRENNECKE es für wahrscheinlich, dass der Bischofsstuhl in Seleukia nach 360 durch einen Homöer besetzt wurde.[434] In Bezug auf *Lykaonien* hält er negativ fest, dass es keine Informationen über Homöer gibt, und geht positiv davon aus, dass aufgrund des Einflusses aus Kappadokien, vor allem des Basilius, die lykaonische Kirche schon in den sechziger Jahren eine Entwicklung zur neunizänischen Orthodoxie im Sinne des Basilius durchgemacht hat. Auch *Lykia* lasse den allmählichen Übergang von der homöischen Reichskirche zur neunizänischen Orthodoxie erkennen. Für *Caria* seien die Homöusianer als Mehrheit anzunehmen.[435]

Daraus ergibt sich das Bild, dass Pamphylien wahrscheinlich umgeben war von Provinzen, in denen entweder die Homöusianer die Mehrheit bildeten (nämlich Caria) oder sich bereits die neunizänische Orthodoxie durchsetzte (so in Lykia und Lykaonien). Lediglich Phrygien und Isaurien könnten homöisch geprägt gewesen sein, was aufgrund der Lage Suedras nicht ohne Bedeutung ist. Homöischer Einfluss könnte sich hier geltend gemacht haben. Die Quellenlage für das betreffende Gebiet um Suedra ist allerdings insgesamt zu schlecht, um gesicherte Aussagen zu treffen.[436]

Es ist also von den Informationen auszugehen, die der Brief bzw. die beiden Briefe direkt geben. Aus den Zusammenhängen kann geschlossen werden, dass der Ortsbischof selber pneumatomachische Lehren vertreten hat, da er andernfalls etwas gegen diese unternommen hätte und auch von der Gemeinde zu Rate gezogen worden wäre.[437] Die Frage nach dem Bischof hängt also mit der Frage nach der theologischen Herkunft der Pneumatomachen zusammen, die die Gemeinde in Suedra bedrohen. Aus Brief I ist allerdings nur zu entnehmen, dass die Häresie gegen Jesus ein Ende gefunden habe und dass nun gegen den Geist gelästert werde (vgl. Brief I,2). Ergiebiger ist Brief II. Hier wird berichtet, dass die Pneumatomachen es nicht für notwendig erachten, den Geist der Gottheit

---

Hälfte, Gütersloh 1926. Vgl. auch LE QUIEN, Oriens Christianus, 1007f und GAMS, series, 450f, die beide insbesondere für Suedra für die fragliche Zeit eine Lücke aufweisen.

[434] Vgl. BRENNECKE, Studien, 197.

[435] Die westlichen Provinzen *Asia* und *Hellespontus* müssen, so BRENNECKE, als Hochburgen der Homöusianer gelten, wogegen die östlichen, nicht am Meer gelegenen Provinzen *Lydia* und die *beiden Phrygia* weitgehend als homöisch angenommen werden müssen. Vgl. zu allem BRENNECKE, Studien, 190–92.

[436] HAUSCHILD kommt bei seinen dogmengeschichtlichen Untersuchungen zu den Pneumatomachen des 4. Jahrhunderts zwar zu dem Ergebnis, dass „fast alle Metropolen des nördlichen Kleinasien um 375 pneumatomachisch waren" (HAUSCHILD, Pneumatomachen, 214), so auch Kilikien (vgl. ders., a.a.O., 215f). Vor allem für Pamphylien kann HAUSCHILD jedoch auch nur auf die Angabe bei Epiphanius verweisen. Darüber hinaus gebe es für das gesamte südöstliche Pamphylien keine weitere Bezeugung für Pneumatomachen. Vgl. ders., a.a.O., 62 und 216.

[437] Diese Vermutung äußerte schon HAUSCHILD, Pneumatomachen, 63 Anm. 1.

und Herrschaftswürde nach mitzuverherrlichen (συνδοξάζεσθαι) und dass sie ihn auf die Stufe eines Dieners (ὑπηρέτου)und Boten (ἀποστόλου) stellen.[438]

Aus dem Gesagten ergibt sich folgendes Bild: Die Lehre gegen den Sohn wird von den Absendern der Briefe nicht kritisiert. Da sie selber Homousianer sind, kann daraus geschlossen werden, dass auch die gemeinten Pneumatomachen orthodox im Sinne des ὁμοούσιος über den Sohn dachten. Wenn sich nämlich im Jahre 373/4 Nizäner dahingehend äußern, dass hinsichtlich der Lehre über den Sohn kein Vorwurf zu machen sei, kann damit nur gemeint sein, dass die Gegner das ὁμοούσιος akzeptiert haben. Daraus ergibt sich, dass sie und der Ortsbischof weder (Neu-)Arianer noch Homöer gewesen sind. Auch werden sie keine „Linkshomöusianer“ gewesen sein, die ebenfalls das ὁμοούσιος und damit das Nizänum abgelehnt haben.[439] Da sie aber den Geist nicht zusammen mit Vater und Sohn verherrlichen, sondern ihn als Diener verstehen, können sie auch keine (Neu-)Nizäner gewesen sein.

Gemäß der Einteilung, die Epiphanius in Haer 74 vorgenommen hat, handelt es sich bei den Pneumatomachen von Suedra wahrscheinlich um Repräsentanten der dort genannten zweiten Gruppe, die zwar über den Sohn orthodox dachten, den Geist aber nicht mit Vater und Sohn in der Gottheit zusammenzählten.[440] Historisch werden sie damit unter den „Rechtsmakedonianern“ / Rechtshomöusianern bzw. frühen Eustathianern einzuordnen sein, die sich zum Nizänum und zum (interpretierten) ὁμοούσιος bekannten.[441] Diese Identifizierung deckt sich mit der Beobachtung, dass Pamphylien umgeben war von Provinzen, in denen die Homöusianer bzw. Neunizäner die Mehrheit bildeten.

Die Gegner wären aufgrund der Angaben der Briefe folglich anders zu bestimmen als die Gegner des Basilius in AE III, die DRECOLL in Beziehung setzt zu „den Makedonianern, die nach der Synode von Lampsakus erstarkten“ und die er als „linkshomöusianisch“ bezeichnet.[442] Der Grund dafür ist der zeitliche Rahmen: Die Korrespondenz zwischen den Presbytern in Suedra und Epiphanius fand etwa sieben Jahre nach der Abfassung von AE III statt.[443] Gerade in diesem Zeitraum profilierte sich die theologische Richtung, die sich zum Nizänum bekannte, sich aber gegen die Annahme der Gottheit des Geistes

[438] Vgl. Brief II,3. Außerdem werden noch schlimmere Lehren über ihn verbreitet, die jedoch nicht weiter spezifiziert werden. Mit der These, dass der Geist nicht mit Vater und Sohn zu verherrlichen sei, sah sich auch Basilius konfrontiert, vgl. z.B. DSS XIII,29,1f; XXV,58,1–4; XXVIII,70,1ff; vgl. auch X,24; Ep. 159,2 u.ö.

[439] Vgl. dazu oben (Teil I, A.2.c)).

[440] Haer 74,1,3 (3,313,22–24): εἰς τὸ πνεῦμα δὲ τὸ ἅγιον ... βλασφημοῦσι, μὴ συναριθμοῦντες αὐτὸ πατρὶ καὶ υἱῷ ἐν τῇ θεότητι.

[441] Vgl. auch dazu oben (Teil I, A.2.c)).

[442] DRECOLL, Basilius, 145.

[443] DRECOLL (Basilius, 145) datiert AE III auf nach 365. Da allerdings, wie DRECOLL ebd. deutlich macht, der Anlass für die Abfassung in einem engen Zusammenhang mit der Synode von Lampsakus steht, muss die hier zu Grunde liegende kirchenpolitische Situation berücksichtigt werden. Somit liegen AE III andere Voraussetzungen zu Grunde als der Situation in Suedra im Jahre 373/4.

wehrte. Der führende Kopf dieser Bewegung wurde Eustathius.[444] Da besonders Kleinasien Schauplatz der Auseinandersetzung um die Pneumatologie des Eustathius war,[445] ist es möglich, dass der Konflikt in Suedra mit diesem Streit im Zusammenhang steht. Allerdings verbietet sich aufgrund der schlechten Quellenlage eine Festlegung auf einen bestimmten Personenkreis.

Abschließend ist nach der Datierung von Brief I zu fragen. Sowohl die Bezeichnung des Athanasius als τοῦ μνήμης ἀξίου μακαρίου ἐπισκόπου 'Αθανασίου (I,3) wie auch die Tatsache, dass die Gemeinde sich nun an Epiphanius und nicht mehr an Athanasius wendet, sprechen dafür, dass der Brief aus Pamphylien mit dem Tod des Athanasius im Mai 373 in Verbindung steht. Er wird, wie oben (Teil I, B.2.) dargestellt, in der zweiten Hälfte des Jahres 373 verfasst worden sein.

b) Brief II

Der zweite Brief (II)[446] stammt ebenfalls aus Suedra. Auch hier steht thematisch die Frage nach der Stellung des Geistes im Vordergrund. Allein dieser Umstand unterstreicht eine Dringlichkeit der Problematik, die lediglich aus Brief I nicht hervorging.

In diesem Fall schreibt ein gewisser Palladius, der sich selber als πολιτευόμενος Σουέδροις bezeichnet.[447] Die Bedeutung dieser Aussage ist unklar und wirft einige Fragen auf.

Zunächst ist auf die textkritische Situation hinzuweisen, die für diese Stelle keineswegs eindeutig ist.[448] Die einzige Stelle, für die alle zur Verfügung ste-

---

[444] Ein Wendepunkt in der Entwicklung war die Spaltung der Homöusianer auf der Synode in Antiochien/Karien 367 (in Links- bzw. Rechtshomöusianer) und die danach beginnende Auseinandersetzung um die Frage nach der Gottheit des Geistes im Lager der Rechtshomöusianer.

[445] Vgl. RITTER, Konzil, 73; Vgl. HAUSCHILD, Eustathius, 548,32–36.41f. HAYKIN (Spirit of God, 30f) verweist darauf, dass schon kurz vor der Führerschaft des Eustathius Pneumatomachen in Kleinasien wirkten. Vgl. zu allem oben, Teil I, A.2.c).

[446] Vgl. 1,3,3–1,4,16.

[447] Die von HOLL stammende Konjektur <ἐν> ist nicht unbedingt erforderlich. Da bei pluralischen Ortsnamen wie Σουέδρα der dativus localis ohne Präposition stehen kann (vgl. z.B. SCHWYZER, Grammatik, 154f), soll von der bezeugten handschriftlichen Überlieferung ausgegangen werden, die kein ἐν bietet.

[448] HOLL stützt sich für die Briefe und für den Anfang des *Ancoratus* im Wesentlichen auf drei Textzeugen, L, J und v. LJ bilden eine Einheit (vgl. Teil I, B.1.). Sie bieten den ganzen *Ancoratus* und sind insofern durchgängig als Zeugen herangezogen. v hingegen bietet lediglich die Briefe und den Anfang des *Ancoratus* (vgl. HOLL, Überlieferung, 85), erstreckt sich also, wie HOLL im Apparat zu Brief I anmerkt, von S. 2,1 (= Brief I inklusive Überschrift) bis S. 9,3 (= Anc 3,8: πατήρ) der GCS-Ausgabe. Im Zusammenhang mit den Briefen und mit der Überschrift bzw. dem Präskript des *Ancoratus* verfährt HOLL bei der Entscheidung für die Textzeugen selektiv. Teils folgt er der Lesart von LJ, teils derjenigen von v, wobei er allerdings in der Regel der von v den Vorzug gibt. Zur Begründung dafür vgl. HOLL, Überlieferung, 86f. HOLL zeigt den Vorrang von v gegenüber LJ vor allem am Präskript von Brief I und dem *Ancoratus* sowie an dessen Überschrift auf. So begegnet der fragliche Begriff πολιτευόμενος nach der Lesart von LJ in der Überschrift des *Ancoratus* zwar nicht, jedoch erkennt HOLL hier den Vorzug von v gegenüber LJ als eindeutig. Vgl. HOLL, a.a.O., 86f: „Einen Titel, wie ihn v bietet [scil. den Titel des *Ancoratus* nach der

henden Handschriften (v und LJ) Palladius als πολιτευόμενος bezeugen, ist die Überschrift von Brief II, während an den beiden anderen Stellen nur v diese Lesart bietet:[449]

Überschrift Brief II (sekundär)	Präskript Brief II	Überschrift *Ancoratus* (sekundär)
v	v	v
(Παλλαδίου τῆς αὐτῆς πόλεως Σουέδρων πολιτευομένου)	(Παλλάδιος πολιτευόμενος Σουέδροις)	(Παλλάδιον πολιτευόμενον)
LJ		
(Παλλαδίου τῆς αὐτῆς πόλεως Σουέδρων πολιτευομένου)		

Da von der Ursprünglichkeit der Überschriften – wie gesagt – nicht auszugehen ist (vgl. oben, Teil I, B.2.), gibt es letztlich keine Stelle, für die die Charakterisierung πολιτευόμενος als authentische Selbstbezeichnung eindeutig belegt wäre. Letztlich rechtfertigt allein die Tatsache, dass Palladius an verschiedenen Stellen überhaupt in dieser Weise bezeichnet wird, die Annahme, dass es sich im Präskript von Brief II um eine authentische Selbstbezeichnung handelt.[450] Der Verfasser der sekundären Überschriften von Brief II und dem *Ancoratus* kann nur aus Brief II seine Information gehabt haben. Auffällig ist jedoch, dass es eine Überlieferung gibt (scil. LJ), die den Begriff vermeidet, was vor allem am Präskript von Brief II deutlich wird.

Sodann ist nach der Bedeutung des Begriffes zu fragen. Grundsätzlich sind drei Interpretations- bzw. Übersetzungsmöglichkeiten gegeben. πολιτεύομαι kann heißen (1.) „wohnhaft in", „Bürger in" oder (2.) „den Staat verwalten", „ein öffentliches Amt führen". Seit dem 4. Jahrhundert hat, worauf SCHIWIETZ aufmerksam macht, der Begriff πολιτεύεσθαι darüber hinaus die Bedeutung (3.) „ein asketisches Leben führen".[451] In dieser vielschichtigen Bedeutung liegt ein Grundproblem. Denn versteht man Palladius als „Staatsbeamten", so entsteht ein Widerspruch zu dessen Charakterisierung durch Epiphanius, der ihn im

von HOLL gebotenen v-Lesart], mochte ein Späterer nicht leicht ersinnen, – man beachte namentlich die genaue, nur hier sich findende Zeitangabe, daß der Ancoratus im Juli abgeschickt wurde –, wohl aber lag es einem Abschreiber nahe, den langatmigen Satz von v auf die kürzere Form von LJ zusammenzuziehen." Aufgrund dessen gilt für HOLL der Vorrang von v auch für Brief II, wo LJ die Ergänzung πολιτευόμενος Σουέδροις im Präskript ebenfalls nicht bieten.

449 PETAVIUS bietet insgesamt nur die Lesart von LJ (vgl. PG 43, 13 C – 17 A). Im Apparat zur Überschrift von Brief II geht PETAVIUS auf das bekannte Problem ein. MIGNE verweist außerdem auf TILLEMONT (dazu s.u.).

450 Von daher ist HOLL darin zu folgen, für das Präskript von Brief II der Lesart von v den Vorrang vor LJ zu geben.

451 Vgl. SCHIWIETZ, Mönchtum, 161f mit Belegen.

Präskript des *Ancoratus* als jemanden beschreibt, der seinen Besitz veräußert hat und ein asketisches, monastisches Leben führt.[452]

Dennoch hat diese zweite Interpretation eine lange Tradition. Schon PETAVIUS hat mit „senator" übersetzt. Wie bei MIGNE wiedergegeben, hielt er es für unvereinbar, dass Palladius zugleich „senator" und „monachus" gewesen sein soll und löste das Problem mit der Annahme, Palladius sei zunächst ein hoher Beamter gewesen, der dann das Leben eines Mönches gewählt habe.[453] Diese Theorie wurde der gängige Lösungsweg. TILLEMONT geht davon aus, dass es schon zu der Zeit, als Palladius Staatsbeamter[454] war, seine Absicht gewesen sei, Mönch zu werden. Dies sei auch indirekt aus seinem Brief zu entnehmen. Er habe aber dieses Leben, solange er noch im Staatsamt war, entweder noch gar nicht oder nur teilweise ausgeübt.[455] WOLFSGRUBER, der auf TILLEMONT verweist, versteht das so, dass Palladius sich erst *nach* seinem Brief, aber *vor* der Antwort des Epiphanius zum Mönchtum bekehrt habe.[456]

HOLL geht von der ersten Übersetzungmöglichkeit aus und weist im Apparat zu Brief II darauf hin, dass die Wendung nach stehender Formel „Bürger in" bedeute, verweist aber zugleich auf den genannten Umstand, dass Palladius nach dem Präskript des *Ancoratus* Mönch gewesen sei. HAUSCHILD wiederum schlägt als Übersetzung „Magistratsbeamter" vor und argumentiert, diese Übersetzung sei der von HOLL vorgeschlagenen vorzuziehen, „weil es sonst seltsam wäre, daß Palladius so hervorragend in Erscheinung tritt, wenn er nicht eine hochgestellte Persönlichkeit war."[457]

RIGGI schließlich geht davon aus, Palladius müsse entweder „a magistrate" (mit Verweis auf PETAVIUS) oder aber mindestens „an exemplary citizen" (mit Bezug auf HOLL) gewesen sein, der ein Leben nach den Idealen des Mönchtums führte. Er sieht also beide Charakterisierungen in einer Person vereinigt. Den *Ancoratus* beschreibt RIGGI als Antwort „to the Christian magistrate and others who had requested him".[458] Diese Lösung ist zum einen deshalb abzulehnen, weil die Annahme, eine Person sei zugleich Staatsbeamter und Asket gewesen, kaum den realen Lebensumständen der Zeit entsprochen haben wird. Zum anderen drängt sich bei der Annahme, Epiphanius habe den *Ancoratus* als Antwort

[452] Vgl. dazu Teil I, B.4.

[453] Vgl. PETAVIUS, zitiert bei MIGNE, PG 43, 15 Anm. (2): „Verum hoc loco senatorem, aut ejusmodi aliquid vertere religio fuerat, quod ex rescripto Epiphanii monachum hunc esse cognoram. Nunc occurrit, ex curiali et senatore vitae genus illud amplecti potuisse Palladium. Quare senatorem aut curialem appelasse videtur."

[454] So etwa kann TILLEMONT hier verstanden werden, vgl. die folgende Anm.

[455] Vgl. TILLEMONT, Histoire 10, 804 Anm. III: „Pallade semble témoigner dans sa lettre que c'étoit son dessin [scil. Mönch zu sein]; (mais peut-être qu'il ne l'avoit pas executé, ou qu'il ne l'avoit fait qu'en partie, et qu'ainsi il étoit encore compris dans le corps de ville, dont il n'étoit pas facile de se retirer)." Dieser Lösung folgt auch HÖRMANN, BKV II, Anm. 1 zur Stelle.

[456] Vgl. WOLFSGRUBER, BKV I, Anm. 1 zur Stelle.

[457] Vgl. HAUSCHILD, Pneumatomachen, 62 Anm. 3. Schon WOLFSGRUBER, BKV I verwendete in seiner Anmerkung zur Stelle den Begriff „Magistratsperson". Vgl. auch FABRICIUS/HARLESS 8, 264.

[458] RIGGI, Palladius, 637.

an den „Christian magistrate" gesandt, die Frage nach dem zuständigen Bischof mit noch größerer Macht auf, als dies ohnehin der Fall ist. Dieses Problem lässt RIGGI völlig offen.

In allen bisher aufgezeigten Beispielen wird das angesprochene Problem empfunden und in der Regel durch die These gelöst, Palladius sei zunächst Staatsbeamter gewesen und erst später Mönch geworden. Bevor die Frage weiter diskutiert wird, soll zunächst der Inhalt des Briefes untersucht werden.

Palladius bezeichnet Epiphanius als „Herrn meines Lebens" bzw. „meiner Seele".[459] Dies korrespondiert mit der ausführlichen und freundlichen Art, mit der er Palladius im Präskript des *Ancoratus* grüßt. Beide Anreden könnten darauf hinweisen, dass Epiphanius und Palladius sich kannten, was allerdings nicht zu beweisen ist.[460] Zumindest stehen sie in einem eindeutigen hierarchischen Verhältnis: Palladius spricht Epiphanius als „Herrn" an, Epiphanius Palladius als „Kind".

Epiphanius beschreibt dann in bildreicher Sprache die Situation eines Schiffes, das bei gutem Wetter unbedarft das weite Meer durchkreuzt und auf dem sich niemand um Gefahren sorgt. Als das Wetter umschlägt, sucht die Besatzung vergeblich einen Hafen und muss sich schließlich auf eine nahe gelegene Insel retten. Mit dieser Situation vergleicht Palladius die Situation seiner Gemeinschaft (καὶ ἡμεῖς αὐτοῖ τανῦν; Brief II,3). Auffallend ist, dass er von sich und den Seinen nie, wie etwa die Absender von Brief I, als ἐκκλησία spricht, sondern stets die erste Person Plural verwendet.[461] Er charakterisiert sich und seinen Kreis als solche, die „unterrichtet sind in der heilbringenden Lehre Gottes" (vgl. Gal 6,6), sie sind κατηχούμενοι (Brief II,3).

Hierin könnte eine Verbindung und ein Anknüpfungspunkt zu Anc 101,4ff und v.a. zu 118,6ff bestehen. Epiphanius gibt hier, am Ende seiner Schrift, Anweisungen an Katecheten, den überlieferten Glauben weiterzugeben. Sie sollen u.a. lehren, den Weg weisen und unterrichten (διδάσκοντες ὁδοποιοῦντες κατηχοῦντες; Anc 118,7) und nicht aufhören, diesen Glauben der heiligen Kirche zu bewahren. Die gesamte Begrifflichkeit, mit der Epiphanius seine Adressaten bezeichnet, ist in dem Abschnitt Anc 118,5–8 recht unbestimmt.[462]

---

[459] Vgl. das Präskript Brief II: Τῷ δεσπότῃ μου τῆς ψυχῆς θεοτιμήτῳ ἐπισκόπῳ Ἐπιφανίῳ... Vgl. auch Brief II,3.

[460] Falls sie sich kannten, dann wahrscheinlich aus der monastischen Zeit des Epiphanius. Gegen eine persönliche Kenntnis kann allerdings die Aussage des Palladius verwendet werden, dass der rechte Glaube des Epiphanius (lediglich?) durch seinen „guten Ruf" und „vertrauenswürdige Zeugen" bezeugt sei. Vgl. Brief II,5.

[461] Anders als in Brief I kommt der Begriff ἐκκλησία in Brief II nicht vor. Es versteht sich von daher nicht von selbst, dass Palladius im Blick auf eine Ortsgemeinde schreibt. Stattdessen spricht er stets von „uns" (entweder mit dem Pronomen ἡμεῖς oder durch Verbformen in der 3. Pers. Pl. Vgl. mehrfach Brief II,3–5).

[462] Vgl. Anc 118,6: τιμιώτατοι ἀδελφοί; vgl. auch deren Bezeichnung als υἱοί der „einen Braut", die wiederum τέκνοι haben. Vgl. Anc 118,7 die Bezeichnung als οἱ πιστοὶ καὶ ὀρθόδοξοι und die Bezeichnung von deren Gegenüber als τοὺς ἀκούοντας ὑμῶν. Vgl. auch Anc 118,8 die Nennung der κατηχουμένων τῶν μελλόντων.

Bei Funktionsträgern oder anderen Würdenträgern (Priestern, Presbytern) hätte man andere, klarere Titulierungen erwartet. Die unbestimmten Formulierungen am Ende des *Ancoratus* korrespondieren mit den unbestimmten Eigenbezeichnungen der Gruppe um Palladius in Brief II, so dass es wahrscheinlich ist, dass beide Kreise sich decken.

Palladius und seine Leute streben danach, „die Wogen der Welt" zu verlassen (τοῦ τε κοσμικοῦ σάλου ἑαυτοὺς ἀπαλλάξαι) und wollen ihr Schifflein (τὸ σκάφος) in den „wogenfreien Hafen Christi" (εἰς τὸν ἀσάλευτον τοῦ Χριστοῦ λιμένα) hineinsteuern, weil gegenstandslose und unvernünftige Anfragen (κενάς τινας καὶ ἀλόγους ... ζητήσεις; II,3) über den Heiligen Geist verbreitet werden. So wird behauptet, es sei „nicht notwendig, ihn der Gottheit und der Herrschaftswürde nach mitzuverherrlichen (συνδοξάζεσθαι), sondern man müsse ihn auf die Stufe eines Dieners (ὑπηρέτου) und Boten (ἀποστόλου) stellen"[463]. Außerdem werden noch „schlimmere" (φαυλοτέρας καὶ ταπεινοτέρας; I,3) Lehren, die jedoch nicht weiter spezifiziert werden, über ihn verbreitet.

Auffällig ist die folgende Aussage des Palladius, die die Frage nach dem zuständigen Bischof stärker als bisher in den Vordergrund rückt. Obwohl sich die Gemeinschaft von „hohen Wogen und schwerer Brandung" umschlossen sieht, findet sich in ihren Reihen niemand, der geeignet erscheint (μηδένα <τε> τῶν παρ' ἡμῖν ἱκανὸν εὑρεῖν δυνηθέντες; II,4), die aufgeworfenen Fragen zu lösen und den gesunden Glauben darzustellen.

Beide Problemkreise, die Frage nach dem Bischof ebenso wie die Frage nach der Bedeutung der Bezeichnung πολιτευόμενος, lassen sich durch die Hypothese lösen, dass Palladius kein Glied der nizänischen Gemeinde (mehr) war, der die Presbyter aus Brief I angehören. Vielmehr gehörte er zu der Zeit, als er den Brief verfasste, einer monastischen Gemeinschaft an. Dies kann gestützt werden durch bestimmte Formulierungen des Briefes selber[464] und entspricht der Beschreibung im Präskript des *Ancoratus*. Dazu passen weiter die eigentümlich unbestimmten Bezeichnungen, mit denen Palladius sich und seinen Kreis beschreibt. Dies vorausgesetzt, muss die Aussage, in dem Kreis um Palladius finde sich niemand, der in der Lage wäre, die aufgekommenen Fragen zu klären (vgl. Brief II,4), nicht mehr zwangsläufig auf den Ortsbischof bezogen werden, so dass auch hier der Umstand erklärt wäre, warum niemand, auch Epiphanius nicht, auf ihn eingeht.[465] Dieser Aspekt könnte für Palladius – zu-

---

[463] Brief II,3: ... μὴ δεῖν τοῦτο τῇ θεότητι καὶ τῇ κυριότητι συνδοξάζεσθαι, ἀλλ' ἐν ὑπηρέτου καὶ ἀποστόλου τετάχθαι σχήματι. Mit dieser These sah sich wie oben (vgl. Teil I, B.3.a)) gesagt auch Basilius konfrontiert.

[464] Vgl. v.a. Brief I,3. Insbesondere die Aussage des Palladius, dass sie „unterrichtet sind in der heilbringenden Lehre Gottes" (vgl. Gal 6,6) kann auf diesen Sachverhalt hinweisen. Auch die Worte von der Abwendung von der Welt passen dazu. Ähnlich TILLEMONT und WOLFSGRUBER, die allerdings beide davon ausgehen, Palladius sei erst nach seinem Brief Mönch geworden.

[465] Die Situation könnte analog zu derjenigen gedacht werden, die sich ca. 20 Jahre später für Epiphanius stellte, als er ca. 393 in seinem Kloster in Besanduk auf Bitten einiger Mönche den Bruder des Hieronymus, Paulinianus, zum Priester geweiht hat (vgl. Epistula ad Iohannem (=

sätzlich zu der Tatsache, dass der Bischof wahrscheinlich selber der pneumatomachischen Lehre verfallen war – mitverantwortlich dafür gewesen sein dass er als Vermittlungsinstanz nicht in Frage kam.

Die Annahme, Palladius sei schon bei der Abfassung des Briefes Mönch gewesen, wird durch einen weiteren Sachverhalt gestützt: Die gegenüber Brief I präzisere Beschreibung der pneumatomachischen Lehre lässt ein intensiveres Interesse an der Thematik erkennen. Da sich die Auseinandersetzung um die Pneumatologie vor allem in asketischen Kreisen entzündete, wie das Beispiel des Basilius und des Eustathius bezeugt,[466] ist es gut möglich, dass das Engagement des Palladius aus diesem Kontext heraus zu erklären ist.

Vor dem Hintergrund der oben genannten These sollen die verschiedenen Übersetzungmöglichkeiten für den Begriff πολιτευόμενος erneut betrachtet werden.

1.) Die Übersetzung „beheimatet in" (so HOLL) würde dazu passen, dass Palladius gerade keinen offiziellen Titel trug. Allerdings erklärt diese Lösung nicht, warum die Überschrift des *Ancoratus* ihn als Παλλάδιον πολιτευόμενον bezeichnet, denn eine Ortsangabe fehlt hier. Auch erklärt diese Lösung nicht, warum der Begriff überhaupt herangezogen wurde, um den einfachen Sachverhalt der Beheimatung in Suedra zum Ausdruck zu bringen. Dies gilt vor allem deswegen, weil die missverständliche Bedeutungsvielfalt des Begriffes bekannt gewesen sein muss.

2.) Denkbar ist auch die Lösung, dass Palladius ein ehemaliger Beamter gewesen ist. Der Titel wäre dann auf seine Vergangenheit zu beziehen. Dazu passen die Andeutungen über seinen Lebensweg, die Epiphanius im Präskript des *Ancoratus* macht und die eine Veränderung in Palladius' Lebensumständen implizieren.[467] Gegen diese Lösung spricht allerdings, dass Palladius selber sich in seinem gesamten Brief durch nichts als Beamten charakterisiert, auch nicht als ehemaligen. Wenn er tatsächlich Beamter gewesen ist, so ist davon auszugehen, dass er seine Laufbahn schon seit längerer Zeit beendet hat und dass er zu dem Zeitpunkt, als er an Epiphanius schrieb, bereits Mönch gewesen ist.

3.) Die von SCHIWIETZ bevorzugte Lösung, das πολιτευόμενος im Sinne von „ein asketisches Leben führen" zu übersetzen,[468] löst alle genannten Probleme. Die These steht und fällt mit der Frage, ob der Begriff πολιτευόμνος

Hieronymus, Ep. 51,1); zur Datierung vgl. Teil I, A.2.a). Dieses Beispiel zeigt zum einen, dass Epiphanius Verbindungen zu Mönchsgemeinschaften außerhalb seines bischöflichen Zuständigkeitsbereiches als Metropolit besaß, er also unter Mönchen als Autorität angesehen wurde, und zum anderen, dass er auf Bitten dieser Mönche ihnen auch mit Rat und Tat zur Seite stand.

[466] Vgl. z.B. die in diesen Zusammenhang gehörenden Epp. 226(,3) und 52(,4). Beide Briefe richten sich an Asketen bzw. Asketinnen, denen gegenüber Basilius seine „neue" Pneumatologie erklären muss. Vgl. auch DRECOLL, Basilius, 209f; 278–80.

[467] Vgl. die Beschreibung durch Palladius in Brief II,3.

[468] Vgl. SCHIWIETZ, Mönchtum, 161f. SCHIWIETZ (Mönchtum, 161) übersetzt die Überschrift von Brief II: „Brief des Palladius, des Mönches der Stadt Suedra." Auch LÖHR (Palladius, 474) beschreibt Palladius als einen theologisch interessierten Asketen, vertieft jedoch seinen Ansatz nicht und gibt keine Begründung für seine These.

tatsächlich in der von SCHIWIETZ genannten Bedeutung geläufig war. Dagegen sind keine Gründe anzuführen. Dem Vorschlag von SCHIWIETZ ist m.E. zu folgen, weil er die beste Erklärung für den beschriebenen Sachverhalt gibt.

SCHIWIETZ bringt einen weiteren Aspekt in die Diskussion um Palladius ein, der in der Forschung weitgehend unbeachtet blieb:[469] Er ist davon überzeugt, dass der Palladius aus Brief II identisch ist mit dem Palladius in Basilius' Ep. 258; 259 und außerdem mit dem Palladius in Athanasius' *Epistola ad Palladium presbyterum*.[470] In allen Fällen handele es sich um ein und denselben Mönch. SCHIWIETZ erbringt dazu folgende Beweisführung:[471]

1.) SCHIWIETZ geht aus von Basilius, Ep. 259, die an die Mönche Palladius und Innocentius gerichtet ist. Aufgrund der Tatsache, dass sich Palladius und Innocentius offenkundig bei Basilius dafür entschuldigt haben, nicht öfter zu ihm gekommen zu sein, folgert SCHIWIETZ, dass sie nicht weit von Cäsarea entfernt, „wohl in Kleinasien" gewohnt haben müssen. Anderenfalls hätten sie Basilius gar nicht öfter besuchen können und die Entschuldigung wäre mithin überflüssig gewesen.[472]

2.) Diese beiden Mönche identifiziert SCHIWIETZ mit den beiden Palladius und Innocentius in der an Epiphanius gerichteten Ep. 258.[473] Basilius nimmt hier Bezug auf einen Streit von Brüdern ἐν τῷ Ἐλαιῶνι. Zu diesen Brüdern gehören nach Ep. 258,2 auch „unser Palladius" und der „Italier Innocentius". Beiden hat Basilius in Beantwortung eines Briefes an ihn ein Schreiben geschickt, in dem er bekundet, dass er dem Bekenntnis von Nizäa nichts hinzufügen könne, außer der auf den Heiligen Geist bezogenen Doxologie. Die jenem Bekenntnis hinzugefügten Lehren über die Menschwerdung des Herrn hält er für sein Begreifen übersteigend und verwirft sie weder noch akzeptiert er sie. Die Identifizierung der Adressatenkreise nimmt SCHIWIETZ als „allgemein anerkannt" an.[474]

3.) Der entscheidende Punkt ist, dass SCHIWIETZ die Ortsbestimmung ἐν τῷ Ἐλαιῶνι in Ep. 258,2 nicht wie üblich mit „dem Ölberg" gleichsetzt.[475] Er argumentiert, der Ölberg bei Jerusalem werde in der Bibel und an anderen Stellen (so z.B. in der Historia Lausiaca) stets τὸ ὄρος τῶν ἐλαιῶν genannt. Auch sei in Ep. 258 weder von Jerusalem noch von Palästina die Rede. Das Wort Ἐλαιῶν bedeute dagegen einfach „Olivenpflanzung" und sei in Ep. 258 als nomen proprium aufzufassen.[476]

---

469 Als einziger weist DECHOW (Epiphanius, 63 Anm. 42) auf die These von SCHIWIETZ hin und sieht sie als erwiesen an.

470 Vgl. PG 26, 1168 B – 1169 A.

471 Vgl. dazu SCHIWIETZ, Mönchtum, 159–163.

472 Vgl. SCHIWIETZ, Mönchtum, 159.

473 Vgl. SCHIWIETZ, Mönchtum, 159f. Anders HAUSCHILD (Briefe III, 224 Anm. 410), der diese Identifizierung ablehnt. Allerdings führt HAUSCHILD nur ein argumentum e silentio an: Der in Ep. 258,2 gemeinte Brief könne nicht mit Ep. 259 identisch sein, weil dort nichts über dogmatische Fragen gesagt werde. Diese Tatsache allein reicht jedoch nicht aus, die von SCHIWIETZ behauptete Übereinstimmung zu widerlegen.

474 SCHIWIETZ, Mönchtum, 160.

475 So übersetzt auch von HAUSCHILD, Briefe III, 104.

476 Vgl. zu allem SCHIWIETZ, Mönchtum, 160.

4.) Aufgrund der Identifizierung der Adressatenkreise und unter Berücksichtigung der Informationen beider Briefe (scil. Ep. 258 und 259) folgert SCHIWIETZ, dass es eine Ortschaft Ἐλαιῶν gegeben haben muss, die nicht weit von Cäsarea entfernt zu suchen sei, „also in Kleinasien".[477]

5.) Der nächste Schritt ist die Herleitung einer Verbindung zwischen dem Palladius bei Basilius und demjenigen bei Epiphanius. Dieser sei „ein und dieselbe Persönlichkeit".[478] Widerum unter Zugrundelegung aller bisherigen Beobachtungen folgert SCHIWIETZ, dass der bei Basilius und Epiphanius genannte Palladius zusammen mit seinem Gefährten Innocentius in einem bei Suedra gelegenen und nach einer Olivenpflanzung Ἐλαιῶν genannten Ort lebte. SCHIWIETZ merkt noch an, dass das Vorhandensein eines Olivenhains bei Suedra durchaus wahrscheinlich ist, da Pamphylien auch heute noch reich an Olivenpflanzugen sei.

6.) Schließlich identifiziert SCHIWIETZ diesen Palladius und Innocentius mit denjenigen, die in dem an den Presbyter Palladius gerichteten Brief des Athanasius erwähnt werden.[479] SCHIWIETZ stützt diese These auf folgende Indizien: a) in dem Brief werden dieselben dogmatischen Streitfragen berührt, wie in Ep. 258 und bei Epiphanius; b) Athanasius berichtet indirekt, dass sich neben Palladius auch andere (Priester)[480] an ihn um Hilfe gewandt haben.[481] Hierin sieht SCHIWIETZ eine direkte Entsprechung zu der Aussage in Brief I bei Epiphanius, dass Athanasius die Gemeinde unterstützt habe; c) die Aussage des Athanasius, er habe den Grund, warum Palladius und Innocentius das Mönchsleben führen,[482] nicht erst jetzt sondern schon früher erfahren, deutet SCHIWIETZ dahingehend, dass Palladius, der bis dahin Priester (besser: Presbyter)[483] in Suedra gewesen sei, sein Mönchsleben etwa im Jahre 372 begonnen haben muss, nämlich bevor Athanasius seinen Brief geschrieben hat;[484] d) Athanasius fordert Palladius auf, ihm zu berichten, wie dort (ἐκεῖ; PG 26, 1168 B) die Brüder und die Gegner der Wahrheit über ihn denken. Da dieser auch über die Mönche in Cäsa-

---

[477] SCHIWIETZ, Mönchtum, 160.

[478] SCHIWIETZ, Mönchtum, 162.

[479] Zwar geht auch HAUSCHILD (Briefe III, 224 Anm. 410) davon aus, dass der Palladius bei Basilius in Ep. 258,2 identisch ist mit demjenigen bei Athanasius, identifiziert ihn jedoch als einen Presbyter aus Cäsarea. Auch setzt HAUSCHILD – anders als SCHIWIETZ (vgl. ders., 163) – den bei Athanasius ebenfalls genannten Innocentius mit dem Innocentius der Historia Lausiaca (vgl. Hist. Laus. 44) gleich.

[480] SCHIWIETZ (a.a.O., 162) übersetzt „Priester"; der Text gibt jedoch keinen Anhaltspunkt darüber, wer Athanasius noch geschrieben hat. Vgl. die folgende Anmerkung.

[481] Das entnimmt SCHIWIETZ aus Athanasius' einleitenden Worten: καὶ τὴν <u>παρὰ σοῦ μόνου</u> γραφεῖσαν ἐπιστολὴν δεξάμενος (PG 26, 1168 B).

[482] Die entsprechende Textstelle bei Athanasius, auf die SCHIWIETZ hier Bezug nimmt, lautet: καὶ τὴν αἰτίαν δὲ ἣν μετὰ τοῦ ἀγαπητοῦ ἡμῶν Ἰνοκεντίου διάγεις, οὐ πρῶτον νῦν, ἀλλ' ἔκπαλαι μαθών, ἀπεδεξάμην σου τὴν εὐλάβειαν (PG 26, 1168 B).

[483] Athanasius folgend müsste hier konsequent weiter mit Presbyter übersetzt werden. Aus dem Brief ist nicht zu entnehmen, dass Palladius Priester war, wie SCHIWIETZ mehrfach suggeriert. Der Brief ist adressiert an den Presbyter Palladius.

[484] Vgl. SCHIWIETZ, Mönchtum, 163. Die Datierung ergibt sich aus der Tatsache, dass Athanasius den Brief vor seinem Tod im Jahr 373 verfasst haben muss.

rea berichtet hat, teilt Athanasius ihm mit, dass er bereits durch Dianios erfahren habe, dass sie dem geliebten Bischof Basilius zürnten und entgegenträten. Deswegen habe er ihnen das Angemessene (τὰ πρέποντα; 1168 C) geschrieben. Aus dieser Erzählung ergibt sich für SCHIWIETZ, dass Palladius und Innocentius nicht weit von Cäsarea entfernt Mönche gewesen sein müssen, da sie offensichtlich über die dortigen Verhältnisse informiert waren. Auch hätte Athanasius sie kaum aufgefordert, ihn weiterhin auf dem Laufenden zu halten, wenn die Mönche auf dem Ölberg bei Jerusalem gewohnt hätten.

DECHOW sieht diese Beweisführung von SCHIWIETZ als erwiesen an.[485] Er sieht vor diesem Hintergrund einen Zusammenhang zwischen Basilius' Ep. 258,2, dem *Ancoratus* und den Mönchen um Palladius und nimmt an, Epiphanius habe vermutet, in der Gemeinde in Pamphylien sei auch die apollinaristische Christologie ein Thema gewesen. Deswegen habe er die paraphrasierte Fassung des Nizänums im *Ancoratus* auch christologisch erweitert und den *Ancoratus* nach Suedra gesandt. 375 hätten die Mönche dann Basilius gebeten, diese Veränderung mit in das Bekenntnis aufzunehmen. Diesen Ablauf ordnet DECHOW ein in die Darstellung von Ep. 258,2.[486] Unter Zugrundelegung der These von SCHIWIETZ kann der gesamte Ablauf wie folgt dargestellt werden:

- Bereits vor 373 haben Palladius, der Presbyter der Gemeinde in Suedra war, und Innocentius das Mönchsleben erwählt.
- Die Gemeinde von Suedra wird von pneumatomachischer Lehre bedroht und spaltet sich. Mindestens Palladius, eventuell auch Vertreter der Gemeinde schreiben an Athanasius.
- Athanasius antwortet Palladius mit seiner *Epistola ad Palladium presbyterum*.
- Nach dem Tod des Athanasius im Mai 373 erhält Epiphanius zwei Briefe aus Suedra: einen von den Presbytern (I), einen von Palladius (II). Brief I nimmt Bezug auf den vorangegangenen Briefwechsel mit Athanasius.
- Epiphanius verfasst den *Ancoratus* mit dem paraphrasierten und christologisch erweiterten Nizänum und sendet ihn nach Suedra (Juli 374).
- Palladius sendet eine Abschrift oder Ausschnitte der Schrift an Basilius.
- Basilius antwortet Palladius (Bezugnahme in Ep. 258,2).
- Epiphanius verfasst einen Brief an Basilius.
- Basilius antwortet Epiphanius (scil. Ep. 258) mit der Ablehnung bezüglich der Aufnahme der Veränderungen in das Bekenntnis und mit der Unterrichtung, bereits ein Schreiben an die Mönche (scil. Palladius und Innocentius) gesandt zu haben.

Die These von SCHIWIETZ ist insgesamt nachvollziehbar, allerdings kann ihr nicht vorbehaltlos zugestimmt werden. Problematisch ist, dass SCHIWIETZ sich nur auf Indizien stützen kann. Darüber hinaus bleiben einige Fragen offen. So

[485] Vgl. DECHOW, Epiphanius, 63 Anm. 42.
[486] Vgl. DECHOW, Epiphanius, 63.

berichtet Basilius z.B. in Ep. 258,2 von einem Streit unter den Mönchen, den Epiphanius gerne beendet sähe. Vorausgesetzt, die hier gemeinten Mönche sind identisch mit denjenigen in Suedra, an die der *Ancoratus* adressiert ist, so stellte sich die Frage, warum von einem Streit in der Korrespondenz zwischen ihnen und Epiphanius keine Rede ist; es sei denn, man interpretiert die Tatsache der zwei Briefe aus Suedra dahingehend, dass sich hier zwei Gruppen zu Wort gemeldet haben, die in einer Sache untereinander zerstritten sind, aber derselben Gemeinde angehören. Diese Erklärung aber wäre rein hypothetisch.[487] Fraglich ist auch, ob – wie von SCHIWIETZ oben unter Punkt 6.b) dargestellt – die Situation, die dem Briefwechsel bei Athanasius und dem bei Epiphanius zu Grunde liegt, wirklich identisch ist. Allein die Tatsache, dass Athanasius indirekt bezeugt, er habe neben dem Brief, den Palladius allein geschrieben hat, noch einen anderen Brief erhalten, rechtfertigt nicht die Annahme, dass dieser Vorgang der Situation entspricht, die in Brief I bei Epiphanius angesprochen ist. Darüber hinaus klingt die These, dass sich jeweils beide Absenderkreise (also sowohl Palladius als auch die Presbyter der Gemeinde in Suedra) mit demselben Anliegen, aber getrennt voneinander erst an Athanasius und dann an Epiphanius wenden, schematisch. Auffallend ist auch die Nichterwähnung des Innocentius in dem Briefwechsel zwischen Epiphanius und Palladius, während sowohl Athanasius als auch Basilius stets beide Mönche zusammen nennen.

Es kann festgehalten werden, dass die These von SCHIWIETZ in vielen Punkten plausibel ist, dass sie aber in den meisten Punkten weder verifizierbar noch falsifizierbar ist, da sie sich allein auf Indizien und Wahrscheinlichkeiten stützt. Aus diesem Grund soll die These nicht zur Grundlage für weitere Untersuchungen werden. Dies ist insofern nicht notwendig, als die Annahme, Palladius sei Mönch gewesen, ausreichend Gründe für sich hat und durch die These lediglich bestärkt würde. Das fragliche πολιτευόμενος ist wohl im Sinne von „ein asketisches Leben führen" zu verstehen. Durch die Annahme, Palladius sei bereits Mönch gewesen, als er an Epiphanius schrieb, verliert die Instanz des Ortsbischofs als direkte Bezugsperson zumindest an Bedeutung.[488] Es ist demnach denkbar, dass Palladius sich als Mönch an einen angesehenen, eventuell persönlich bekannten Mönchsvater gewandt hat.[489]

Brief II schließt mit der Bitte, in „breiter und verständlicher Weise" mit einer „gottgeweihten Schrift" (ἱεροῖς συγγράμασι) den Glauben an die heilige Trias

---

[487] HAUSCHILD, der nicht von einer Identifizierung der Mönche in Ep. 258 und bei Epiphanius ausgeht, vermutet, dass es sich dabei um einen Streit unter den Mönchen auf dem Ölberg in Jerusalem handelte, der christologische Fragen beinhaltete (vgl. ders. Briefe III, 224 Anm. 409). Diese Annahme erklärt zwar die Streitsituation, passt aber nicht zu der These von SCHIWIETZ. Das Problem bleibt in Bezug auf diese These bestehen.

[488] Daneben gilt natürlich das im Zusammenhang mit Brief I Gesagte, dass der zuständige Ortsbischof aller Wahrscheinlichkeit nach selber Pneumatomache war.

[489] Epiphanius wird auch in Brief II als hervorragende Autorität in Glaubensfragen angesehen. Seine Gottesfürchtigkeit (θεοσέβεια; vgl. II,4) ist bekannt, sein Glaube ist „über jeden Verdacht erhaben" (ἀνυπόκριτος; vgl. II,4) und recht. Diesen Glauben bezeugen und verkünden der vorausgeeilte „gute Ruf" und „vertrauenswürdige Zeugen" (vgl. II,5).

darzulegen, damit „auch wir, die wir darin feststehen, erlangen, wonach wir streben, und diejenigen, die schon gut in ihm wandeln, sich erfreuen, und die, die irren – wenn möglich – sich bekehren".[490] Hier wird eine Dreiteilung vorgenommen: Es gibt die Gefestigten, diejenigen, die „schon gut wandeln", offensichtlich aber nicht zu den Gefestigten zählen, und die Abgefallenen. Die Bitte an Epiphanius geht dahin, dass alle drei Gruppen von seiner Antwort profitieren mögen. Diese Bitte hat eine Entsprechung in den Kapiteln Anc 101ff. Die Anfragen von Brief II beziehen sich zuerst auf den Geist, daneben auf die Trinitätslehre. Eine zeitliche Einordnung ist allein von Brief II ausgehend nicht möglich.

Zusammenfassend kann festgehalten werden, dass die Pneumatomachen von Suedra, zu denen vermutlich auch der Bischof gehörte, mit hoher Wahrscheinlichkeit das ὁμοούσιος für den Sohn bekannt haben. Ebenso ist davon auszugehen, dass sie das Nizänum anerkannt haben, weil die Absender der Briefe ihre Anklagepunkte gegen die Gegner sonst ausgeweitet hätten. Es ist damit anzunehmen, dass sich die nizänische Gemeinde wegen der Frage nach der Stellung des Geistes gespalten hat. In diesen Zusammenhang passt der Bericht, dass „Tausende" von der wahren Lehre abfielen, ein Teil der Gemeinde aber standfest im „gesunden Glauben" blieb (vgl. I,3). Da sich die Absender vor allem im Hinblick auf die noch nicht entschiedene Frage der Stellung des Geistes an Epiphanius wendeten, ist davon auszugehen, dass dieser sich schon vor Abfassung des *Ancoratus* über die Gottheit des Geistes geäußert hatte und dass dies auch bekannt war.

Die Tatsache, dass Epiphanius zwei Briefe aus Suedra erhalten hat, ist zum einen damit zu erklären, dass es sich einmal um Vertreter der nizänischen Gemeinde gehandelt hat, einmal um einen (nizänischen) asketischen Kreis. Dennoch drängt sich die Frage auf, warum aus dem nizänischen Umfeld der Gemeinde zwei Briefe mit gleichen Anliegen an Epiphanius geschickt wurden.[491] Aufgrund der Gemeinsamkeiten ist es nicht sehr wahrscheinlich, dass beide Briefe vollkommen unabhängig voneinander geschrieben und abgesendet wur-

---

[490] Auch diese Formulierungen lassen auf eine asketische Lebensweise schließen. Palladius zählt sich zu dem Kreis derer, die bereits im rechten Glauben leben und nach mehr streben, was im Zusammenhang mit dem Präskript des *Ancoratus* gesehen werden muss, in dem Epiphanius sich freudig darüber äußert, dass Palladius und Severianus stets das erwerben, was immer ihren Seelen nutzt.

[491] Obwohl beide Briefe etwas unterschiedliche Schwerpunkte setzen, decken sie sich doch in entscheidenden Punkten. Zum einen wird aus beiden Briefen ersichtlich, dass die pneumatomachische Lehre der *Anlass* für die Abfassung war. Zum zweiten scheinen beide *Absenderkreise nizänisch* zu sein. Drittens beschränken sich beide im Wesentlichen auf *Anfragen bezüglich des Geistes*, bitten also nicht auch um Unterweisung bezüglich des Sohnes. Die vierte Übereinstimmung ist die Tatsache, dass sie sich *an Epiphanius gewandt* haben, der jeweils als hohe Autorität angesehen wird. Fünftens stimmen die Briefe in ihrem *Anliegen* überein. Epiphanius wird jeweils gebeten, vor allem zum Thema Geist Stellung zu beziehen, wobei in beiden Briefen Wert darauf gelegt wird, dass er allgemeinverständlich antwortet, um die Gläubigen zu stärken und die Abgefallenen wieder auf den rechten Weg zu bringen.

den. Das ergibt sich schon daraus, dass Epiphanius allen gemeinsam antwortet. Es bleibt zu fragen, wie der genannte Umstand zu erklären ist.

Am wahrscheinlichsten wird die Annahme eines zeitlichen Abstandes zwischen den Briefen sein. Eine genaue zeitliche Einordnung vor allem für Brief II ist schwierig. Da beide Briefe keinen direkten Bezug aufeinander nehmen, ist letztlich nicht sicher, welcher Brief vorgeordnet werden muss. Allerdings gibt es zwei Hinweise darauf, dass Brief II nach Brief I bei Epiphanius eintraf.

1.) Zum einen bedeutet der zweite Brief gegenüber dem ersten in mehreren Punkten eine Steigerung: a) die Situation wird dramatischer geschildert; b) die gegnerische Lehre wird präziser wiedergegeben und das Anliegen genauer eingegrenzt; c) der Absenderkreis von Brief II scheint, wie die Reaktion des Epiphanius im Präskript des *Ancoratus* zeigt, diesem näher zu stehen als der von Brief I.

2.) Der zweite Hinweis liegt in folgender Beobachtung. In Anc 64 gibt es eine thematische Zäsur. Obwohl Epiphanius festhält, das bisher über Vater, Sohn und Geist Gesagte reiche eigentlich aus (vgl. Anc 64,2), kündigt er an, alles im Einzelnen (ἀπὸ μέρους; Anc 64,1) auszuführen und vor allem Schriftbeweise für seine Behauptungen zu sammeln. Innerhalb v.a. der in Anc 70ff folgenden Diskussion über den Geist gibt es zahlreiche Wiederholungen aus Anc 5ff, z.T. aber auch Vertiefungen. Vor diesem Hintergrund ist es denkbar, dass Palladius mit seinem Brief aufgrund der (wieder) bedrohlicher gewordenen Situation dem Anliegen der Gemeinde Nachdruck verleihen wollte und dass die Wiederaufnahme der Thematik in Anc 64ff durch die Ankunft des zweiten Briefes begründet ist. Allerdings kann der zeitliche Abstand zwischen beiden Briefen insgesamt nicht sehr groß gewesen sein, da Epiphanius spätestens Ende 373/Anfang 374 mit den Ausarbeitungen zum *Ancoratus* begonnen haben wird und die Arbeit, wenn man der Überschrift des *Ancoratus* folgt, im Juli bereits beendet war.[492]

Zum Abschluss ist noch auf einen wichtigen Punkt hinzuweisen, den die Analyse der Briefe ergeben hat. Aufgrund des Anliegens beider Absenderkreise kann es Epiphanius von vornherein nicht darum gehen, ein kompliziertes, philosophisch dogmatisches Werk zu verfassen. Seine Antwort muss, will er der Bitte der Absender entsprechen und soll der *Ancoratus* seinen Sinn erfüllen, verstehbar sein, sie muss vom einfachen Gemeindevolk ebenso verstanden werden wie von den Abgefallenen, die daraus ihren Irrtum erkennen sollen. Außerdem soll sie Anleitung für das Leben in der Gemeinschaft sein. Der *Ancoratus* erhält so einen dreifachen Anspruch: Bestärkung im Glauben, Aufweis der Irrlehre, Anleitung zum rechten Leben und zur Gemeindeführung. Zentral und am aktuellsten ist die Frage nach der Stellung des Geistes. Außerdem ist zu bedenken, dass die Gemeinde in Suedra v.a. Brief II zufolge von schweren Nöten geplagt ist, von

[492] Vgl. auch den Kommentar zu Anc 64.

existentiellen Sorgen. Vor diesem gesamten Hintergrund muss der *Ancoratus* gelesen und interpretiert werden.

Im Folgenden soll der *Ancoratus* in den Mittelpunkt der Untersuchungen gestellt werden. Der Titel, die Überschrift, das Präskript und Anc 1 gehören dabei thematisch noch zu den Vorbemerkungen, weil Epiphanius hier auf die Briefe, die Adressaten und seine Themenstellung eingeht. Erst in Anc 2 beginnt er mit den eigentlichen inhaltlichen Ausführungen.

4. Titel, Überschrift, Präskript und Kapitel 1

Der Titel wird in der Schrift selber nur einmal erwähnt, und zwar ganz am Ende durch den Schreiber Anatolius: „... ich, Anatolius, der ich dieses Buch geschrieben habe, das den Namen ‚verankerte Abhandlung' trägt..."[493] Damit ist über den genauen Sinn des Titels noch nicht viel ausgesagt.

An einer Stelle im *Panarion* äußert Epiphanius sich selber dazu. Nach Haer 69,27,2f charakterisiert er seine frühere Schrift als großen λόγος über den Glauben, den er auf Bitten der Brüder schrieb (vgl. dazu Brief I und II), ᾧ λόγῳ ἐπεθέμεθα ὄνομα Ἀγκυρωτόν.[494] Die Intention des Werkes liegt nach Haer 69,27,3 darin, aus allen Schriften die Wahrheiten der göttlichen Lehre zu sammeln, als Anker für diejenigen, die den heiligen, apostolischen und prophetischen Glauben der Väter bewahren wollen, der von Anfang an bis jetzt in der heiligen Kirche Gottes verkündet wurde. Er wollte ihn offen darlegen zur Lenkung und Stärkung des Sinnes, um nicht von den Gedanken des Teufels befallen zu werden oder Schaden zu nehmen durch die Woge, die von den Häresien, großen Schaden in der Welt anrichtend, verursacht wurde.[495] Im Folgenden (Haer 69,27,6f) macht er einige Aussagen zur Trinität unter besonderer Berücksichtigung des Geistes und fasst in Haer 69,28,1 zusammen: ταῦτα οὖν πάντα ἐν τῷ περὶ πίστεως λόγῳ προειρημένῳ ὑφηγησάμεθα ἐν τῷ, ὡς εἶπον, γραφέντι εἰς τὰ μέρη τῆς Παμφυλίας καὶ Πισιδίας.[496]

---

[493] Anc 119(120), 16: ἐγὼ ὁ Ἀνατόλιος ὁ γράψας τοῦτο τὸ βίβλιον τοῦ ἀγκυρωτοῦ ἐπονομασθέντος λόγου...

[494] Haer 69,27,2 (3,177,6).

[495] Haer 69,27,3 (3,177,6–14): καὶ ... ἐκ πάσης γραφῆς συνάγοντες τὰ ἀληθινὰ τῆς τοῦ θεοῦ διδασκαλίας, ἄγκυραν ὥσπερ τοῖς βουλομένοις <κατέχειν> (vgl. Hebr 6,19) τὴν ἁγίαν πατέρων πίστιν ἀποστολικήν τε καὶ προφητικὴν καὶ ἀπ᾽ ἀρχῆς ἄχρι τοῦ δεῦρο ἐν τῇ ἁγίᾳ τοῦ θεοῦ ἐκκλησίᾳ κεκηρυγμένην, σαφῶς παρεθέμεθα, εἰς τὸ κατέχεσθαι τὴν διάνοιαν καὶ ἀσφαλίζεσθαι, <τοῦ> μὴ ταῖς ἐπινοίαις τοῦ διαβόλου ῥιπίζεσθαι μηδὲ κλυδωνισμῷ παραβλάπτεσθαι τῷ ἀπὸ τῶν αἱρέσεων ἐν κόσμῳ πολυβλύστως κεκινημένῳ.

[496] Haer 69,28,1 (3,177,28f). Die Erwähnung Pisidiens an dieser Stelle ist insofern unverständlich, als der *Ancoratus* an eine Gemeinde in Pamphylien gerichtet ist. Eventuell liegt hier ein Hinweis dafür vor, dass der *Ancoratus* (inzwischen?) auch nach Pisidien gesandt worden ist. Vgl. dazu eventuell die Erwähnung des Konop in Anc 1,4 (dazu Teil I, B.4.). Dass Epiphanius Verbindungen auch dorthin gehabt hat, zeigt das oben (Teil I, A.2.a)) genannte Brieffragment bei Severus von Antiochien mit dem Titel *Ex epistula ad Presbyteros Pisidiae de Sancto Paschate, cuius*

Epiphanius charakterisiert nach den genannten Stellen in Haer 69,27f den *Ancoratus* einerseits als „Schreiben" (τῷ ... γραφέντι), andererseits als λόγος. Ebenso bezeichnet Anatolius ihn in Anc 119(120),16 einerseits als Buch, andererseits als λόγος. Die vorangestellte Lebensbeschreibung nennt ihn nur λόγος,[497] in der Überschrift wiederum ist der *Ancoratus* als ἐπιστολή bezeichnet. Damit ist klar, dass λόγος hier im Sinne von „Abhandlung", „geschriebenes Wort" gemeint ist, was für die damalige Zeit üblich ist. In dem Begriff λόγος ist das entsprechende Beziehungswort zu dem Verbaladjektiv ἀγκυρωτός zu sehen. Isoliert bedeutet dieses so viel wie „durch einen Anker befestigt", „verankert", in Verbindung mit λόγος etwa „die verankerte Abhandlung", und zwar, wie aus Haer 27,2f ersichtlich wird, die in der biblischen πίστις verankerte Abhandlung.

Eine deutsche Übersetzung muss diesen Sachverhalt berücksichtigen. Die geläufige Übersetzung „*Der* Festgeankerte"[498] ist irreführend. Das Problem liegt schon darin, dass diese Übersetzung den verselbstständigten Titel ὁ Ἀγκυρωτός voraussetzt, der in dieser Form bei Epiphanius aber nur an einer Stelle begegnet.[499] Außerdem wird diese Übersetzung Epiphanius' Anliegen

---

initium est: „Bonum est quidem fratrem a fratre suo adiuvari" (vgl. ders., Liber contra impium Grammaticum, CSCO; 102/Syr. 51, 235,11–23).

[497] Vgl. S. 1 Z. 5f: Ἀγκυρωτὸς δὲ κέκληται ὁ λόγος αὐτοῦ, ὅτι ἀγκύρας δίκην τὸν περὶ τῆς ζωῆς καὶ σωτηρίας ἐρευνῶντα νοῦν ἄγει.

[498] So HÖRMANN, BKV II und ders., Epiphanius, 729. WOLFSGRUBER, BKV I übersetzt mit „Der Anker", was nicht weniger unpräzise ist. Vgl. auch ders., a.a.O., 22 Anm. 2: „Ἀγκυρωτός, ancoratus, also eigentlich ‚der Festgeankerte'." Ebenso z.B. BARDENHEWER, Patrologie[3], 289; ders., Geschichte, 296; BIENERT, LThK[3] 3, 724; DROBNER, Patrologie, 255; MARKSCHIES, Epiphanius, 1153. Offenkundig wird die falsche Deutung des Titels bei QUASTEN (Patrology III, 386), der gar mit „The Firmly-Anchored Man" überträgt.

[499] Vgl. in Haer 74,10,9 (3,328,18) den Hinweis auf die Beendigung des Zitates aus dem *Ancoratus* (Anc 65–73 = Haer 74,2–10): <πε>πλήρωται τὰ <ἐκ> τοῦ Ἀγκυρωτοῦ. Allerdings muss diese Formulierung im Verbund mit der Einleitung des Zitates in Haer 74,2,1 (3,314,12) gesehen werden: ἐκ τοῦ Ἀγκυρωτοῦ λόγος. Die Anbindung von ἀγκυρωτός an λόγος ist also auch hier gegeben. Bei den späteren Bezeugungen, die den Titel z.T. in der verselbstständigten Form bieten, fällt auf, dass der *Ancoratus* mitunter als häreseologisches Werk verstanden wird. So verweist Sokrates in Hist. Eccl. V,24,10–12 auf den *Ancoratus*, wenn man die Namen der verschiedenen Häresien lernen möchte (... τῷ ἐπιγραφομένῳ Ἀγκυρωτῷ βιβλίῳ...). Photius versteht nach Bibl. 123,16f [94b] den *Ancoratus* gar als „Synopse" des *Panarion* (ἀνεγνώσθη τοῦ αὐτοῦ ὁ Ἀγκύρωτος (sic!), σύνοψις ὥσπερ τῶν Παναρίων ὑπάρχουσα). Sozomenus überliefert in Hist. Eccl. VIII,15,4,24–26 einen Wortwechsel zwischen Ammonius, einem der „langen Brüder", die sich um 402 gegen den von Epiphanius erhobenen Vorwurf des Origenismus zur Wehr setzten, und Epiphanius. Ammonius berichtet Epiphanius, dass er und seine Mitbrüder sowohl Schüler des Epiphanius getroffen als auch Schriften des Epiphanius gelesen haben, u.a. den *Ancoratus* (ἡμεῖς δέ, ἔφη, „πᾶν τοὐναντίον πεπόνθαμεν· μαθηταῖς τε γὰρ σοῖς ἐνετύχομεν πολλάκις καὶ συγγράμμασιν· ὧν ἐκεῖνό γέ ἐστιν ὁ τὴν ἐπιγραφὴν Ἀγκυρωτὸς ἔχων). Johannes von Damaskus leitet dagegen in De hymno trisagio 25,1f ein Zitat aus dem *Ancoratus* ein und gibt noch den ursprünglichen Titel wieder: καὶ ὁ ἅγιος δὲ καὶ θαυμαστὸς Ἐπιφάνιος ὧδέ πή φησιν ἐν τῷ ἐπιγεγραμμένῳ Ἀγκυρωτῷ λόγῳ (es folgt Zitat Anc 10,1(Z. 27)–4). Vgl. auch GRAF (Geschichte 356), der auf eine arabische Übersetzung (7. Jahrhundert) des *Ancoratus* aus dem Koptischen hinweist. Der koptische Titel sei mit „der Anker" zu übertragen, der arabische mit „der Ankerplatz".

nicht gerecht. Es handelt sich beim *Ancoratus* nicht nur um einen Anker. Wichtig ist vor allem der „Grund“, in dem der Anker liegt und so erst Halt gibt. Um dem Rechnung zu tragen, ist bei einer Übersetzung vom ursprünglichen Titel auszugehen, der auf diese andere Ebene zumindest hinweist: ὁ ἀγκυρωτὸς λόγος – „Die verankerte Abhandlung“. Möglich, aber das Problem umgehend, ist natürlich die Bezeichnung „Der *Ancoratus*“.

Der Titel passt zu dem in Brief II,1f dargestellten Bild der wie ein Schiff in den Wogen umherirrenden Gemeinde, die von verschiedenen Seiten durch Irrlehre bedroht ist. Dieser stellt Epiphanius seinen *Ancoratus* zur Verfügung.[500]

Der *Ancoratus* ist in der Überschrift als Brief charakterisiert. Dem entsprechen das Präskript und der Schluss in Anc 119(120). Allerdings ist zu beachten, dass Anatolius in Anc 119(120),16 vom *Ancoratus* als einem βίβλιον bzw. einem λόγος spricht, so dass die tatsächliche Gattung noch genauer bestimmt werden muss. Die Überschrift stammt entweder von ihm oder von einem späteren Redaktor,[501] auf jeden Fall nicht von Epiphanius selber. Dagegen sprechen u.a. die Abweichung bei der Nennung des Adressatenkreises und die doppelte und in zwei Punkten abweichende Aufzählung der Themen in der Überschrift und in Anc 1,3 (dazu s.u.). Als Adressaten sind in der Überschrift des *Ancoratus* aus Brief I Matidius, Tarsinus, Neon und Numerianus aus Suedra genannt, dazu Palladius, Absender von Brief II. Im Anschluss werden folgende Themen des *Ancoratus* genannt: Es geht um den Glauben an Vater, Sohn und Geist und weitergehend um „andere Dinge des Glaubens“, nämlich die Auferstehung der Toten und die Inkarnation Christi.

Im Präskript des *Ancoratus*, in dem Epiphanius selber zu Wort kommt, werden namentlich Matidius, Tarsinus und Numerianus aus Brief I gegrüßt und dazu „alle anderen, die bei euch sind“ (Neon wird nicht extra erwähnt). Dann wird Palladius angeführt und dazu ein Severianus, der in den Briefen aus Suedra ungenannt blieb. Er wird als Mitabsender von Brief II gelten können. Vielleicht war er der Überbringer des Briefes (bzw. der Briefe). Epiphanius geht wesentlich ausführlicher auf diese beiden ein als auf die vorher Genannten. Die Anrede τοῖς ποθεινοτάτοις τέκνοις ἡμῶν zeigt, dass beide Mönche sind.[502] Diese These wird gestützt durch die Beschreibung der Lebensweise beider. Epiphanius bescheinigt ihnen, „den rechten Eifer zu pflegen“ und sich das „glückselige und sehr wünschenswerte Leben erwählt zu haben“, im „rechten Glauben“ und „vollkommener Harmonie“. Ferner erfüllen sie, was der Herr gesagt hat. Epi-

---

[500] Ebenso WILLIAMS, Panarion I, XIII. Vgl. auch die Erklärung in der dem Werk vorangestellten, sekundären Inhaltsangabe. Der Bezug zu Vergleichen aus der Seefahrt wird noch an anderen Stellen deutlich. Vgl. z.B. Haer 61,3,4f (2,383,5–13), wo Epiphanius die Kirche mit einem Schiff vergleicht, das aus verschiedenen Hölzern zusammengesetzt ist. Dazu passt das Bild vom Wortanker, der in der Schrift verankert ist. Vgl. dazu RIGGI, L'Ancora della fede, 7f.

[501] Vgl. auch Teil I, B.3.

[502] Vgl. dazu oben zu Brief II.

phanius führt hier mit Mt 19,21[503] und Apg 4,34f[504] zwei asketische loci classici an. Es wird kein Zufall sein, dass er diese Stellen im Zusammenhang mit Palladius und Severianus nennt und dass er ihre Lebensweise damit charakterisiert. Eventuell ist dies dahingehend zu interpretieren, dass beide einst Geld und Gut besaßen und eine höhere gesellschaftliche Stellung innehatten.

Vor dem Hintergrund der Bezugnahme auf die drei Presbyter und auf Palladius versteht Epiphanius seine Schrift eindeutig als Antwort auf die dem *Ancoratus* vorangestellten Briefe aus Suedra. Er geht allerdings über die in den Briefen genannten Anfragen hinaus. Darin liegt ein Indiz, dass ihm noch weitere, wahrscheinlich mündliche Informationen über die Situation in Pamphylien zur Verfügung standen.[505] Die Probleme in Suedra waren darüber hinaus gewiss kein Einzelfall. Das zeigt die Situation in Kleinasien generell.[506] Epiphanius erwähnt in Anc 1,3, dass von überall her (ἐκ πανταχόθεν) Bitten an ihn herangetragen werden von Menschen, „die nach dem rechten Glauben streben". Auch Hypatius kam διὰ τοῦτο aus Ägypten zu ihm, was zeigt, dass das pneumatomachische Problem dort nach dem Tod des Athanasius weiter bestand. Außerdem scheint Epiphanius nun, ebenso wie für die Gemeinde in Pamphylien, auch für Hypatius die nächste Autorität bezüglich der Frage nach dem Heiligen Geist zu sein. Aus der Bezeichnung τέκνον ἡμῶν kann auch hier geschlossen werden, dass er Mönch war.[507] In Anc 1,4 schließlich nennt Epiphanius eine weitere Partei, die sich an ihn gewendet hat, nämlich einen bisher nicht erwähnten Konop, den Epiphanius als Bruder und „Mitpresbyter" (συμπρεσβύτερον) bezeichnet, mit seinen Genossen. Über die Herkunft und das genaue Anliegen des Konop ist nichts weiter bekannt. LIPSIUS bezeichnet ihn als „a presbyter [...] apparently a Pisidian",[508] was zu der Bemerkung in Haer 69,28,1 (3,177,28f) passen würde, der *Ancoratus* sei εἰς τὰ μέρη τῆς Παμφυλίας καὶ Πισιδίας gesandt worden.

Es gibt damit verschiedene Gruppen, die mit Anliegen an Epiphanius herangetreten sind. Mindestens Hypatius, Palladius und Severianus werden Mönche gewesen sein. Die Zielgruppe des *Ancoratus* ist folglich nicht homogen. Doch ist der Schwerpunkt eindeutig auf die Gemeinde in Suedra gelegt.

---

503 Mt 19,21: „Wenn du vollkommen sein willst, verkaufe deinen Besitz und gib ihn den Armen."

504 Vgl. Apg 4,34f: „... sie verkauften ihren Besitz und gaben ihn zu Füßen der Apostel."

505 Vgl. auch HAUSCHILD, Pneumatomachen, 63.

506 Vgl. oben, Teil I, A.2.c); B.3.a).

507 Eventuell ist er mit der Zeit des Epiphanius in Ägypten in Zusammenhang zu bringen. Es ist gut möglich, dass Hypatius Informationen über ägyptische Pneumatomachen (vgl. die Tropiker bei Athanasius) mitbrachte. Am Ende von *De fide* nennt Epiphanius erneut einen Hypatius, der vielleicht mit dem in Anc 1,3f genannten identisch ist. In De fide 25,4 (3,526,7) stellt Epiphanius Hypatius als ὁ τιμιώτατος συνδιάκονος vor, der die Abschrift seiner Konzepte in Reinschrift vornahm.

508 LIPSIUS, Epiphanius, 149.

In Anc 1,3 zeigt Epiphanius seine Themenstellung auf: Die Anfragen richten sich auf die Dinge des Heils, die aus den göttlichen und heiligen Schriften zu entnehmen sind, den festen Grund des Glaubens über den Vater, den Sohn und den Heiligen Geist und alle andere Rettung in Christus, nämlich die Auferstehung der Toten und die fleischliche Erscheinung (ἐνσάρκου παρουσίας) des Einziggeborenen, den heiligen alten und neuen Bund, kurz: um alle anderen Elemente des vollkommenen Heils. Zentral an dieser Auflistung ist die Bestimmung der Schrift als Ausgangspunkt. In der Tat stützt sich Epiphanius bei der Erklärung des Glaubens und bei der Widerlegung von Häresien allein auf die Schrift, wogegen philosophisch-ontologische Überlegungen so gut wie keinen Raum finden.[509] Zur Gliederung des *Ancoratus* vgl. unten, Teil I, B.5.

Das Hauptanliegen der Briefabsender, die Frage nach dem Geist, wird in Anc 1 nicht extra hervorgehoben. Allerdings beginnt Epiphanius seine Ausführungen in Anc 2,1 direkt mit dem Hinweis auf den Heiligen Geist. Das Thema durchzieht, wie zu zeigen sein wird, den ganzen *Ancoratus* und ist im Gefüge der Gesamtkonzeption stets im Blick. Die Tatsache, dass er den Sohn so ausführlich thematisiert und insbesondere auf die Auseinandersetzung um die Frage nach der vollen Menschheit im Zusammenhang mit apollinaristischer Christologie in Anc 75,4ff eingeht, lässt einerseits vermuten, dass er auch von diesbezüglichen Konflikten in Suedra gehört hat, und zeigt andererseits, dass das Thema für ihn selber einen hohen Stellenwert einnimmt. Das lässt sich zum einen damit erklären, dass er bereits mit der apollinaristischen Häresie konfrontiert worden ist (vgl. oben, Teil I, A.2.b)), und zum anderen damit, dass die Inkarnation für ihn das Zentrum des Heilsgeschehens darstellt. Dieses Heil sieht er durch den apollinaristischen und den arianischen Ansatz bedroht.

[509] Eine Ausnahme bildet hier vielleicht Anc 8, wo Epiphanius eine Begriffstheorie entwickelt.

5. *Aufbau und literarische Eigenart*

Eine sinnvolle Gliederung des *Ancoratus* gestaltet sich schwierig. Dies hängt mit einigen stilistischen und literarischen Eigenarten der Schrift zusammen.[510] Folgende Beobachtungen sind wichtig: (1.) Epiphanius unterbricht seinen Gedankengang regelmäßig durch kleinere Exkurse, die häufig durch einfachen Stichwortanschluss motiviert sind.[511] (2.) An mehreren Stellen greift er auf ältere Vorlagen oder fremde Quellen zurück und fügt diese (z.T. recht unvermittelt) in den laufenden Text ein. (3.) Insgesamt geht er unsystematisch vor, indem er nicht der Reihe nach die verschiedenen Punkte eines Gedankenganges abhandelt, sondern mehrfach auf einen Gedanken wieder zurückkommt. Der Text ist dadurch stark von Wiederholungen geprägt. (4.) Es geht Epiphanius nicht um die Widerlegung einer einzigen konkreten Lehre und ebenso wenig um die Auseinandersetzung mit einem einzigen konkreten Gegner. Auch werden gegnerische Thesen im *Ancoratus* selten explizit genannt. Das äußert sich darin, dass die Argumentation z.T. wenig zielgerichtet erscheint.[512]

Auch die Kapiteleinteilung, die MIGNE und die GCS-Ausgabe bieten, trägt nicht immer zur Klarheit bei. Durch die Einteilung wird häufig ein zusammenhängender Gedankengang unterbrochen, und andererseits werden gedankliche oder thematische Neuansätze nicht entsprechend markiert.

Das größte Problem, das sich hinsichtlich einer Bestimmung der Trinitätstheologie des *Ancoratus* stellt, ist aber die Tatsache, dass Epiphanius in der Regel keine Meta-Ebene zu seiner Argumentation angibt. Er führt Begriffe ein, ohne sie zu definieren, und ohne deutlich zu machen, welche Theorie seiner Argumentation zu Grunde liegt. Prägnante Beispiele dafür sind die Begriffstheorie, die er in Anc 8 darlegt (vgl. in diesem Zusammenhang auch die Exegese von Jes 6,3 in Anc 10,1ff und Anc 26,1–3), sowie die Reihung relationaler Ausdrücke in Anc 67,6. Auch die wichtigen trinitätstheologischen Begriffes ὑπόστασις und πρόσωπον (vgl. für diesen zweiten Ausdruck Anc 67,7), ihr Verhältnis zueinander und gegenüber dem Begriff οὐσία werden ebenso wenig definiert wie der Begriff φύσις im christologischen Zusammenhang. Eine Ausnahme bildet lediglich die Definition des ὁμοούσιος in Anc 6, die sehr aussa-

---

510 Schon Hieronymus hatte keine hohe Meinung von Epiphanius' literarischem und stilistischem Können. Vgl. Hieronymus, Vir. ill. 114. Vgl. auch aus dem 9. Jahrhundert das Urteil des Photius, Bibl. 122 [94b],9–14: τὴν δὲ φράσιν ταπεινός τε καὶ οἷα εἰκὸς Ἀττικῆς παιδείας ἀμελέτητον τυγχάνειν. ἀσθενὴς δὲ ἐκ τοῦ ἐπὶ πλεῖστον καὶ ἐν ταῖς κατὰ τῶν δυσσεβῶν αἱρέσεων συμπλοκαῖς· ἐνιαχοῦ μέντοι ἀριστεύει ταῖς ἐπιβολαῖς, εἰ καὶ τῶν ῥημάτων αὐτῷ καὶ τῆς συντάξεως οὐδὲν τὸ ἰδίωμα συμβελτιοῦται.

511 Vgl. z.B. Anc 11,4f. Es handelt sich hier um einen einzigen, als Frage formulierten Satz, in dem Epiphanius fünf verschiedene Motive nennt: 1.) Die Zugehörigkeit des Geistes zur Gottheit, 2.) Die Zeugenschaft des Paulus für diesen Sachverhalt, 3.) Die Einführung des Apostelfürsten Petrus, 4.) das für den Kontext wichtige Zitat 1 Kor 2,11, 5.) Die aus diesem Zitat sich ergebende Problematik der Analogiefähigkeit zwischen Mensch und Gott.

512 Bereits HÖRMANN (Epiphanius, 729) urteilte: „Durch häufiges Abweichen vom Thema, durch Weitschweifigkeit, Schwerfälligkeit u. Umständlichkeit macht er die Lektüre seiner Schriften vielfach zu einer Geduldsprobe." Vgl. auch BARDENHEWER, Geschichte, 295.

gekräftig ist. Die Folge dieses grundsätzlichen Mangels an Klarheit ist, dass man bei der Interpretation häufig auf Indizien angewiesen ist und keine eindeutigen Schlussfolgerungen gezogen werden können.

Eine Grobgliederung des *Ancoratus* kann sich an dem in Anc 1,3 gegebenen Themenüberblick orientieren. Die einzelnen Inhalte, denen Epiphanius sich widmen möchte, wurden oben (Teil I, B.4.) bereits aufgeführt. Es ergibt sich daraus folgende thematische Einteilung des *Ancoratus*:

- Anc 2–82 (Trinität, Heiliger Geist und Heil; dieser Teil lässt sich wiederum in zwei Durchgänge A und B untergliedern, s.u.);
- Anc 83–119(120) (Abgrenzungen gegen heidnische sowie häretische Lehren und Anweisungen an die Adressaten). Innerhalb dieses zweiten Abschnittes richtet sich Epiphanius gegen die Leugnung der leiblichen Auferstehung (Anc 83–101) und betont gegen die Markioniten und Manichäer die Einheit von AT und NT (Anc 108–114), womit alle Themen aufgegriffen sind, die er in Anc 1,3 genannt hat.

Neben diesen Hauptthemen durchzieht ein *Leitthema* den gesamten *Ancoratus*. Dieses *Leitthema* ist die Frage nach der wahren Erkenntnis, die durch den Heiligen Geist gegeben wird, vermittelt durch die rechte, das heißt „pneumatische“ Schriftauslegung.[513] Die Frage nach dem Heiligen Geist findet auf diese Weise nicht nur in einzelnen, zentralen Passagen Beachtung, sondern in der ganzen Schrift. Antithetisch zur rechten Erkenntnis und damit zum orthodoxen Glauben zeichnet sich Häresie durch mangelnden Geistbesitz und dadurch bedingtes falsches Schriftverständnis aus.[514]

Zudem deutet sich in Anc 1,3 bereits das *Leitmotiv* an: die Soteriologie. Sie ist Maßstab jeder Lehre und auch der Schriftauslegung. Pneumatologie und Soteriologie hängen damit eng zusammen.

Der anschließenden Interpretation des *Ancoratus* liegt folgende Feingliederung zugrunde.

In Anc 2 gibt Epiphanius das Thema für den trinitätstheologischen Abschnitt Anc 3–82 vor. Er nennt hier einleitend zwei grundlegende Sachverhalte: Zum einen stellt er den Geistbesitz in einen untrennbaren Zusammenhang mit dem orthodoxen Glauben. Damit hat er das *Leitthema* für den *Ancoratus* genannt: Der *Geist* vermittelt wahre *Erkenntnis*. Daneben nennt er auch den *inhaltlichen Schwerpunkt*, um den es ihm in der Trinitätstheologie geht: Die *Orthodoxie über Sohn und Heiligen Geist*. Ausgehend von Joh 17,3 expliziert er, worin der wahre, geistbegabte Glaube besteht, nämlich einerseits im strikten Bekenntnis zum Monotheismus und andererseits im Bekenntnis zur vollen Gottheit des Sohnes, ohne dass deswegen Polytheismus bestünde. Auf die Trinität ausgeweitet fasst Epiphanius diesen Sachverhalt in Anc 2,6 mit der prägnanten Formel „*Dreiheit in Einheit*“ zusammen, die für die folgenden Ausführungen zu einem

[513] Vgl. dazu v.a. Anc 27–63.
[514] Vgl. dazu v.a. Anc 2f; Anc 12–14; 26f; Anc 82–101; 103–106; 108–114; 115–118.

richtungsweisenden Glaubensgrundsatz wird und die den trinitätstheologischen Ansatz des Epiphanius in nuce zusammenfasst.

Von Anc 3 an zeigt Epiphanius antithetisch die Folgen fehlenden Geistbesitzes auf und stellt dem seine Theologie entgegen. Dabei lassen sich bis Anc 82 zwei Durchgänge unterscheiden, deren Schnittstelle durch eine Zäsur in Anc 64 markiert wird. Der *erste Durchgang* erstreckt sich von *Anc 3–63*, der *zweite* von *Anc 64–82*. Hier thematisiert Epiphanius die Trinitätstheologie, z.T. unter Rückgriff auf bereits Gesagtes, z.T. mit neuen Akzenten, erneut.

Der *erste Durchgang* (Anc 3–63) behandelt die Themen Geist und Trinität sowie Geist und Erkenntnis (= A). Er lässt sich wiederum wie folgt untergliedern. Epiphanius beginnt seine Ausführungen, indem er in Anc 3–11 gegen verschiedene häretische Ansichten eine Theologie expliziert, die in dieser Arbeit als *Theologie der Namen* bezeichnet werden soll. Gemeint ist damit der Sachverhalt, dass Epiphanius die trinitarischen Personen vor allem im ersten Durchgang ausschließlich mit den biblischen Namen Vater, Sohn und Heiliger Geist benennt, und dass er auf genau diese Namen seine trinitätstheologische Argumentation zur Begründung der Aussage „Dreiheit in Einheit“ aufbaut. Der Begriff ὄνομα spielt hier eine entscheidende Rolle.[515]

Im Anschluss an Anc 3–11 geht er in Anc 11[516]–26 näher auf den Zusammenhang von Geist und Erkenntnis ein. Ausgangspunkt ist hier I Kor 2,10ff. Zu Beginn der Ausführungen fügt Epiphanius – antithetisch zu seinen Aussagen über den Geist – einen Exkurs zu den Häresien ein, die er im *Panarion* behandelt (vgl. Anc 12–14). Durch die Stellung dieses Exkurses am Anfang der Ausführungen zu I Kor 2,10ff wird die Argumentation für den Geist hervorgehoben: Der Falschglaube hängt untrennbar damit zusammen, dass die Häretiker des Heiligen Geistes nicht gewürdigt sind (vgl. Anc 2f). Vor allem an der Exegese von I Kor 2,10ff zeigt Epiphanius dann den Zusammenhang von Wesenserkenntnis und Wesenszugehörigkeit auf und belegt, dass der Heilige Geist Gotteserkenntnis vermittelt und damit Gott ist.

Diese Ausführungen in Anc 11–26 dienen als Vorbereitung der folgenden Argumentation in Anc 27–63. Hier geht es um das pneumatische, das heißt vom Heiligen Geist offenbarte Schriftverständnis, das naturgemäß keinem Häretiker zugänglich ist, da er des Geistes nicht gewürdigt ist. Epiphanius stellt dieses Verständnis in der Auseinandersetzung mit zahlreichen Schriftstellen dem Verständnis der Arianer („Arianerstellen“) entgegen, die nur zu falschen Aussagen über die Trinität kommen können. Obwohl es in der inhaltlichen Auseinandersetzung in erster Linie um das Verhältnis Vater-Sohn geht, wird durch den Zusammenhang mit Anc 11–26 das Thema „Geist und Erkenntnis“ bzw. „Geist und Trinität“ beibehalten. Zudem wird der Geist in die Aussagen zur Trinität, die das jeweilige Einzelergebnis zu Vater und Sohn zusammenfassen, stets mit

---

[515] Zentrale Stellen für die *Theologie der Namen* sind Anc 3,8; 4,5; 5,9, Anc 6 und vor allem Anc 8.

[516] Das Kapitel 11 stellt hier ein Übergangskapitel dar.

einbezogen. In Anc 54–63 zeigt Epiphanius in einem Exkurs über Origenes ein weiteres Beispiel eines falschen Schriftverständnisses auf.

In Anc 64 erfolgt eine Zäsur, nach der ein *zweiter* trinitätstheologischer *Durchgang* beginnt (Anc 64–82), in dem Epiphanius Aussagen der Heiligen Schrift über die Zusammengehörigkeit von Sohn und Geist mit Gott/Vater zusammenträgt (= B). Für diesen Durchgang lassen geht er, ausgehend von diesen Ausführungen, erneut auf pneumatomachische Einwände ein. Ausgangspunkt ist wieder die rechte Schriftauslegung. Von Anc 76 an (dritter Abschnitt) setzt er sich vor diesem Hintergrund mit apollinaristischer Christologie auseinander und hält den Mythen der „Dimöriten“[517] die Schrift entgegen. Anlass für diese Ausführungen scheint eine direkte Konfrontation mit der gegnerischen Lehre zu sein. Sie münden in Anc 81 erneut in trinitätstheologische Aussagen, so dass auch hier der Bezug zur Trinitätstheologie hergestellt bleibt. Anc 82 bildet dann ein Übergangskapitel.

Im folgenden Teil Anc 83–119(120) grenzt sich Epiphanius gegenüber drei weiteren häretischen Lehren ab und widerlegt abschließend die von ihm im *Ancoratus* bekämpften Haupthäresien (= C). In einem ersten Abschnitt (Anc 83–101) richtet er sich gegen die wichtigste und aktuellste Lehre, die Leugnung der leiblichen Auferstehung. Neben dem Verständnis der Heiden (Anc 83–86) greift er vor allem Origenes an (Anc 87–101), dessen Lehre er die Schrift entgegenstellt. Im zweiten Abschnitt (Anc 101–119(120)) gibt er abschließende Anweisungen an die Adressaten des *Ancoratus*. In diesem Zusammenhang behandelt er in Exkursen die beiden anderen häretischen Lehren. Nach einer ersten direkten Anrede an die Adressaten (Anc 101,4ff) geht er in einem ersten Exkurs auf die Götzen der Heiden ein (Anc 102,5–106,9), bevor er sich in Anc 107 zunächst wieder an die Adressaten richtet. Dann geht er in Anc 108–114 in einem weiteren Exkurs auf eine dritte (wahrscheinlich ebenfalls aktuelle)[518] Häresie ein, nämlich die der Markioniten (und Manichäer), die die Einheit von AT und NT zerstören. In Anc 115–118,5 kommt er noch einmal auf die Haupthäresien zu sprechen, die er im *Ancoratus* behandelt hat: Die Juden/Sabellianer und die Arianer, von denen er hier die Pneumatomachen als deren „Enkel“ ableitet. Von Anc 118,6 an gibt er erneut Anweisungen an die Gemeinde, die in der Formulierung des Nizänums und dessen anschließender Explikation und Erweiterung gipfeln, wodurch er seine Lehre zusammenfasst.

Die literarische *Gattung* des *Ancoratus* lässt sich vor allem aus den letzten Kapiteln (Anc 101–119(120)), in denen Epiphanius sich an die Gemeinde wendet, und aus Anc 1 erschließen. Die Schrift ist, wie die Überschrift, das Präskript und der Schluss zeigen, als Brief charakterisiert. Folgt man der Einteilung STUDERs, so liegt der *Ancoratus* zwischen der Gattung „literarisch geartete Epistel“ und „Lehrschrift“.[519] Als Beispiel für eine literarisch geartete Epistel nennt

---

[517] Zur Bezeichnung vgl. den Exkurs zu Anc 76ff (Teil II, B.).

[518] Vgl. dazu Teil II, C.2.

[519] Vgl. STUDER, Schola christiana, 120ff.

STUDER die *Serapionbriefe* des Athanasius, zu denen der *Ancoratus* zahlreiche inhaltliche Parallelen hat. Als Lehrschrift bezeichnet STUDER z.B. das *Enchiridion* Augustins.[520] Da der *Ancoratus* formal als Brief anzusehen ist, ist er am Besten als *Lehrbrief* zu charakterisieren. Die Tatsache, dass Epiphanius ihn selber auch als Logos kennzeichnet, ist, wie STUDER zeigt und wie oben (Teil I, B.4.) bereits angeführt, für Lehrschriften der damaligen Zeit üblich. Die weitgehend verbreitete Charakterisierung des *Ancoratus* als „Kompendium der kirchlichen Dogmatik“[521] ist verkürzend und verfehlt den aktuellen Bezug der Ausführungen. Auch bleibt der Lehrcharakter der Schrift unberücksichtigt und damit ihr *Anlass*[522] und *Zweck*.

Der *Zweck* der Schrift ergibt sich ebenfalls aus Anc 1 und den letzten Kapiteln (Anc 101–119(120)). Es geht zum einen um die *Unterweisung* hinsichtlich der *Mission* und der *Taufe*. Zum anderen aber geht es – und zwar vorrangig – darum, den Orthodoxen der Gemeinde das Rüstzeug in die Hand zu geben, die der pneumatomachischen Häresie verfallenen *Gemeindeglieder zurück zu gewinnen*. Die Hoffnung darauf bringt Epiphanius vor allem in Anc 101–119(120) zum Ausdruck.

---

520 Vgl. STUDER, Schola christiana, 122.

521 So BARDENHEWER, Patrologie^3, 289; ders., Geschichte, 296; SCHNEEMELCHER, RAC, 915 (mit Bezug auf BARDENHEWER); MARKSCHIES, Epiphanius, 1153; QUASTEN, Patrology III, 386 („Compendium of ecclesiastical dogma“); BAUTZ, Kirchenlexikon, 1522 („Kompendium der kirchl. Orthodoxie“); HÖRMANN, Epiphanius, 729 („Kompendium der kirchl. Glaubenslehre“); DUMMER, Apologie, 269 („dogmatisches Kompendium“).

522 Zum Anlass vgl. die beiden Briefe (Teil I, B.3.).

II. Teil: Der *Ancoratus* als Interpretation der biblischen Aussagen – Gott als „Dreiheit in Einheit“

Anc 2 kann als Einleitungskapitel für die folgende inhaltliche Auseinandersetzung verstanden werden, da Epiphanius hier wesentliche trinitätstheologisch relevante Punkte und Themen aufzeigt, die er im Laufe seiner Argumentation vertiefen wird.

Zu Beginn stellt Epiphanius den Geistbesitz als entscheidendes Kriterium der Rechtgläubigkeit heraus. In Anc 2,1 gibt er seiner Überzeugung Ausdruck, dass es Gott aufgrund seines wunderbaren Heilswirkens (οἰκονομία)[1] gefällt, „denjenigen seinen heiligen Geist zu schenken, die ihn wahrhaft suchen“.[2] Den Fragestellern der Briefe macht er klar, dass er sie schon aufgrund ihrer Anfrage zu diesen Menschen rechnet, denn ihr Bestreben sieht er nicht als Zufall an, sondern führt es auf göttliche Gnade zurück.[3] Denn in Wahrheit würden diejenigen, die orthodox über den Sohn Gottes und den Heiligen Geist denken und zusammen mit Petrus bekennen,[4] dass Christus Sohn des lebendigen Gottes ist (vgl. Mt 16,16), wie dieser selig gepriesen. Das rechte Denken über den Geist ist hier von Anfang an mit dem rechten Denken über den Sohn zusammengestellt, was insofern auffällig ist, als in Mt 16 vom Geist gar nicht die Rede ist.

Im Folgenden zeigt Epiphanius anhand der Exegese von Joh 17,3 auf, worin der durch den Geist vermittelte orthodoxe Glaube inhaltlich besteht. Dieselbe Bibelstelle bringt er in Haer 76 mit Aëtius[5] und in Haer 69 mit Arius[6] in Ver-

---

[1] Zum Begriff οἰκονομία vgl. zu Anc 30,1.

[2] Vgl. auch Lk 11,13.

[3] Vgl. schon Anc 1,3: τοῦ ἐν ὑμῖν θεόθεν ζήλου τῶν τε ἄλλων ὁμοδόξων, φημὶ δὴ τῶν τὴν ὀρθοδοξίαν ζηλούντων.

[4] Anc 2,2: ἐπ' ἀληθείας γὰρ οἱ περὶ τοῦ υἱοῦ τοῦ θεοῦ ὀρθοδόξως ἔχοντες καὶ τοῦ ἁγίου πνεύματος καὶ εἰδότες ... λέγειν... (es folgt Mt 16,16).

[5] Aëtius beruft sich auf Joh 17,3 um zu belegen, dass nur der Vater allein wahrer Gott sei. Vgl. Haer 76,4,7 (3,345,7–12): ὅταν γὰρ αὐτοῖς περιτύχοι τις καὶ περὶ ἐντολῶν ὑπομνήσειε, τοῦτο φάσκουσιν [scil. die Anhänger des Aëtius] ὡς ἔφη τὸ ῥητὸν ὅτι οὐδὲν ἕτερον ἐστιν ὃ ζητεῖ θεὸς παρ' ἡμῶν, ἀλλ' ἵνα γινώσκωμεν αὐτὸν μόνον, ὡς καὶ ὁ Χριστὸς ἔφη, φησίν, ἐν τῷ λέγειν αὐτόν ... (es folgt Joh 17,2.3). Ursache für den Irrtum der Anhomöer sei, so Epiphanius, dass sie zwar die λέξις, das heißt den wörtlichen Text der Schrift kennen, aber nicht im Besitz ihrer δύναμις, das heißt ihres wahren Gehaltes sind (vgl. Haer 76,4,6; vgl. auch Haer 76,5,5). Es geht also nicht einfach um die Kenntnis der Schrift, sondern um das rechte Schriftverständnis. In Anc 2 bindet Epiphanius dieses rechte Schriftverständnis an den Geistbesitz.

[6] In Haer 69,27,1f (3,176,34–177,6) zitiert Epiphanius die Stelle im Zusammenhang mit der Lehre der Arianer und fügt an, er habe über all dieses in seinem großen Werk über den Glauben, dem *Ancoratus*, bereits verhandelt.

bindung. Es handelt sich, wie hier deutlich wird, in erster Linie um eine Auseinandersetzung mit arianischer Lehre, was sich durch die Interpretation des *Ancoratus* bestätigen wird.[7] Die Kapitel Anc 2,3–5,1 entsprechen im Aufbau in etwa Haer 69,31–33, wo Epiphanius die inhaltliche Auseinandersetzung um Joh 17,3 führt.

Der einziggeborene Sohn gab seinen Jüngern, so heißt es in Anc 2,3, die ζωή (vgl. Joh 17,2; vgl. auch Joh 3,15f), die nach Joh 17,3 darin besteht, „dass sie dich erkennen als den allein wahren Gott und den, den du gesandt hast, Jesus Christus". Anhand dieses Verses zeigt Epiphanius zwei grundlegende Glaubenswahrheiten auf. Er erklärt zum einen, dass Christus uns mit seinen Worten in die μοναρχία geführt habe, weg von der πολυθεΐα und der πορνεία (vgl. dazu Weish 14,12), hin zu der „Einheit" (ἑνότητα)[8] des allein wahren Gottes (Anc 2,4). Zum anderen erklärt er, dass der von Gott gesandte Jesus Christus Gott sei.[9] Anc 2,5f fasst er beide Aussagen zusammen: εἰ δὲ θεὸν Χριστὸν Ἰησοῦν, ... εἷς θεὸς τοίνυν ὁ πατὴρ καὶ μόνος ἀληθινὸς θεὸς καὶ θεός ὁ μονογενής. οὐκ ἄρα ἀλλότριος θεοῦ καὶ τῆς μονάδος[10] (Anc 2,5f).

Wichtig ist, wie Epiphanius diesen Satz im Folgenden expliziert und wie er die Spannung löst, dass einerseits nur ein Gott ist und dass andererseits der Sohn, der – wie die Sendung in die Welt zeigt (ἀπέστειλας; Joh 17,3; Anc 2,5) – vom Vater unterschieden ist, wie dieser Gott ist. Er führt zwei Argumentationsgänge an, die durch einen Einschub unterbrochen werden, in dem er sich gegen Polytheismus abgrenzt. Die Passage in Anc 2,6 ist in chiastischer Struktur aufgebaut. Es folgen nacheinander: Begründung – These – (Einschub) – These – Begründung.

a) Erster Argumentationsgang:

Begründung: ἀλλ' ἐπειδὴ υἱὸς ἐκ πατρός — *These*: διὰ τοῦτο μόνος ἀληθινὸς θεός ...

Zentral ist das ἐκ πατρός. Es ist Bedingung und Garant für das μόνος einerseits und das ἀληθινὸς θεός andererseits.[11] Mit der Betonung des ἐκ liegt Epiphanius auf einer Linie mit Nizäa, wo die Verhältnisbestimmung zwischen Vater und Sohn auf gleiche Weise zum Ausdruck gebracht wurde.[12] Es lässt sich an der Betonung dieses Sachverhaltes erkennen, dass er Nizäner ist, wobei eine genauere Eingrenzung seiner dogmengeschichtlichen Position noch nicht möglich ist.

---

[7] Vgl. allerdings Anc 3, wo Epiphanius noch eine zweite Stoßrichtung seiner Argumentation aufzeigt.

[8] Zur Definition des Begriffs vgl. unten.

[9] Vgl. die rhetorische Frage in Anc 2,5: Ἰησοῦν Χριστὸν τίνα ἀλλ' ἢ θεόν; Als Beleg für die Gottheit führt Epiphanius Joh 1,18 an.

[10] Zur Definition von μονάς vgl. ebenfalls unten.

[11] Vgl. dazu die Definition des ὁμοούσιος in Anc 6,3 als „nicht außerhalb des Vaters gezeugt".

[12] Vgl. das nizänische γεννηθέντα ἐκ τοῦ πατρὸς μονογενῆ, τουτέστιν ἐκ τῆς οὐσίας τοῦ πατρός.

b) *Einschub*: ... καὶ οὐ κατὰ τοὺς ἐψευσμένους θεούς, οὓς ἐνόμισάν τινες τῶν Ἑλλήνων θεούς, οὐκ ὄντας θεούς ...

Eingeleitet durch καί folgt die *Abgrenzung*: Es wird der eine Gott des Christentums als allein wahrer Gott dargestellt. Er ist allen heidnischen Göttern, die in Wirklichkeit gar keine Götter sind, überlegen.[13] Es geht um die Gegenüberstellung (christlicher) Monotheismus – Polytheismus. Mit ἀλλά greift Epiphanius den Gedanken des ersten Argumentationsganges wieder auf, wobei die Begründung für den Monotheismus nun eine andere ist.

c) Zweiter Argumentationsgang:

These: ἀλλὰ μόνος ἀληθινὸς θεός — *Begründung*: ἐπειδὴ μόνος ἐκ μόνου ὁ μονογενὴς[14] καὶ μόνον τὸ ἅγιον πνεῦμα.

Der Schwerpunkt liegt hier auf der Betonung der Einzigkeit, die den Monotheismus gewährleistet. Der Geist wird, obwohl er im direkten Argumentationskontext kein Thema ist, selbstverständlich und zielgerichtet in die abschließenden Aussagen einbezogen. Es deutet sich hier ein Prinzip an, das Anc 4,5 deutlicher begründet wird: Was für Vater und Sohn gilt, gilt auch für den Geist. Allerdings sagt Epiphanius über den Geist hier nur aus, dass er „einzig" ist. Eine Verhältnisbestimmung analog zu dem ἐκ πατρός beim Sohn nennt er hier nicht.[15] Auch bezeichnet er den Geist an dieser Stelle noch nicht als Gott (vgl. erstmals Anc 6,6).

Aus der Argumentation wird ersichtlich, dass für Epiphanius kein Widerspruch zwischen dem Bekenntnis zur Monarchia und zur Gottheit des Sohnes besteht. Das Bindeglied zwischen beiden Aussagen ist für ihn das in Joh 17,3 nicht erwähnte Verständnis, dass der Sohn *aus* dem Vater stammt. Gerade dadurch bleibt für Epiphanius aber die μοναρχία, das eine Prinzip gewahrt.[16] Dies vorausgesetzt, ermöglicht die μοναρχία durchaus Verschiedenheit.[17]

Analoges gilt für den Begriff ἑνότης: Auch er ermöglicht Differenziertheit. Epiphanius beschreibt mit dem Begriff an den wenigen Stellen, an denen er ihn im *Ancoratus* verwendet, die Einheit von *Verschiedenem*.[18]

---

[13] Vgl. auch die Polemik gegen die heidnischen Götter in Anc 102,5–106,9. Vgl. Athansius, Or. II c. Ar. 10,1.

[14] μονογενής hat bei Epiphanius genau die Bedeutung „Einziggeborener".

[15] Vgl. aber z.B. Anc 6,10, wo dann für den Geist das ἐκ θεοῦ ausgesagt ist.

[16] Nur bei einer solchen Interpretation seiner Argumentation ist die Erklärung zu verstehen, dass Christus uns mit Joh 17,3, wo vom allein wahren Gott und dazu – so Epiphanius – vom Gott-Sohn die Rede ist, in die μοναρχία geführt haben soll (so Anc 2,4).

[17] Zwar kommt der Begriff im *Ancoratus* nur an dieser Stelle vor, doch lässt sich die These an Stellen im *Panarion* verifizieren. Vgl. je zweimal in Haer 8,5,5 (1,190,26f) und, in fast wörtlicher Wiederholung, in Haer 9,2,1 (1,198,18f); vgl. auch Haer 62,3,3 (2,391,22). An allen drei Stellen (gegen Judaismus, Samaritismus und Sabellianer) stellt Epiphanius der Monarchia die Trias gegenüber. Vgl. dann nur noch je einmal in Haer 23,3,1 (1,251,8); Haer 23,4,8 (1,253,5) und Haer 46,2,6 (2,206,9).

[18] Insgesamt verwendet Epiphanius den Ausdruck im *Ancoratus* neunmal. Neben Anc 2,4 vgl. Anc 4,6 (Vater und Sohn haben „Einheit" der Macht); Anc 10,7 (die Trias ist „der Einheit" nicht fremd); Anc 26,1 (die drei Stimmen Jes 6,3 sprachen „in Einheit", nicht vielstimmig); zweimal

Problematisch ist dagegen die Verwendung des Ausdrucks μονάς in diesem Zusammenhang, der gewöhnlich die mathematische, unteilbare Ein-heit bezeichnet. Wird dieses Verständnis zugrunde gelegt, so handelt es sich bei der Schlussformulierung von Anc 2 um ein unlösbares Paradox. Dort heißt es:

„Denn Dreiheit ist in der *Monas*
und *ein Gott* Vater, Sohn und Hl. Geist."[19]

Die Verschiedenheit wird hier mit dem Begriff τριάς und mit den Namen Vater, Sohn und Geist zum Ausdruck gebracht, die Einheit mit den Begriffen μονάς und εἷς θεός.[20] Die Behauptung, dass in der mathematischen Einheit Dreiheit bestünde, ist logisch nicht nachvollziehbar. Zu fragen ist von daher nach der Bedeutung von μονάς, wobei zum Verständnis des Ausdrucks der Kontext mit dem vorangehenden Satz (s.o.) hilfreich ist. Dort verteidigt Epiphanius die Aussage, dass es nur einen einzigen (μόνος) wahren Gott gibt, mit dem Hinweis darauf, dass Vater, Sohn und Geist jeweils μόνος/-ν sind.[21] Beide Aussagen ergänzen sich für ihn. Hieran fügt er erklärend (γάρ) den zitierten Schluss-Satz an. Diesem sowie dem vorangehenden Satz liegt dieselbe Struktur Einheit-Dreiheit zugrunde. Der Begriff μονάς liegt dabei formal auf einer Ebene mit den anderen Formulierungen, mit denen Epiphanius in Anc 2,6 die Einheit der Trias beschreibt: θεός, μόνος ἀληθινὸς θεός und εἷς θεός. Demnach bezieht sich der Begriff auf die Wesensebene und bezeichnet soviel wie Einzigkeit im Sinne von Einzig*artigkeit*.[22] Er meint dagegen nicht die mathematische „Einzahl" im Sinne einer unteilbaren bzw. nicht zu differenzierenden Einzahl. Diese Bedeutung scheidet vor dem gezeigten Hintergrund und auch vor dem Hintergrund der bisherigen Argumentation aus. Der Begriff bezeichnet eine ontologische Dimension, die Wesenseinheit von Verschiedenem.

Insgesamt kommt dem Ausdruck im *Ancoratus* eine geringe Bedeutung zu, da Epiphanius ihn nur an den genannten Stellen[23] verwendet. Er hat damit nicht die Bedeutung, die er etwa für Markell hat.[24] Ob Epiphanius ihn aus genau dem

---

Anc 26,3 (die Stimmen Jes 6,3 verherrlichen die Dreiheit zusammen (ὁμοῦ) in der Einheit und die Einheit in der Dreiheit); zweimal Anc 118,3 („... Dreiheit in Einheit. Denn es ist eine Einheit des Vaters, des Sohnes und des Heiligen Geistes."); Anc 119(120),6 („... er bildete sich das Fleisch zu sich selbst hinauf in eine heilige Einheit.").

[19] Anc 2,6: τριὰς γὰρ ἐν μονάδι καὶ εἷς θεὸς πατήρ, υἱὸς καὶ ἅγιον πνεῦμα. Vgl. Anc 118,3.

[20] Auch hier begegnet wieder eine chiastische Struktur: Dreiheit-Einheit – Einheit-Dreiheit.

[21] Der Einziggeborene (μονογενής) ist μόνος ἐκ μόνου, der Heilige Geist ebenfalls μόνον.

[22] Dies lässt sich an den anderen Stellen zeigen, an denen Epiphanius den Begriff im *Ancoratus* verwendet. In Anc 22,7 nennt er ihn in einer Reihe mit Zahlworten: οὐ γὰρ λέγεται ἑνὰς καὶ δυὰς οὐδὲ μονὰς καὶ μονάς, ἀλλὰ μονὰς ἐν τριάδι καὶ τριὰς ἐν μονάδι... μονάς und τρίας entsprechen einander, μονάς und μονάς schließen einander aus. Vgl. auch Anc 7,3, wo er zunächst die Differenziertheit betont (οὐ συναλοιφὴ ἡ τριάς) und dann fortfährt: οὐ διεστώς τι ἐν αὐτῇ τῆς ἰδίας αὐτῆς μονάδος.

[23] Nämlich Anc 2,6; 7,3 und 22,7.

[24] Markell legt besonderen Wert darauf, dass die Gottheit μονὰς ὄντως ἐστιν ἀδιαίρετος (fr. 71, KLOSTERMANN/HANSEN, GCS, 198,22; = fr. 73, SEIBT, Markell, 359). Vgl. auch z.B. fr. 66–69 (KLOSTERMANN/HANSEN, GCS, 197f; = fr. 47–50 SEIBT, Markell, 323–325 mit anschließendem Kommentar). Vgl. auch GRILLMEIER, Christus I, 418ff; RITTER, HDThG 1, 158f.

Grunde nur selten verwendet, weil er für Markell typisch ist, lässt sich nicht entscheiden.

Damit hat Epiphanius in Kapitel 2 für die weitere Diskussion wichtige Thesen aufgestellt:

Formal ist der rechte Glaube an den Geistbesitz gebunden, wofür die Adressaten ein positives Beispiel sind. Der rechte Glaube bezieht sich gleichermaßen auf Sohn und Geist. In Bezug auf den Sohn ist er inhaltlich dahingehend spezifiziert, dass der Sohn Gott ist. Beide, Sohn und Geist, bilden mit dem Vater die Trias, die in der solchermaßen differenzierten Einheit existiert. Auch wenn es eine Dreiheit gibt, besteht kein Polytheismus. Einheit und Dreiheit werden zusammen gesehen. Garant für die Monarchia ist zum einen die Abstammung des Sohnes aus dem Vater und zum anderen die Einzigkeit der einzelnen Personen der Trias. Obwohl die Argumentation sich in erster Linie auf Vater und Sohn bezieht, werden die Ergebnisse auf den Geist übertragen. Es ist von Beginn an klar, dass es Epiphanius um die Trias geht, nicht nur bzw. nicht in erster Linie um Vater und Sohn, aber auch nicht, obwohl der Anlass des *Ancoratus* Fragen bezüglich des Heiligen Geistes waren, ausschließlich um den Geist. Das schlägt sich darin nieder, dass Epiphanius keine wirkliche Pneumatologie entfaltet, sondern den Geist vor allem in seiner Relation zur Gottheit, seiner Stellung in der Trias thematisiert.[25]

Das Thema ist damit gestellt. Alle genannten Punkte werden im Verlaufe des *Ancoratus* vertieft. Im Folgenden entfaltet Epiphanius seine Trinitätstheologie als *Theologie der Namen*. Da der *Ancoratus* unter anderem eine Anweisung für Katecheten ist,[26] besteht ein enger Bezug zum Taufgeschehen (vgl. v.a. Anc 8,6ff). Im Taufbefehl Mt 28,19 (vgl. v.a. Anc 7f) sind die drei Namen maßgeblich offenbart.

A. Trinität, Heiliger Geist und Heil: Erster Durchgang in Anc 3–63

1. Offenbarung durch Sohn und Geist: „Theologie der Namen" (Anc 3–11)

a) Erste innertrinitarische Verhältnisbestimmungen – Der Sohn als „Licht" und der „Geist der Wahrheit" (Anc 3–5)

In Anc 3 zeigt Epiphanius antithetisch zu Anc 2 die Folgen fehlenden Geistbesitzes auf, der zum Indikator für Häresie wird: „Es beunruhigt diese Rede aber diejenigen, die nicht des Heiligen Geistes gewürdigt sind. ‚Denn niemand kann

[25] Vgl. zur Pneumatologie Teil III, B.
[26] Vgl. Teil I, B.5. und v.a. Teil II, C.2.

sagen ‚Herr ist Jesus‘, wenn nicht im Heiligen Geist‘ (I Kor 12,3)“ (Anc 3,1). Formal ist die Erkenntnis der Glaubenswahrheiten weiter an den Geistbesitz gebunden.[27] Inhaltlich geht es wieder um die Frage der Trias in der Einheit und die Abgrenzung gegen den Polytheismus, was ausgehend von Joh 17,3 zunächst anhand des Beispieles des Sohnes diskutiert wird.[28]

Dem positiven Beispiel der Fragesteller und der Jünger werden idealtypisch zwei Beispiele häretischer Ansichten gegenübergestellt, gegen die sich Epiphanius im *Ancoratus* hauptsächlich wendet und die beide die zuvor von ihm behauptete Gottheit des Sohnes leugnen: Er führt die *Juden* an, die Jesus zwar dem Namen nach kennen, ihn aber nicht κύριος nennen. Sodann die *Arianer*, die ihn zwar Gott nennen, ihn jedoch als einen Gott verstehen, der als solcher erst eingesetzt wurde (θετός; als Gegensatz zu φυσικός, vgl. Anc 6,3), und nicht als wahren (ἀληθινός).[29] Diese falsche Ansicht vertreten sie, weil sie den heiligen Geist nicht haben.[30] „Denn wenn jemand den heiligen Geist nicht empfangen hat, nennt er Jesus nicht wirklich (ὄντως) ‚Herr‘ und wirklich ‚Gott‘ und wirklich ‚Sohn Gottes‘ und wirklich ‚ewiger König‘“ (Anc 3,2). Hier sind vier Aussagen über den Sohn zusammengestellt, die verschiedenen häretischen Lehren zugeordnet werden können. Eindeutig ist die Zuordnung bei den Aussagen „Herr“ und „wirklicher Gott“, die zuvor mit den „Juden“ bzw. den „Arianern“ in Verbindung gebracht wurden.

Diese Abgrenzung wirft die Frage auf, gegen wen Epiphanius sich tatsächlich wendet, denn er greift hier eine traditionelle Typologisierung auf: Mit der Abgrenzung gegen das „Judentum“ auf der einen und gegen das „Heiden-“ bzw. „Hellenentum“[31] auf der anderen Seite wird der christliche Glaube als der einzig wahre Mittelweg dargestellt.[32] Der Irrtum der Griechen, so der Vorwurf von

---

[27] Das zeigt die dreimalige Betonung in Anc 3,1–3: πτύρει δὲ ὁ λόγος τοὺς μὴ καταξιωθέντας πνεύματος ἁγίου ... ἐπειδὴ οὐ μετέσχον πνεύματος ἁγίου. ἐὰν γὰρ μή τις δέξηται πνεῦμα ἅγιον.

[28] Die Abgrenzung gegen den Polytheismus erklärt sich aus der arianischen bzw. neuarianischen Frontstellung.

[29] Was es bedeutet, dass der Sohn „wahrer“ Gott ist, hat Epiphanius in Anc 2,5f bereits kurz angeführt, nämlich Sohn aus dem einen wahren Vater zu sein. Vgl. dazu vor allem die Argumentation in Anc 71,3ff.

[30] Hinter dieser Argumentation steht der Gedanke, dass allein in der wahren Kirche der Geist waltet und wirkt (vgl. auch Anc 119(120),2f), während jede Häresie außerhalb der Kirche steht und damit nicht im Besitz des Geistes ist. Vgl. v.a. die Begründung für den Irrglauben der Häretiker, Anc 12,6ff.

[31] Die Arianer und die Griechen repräsentieren bei Epiphanius dieselbe Gruppe; vgl. das Ἑλλήνων in Anc 2,6.

[32] Vgl. dazu Anc 2,6. Mit derselben Frontstellung eröffnet Ps.-Athanasius seine Schrift C. Sabellianos, vgl. Kapitel 1 (PG 28, 96 – 97 A). Allerdings bekämpft er anschließend, anders als Epiphanius, der die doppelte Frontstellung beibehält, ausschließlich die „Judaisierenden“ (vgl. Ps.-Athanasius, C. Sabellianos 2 (PG 28, 97 B); dazu HÜBNER, Ps-Athanasius, 30). Wie LIETZMANN (Geschichte II, 41) dargelegt hat, verstanden schon die älteren Kirchenväter (Paulus folgend) das Christentum als „drittes Geschlecht“ zwischen Juden und Heiden und als „neues Volk“. LIETZMANN (Geschichte II, 176f) verweist in diesem Zusammenhang auf „die älteste uns erhaltene Apologie“, die den Namen eines Aristides aus Athen trägt und „um 140“ entstanden sein mag.

christlicher Seite, ist der Polytheismus: Sie verstehen die Einheit der Trinität nicht. Die Juden hingegen legen den Monotheismus einseitig aus und kennen die Differenziertheit in Gott nicht. Zu beachten ist, dass in den polemischen Auseinandersetzungen des 4. Jahrhunderts der Sabellianismus mit jüdischer Lehre gleichgesetzt wurde.[33] Auch Epiphanius gibt Zeugnis davon. In Anc 116 nimmt er die Abgrenzung aus Anc 3,2 wieder auf und differenziert rückblickend präziser. Auf der einen Seite sieht er die Juden, die κυριοκτόνοι (Anc 116,3), deren Glaube für erledigt erklärt wird. Auf der anderen Seite stehen Feinde aus den eigenen Reihen, die nicht aus dem wahren Glauben sind. Damit sind zum einen die Arianer gemeint, und zum anderen die Sabellianer (vgl. Anc 116,8ff). Diese leugnen nach Anc 116,9 vollends die Existenz *des Sohnes und des Geistes* und werden von Epiphanius insofern als δεύτεροι Ἰουδαῖοι καὶ κυριοκτόνοι bezeichnet.[34] Auffallend ist, dass er sich in Anc 6,4 gegen Sabellius und arianische Lehre abgrenzt und ebenso in Anc 17,6 Arius und Sabellius nennt, also in beiden Fällen nicht die Juden. In Anc 27,4ff sind es wieder Arianer und Juden.[35] Es legt sich somit die Annahme nahe, dass auch bei Epiphanius mit den Bezeichnungen Sabellianer und Juden dieselbe Gruppe gemeint ist.

Von Bedeutung ist nun, dass durch Euseb von Cäsarea der Ketzername des Sabellius im 4. Jahrhundert speziell auf Markell von Ankyra übertragen wurde.[36] Wie BIENERT betont, machte das Beispiel Eusebs Schule, „so daß ‚Sabelli-

---

Schon Aristides stellt dort das Christentum als drittes Geschlecht zwischen Juden und Heiden dar, das allein die Wahrheit besitzt, während die anderen in die Irre gehen. Vgl. auch KINZIG, Novitas Christiana, 141–186. Vgl. vor allem Euseb, z.B. De eccl. theol. I,8,1 (66,6–9).

[33] Vgl. z.B. Euseb, De eccl. theol. I,16,1 (75,19f); I,17,7f (78,18–22). Vgl. auch Ps.-Athanasius, der in C. Sabellianos 1 (PG 28, 97 A) den *Juden* vorwirft, dass sie den Sohn leugnen „und denen, die durch ihn den Vater verehren, Vielgötterei vorwerfen." Gegen die *Hellenen* führt er anschließend an: „Eben deshalb sind wir von den Hellenen fortgegangen und haben uns abgesondert, um uns nicht mit den unreinen Götzendienern zu vermischen." In C. Sabellianos 2 (PG 28, 97 BC) überträgt er dann diese Typologie auf diejenigen, die „unter dem Decknamen des Christentums hellenisieren, die es wagen, ein Werk Gottes für Gott zu erklären und anzubeten" und auf die, „die judaisieren und das Christentum leichter Hand in Judaismus verfälschen; die den Gott aus Gott leugnen und ähnlich wie die Juden sagen, dass ein einziger Gott sei; die nicht etwa deshalb, weil er allein ungezeugt und allein Quelle der Gottheit ist, behaupten, dass er alleiniger Gott sei, sondern weil sie meinen, dass er keinen Sohn gezeugt und nicht die Frucht eines lebendigen Logos und einer wahrhaftigen Weisheit hervorgebracht habe. Denn sie meinen, wie der Logos, der aus dem Herzen des Menschen kommt, sei auch der Logos Gottes, und die Weisheit wie die in der Seele." (Zitiert jeweils nach HÜBNER, Ps-Athanasius, 13.)

[34] Zu der gleichen Einordnung führt letztlich die Lehre der Arianer und deren Abkömmlinge (vgl. Anc 116,10f), womit die Pneumatomachen gemeint sind. Es geht also in jedem Fall darum, dass die betreffende Häresie auf ihre Weise die Existenz des Sohnes und des Geistes negiert.

[35] Epiphanius wirft den Juden hier vor, dass sie zwar das, was von den Propheten gesagt wurde, sahen, aber die Erfüllung dessen in der fleischlichen Erscheinung Christi nicht erkannten. Die Arianer klagt er an, verständnislos über das Gehörte zu denken und zum Verderben zu wenden, was über unser Heil gesagt ist.

[36] Euseb bezeichnete Markell polemisch als „neuen Sabellius". Vgl. z.B. De eccl. theol. I,20,14 (83,4); I,20,96 (98,10f). Zur Bezeichnung Markells als Sabellius vgl. FEIGE, Die Lehre Markells von Ankyra, 33f. Auch Epiphanius weiß davon zu berichten, dass Markell Sabellianismus vorgeworfen wurde. Vgl. Haer 72,1,2–4 (3,255,9–256,5).

us' und ‚Sabellianer' im 4. Jahrhundert fast nur noch als Ketzername für Markell und seine Anhänger verwendet wird und nur noch selten jenen modalistischen Monarchianer meint, der zu Beginn des 3. Jahrhunderts in Rom als Ketzer verurteilt worden war."[37] Auch Epiphanius weiß davon zu berichten, dass Markell aufgrund seiner Schrift gegen Asterius von „den Arianern" mit Sabellius und Novatian verglichen wurde. Er weiß aber auch, dass der Vorwurf des Sabellianismus von einigen „Orthodoxen" gegen Markell erhoben wurde.[38] Mit diesen Orthodoxen können nur die Homöusianer (Basilius) und früheren Homöer (Meletianer) gemeint sein, die in den sechziger Jahren das Nizänum und z.T. auch das ὁμοούσιος angenommen haben[39] und denen die Lehre Markells als sabellianisch suspekt blieb. Der genannte Sachverhalt der Bezeichnung Markells als „neuer Sabell" muss bei der Frage, gegen wen Epiphanius sich auf modalistischer Seite abgrenzt, berücksichtigt werden.

Die Klassifizierung Juden-Arianer-Sabellianer in Anc 116 passt insofern zu der Auflistung in Anc 3,2f, als auch hier Juden und Arianer genannt sind. Allein die Sabellianer sind hier nicht explizit erwähnt. Doch gibt es Hinweise auch auf eine antimodalistische Frontstellung in Anc 3,3. Zum einen ist zu beachten, dass die Aussage „wahre Sohnschaft" zwei Stoßrichtungen haben kann: Einerseits gegen die Arianer, denn Arius lehrte einen Anfang der Sohnschaft.[40] In einem ähnlichen Sinne kann sie andererseits als gegen Markell gerichtet verstanden werden.[41] Ein Beispiel für diese doppelte Stoßrichtung gibt wiederum Euseb von Cäsarea, der Markell in der Frage der Sohnschaft mit Arius vergleicht: „Er [scil. Markell] führt nämlich aus Furcht, zwei Götter zu nennen, für sich die Leugnung des Sohnes an, indem er dessen Hypostase verwarf. Die anderen aber, die zwei Hypostasen zugegeben haben [scil. die Arianer], die ungewordene und die aus dem Nichtseienden geschaffene, nehmen zwar einen einzigen Gott an, der Sohn aber wird für sie nicht mehr der Einziggeborene sein, auch nicht Herr und Gott, da er ja nichts gemeinsam hat mit der Gottheit des Vaters, wohl aber mit den übrigen Geschöpfen verglichen wird, insofern er aus dem Nichtseienden seine Existenz hat."[42] Deutlich wird hier die Überschneidung

---

[37] BIENERT, ὁμοούσιος, 10f.

[38] Vgl. Haer 71,1,2 (3,255,9–13).

[39] Vgl. dazu Teil I, A.2.c).

[40] Vgl. z.B. Arius in seinem Brief an Euseb von Nikomedien (= OPITZ, Urk. 1,5), vgl. Haer 69,6,7 (3,157,15). Vgl. auch Athanasius, Or. I c. Ar., 37f, der hier Arius und Euseb von Nikomedien vorwirft, nicht die wahre Sohnschaft aus der Natur zu lehren.

[41] Vgl. den Vorwurf der Homöusianer, wiedergegeben in Haer 73,12,2, dass weder Paul von Samosata noch Markell den Sohn als wahren Sohn bezeichnen, sondern ihn mit dem gesprochenen Wort vergleichen.

[42] Euseb, De eccl. theol. I,10,4 (69,4–11). Vgl. FEIGE, Die Lehre Markells von Ankyra, 35f. Es ist darauf hinzuweisen, dass Markell zwar an einigen Stellen betont, der Logos sei vor der Inkarnation nur Logos gewesen. Vgl. z.B. Markell, fr. 43 (KLOSTERMANN/HANSEN, GCS, 192,17–27 = fr. 3 SEIBT, Markell, 258f); fr. 48 (KLOSTERMANN/HANSEN, GCS, 193,23–27 = fr. 5 SEIBT, Markell, 260). Die daraus abgeleitete Folgerung, er habe tatsächlich erst den Inkarnierten „wahren Sohn" genannt (so z.B. DINSEN, Homoousios, 78 mit Verweis auf fr. 20 (188,18f); vgl. aber dies., a.a.O., 79; vgl. auch FEIGE, Die Lehre Markells von Ankyra, 231), wird allerdings v.a. von SEIBT

zweier ansonsten grundverschiedener Ansätze sichtbar. Epiphanius nimmt ebenfalls eine doppelte Abgrenzung vor. Ihm geht es darum aufzuzeigen, dass die Sohnschaft ebenso wenig einen Anfang wie ein Ende hat, womit auch er sich gegen zwei Seiten absichert.[43]

Die in Anc 3,3 letztgenannte Aussage „ewiger König“ – eine Umschreibung von Lk 1,33[44] – untermauert die These, dass er in diesem Abschnitt auch Markell im Blick hat. Dieser lehrte ausgehend von I Kor 15,24ff zwar nur ein Ende des Zusammenseins des Logos mit dem von ihm angenommenen Fleisch, also ein Ende des Königtums des *angenommenen Menschen*,[45] doch wurde ihm von seinen Gegnern häufig vorgeworfen, er lehre ein Ende der Königsherrschaft des Logos-Sohnes, weswegen ihm vor allem Euseb Sabellianismus vorwarf.[46] Von verschiedenen Theologen der origenistischen bzw. eusebianischen Tradition wurde Lk 1,33 gegen Markell ins Feld geführt.[47]

Da Epiphanius hier auf die spezielle Problematik nicht weiter eingeht, handelt es sich an dieser Stelle nur um ein erstes Indiz für eine Abgrenzung gegenüber Markell.[48]

(Markell, 266–269) bestritten. Er weist darauf hin, dass Markell den Sohnes-Titel in den frr. 3–9 (= frr. 43.1.48.53.42.49.35 bei KLOSTERMANN/HANSEN) nicht unter die inkarnatorischen Namen zählt, und vor allem darauf, dass er in fr. 38 (= fr. 20 KLOSTERMANN/HANSEN, GCS, 188,19) den Logos ἀλητῶς υἱός nenne. SEIBT geht davon aus, dass Markell bei der Betonung, der Logos sei vor der Menschwerdung nur Logos gewesen, die Gleichung Logos = „wahrhafter“ Sohn vorausgesetzt hat. Er habe sich allerdings gegen eine allzu menschliche Vorstellung des Sohn-Begriffes gewendet. Vgl. a.a.O., 266f. Vgl. auch DINSEN, Homoousios, 79. Es ist somit davon auszugehen, dass der Vorwurf der Zeitgenossen Markells ein polemischer Angriff gewesen ist.

[43] Für ihn ist die Zeugung ewig, und damit auch die Sohnschaft (vgl. z.B. Anc 5,6f; 6,2 u.ö.).

[44] Vgl. Lk 1,33: καὶ βασιλεύσει ἐπὶ τὸν οἶκον Ἰακὼβ εἰς τοὺς αἰῶνας καὶ τῆς βασιλείας αὐτοῦ οὐκ ἔσται τέλος.

[45] Vgl. Markell, frr. 99–112, SEIBT, Markell, 410–417 (= frr. 60; 41; 111–122; KLOSTERMANN/HANSEN, GCS, 196; 192: 208–212). Vgl. dazu den Kommentar von SEIBT, Markell, 417–429. Vgl. ebenso GRILLMEIER, Christus I, 432ff; SEIBT, TRE, 86f.

[46] Vgl. Euseb, De eccl. theol. I,7,2 (65,22); I,14,3 (74,23ff); I,15,2 (75,10ff) u.ö. Zur Diskussion um das Ende des Fleisches und der Königsherrschaft Christi im Zusammenhang mit Eusebs Schrift „Contra Marcellum“ vgl. FEIGE, Die Lehre Markells von Ankyra, 51f. Zum Vorwurf des Sabellianismus gegen Markell im Zusammenhang mit Eusebs Schrift *De ecclesiastica theologia* vgl. v.a. FEIGE, Die Lehre Markells von Ankyra, 32–58. Als Reaktion auf diese Angriffe betonte Markell mit Lk 1,33, dass der Sohn-Logos ewig mit dem Vater zusammen herrsche. Vgl. Markells im Zusammenhang mit der Synode von Rom (341) verfasste Epistula ad Iulium (= Haer 72,2,6), aufgrund derer Markell von der Synode für orthodox erklärt wurde. Vgl. LÖHR, Entstehung, 17. Die Argumentation um Lk 1,33 findet einen Niederschlag in Haer 72,6,1–10,3 (3,260,6–264,33), in der von Epiphanius zitierten Schrift des Acacius von Cäsarea zur Verteidigung des Asterius gegenüber Markell. Hier betont Acacius mit Lk 1,33, dass die Herrschaft des Sohnes ohne Anfang und ohne Ende sei (vgl. Haer 72,7,7 (3,262,2–8)), was als Reaktion auf das genannte (Miss-)Verständnis zu verstehen ist.

[47] Vgl. Acacius, zitiert bei Epiphanius, Haer. 72,7,6f; Euseb, C. Marcellum II,1,4.8 (32,18–23; 33,5–11); De eccl. theol. III,16,2f (174,30–175,6) Cyrill, Taufbekenntnis (= HAHN, Bibliothek der Symbole, 132–4); KELLY, Glaubensbekenntnisse, 334.

[48] Aus der Tatsache, dass er ihn nicht namentlich nennt, darf nicht geschlossen werden, dass er sich nicht gegen ihn abgrenzt. Auch Apollinaris wird im gesamten *Ancoratus* nicht erwähnt, und dennoch sind die Kapitel Anc 76ff eindeutig gegen apollinaristische Christologie gerichtet. Au-

Den in Anc 3,3 genannten häretischen Ansichten begegnet Epiphanius in Anc 3,4ff mit der These, dass in Bezug auf das Genannte nicht der Sohn selber für sich Zeugnis ablegen möchte,[49] sondern dass Gott für ihn Zeuge ist.[50] Am Ende des Argumentationsganges überträgt er das Ergebnis erneut auf die ganze Trinität. Anc 3,8f führt er dazu eine für ihn typische bekenntnishafte Formulierung an: „Folglich ist der Vater wahrer Gott, der Sohn wahrer Gott, der Geist wahr, ‚Geist Gottes' und ‚Geist der Wahrheit', eine in einem Namen/unter einem Begriff aufgezählte Trias (τριὰς ἐν ἑνὶ ὀνόματι ἀριθμουμένη)."[51] Es gibt in diesem Satz nur eine Bezeichnung, die im Zusammenhang mit allen Personen genannt ist, nämlich „Gott".[52]

Die Worte „in einem Namen" oder „unter einem Begriff aufgezählte Trias" sind charakteristisch für Epiphanius. Er umschreibt damit das Verhältnis von Einheit und Differenzierung. Die Aussage kann im vorliegenden Kontext wiederum eine zweifache Stoßrichtung haben:

1. Die Formulierung τριὰς ἐν ἑνὶ ὀνόματι ἀριθμουμένη kann antipneumatomachisch verstanden werden. Es gab Pneumatomachen, die die Trias gebildet sein ließen aus der Dyas von Vater und Sohn, zu der der Geist als Geschöpf hinzugenommen wird.[53] Dagegen zählt Epiphanius die Trinität in einem Namen auf. Der „eine Name" ist synonym für das eine Wesen, die eine Gott-

---

ßerdem ist zu beachten, dass Epiphanius sich auch im *Panarion* (vgl. Haer 72) – ähnlich wie im Hinblick auf Apollinaris – sehr irenisch über Markell äußert, so dass es nicht unbedingt verwunderlich ist, dass er im *Ancoratus* nicht namentlich gegen ihn vorgeht.

[49] Anc 3,4: μάθωσι γὰρ οἱ τὴν κακὴν ὑπόληψιν ἐσχηκότες ὅτι πάντα ὁ μονογενὴς υἱὸς τοῦ θεοῦ οὐ θέλει περὶ ἑαυτοῦ μαρτυρεῖν. Im Folgenden bringt Epiphanius einen ersten ausführlicheren Schriftbeweis, indem er Joh 5,31–32a und Joh 8,14 auslegt und den scheinbaren Widerspruch löst, der zwischen beiden Stellen besteht. Vgl. dazu auch Haer 65,7,13 (3,11,2–6), wo es um dieselben Textstellen (mit Ausnahme von Joh 5,32a) geht. Die Parallele ist für das Verständnis der Ancoratusstelle nützlich. Vgl. auch MEES, Rezeptionsgeschichte, 150. Vgl. auch Ps.-Athanasius, C. Sabellianos 3 (PG 28, 104 A), der mit beiden Schriftstellen ähnlich argumentiert. Wie Epiphanius bezieht er Joh 5,31 und 8,14 auf Christi Menschheit bzw. Gottheit. Vgl. auch seine Schlussfolgerung, die an Anc 3,7f erinnert: „Doch wenn du ihn [scil. Jesus] auf menschliche Weise (reden) hören willst, entsprechend der sichtbaren Gestalt des Fleisches und der, wie die Hörer meinten, bloßen Menschheit, so höre, wie er sagt: ‚Wenn ich über mich selbst Zeugnis ablege, so ist mein Zeugnis nicht wahr' (Joh 5,13); weil es nämlich nicht glaubwürdig ist und auch nicht als glaubwürdig gilt, wenn ein Mensch für sich selbst Zeugnis ablegt. Wenn er aber sagt: ‚Auch wenn ich über mich selbst Zeugnis ablege, so ist mein Zeugnis wahr, weil ich weiß, woher ich komme und wohin ich gehe' (Joh 8,14), wenn er also, den Vater zählend und sich selbst, sagt, dass es zwei Zeugen für seine Herrlichkeit gebe, dann spricht er nicht Menschliches aus, sondern etwas, das alle menschliche Würde übersteigt..." Zitiert nach HÜBNER, Ps-Athanasius, 17.

[50] So zusammenfassend Anc 3,8. Letztendlich nutzt Epiphanius beide Stellen Joh 5,31–32a und Joh 8,14, um die wahre Gottheit Jesu zu belegen, die von denen, die den Geist nicht empfangen haben, geleugnet wird, die aber vom Vater bzw. von der Gottheit Christi bezeugt wird.

[51] Anc 3,8. Vgl. die Parallele in Anc 2,6 und die Wiederholung in Anc 22,7. Zu der Formulierung „wahr" im Zusammenhang mit den trinitarischen Personen vgl. Anc 71,3ff.

[52] Vgl. dazu v.a. Anc 8.

[53] Vgl. bei Athanasius, Ep. ad Serap. III,7. Vgl. HAUSCHILD, Pneumatomachen, 21; MEINHOLD, Pneumatomachoi, 1096.

heit.[54] Noch ist Epiphanius in Bezug auf den Geist allerdings zurückhaltend in der Formulierung: Das Epitheton θεός neben ἀληθινός fehlt noch,[55] der Geist wird lediglich über zwei Schriftzitate charakterisiert (vgl. Röm 8,9; Joh 14,17).

2. Die Betonung der Einheit und v.a. der Begriff ὄνομα verweisen auf einen Zusammenhang mit den Neuarianern, in deren Lehrsystem die Begriffe eine zentrale Rolle spielen.[56] Da der Kontext (Gottheit des Sohnes) in eine (neu)arianische Richtung verweist, kommen auch sie, die natürlich erst Recht die Gottheit des Geistes geleugnet haben, als Gegner in Betracht.

Es ist also möglich, dass Epiphanius hier verschiedene Gegner vor Augen hat.[57] Abschließend hält er fest, dass für den Vater der Sohn selber Zeugnis ablegt (scil. mit Joh 17,3). Als Zeugen für den Sohn nennt er nun nicht mehr den Vater, sondern den Jünger, der an seiner Brust lag (vgl. Joh 13,25) und der ihn „einziggeborenen Gott“ nannte.

Das Thema von Anc 2 zieht sich also bis hierher durch: Es geht um die differenzierte Gottheit, die in der Einheit existiert. Trotz der Gottheit des Sohnes besteht kein Polytheismus. Die Argumentation bezieht sich bisher vor allem auf den Sohn, noch nicht auf den Geist. Doch macht Epiphanius in den Schlussfolgerungen stets deutlich, dass dieser zusammen mit dem Vater und dem Sohn die Trias bildet.

In Anc 4 nimmt Epiphanius den Einwand aus Anc 3,2 wieder auf, der Sohn sei nicht als wahrer Gott zu bezeichnen. Es geht um einen arianischen Einwand. Wie Parallelen in Haer 76,4,7 und Haer 69,31–33 bestätigen, haben die Gegner Joh 17,3 in dem Sinne ausgelegt, dass allein der Vater wahrer Gott sei.[58] Eine weitere Belegstelle für diese These scheint Joh 1,8 gewesen zu sein, wo lediglich gesagt ist, der Sohn sei „einziggeborener Gott“, nicht aber, dass auch er „wahrer Gott“ sei. Dem hält Epiphanius entgegen, dass auch über den Vater nicht explizit gesagt ist, er sei „wahres“ Licht,[59] was wiederum über den Sohn ausgesagt ist (vgl. Joh 1,9), und dass dennoch niemand es wagen würde, dieses für den Vater abzustreiten.[60] Ebenso verhält es sich in Bezug auf den Sohn und die Bezeichnung als wahrer Gott: Er ist wahrer Gott, wenn dies auch nicht explizit gesagt ist.

---

[54] Vgl. auch Anc 7,1: οὐ διεστὼς τῆς ὀνομασίας.

[55] Vgl. dagegen Anc 6,6.

[56] Vgl. dazu v.a. zu Anc 5,7ff; 6,8–8,4.

[57] Zur Frage nach den Gegnern vgl. den Kommentar zu Anc 118–119(120) und die Zusammenfassung (Teil III, A.).

[58] Vgl. zu Anc 4 v.a. Haer 69,32; vgl. dazu unten.

[59] Diese Tatsache wird in Anc 4,1 deutlich betont: ὅρα μοι τὴν τῶν γραφῶν ἀκρίβειαν. Die Worte „wahres Licht“ sind explizit nur über den Sohn ausgesagt (Joh 1,9). Vgl. Haer 69,32,3 (3,181,10f): ἀλλ' ὅρα μοι τὰς λέξεις ἐνταῦθα, ὡς μόνον ἀληθινὸν θεὸν φάσκει ἐνταῦθα τὸν πατέρα.

[60] Vgl. Anc 4,2. Er argumentiert, dass es absurd wäre anzunehmen, der Vater, der schließlich der Erzeuger (ὁ γεννήτωρ; Anc 4,3) des Sohnes ist, sei nicht ebenso „wahres“ Licht wie der Sohn.

Zur Legitimation für diese Folgerung stellt Epiphanius in Anc 4,5 eine wichtige Prämisse auf:[61] „Es genügt nämlich, auf den einen [scil. τῷ πατρί oder τῷ υἱῷ] das alles Verbindende der Trias (τὸν πάντα σύνδεσμον τῆς τριάδος) zu übertragen und vom Vater aus den Sohn als wahren Gott zu erkennen und den Geist als wahr, weil jedem der beiden Namen [τοῖς ἑκατέροις ὀνόμασι, scil. dem des Vaters und dem des Sohnes] wechselseitig beigegeben ist das gleiche Maß (ἰσορρόπων) an Wahrheit." Aufgrund dieser Prämisse ist es ihm möglich, die beiden Aussagen (τὰς δύο δόξας; Anc 4,6) über die Gottheit zu verbinden (συζεύξαντες; Anc 4,6) und „von der Aussage ‚Licht' und von der Aussage ‚Gott' her ... die eine Gottheit" zu bekennen und „von dem ‚wahrer Gott' und dem ‚wahres Licht' her ... die eine Einheit der Wirksamkeit (τὴν μίαν ἑνότητα τῆς δυνάμεως)" (Anc 4,6). Hinter diesem Prinzip steht der Gedanke, dass Vater, Sohn und Geist im selben Maße an den göttlichen Eigenschaften Anteil haben und dass bei Aussagen, die sich auf die Gottheit beziehen, von einer Person auf die andere gefolgert werden kann. Die Voraussetzung, die diese Prämisse ermöglicht, ist die Homousie (vgl. Anc 6), das eine Wesen, das allen drei trinitarischen Personen gemeinsam ist. Im Grunde vertritt auch Athanasius dieses Prinzip,[62] doch sieht er die Ermöglichung der Übertragung auf den Geist stärker dadurch begründet, dass dieser dasselbe Verhältnis zum Sohn hat wie der Sohn zum Vater.[63] Der Sohn erscheint hier als vermittelnde Instanz, die bei Epiphanius wegfällt, da der Bezugspunkt die gemeinsame Usia ist.

Ziel der Argumentation von Anc 3,9–4,6 ist es aufzuzeigen, dass trotz der Gottheit des Vaters und derjenigen des Sohnes nur *ein Gott* ist und dass Einheit in Bezug auf die *Wirksamkeit* besteht. Die Einheit in der Wirksamkeit betont Epiphanius v.a. Anc 8,8f im Zusammenhang mit der Taufe und wehrt das Verständnis ab, die Christen seien auf verschiedene δυνάμεις (Wirkkräfte, Mächte) getauft. Die Betonung der „Einheit der Wirksamkeit" kann von daher als Argument gegen jede Auffassung verstanden werden, Sohn und Geist seien vom Vater verschiedene δυνάμεις, womit zum einen die Einheit betont und zum anderen ein Verständnis ausgeschlossen wird, nach dem Sohn und Geist als bloße Kräfte des Vaters angesehen werden. Dies wird durch ein argumentum e silentio gestützt: Nirgendwo im *Ancoratus* bestimmt Epiphanius das Verhältnis von Vater und Sohn bzw. Geist mit dem Begriff δύναμις. Ob diese Zurückhaltung mit der Belastung des Begriffes durch Markell[64] zu begrün-

---

[61] Die Formulierung dieser Prämisse fehlt signifikanter Weise in der Parallelstelle in Haer 69,32. Das zeigt, dass Epiphanius zwar eine frühere Argumentation aufgenommen, diese aber in einen neuen Kontext eingefügt hat.

[62] Vgl. Ep. ad Serap. III,1. Vgl. LAMINSKI, Geist, 139; SAAKE, Pneumatologie, 363.

[63] Vgl. Ep. ad Serap. I,2 (PG 26, 532 C – 533 A); I,21 (PG 26, 580 B); I, 26 (588 B); I,31 (601 A); III,1 (625 C).

[64] Vgl. Markell, Ep. ad Liberium § 5 (= TETZ, Markell III, 152,20): Der Logos als δύναμις θεοῦ. Vgl. dazu die Erklärungen von TETZ, Markell III, 170–172. Vgl. auch Markell, Ep. ad Iulium, Haer 72,2,7 (3,257,26–28) (= fr. 129, KLOSTERMANN/HANSEN, GCS, 215,8f). Mit dem Begriff δύναμις beschreibt Markell außerdem, wie der Logos sich vor der Schöpfung zu Gott-Vater verhält. So interpretierte er Joh 1,1 so, dass der Logos im Anfang δυνάμει ἐν τῷ πατρί war und nach der Schöpfung ἐνεργείᾳ πρὸς τὸν θεόν. Vgl. dazu v.a. fr. 52 (KLOSTERMANN/HANSEN, GCS, 194; = fr. 70, SEIBT, Markell, 358). Vgl. zur Exegese von Joh 1,1 TETZ,

den ist, lässt sich nicht beweisen, hat allerdings im Kontext der „sabellianischen" Abgrenzung einiges für sich. Allerdings kann die Zurückhaltung auch durch die anti-pneumatomachische Frontstellung erklärt werden, da der Geist hier z.T. als bloße δύναμις verstanden wird.

Als Hintergrund der Argumentation in Anc 3,9–4,6 kann die Aussage des Nizänums θεὸν ἐκ θεοῦ, φῶς ἐκ φωτός, θεὸν ἀληθινὸν ἐκ θεοῦ ἀληθινοῦ gesehen werden. Epiphanius betont stark die Bedeutung des ἐκ für seine Argumentation (vgl. schon Anc 2) und greift dann (wahrscheinlich gezielt) die Terminologie des Nizänums auf, um zu zeigen, dass der Sohn ebenso Gott ist wie der Vater. Damit richtet er sich nicht nur gegen jede arianische Theologie, die den Sohn als Geschöpf versteht, sondern im Grunde gegen jede Richtung, die den Sohn dem Vater subordiniert. Diese Annahme wird gestützt durch zwei Parallelen im *Panarion*. In Haer 69,32 führt Epiphanius die gleiche Argumentation im Kontext mit arianischer Häresie.[65] Die andere Parallele befindet sich zwar in dem Abschnitt gegen die Sabellianer Haer 62, ist aber auch hier namentlich mit Arius in Verbindung gebracht.[66]

In Anc 5,1 wird Epiphanius' Anliegen deutlich, die inhaltlichen Ausführungen nicht nur auf den Sohn zu beschränken, sondern den Geist mit einzubeziehen (vgl. Anc 2,2) und somit tatsächlich über die *Drei*heit in der Einheit zu sprechen (vgl. Anc 2,6): ὡσαύτως καὶ ἐπὶ τοῦ ἁγίου πνεύματος...[67] Zur Charakterisierung des Geistes folgen einige Schriftzitate, die ihn entsprechend der ontologischen Beziehung, die mit den Begriffen Vater und Sohn zum Ausdruck gebracht wird, in eine Relation zu beiden stellen. Epiphanius' Ziel ist es in Bezug auf alle drei, über die Relationen die wesensmäßige Verbundenheit aufzuzeigen (vgl.

Markell III, 174f. Zum Gegensatz δυνάμει–ἐνεργείᾳ vgl. insgesamt die frr. 66–73; 87, SEIBT, Markell, 356–359 (= frr. 36 (190); 47 (193); 51 (194); 44 (192f); 52 (194); 33 (190); 70 (198); 71 (198); 61 (196,20–22) KLOSTERMANN/HANSEN, GCS). Vgl. dazu den Kommentar von SEIBT, a.a.O., 359–368 (v.a. 363ff); 400.

[65] Allerdings formuliert er die Schlussfolgerung hier anders. So führen die unterschiedlichen Aussagen über Vater und Sohn dort dazu, dass sie die Gleichheit (τὰ ἰσόρροπα) aufzeigen, und zwar von dem „wahrer Gott" und dem „wahres Licht" her die Gleichheit in der Würde (τὰ ἰσόζυγα ... τῆς ἀξίας), von dem „Gott ist der Sohn" und dem „Gott ist Licht" die Gleichheit in der Herrlichkeit (τὰ ἰσόρροπα τῆς δοξολογίας). Vgl. Haer 69,32,5 (3,181,23ff).

[66] Vgl. Haer 62,8,1ff (2,397,16ff). Auch hier kommt Epiphanius zu dem Ergebnis, dass von dem Begriff „Gott" und dem Begriff „Licht" her „die eine Vollkommenheit derselben Ebenbürtigkeit, des Vaters zum Sohn und des Sohnes zum Vater" (Haer 62,8,3 (2,397,25–27)) offenbart werde.

[67] Vgl. auch die Parallele in Haer 69,33. Auch hier schließt Epiphanius an die Argumentation von Haer 69,32 (entspricht Anc 4) an, indem er klarstellt, dass genauso, wie über das Verhältnis Vater-Sohn, so auch über den Heiligen Geist zu denken sei: ἔτι δὲ καὶ περὶ τοῦ ἁγίου πνεύματος ἀναγκάζομαι τοῦ λέγειν ἐνταῦθα. ἵνα μὴ παραλείψας τι δῶ τοῖς βουλομένοις <ἀντιλέγειν> ἐχτροῖς τὰς αὐτῶν ἔχειν <add. HOLL: κακοπιστίας> πρόφασιν. οὕτω γὰρ καὶ τὸ πνεῦμα τὸ ἅγιον, ... (Haer 69,33,1 (3,181,29–182,1)). Es folgen wie in Anc 5,1f einige Schriftstellen (u.a. Joh 15,26; Mt 10,20). Von Haer 69,33,2 an weicht die Argumentation wieder von derjenigen im *Ancoratus* ab.

auch Anc 7,1ff; 8,1ff). Damit berührt er das Kernproblem in der Auseinandersetzung mit den Pneumatomachen.

Der Sohn kündigte das Kommen des Geistes an. Er selber ist die Wahrheit (vgl. Joh 14,6), der Geist ist „Geist der Wahrheit“ (vgl. Joh 14,17; 15,26; 16,13). Er ist aber auch der „Geist des Vaters“ (vgl. Mt 10,20). Inwiefern mit diesen Worten ein doppelter Ausgang des Geistes aus Vater und Sohn beschrieben ist, wird zu untersuchen sein.[68] Die Schriftstellen werden von Epiphanius nicht weiter interpretiert, sondern lediglich nebeneinandergestellt. Durch die Parallelisierung Wahrheit(= Sohn)/Geist der Wahrheit bzw. Vater/Geist des Vaters wird deutlich, dass es ihm um das Aufzeigen einer *ontologischen* Relation geht. Der Geist steht ferner „mitten unter euch“ (vgl. Hag 2,5), er existiert also unterschieden von Vater und Sohn. Er wirkt, und damit knüpft Epiphanius an Anc 4,5f an, auf unaussprechliche Weise mit dem Sohn zusammen.[69] In Abwandlung von Hebr 1,1 bezeichnet er den Geist ferner als κύριος, der in den Propheten redet.[70] Diese Prädikation wie auch das Bemühen, den Geist als gleichwertig zur Trias zugehörig zu verstehen, richtet sich deutlich gegen pneumatomachisches Denken.[71]

Im Zuge der Auflistung nennt Epiphanius in Anc 5,3 fast beiläufig Amos 4,13[72], einen locus classicus pneumatomachischer Theologie. Einige von den Pneumatomachen behaupteten nämlich, πνεῦμα in Amos 4,13 sei mit dem Heiligen Geist zu identifizieren, womit seine Geschöpflichkeit bewiesen sei. Aufgrund der Tatsache, dass Amos 4,13 eine Zentralstelle pneumatomachischer Beweisführung war, verwundert es, dass Epiphanius nur kurz (Anc 5,3f) darauf eingeht. Athanasius setzt sich wesentlich intensiver und reflektierter mit der Stelle und der gegnerischen Lehre auseinander.[73] Auffallend ist weiterhin, dass Epiphanius die Stelle auch im Hin-

---

[68] Vgl. zusammenfassend Teil III, B.1.

[69] Die Wirksamkeit wird wiederum allein mit Schriftstellen beschrieben: Vgl. Mk 1,12/Mt 4,1; Lk 4,18.

[70] Anc 5,3: ὁ λαλῶν ἐν τοῖς προφήταις κύριος. Vgl. auch Anc 119(120),9.

[71] Vgl. auch die Argumentation in Anc 68ff, wo der Geist in eine gleichrangige Relation zu Vater und Sohn gestellt wird.

[72] Amos 4,13: ἰδοὺ ἐγὼ στερεῶν βροντὴν καὶ κτίζων πνεῦμα καὶ ἀπαγγέλλων εἰς ἀνθρώπους τὸν χριστὸν αὐτοῦ.

[73] Athanasius diskutiert in seinem erstem Brief an Serapion Amos 4,13 recht ausführlich. Er gibt in Ep. ad Serap. I,3 (PG 26, 536 AB) die Lehre der „Tropiker“ (vgl. dazu S. 145, Anm. 146) wieder: Zuerst stellt auch er klar, dass in Amos 4,13 nicht vom Heiligen Geist die Rede ist, sondern vom Wind. Dann verweist er auf die verschiedenen Bedeutungen des Begriffes πνεῦμα in der Schrift um zu zeigen, dass nicht überall der Heilige Geist gemeint ist. (Einen Anklang an diese Lehre sieht LAMINSKI (Geist, 59 Anm. 36) in Anc 72.) So kann auch in Amos 4,13 πνεῦμα nicht einfach mit diesem identifiziert werden, denn, so die Begründung des Athanasius, dem Heiligen Geist ist immer mindestens der Artikel oder ein anderer Zusatz beigegeben, wofür es zahlreiche Belege gebe (vgl. Ep. ad Serap. I,4–9 (PG 26, 536ff); Athanasius nennt auch einige Ausnahmen von dieser Regel; vgl. I,4 (26, 537 AB)). Im Anschluss (Ep. ad Serap. I,9 (PG 26, 552 B ff)) geht er auf das Nebeneinander von πνεῦμα und χριστός in Amos 4,13 ein. Die Gegner sehen in dieser Parallelisierung den Beweis, dass hier mit πνεῦμα der Heilige Geist gemeint sein müsse. Dem begegnet Athanasius auf der Ebene der Gegner: Wenn diese einerseits Christus nicht als Geschöpf bezeichnen, der Geist aber Geschöpf sein soll, dann wäre es unsinnig, das von Natur aus Ungleiche (scil. Christus als Schöpfer und den Heiligen Geist als Geschöpf) zusammen zu nennen. Vgl. Ep. ad Serap. I,9 (= PG 26, 552 B): ἄτοπόν ἐστι τὰ ἀνόμοια τῇ φύσει συνονομάζειν. Es hätte also für die Gegner gereicht, die Stelle so zu verstehen, dass damit das

blick auf den Sohn interpretiert. Er führt in diesem Zusammenhang ein sprachliches Argument an: Zunächst lässt er keinen Zweifel daran aufkommen, dass im ersten Teil von Amos 4,13 vom Donner und vom Wind, also nicht vom Heiligen Geist die Rede ist (Anc 5,3). Bei Geschöpfen spreche man von κτίζω bzw. στερεόω, denn Donner und Wind sind geschaffen (κτιστά; Anc 5,4). Der zweite Abschnitt von Amos 4,13 beziehe sich dagegen auf Christus. Denn hier ist nicht von κτίζω die Rede, sondern von ἀπαγγέλλω, womit angezeigt ist, dass hier nicht von einem Geschöpf gesprochen wird.

Während die Gegner also mit der Stelle die Geschöpflichkeit des Geistes beweisen wollen, geht Epiphanius von der Ungeschöpflichkeit des Geistes aus und interpretiert von da aus Amos 4,13. In Bezug auf den zweiten Teil kann er zugestehen, dass hier Christus gemeint ist, weil nicht vom Schaffen die Rede ist. Ausgangspunkt ist nicht in erster Linie die fragliche Stelle, sondern der Glaube, von dem aus die Stelle interpretiert wird. Aufgrund dessen, dass Epiphanius im Zusammenhang mit Amos 4,13 keine gegnerische These nennt und weil er nur kurz auf die Stelle eingeht, kann zum einen davon ausgegangen werden, dass der Hintergrund der Auseinandersetzung als bekannt vorausgesetzt war, und zum anderen, dass die Stelle in den aktuellen Auseinandersetzungen keine Rolle mehr spielte.[74]

Eine gesicherte Aussage darüber, gegen welche Gegner Epiphanius sich im Zusammenhang mit den genannten Schriftstellen wendet, kann nicht getroffen werden. Im Ganzen geht es weiter um das in Anc 2 gestellte Thema: Die Dreiheit in der Einheit. Da in Anc 3f vor allem die Gottheit des Sohnes thematisiert wurde, ist zu vermuten, dass Epiphanius Gegner der ersten der in Haer 74 von ihm genannten Gruppierungen vor Augen hat, die weder orthodox über den Sohn noch über den Geist denken, also Arianer bzw. Homöer sind.[75] Eine Festlegung ist allerdings nicht möglich, denn vor dem Hintergrund seiner Themenstellung (Dreiheit in Einheit) schwinden die Grenzen zwischen den Haer 74

Wehen der Winde gemeint ist. Wenn aber hier, im Sinne der Gegner, von Christus und vom Geist die Rede sein soll, so gilt es, für den Begriff πνεῦμα, „von dem es heißt, dass er geschaffen werde, einen treffenderen Sinn zu finden“ (Ep. ad Serap. I,9 (PG 26, 552 B)). Entsprechend deutet Athanasius die „Verkündigung des Gesalbten“ auf dessen Ankunft im Fleische (vgl. Ep. ad Serap. I,9 (PG 26, 552 C)) und von da ausgehend den „geschaffenen Geist“ als den erneuerten menschlichen Geist (vgl. Ep. ad Serap. I,9 (= PG 26, 552 C)). Zusammenfassend hält er in Ep. ad Serap. I,10 (PG 26, 556 B) fest: „Der Ausspruch des Propheten bezeichnet demnach die Ankunft des Erlösers, in der auch wir erneuert wurden, und das Gesetz des Geistes bleibt unerschütterlich.“

[74] Ebenso hat Basilius die Stelle nur kurz verhandelt. Vgl. Basilius, AE III,7, der hier auch auf Joh 1,3 eingeht. Auch Basilius bezieht die Stelle nicht auf den Heiligen Geist, sondern εἰς τὴν κοινὴν ταύτην πνοήν, τὸ τοῦ ἀέρος ῥεῦμα (Basilius, AE III,7,6). Neben einem sprachlichen Indiz (vgl. dazu die Analyse von DRECOLL, Basilius, 137) verweist Basilius v.a. auf die Parallele von πνεῦμα und βροντή in Amos 4,13, um πνεῦμα als Wind zu identifizieren. Für den Donner sei klar, dass er immer wieder geschaffen werde. Daraus folgert Basilius, das gleiche gelte auch für das πνεῦμα. Ebenso wie die ganze Schöpfung verkünden Donner und Wind den Schöpfer (δημιουργόν; AE III, 7,17.22), was durch Ps 18,2 gestützt wird (AE III,7,19ff). In diesem Sinne interpretiert Basilius die christologische Aussage in Amos 4,13: Der Donner und die Winde verkünden Christus (AE III,7,15–19). Die Interpretation unterscheidet sich grundlegend von derjenigen des Epiphanius, hat aber dasselbe Anliegen.

[75] Vgl. dazu oben (Teil I, A.2.c)).

genannten Gruppen, da beide die Trias zerstören. In diesem Ansatz liegt eine wichtige Parallele zu Athanasius.[76]

In Anc 5,5–9 macht Epiphanius zentrale Aussagen, die er z.T. bereits genannt hat bzw. später noch präzisieren wird.[77] Erneut begegnet der Sachverhalt, dass sich die Aussagen einerseits auf klassische arianische Topoi beziehen,[78] andererseits z.T. auf die Theologie Markells zutreffen. Es werden herausgestellt:
1. Die wahre Abstammung *aus* dem Vater (vgl. schon Anc 2).
2. Die Charakterisierung des Sohnes als ungeschaffen (ἄκτιστος), unwandelbar (ἄτρεπτος) und unveränderlich (ἀναλλοίωτος).
3. Die Anfangslosigkeit und Ewigkeit der Vater-Sohn-Beziehung. Beide werden (mit Ex 3,14 bzw. Joh 1,18) als „Seiend" (ὤν; Part. Präs. = dauernder Zustand) bezeichnet. Diese Aussagen richten sich sowohl gegen jede Form arianischer Lehre, die den Sohn dem Vater auch zeitlich nachordnet, als auch gegen die Theologie Markells, der auf seine Weise die Ewigkeit der Vater-Sohn-Beziehung bestreitet (vgl. zu Anc 3,2). Eine Verbindung zu ihm wird auch durch die folgende Abgrenzung gegenüber modalistischen Tendenzen wahrscheinlich. Epiphanius merkt an, dass das Verhältnis von Vater und Sohn nicht als Verschmelzung (συναλοιφή; Anc 5,6; vgl. auch Anc 6,10 für den Geist) verstanden werden darf. Dieser Begriff nimmt bei ihm eine zentrale Stellung in der Abgrenzung gegenüber modalistischer Theologie ein. Zehnmal im *Ancoratus* bezieht er ihn auf ein Verhältnis, das die Eigenständigkeit und wahre Existenz von Vater, Sohn oder Geist aufhebt.[79] Euseb gebraucht den Begriff

---

[76] Vgl. auch Teil III, A.

[77] Vgl. v.a. Anc 71,4ff.

[78] In Anlehnung an eine Arius-These heißt es in Anc 5,7: οὐκ ἦν γάρ ποτε καιρὸς ὅτε ὁ πατὴρ οὐκ ἦν πατήρ, οὐκ ἦν ποτὲ καιρὸς ὅτε ὁ υἱὸς οὐχ ὑπῆρχε πατρὶ τῷ μόνῳ. εἰ γὰρ ἦν καιρὸς ὅτε οὐκ ἦν πατήρ, ἄρα καὶ αὐτός ἦν υἱὸς ἑτέρου πατρὸς πρὸ τοῦ εἶναι αὐτὸν πατέρα τοῦ μονογενοῦς. Epiphanius reagiert hier auf eine – an dieser Stelle zwar nicht explizit angeführte, aber anhand von Haer 69,6ff eruierbare – These, die in dem Brief Alexanders von Alexandrien an alle Bischöfe (= OPITZ, Urk. 4b,7,19–20) wiedergegeben ist: οὐκ ἀεὶ ὁ θεὸς πατὴρ ἦν, ἀλλ' ἦν ὅτε ὁ θεὸς πατὴρ οὐκ ἦν. Woraus folgt: οὐκ ἀεὶ ἦν ὁ τοῦ θεοῦ λόγος. Die Formulierung bei Epiphanius zeigt die Nähe zu diesem Zitat. Vgl. auch in Haer 69,6,3 (3,156,27ff) den Brief des Arius an Euseb von Nikomedien (= OPITZ, Urk. 1,2). Arius erklärt Euseb hier, dass er und seine Gesinnungsgenossen von Bischof Alexander verfolgt werden, weil sie nicht übereinstimmen mit ihm, der sagt: ἀεὶ θεὸς ἀεὶ υἱός, ἅμα πατὴρ ἅμα υἱός, συνυπάρχει ὁ υἱὸς ἀγεν(ν)ήτως τῷ θεῷ, ἀειγεν(ν)ής, ἀγεν(ν)ητογενής, οὔτ' ἐπινοίᾳ οὔτ' ἀτόμῳ τινὶ προάγει ὁ θεὸς τοῦ υἱοῦ, ἀεὶ θεός, ἀεὶ υἱός, ἐξ αὐτοῦ τοῦ θεοῦ ὁ υἱός. (HOLL: γεν-; OPITZ: γενν-). Vielmehr bekennen sie: ἀρχὴν ἔχει ὁ υἱός, ὁ δὲ θεὸς ἄναρχός ἐστι. (Haer 69,6,7 (3,157,15f); Urk. 1,5,4.) Es geht hier um das „gleichzeitig" (ἅμα) bei Vater und Sohn. Die gesamte Argumentation um die Frage, ob der Vater vor dem Sohn war, wird in Anc 5,8 schließlich mit der Feststellung abgeschlossen, dass auf Gott zeitliche Kategorien nicht zutreffen. Eine fast wörtliche Wiederholung dieser Stelle findet sich in Anc 71,4. Zur Argumentation vgl. auch Anc 7,7.

[79] Vgl. Anc 6,3; 6,10; 7,3; 10,6; 47,5; 48,5; 81,2 (zweimal); 81,9. In all seinen Schriften verwendet Epiphanius den Begriff insgesamt 37 mal. Diese Zahl ist vor dem Hintergrund bemerkenswert, dass kaum ein anderer Theologe des 4. Jahrhunderts den Ausdruck benutzt hat.

συναλοιφή explizit im Zusammenhang mit Markell, und zwar im Zusammenhang mit dessen Interpretation von I Kor 15,24–28.[80] Es ist wahrscheinlich, dass auch Epiphanius eine derartige Lehre im Blick hat.[81] Wenn er den Ausdruck damit präzisiert, dass der Sohn keinen Anfang des Seins hat und dass er immer mit (σύν; gemeint ist also ein Nebeneinander, nicht etwa ein Ineinander) dem Vater ist (Anc 5,6), unterstützt das diese These, selbst wenn die Aussage auch auf die Arianer bezogen werden kann. Gegen sie ist sicher der zweite Teil gerichtet, der die ewige Zeugung bekundet. Die Trennungslinie der Abgrenzung gegen beide Seiten verwischt auch hier.

Anhand von Anc 5,7ff lässt sich die zentrale Bedeutung aufzeigen, die Epiphanius Begriffen, insbesondere dem Begriffspaar Vater-Sohn beimisst. Er begründet in Anc 5,7 die Feststellung, es könne keinen Zeitpunkt gegeben haben, zu dem der Vater nicht Vater und der Sohn nicht mit dem Vater gewesen sei, konsequent mit dem Denkmodell Vater-Sohn. Der Vater muss ewig Vater sein, weil er sonst selber Sohn eines anderen Vaters hätte gewesen sein müssen.[82] Insgesamt ist jede Lehre, die die Vater-Sohn-Beziehung zeitlich beginnen oder enden lässt, lästerlich, denn Gott unterliegt nicht der Kategorie der Zeit (Anc 5,8).[83]

Eunomius hält ebenfalls an dem Axiom fest, dass in Gott keine Zeit ist. Jedoch stützt er damit seine These, dass Vater und Sohn keine gemeinsame Usia besitzen können, weil der Erzeuger dem Erzeugnis vorgeordnet sein müsse. Diese zeitliche Vorordnung habe in Gott keinen Platz (οὐ συνέζευκται δὲ τῇ οὐσίᾳ τοῦ θεοῦ οὐ χρόνος, οὐκ αἰών, οὐ τάξις), weswegen der Sohn eine andere Usia haben müsse als der Vater.[84] Epiphanius argumentiert dagegen vom ewigen Vater-Sohn-Verhältnis her, das durch das Axiom der Zeitlosigkeit in Gott gerade seine Stütze erhält. Beide gehen also von demselben Axiom aus und gelangen von daher zu konträren Ergebnissen. Die Ursache liegt darin, dass Eunomius den Begriff „Vater" auf die Usia bezieht und von daher den Vater als den alleinigen Gott versteht, während Epiphanius ihn auf die trinitarische Person anwendet. Hier zeigt sich ein wesentlicher Unterschied gegenüber der neuarianischen Lehre. Die Argumentation kann von daher als Reaktion auf diese verstanden werden, was vor allem durch die folgende Beweisführung bestärkt wird, bei der die Begriffe eine wichtige Rolle spielen.

In Anc 5,9 fasst Epiphanius seinen Gedankengang in einer These zusammen: Mit dem Vater ist immer zugleich der Sohn zu denken und umgekehrt; spricht

[80] Vgl. Euseb, De eccl. theol. III,15,3 (172,8–14) und III,18,3 (179,27–30). Dazu FEIGE, Die Lehre Markells von Ankyra, 51.

[81] Vgl. z.B. Haer 72,1,3 (3,255,23).

[82] Epiphanius greift hier eine menschliche Analogie auf, um einen bestimmten Punkt deutlich zu machen. Letztlich geht es ihm aber darum, eine Analogie zwischen dem menschlichen und dem göttlichen Vater-Sohn Verhältnis abzulehnen und gerade den ontologischen Unterschied aufzuzeigen. Das menschliche Verhältnis dient hier als Negativschablone. Vgl. den Kommentar zu Anc 71,4.

[83] Vgl. Anc 17,5f; 46,6.

[84] Vgl. Eunomius, Apol. 10 (44,1ff).

man den einen Namen aus, ist der andere mitgenannt (ὅσον δᾶν ἀναβῇ σου ἡ διάνοια υἱὸν καταλαμβάνειν καὶ πιστεύειν, νοεῖ ἅμα καὶ πατέρα). Dieses *Implikationsprinzip*, dem ein strenger Begriffsrealismus zugrunde liegt, ist für die weitere Argumentation richtungsweisend.[85] Das Prinzip begegnet auch bei Athanasius[86] und bei Cyrill von Jerusalem, mit dem die Übereinstimmung in der Formulierung sogar größer ist als mit Athanasius, wie ein direkter Vergleich der in Frage kommenden Stellen zeigt.[87] Die Begründung des Prinzips liegt Anc 5,9 zufolge in den Begriffen selber: τὸ γὰρ ὄνομα[88] ἐστὶ σημαντικόν. Daraus erklärt sich, warum Epiphanius dieses Prinzip zunächst am Beispiel von Vater und Sohn aufzeigt.[89] Vater und Sohn sind für ihn die grundlegenden Bezeichnungen der beiden ersten Personen der Gottheit. Für Epiphanius besteht, das wird hier deutlich, ein ontologischer Zusammenhang zwischen dem Begriff und der bezeichneten Sache: Ein Vater hat per definitionem einen Sohn, sonst wäre er nicht Vater. Da die erste Person der Trinität für Epiphanius stets der Vater war, dieser also ewig als solcher existiert (anders als für Arius und Markell, für die das Vater-Sein jeweils einen Anfang nahm), ergibt sich daraus die Ewigkeit der Beziehung und damit die Ewigkeit auch des Sohnes – so der Tenor von Anc 5,6ff.

Die Argumentation mit den Namen bzw. Begriffen, die Epiphanius in den folgenden Kapiteln vertieft, liegt formal auf einer Ebene mit neuarianischer Lehre. Aëtius argumentiert, dass das Ungezeugte dem Gezeugten nicht ähnlich sein kann. Als Beweis führt er an, dass beides der Bezeichnung nach unterschiedlich ist.[90] Eunomius begründet in Apol. 11 (46,4ff) die ontologische Trennung zwischen dem Vater, der allein ungezeugt und damit allein wahrer Gott ist, und dem Sohn mit dem Verweis auf die Begriffe (ὀνόματα): Sowohl der Begriff „ungezeugt" als auch der Begriff „Sohn" weisen auf etwas Bestimmtes hin und schließen einander aus: Wer ungezeugt ist, ist nicht Sohn, und wer Sohn

---

[85] Vgl. den Kommentar zu Anc 8,7.

[86] Vgl. Athanasius, Or. II c. Ar., 41,4f. Athanasius argumentiert hier bezüglich Vater und Sohn mit dem Schema Licht-Abglanz. Vgl. Ep. ad Serap. I,14 (PG 26, 565 B), wo er auch den Geist in die Argumentation aufnimmt: καὶ λεγομένου τοῦ πατρός, πρόσεστι καὶ ὁ τούτου λόγος καὶ τὸ ἐν τῷ υἱῷ πνεῦμα. ἐὰν δὲ καὶ ὁ υἱὸς ὀνομάζηται, ἐν τῷ υἱῷ ἐστιν ὁ πατήρ, καὶ τὸ πνεῦμα οὐκ ἔστιν ἐκτὸς τοῦ λόγου.

[87] Vgl. Cyrill, Catech. VII,4: τὸ γὰρ τοῦ πατρὸς ὄνομα ἅμα τῷ τῆς ὀνομασίας προσρήματι, νοεῖν παρέχει καὶ τὸν υἱόν· ὥσπερ ὁμοίως υἱόν τις ὀνομάσας, εὐθὺς ἐνόησε καὶ τὸν πατέρα. εἰ γὰρ πατήρ, πάντως ὅτι πατὴρ υἱοῦ· καὶ εἰ υἱός, πάντως ὅτι πατρὸς υἱός.

Epiphanius, Anc 5,9: τὸ γὰρ ὄνομα ἐστὶ σημαντικόν. ὅταν γὰρ υἱὸν καλέσῃς, υἱὸν λέγων νοεῖς πατέρα· ἀπὸ γὰρ τοῦ υἱοῦ πατὴρ νοεῖται, καὶ ὅταν καλέσῃς πατέρα, σημαίνεις υἱόν· πατὴρ γὰρ πάντως υἱοῦ καλεῖται.

[88] Die von HOLL vorgeschlagene Einfügung „etwa <σχέσεως>" ist überflüssig, da aus dem Kontext ersichtlich wird, dass es um das Verhältnis geht.

[89] Vgl. aber Anc 10,6.

[90] Vgl. Haer 76,6,1 (3,346,7–9): φάσκει δὲ (scil. Aëtius) εὐθὺς ἐν ἀρχῇ ὅτι οὐ δύναται τὸ ἀγέννητον ὅμοιον εἶναι τῷ γεννητῷ. καὶ γὰρ κατὰ τὸ ὄνομα διαλλάτει· τὸ μὲν γάρ ἐστιν ἀγέννητον, τὸ δὲ γεννητόν. Vgl. auch Aëtius in Haer 76,12,5 (3,353,13–15) und Haer 76,12,16 (3,355,7f).

ist, ist nicht ungezeugt. Da das Wesen Gottes „Ungezeugtsein" ist,[91] kann der Sohn nicht Gott sein.[92] Gegen eine solche Argumentation betont Epiphanius gerade die Begriffe Vater und Sohn, um die ontologische Zusammengehörigkeit aufzuzeigen. Er zeigt hier vor allem die *relationale* Bedeutung der Begriffe auf, die er anders als Aëtius und Eunomius auf die trinitarische Person anwendet, die bei ihm also ein Idiom der jeweiligen Person anzeigen.

Mit seinem hier dargelegten Verständnis kommt er demjenigen des Gregor von Nazianz nahe. Für Gregor bezeichnen die Begriffe Vater und Sohn – in Ablehnung neuarianischer Lehre – weder das Wesen noch die Wirkung, sondern es sind Namen für eine Beziehung. Wie bei uns Menschen verweisen die Begriffe Vater und Sohn auf die gemeinsame Natur.[93] Für beide steht also die über die Begriffe Vater-Sohn zum Ausdruck gebrachte Relation im Vordergrund. Wie deutlich werden wird, liegt hierin nicht die einzige Übereinstimmung mit Gregor von Nazianz.

b) Die Homousie der Trias (Anc 6)

Anc 6 ist eine der trinitätstheologischen Kernstellen im *Ancoratus*, da Epiphanius hier sein Verständnis des ὁμοούσιος darlegt. Daraus ergeben sich wichtige Konsequenzen für die Bestimmung des Geistes und seine Stellung in der Trias sowie für die anschließenden weiteren Ausführungen zur *Theologie der Namen*. Hintergrund der folgenden Argumentation sind die Aussagen in Anc 5.

Epiphanius wendet sich nun direkt an den „Bekämpfer des Bekenntnisses"[94]: „Wann kannst du es also wagen und behaupten, dass der Vater nicht Vater war, so dass du es auch wagst zu behaupten, der Sohn sei nicht <Sohn> gewesen?"[95] Auch diese Anklage passt in einen neuarianischen Zusammenhang.[96] Epiphani-

---

[91] Vgl. Apol 7 (40,11): Gott ist ungezeugte Usia.

[92] Vgl. dazu BERGJAN, Theodoret, 37ff.

[93] Vgl. Gregor von Nazianz, Or. 29 (III), 16,12–17: ὅτι οὔτε οὐσίας ὄνομα ὁ πατήρ, ὦ σοφώτατοι, οὔτε ἐνεργείας, σχέσεως δὲ καὶ τοῦ πῶς ἔχει πρὸς τὸν υἱὸν ὁ πατήρ, ἢ ὁ υἱὸς πρὸς τὸν πατέρα. ὡς γὰρ παρ' ἡμῖν αἱ κλήσεις αὗται τὸ γνήσιον καὶ οἰκεῖον γνωρίζουσιν, οὕτω κἀκεῖ τὴν τοῦ γεγεννημένου πρὸς τὸ γεγεννηκὸς ὁμοφυΐαν σημαίνουσιν.

[94] Anc 6,1: μάθε μὴ βλασφημεῖν (vgl. I Tim 1,20), ᾧ ὁ πολεμῶν τὴν πίστιν. Welchen Glauben bzw. welches Bekenntnis Epiphanius zufolge von dem Gegner bekämpft wird, ist nicht eindeutig zu sagen. Allerdings ist es wahrscheinlich, dass der Glaube von Nizäa bzw. das Nizänum gemeint ist, obwohl N über eine ewige Sohnschaft explizit nichts aussagt. Die Annahme ergibt sich jedoch aus der Gesamtanlage des *Ancoratus*, an dessen Ende Epiphanius das Nizänum erläutert und als Grundlage für den Gebrauch in der Gemeinde von Suedra bestimmt.

[95] In Anc 5,7 stellt Epiphanius klar: οὐκ ἦν γάρ ποτε καιρὸς ὅτε ὁ πατὴρ οὐκ ἦν πατήρ, οὐκ ἦν ποτὲ καιρὸς ὅτε [ὁ] υἱὸς οὐχ ὑπῆρχε πατρὶ τῷ μόνῳ. εἰ γὰρ ἦν καιρὸς ὅτε οὐκ ἦν πατήρ, ἄρα καὶ αὐτὸς ἦν υἱὸς ἑτέρου πατρὸς πρὸ τοῦ εἶναι αὐτὸν πατέρα τοῦ μονογενοῦς. In Anc 6,1 spricht er genau eine solche Auffassung seinem Gegner zu: πότε οὖν δύνασαι τολμᾶν καὶ λέγειν ὅτι οὐκ ἦν πατὴρ ὁ πατήρ, ἵνα καὶ υἱὸν τολμήσῃς εἰπεῖν μὴ εἶναι <υἱόν>; Die Konjektur <υἱόν> erscheint hier vor dem Hintergrund von Anc 5,7 sinnvoll.

[96] Vgl. Haer 76,46,4 im Zusammenhang mit einer These des Aëtius. Auch Eunomius lehrt, dass der Sohn vor seiner Zeugung nicht existierte. Vgl. Apol. 12 (48,9–12).13. Basilius geht in AE II,11.12 auf diese These des Eunomius ein. Zwar ist erneut darauf hinzuweisen, dass die

us nimmt im Folgenden offensichtlich eine These des Gegners auf, wenn er voraussetzt, dass dieser es nicht wagt, dem Vater einen *Zuwachs an Würde* zukommen zu lassen (εἰ δὲ οὐ τολμᾷς ἀξίαν προσθεῖναι πατρί).[97] Dann führt er parenthetisch folgende Erklärung an: τὸ γὰρ θεῖον ἐν ταυτότητι ὑπάρχει καὶ οὐκ ἐπιδέεται προσθήκης, οὐ δόξης οὐ προκοπῆς,[98] bevor er die direkte Rede weiterführt (μάθε μὴ βλασφημεῖν; Anc 6,1; vgl. I Tim 1,20) und den Glaubensfeind auffordert, den von ihm dargelegten Glauben anzunehmen (ἀλλ' ... πίστευε). Diesen Glauben expliziert er anschließend.

Der Punkt, der zuerst genannt wird, ist der Aspekt der *Gleichewigkeit* von Vater und Sohn und der daraus resultierenden *ewigen Zeugung*, wodurch das Thema von Anc 5 weitergeführt wird. Der Sohn ist immer beim Vater (πρός; Anc 6,2[99]) bzw. mit dem Vater zusammen (ἀεὶ <συνών>[100]; Anc 6,3). Aber: es besteht keine συναλοιφή.[101] Ebenso wenig ist der Sohn Mitbruder (συνάδελφος), sondern γνήσιος und φυσικός, Sohn *aus* dem Vater, nicht θετός (vgl. Anc 6,3).

Anklage, der Sohn sei einmal nicht Sohn gewesen, auch auf Markell zutreffen könnte. Das Thema ist in Anc 6 dasselbe wie in Anc 3,2 und Anc 5,6, und damit stellt sich hinsichtlich der Stoßrichtung dasselbe Problem wie dort: Es geht um die Leugnung der ewigen Sohnschaft, die nicht eindeutig zuzuordnen ist. Allein der nähere Kontext (Anc 5,7ff) macht hier eine anti-arianische Stoßrichtung wahrscheinlicher.

[97] Die These passt in den Kontext von Anc 5,7ff. Wie hier gezeigt, lehnt Eunomius eine Ordnung (τάξις) in Gott ab (vgl. Eunomius, Apol. 10 (44,4f)). Er hält an der Unveränderbarkeit Gottes fest, indem er den Sohn von der Usia des Vaters trennt. Zu einem solchen Verständnis passt es, wenn Epiphanius den Gedanken, Gott erfahre keinen Zuwachs an irgendetwas, aufgreift, um dann jedoch gerade zu belegen, dass Vater und Sohn folglich dieselbe Würde zukommt. In einem ähnlichen Sinne äußert er sich in Haer 76,46,3 (3,399,30–32), hier eine These des Aëtius aufnehmend: „Wenn nämlich die ungezeugte (Usia), die zeugt, durch die Usia des Gezeugten angedeutet wird, dann unterscheidet denjenigen, der zeugt, nichts von dem Gezeugten in Bezug auf die Würde, weil er ihn zeugt." (εἰ γὰρ καὶ τῇ <τοῦ> γεννήματος οὐσίᾳ συνεμφαίνεται ἡ ἀγέννητος γεννήσασα, οὐδὲν διοίσει τῷ ἀξιώματι <ἐπὶ> τῷ γεννᾶν ὁ γεννήτωρ τοῦ γεγεννημένου). Auf einer anderen Ebene bringt Epiphanius hier das zum Ausdruck, was er mit dem Begriffspaar Vater-Sohn verdeutlicht: Er geht von der ontologischen Einheit aus, die durch die Begriffe Vater/Sohn impliziert ist. Wenn er an besagter Stelle von zwei Usiai des Vaters und des Sohne spricht, so ist das allein auf die Bezugnahme des Aëtius-Zitates zurückzuführen (vgl. Haer 76,46,1 (3,399,22–26)), wie vor allem Haer 76,46,4 zeigt.

[98] Dieser bei HOLL in Klammern gefasste Teil muss als erklärende Erweiterung des εἰ-Satzes verstanden werden, so dass Epiphanius seinem Gegner damit deutlich macht, dass die Gottheit keinen Zuwachs erfahren kann, auch nicht an Würde. Zu dem Axiom, die Gottheit könne keinen Zuwachs erhalten, vgl. auch Anc 7,2; 15,6; 26,1–3. Der Gedanke, dass die Trias nicht durch einen Fortschritt (προσθήκη) erst zur Trias wurde, war schon für Athanasius in seiner Auseinandersetzung mit den Arianern wichtig. Vgl. z.B. Or. I c. Ar., 17,3,–18,5. Die These passt nicht nur in einen (neu-) arianischen sondern auch in einen pneumatomachischen Zusammenhang.

[99] Vgl. die fast gleichlautende Formulierung in Anc 6,5, wo aufgrund der Stoßrichtung jedoch das ἐκ betont ist.

[100] Die Konjektur HOLLS ist hier nachvollziehbar und ergibt sich aus Anc 5,6.

[101] Insofern kann auch das πρός in Anc 6,2 antimodalistisch verstanden werden, wenn es gegen ein ἐν gerichtet verstanden wird.

Mit dem Begriff συνάδελφος richtet sich Epiphanius hauptsächlich gegen arianisches Denken.[102] Dahinter steckt eine These, mit der sich schon Athanasius auseinandergesetzt hat: Die Arianer folgerten, die Annahme der ewigen Existenz von Vater und Sohn führe dazu, dass sie als Brüder verstanden und bezeichnet werden müssten.[103] Gegen diese Folgerung, die allein aufgrund der Annahme des ewigen *Seins* von Vater und Sohn eine Berechtigung hätte, betont Athanasius das ewige *Verhältnis* beider.[104] Eben darauf zielt auch Epiphanius ab: Er wehrt ein falsches relationales Verständnis ab und betont das ἐκ πατρὸς γεγεννημένος (Anc 6,3).[105] Jede abweichende Beschreibung des Verhältnisses durch andere Termini ist abzulehnen.[106] So ist gesichert, dass Vater und Sohn ontologisch nicht voneinander getrennt sind. Letztlich kann der Ausdruck συνάδελφος als entsprechendes Oppositum zu dem ebenso abzulehnenden συναλοιφή verstanden werden.[107]

Der Tenor ist bei Athanasius und Epiphanius der gleiche: Es gibt nur *einen* Vater, nur *einen* Sohn und nur *einen* Heiligen Geist (vgl. schon Anc 2,6). Nur so ist die Trias richtig bezeichnet. Die Bedeutung der Einzigkeit führt Epiphanius vor allem in Anc 8 genauer aus.

Die Adjektive γνήσιος und φυσικός (Anc 6,3) verweisen darauf, dass der Sohn seine Abstammung aus dem Vater hat, aus dessen Natur. Auch dies richtet sich gegen neuarianische Lehre.[108] Das οὐ θετός (Anc 6,3; vgl. Anc 3,2) erklärt sich aus der Gegenüberstellung zu γνήσιος/φυσικός auf der einen und der in Anc 6,3ff folgenden Definition für das ὁμοούσιος, in dem beide Aussagen (γνήσιος/φυσικός und οὐ θετός) zusammengefasst sind, auf der anderen Seite.

---

[102] Das geht deutlich aus Haer 76,46,5 (3,400,5ff) hervor, wo er den Begriff gegen Aëtius verwendet. Auch hier argumentiert er von den Begriffen Vater-Sohn her: Wird das Verhältnis nicht ausschließlich als Vater-Sohn-Verhältnis definiert, führt das zur Annahme zweier Gottheiten (oder aber zur Annahme einer Identität). Vgl. auch Apollinaris, KMP 19 (= LIETZMANN, Apollinaris, 173,24ff), der den Begriff ἀδελφός mit arianischer Theologie in Verbindung brachte. Allerdings ist zu beachten, dass die Schrift wahrscheinlich von der nachfolgenden Schülergeneration überarbeitet wurde. Vgl. dazu MÜHLENBERG, Apollinaris, 101–103.

[103] Vgl. die genannte Stelle in Haer 76,46,5.

[104] Vgl. Athanasius, Or. I c. Ar., 14. Auf der anderen Seite begegnet die Frage, ob ein innertrinitarisches Verhältnis mit dem Begriff ἀδελφός bezeichnet werden kann, bei Athanasius in der Auseinandersetzung mit pneumatomachischer Lehre. Vgl. Ep. ad Serap. I,15. Vgl. auch Cyrill, Catech. XVI,3.

[105] So auch in Haer 69,71,7 (3,219,23f): „*nicht* Mitbruder, *sondern* aus ihm [scil. dem Vater] gezeugt, ihm der Natur nach gleich“. Vgl. auch Haer 69,54,2 (3,201,4).

[106] Vgl. wiederum gegen Aëtius, Haer 76,39,14 (3,394,5f); vgl. auch Haer 73,36,3 (3,310,27); Anc 7,7f; Haer 74,12,8 (3,330,20).

[107] Vgl. Haer 74,12,6 (3,330,12f), wo συνάδελφος dem Begriff συναλοιφή gegenübergestellt wird. Vgl. auch Haer 62,3,8 (2,392,13).

[108] Eunomius versucht z.B. nach Apol. 9 (42,1ff) zu beweisen, dass der eine Gott niemals derart hätte zeugen können, dass er dem Gezeugten seine eigene Natur mitteilte: οὐκ ἄν ποτε πρόσοιτο γένεσιν ὥστε τῆς ἰδίας μεταδοῦναι τῷ γεννωμένῳ φύσεως.

Dieses ὁμοούσιος ist zu dem Zeitpunkt, als Epiphanius den *Ancoratus* verfasst, der für ihn wichtigste trinitätstheologische Begriff.[109] Dies gilt, obwohl er ihn im *Ancoratus* nur neunmal verwendet, davon allein sechsmal in Anc 6,3–6.[110] Die Häufigkeit in diesem Kapitel erklärt sich daraus, dass Anc 6 die einzige Stelle im *Ancoratus* ist, in der der Begriff definiert wird. Der Abschnitt hat seine Bedeutung vor allem dadurch, dass es sich hier um die erste Stelle überhaupt in seinen uns überlieferten Schriften handelt, an der die Bedeutung des ὁμοούσιος greifbar wird.[111] Anc 6 ermöglicht somit eine erste fundierte Einordnung der Trinitätslehre des Epiphanius. Im Folgenden soll in erster Linie die Interpretation der Stelle im Kontext von Anc 6 erfolgen. Die genauere Einordnung und Abgrenzung wird dagegen in Teil III (D.2.) vorgenommen, in dem vergleichend sowohl andere Stellen bei Epiphanius diskutiert werden als auch die Verwendung des ὁμοούσιος bei anderen zeitgenössischen Theologen herangezogen wird.

Anc 6,3 grenzt Epiphanius den Begriff zunächst gegen συνούσιος ab, das wie das συνάδελφος ein falsches relationales Verhältnis impliziert. Das ergibt sich aus der Gegenüberstellung zum ὁμοούσιος, das anschließend mit τουτέστιν definiert wird als „nicht außerhalb des Vaters gezeugt". Das συνούσιος deutet demnach auf zwei ontologisch verschiedene οὐσίαι hin, nämlich die des Vaters und eine, die außerhalb seiner entstanden ist, und zerstört damit die Einheit der einen Usia. Dem ἐκ τοῦ πατρός, das in verschiedenen Formulierungen bereits in Nizäa 325 seinen Niederschlag fand,[112] kommt, wie schon im Zusammenhang mit Anc 2,6 gezeigt, eine Schlüsselbedeutung zu. Dadurch ist die Homousie mit dem Vater begründet und es ist ausgeschlossen, dass der Sohn aus dem Nicht-Seienden oder aus etwas anderem geschaffen wurde, wie einige behaupten und sagen, der Sohn sei Sohn aufgrund einer Einsetzung (θέσει), nicht ἀληθείᾳ.[113]

Das Bekenntnis zum Homousios versteht Epiphanius als „Band des Glaubens" (σύνδεσμος τῆς πίστεως; Anc 6,4). Diese Formulierung impliziert, dass er sich mit anderen verbunden sah gegen eine abweichende Vorstellung. Im Folgenden führt er aus, gegen welche. Dabei ist bemerkenswert, dass er Anc

---

[109] Vgl. seine Bemerkung in Haer 69,72,3f (3,220,19ff), dass ohne das ὁμοούσιος kein Häretiker überführt werden könne. Vgl. insgesamt die Zusammenfassung (Teil III, D.2.).

[110] Je zweimal in Anc 6,3 und Anc 6,4; je einmal in Anc 6,5; 6,6. Vgl. weiter Anc 64,2; (118,10;) 119,4. Vgl. auch Anc 26,1: ὁμοουσίως und Anc 74,1: ὁμοουσιότης.

[111] Erstmals erwähnt wurde der Begriff in dem Brief an die arabischen Christen (vgl. Haer 78,3,6 (3,454,6f); dazu oben, Teil I, A.2.a)). In welchem genauen Sinn Epiphanius den Begriff dort gebrauchte, ist allerdings nicht auszumachen.

[112] Vgl. dazu die Formulierung des Nizänums, die als Erläuterung für die Zeugung als Einziggeborener aus dem Vater galt: τουτέστιν ἐκ τῆς οὐσίας τοῦ πατρός. Das erst einige Zeilen später genannte ὁμοούσιον τῷ πατρί gilt hier als Ergänzung neben vielen zu diesem Satz. Epiphanius dagegen dreht die Richtung der Definition um und interpretiert mit dem τουτέστιν οὐκ ἔξωθεν τοῦ πατρὸς γεννηθείς gerade das ὁμοούσιος. Demnach kam es ihm darauf an, sein Verständnis dieses in Nizäa umstrittenen Begriffs zu verdeutlichen.

[113] Vgl. Anc 6,3. Diese Lehre ordnet Epiphanius nicht nur Arius zu, vgl. Haer 69,6,7 (3,157,16), sondern auch einigen „Semiarianern", vgl. Haer 73,36,3 (3,310,24).

6,4f zunächst Sabellius nennt. Diese Tatsache zeigt deutlich, dass der Begriff eine wichtige Bedeutungsverschiebung erfahren hat, denn die Gegner des ὁμοούσιος haben ihn in der Regel deswegen entweder explizit verworfen oder zumindest nicht verwendet, weil damit Sabellianismus verbunden wurde.[114]

Vor diesem Hintergrund muss nach dem genauen Verständnis des Begriffes in Anc 6 gefragt werden. Hier heißt es: „Wenn du nämlich das ὁμοούσιος bekennst, zerstörst du die Macht des Sabellius (ἔλυσας Σαβελλίου τὴν δύναμιν). Denn wo das ὁμοούσιος ist, wird *eine Hypostase* offenbar gemacht. Doch es bezeichnet sowohl den Vater als real existierend (ἐνυπόστατον) als auch den Sohn als real existierend (ἐνυπόστατον) als auch den heiligen Geist als real existierend (ἐνυπόστατον)." Folgende Punkte sind festzuhalten:

1. Epiphanius unterscheidet an dieser Stelle nicht zwischen ὑπόστασις und οὐσία.[115] Die Betonung liegt auf dem μιᾶς, er verweist mit ὑπόστασις auf das eine Wesen, die eine Gottheit. Mit dieser Verwendung des Begriffes ὑπόστασις zeigt Epiphanius sich eindeutig als Nizäner. Allerdings ist dieser Gebrauch auch von dem Beschluss der Synode von Alexandria 362 gedeckt. Auszuschließen ist dagegen ein Verständnis, wie es (unter dem Einfluss von Markell)[116] in Serdika 342 formuliert wurde. Dagegen sprechen vor allem die deutliche Abgrenzung gegenüber Sabellius sowie die Betonung der Eigenexistenz von Vater, Sohn und Geist.[117] Außerdem gebraucht Epiphanius zur Bezeichnung des einen Wesens in der Regel den Begriff οὐσία.[118] In Serdika wurde der Terminus οὐσία dagegen als Ausdruck der Häretiker abgelehnt.[119]

2. Auffallend ist die dreimalige Wiederholung des Begriffes ἐνυπόστατος. Epiphanius betont damit die reale Eigenexistenz von Vater, Sohn und Geist. In diesem Kontext ersetzt der Begriff in der Verbindung mit den Namen einen Personbegriff: Er bildet den anti-sabellianisch zu verstehenden Gegenpol zu der Aussage, dass es nur eine Hypostase gibt.[120] Festzuhalten ist dennoch, dass Epiphanius in Anc 6,3 keinen eindeutigen Personbegriff verwendet, sondern auf die biblischen Bezeichnungen zurückgreift.

Das ὁμοούσιος betont demnach zwar die Einheit bzw. Identität im Wesen (nicht nur die Ähnlichkeit im Wesen im Sinne des ὅμοιος κατ' οὐσίαν der

---

[114] Auch Athanasius verwendet den Begriff erst seit ca. 350 mit Überzeugung, und zwar vor allem deswegen, weil er nun wichtig für die Verteidigung des Nizänums und für eine Abgrenzung gegen das ὅμοιος und das ὅμοιος καθ' οὐσίαν wurde. Vgl. DINSEN, Homoousios, 128–134, zusammenfassend 134f; STEAD, Homousios, 418–422.

[115] Vgl. auch PRESTIGE, God, 167f.

[116] Vgl. KELLY, Glaubensbekenntnisse, 275; DINSEN, Homoousios, 107; LÖHR, Entstehung, 22.

[117] Während das Symbol von Serdika die hypostatische Selbstständigkeit von Sohn und Geist nicht zum Ausdruck brachte, betont Epiphanius diese gerade, wie das dreifache ἐνυπόστατος in Anc 6,5, aber auch der gesamte weitere Kontext zeigen.

[118] Vgl. z.B. Anc 6,10. Zum Usia-Verständnis im *Ancoratus* vgl. die Zusammenfassung, Teil III, D.1.

[119] Vgl. Theodoret, Hist. Eccl. II,8,39 (113,13f): μίαν εἶναι ὑπόστασιν, ἣν αὐτοὶ οἱ αἱρετικοὶ οὐσίαν προσαγορεύουσι...

[120] Die Beobachtungen werden durch die anderen Stellen gestützt, an denen er den Begriff verwendet.

Synode der Homöusianer von 358), es impliziert aber ebenso eine reale Differenziertheit. Hinsichtlich der Betonung der Identität in der Usia liegt Epiphanius auf einer Linie mit Athanasius und Basilius. Mit Basilius unterscheidet er sich allerdings darin von Athanasius, dass allein der Begriff ὁμοούσιος auch die reale Differenziertheit impliziert. Das in Anc 6 gezeigte ὁμοούσιος-Verständnis, das PRESTIGE als „middle path" bezeichnet,[121] liegt dem von Basilius in Ep. 52 vertretenen sehr nahe.[122]

Erst in Anc 6,6f wendet Epiphanius sich mit dem Begriff gegen jede Trennungstheologie. Diese zweifache Stoßrichtung des ὁμοούσιος entspricht der doppelten Frontstellung, die er in Anc 3 gegen Juden und Arianer markiert hat und die er mit der Formel „Dreiheit in Einheit" (Anc 2,6) zum Ausdruck bringt.

Epiphanius setzt neu an: „Wenn aber jemand das ὁμοούσιος sagt, dann bezeichnet er den Sohn als derselben Gottheit nicht fremd (οὐκ ἀλλότριον τῆς αὐτῆς θεότητος), sondern als Gott aus Gott den Sohn und als Gott den Heiligen Geist, (aus) derselben Gottheit, nicht drei Götter. Denn wenn wir den Sohn und den Vater Gott nennen, meinen wir nicht zwei Götter."

Mit Anc 6,6 hat Epiphanius die Homousie auch auf den Geist bezogen.[123] Damit nennt er den Ermöglichungsgrund für das Prinzip, das er in Anc 4,5 aufgestellt hat, dass nämlich bestimmte Aussagen von einer trinitarischen Person auf die andere übertragbar sind. Die Charakterisierung des Geistes als ὁμοούσιος ist gegen jede pneumatomachische Lehre gerichtet, die den Geist als ἑτεροούσιος versteht.[124] Die Bezeichnung der gesamten Trias als ὁμοούσιος führt folgerichtig zu der Konsequenz, dass Epiphanius in Anc 6,6 den Geist erstmals in der Theologie des 4. Jahrhunderts explizit als Gott bezeichnet.

Im Anschluss grenzt Epiphanius sich gegen Polytheismus ab (vgl. Anc 6,7–10), was deshalb notwendig erscheint, weil nun Vater, Sohn und Geist als Gott bezeichnet sind (vgl. Anc 6,6.7.8). Epiphanius weist darauf hin, dass er nicht von „Göttern" im Plural spricht (οὐ θεοὺς λέγομεν) und dass durch die drei Namen (διὰ δὲ τῶν τριῶν ὀνομάτων) die eine Gottheit des Vaters, des Sohnes und

---

[121] PRESTIGE, God, 224.

[122] Vgl. dazu PRESTIGE, God, 204. Vgl. auch DINSEN, Homoousios, 162. Zur weiteren Einordnung vgl. Teil III, D.2.

[123] Allerdings ist zu beachten, dass Epiphanius, wie die in Frage kommenden Stellen in Anc 6,5f; 64,2; 74,1 (vgl. auch Anc 26,1) zeigen, im *Ancoratus* zwar eindeutig von der Homousie der Trias spricht, den Geist also auch hier schon eindeutig mit einbezieht, dass er den Begriff direkt auf den Geist aber nur im *Panarion* anwendet. In Haer 74,11,2 (3,328,27–30) heißt es unmissverständlich: ἀλλὰ καὶ τὸ ἅγιον πνεῦμα συμπρᾶττον υἱῷ καὶ πατρὶ ... ὡς καὶ αὐτὸ ὄντως ἐκ θεοῦ ὂν καὶ οὐκ ἀλλότριον πατρὸς καὶ υἱοῦ, ἀλλ᾽ ὁμοούσιον πατρὶ καὶ υἱῷ... Vgl. auch hier die Entsprechung des ἐκ θεοῦ und des ὁμοούσιον. Vgl. auch HANSON, Christian doctrine, 754. Vgl. weiter Haer 74,13,4 (3,331,5); Haer 76,3,3 (3,343,18f).

[124] Vgl. z.B. den Vorwurf des Athanasius gegen die Tropiker in Ep. ad Serap. I,2 (533 A): τοῦτο δὲ πάλιν οὐκέτι ἓν εἶναι δείκνυσι τὴν τριάδα, ἀλλὰ ἐκ δύο καὶ διαφόρων φύσεων συγκειμένην αὐτήν, διὰ τὸ ἑτεροούσιον τοῦ πνεύματος, ὡς αὐτοὶ ἑαυτοῖς ἀνεπλάσαντο.

des Heiligen Geistes bezeichnet wird (Anc 6,8).[125] Zur Erläuterung heißt es in Anc 6,9: „Und nicht zwei Söhne! Denn der Einziggeborene ist einer, der heilige Geist aber ist heiliger Geist."[126]

Ein wesentliches Argument für den Monotheismus ist erneut die Einzahl und Exklusivität von Vater, Sohn und Geist (vgl. Anc 2,6).[127] Ohne die gegnerische Position zu nennen, greift Epiphanius einen pneumatomachischen Einwand auf, den Athanasius z.B. in Ep. ad Serap. I,15 reflektiert, dass nämlich der Geist, wenn er kein Geschöpf ist und wie der Sohn vom Vater ausgeht, folglich dessen Bruder sein müsse. Daran schließt sich die Frage an, wie dann der Sohn noch „einziggeboren" sein soll.[128] Ebenso thematisiert Gregor von Nazianz in Or. 31 (V),8f die Problematik. In dieser Auseinandersetzung spiegelt sich „das eigentliche Kernproblem der Tropiker"[129] wieder, nämlich die Frage, wie das Hervorgehen des Geistes bei gleichzeitiger Annahme der ewigen Zeugung des Sohnes zu erklären sein soll. In Anc 71 diskutiert Epiphanius das Problem grundlegend.

Erneut wird in Anc 6,7ff deutlich, dass den Namen bzw. Begriffen eine außerordentliche Bedeutung zukommt. Schon in Anc 5,9 betonte Epiphanius, dass das ὄνομα bezeichnend sei. Wie dort ausgeführt, können die Begriffe zum einen relationale Bedeutung haben: „Vater" impliziert einen „Sohn" und umgekehrt. In Bezug auf den Geist versucht Epiphanius die Relation zu Vater und Sohn über verschiedene Schriftstellen aufzuzeigen (so Anc 5,1f und v.a. Anc 6,9–8,4).

In Anc 6,8f wird aber noch ein anderer Aspekt erkennbar. Epiphanius sieht eine Entsprechung zwischen den Begriffen, der sprachlichen Ebene, und der ontologischen Ebene. Ein Begriff bezeichnet ganz konkret eine bestimmte Sache. Wie es in Anc 8,1 heißt, hat jeder Name nur genau eine bestimmte Bedeutung und ist singulär, er ist μονώνυμος. Deswegen ist „Vater" etwas anderes als „Sohn" und als „Geist", und deswegen ist es wichtig, immer wieder darauf hinzuweisen, dass es nur einen Vater, nur einen Sohn und nur einen Heiligen Geist gibt. Vor dem Hintergrund dieses Begriffsrealismus wird die Einzahl des

---

[125] HOLL schlägt als Konjektur (<...>) für Anc 6,8 vor: „Nicht Götter sagen wir, indem wir den Vater Gott, den Sohn Gott und den Heiligen Geist Gott <nennen. Denn wir sagen ‚Gott' und ‚Gott' und ‚Gott'> und nicht Götter." Diese Konjektur entspräche der Argumentation von Anc 10,2 mit dem Heiligkeitsruf aus Jes 6,3.

[126] Vgl. ebenso Athanasius, Ep. ad Serap. I,20 (PG 26, 577 C – 579 A).

[127] Vgl. auch Haer 74,11,5 (3,329,11–13). Vgl. dazu Basilius, AE III,6 (40–42). Auch Basilius argumentiert hier, dass die Einheit (μονάς) in der Trias gewahrt bleibe, wenn wir *einen* Vater bekennen, *einen* Sohn und *einen* Heiligen Geist. Vgl. die ganz ähnliche Argumentation bei Ps.-Athanasius, C. Sabellianos 5 (PG 28, 105 B), hier allerdings lediglich mit Vater und Sohn. Vgl. auch Athanasius, Ep. ad Serap. I,27 (PG 26, 593 BC).

[128] Vgl. Athanasius, Ep. ad Serap. I,15 (PG 26, 568 A): οὐκοῦν υἱός ἐστι καὶ αὐτὸ καὶ δύο ἀδελφοί εἰσιν αὐτό τε καὶ ὁ λόγος. καὶ εἰ ἀδελφός ἐστι πῶς μονογενὴς ὁ λόγος... ; Vgl. auch a.a.O., I,16 (PG 26, 569 B).

[129] LAMINSKI, Geist, 54; vgl. auch ders., 65–70.

Wesens in Anc 6,8 allein schon durch den Singular angegeben: alle drei sind θεός, aber οὐ θεούς.[130]

Die Argumentation in Anc 6,8f mit dem zugrundeliegenden Begriffsrealismus deutet somit die Notwendigkeit an, zwischen dem Namen für das Wesen und den Namen für die Differenziertheit eindeutig zu unterscheiden (vgl. auch Anc 6,10). Das wird unter anderem daran deutlich, dass die Begriffe Vater, Sohn und Geist einzig sind und lediglich auf genau eine Person zutreffen, während der Begriff „Gott", obwohl er im Singular verwendet wird, auf eine Dreiheit zutrifft. Im Zusammenhang mit Anc 8 werden diese Sachverhalte klarer werden.

Den Geist charakterisiert Epiphanius in Anc 6,9 in Abgrenzung zu der Annahme, es seien zwei Söhne, als „Geist Gottes", der „ewig zusammen mit dem Vater und dem Sohn" ist. Er ist nicht verschieden von Gott (οὐκ ἀλλότριον), er ist „von Gott" (ἀπὸ θεοῦ), nämlich „vom (ἀπό) Vater ausgehend und vom Sohn nehmend". Diese beiden Charakterisierungen durch Joh 15,26 und 16,14f begegnen mehrfach.[131] In Anc 6,9 dienen sie als Ergänzung zum ἀπὸ θεοῦ und sind der entsprechende Schriftbeweis, dass der Geist sowohl zum Vater als auch zum Sohn in einem innertrinitarischen Verhältnis steht.

Die nun folgende Passage Anc 6,10–7,8 zitiert Epiphanius, allerdings ohne dies kenntlich zu machen, in weiten Teilen wörtlich oder mit wenigen Umstellungen in seinem Artikel gegen die Pneumatomachen in Haer 74,11,6–12,8.[132] In Anc 6,10 präzisiert er, dass auch der Geist ἐκ θεοῦ ist (vgl. I Kor 2,12). Das ἐκ θεοῦ gilt also nicht nur für den Sohn, sondern ist jetzt – als Folge der vorhergehenden Argumentation – eine gesamt-innertrinitarische Verhältnisbestimmung für Sohn und Geist. Dadurch ist der Geist οὐκ ἀλλότριον πατρὸς καὶ υἱοῦ (Anc 6,10). Hier will Epiphanius festhalten: der Geist ist aus demselben Wesen wie der Sohn. Damit ist einmal Bezug genommen auf die Gleichrangig-

---

[130] Schon in Anc 3,8 stellte Epiphanius klar, dass Vater, Sohn und Geist eine Dreiheit sind, die in einem Namen aufgezählt wird. Dieser eine Name wurde dort mit „Gott" identifiziert. Gottheit und Wesen sind also identisch (vgl. auch Anc 6,10). Schon in Anc 3,8 stellte Epiphanius klar, dass Vater, Sohn und Geist eine Dreiheit sind, die in einem Namen aufgezählt wird. Dieser eine Name wurde dort mit „Gott" identifiziert. Gottheit und Wesen sind also identisch (vgl. auch Anc 6,10).

[131] Vgl. dazu zusammenfassend Teil III, B.1.

[132] Vgl. dazu Teil I, A.2.c). Die Tatsache dieser Wiederholung zeigt den Stellenwert, den die hier gemachten Aussagen über den Geist für ihn haben, wobei die zweite dort zitierte Passage aus Anc 65,1–73,9 (= Haer 74,2–10) einen sehr viel breiteren Raum einnimmt und auch ausdrücklich als Zitat gekennzeichnet ist. In einigen Punkten weicht er in Haer 74 jedoch von der *Ancoratus*-Vorlage ab. So fügt er z.B. in Haer 74,12,1f (3,329,28–330,1) einen kurzen, inhaltlich jedoch wenig ergiebigen Lobpreis über die Trias ein.

keit in der Gottheit[133] und einmal auf die gleiche Abstammung. Sohn und Geist sind in diesen zentralen Fragen der Trinitätslehre gleichgestellt.[134]

In Anc 6,10 bringt Epiphanius eine entsprechende Abgrenzung zur anderen Seite, indem er betont, der Geist sei „keine Verschmelzung von Vater und Sohn".[135] Hier wird ein Verständnis abgewehrt, nach dem der Geist nicht eigenständig existiert, sondern als – wie auch immer geartete – Vereinigung von Vater und Sohn verstanden wird. Diese Abgrenzung wird verständlich vor dem Hintergrund des *ambivalenten Geistbegriffes*, den Epiphanius in den beiden folgenden Kapiteln darlegt (s.u.).

Den beiden mit dem οὐκ ἀλλότριον und dem οὐδὲ συναλοιφή vorgenommenen Abgrenzungen stellt er entgegen, dass es „ewig eine Trias ein und desselben Wesens" ist (ἀλλὰ τριὰς ἀεὶ οὖσα τῆς αὐτῆς οὐσίας; Anc 6,10). Wieder gilt, dass beide Elemente der Dreiheit und Einheit einander ergänzend ausgesagt sind. Insbesondere wird in Anc 6,8–10 betont, dass der Geist ewig ist, womit jeder Einwand abgewehrt ist, er sei etwa erst nachträglich in die Gottheit aufgenommen worden.

Mit dem Schluss-Satz von Anc 6[136] wehrt Epiphanius erneut den Verdacht des Polytheismus ab, indem er die Einheit der Usia betont: „Es ist aber kein anderes Wesen neben der Gottheit und keine andere Gottheit neben dem Wesen, sondern dieselbe Gottheit, und aus derselben Gottheit sind der Sohn und der heilige Geist." Die Begriffe οὐσία und θεότης sind hier parallel gesetzt und somit gleichbedeutend. Epiphanius deutet auch mit diesen Worten an, dass die Ebenen nicht vermischt werden dürfen: Es gibt zwar Vater, Sohn und Geist (vgl. Anc 7,1), aber nur ein Wesen.[137]

---

[133] Diese wurde in Anc 6,9 ausgedrückt, wenn es heißt, der Geist sei ewig mit Vater und Sohn zusammen. Ewigkeit ist, wie schon angesprochen, für Epiphanius ein wesentliches Merkmal der Gottheit.

[134] Vgl. auch Anc 68ff. Die angeführten Beispiele zeigen, dass es Epiphanius um die Frage geht, ob Geist und Sohn *aus Gott* und damit *nicht aus der Schöpfung* stammen. Es geht an dieser Stelle dagegen nicht um die Frage, ob der Geist seinen wesensmäßigen Ausgang auch aus dem Sohn nimmt. Die Frage nach dem „filioque", die sich im Zusammenhang mit einigen Stellen bei Epiphanius stellt, soll zusammenfassend in Teil III, B.1. thematisiert werden.

[135] Anc 6,12: οὐδὲ συναλοιφή ἐστι πατρὸς καὶ υἱοῦ. Subjekt dieses Satzes muss weiter der Geist sein, was sich aus der Genitiv-Verbindung πατρὸς καὶ υἱοῦ ergibt. In dem Fall, dass Epiphanius mit συναλοιφή das Verhältnis zwischen zwei Personen, z.B. Vater und Sohn bezeichnet, verwendet er stets eine Dativ-Verbindung (z.B. οὐ συναλοιφὴ ὢν τῷ πατρί; Anc 5,6). Vgl. ebenso Anc 6,3; 47,5; 81,2 (zweimal); 81,9. Um so auffälliger ist der Kasuswechsel von οὐδὲ συναλοιφή ἐστι πατρὸς καὶ υἱοῦ (Anc 6,10) zu πατρὶ καὶ υἱῷ in der Parallelstelle Haer 74,11,6 (3,329,15). Die Aussage hat hier eine andere Intention. Es geht nun nicht mehr darum, ein Verständnis abzuwehren, nach dem der Geist lediglich als Vermischung von Vater und Sohn zu verstehen ist. Vielmehr geht es nun darum – analog zu der Verhältnisbestimmung von Vater und Sohn – grundsätzlich eine Identität innerhalb der Trias auszuschließen.

[136] Die Einleitung dieses Satzes (οὐχ ἑτέρα οὐσία παρὰ τὴν θεότητα οὐδὲ ἑτέρα θεότης παρὰ τὴν οὐσίαν) wiederholt Epiphanius zum Teil in Anc 81,4. Die Fortführung mit ἀλλά ist an beiden Stellen jedoch signifikant unterschiedlich. Vgl. den Kommentar zu Anc 81.

[137] Vgl. zu Anc 8.

c) Der Geist-Begriff (Anc 7)

Die direkt folgenden Aussagen über den Geist (Anc 7,1–4), die ihn einerseits der Trias zuordnen und andererseits zeigen, dass er von Vater und Sohn unterschieden ist, lassen sich unterteilen in Aussagen über seine innertrinitarische Relation bzw. sein Wesen und in Aussagen über sein Wirken. In mancher Funktionsbeschreibung (so z.B. der Heiligung und der Verkündigung) stimmen Epiphanius und einige Pneumatomachen durchaus überein: Sogar Eunomius verstand den Geist als „erfüllt (πεπληρωμένον) mit Heiligung und Lehre". Allerdings stritt er ihm die Gottheit und die Schöpferkraft ab.[138] Deshalb musste Epiphanius sich z.B. gegen ein solches Verständnis abgrenzen, indem er den Geist als Gott erwies, was er zum einen durch die Aussagen über sein Wesen zu erreichen versuchte, zum anderen, indem er z.B. das Schöpferwirken des Geistes hervorhob.[139]

In Anc 7,1 stellt er erneut fest, dass zwischen Geist und Sohn zu unterscheiden ist. Das Verhältnis des Geistes zum Vater und zum Sohn beschreibt er, wie schon in Anc 6,9, mit den Worten aus Joh 15,26 bzw. Joh 16,14f: Er „geht vom Vater aus"[140] und „nimmt vom Sohn". Außerdem erforscht er die Tiefen Gottes (vgl. I Kor 2,10)[141] und verkündet das, was des Sohnes ist (τὰ τοῦ υἱοῦ), in der Welt. Die häufige Beschreibung des Verhältnisses des Geistes zu Vater und Sohn mit den Worten von Joh 15,26; Joh 16,14f zeigt, dass die Stellen für Epiphanius eine hohe Bedeutung haben.[142] Erneut zeigt sich, dass es ihm vor allem um das Problem geht, den Geist in ein relationales Verhältnis zu Vater und Sohn zu stellen, worauf seine gesamte Argumentation abzielt. Joh 15,26 scheint für ihn dabei noch nicht den Stellenwert zu haben wie für Gregor von Nazianz, der dem Geist die ἐκπόρευσις als Entsprechung zur γέννησις beim Sohn zuordnet.[143]

---

[138] Vgl. Eunomius, Apol. 25 (68,25f).

[139] Vgl. z.B. im Zusammenhang mit der Exegese von Gen 1,26, Anc 15,7–9 u.ö.

[140] RODZIANKO betont in seinem Artikel über das „filioque" die Hauptbedeutung des Begriffes ἐκπορεύομαι. Demnach meine der Ausdruck „an idea of the perfect freedom of action as opposite to the passive derivation". So interpretiert RODZIANKO („Filioque", 297) Joh 15,26: „ ‚The Spirit of Truth who makes Himself to go out from the Father' and is not: ‚who proceedeth from the Father'." Ein derartiges Verständnis lässt sich bei Epiphanius jedoch nicht nachweisen.

[141] Vgl. dazu vor allem Anc 11,3ff. Vgl. auch Athanasius, Ep. ad Serap. I,22.

[142] Die Präpositionen wechseln dabei mehrfach. Offensichtlich kam es Epiphanius hier nicht auf eine präzise Formulierung an. Vgl. neben Anc 7,1 noch Anc 6,9 (ἀπὸ πατρὸς ἐκπορευόμενον / τοῦ υἱοῦ λαμβάνον); 8,4 (ἐκ τοῦ πατρὸς ἐκπορευόμενον / ἐκ τοῦ ἐμοῦ λήψεται); 11,3 (παρ' οὗ ἐκπορεύεται καὶ παρ' οὗ λαμβάνει); 67,1 (παρὰ τοῦ πατρὸς ἐκπορεύεται / ἐκ τοῦ ἐμοῦ λήψεται); 72,9 (παρὰ τοῦ πατρὸς ἐκπορεύεται / ἐκ τοῦ ἐμοῦ λήψεται); 73,1 (παρὰ τοῦ πατρὸς ἐκπορεύεται / ἐκ τοῦ ἐμοῦ λήψεται); [118,11 (119,3) = NC (ἐκ τοῦ πατρὸς ἐκπορευόμενον / -)] 119(120),10 (ἐκ τοῦ πατρὸς ἐκπορευόμενον / ἐκ τοῦ υἱοῦ λαμβάνον).

[143] Vgl. v.a. Gregor von Nazianz, Or. 31 (V),8,7f; 9,10–12. Vgl. auch Or. 29 (III),2,24–27. Ebendort (2,15.17) bezeichnet Gregor den Vater als Hervorbringer (προβολεύς) und den Geist als Hervorgebrachtes (πρόβλημα). Vgl. auch Or. 29 (III),3,6f. Vgl. auch HOLL, Amphilochius, 161.

Der Geist heiligt ferner „die Heiligen durch die Dreiheit“. Er ist dabei nicht auf die Funktion der Heiligung beschränkt, sondern ist selber Teil dieser Heiligung, denn erst die Dreiheit bringt die vollständige Heiligung. Der Nennung nach ist er der dritte,[144] denn die Reihenfolge der Nennung ist durch den Taufbefehl Mt 28,19 vorgegeben.[145] Mit dieser Benennung an dritter Stelle ist jedoch weder eine Rangfolge noch gar eine ontologische Stufung gemeint. Epiphanius richtet sich gerade gegen eine solche Auffassung. Aus seiner ganzen bisherigen Argumentation ergibt sich, dass ebenso wenig, wie zwischen dem (an erster Stelle) Vater und dem (an zweiter Stelle genannten) Sohn eine Stufung besteht, der Geist abgestuft ist. Eine Stufung nehmen hingegen sowohl die Tropiker bei Athanasius an,[146] als auch Eunomius, der den Geist, offensichtlich vor dem Hintergrund von Mt 28, nicht nur als τρίτον ἀξιώματι καὶ τάξει, sondern daraus folgernd auch als τρίτον καὶ τῇ φύσει bezeichnet.[147] Selbst Basilius kann in AE III noch eine Stufung hinsichtlich der Würde und Ordnung bezüglich des Geistes (und des Sohnes) als möglich anerkennen und wehrt sich lediglich gegen die Schlussfolgerung, der Geist sei folglich eine τρίτη φύσις.[148] Es zeigt sich hier, dass Epiphanius in der Konsequenz seiner Aussagen über den Ansatz des Basilius in AE III hinausgeht.

Epiphanius erklärt dagegen in Anc 7,1, der Geist sei „Band der Trinität“ (σύνδεσμος τῆς τριάδος; An 7,1) und von der Aufzählung nicht verschieden (οὐκ ἀλλότριον τοῦ ἀριθμοῦ)[149], nicht verschieden (οὐ διεστώς) vom Namen, nämlich von dem einen Namen „Gott“ (vgl. Anc 3,8), und somit vom Wesen. Er sei das „Siegel der Gnade“, was so zu verstehen ist, dass die Gnade erst durch den Geist vollständig ist. Ferner sei er nicht fremd (οὐ ξένον; Anc 7,1) von der Gnadengabe, sondern es sei ein Gott. Wie die letzten Worte deutlich machen, bedingen Wirken und Wesen einander.

Mit der Bezeichnung des Geistes als σύνδεσμος nimmt Epiphanius einen nicht unproblematischen Gedanken auf. ABRAMOWSKI vermutet, ausgehend von einigen Stellen bei Athanasius und bestimmten Formulierungen im westli-

[144] Anc 7,1: τρίτον τῇ ὀνομασίᾳ; vgl. auch Anc 8,6; 71,2.

[145] Vgl. auch Athanasius, Ep. ad Serap. IV,5 (PG 26, 644 BC). Er hält hier fest, dass die Jünger nicht danach fragten, warum der Sohn an zweiter und der Geist an dritter Stelle genannt wurde, sondern „wie sie hörten, so glaubten sie“. Vgl. auch Basilius, AE III,2; Ps.-Athanasius, C. Sabellianos 7 (PG 28, 108 D). Epiphanius führt Mt 28 auch in Anc 8,6f als direkte Erläuterung an.

[146] Bei den Tropikern verläuft die Grenze zwischen Vater/Sohn auf der einen und dem Geist auf der anderen Seite. Vgl. Athanasius, Ep. ad Serap. I,15. Vgl. auch HAUSCHILD, Pneumatomachen, 25.

[147] Vgl. Eunomius, Apol. 25 (66,1–5).

[148] Vgl. AE III,1,24–30. Vgl. zur Interpretation DRECOLL, Basilius, 141f.

[149] Epiphanius kennt, wie er in Haer 74,14,4 (3,332,14–18) bezeugt, Pneumatomachen, die sich zwar zu Nizäa bekennen, in Bezug auf den Geist aber fragen: *Zeige mir darin* [scil. in dem Bekenntnis von Nizäa], *dass der Heilige Geist in der Gottheit mitgezählt wird.* Vgl. auch Ps.-Athanasius, Dialogi contra Macedonianos, Dial. I,6,16ff. Die Pneumatomachen hielten es, da der Geist kein Gott ist, nicht für möglich, ihn mit der Trias aufzuzählen. Vgl. Anc 22,7 u.ö. Basilius wendet sich gegen dieses Argument vor allem in seiner Schrift DSS.

chen Serdicense[150], dass die Eusebianer, wiederum ausgehend von zentralen Einheitsaussagen bei Johannes, das Verhältnis von Vater und Sohn so verstanden, dass der Geist beide miteinander verbinde, freilich um damit eine Mittelbarkeit im Verhältnis von Vater und Sohn zum Ausdruck zu bringen, die den Sohn vom Vater abrücke.[151] Aus diesem Grunde habe Athanasius das Verhältnis zwischen Vater und Sohn als unmittelbar und nicht vermittelt durch den Geist beschrieben.[152]

Vor diesem Hintergrund stellt sich die Frage, wieso es Epiphanius möglich gewesen ist, den Geist als σύνδεσμος zu bezeichnen. Auszuschließen ist für ihn das genannte eusebianische Verständnis. Eine Erklärung könnte darin liegen, dass zwischen der Formulierung, um die es bei Athanasius und den Eusebianern geht, und derjenigen, die Epiphanius bringt, einen wichtigen Unterschied gibt: Epiphanius bezeichnet den Geist nicht als σύνδεσμος zwischen Vater und Sohn, sondern als σύνδεσμος τῆς τριάδος. Das heißt, der Geist ist nicht darauf reduziert, Vater und Sohn zu verbinden, sondern er verbindet eine *Drei*heit, er verbindet sich auch selbst mit Vater und Sohn.[153] Das τριάδος verweist darauf, dass das Wesen des Geistes sich nicht in dem „Band-Sein" erschöpft, sondern dass er selber auch Bestandteil der Verbindung ist. Die Erklärung für dieses Verständnis liegt in der Definition des Wesens Gottes als Pneuma in Anc 7,8. In Anc 7,1 liegt ein *ambivalenter Geistbegriff* zugrunde (vgl. dazu zu Anc 7,8; 8,4ff). Die Gefahr eines eusebianischen Subordinatianismus ist durch das Verständnis, der Geist sei das Band der *Drei*heit, umgangen.

In Anc 7,2 fasst Epiphanius die einzelnen Aussagen mit einer bekenntnishaften Formulierung zusammen, in der er sich für die Gleichstellung in Bezug auf Gottheit und Würde von Vater, Sohn und Geist ausspricht: Die Trias existiert ewig als solche und nimmt niemals einen Zuwachs,[154] und sie wird so aufgezählt (οὕτως ἀριθμουμένη): Vater, Sohn und Heiliger Geist. Diese Stelle belegt, dass Epiphanius für die Bezeichnung der trinitarischen Personen von der bibli-

---

[150] ABRAMOWSKI (Der Geist als „Band", 126 Anm. 3) betrachtet die Verfasserschaft Markells als „etabliert".

[151] Vgl. ABRAMOWSKI, Der Geist als „Band", 128; 130f.

[152] Vgl. Athanasius, Or. III c. Ar., 24,4,16f: καὶ οὐ τὸ πνεῦμα τὸν λόγον συνάπτει τῷ πατρί, ἀλλὰ μᾶλλον τὸ πνεῦμα παρὰ τοῦ λόγου λαμβάνει. Vgl. ABRAMOWSKI, a.a.O., 129f. Da Augustin den Geist wiederum ohne Probleme als das Vater und Sohn einende Band der Liebe bezeichnet hat, vermutet ABRAMOWSKI (a.a.O., 131), dass man „als Zwischenglied also eine Schrift postulieren [muss], in der der eusebianische Versuch, die Einheit zwischen Vater und Sohn so zu erklären, wie ich es vorhin rekonstruierte, sowohl aufgenommen als auch neunicänisch bearbeitet wurde."

[153] Vgl. auch Anc 6,10, wo Epiphanius den Gedanken abwehrt, der Geist sei die συναλοιφή von Vater und Sohn.

[154] Dieser Gedanke und die ganze Formulierung ἀεὶ γὰρ ἡ τριὰς τριὰς καὶ οὐδέποτε προσθήκην λαμβάνει (Anc 7,2, = Anc 15,6; Haer 62,3,6 (2,392,5f); 74,12,1 (3,329,27f)) stammt, wie HÜBNER (Ps-Athanasius, 179) betont, „unzweideutig" aus Ps.-Athanasius, C. Sabellianos 7 (PG 28, 108 C/D). Vgl. auch ders., Ancoratus, 325ff. Vor allem auf diese Parallele stützt HÜBNER seine These, dass sich Epiphanius „in den trinitätstheologischen Ausführungen zumal der ersten Kapitel des Ancoratus von Ps-Athanasius inspirieren ließ." HÜBNER, Ps-Athanasius, 179. Zu dieser These HÜBNERS vgl. auch den Kommentar zu Anc 67,7.

schen Diktion ausgeht. Seine Argumentation, aufbauend auf der Gleichewigkeit, verbietet die Annahme einer Stufung, schließt aber auch jeden Gedanken einer Verschmelzung (συναλοιφή; Anc 7,3) innerhalb der Trias aus.[155] Wiederum gibt es nichts in ihr, das sie von ihrer eigenen Einheit (τῆς ἰδίας αὐτῆς μονάδος)[156] trennt (διεστώς). Vielmehr sind Vater, Sohn und Geist „in einer Existenz der Vollkommenheit vollkommen“ (ἐν ὑποστάσει δὲ τελειότητος τέλειος/-ν; Anc 7,3). Der Begriff ὑπόστασις bezeichnet hier nicht das Wesen, sondern bezieht sich auf die Existenz. Diese ist, wie Epiphanius durch die Wiederholung der Namen betont, für Vater, Sohn und Geist ausgesagt, wodurch die Eigenexistenz aller drei Personen unterstrichen wird. In Anc 7,4 verweist Epiphanius darauf, dass der Geist sich außerdem unter die Gnadengaben einreihen lässt,[157] die vielschichtig sind, wogegen der Geist aber einer ist und bleibt.[158]

Daran schließt sich in Anc 7,5f[159] ein kurzer Exkurs an, in dem Epiphanius fordert, von der Überlieferung und der Wahrheit nicht abzufallen. Es geht nicht darum, über Gott zu ratschlagen, sondern „gottesfürchtig zu denken“. Diese Forderung wird sich gegen die Sophisterei der Neuarianer richten.[160]

---

155 Auch hierin liegt eine Parallele zu Athanasius, der nach SAAKE (Pneumatologie, 363) „bei konsequenter Wahrung der Unübertragbarkeit der personalen Benennungen [...] die Konzeption eines trinitarischen Monotheismus [erzielt], der von Tritheismus und Sabellianismus ebensoweit entfernt ist wie von mosaischem Monotheismus und Arianismus.“ Vgl. dazu Athanasius, Ep. ad Serap. I,28.

156 Zum Begriff μονάς vgl. den Kommentar zu Anc 2. In der Bezeichnung der Trias als Monas liegt ein wichtiger Unterschied zu Ps.-Athanasius, der den Begriff ablehnt. Vgl. C. Sabellianos 8 (PG 28, 109 C); 13 (PG 28, 117 B); dazu HÜBNER, Ps-Athanasius, 230.

157 Dieser Gaben sind die Pneumatomachen als Häretiker ebenso wenig gewürdigt wie der Heiligung; vgl. Haer 74,14,6 (3,332,23f). Vgl. auch Anc 2f und Anc 12,6 in Bezug auf die Arianer und überhaupt alle Häresien.

158 Mit Verweis auf I Kor 12,4–6. Auch in dieser Argumentation besteht eine Parallele zu Athanasius, vgl. z.B. Ep. ad Serap. I,27 (PG 26, 593 B); III,6 (PG 26, 629 B); ebenso Cyrill, Catech. XVI,3.

159 In diesem Abschnitt gibt es einige Abweichungen zwischen Anc 7,5–7 und der Parallelstelle in Haer 74,12,5–7. Hervorzuheben ist die positive Bestimmung des Ausgangs des Geistes in Abgrenzung zum Ausgang des Sohnes. Vgl. dazu unten und Teil I, A.2.c). Bei den übrigen Abweichungen handelt es sich weniger um wesentliche inhaltliche Bestimmungen als um Präzisierungen. Die Gleichewigkeit von Vater, Sohn *und* Geist wird ebenso wie im *Ancoratus* hervorgehoben. Im *Ancoratus* legt Epiphanius an der entsprechenden Stelle jedoch eine stärkere Betonung auf den ontologischen Unterschied zwischen Gott und Schöpfung, was sich darin äußert, dass der Mensch Gott niemals wirklich erfassen kann. Das wiederum ist vielleicht aus der Frontstellung gegen die Neuarianer zu erklären, die lehrten, dass „ἀγεννησία als ἔννοια φυσική Gottes [...] gleichzeitig das Wesen Gottes menschlicher Erkenntnis im höchsten Sinne zugänglich [macht] [...]; denn die jeder οὐσία, also auch der höchsten, allein gemäßen, ihr von Natur anhaftenden Namen, die die ἔννοια φυσική der betreffenden οὐσία aussagen, werden den Menschen direkt von Gott gegeben u. sind von Gott festgesetzt“. ABRAMOWSKI, RAC, 946.

160 Vgl. v.a. Haer 76,2,2. Vgl. zusammenfassend den Kommentar zu Anc 74,1. Basilius sieht als Grund für die verwerfliche Lehre des Eunomius dessen σοφίσματα bzw. nicht-christliche Philosophie. Vgl. z.B. Basilius, AE I,3,13–17; AE II,14,19–22; DSS II–III(4f) . Epiphanius hält fest, dass wir nicht wie solche reden, die Gott begreifen könnten, denn wir sprechen als Menschen aus, was wir erfahren haben. Diese Antithese drückt er mit denselben Termini aus: καὶ φθεγγόμεθα οὐχ ὡς καταλαμβάνοντες· ὡς ἄνθρωποι γὰρ φθεγγόμεθα ἃ κατειλήφαμεν.

In Anc 7,6 fährt er fort mit dem Hinweis, die Ehre Gottes sei unendlich und erfahre niemals einen Zuwachs noch eine Minderung. Denn in der Trias ist nichts Geschaffenes oder später Hinzugewordenes (οὐδὲν γὰρ ἐν τριάδι κτιστὸν ἢ ἐπιγένητον; Anc 7,7; vgl. dazu Anc 6,1; 7,2).[161] Damit wendet er sich gegen jede Richtung, die den Sohn oder den Geist als Geschöpf ansieht und eine Lehre vertritt, nach der sich die Trias erst sukzessive zu einer solchen erweitert habe (vgl. auch zu Anc 8,9), womit er neben der arianischen bzw. pneumatomachischen Lehre auch diejenige Markells trifft. Er rekurriert gegen sie auf das ewige Vater-Sohn-Verhältnis und die ewige Zeugung und nimmt dazu Gedanken auf, die bereits aus Anc 5,6ff bekannt sind.

Im Anschluss (Anc 7,8) stellt Epiphanius Aussagen über Vater, Sohn und Geist zusammen, die deren Unterschiede in der Abstammung aufzeigen. Ein Begriff, der diese Spezifika als solche bezeichnet (z.B. ἰδίωμα o.ä.), fehlt jedoch hier wie überall im *Ancoratus*:

> Der Vater ist *ungezeugt*, *ungeschaffen*, und *unbegreiflich*.
> Der Sohn ist *gezeugt*, *ungeschaffen* und *unbegreiflich*.
> Der Geist ist *ewig*, *nicht gezeugt*, *nicht geschaffen*, kein Bruder oder Onkel, kein Großvater oder Enkel, sondern aus derselben Usia von Vater und Sohn ist der Heilige Geist. Denn „Gott ist Geist" (Joh 4,24).[162]

An dieser Stelle wird die Verlegenheit greifbar, für den Geist eine dem Vater-Sohn-Verhältnis entsprechende Abstammungsweise zu benennen. Die einzige positive Aussage über den Geist ist die, dass er ewig ist. Da er außerdem nicht geschaffen ist, gelten auch für ihn die beiden wesentlichen Merkmale der Gottheit. Das, was Vater, Sohn und Geist voneinander unterscheidet, ist ihr Abstammungsverhältnis: ἀγέννητος - γεννητός - οὐ γεννητόν. Epiphanius wird hier bewusst auf den Begriff ἀγέννητος für den Geist verzichtet haben, da dieser allein dem Vater vorbehalten ist. Der Geist ist im Unterschied zum Sohn nicht gezeugt, was jedoch nicht dazu führen darf, ihn aufgrund dessen mit dem Vater gleichzustellen. Eine positive Bestimmung für den Geist fehlt. Deutlicher wird Epiphanius in der von Anc 7,8 abweichenden Parallelstelle in Haer 74,12,7 (3,330,14f). Hier ergänzt er die wesentlichen Worte: υἱὸς δὲ γενητὸς ἐκ πατρὸς καὶ πνεῦμα προελθὸν ἐκ πατρός, wodurch Sohn und Geist in Bezug auf ihre Abstammung vom Vater klar voneinander unterschieden werden.[163] Auch in Haer 76,39,13 (3,393,30–32) formuliert er eindeutiger, wobei er eine ähnliche Aufstellung vornimmt wie in Anc 7,8.[164]

Es tritt hier deutlich seine Abneigung gegen spekulative Betrachtungen hervor. Wiederum lassen sich bei Athanasius Parallelen aufzeigen, in denen er Spekulationen ablehnt und auf die Schrift verweist. Vgl. z.B. Ep. ad Serap. I,17ff.

[161] HÜBNER sieht in diesem Gedanken einen weiteren Beleg für die Kenntnis des Traktates des Ps.-Athanasius. Vgl. C. Sabellianos 7 (PG 28, 108 C/D) und HÜBNER, Ancoratus, 325f.

[162] Vgl. Haer 69,18,6.

[163] Diese Stelle schließt eine Interpretation im Sinne eines „filioque" aus.

[164] Vgl. a.a.O.: καὶ ὁ μὲν πατὴρ ἀγέννητος, ὁ δὲ υἱὸς γεννητός, ἀπατὴς <δέ, ἀπαθὲς> καὶ τὸ πνεῦμα ἀπαθῶς προελθόν. Vgl. auch Haer 76,3,3 (3,343,17–19).

Im *Ancoratus* deuten vor allem die Bezeichnungen „Sohn" und „Geist" als solche darauf hin, dass beide verschiedene Relationen zur Gottheit haben.[165] Damit wehrt Epiphanius die Einwände der Gegner ab, die den Geist polemisch „Mitbruder" nennen (was er wäre, wenn der Geist auf dieselbe Weise vom Vater ausginge wie der Sohn) oder „Enkel" (was er wäre, wenn der Geist allein vom Sohn ausginge).[166]

Von Bedeutung für die Identifikation der Gegner ist der Sachverhalt, dass Epiphanius das Ungezeugt-Sein auf den Vater bezieht, das heißt auf die trinitarische Person. Damit steht er im klaren Gegensatz zur Lehre der Neuarianer, das Ungezeugt-Sein mit dem *Wesen* Gottes zu identifizieren (vgl. zu Anc 5,9).

Entscheidend für das Gesamtverständnis ist die Schlussaussage, dass der Geist aus derselben Usia von Vater und Sohn ist.[167] Diese Aussage, verbunden mit dem angefügten Schriftzitat Joh 4,24 (πνεῦμα γὰρ ὁ θεός; Anc 7,8), zeigt den *ambivalenten Geistbegriff* bei Epiphanius an. Er versucht den Heiligen Geist als gleichwertig und selbstständig neben Vater und Sohn zu profilieren und leitet ihn, indem er mit Joh 4,24 das Wesen Gottes als Pneuma bestimmt, aus diesem Pneuma ab.[168] Vor diesem Hintergrund kann er auch die beiden ersten Personen und Gott in der Einheit als „πνεῦμα" bezeichnen.[169] Der Geist ist somit „Geist aus Geist". So verstanden ist er das σύνδεσμος τῆς τριάδος (Anc 7,1), indem er Vater, Sohn und in gewisser Hinsicht sich selbst verbindet und eint. Eine genaue Abgrenzung zwischen der Person des Geistes und dem Pneuma gelingt Epiphanius nicht. Dieser Sachverhalt birgt die Gefahr eines Verständnisses, nach dem der Geist das Urprinzip ist, aus dem Vater und Sohn hervorgehen. Gegen ein solches Verständnis muss sich Basilius in Ep. 52 abgrenzen.[170] Er konzipiert einen Ansatz, der sich sowohl gegen die Annahme richtete,

---

[165] Auch Athanasius argumentiert mit den Begriffen Sohn und Geist, hat aber, wie LAMINSKI (Geist, 150f) betont, dabei die Unterscheidung der Hervorgehensweisen γέννησις und ἐκπόρευσις vor Augen. Allerdings legt auch er diese Unterscheidung nicht in der differenzierten Form zu Grunde wie Gregor von Nazianz.

[166] Die Polemik der Gegner versteht sich gerade vor dem Hintergrund des Versuchs, den Geist als zur Usia von Vater und Sohn zugehörig zu erweisen. Vgl. auch HANSON, Christian doctrine, 754. Die Argumentation der Gegner ist bekannt z.B. aus Athanasius, Or. I c. Ar., 14 (in Bezug auf den Sohn); Ep. ad Serap. IV,5.6 (in Bezug auf den Geist). Mehrfach nimmt Athanasius auf sie Bezug (vgl. z.B. Ep. ad Serap. I,15.25; IV,1 (PG 26, 637 BC); IV,4 (PG 26, 641 D – 644 A)).

[167] Den Pneumatomachen ist es dagegen unmöglich, das Hervorgehen des Geistes aus Gott zu bekennen (vgl. Athanasius, Ep. ad Serap. I,15). Zu beachten ist der Nominativ (πνεῦμα ἅγιον). SCHULTZE (Filioque Anc, 109) übersetzt hier „sondern aus dem selben Wesen von Vater und Sohn und Heiligem Geist", womit er den Skopus der Aussage, dass der Geist gerade aus dem *Wesen* von Vater bzw. Sohn ausgeht, verfehlt.

[168] Vgl. die Verwendung von Joh 4,24 in Anc 70,7, vgl. aber auch Anc 46,6, ebenso Anc 8,5f und Anc 70,2.

[169] So z.B. in Anc 46,6 in Bezug auf Gott; in Anc 47,3 in Bezug auf den Vater; in Anc 57,1 in Bezug auf Gott; in Anc 70,7 in Bezug auf den Geist; in Anc 81,1 in Bezug auf den Sohn.

[170] Ebendort heißt es: „Der Heilige Geist aber wird einerseits mit Vater und Sohn zusammengezählt, weil er über der geschaffenen Welt steht, andererseits ist er so eingeordnet, wie wir durch das Evangelium vom Herrn belehrt worden sind, wenn er spricht [es folgt Mt 28,19]. Wer ihn aber dem Sohn voranstellt oder ihn älter als den Vater nennt, der widersetzt sich Gottes Anord-

der Geist sei Geschöpf als auch gegen die Auffassung, der Geist stünde über Vater und Sohn.[171] Eine solche Präzisierung nimmt Epiphanius nicht vor. Er bringt die Zugehörigkeit zur Usia Gottes zum Ausdruck, indem er diese Usia als Pneuma definiert. Die Schwäche dieses Ansatzes liegt in dem unscharfen Pneuma-Begriff.

Die Bestimmung des Wesens Gottes als Geist erinnert an Markell, gegen dessen Verständnis von der Trinität Epiphanius sich bisher mehrfach abgegrenzt hat. Auch bei Markell spielt Joh 4,24 eine Rolle.[172] Er begründet zu Beginn seiner Epistula ad Liberium zweierlei mit Joh 4,24: Die Einzigkeit Gottes und außerdem eine Reihe negativer Gottesprädikate. Dieselben Gottesprädikate ἀθάνατος, ἀόρατος, ἀψηλάφητος (und mehr) treffen auch auf den Logos Gottes zu.[173] Somit erhält Joh 4,24 eine entscheidende Rolle bei der Begründung der Einheit Gottes. Nach SEIBT identifiziert Markell zwar nicht Logos und Geist oder Vater und Geist, „wohl aber den Geist als Wesen der Gottheit mit dem ‚Heiligen Geist‘. Durch den Geist werden wir der Gottheit des Logos und der Einheit Gottes gewahr, indem der Geist als ein ‚Drittes‘ das Wesen Gottes ist und so diese Gottheit und Einheit gewährleistet.“[174] Einerseits lassen sich hier deutliche Anklänge an das Verständnis bei Epiphanius aufzeigen. Er stimmt mit Markell darin überein, das Wesen Gottes als Pneuma zu bezeichnen, die negativen Gottesprädikate aus Joh 4,24 zu begründen und die Einheit Gottes aus dem Geist-Wesen zu begründen.[175] Andererseits versucht Epiphanius, sich in einem entscheidenden Punkt von diesem Verständnis abzugrenzen, insofern er den Geist als eigenexistent und eigenständig neben Vater und Sohn profilieren will, wohingegen Markell „offensichtlich ... keine dritte Person der Gottheit kennt“.[176] Es ist wahrscheinlich, dass Epiphanius in der Definition des Wesens Gottes als Pneuma und den damit verbundenen Möglichkeiten, die Einheit Gottes zu begründen, von Markell beeinflusst war. Aus dem Bemühen, einerseits

---

nung und ist dem gesunden Glauben entfremdet, weil er die Weise der Doxologie nicht so bewahrt, wie er sie überliefert bekommen hat, sondern für sich eine neue Redeweise ausdenkt, um Menschen zu beeindrucken. Denn wenn er [der Heilige Geist] über Gott steht, stammt er nicht aus Gott; es steht ja geschrieben: Der Geist aber ist aus Gott [1 Kor 2,12]. Wenn er aber aus Gott stammt, wie ist er dann älter als der, aus welchem er stammt? Was für ein Unsinn ist es ferner, wenn nur einer der Ungezeugte ist, etwas anderes als über dem Ungezeugten stehend zu nennen? Außerdem ist er [der Heilige Geist] auch nicht früher als der Eingeborene; es gibt nämlich nichts zwischen Vater und Sohn. Wenn er aber nicht aus Gott stammt, vielmehr durch Christus existiert, dann ist er überhaupt nicht.“ Ep. 52,4,1–16; zitiert nach HAUSCHILD, Briefe I, 116f.

[171] Vgl. dazu DRECOLL, Basilius, 279.

[172] Vgl. TETZ, Markell III, 162; GRILLMEIER, Christus I, 419 (weitestgehend mit Bezug auf TETZ).

[173] Zitiert nach TETZ, Markell III,152,5–8, §1f: εἷς θεὸς ἀθάνατος, ἀόρατος, ἀψηλάφητος· πνεῦμα γὰρ ὁ θεός, οὗτος ἀχώρητος μὴ ἔχων τόπον, ὅπου οὐκ ἔστιν. ὁ τούτου λόγος ἀθάνατος, σοφία ἄφθαρτος, ἀόρατος, τούτου καλεῖται υἱὸς πρωτότοκος, συνεργός, ἄναρχος, ἀψηλάφητος... .

[174] SEIBT, Markell, 368. Vgl. auch GRILLMEIER, Christus I, 419; FEIGE, Die Lehre Markells von Ankyra, 231f.

[175] So schon in Anc 7,8, vgl. aber auch Anc 46,6.

[176] SEIBT, Markell, 368.

(wie Markell) das Wesen Gottes als Pneuma zu verstehen und von daher die Zugehörigkeit des Geistes zu Gott zu beweisen, und andererseits (gegen Markell) den Geist als ewig eigenständig neben Vater und Sohn zu erweisen, erklärt sich das stete Abgrenzen gegen arianische und modalistische Tendenzen: Vor dem Hintergrund seines Geist-Begriffes ist es verständlich, dass Epiphanius jeden „sabellianischen" Verdacht abwehren muss.

Mit Anc 7,8 endet die erste, kürzere der beiden Passagen, die Epiphanius in Haer 74 aufgenommen hat.

d) Die Theorie der Begriffe (Anc 8)

Anc 8 ist das zentrale Kapitel für das Verständnis der *Theologie der Namen*. Hier entwickelt Epiphanius so etwas wie eine *Theorie der Begriffe*. In Anc 8,1 heißt es einleitend: „Jeder der Namen (τῶν ὀνομάτων) ist eindeutig (μονώνυμον)[177] und hat keine Doppelung (μὴ ἔχον δευτέρωσιν; das heißt, er ist singulär und kommt nicht zweimal vor)".

Hintergrund für diese Behauptung ist die Abwehr von Polytheismus: Der Vater ist Vater und hat keinen zweiten Vater neben sich, und er ist nicht mit einem anderen Vater verbunden, „damit nicht zwei Götter seien".[178]

Entsprechend gilt für den Sohn, dass er einziggeboren ist und wahrer Gott aus wahrem Gott. Er hat nicht den Namen des Vaters, aber er ist zugleich dem Vater nicht fremd (οὐδὲ ἀλλότριος πατρός; Anc 8,2), sondern ist Sohn des Vaters. Er ist μονογενής, damit er μονώνυμος sei und Gott aus Gott,[179] so dass Vater und Sohn zusammen ein Gott genannt werden.[180]

Was über Vater und Sohn ausgesagt ist, gilt im Wesentlichen ebenso für den Geist.[181] Auch er ist, wie der Sohn, οὐκ ἀλλότριον πατρός. Im Folgenden geht

---

[177] Zur Bedeutung des Begriffes vgl. unten.

[178] Vgl. Haer 69,18,6. Ebenso argumentiert Ps.-Athanasius, C. Sabellianos 5 (PG 28, 108 A): θεὸς γάρ ἐστι, κἂν μή σοι δοκῇ, καὶ οὐκ εἰσὶ δύο θεοί, ὅτι μηδὲ δύο πατέρες, μηδὲ ἑτερούσιος (sic!) τοῦ γεννήσαντος ὁ γεγεννημένος.

[179] Erneut begegnet das θεὸς ἐκ θεοῦ als Verhältnisbestimmung. Vgl. dazu Anc 6,6 und 6,10. Vgl. auch Anc 2,6.

[180] Hier führt Epiphanius wieder die Argumentation an, die er bereits in Anc 2,6 begonnen hat: Vater und Sohn sind aufgrund ihrer *Beziehung* nur ein Gott und dennoch verschieden (vgl. auch Anc 6,7).

[181] Der Geist wird in Anc 8,3 als μονογενές bezeichnet. Aufgrund der Tatsache, dass Epiphanius noch in Anc 7,8 das Gezeugt-Sein für den Geist verneinte und gerade vorher (Anc 8,1) betonte, wie wichtig es sei, das μονογενής allein auf den Sohn zu beziehen, ist der Ausdruck, wenn er als ursprünglich angenommen wird, im Sinne von „einzig entstanden" zu übersetzen ist. Vgl. ebenso SCHULTZE (Filioque Anc, 112), der das μονογενές im Sinne von „einzig", „einzigartig" deutet und dabei auf den Gebrauch in der Septuaginta verweist, der Epiphanius wohl bekannt gewesen sei (vgl. v.a. Weish 7,22). Er habe die besondere Bedeutung des Begriffes an dieser Stelle auch für den Geist in Anspruch genommen. HOLL gibt im Apparat allerdings eine armenische Lesart wieder, die die Stelle entschärft: „der Eingeborene und der heilige Geist". Für diese Lesart spricht, dass der Geist von Epiphanius an keiner anderen Stelle als „einziggeboren" bezeichnet wird. Dies ist, wie er in Haer 76,3,3 (3,343,17–19) explizit sagt, gerade das Charakteristikum des Sohnes: ὡς υἱὸς ἐκ πατρὸς ἀληθινῶς καὶ ὁμοουσίως γεγεννημένος· οὕτω καὶ ἐπὶ τοῦ ἁγίου πνεύματος διὰ τὸ ἐκ πατρὸς ἐξελθεῖν, εἰ καὶ οὐ γεγέννηται, διὰ τὸ τοῦ υἱοῦ

es Epiphanius erneut darum, das, was das Begriffspaar Vater-Sohn implizit aussagt – die ontologische Verbundenheit – in anderer Weise für den Geist aufzuzeigen (vgl. schon Anc 5,1f; Anc 6,9f; 7,1ff).

Dazu dient ihm das Zeugnis des Sohnes, der über den Geist sagt, er sei „der Geist des Vaters" (vgl. Mt 10,20), der „ausgeht aus dem Vater" (Joh 15,26) und „nimmt aus dem Meinigen" (ἐκ τοῦ ἐμοῦ λήψεται; Anc 8,4; vgl. Joh 16,14). Die Stellen werden damit erläutert (Anknüpfung durch ἵνα), dass der Geist so nicht als fremd dem Vater und dem Sohn gegenüber bezeichnet werden kann, sondern dass er desselben Wesens und derselben Gottheit ist. Die erstgenannten Zitate Mt 10,20/Joh 15,26 sind insofern verständlich, als sie im Hinblick auf eine ontologische Verbundenheit zum Vater interpretiert werden können. Analog macht die Argumentation mit Joh 16,14 an dieser Stelle nur Sinn, wenn die Aussage eine ontologische Verbundenheit mit dem Sohn aufzeigt, denn sie soll stützen, dass der Geist ihm gegenüber nicht wesensfremd ist. Ob das „Nehmen" dabei gleichbedeutend mit einem Ausgang des Geistes aus dem Sohn zu verstehen ist, wird an dieser Stelle nicht deutlich. Die Art der ontologischen Relation bleibt offen.[182] Es folgen weitere Bezeichnungen der Schrift für den Geist, die seine Beziehung zu Vater und Sohn aufzeigen, u.a. „Geist der Wahrheit" (vgl. Joh 14,17; 15,26; 16,13; vgl. schon Anc 5,1, hier in Verbindung mit Joh 14,6: Der Sohn ist die Wahrheit) und „Geist Gottes" (vgl. I Kor 2,11).

Ziel ist auch bei den Ausführungen über den Geist die Aussage, dass er μονωνύμως bezeichnet wird und keinen anderen neben sich hat.

Zu fragen ist, was genau Epiphanius mit dem Begriff μονώνυμος meint. Es handelt sich dabei um ein von ihm gebildetes Kunstwort, das er offensichtlich in Abgrenzung zum Begriff ὁμώνυμος, den er weiter unten in Anc 8,4 verwendet, versteht.[183]

Anhand der Ausführungen zu dem Begriff – den er an keiner Stelle definiert – wird seine Bedeutung in etwa deutlich: Die Namen Vater, Sohn und Geist sind insofern mononym, als die Bezeichnungen ausschließlich auf die jeweilige trinitarische Person zutreffen. Nur der Vater ist Vater, nur der Sohn ist Sohn, und nur der Heilige Geist ist Heiliger Geist. Der Ausdruck μονώνυμος verweist damit auf die singuläre und eindeutige Beziehung zwischen dem Begriff und der bezeichneten Sache, entsprechend ist auch der Begriff *einmalig* und *eindeutig*. Voraussetzung für dieses Verständnis ist der schon in Anc 5,9 genannte Begriffsrealismus und das dort begründete Prinzip, dass ein ontologischer Zusammenhang zwischen dem Begriff und der bezeichneten Sache be-

μονογενές. Die Stelle in Anc 8,3 darf folglich nicht dahingehend bewertet werden, dass Epiphanius auch den Geist als „gezeugt" bezeichnen will, was im Allgemeinen seiner ganzen Argumentation gegen die pneumatomachische Polemik widerspräche, im Besonderen seiner Argumentation mit dem μονώνυμος.

[182] Vgl. zusammenfassend Teil III, B.1.

[183] Der Begriff begegnet m.W. nirgendwo sonst in der Literatur. Auch Epiphanius verwendet ihn nur im *Ancoratus*: Viermal in Anc 8, was die Bedeutung des Begriffs für die Argumentation unterstreicht, und einmal (als Adverb) in Anc 22,7.

steht. Aufgrund der genannten Definition ist der Begriff μονώνυμος allein auf den Bereich des Göttlichen anwendbar, denn die Bestimmung „Vater“ ist in Bezug auf die Menschen keineswegs eindeutig und singulär, sondern trifft auf eine Vielheit zu. Das Vater-Sein bzw. Sohn-Sein in Gott ist insofern singulär, als nur Gott-Vater „wahrer“ Vater ist und nur Gott-Sohn „wahrer“ Sohn,[184] während die menschlichen Väter und Söhne dies nur der Setzung und dem Namen nach sind.[185] Entsprechendes gilt für den „Geist der Wahrheit“ im Gegenüber zu den übrigen Geistern.[186] Die Unmöglichkeit, das μονώνυμος auf andere Begriffe als die trinitarischen Namen anzuwenden, wird anschaulich im Zusammenhang mit der Exegese von Jes 6,3 in Anc 10.

Damit impliziert der Begriff eine Relation. Auch wenn es nur einen singulären Vater gibt, ist dieser per definitionem nur Vater, weil er einen Sohn hat. Der Sohn ist zwar μονώνυμος, aber dennoch nicht ἀλλότριος πατρός (Anc 8,2). Der Geist ist μονωνύμως so bezeichnet, aber Vater und Sohn nicht fremd. Was das Verbindende zwischen den einzelnen Mononyma ist, worin sich ihr Verhältnis begründet, wird an dieser Stelle noch nicht deutlich.

Zu beachten ist, dass Epiphanius den Ausdruck nicht nur auf die einzelnen trinitarischen Personen anwendet, sondern – dies ist die letzte Verwendung – auch auf die Bezeichnung „Gott“. In Anc 22,7 heißt es: „Oh heilige, aufgezählte Trias, in einem Namen aufgezählte Trias. Denn es heißt nicht Einheit (ἑνάς) und Zweiheit (δυάς) und nicht Monas und Monas, sondern Einheit (μονάς) in Dreiheit und Dreiheit in Einheit, μονοειδῶς μονωνύμως εἷς θεός, der Vater im Sohn, der Sohn im Vater, mit dem Heiligen Geist.“ In diesem Abschnitt bezeichnet Epiphanius die in einem *Namen* (vgl. schon Anc 3,8) μονωνύμως aufgezählte Trias als „einen Gott“. Auch hier gilt die Definition, dass der Begriff „Gott“ und damit Gott selber singulär und eindeutig bezeichnet ist.

Vor dem gezeigten Hintergrund ist nach dem Verständnis der folgenden zentralen Aussage zu fragen. An die Ausführungen zum Geist anschließend heißt es in Anc 8,4: „Er [scil. der Geist] wird nicht mit dem Namen des Sohnes gerufen oder mit der Benennung des Vaters benannt, damit nicht die μονώνυμα ὀνόματα ὁμώνυμα werden. Mit der Ausnahme, dass das ‚Gott‘ [scil. die Bezeichnung Gott] im Vater [ist], das ‚Gott‘ im Sohn, im Heiligen Geist das ‚Gottes‘ und das ‚Gott‘.“[187]

[184] Vgl. dazu Anc 73,3.

[185] Zu dem Problem, dass auch die menschlichen Väter als Väter und die menschlichen Söhne als Söhne bezeichnet werden, äußert Epiphanius sich in Anc 71. Hier macht er deutlich, dass die Bezeichnungen Vater und Sohn allein in der Gottheit wahrhaft verortet sind und dass die menschlichen Väter und Söhne dies nur θέσει ἢ κλήσει sind (vgl. Anc 71,3–5). Schon in Anc 3,2 und Anc 6,3 hat er ein Verständnis abgewehrt, nach dem der Sohn nur θετός Sohn sei.

[186] Vgl. Anc 71f.

[187] Anc 8,4f: μὴ καλούμενον ὀνόματι υἱοῦ ἢ ὀνομαζόμενον ὀνομασίᾳ πατρός, ἵνα μὴ τὰ μονώνυμα ὀνόματα ὁμώνυμα ὑπάρχῃ· πλὴν ὅτι τὸ θεὸς [ἀλλ’] ἐν πατρί, τὸ θεὸς ἐν υἱῷ, [τὸ θεὸς] ἐν ἁγίῳ πνεύματι τὸ θεοῦ καὶ θεός. Zu den verschiedenen Formulierungen in Bezug auf den Geist vgl. unten.

Zunächst ist nach der Bedeutung des Begriffes ὁμώνυμος zu fragen. Da er im *Ancoratus* nur an dieser Stelle vorkommt, soll ein Überblick über die entsprechenden Stellen im *Panarion* seine verschiedenen Bedeutungsmöglichkeiten aufzeigen.[188] Es zeigt sich, dass Epiphanius ὁμώνυμος in unterschiedlichen Bedeutungen gebraucht, so z.B. in der allgemeinen, seit Homer[189] bekannten Bedeutung, dass verschiedene Personen oder Sachen (aufgrund einfacher Setzung) die gleiche Benennung tragen.[190] Daneben sind insbesondere folgende Verwendungen zu unterscheiden:

1. bezeichnet Epiphanius den Sachverhalt als ὁμώνυμος, dass ein einzelner Begriff mehrere grundlegend voneinander verschiedene Bedeutungen haben kann.[191] Dieses Verständnis entspricht in etwa der Definition, die Aristoteles zu Beginn seiner Schrift über die Kategorien gibt. Demnach heißen Dinge[192] homonym, „wenn sie nur einen Namen gemeinsam haben, aber die dem Namen entsprechende Definition des Seins verschieden ist."[193] Nach dieser Festlegung

---

[188] Insgesamt verwendet Epiphanius den Begriff (einschließlich der adverbiellen und der substantivierten Form sowie als Adjektiv ὁμωνυμικός/ὁμωνυμικῶς) 20 mal (daneben zweimal im Zitat: Haer 31,27,9 (1,427,2); Haer 73,5,5 (3,275,2)). Im *Ancoratus* begegnet er nur an dieser einen Stelle.

[189] Vgl. Homer, Il. XVII, 720. Vgl. PRONAY, Homonym, 1181.

[190] So haben z.B. ein Mensch und ein Fluss denselben Namen: Inachos der Kappadokier (vgl. auch Anc 104,6) und ein gleichnamiger Fluss (vgl. Haer 4,2,5 (1,182,12)). Zwei Menschen haben denselben Namen: Bischof Alexander von Alexandrien und der gleichnamige Bischof von Konstantinopel (vgl. Haer 68,4,8 (3,145,8); ebenso Haer 69,10,2 (3,160,15); vgl. auch Haer 21,3,5 (1,242,13)). Die Bezeichnung „Nazoräer" bezieht sich einmal auf Christen und einmal auf Häretiker (vgl. Haer 29,6,6 (1,328,11f)). Vgl. auch das Adv. ὁμωνύμως: Verschiedene Steine werden gleichnamig benannt (vgl. De XII Gemmis, 1,12 (PG 43, 293–304)).

[191] Der Begriff „Engel" ist mehrdeutig; vgl. Haer 69,35,3 (3,183,28f): ὁμώνυνον γάρ ἐστι τὸ τοῦ ἀγγέλου ὄνομα. Der Begriff γέγονεν wird mehrdeutig (ὁμωνύμως, Adv.) verwendet, nämlich einmal im Sinne von „(geschaffen) werden" und einmal im Sinne von „sich aufhalten"; vgl. Haer 69,41,1 (3,188,30–32): πρὸ αὐτοῦ (scil. Johannes) γέγονεν (scil. der Logos) ἐν κόσμῳ, οὐ περὶ κτίσεως, οὐ περὶ ποιήσεως σημαίνων, ἀλλὰ κατὰ τὴν χρῆσιν, <καθ'> ἣν ὁμωνύμως εἰάθασιν οἱ ἄνθρωποι λέγειν· ἐγενόμην ἐν Ἱεροσολύμοις...; vgl. ähnlich im Zusammenhang mit der Deutung des Begriffes γεννητός durch Aëtius, Haer 76,16,3 (3,362,7).

[192] Ein Unterschied zu dieser Definition bei Aristoteles besteht darin, dass Epiphanius den Ausdruck ὁμώνυμος auch auf Begriffe bezieht, nicht nur auf Dinge. Darin folgt er Platon, der dem Begriff ὁμώνυμος insofern eine neue Bedeutungsvariante gegenüber dem vorphilosophischen Gebrauch gegeben hat, als er ihn auch auf die *Benennung* (κλῆσις) heterogener Dinge anwandte. Vgl. Platon, Polit. 257 d 13 – 258 a 1: ἡ κλῆσις ὁμώνυμος οὖσα. Vgl. PRONAY, Homonym, 1181; OEHLER, Aristoteles, 196. Platon gebraucht den Begriff auch dazu, „den Widerspruch zwischen der sprachlich-lautlichen Identität der Benennung und der seinsmäßigen Verschiedenheit der benannten Dinge zum Ausdruck zu bringen. Gemäß dieser neuen Funktion des Wortes werden insbesondere die Idee und die an ihr partizipierenden Einzeldinge wie überhaupt alles, was in der Urbild-Abbild-Relation steht, ὁ. genannt." PRONAY, Homonym, 1181. Beispiele für diese Verwendung sind Parm. 133 c–d (d 3); Soph. 234 b (b 7). Ein solches Verständnis lässt sich bei Epiphanius nicht nachweisen.

[193] Übersetzt nach OEHLER, Aristoteles, 9. Vgl. die vollständige Definition, die Aristoteles an dem Begriff „Lebewesen" erläutert (Cat. 1,1–6): ὁμώνυμα λέγεται ὧν ὄνομα μόνον κοινόν, ὁ δὲ κατὰ τοὔνομα λόγος τῆς οὐσίας ἕτερος, οἷον ζῷον ὅ τε ἄνθρωπος καὶ τὸ γεγραμμένον.

stimmen homonyme Dinge nur dem Namen nach überein, sind aber seinsmäßig voneinander vollständig verschieden.[194]

2. Als ὁμώνυμος werden bei Epiphanius ferner Dinge zusammengefasst, die derselben Art angehören.[195] Diese Verwendung entspricht der Definition von „synonym“ durch Aristoteles.[196]

3. Zuletzt ist noch festzustellen, dass er mit dem Begriff ὁμώνυμος auch den umgekehrten Sachverhalt ausdrücken kann, dass verschiedene Begriffe oder Formulierungen dasselbe meinen („gleichbedeutend“).[197] Diese Verwendung entspricht wiederum dem, was z.B. Simplicius als „polyonym“ definiert, dass nämlich verschiedenen Namen bzw. Begriffen eine gemeinsame Definition zukommt.[198]

Epiphanius verwendet den Begriff ὁμώνυμος also nicht einheitlich und subsumiert darunter verschiedene, in der damaligen Philosophie übliche Bedeutungsvarianten. Allen gezeigten Verwendungen ist gemeinsam, dass sich der Begriff auf eine Mehrzahl bzw. Verschiedenheit bezieht, das heißt er ist nicht eindeutig und singulär, und darin unterscheidet er sich von dem, was Epiphanius unter μονώνυμος versteht.

Für die Bedeutungsbestimmung in Anc 8,4f ist vor dem Hintergrund der gezeigten Bedeutungsvielfalt vom direkten Kontext auszugehen. Der Begriff

---

τούτων γὰρ ὄνομα μόνον κοινόν, ὁ δὲ κατὰ τοὔνομα λόγος τῆς οὐσίας ἕτερος· ἂν γάρ τις ἀποδιδῷ τί ἐστιν αὐτῶν ἑκατέρῳ τὸ ζῴῳ εἶναι, ἴδιον ἑκατέρου λόγον ἀποδώσει.

[194] Vgl. PRONAY, Homonym, 1182; OEHLER, Aristoteles, 197. OEHLER (Aristoteles, 189f) veranschaulicht diesen Sachverhalt an dem Wort „Trieb“. Mit Trieb kann sowohl ein Schößling bezeichnet werden als auch ein Drang. Allerdings sind die Bestimmung dessen, welche Bedeutung „Trieb“ in bezug auf Schößling hat und welche Bedeutung „Trieb“ in bezug auf Drang hat, nicht dieselben. Als konstitutiv für die Homonymie bezeichnet es OEHLER, dass die Relationen von Schößling/Trieb und von Drang/Trieb unterschiedlich sind und damit eindeutig.

[195] Verschiedene geschaffene Dinge werden mit einem Begriff benannt (scil. Geschöpf); vgl. Haer 76,53,6 (3,408,7f). Vgl. auch das Adjektiv ὁμωνυμικός/ὁμωνυμικῶς: Frau und Mann werden mit dem gleichen Begriff „Mensch“ bezeichnet (vgl. Haer 35,2,12 (2,42,29)).

[196] Aristoteles (Cat. 1,6–10) verdeutlicht dies an den Begriffen „Lebewesen“, „Mensch“ und „Ochse“: συνώνυμα δὲ λέγεται ὧν τό τε ὄνομα κοινὸν καὶ ὁ κατὰ τοὔνομα λόγος τῆς οὐσίας ὁ αὐτός, οἷον ζῷον ὅ τε ἄνθρωπος καὶ ὁ βοῦς· ὁ γὰρ ἄνθρωπος καὶ ὁ βοῦς κοινῷ ὀνόματι πρασαγορεύεται ζῷον, καὶ ὁ λόγος δὲ τῆς οὐσίας ὁ αὐτός. Nach OEHLER (Aristoteles, 191) basiert Synonymie in diesem Sinne auf der Nichteindeutigkeit einer Relation, die zwischen beiden bezeichneten Dingen und dem gemeinsamen Oberbegriff besteht. OEHLER illustriert das wiederum am Begriff Trieb: Sowohl Machtgier als auch Hunger können als Trieb bezeichnet werden. Die Bestimmung dessen, welche Bedeutung „Trieb“ in bezug auf Machtgier hat und welche Bedeutung „Trieb“ in bezug auf Hunger hat, ist – anders als bei den Homonyma – dieselbe, also nicht eindeutig (vgl. a.a.O., 190).

[197] Vgl. etwa Haer 77,19,2 (3,433,10–13): Verschiedene Aussagen zur Inkarnation bezeichnen denselben Sachverhalt: οὐδὲν δὲ θαυμαστὸν οὔτε διαφοράν τινα ἐν τούτῳ τις ἔχει δεῖξαι, τῷ εἰπεῖν ἀναλαβεῖν σάρκα τὸν κύριον ἢ λαβεῖν τελείαν ἐνανθρώπησιν ἢ ὥσπερ πολλάκις ἐν ἡμῖν ὁμωνύμως πολλαὶ λέξεις τυγχάνουσιν. Vgl. auch Haer 76,20,10 (3,367,2–4); Haer 76,19,6 (3,365,14–18); Haer 76,34,9 (3,384,2); Haer 76,37,4 (3,388,11); Haer 31,2,5 (1,384,21). Vgl. auch das Substantiv ὁμωνυμία in Haer 66,17,7 (3,41,10–12). Vgl. auch Haer 64,8,2 (2,417,9).

[198] Vgl. Simplicius, In Arist. Cat. 1 (22,24f): ὅσα δὲ ἀνάπαλιν κατὰ μὲν τὸν λόγον κοινωνεῖ, διαφέρει δὲ κατὰ τὸ ὄνομα, ταῦτα καλεῖται πολυώνυμα.

„Gott“ ist, das wurde oben gezeigt, einerseits mononym. Allerdings bezieht er sich nach Anc 8,5 (vgl. auch Anc 6,8) auch auf Vater, Sohn und Geist, also auf eine Differenziertheit. Damit ist er homonym, und zwar im Sinne eines *Wesens*begriffs (vgl. Anc 6,10). Er ist dagegen nicht, und darin unterscheidet er sich von der oben unter 2. gezeigten Bedeutung, reiner Gattungsbegriff, weil er nicht Oberbegriff für eine Menge aller Götter ist.[199] Genau diese Interpretation wehrt Epiphanius in Anc 6,8 ab.[200] Auf sprachlicher Ebene drückt er sein Verständnis darin aus, dass τὸ θεός, also der Begriff „Gott“ und damit das Gott-Sein *im* (ἐν) Vater ist, *im* Sohn und *im* Heiligen Geist (Anc 8,5).[201] Damit kommt er hier einer stoisch-materiellen Auffassung nahe. Allerdings versteht Epiphanius die Usia keineswegs als stofflich oder materiell, wie vor allem das Verständnis des Wesens als Pneuma zeigt sowie die Betonung, dass Gott nicht zusammengesetzt ist (vgl. unten Anc 8,6). Das eine Wesen verbindet die trinitarischen Personen und ist insofern der πᾶς σύνδεσμος τῆς τριάδος (vgl. Anc 4,5). Dagegen sind Vater, Sohn und Geist nicht jeweils eigene Usiai – die Namen sind mononym, nicht homonym. Vor dem gezeigten Hintergrund erklärt sich, warum nach Anc 8,4 die μονώνυμα nicht zu ὁμώνυμα werden dürfen: Wenn es zwei Väter oder zwei Heilige Geiste gäbe, wenn also die Begriffe nicht mehr μονώνυμος sondern ὁμώνυμος wären, Wesens- oder auch Gattungsbegriff, dann gäbe es verschiedene Wesen und damit Polytheismus.

Entsprechend argumentiert Epiphanius in Anc 6,8, dass er nicht von drei Göttern spreche, wenn er Vater, Sohn und Geist als Gott bezeichnet: Der Begriff Gott ist als homonymer Begriff zugleich mononym, singulär. Darin besteht die Ausnahme in Bezug auf den Ausdruck (vgl. das πλὴν ὅτι in Anc 8,5), dass „Gott“ der einzige mononyme Begriff ist, der auch homonyme Eigenschaften besitzt. So handelt es sich um nur ein Wesen, das in der Dreiheit existiert (vgl. Anc 67,7), nicht um verschiedene Götter. Andererseits, so fährt er Anc 6,8 fort, wird durch die drei Namen die eine Gottheit des Vaters, des Sohnes und des Geistes bezeichnet. Das heißt, zwischen den μονώνυμα und dem homonymen Begriff „Gott“ besteht ein wechselseitiger Bezug: Das eine zeigt das andere an, und das eine ist ohne das andere nicht denkbar. Die mononymen Begriffe stehen, wie oben gesagt, in einer bestimmten Relation zueinander, und diese Relation ist allein durch den Wesensbegriff begründet, sie würde ohne ihn nicht existieren. Auf der anderen Seite ist im konkreten Fall „Gott“ nur insofern ein homonymer Begriff, als er sich auf die offenbarte Dreiheit (vgl. Mt 28,19) be-

---

[199] Ein Beispiel für einen Gattungsbegriff ist das oben unter 2. genannte Beispiel Mann/Frau = Mensch.

[200] Insofern ist die Übersetzung HÖRMANNS (BKV II) mit „Gattungsbegriff“ nicht präzise. WOLFSGRUBER (BKV I) übersetzt demgegenüber neutraler: „[...] damit nicht die nur einem zukommenden Namen Mehrere bezeichnen.“

[201] Es heißt dagegen nicht: Vater, Sohn und Geist sind *in Gott*. Das ist insofern von Bedeutung, als damit ausgeschlossen ist, dass die Gottheit eine vierte Größe über Vater, Sohn und Geist ist.

zieht, denn außer dem trinitarischen Gott existiert kein Gott (vgl. schon Anc 2,6).[202]

Insgesamt bringt Epiphanius präzise den Sachverhalt zum Ausdruck, den er in Anc 6 mit ὁμοούσιος bezeichnet hat: Ein Wesen existiert in der realen Dreiheit. Umgekehrt konstituiert diese Dreiheit das eine Wesen. Der Begriff μονώνυμος hat damit die Bedeutung, die später, nachdem Epiphanius die Redeweise von den drei Hypostasen übernommen hat, der Begriff ὑπόστασις erhält. Die Mononyma verhalten sich nach Anc 8 zum Wesensbegriff, wie die Hypostasen nach dem dort zugrundeliegenden Verständnis zur Usia.[203] Die gesamte Argumentation mit den Namen kann von daher als Ersatz für die Verwendung des Begriffes ὑπόστασις als Personbegriff im *Ancoratus* gesehen werden.

Mit seiner Theorie der Begriffe zeigt Epiphanius, dass in jedem einzelnen Namen der Begriff Gott enthalten ist, dass also jeder trinitarischen Person Gottheit zukommt, ohne dass Polytheismus besteht. Entscheidendes Argument dafür ist die Homousie, das heißt die Tatsache, dass die Personen durch das eine Wesen in einer ontologischen Relation stehen. Es ist, wie schon im Zusammenhang mit Anc 5,9 gesagt, möglich, den Hintergrund der Argumentation in neuarianischer Lehre zu sehen, nach der verschiedene Namen auf verschiedene οὐσίαι verweisen.[204] Dem hält Epiphanius seine Unterscheidung von mononymen und homonymen ὀνόματα entgegen. Allein der homonyme Begriff könnte auf eine ontologische Trennung verweisen. Die namentliche Differenziertheit, die auf der mononymen Ebene liegt, ist dagegen keine ontologische, dennoch aber eine reale.

Basilius argumentiert in AE II,4,3–33.35–41 ebenfalls mit den ὀνόματα.[205] Ein wesentlicher Unterschied zu Epiphanius ist der, dass Basilius die ὀνόματα allein auf die Idiomata bezieht, die den Bereich des Einzelnen charakterisieren, nicht aber auf die Usia. Der Grund dafür liegt darin, dass die Usia für Basilius grundsätzlich nicht ausgedrückt, das heißt nicht gedanklich erfasst werden kann.[206] Aufgrund dessen ist es für ihn nicht möglich, ἀγεννεσία mit οὐσία

---

[202] Hier werden die mononymen Eigenschaften des Begriffs „Gott“ deutlich (vgl. Anc 22,7): Der Ausdruck steht insofern in einem eindeutigen Verhältnis zur bezeichneten Sache, als der wahre Gott genau der trinitarische Gott ist.

[203] Vgl. dazu Haer 62,3,6 (2,392,6–9). Epiphanius gebraucht dort τὰ ὀνόματα mit αἱ ὑποστάσεις parallel, was diese These bestätigt. Zur Definition von ὑπόστασις und zur neunizänischen Formel vgl. Teil III, D.3.

[204] Vgl. neben den im Zusammenhang mit Anc 5,9 genannten Stellen auch Eunomius, Apol. 18 (56,13f): οὓς ἐχρῆν, εἰ μέν τις ἦν αὐτοῖς ἀληθείας φροντίς, παρηλλαγμένων τῶν ὀνομάτων παρηλλαγμένας ὁμολογεῖν καὶ τὰς οὐσίας. Dazu Basilius, AE II,24,74–80; vgl. auch AE II,3,29f.

[205] Vgl. dazu DRECOLL, Basilius, 63–74.

[206] Vgl. DRECOLL, Basilius, 65. Damit sei allerdings nicht gemeint, dass von der Usia gar nichts erkennbar ist. Vielmehr sei eine Reihe von Eigenschaften, die zur Usia gehören, angebbar, und darüber sei es möglich, verschiedene Dinge einer gemeinsamen Usia zuzuordnen. Vgl. dazu ders., 66f.

gleichzusetzen.[207] Dieser Begriff gehört vielmehr in die Reihe der negativen Gottesprädikate. Damit steht er dem Ansatz der neuarianischen Gotteslehre, die in platonischer Tradition davon ausgeht, dass ein Zusammenhang besteht zwischen den Namen und der Natur der Dinge einerseits und dem Denken Gottes andererseits, „diametral entgegen".[208]

Der Ansatz des Epiphanius unterscheidet sich im Wesentlichen dadurch, dass er den Begriff ὄνομα auch auf die Usia bezieht. Der Grund dafür liegt darin, dass er, anders als Basilius, die Frage nach der ἀγεννεσία, die die Neuarianer mit der Usia gleichsetzen, überhaupt nicht thematisiert. Sie bildet nicht das Kernproblem seiner Auseinandersetzung. So ist seine Vorgehensweise eine andere, weil seine Zielsetzung eine andere ist: Es geht ihm darum, die Rede von der Trinität, deren namentliche Bezeichnung in Mt 28,19 offenbart ist, als Rede von der Einheit in der Dreiheit zu ermöglichen.

Damit ist es unwahrscheinlich, dass er bei der Entfaltung seiner Lehre von Basilius beeinflusst war. Wenn er dessen Argumentation hätte übernehmen können, wäre kaum zu erklären, warum er eine so schwierige und komplizierte Begriffstheorie entworfen hat. Es zeigt sich, dass Epiphanius ein Beispiel dafür gibt, mit einem eigenständigen Ansatz, der sich auf die ὀνόματα stützt, auf neuarianische Lehre zu reagieren.

Im Folgenden muss auf die in Anc 8,5 genannte besondere Charakterisierung für den Geist eingegangen werden. Auffallend ist, dass für ihn eine doppelte Bestimmung gilt, und damit nimmt Epiphanius den Gedanken des *ambivalenten Geistbegriffes* von Anc 7,1; 7,8 wieder auf: Im Geist ist τὸ θεοῦ καὶ θεός (Anc 8,5). Neben der Wesensbestimmung „Gott", der „Sachbezeichnung", macht er hier eine relationale Aussage. Dies entspricht der Beobachtung in Anc 5,9, dass die Begriffe eine ontologisch relationale Bedeutung haben. Entsprechend hat Epiphanius sich bemüht, in Anc 5,1f; 6,9f; 7,1ff; 8,3f, den Geist in ein relationales Verhältnis zu Vater und Sohn bzw. zu Gott zu stellen. Allerdings fehlt ihm eine adäquate Formulierung, die dem, was das Begriffspaar Vater-Sohn aussagt, gleichkommt. Allein aufgrund des Verständnisses vom Wesen Gottes als Pneuma ist es ihm möglich, eine gleichrangige Relation anzugeben. Mit Aussagen, die er z.T. schon in Anc 8,4 gemacht hat, spezifiziert er den zweiten Teil der Formulierung, dass im Geist „τὸ θεοῦ" ist: Denn er ist „Geist Gottes und Geist des Vaters und Geist des Sohnes, nicht nach Art irgendeines Zusammengesetzten (οὐ κατά τινα σύνθεσιν) wie bei uns Seele und Leib, sondern inmitten (ἐν μέσῳ) von Vater und Sohn, aus dem Vater und dem Sohn, der dritte der Benennung[209] nach" (Anc 8,6).

Zunächst interpretiert Epiphanius die Aussagen negativ: „nicht nach Art irgendeines Zusammengesetzten". Indem er mit ἀλλά fortfährt, setzt er einen

[207] Vgl. Basilius, AE I,11,12–14.

[208] DRECOLL, Basilius, 72.

[209] Vgl. Anc 7,1. Sowohl dort als auch hier wird die Formulierung erläutert durch Mt 28,19 (vgl. Anc 8,7). Vgl. dazu Athanasius, Ep. ad Serap. IV,5.

Gegenpol. Demnach muss die Formulierung ἐν μέσῳ πατρὸς καὶ υἱοῦ, die er im *Ancoratus* nur hier derartig verwendet,[210] als Abgrenzung zu dem Gedanken der Zusammensetzung verstanden werden, den Epiphanius auf jeden Fall vermeiden will.[211] Der Geist hat seinen Platz damit nicht im Vater und im Sohn (was eine σύνθεσις bedeuten würde wie Leib und Seele), sondern zwischen ihnen. Das passt zu der Aussage, dass er das „Band der Trias“ ist (vgl. Anc 7,1).[212] Hier wie dort ist das nicht so zu verstehen, dass eine Mittelbarkeit im Verhältnis Vater-Sohn zum Ausdruck gebracht werden soll.[213] Es geht allein darum aufzuzeigen, dass der Geist eigenständig und selbstständig existiert und Gott nicht zusammengesetzt ist. Die erklärende Ergänzung „aus dem Vater und dem Sohn“ deutet auf einen zweifachen Ausgang des Geistes hin, der allerdings nicht weiter spezifiziert wird. Wenn Epiphanius hier von einem zweifachen Ausgang spricht, geht es ihm darum, den Geist in eine ontologische Relation zu Vater und Sohn zu stellen. Die spezielle Frage nach dem Ausgang aus dem Sohn hat er dagegen nicht thematisiert.[214]

Die Aussage, dass er sei „der dritte der Benennung nach“, unterstreicht einmal mehr dessen Eigenständigkeit.[215] Als Beleg für diese Aussage führt Epiphanius, wie schon in Anc 7,1, den Taufbefehl an. Aufgrund des Kontextes wird klar, dass Mt 28 die Grundlage für seine *Theologie der Namen* ist: Hier ist von der Taufe auf die drei ὀνόματα die Rede. Im Folgenden expliziert er seine Theorie anhand eines praktischen Beispieles, der falschen Taufpraxis. Seine Ausführungen sind somit nicht spekulativ, sondern haben praktische Bedeutung für das Gemeindeleben.

Die folgenden Ausführungen haben zwei Stoßrichtungen.

---

[210] In der Regel wird der Ausdruck ἐν μέσῳ im Zusammenhang des Zitates Hagg 2,5 gebraucht. Vgl. z.B. Anc 5,1; 69,5.

[211] Vgl. Anc 12,2; 47f. HÜBNER sieht in der Ablehnung einer Zusammensetzung und in der Formulierung von Anc 8,6 einen weiteren Beweis dafür, dass Epiphanius Ps.-Athanasius kannte (vgl. hierzu C. Sabellianos 13 (PG 28, 117 B)). Vgl. HÜBNER, Ps-Athanasius, 180f. Der Gedanke, dass Gott im Unterschied zu den geschaffenen Lebewesen nicht zusammengesetzt ist, begegnet schon bei Origenes, De princ I,1,6 (22,21–26).

[212] SCHULTZE verweist im Zusammenhang mit dem Ausdruck ἐν μέσῳ auf eine Stelle bei Gregor von Nazianz, der in Or. 31 (V),8,11–14 (vgl. auch 8,6–9) darauf hinweist, dass es zwischen „ungezeugt“ und „gezeugt“ noch eine Zwischenlösung (μέσον) gebe, die auf den Heiligen Geist zutrifft. Aufgrund dieser Lösung wendet Gregor den Einwand ab, der Geist müsse entweder Bruder oder Enkel sein. Im Anschluss an Joh 15,26 (ἐκπορεύεται) folgert Gregor: ὃ καθ᾽ ὅσον μὲν ἐκεῖθεν ἐκπορεύεται, οὐ κτίσμα· καθ᾽ ὅσον δὲ οὐ γεννητόν, οὐχ υἱός· καθ᾽ ὅσον δὲ ἀγεννήτου καὶ γεννητοῦ μέσον, θεός. Vgl. SCHULTZE, Filioque Anc, 112. Allerdings ist diese Stelle hier nur von mittelbarem Wert, denn es ist zu beachten, dass Epiphanius mit dem ἐν μέσῳ zwar eine Aussage über die *Stellung* des Geistes tätigt, nicht aber über dessen *Ausgang* (gegen SCHULTZE).

[213] Vgl. zu Anc 7,1 und dem dort genannten Aufsatz von ABRAMOWSKI.

[214] Vgl. zusammenfassend Teil III, B.1.

[215] Es ist mittlerweile deutlich geworden, dass Epiphanius mit dieser Formulierung keine Stufung impliziert. Vgl. auch Anc 7,1. An beiden Stellen erläutert er die Aussage mit dem Taufbefehl Mt 28,19.

1.) Den ersten Argumentationsgang beginnt Epiphanius mit einer Frage (eingeleitet mit εἴ δέ), deren erster Teil eine Prämisse ist:

„Wenn der Vater auf seinen Namen tauft, auf den Namen Gottes, und das Siegel im Namen Gottes vollkommen in uns besiegelt ist, und wenn der Sohn auf seinen Namen tauft, den Namen Gottes, und das Siegel im Namen Gottes vollkommen in uns besiegelt ist..." (Anc 8,7). Durch die jeweilige Ergänzung εἰς ὄνομα θεοῦ bringt er den oben aufgezeigten Sachverhalt zum Ausdruck, dass die mononymen Begriffe Vater und Sohn den Begriff Gott beinhalten. Der Sohn tauft nicht nur auf sich als Sohn, sondern in seiner Taufe sind wir auf Gott getauft. Aufgrund des *Implikationsprinzips* (vgl. zu Anc 5,9) sind wir in einem Namen zugleich auf die gesamte Trias getauft. In dieser Argumentation liegt eine wichtige Parallele zu Athanasius und Basilius.[216]

Entsprechend fährt Epiphanius fort:

„... wer wagt es (dann), seine eigene Seele zu bekämpfen, indem er den Geist als der Gottheit fremd bezeichnet? Denn wenn wir auf den Namen des Vaters und auf den Namen des Sohnes und auf den Namen des Heiligen Geistes <besiegeln>[217], ist es ein Siegel der Dreiheit. Folglich (ἄρα) ist es auch eine wirkende Macht (δύναμις; vgl. Anc 4,6) der Gottheit in der Dreiheit" (Anc 8,7f).

Anhand dieser Ausführungen lassen sich die Gegner ungefähr bestimmen. Offensichtlich stellen sie die Gottheit des Sohnes nicht in Frage. Das ergibt sich aus der Argumentation, die von Vater und Sohn ausgeht und von daher (nur) nach dem Geist fragt. Die Gegner bezeichnen den Geist zwar als der Gottheit fremd, ob sie ihn aber als Geschöpf verstehen, wird nicht deutlich. Zumindest ist es wahrscheinlich, dass sie dennoch auf ihn taufen, denn wenn sie nur auf Vater und Sohn, also binitarisch tauften, wäre Epiphanius' Kritik sicher eine andere gewesen. Ausgangspunkt und Gegenstand der Argumentation ist der Taufbefehl in Mt 28. Im Zusammenhang mit diesem Taufbefehl ist die Bezeichnung des Geistes als τρίτον (vgl. Anc 8,6) zu verstehen, womit Epiphanius darauf anzuspielen scheint, dass der Geist nicht von der Taufe getrennt werden darf.[218]

Es kommen somit zwei mögliche Gruppierungen als Gegner in Frage: Zum einen Vertreter der zweiten in Haer 74,1 genannten Gruppe, die die Gottheit und Homousie des Sohnes nicht in Frage stellen, den Geist aber entweder als Geschöpf verstehen oder doch zumindest nicht mit Vater und Sohn als ὁμοούσιος anerkennen. Hauptvertreter dieser Gruppe ist Eustathius mit seiner Theologie,

---

[216] Die These, dass wir in jedem Namen vollkommen auf Gott getauft sind, begegnet auch in Anc 22,6. Auch Basilius argumentiert in DSS XII,28,7f, dass die Nennung des Namens Christi das Bekenntnis zum Ganzen beinhalte: ἡ γὰρ τοῦ Χριστοῦ προσηγορία τοῦ παντός ἐστιν ὁμολογία. Auch Athanasius betont, dass denjenigen, den der Vater tauft, zugleich auch der Sohn tauft, und den der Sohn tauft, der wird im Heiligen Geist vollendet. Vgl. Athanasius, Or. II c. Ar., 41,5,29–32.

[217] Die Konjektur <σφραγίζομεν> von HOLL erscheint sinnvoll.

[218] Vgl. auch Ps.-Athanasius, C. Sabellianos 7 (PG 28, 108 D – 109 A). Vgl. ebenso Basilius, der v.a. in DSS X mit der im Taufbefehl zugrundegelegten Ordnung argumentiert (vgl. DSS X,24,1–10).

die er vor dem Bruch mit Basilius (373) vertreten hat.[219] Eustathius schrieb dem Geist eine dienende Funktion zu,[220] verstand ihn aber offenbar nicht explizit als Geschöpf, was sich daraus ergibt, dass Basilius ihn in dieser Hinsicht nicht bekämpft hat.[221] Eustathius und seine Anhänger bieten sich als mögliche Gegner an, weil sie gerade zu Beginn der siebziger Jahre in Kleinasien wirkten und ihre Lehre dort verbreitetet war, so dass es möglich ist, dass auch die Gemeinde in Suedra von dieser Lehre betroffen war.[222]

Die andere Gruppierung, die in Frage kommt, ist die der Tropiker, gegen die sich Athanasius gewendet hat, bzw. eine ihnen nahestehende theologische Richtung.[223] Allerdings ist über Tropiker in Kleinasien nichts bekannt. Möglich ist jedoch, dass Epiphanius seine Kenntnis der Schriften des Athanasius genutzt hat, um auch gegen diese Lehre vorzugehen. Außerdem wird er z.B. durch Hypatius direkt über die Situation in Ägypten informiert gewesen sein, der wegen pneumatomachischer Lehre zu ihm gekommen ist.[224] Athanasius, für den die Einheit in der Taufe und die Einheit in der Trinität einander bedingen, wirft in Ep. ad Serap. I,30 den Tropikern vor, zwei Taufen zu kennen, eine im Namen des Vaters und des Sohnes und eine andere im Namen eines geschöpflichen Engels. Aus diesem Grunde bleibe ihnen nichts Sicheres und Wahres. Er verweist dagegen auf die Unmöglichkeit, dass der Gottheit etwas Geschöpfliches beigegeben sein kann.[225] Es ist möglich, dass Epiphanius in seinen Ausführungen von Athanasius beeinflusst war, denn auch die in Anc 9,1 folgende Unterscheidung von Falschgläubigen und Ungläubigen begegnet im selben Kontext ansatzweise bei Athanasius.[226]

Mit dem folgenden Satz bekämpft Epiphanius eine signifikant andere Auffassung. Er paraphrasiert polemisch eine gegnerische Lehre (wieder eingeleitet durch εἰ δέ):

---

[219] Dieses Datum ist von daher entscheidend, weil Eustathius sich danach vom ὁμοούσιος und damit vom Nizänum distanziert hat. Vgl. zu allem Teil I, A.2.c).

[220] Vgl. Basilius, DSS X–XII. Basilius wendet sich hier gegen diejenigen, die behaupten, der Geist dürfe dem Vater und dem Sohn nicht gleichgestellt werden, weil er der Natur nach fremd und der Würde ermangelnd sei (so DSS X,24,1–3) bzw. gegen diejenigen, die den Geist abtrennen (διαιρεῖν) und ihm eine dienende Natur zuschreiben (vgl. DSS X,25,19–21). Eustathius taufte aller Wahrscheinlichkeit nach dennoch trinitarisch, was aus einem indirekten Zitat in DSS XIV,31,1f hervorgeht. Dort heißt es: ἀλλ' οὐδὲ εἰ βαπτιζόμεθα, φησίν, εἰς αὐτό, οὐδ' οὕτω δίκαιον μετὰ θεοῦ τετάχθαι. Zur Einordnung des Zitates vgl. DRECOLL, Basilius, 188; 190. Zur Interpretation vgl. ebd., 240. Zur Taufpraxis bei Eustathius vgl. auch HAUSCHILD, Pneumatomachen, 54f.

[221] Vgl. HAUSCHILD, Pneumatomachen, 45.

[222] Vgl. auch dazu oben, Teil I, A.2.c).

[223] Zu den Tropikern vgl. S. 145, Anm. 146.

[224] Vgl. den Kommentar zu Anc 1,3.

[225] Vgl. Athanasius, Ep. ad Serap. I,30 (PG 26, 600 A): οὐκέτι μία πίστις ἐστὶν ὑμῶν, οὐδὲ ἓν βάπτισμα, ἀλλὰ δύο· ἓν μὲν εἰς πατέρα καὶ υἱόν· ἕτερον δὲ εἰς ἄγγελον κτίσμα ὄντα· καὶ οὐδὲν λοιπὸν ὑμῶν ἀσφαλὲς οὐδὲ ἀληθές. ποία γὰρ κοινωνία γενητῷ καὶ δημιουργῷ;

[226] Vgl. Athanasius, Ep. ad Serap. I,30 (PG 26, 597 C). Vgl. unten.

2.) „Wenn aber das eine (τὸ ἕν) Gott ist, das andere aber (τὰ δὲ ἄλλα) geschaffen und nicht Gott, mit welchem Wort sollten dann die beiden [scil. Gott und Geschöpf] zu einem verbunden werden im Siegel der Vollkommenheit? Demnach sind wir nun auf den einen königlichen Namen getauft, den des Vaters, und die anderen sind nicht königlich."

Epiphanius gibt hier kaum seine eigene Meinung wieder, sondern die, die er polemisch seinen Gegnern zuschreibt. Die Konsequenz dieser Ansicht zeigt er im Anschluss auf:[227]

„<Und wir sind nicht befreit> sondern noch den Elementen und Geschöpfen versklavt. Und es konnte der Name des Vaters alleine nicht retten, sondern er nahm sich, nach deren blasphemischer Vorstellung, indem er sie erschuf (κτίσας), zwei andere Elemente hinzu, damit seine Gottheit auch andere Kräfte hinzunehme und so den von ihm Besiegelten retten könne und der von ihm geschaffene Mensch Erlösung durch Vergebung der Sünden erlange." (Anc 8,8f).[228]

Der Unterschied zwischen 1.) und 2.) liegt darin, dass Epiphanius sich unter 2.) gegen eine Lehre wendet, die auch den Sohn als Geschöpf versteht: Für den Vater habe die Notwendigkeit bestanden, sich zwei Elemente, Sohn und Geist zu erschaffen, da die Taufe auf seinen Namen alleine offenkundig zum Heil nicht ausreiche. Entsprechend sind die Gegner anders einzuordnen. Aufschlussreich ist ein Vergleich mit Haer 76,54,32f, wo Epiphanius Eunomius vorwirft, er sei Wiedertäufer. Er taufe nicht nur diejenigen ein zweites Mal, die von den Orthodoxen zu ihm gekommen seien, sondern auch die, die von den Arianern stammten (vgl. Haer 76,54,32). Dann unterstellt er ihm: ἀναβαπτίζει δὲ αὐτοὺς εἰς ὄνομα θεοῦ ἀκτίστου καὶ εἰς ὄνομα υἱοῦ κεκτισμένου καὶ εἰς ὄνομα πνεύματος ἁγιαστικοῦ καὶ ὑπὸ τοῦ κεκτισμένου υἱοῦ κτισθέντος.[229] Auch hier ist Epiphanius' Schilderung polemisch, denn ein derartiges Taufverständnis ist von Eunomius zumindest nicht überliefert. Auch stimmt diese Schilderung nicht in jedem Punkt mit der in Anc 8,8f dargestellten Praxis überein. Doch weist der Kontext in das Umfeld der Neuarianer, da nur sie Sohn und Geist als Geschöpfe verstanden.

So hat Epiphanius jedes Verständnis verworfen, das nicht die volle Gottheit der ganzen Trinität zum Ausdruck bringt. Mit dem Hinweis auf die Taufpraxis hat er eine für alle Christen existentielle Argumentation geführt. Insbesondere passt diese Argumentation zu der Situation in Suedra, und zwar aus einem zweifachen Grund: Zum einen ist Epiphanius hier inhaltlich auf die Anfragen der Gemeinde eingegangen, indem er sich zur Trinität und vor allem zur Stellung des Geistes in der Trinität geäußert hat. Zum anderen hat er die rechte Praxis aufgezeigt, indem er die falsche widerlegt hat. Vor dem falschen Verständnis

---

[227] Der Text ist hier stark verderbt. Die Einfügung HOLLS ist sinnvoll.

[228] Gegen die Lehre, der Name des Vaters allein genüge nicht, wendet sich Athanasius in Or. II c. Ar., 41. Er wirft den Gegnern hier zudem vor, den Sohn, der nach ihrer Lehre Geschöpf ist, in der Taufe mitzunennen, also Schöpfer und Geschöpf zusammen zu nennen.

[229] Haer 76,54,33 (3,414,3–5).

der Häretiker soll man fliehen.[230] Für sein eigenes Taufverständnisses kann aus seiner Argumentation geschlossen werden, dass die Taufe nur dann gültig und heilbringend ist, wenn sie, Mt 28,19 folgend, auf Vater, Sohn und Geist vollzogen wird. Zugleich gilt, dass wir in jedem Namen vollkommen besiegelt sind, wofür die Einheit und Gottheit der gesamten Trinität Voraussetzung ist.[231]

Auch Epiphanius sieht also einen Zusammenhang zwischen Trinitätslehre und Taufpraxis, worin er mit Basilius übereinstimmt, aber auch mit Athanasius.[232]

e) Abgrenzungen gegen die Pneumatomachen (Anc 9–11)

In Anc 9,1 bezeichnet Epiphanius die von ihm verworfenen Ansätze als Falschglaube (κακοπιστία)[233] und unterteilt die Menschen in Bezug auf den Glauben in drei Klassen.[234] Damit schließt er an die Argumentation aus Anc 2,1 bzw. 3,1 an, wo er den *rechten Glauben* in Zusammenhang mit dem Geistbesitz stellt. Er legt dar, dass Falschglaube schlimmer sei als Unglaube, da der Ungläubige noch die Chance habe, den wahren Glauben anzunehmen, während das für den, der einmal einer Irrlehre verfallen ist, nahezu unmöglich sei.[235] Die Pneumatologie bleibt der bestimmende Indikator für den Falschglauben.

---

[230] Anc 9,1: φεῦ τῆς τοιαύτης ληρῳδίας, ὢ τῆς τοιαύτης βλασφημίας.

[231] In der Begründung der Taufe folgt Epiphanius Athanasius, der ebenso von der Einheit der Trinität ausgeht, die nicht zerstört werden darf. Eine Taufe, die nicht auf die vollkommene Trias vollzogen werde, sei wirkungslos. Vgl. Ep. ad Serap. I,30 (PG 26, 597 C): ὁ δὲ ὑπεξαιρούμενός τι τῆς τριάδος, καὶ ἐν μόνῳ τῷ τοῦ πατρὸς ὀνόματι βαπτιζόμενος, ἢ ἐν μόνῳ τῷ ὀνόματι τοῦ υἱοῦ, ἢ χωρίς γε τοῦ πνεύματος ἐν πατρὶ καὶ υἱῷ, οὐδὲν λαμβάνει, ἀλλὰ κενὸς καὶ ἀτελὴς αὐτός τε καὶ ὁ δοκῶν διδόναι διαμένει· ἐν τῇ τριάδι γὰρ ἡ τελείωσίς ἐστιν. Vgl. auch Or. II c. Ar., 42,3–5.

[232] Basilius begründet in DSS X(–XII) die Taufordnung mit der im Taufbefehl Mt 28 vorgegebenen Ordnung, an die man sich halten müsse. HAUSCHILD (Pneumatomachen, 54) hält mit Bezug auf DSS XII,28 fest „daß Basilius nachweisen will, in der Nennung eines Namens bei der Taufe werde die ganze Trinität mitgedacht, und daß er damit dem pneumatomachischen Einwand begegnen will, die Taufformel gebe keinen trinitätstheologischen Aufschluß, weil sie bei Paulus in anderer Gestalt begegne." Vgl. auch Athanasius, Ep. ad Serap. IV,5. Hier (wie auch IV,6.7) begegnet ebenso die Argumentation, dass die Personen, wie Mt 28,19 vorgibt, mit Bedacht als Vater, Sohn und Geist zu bezeichnen sind, denn hierin drückt sich das wahre und richtige Verhältnis der Trinität aus. Vgl. auch LAMINSKI, Geist, 151.

[233] Eigentlich „Schlechtglaube", „Bösglaube". Der Begriff hat damit auch eine moralisch negative Wertung.

[234] So nennt er in Anc 9,1 die κακοπιστία und die ἀπιστία. Daneben gibt es, hier nicht explizit genannt, den rechten Glauben. Vgl. dazu Anc 90,6: ἀπίστων – κακοπίστων – πιστῶν. Die Unterteilung wird an mehreren Stellen wieder aufgenommen. Vgl. Anc 21,5; 55,6; 57,2; 74,1; 83,1; 90,6; 101,2. Vgl. auch Anc 16,6; 25,1f; 52,2; 58,3; 66,9; 84,1; 85,1; 86,1; 86,8; 96,1; 116,11. Vgl. zum Verständnis von Unglaube und Falschglaube auch Anc 27, hier jedoch ohne die entsprechenden Begriffe.

[235] Vgl. die Wiederaufnahme dieser Einteilung in Anc 83,1, zu Beginn der Auseinandersetzung um die Frage nach der Auferstehung. Athanasius unterteilt ähnlich wie Epiphanius, nur gebraucht er die Kategorien „Gottlosigkeit", was dem Falschglauben entspricht, und „Unglaube": „Wer den Geist zu den Geschöpfen erniedrigt, hat weder den Sohn noch den Vater, sondern ist gottlos und

In Anc 9,2ff führt er wie schon in Anc 2 Petrus als Autorität in Glaubensfragen an (vgl. Anc 9,6ff) und nutzt dies dazu, einen kurzen Exkurs über den „ersten unter den Aposteln“[236] einzufügen. Während Petrus nach Anc 2 allein Zeuge für die Gottheit des Sohnes war, ist er hier v.a. Zeuge für die Gottheit des Geistes.[237]

Eingeleitet wird der Abschnitt mit dem Hinweis, dass auch Petrus die Lüge gegen den Heiligen Geist als Lüge gegen Gott versteht (vgl. Apg 5,3–4). Daraus folgert Epiphanius in Anc 9,3: ἄρα θεὸς ἐκ πατρὸς καὶ υἱοῦ τὸ πνεῦμα.[238] Er bezeichnet den Geist hier erneut (vgl. Anc 6,6) als Gott.[239] Wie auch in Anc 8,6 parallelisiert er den Ausgang des Geistes zu Vater und Sohn und beschreibt die Relation mit der einen Partikel ἐκ, die in Bezug auf Vater und Sohn gilt. Daneben verwendet er kein Zeitwort zur Beschreibung der Relation. Betrachtet man die Stelle isoliert, so liegt auch hier die Schlussfolgerung nahe, von einem doppelten Ausgang des Geistes aus Vater und Sohn auszugehen. Allerdings geht es Epiphanius erneut in erster Linie um das Aufzeigen einer ontologischen Relation, nicht um den Ausgang.[240] Dies wird

schlimmer als der Ungläubige, und in jedem Falle schlechter als ein Christ (ἀλλ᾽ ἔστιν ἄθεος καὶ ἀπίστου χείρων καὶ πάντα μᾶλλον ἢ Χριστιανός).“ Ep. ad Serap. I,30 (= PG 26, 597 C).

236 Anc 9,4: ὁ κορυφαιότατος τῶν ἀποστόλων.

237 SCHULTZE (Epiphanius über Petrus, 10) hält den Abschnitt für „eine der wichtigsten Epiphaniusstellen über Petrus, ja über Petrus und Paulus. Es geht besonders um die Gottheit des Geistes.“ Darüber hinaus führt Epiphanius Petrus hier auch als Zeuge für die Menschheit des Sohnes an (vgl. Anc 9,10–13).

238 Apg 5,4 wird auch von Basilius als Beweis dafür herangezogen, dass der Geist in seinem ganzen Wirken mit dem Vater und dem Sohn verbunden ist und nicht getrennt werden kann. Denn, wie Apg 5,4 zeige: δείκνυσιν ὅτι τὰ αὐτὰ εἰς τὸ πνεῦμα τὸ ἅγιον καὶ εἰς θεόν ἐστιν τὰ ἁμαρτήματα. Basilius, DSS XVI,37,16–18.

239 PRESTIGE (God, 92) bezeichnet diese Stelle irrtümlich als ersten Beleg dafür, dass ein griechischer Theologe den Geist explizit als Gott bezeichnet. Vgl. aber schon Anc 6,6. Zur Bedeutung dieser Beobachtung vgl. auch Teil III, B.

240 Das zeigt sich auch in Anc 69,8, wo er im Anschluss an dasselbe Zitat Apg 5,4 signifikant anders formuliert: ἄρα θεὸς ἐκ θεοῦ καὶ θεὸς τὸ πνεῦμα τὸ ἅγιον. Ebenso heißt es in Haer 69,27,7 (3,177,24), wenn auch nicht im Zusammenhang mit Apg 5,4: ἄρα γοῦν θεὸς ἐκ θεοῦ τὸ πνεῦμα. SCHULTZE (Epiphanius über Petrus, 12) merkt zu Anc 9,3 an, es sei auffallend, dass Epiphanius offensichtlich aus Apg 5,3f nicht nur die Gottheit des Geistes ableite, sondern auch dessen Beziehung zu Vater und Sohn. Er löst diese Unstimmigkeit damit, dass er auf den folgenden Kontext verweist, der diese Stelle erkläre. So sieht er die relationale Aussage erklärt im Verbund der Aussagen von Apg 5 (vgl. Anc 9,2) und Mt 16,16ff (vgl. Anc 9,5ff): „Petrus weiß [...], daß Christus der Sohn des Vaters ist und daher vom Vater ausgeht. Petrus weiß überdies [...], daß der Hl. Geist der Geist Christi ist: ὁ αὐτὸς (der Vater) πάλιν ἀποκαλύπτει τὸ ἅγιον αὐτοῦ (d.h. Christi) πνεῦμα (Apg 5) und daß er deshalb als Gott von Christus ausgeht.“ Er schränkt ein: „Dieser Gedankengang setzt allerdings voraus, daß für Epiphanius, bzw. die Überlieferung, der er folgt, eine genaue Entsprechung besteht zwischen den ewigen dreifaltigen Ausgängen und der Reihenfolge der drei göttlichen Personen: Wenn der Hl. Geist der Geist des Sohnes und der dritte in der Dreifaltigkeit ist, kommt er vom Sohn.“ SCHULTZE, Epiphanius über Petrus, 13. Genau in dieser Einschätzung ist SCHULTZE nicht zu folgen. Es besteht, anders als z.B. bei Athanasius, bei Epiphanius keine Entsprechung zwischen den ewigen Ausgängen und einer „Reihenfolge“. Es geht Epiphanius darum aufzuzeigen, dass Vater, Sohn und Geist aus demselben Wesen sind. Wie vor allem im Zusammenhang mit Anc 8 gezeigt, geht es darum, den Geist in eine ontologische Relation zu Vater und Sohn zu stellen und von daher als Gott zu erweisen. Der Schlüssel zu der Formulierung in Anc 9,3 liegt m. E. nicht im folgenden Kontext, sondern im rückwärtigen. Sie

auch im Anschluss deutlich: Neben Petrus bezeugt auch Paulus die Gottheit des Geistes, wie aus I Kor 3,16 abzuleiten ist. Wiederum betont Epiphanius: ἄρα οὖν θεὸς τὸ πνεῦμα, ὡς προεῖπον, und zeigt damit, was die zentrale Aussage für ihn ist. Auf das ἐκ υἱοῦ geht er hier nicht mehr ein.

Im Weiteren (Anc 9,4) führt er an, dass die Heiligen unter den Menschen deshalb Tempel Gottes genannt werden, weil in ihnen der Heilige Geist Gottes wohnt. Dies bezeugt wiederum Petrus (vgl. I Petr 2,5), der gewürdigt wurde, vom Herrn seliggepriesen zu werden (vgl. Mt 16,17; vgl. Anc 2,2), weil der Vater ihm (den Sohn) offenbarte. In Anc 9,5 heißt es weiter, dass folglich der Vater ihm (scil. dem Petrus) seinen wahren Sohn offenbart und er gesegnet wird (vgl. Mt 16,16f; Anc 2,2), und derselbe wiederum (scil. der Vater) offenbart seinen Heiligen Geist.[241] Der Apostel ist der Fels, auf den die Kirche gebaut ist, und gegen den die Tore der Hölle nichts ausrichten können (vgl. Mt 16,18). Mit diesen „Toren“ sind die Häresien und die Häresiarchen gemeint,[242] denen Epiphanius den Apostel als denjenigen gegenüberstellt, in dem „in jeder Hinsicht“ der Glaube fest begründet ist und in dem alles für den Glauben Notwendige zu finden ist (vgl. Anc 9,6–8). Zu den zentralen Inhalten des Glaubens zählt einmal, wie in Anc 2–8 deutlich wurde, das Bekenntnis zur vollkommenen Gottheit von Sohn und Geist. Dies entspricht der Aussage in Anc 2,2. Zum anderen gehört dazu ein neuer Aspekt, den Epiphanius in Anc 9,10–12 erstmals anführt. Es handelt sich um das gegen jeden Doketismus und gegen jeden Arianismus gerichtete Bekenntnis zur *wahren Menschheit* des Sohnes, die allerdings erst von Anc 27ff an thematisiert wird.[243]

---

lehnt sich wahrscheinlich an Anc 8,6 an, wobei jedoch kein Schwerpunkt darauf liegt. Es fügt sich gut in SCHULTZEs Ausführungen, wenn er den entscheidenden Satz ἄρα θεὸς ἐκ πατρὸς καὶ υἱοῦ τὸ πνεῦμα mit „also ist der Geist *Gottes* aus Vater und Sohn“ übersetzt (SCHULTZE, Epiphanius über Petrus, 12; kursiv durch mich). Damit verfehlt er jedoch die Grundaussage des Satzes, in dem es darum geht, die Gottheit des Geistes abzuleiten (der Geist ist *Gott aus Vater und Sohn*), und nicht darum, den Ausgang aus Vater und Sohn zu thematisieren.

241 Das τὸ ἅγιον αὐτοῦ πνεῦμα bezieht sich hier m. E. auf den Vater (gegen SCHULTZE, Epiphanius über Petrus, 12; vgl. die vorangehende Anm.). Vgl. ebenso schon Anc 2,1; vgl. auch Anc 22,6.

242 Vgl. auch Haer 74,14,4 (3,332,13).

243 Dem Erweis der Richtigkeit dieses Bekenntnisses dient die vorangehende Erzählung über die Verleugnung durch Petrus (vgl. Mt 26,34.70–75; Mk 14,30.71ff). Vgl. Anc 9,10. In Anc 9,12 finden sich zentrale christologische Aussagen, die Epiphanius später noch ausführlich thematisiert. Er beschreibt den Inkarnierten hier wie folgt: ἄνθρωπος μὲν κατὰ σάρκα, ἀπὸ Μαρίας γεννηθεὶς ἐν ἀληθείᾳ οὐ μὴν δοκήσει, θεὸς δὲ <κατὰ> πνεῦμα ὤν, ἀπὸ τῶν ἐπουρανίων ἐκ πατρὸς ἐλθών. Die Gegenüberstellung ἄνθρωπος κατὰ σάρκα und θεὸς κατὰ πνεῦμα ist wichtig, weil Epiphanius auf die damit zum Ausdruck gebrachte Unterscheidung seine christologische Argumentation gegen die Arianer aufbaut (vgl. Anc 27ff). Er verwendet das κατὰ πνεῦμα nach paulinischer Tradition als Gegenpol zur fleischlichen Existenz bzw. zur Schöpfung allgemein. Vgl. z.B. Anc 37,3: σωματικόν ἐστι τὸ εἶδος καὶ οὐχὶ πνευματικόν. Auch hier spielt die Definition des Wesens Gottes als Pneuma und damit der *ambivalente Geistbegriff* herein. Zu dem Gebrauch der Wendung κατὰ πνεῦμα passt die Verwendung des Adverbs πνευματικῶς. Im Zusammenhang beider Begriffe wird deutlich: Es handelt Gott, nicht der Mensch. Damit treffen Analogien aus der Menschenwelt nicht mehr zu. Vgl. zum Begriff πνευματικῶς auch Anc 46,6 und Teil III, D.1. (zu οὐσία).

In Anc 10 argumentiert Epiphanius ein weiteres Mal ausgehend von Begriffen, indem er Jes 6,3 als Beleg für die Trinitätstheologie heranzieht.[244] Es geht ihm hier um die Betonung der Dreiheit. Hintergrund ist das vor allem gegen die Pneumatomachen gerichtete Verständnis, dass die Gottheit nur in der Trias vollkommen ist. In Anc 10,1 hält er, in Aufnahme eines Zitates aus Anc 9,13 (Dtn 19,15), fest, dass nichts ohne zwei oder drei Zeugnisse[245] bestehen könne. Unter diesen Zeugnissen versteht er, wie erst aus dem weiteren Kontext Anc 10,2ff erkennbar wird, den dreimaligen Heiligkeitsruf aus Jes 6,3. Auf sie[246] wurde – wenn auch in versteckter Rede – auch der Glaube[247] derer ἐν τῷ νόμῳ gegründet, die nur den Vater in Ehren hielten (ἐπιγνόντων). Allerdings sind die Zeugnisse erst durch das Zeugnis des Sohnes und des Heiligen Geistes vollständig.[248] Ein weiterer Hinweis darauf, dass er sich hier gegen pneumatomachisches Verständnis wendet, ist die Betonung, dass nicht durch zwei Worte (οὐ διὰ δύο φωνῶν) die Doxologie im Himmel vollendet werde (τελεῖται), auch nicht durch vier Worte oder nur durch ein Wort, sondern drei Worte (vgl. Anc 10,3).

Entscheidend ist, dass diese Worte im Singular gesprochen sind (τρεῖς φωνὰς ἑνικάς): „heilig, heilig, heilig" (Anc 10,3). Es heißt dagegen nicht „heilige, heilige", ἵνα μὴ τὸ ἑνικὸν πολυώνυμον ἀποφήνωσι μηδὲ τῶν τριῶν τὸν ἀριθμὸν ἀποκρύψωσιν. Sie sprechen den Heiligkeitsruf dreimal (τρίς), μονοειδῶς δὲ καὶ ἑνικῶς ἀποφθέγγονται τὸν λόγον, damit kein Polytheismus bestehe.[249]

Es sind in der Argumentation zwei Ebenen zu unterscheiden. Zum einen geht es Epiphanius um die genaue Dreizahl der Worte, die auf die Trinität verweist. Entsprechend lehnt er eine Einzahl, eine Zweizahl oder Vierzahl ab. Zum anderen betont er, dass die Worte dreimal im Singular gesprochen sind. Die Notwendigkeit begründet er durch ein Zweifaches: 1.) soll der Singular nicht als πολυώνυμος bezeichnet werden. Die Bedeutung dieses Begriffes bei Epipha-

---

244 Das Motiv wird an verschiedenen Stellen wieder aufgenommen. Vgl. v.a. Anc 26,1–3; vgl. auch Anc 67,4; Anc 73,9 (= Haer 74,10,9 (3,328,12ff)). Vgl. Anc 69,(1–)7 (= Haer 74,6,(1–)7 (3,321,(9–)26f)).

245 Epiphanius spricht jetzt und im Folgenden von „Zeugnissen", μαρτυριῶν. Vgl. dazu die Konjekturvorschläge HOLLs, der jeweils in μαρτύρων verbessern will. Allerdings zeigt der Kontext Anc 10,2ff, dass es sich tatsächlich mehr um die Zeugnisse der Engel handelt als um die Engel als Zeugen. Von daher sind die Konjekturen unnötig.

246 Das εἰς αὐτὰ<ς> bezieht sich auf die Zeugnisse.

247 Die Konjektur HOLLs <καὶ ἡ πίστις> erscheint hier sinnvoll.

248 Nach dem Zeugnis des Vaters und dem des Sohnes gilt es, auch das des Heiligen Geistes anzunehmen, denn erst jetzt gilt: καὶ πληρωθῶσι. Wieder begegnet der Gedanke, dass die Trinität erst und nur in der Dreiheit vollzählig ist. Vgl. auch Anc 25,1; 72,3. Zur sukzessiven Offenbarung vgl. Anc 73,5f.

249 Anc 10,4. Auf diesen Abschnitt bezieht sich die Paraphrase bei Johannes von Damaskus, De hymno trisagio 3,27–30 (und nicht, wie von KOTTER im Apparat der PTS-Ausgabe vermutet, auf Anc 26,1–3). Als Zitat führt Johannes Anc 10,1(Z. 27)–4 etwas später an, nämlich in De hymno trisagio 25,1–12.

nius ist ungeklärt.[250] Sie ist allein aus dem Kontext herzuleiten. Hier ist der Ausdruck offensichtlich als Oppositum zu ἑνικός verwendet und bedeutet demnach „im Plural". 2.) soll die Dreizahl nicht verborgen werden.

Ziel der Argumentation ist es, die Annahme eines Polytheismus zu vermeiden. Epiphanius thematisiert explizit nur die Ebene der Einzelbegriffe. μονοειδῶς und ἑνικῶς sind Ausdrücke, die auf einer Ebene mit μονώνυμος liegen.[251] Ein Wesensbegriff wird in Anc 10,3f nicht explizit genannt, allerdings zeigt sich, dass die Tatsache, dass *dasselbe* Wort dreimal wiederholt wird, für die Abgrenzung zum Polytheismus von entscheidender Bedeutung ist. Damit ist klar, dass in dem ἅγιος implizit auch die Ebene des Wesensbegriffes mitgenannt ist.

Obwohl die Argumentation Parallelen zu der Begriffstheorie in Anc 8 aufweist, gibt es einen signifikanten Unterschied. Epiphanius gesamte Argumentation in Anc 10 gründet allein auf dem Begriff ἅγιος, der sowohl auf das dreifach Einzelne hinweist als auch auf das Gemeinsame: Durch die dreimalige Wiederholung desselben Wortes wird auf die Trinität verwiesen, die aber in der Gottheit identisch ist. Damit widerspricht er seinen Anc 8,4f aufgestellten Grundsätzen, dass der Einzelname einzig bleiben muss, damit er nicht Wesens- oder Gattungsbezeichnung werde, und dass zwischen Einzelname und Wesensbezeichnung zu unterscheiden ist.

Allerdings handelt es sich hier nur um einen scheinbaren Widerspruch, denn in Anc 10 argumentiert Epiphanius nicht mit der in Anc 8 begründeten Begriffstheorie, sondern legt ein anderes Modell zugrunde. Darauf weisen schon die unterschiedlichen Ausdrücke hin, mit denen er hier arbeitet (μονοειδῶς/ἑνικῶς und πολυώνυμον statt μονώνυμος und ὁμώνυμος). Während er in Anc 8 das Verhältnis der μονώνυμα untereinander und deren Verhältnis zu dem homonymen Begriff „Gott" anführt, baut die Argumentation in Anc 10 nicht auf den Begriffen als solchen auf, sondern vor allem auf dem Gegensatz Singular-Plural, Einzahl-Mehrzahl. Die Kernthese ist hier, dass deshalb kein Polytheismus besteht, weil das, was nur im Singular ausgesagt werden darf, nicht im Plural genannt ist. Das entspricht zwar im Grunde der Gegenüberstellung μονώνυμα - Wesensbegriff, doch bezieht sich Epiphanius in Anc 10 wohl bewusst nicht auf die Theorie von Anc 8 und verwendet auch die entsprechenden Begriffe nicht, weil die Vorgabe von Jes 6,3 eine Beweisführung auf dieser Ebene nicht zulässt. Es zeigt sich hier – und die Interpretation der Begriffstheorie von Anc 8 erhält hierin eine Bestätigung – dass der Ausdruck μονώνυμος

---

[250] Er verwendet ihn lediglich dreimal. Vgl. zweimal im Zusammenhang mit der Argumentation über Jes 6,3, Anc 10,2–4 und Anc 26,1–3. Außerdem in Haer 40,8,7 (2,89,30). Simplicius bezeichnet den Sachverhalt als „polyonym", wenn verschiedenen Namen bzw. Begriffen eine gemeinsame Definition zukommt (vgl. oben, S. 155). Dies ist eine gängige Definition. Allerdings bezeichnet Epiphanius diesen Sachverhalt als „homonym". Vgl. dazu die oben im Zusammenhang mit Anc 8 unter 3.) aufgeführten Beispiele.

[251] In Anc 22,7 verwendet er μονοειδῶς in Verbindung mit μονώνυμος.

und die mit ihm verbundene Argumentation allein auf die Begriffe Vater, Sohn und Geist sowie den Begriff Gott anwendbar ist.

Die in Anc 8 dargelegte Begriffstheorie ist somit für die Argumentation in Anc 10,2ff zwar Voraussetzung, weil hier das Verhältnis des Einzelnamen zum Wesensbegriff geklärt wurde, was die Rede von der Dreiheit in der Einheit ermöglichte, sie ist in ihren Einzelheiten aber nicht Grundlage der Beweisführung in Anc 10.

In Anc 26,1–3 gibt es eine Parallelstelle zu Anc 10, an der Epiphanius ebenfalls mit Jes 6,3 argumentiert. Auffallend ist, dass dort zwar die zugrundeliegende Schriftstelle dieselbe ist, dass sich die Argumentation allerdings erheblich von derjenigen in Anc 10 unterscheidet. Die Interpretation soll in dem entsprechenden Kontext erfolgen.

Hier soll ein kurzer Vergleich mit Basilius vorgenommen werden, der in AE III,3 ebenfalls Jes 6,3 trinitätstheologisch interpretiert.[252] Allerdings verbindet er damit keine Begriffstheorie wie Epiphanius. Gegen die These, der Geist sei der Gottheit der Natur nach fremd, führt er schlicht an: διὰ τοῦτο γάρ, οἶμαι, καὶ παρὰ τῷ Ἠσαΐᾳ τὰ Σεραφὶμ τρίτον ἐκβοῶντα τὸ ἅγιος ἀναγέγραπται, ὅτι ἐν τρισὶν ταῖς ὑποστάσεσιν ὁ κατὰ φύσιν ἁγιασμὸς θεωρεῖται.[253] Das heißt, auch Basilius sieht in dem dreimaligen Ruf einen Verweis auf Vater, Sohn und Geist, die zusammen gehören. Mit der Formulierung ἐν τρισὶν ὑποστάσεσιν verwendet er anders als Epiphanius eine präzise Begrifflichkeit. Das wird im Vergleich mit den folgenden Äußerungen des Epiphanius augenfällig. Beide Argumentationen sind grundlegend voneinander verschieden.

In Anc 10,5 fasst Epiphanius seine Argumentation in einer bekenntnisartigen und für ihn typischen Formulierung zusammen: εἷς γάρ ἐστι θεός, πατὴρ ἐν υἱῷ (vgl. Joh 14,10), υἱὸς ἐν πατρὶ σὺν ἁγίῳ πνεύματι.[254] Wieder verweist er im Anschluss darauf, dass Vater, Sohn und Geist ἀληθινός(-ν) ἐνυπόστατος(-ν) sind, real und konkret existierend. Die Bedeutung des Begriffes ἐνυπόστατος ist dieselbe wie in Anc 6,5: In Verbindung mit den drei Namen ersetzt die dreimalige Wiederholung einen Personbegriff wie ὑπόστασις.[255] Dies wird gestützt durch die folgende Ergänzung: τρία ὄντα μία θεότης μία οὐσία μία δοξολογία εἷς θεός (Anc 10,5).[256] Wichtig ist, welche Begriffe Epiphanius hier mit dem Zahlwort μία/εἷς in Verbindung bringt. Gottheit, Usia

[252] Auch in der Schrift *In illud: ‚omnia mihi tradita sunt‘* (= PG 25, 220 A), die Athanasius zugeschrieben wird, begegnet eine ähnliche Argumentation. Allerdings ist die Zuordnung gerade des entscheidenden letzten Abschnittes des Fragments zu Athanasius umstritten. Vgl. dazu LAMINSKI, Geist, 132 (mit Verweis auf V. HUGGER, Des heiligen Athanasius Traktat in Mt 11,27. In: ZKTh 42, 1918, 437–441). LAMINSKI betont, dass das Trishagion in Jes 6,3 als Beleg für die Trinität bei Athanasius keine Bedeutung habe. Anders DÖRRIE (Ὑπόστασις, 58), der die Echtheit der entsprechenden Stelle des Fragments offenkundig nicht bezweifelt und Athanasius als Zeugen anführt, der „in der Offenbarung Johannis 4,8 eine allegorische Bestätigung dafür [findet], wie die eine Gottheit dreifach in Sein und Erscheinung tritt." (Apk 4,8 zitiert Jes 6,3.)

[253] Basilius, AE III,3,2–5.

[254] Vgl. neben Anc 10,5 noch Anc 22,7; 24,7; 73,9. Vgl. dann v.a. 119(120),14.

[255] Vgl. den Kommentar zu Anc 6,5.

[256] Vgl. die sehr ähnliche Aufzählung in Anc 67,4.

und Doxologie sind jeweils einzig, ebenso ist es nur ein Gott. Vor allem die Betonung, es gebe nur eine Usia, ist wichtig – gerade vor dem Hintergrund, dass es drei Seiende sind, die jeweils als ἐνυπόστατος bezeichnet werden (nicht etwa als ἐνούσιος). Die Formulierung μία δοξολογία kann als Reaktion auf die pneumatomachische Lehre verstanden werden, der Geist sei nicht zusammen mit Vater und Sohn zu verehren.

Den μία/εἷς-Verbindungen steht das τρία ὄντα gegenüber, mit dem die Differenziertheit betont wird. Hier fällt besonders auf, dass Epiphanius mit dem Zahlwort τρία keinen dezidierten Personbegriff verbindet.

Die Aussagen führen zur Formulierung des *Implikationsprinzips*:[257] „Hast du den Sohn genannt, so umfasst du in Gedanken die ganze *Dreiheit*. Hast du den Heiligen Geist empfangen, so bist du auch gewürdigt worden der Kraft des Vaters und des Sohnes Gottes. Wenn du den Vater ehrst (ἐδόξασας), meinst du (auch) den Sohn und den Heiligen Geist.“[258] Gegenüber der Formulierung in Anc 5,9 bedeutet diese Auffassung eine signifikante Erweiterung und Steigerung. Während dort der Kontext bestimmt war durch die Bedeutung des Begriffspaares Vater-Sohn, wird hier die Argumentation auf den Geist ausgeweitet, wodurch das *Implikationsprinzip* zu einem generellen Prinzip erhoben wird. So belegt Epiphanius die Ehre von Sohn und Geist allein damit, dass der Vater geehrt wird. Insofern gibt es nur eine Ehre (vgl. Anc 10,5), die für Vater, Sohn und Geist gleichermaßen gilt. Einhergehend mit der Betonung der Einheit grenzt er sich sofort wieder gegen Sabellianismus ab (μὴ κατὰ συναλοιφήν; Anc 10,7) und betont die Differenziertheit der Namen. Die Trias ist, das ist der Tenor auch von Anc 10, als differenziert zu denken, aber nicht als ontologisch getrennt. Auf der Wesensebene kommt ihr Identität zu, wie aus Anc 10,7 deutlich wird: Die Trias ist ihrer Einheit (ἑνότης) und ihrer Identität (ταυτότης), das heißt ihrem identischen Wesen nicht fremd.[259]

Im Anschluss wendet Epiphanius das *Implikationsprinzip* auf zwei Schriftstellen an. Zum einen auf eine Paraphrase von *Joh 5,23* (vgl. Anc 10,8: ὁ τιμῶν τὸν πατέρα τιμᾷ τὸν υἱόν)[260]. Hintergrund der Argumentation könnte sein,

---

[257] Zum *Implikationsprinzip* vgl. Anc 4,5; 5,9; 8,7.

[258] Anc 10,6. Die Argumentation, die Epiphanius in Bezug auf die Taufe anführte, dass nämlich die Taufe auf einen Namen die auf die anderen impliziert, begegnet abgewandelt immer wieder.

[259] An allen drei Stellen, an denen Epiphanius im *Ancoratus* den Ausdruck ταυτότης verwendet, meint er damit die Identität im Wesen. Vgl. schon Anc 6,1, vgl. auch Anc 28,3. Vgl. insgesamt Teil III, D.1.

[260] Joh 5,23 lautet nach Nestle/Aland[27]: ἵνα πάντες τιμῶσι τὸν υἱὸν καθὼς τιμῶσι τὸν πατέρα. ὁ μὴ τιμῶν τὸν υἱὸν οὐ τιμᾷ τὸν πατέρα τὸν πέμψαντα αὐτόν. Es handelt sich also um eine Aufforderung, den Sohn genauso zu ehren wie den Vater, verbunden mit der Aussage, dass, wer den Sohn nicht ehrt, auch den Vater nicht ehrt. Epiphanius kehrt diese Aussage um, indem er sagt „wer den Vater ehrt, ehrt auch den Sohn“, und macht die Johannesstelle damit seiner Argumentation dienstbar. Vgl. dazu auch MEES, Rezeptionsgeschichte, 149. Signifikanter Weise stellt Epiphanius eine Wechselbeziehung her. Es handelt es sich also um eine Interpretation von Joh 5,23, die im Zeichen seiner Intention steht, anhand von Bibelstellen die Homotimie von Vater und Sohn zu belegen.

dass einige Pneumatomachen Joh 5,23 als Beweis dafür nutzten, den Geist als nicht ὁμότιμον τῷ πατρὶ καὶ τῷ υἱῷ zu erweisen, da er in Joh 5,23 nicht miterwähnt wird.[261] Zuerst macht Epiphanius gegen ein solches Verständnis deutlich, dass alle drei trinitarischen Personen gleichermaßen geehrt werden: Der Vater wird geehrt (τιμᾶται), insofern (καθό) er Vater ist, der Sohn wird geehrt, insofern er Sohn ist und der Heilige Geist wird geehrt, insofern er „wahrer Geist und Geist Gottes ist".[262] Im Anschluss geht er zwar nur noch von dem Verhältnis Vater-Sohn aus, das in Joh 5,23 die Grundlage bildet.[263] Aufgrund der vorangehenden Betonung, dass auch der Geist geehrt werde, und aufgrund des Kontextes, in dem er das *Implikationsprinzip* angewendet hat, ist aber davon auszugehen, dass der Geist (ähnlich wie in Anc 4,5) mitgemeint und dass die Argumentation stellvertretend für die gesamte Trias geführt ist.

Dies zeigt auch der folgende Abschnitt Anc 11,3, in dem Epiphanius Mt 11,27 interpretiert und auch auf diese Stelle das *Implikationsprinzip* anwendet. Die damit verbundene Exegese ist Anlass für eine längere Diskussion über die Frage der Erkenntnis, die sich bis Anc 26 erstreckt. Der thematische Übergang erfolgt in Anc 11,3, während der Abschnitt Anc 11,1–2 noch zu der vorangehenden Exegese von Joh 5,23 zu rechnen ist. Die Unterteilung an dieser Stelle erscheint notwendig, da die Exegese von Mt 11,27 inhaltlich mit dem folgenden Komplex zusammenhängt. Es handelt sich an dieser Stelle nicht um eine wirkliche Zäsur, sondern darum, dass Epiphanius die Gottheit des Geistes unter einem anderen Aspekt belegt. Bisher stand die *Theologie der Namen* im Vordergrund, über die er den Geist als zur Trias und zur Gottheit zugehörig erwiesen hat. Nun geschieht das explizit über den Nachweis, dass der Geist Kenntnis vom Wesen Gottes hat. Nur aufgrund dessen ist es dem Geist möglich, den Menschen diese Erkenntnis zu vermitteln (vgl. Anc 12,6; 16,1). Thematisch wird hier das Leitthema von Anc 2f wieder aufgenommen.[264] Analog zu Anc 3 zeigt Epiphanius zu Beginn der Argumentation die Konsequenzen von fehlendem Geistbesitz auf und zählt in einem Exkurs exemplarisch die von ihm im *Panarion* bekämpften Häresien und Häretiker auf, die ihre Gemeinsamkeit darin haben, dass sie nicht des Heiligen Geistes gewürdigt sind und aufgrund dessen nicht die Wahrheit besitzen. Grundlage der folgenden, ausführlichen Auseinandersetzung ist I Kor

---

261 Vgl. Ps.-Athanasius, Dialogi contra Macedonianos, Dial. I,7,4f. Vgl. MEINHOLD, Pneumatomachoi, 1097.

262 Anc 10,7. In Bezug auf den Geist sind wieder die beiden wesentlichen Aspekte angesprochen: Er ist *wahrer* Geist, das heißt von allen anderen Geistern ontologisch verschieden und Teil der Trias, und er ist Geist Gottes, steht also in einer Relation zum Wesen und ist damit Gott.

263 Aufgrund der engen Wechselbeziehung zwischen Vater und Sohn kann Epiphanius in Anc 11,2 erklären: Wer solches (scil., dass es dem Sohn an Ehre gegenüber dem Vater mangelt) aus Unwissenheit behauptet, entehrt vielmehr den Vater, statt, wie wohl gewollt, ihn zu ehren. Vgl. dazu Anc 6,1. In Anc 116,10 spricht er explizit den Arianern die Lehre zu, dass sie dem Sohn nicht die gleiche Ehre zukommen lassen wie dem Vater: οὐκ ἀξιοῦσι τὸν υἱὸν ὁμότιμον εἶναι τῷ πατρί. Auch Basilius zieht Joh 5,23 heran, um jeden Subordinatianismus des Sohnes abzuwehren. Vgl. Basilius, AE I,26,28f; DSS VI,15,35.60f.

264 Zum Leitthema vgl. auch Teil I, B.5.

2,10ff. Hintergrund scheint eine längere Diskussion zu sein, die Epiphanius um diese Stelle geführt hat.[265]

2. Der Geist als Vermittler der Gotteserkenntnis nach I Kor 2,10–12 (Anc 11–26)

a) Der Zusammenhang von Wesenserkenntnis und Wesenszugehörigkeit (Anc 12–14)

In Anc 11,3 wendet Epiphanius sich im Kontext mit Mt 11,27 zunächst gegen die pneumatomachische These, der Geist sei der Gottheit fremd, und legt dabei dasselbe *Implikationsprinzip* zugrunde wie im Zusammenhang Joh 5,23: „Wie folglich der Sohn den Vater offenbart, indem er sagt ‚niemand kennt den Vater als nur der Sohn und niemand kennt den Sohn als nur der Vater‘ [Mt 11,27], auf dieselbe Weise (οὕτως), wage ich zu behaupten, kennt niemand den Geist als nur der Vater und der Sohn, von dem (παρ᾽ οὗ) er ausgeht und von dem (παρ᾽ οὗ) er nimmt. Wie können dann diejenigen, die vom Wahnsinn ergriffen sind und nicht von der Wahrheit, es wagen und behaupten, der Geist sei der Gottheit fremd?“

Aus diesen Worten ergibt sich, dass Epiphanius eine Entsprechung zwischen Wesens*erkenntnis* und Wesens*zugehörigkeit* sieht.[266] Gegen die Pneumatomachen führt er in Anc 11,4f erneut Paulus als Zeugen für die Gottheit des Geistes an, und bezieht sich dazu auf I Kor 2,11: „Niemand kennt das des Menschen, wenn nicht der Geist des Menschen, der in ihm wohnt“ (Anc 11,5).

Dieses Zitat nimmt er, bevor er auf die inhaltliche Auseinandersetzung mit dem Vers eingeht, zum Anlass zu einem Exkurs über die Möglichkeit, menschliche Analogien auf Gott zu übertragen (vgl. z.B. Athanasius, Ep. ad Serap. I,16) und – als Exkurs im Exkurs – über die Gottebenbildlichkeit des Menschen. Die Frage der Analogien wird notwendig, da Epiphanius in Anc 12,1ff vor allem mit I Kor 2,11 die Gottheit des Geistes beweisen will. Deshalb interpretiert er die Stelle für seine Zwecke so, dass Paulus mit dem Vergleich das Göttliche zwar andeuten, auf keinen Fall aber das Beispiel des Menschen auf Gott übertragen wolle.[267]

---

[265] Vgl. z.B. Anc 15,1.

[266] Vgl. auch die Parallelstelle im *Panarion*, Haer 69,18,6, wo er die Zugehörigkeit des Geistes zur Trinität mit dessen Kenntnis von Vater und Sohn begründet. Dass Erkenntnis und Teilhabe in der Form einander entsprechen, zeigt der negative Vergleich mit Arius. Dieser lehrte, dass der Sohn seinen Vater weder sehen noch auch genau und vollkommen erkennen konnte. Vgl. Athanasius, Or. I c. Ar., 6; vgl. auch die Thaleia des Arius bei Athanasius, De Synod. 15,3 (= Werke II 1, 242,9ff; v.a. 243,14ff). Vgl. auch Origenes, De princ I,1,8 (25,13–16); dazu Haer 64,4,3 (2,410,8–11).

[267] Vgl. Anc 11,5: ἀπὸ τοῦ παραδείγματος τὰ ἄνω βουλομένου φράζειν, ἵνα μὴ τὸ τοῦ ἀνθρώπου παράδειγμα εἰς τὸν θεὸν ἀπεικάσῃ, ἀλλ᾽ τῷ παραδείγματι μέρος τῶν ἄνω ἀποκαλύψῃ. Der Grund für die Unmöglichkeit der Übertragung liegt in dem kategorialen Unterschied zwischen Schöpfer und Schöpfung und im Speziellen darin, dass der Mensch die Ebenbildlichkeit nur aus Gnade verliehen bekommen hat (vgl. Anc 11,7f; vgl. auch Anc 55,4–57,6). Der

In Anc 12,1 nimmt er I Kor 2,11 aus Anc 11,5 wieder auf und zitiert den Vers weiter, wodurch er trinitätstheologisch relevant wird: „... genauso kennt niemand dasjenige Gottes, wenn nicht der Geist Gottes." In der Folge zeigt er, dass der Geist nicht in der Weise in Gott wohnt, wie etwa der Geist des Menschen im Menschen.[268] Die menschliche Analogie kann hier nicht positiv geschlossen werden.[269] Denn das Göttliche darf nicht als zusammengesetzt (σύνθετον καὶ συγκείμενον) gedacht werden (vgl. Anc 8,6). Weil (vgl. das τοίνυν in Anc 12,4) der Geist die Tiefen Gottes erforscht (vgl. I Kor 2,10; vgl. Anc 7,1), ist er nicht von diesem verschieden (οὐκ ἀλλότριον).[270]

Das Erforschen der Tiefen Gottes ist für Epiphanius ein wesentliches Merkmal des Geistes und ein wesentlicher Beweis seiner Gottheit. Auf I Kor 2,10f stützt er nun seine Argumentation (vgl. insgesamt Anc 12–16). Der Beweggrund für das Erforschen ist seine wahre Abstammung (γνησιότης), nicht eine übertriebene Kleinlichkeit; er erforscht die Tiefen nicht wie ein „Fremdverwalter" (ἀλλοτριεπίσκοπος), sondern wie jemand, der nach seinem Eigenen trachtet (ἰδίων ἐπιθυμοῦν).[271] Den Heiligen dagegen ist die Fähigkeit, die Tiefen der Gottheit zum Zwecke der Preisung zu erforschen, nicht aufgrund einer Ebenbürtigkeit gegeben, sondern durch den Geist verliehen, wenn dieser einmal in ihnen Wohnung genommen hat. Hierin liegt das wesentliche Merkmal des Geistes, dass er den „Heiligen" die Gabe der Erkenntnis gibt (vgl. Anc 11,8; 16,1).[272]

Dieser Zusammenhang ist von Bedeutung, weil Epiphanius die Häresien, die er im Folgenden aufzählt, dagegen abgrenzt. Während die Heiligen des Geistes gewürdigt sind, preisen sie Gott unermesslich „und nicht so gering und unvollkommen wie die Anhänger der Häresie des Arius und alle, die sich außerhalb [scil. der von Epiphanius vertretenen Orthodoxie] bewegen"[273], denn diese sind

Gegensatz wird in Anc 11,8 in folgenden Gegenüberstellungen ausgedrückt: Das eine ist unsichtbar – das andere sichtbar; das eine ist unsterblich – das andere sterblich; das eine ist Quelle aller Weisheit und hat alles vollkommen in sich – der Mensch hat die Gnade nur zum Teil und es ermangelt ihm an Vollkommenheit. Wichtig ist allerdings der Hinweis, dass Gott dem Menschen je nach Würde die Vollkommenheit aus Gnade zuteil werden lassen kann. Dieser Gedanke wird in Anc 12,6 und Anc 16,1 wieder aufgegriffen. Zur Gottebenbildlichkeit des Menschen vgl. ausführlicher Anc 55–57. Zur Frage der Analogie zwischen Gott und Geschöpfen vgl. auch Anc 47f.

[268] Paulus sagt, wie Epiphanius in Anc 12,1 betont, über den Menschen: „Niemand kennt das des Menschen, als nur der Geist des Menschen, der *in ihm wohnt*." Über Gott sagt er dann aber gerade nicht: „... wenn nicht der Geist Gottes, *der in ihm wohnt*", sondern nur (μόνον) „... wenn nicht der Geist Gottes".

[269] Hier trifft Epiphanius die gleiche Unterscheidung (Gott / nicht zusammengesetzt; Mensch / zusammengesetzt) wie Origenes in De princ I,1,6 (22,21–26).

[270] Vgl. Anc 12,4f. Vgl. auch Anc 11,4.

[271] Dies ist aus Anc 12,4f zu erschließen.

[272] Ebenso unterscheidet auch Basilius in DSS XXIV,56(,3–5) zwischen dem Geist, der die Tiefen Gottes erforscht, und den geschaffenen Wesen (ἡ κτίσις), die die Offenbarung der Geheimnisse durch (διά) den Geist empfangen. Vgl. dazu HAYKIN, Spirit of God, 141.

[273] Anc 12,6: ... μὴ σμικρῶς καὶ εὐτελῶς, καθάπερ οἱ τῆς Ἀρείου αἱρέσεως καὶ αἱ ἔξωθεν πᾶσαι. Als „Auswärtige" (ἔξωθεν) bezeichnet auch Basilius seine Gegner, vgl. DSS IV,6,2–4.

des Geistes nicht gewürdigt, sie haben nicht das Charisma verliehen bekommen, die Tiefen Gottes wahrhaft zu erforschen. Ebenso wie bei den Arianern verhält es sich insgesamt bei den 80 Häresien (und zwei Schismen), die in einem Exkurs Anc 12,7–14,3 aufgezählt werden.[274]

Epiphanius befindet sich damit in Bezug auf den Geist in einer Zirkelargumentation: Der Geist ist Voraussetzung der Erkenntnis und zugleich Gegenstand der Erkenntnis, er ist – wenn er sich nicht mitteilt – Indikator für Falschglauben und zugleich Ursache des Falschglaubens. Die Tatsache, nicht des Geistes gewürdigt zu sein, zeigt sich insgesamt im Falschglauben bezüglich Vater, Sohn und Geist (vgl. Anc 14,4; vgl. auch Anc 2,2; 16,3). Jeder, der über die Trinität falsch lehrt, kann des Geistes nicht gewürdigt sein.

Erst in Anc 14,4 nimmt Epiphanius den Faden aus Anc 12,1–7 wieder auf und kehrt zurück zur Frage nach dem Zusammenhang von Geistbesitz und Gotteserkenntnis: Die Häretiker und Schismatiker, die den Geist nicht empfangen haben, sind nicht in der Lage, die Tiefen und Geheimnisse Gottes zu ergründen. In Anc 14,5 fügt er antithetisch I Kor 2,12f an. Allerdings zitiert er Vers 12 nicht vollständig: „*Wir aber* haben den Geist Gottes angenommen, damit wir das erkennen, was uns aus Gott (τὰ ἐκ θεοῦ) geschenkt ist.“ Es fehlt hier interessanter Weise die Gegenüberstellung von τὸ πνεῦμα τοῦ κόσμου und τὸ πνεῦμα τὸ ἐκ τοῦ θεοῦ, die z.B. für die Argumentation sowohl bei Athanasius als auch bei Basilius wichtig ist, um zu belegen, dass der Geist aus Gott ist.[275] Die Auslassung ist nur damit zu erklären, dass die Aussage für die Argumentation des Epiphanius nicht wichtig war. Es ging ihm um die Gegenüberstellung zu den Häretikern, die die Geheimnisse Gottes nicht erkennen. I Kor 2,13 zitiert er fast wörtlich, die Stelle hat aber keine weitere Bedeutung. Er folgert (τοίνυν) erneut, dass der Geist Gott nicht fremd sein kann, weil er die Tiefen Gottes erforscht. Es wird hier klar, dass das Gewicht der Argumentation auf I Kor 2,10 liegt.

Damit kann über Anc 12 hinaus ein Bogen von Anc 2,1f/3,1 (vgl. auch 9,1ff) bis hierher gezogen werden. Die Frage nach der Zuordnung des Geistes zur Gottheit bzw. Trinität bleibt das bestimmende Element in diesem ersten Teil des *Ancoratus*.

In Anc 14,6 wendet sich Epiphanius direkt an den „Toren“ (ὦ κενόδοξε), der sich selbst bekämpft und der den „Unbekämpfbaren“ bekämpft.[276] Diesem hält er vor, sich selbst zum Ärgernis zu machen (σεαυτὸν σκανδαλίζεις), und nicht den Lo-

274 Zu dem Exkurs vgl. Teil I, A.2.a). Zu den Häresien im *Panarion* vgl. vor allem POURKIER, Hérésiologie, 77ff. Epiphanius nennt in den Überschriften meistens nicht die Häresiarchen, sondern wendet sich gegen deren Schüler (so Haer 62 gegen „die Sabellianer“, Haer 69 gegen „die Arianer“ usw.), womit das *Panarion* einen weitaus aktuelleren Bezug erhält, als wenn es sich dabei einfach um eine historische Ausarbeitung zu bereits verstorbenen Häresiarchen handeln würde.

275 Vgl. dazu HAYKIN, Spirit of God, 78–83; 143–147; 216f.

276 Anc 14,6: τὶ ... πολεμεῖς τὸν ἀκαταπολέμητον; τί μάχῃ τῷ ἀκαταμαχήτῳ;

gos, sich selbst zu überführen, und nicht den Geist, und sich selbst von der Gnade Gottes zu entfremden, und nicht den Sohn vom Vater bzw. den Heiligen Geist von Vater und Sohn.

Mit dem letzten Satz unterstellt Epiphanius seinen aktuellen Gegnern, dass sie nicht allein über den Geist falsch denken, sondern auch über den Sohn. Ob sie deshalb tatsächlich aus einem „arianischen“ bzw. neuarianischen Umfeld stammen, ist jedoch ungewiss. Schließlich scheint die Diskussion um I Kor 2,10ff eine tatsächliche Auseinandersetzung widerzuspiegeln (vgl. Anc 15,1ff), und die Stelle diente in erster Linie den Pneumatomachen zur Festigung ihrer Position. Es ist also gut möglich, dass Epiphanius – wie Athanasius in seinen *Serapionbriefen* – die Gegner polemisch in eine arianische Tradition stellt.

b) Gegen den pneumatomachischen Einwand, der Geist erforsche die Tiefen Gottes, ohne sie zu erkennen (Anc 15)

In den folgenden Kapiteln Anc 15,1–16,2 vertieft er die Diskussion um I Kor 2,10 und wendet sich gegen einen Einwand, von dem er selbst gehört hat, dass nämlich der Geist die Tiefen Gottes zwar erforsche, sie aber nicht verstehe, weil davon in der Schrift nicht explizit die Rede sei. Wer genau einen solchen Einwand vorgebracht hat, lässt sich nicht ermitteln.[277] Allerdings lässt sich aus Anc 15,1 erschließen, dass der Diskussion eine konkrete Auseinandersetzung zugrunde liegt.

Die Widerlegung entspricht strukturell der Argumentation von Anc 3f. Um den Einwand zu entkräften, führt Epiphanius Schriftbelege an, an denen es heißt, Gott prüfe die „Nieren“ und erforsche das Innere des Menschen (Jer 11,20; 17,10; Prov 20,21). Auch hier sei nicht explizit die Rede davon, dass er sie auch verstehe, was jedoch als selbstverständlich vorausgesetzt wird. Wieder wird das Prinzip angewendet, aufgrund der gemeinsamen Gottheit Aussagen über die eine Person im selben Maße auf eine andere zu übertragen (vgl. Anc 4,5). Die Parallelisierung beider Stellen kann Epiphanius nur vornehmen, weil der Geist für ihn ebenso Gott ist wie der, der in Jer 11,20 gemeint ist.

Zur Begründung für die Unmöglichkeit, der Vater und infolge dessen auch der Geist erforsche etwa, ohne zu Verstehen, fügt Epiphanius in Anc 15,6ff einen kurzen Abschnitt ein, der ausgehend von Gen 1,26 die ewige Wirkgemeinschaft von Vater, Sohn und Geist zum Thema hat.[278] Kern der Argumenta-

[277] Es handelt sich allerdings um ein für einige Pneumatomachen typisches Argument, auf den wörtlichen Schriftsinn zu verweisen, wenn es der eigenen Lehre dienlich ist. Sinnfällig wird dies in der Frage: ποῦ γέγραπται ὅτι θεὸς τὸ πνεῦμά ἐστιν; Ps.-Athanasius, Dialogi contra Macedonianos, Dial. I,15,9; vgl. auch ebd., I,15,1. Vgl. MEINHOLD, Pneumatomachoi, 1098ff.

[278] Er begründet die Tatsache, dass der Vater das Innere des Menschen nicht nur erforscht, sondern auch begreift, damit, dass der Vater schließlich den Menschen geschaffen habe, und zwar mit dem Sohn und dem Geist zusammen. So meint der Vater mit dem ποιήσωμεν in Gen 1,26 nicht nur den Sohn, sondern auch den Geist. Vgl. Anc 15,7–9 und das συνδημιουργεῖ in Anc 15,8. Diese Auslegung von Gen 1,26 hat eine lange Tradition. Sie begegnet in Ansätzen schon bei Tertullian, Adv. Prax. 12,1–4; vgl. v.a. aber bei Irenäus, z.B. Adv. Haer. IV,20,1 (8–23) (Gott spricht zu seinen „beiden Händen“, zum Wort und zur Weisheit, zum Sohn und zum Geist); V,1,3 (83–89) (Gott spricht zu seinen „beiden Händen“). Ebenso Cyrill, Catech. XII,5. Zur Exegese von

tion ist die Betonung der Gleichewigkeit, die er in Anc 15,6 in der Wiederholung eines Zitates aus Anc 7,2 zum Ausdruck bringt: ἀεὶ γὰρ ἡ τριὰς τριὰς καὶ οὐδέποτε προσθήκην λαμβάνει.[279] Diese Aussage kann als Reaktion auf einen neuarianischen Gedanken verstanden werden, nach dem es dem Geist an Gottheit und schöpferischer Kraft ermangelt und er folglich nicht an der Schöpfung beteiligt und damit nicht ewig war,[280] doch handelt es sich bei diesem Gedanken auch um ein allgemeines Argument der Pneumatomachen.

Der Gedankengang schließt in Anc 16,1f mit der Schlussfolgerung (τοίνυν), dass sowohl der Vater als auch der Geist sowohl erforscht als auch erkennt. Der Geist offenbart den Heiligen die Geheimnisse Gottes, woraufhin diese in die Lage versetzt sind, Gott aus der Tiefe zu preisen (vgl. Anc 12,6). Der Geist ist folglich aufgrund der Kenntnis nicht verschieden von Gott (vgl. Anc 12,4; vgl. auch Anc 11,4), und nur er, nicht die Engel erforschen die Tiefen Gottes (Anc 16,2). Die Engel stehen gegenüber dem Geist auf einer anderen ontologischen Stufe, was daran liegt, dass sie geschaffen sind, wogegen Gott allein ungeschaffen ist. Epiphanius greift hier ein pneumatomachisches Motiv auf, wonach der Geist eine Mittelstellung zwischen Gott und den Engeln einnimmt bzw. selber als Engel anzusehen ist.[281]

Die Erkenntnis Gottes aufgrund desselben Wesens ist also Kriterium für die Gottheit. Es ist somit in Bezug auf den Geist ein innertrinitarischer Aspekt angesprochen (der Geist erforscht das Innere Gottes, und nur Gott selber kennt dieses Innere) und ein außertrinitarischer, ökonomischer (der Geist vermittelt diese Gotteserkenntnis den Heiligen, das heißt den Gläubigen).

Gen 1,26 vgl. auch Anc 28f; Anc 55,4–57,6. In Anc 15,9 verwendet Epiphanius den Begriff παντοκράτωρ, den er hier mit θεός zusammenstellt (ὁ ... παντοκράτωρ θεός). Vgl. ebenso Anc 15,3 (περὶ γὰρ τοῦ παντοκράτορος θεοῦ...) und Anc 54,5 (δόξα τῷ παντοκράτορι θεῷ...). Allerdings ergibt sich aus dem Kontext von Anc 15,9, dass mit θεός der Vater gemeint ist. In Anc 70,4 bezeichnet Epiphanius den Begriff explizit als andere Benennung der Schrift für den Vater. Er steht mit dieser Verwendung auf dem Boden von N, wie auch die Zitierung in Anc 119(120),3 zeigt. Ansonsten spielt der Begriff im *Ancoratus* keine Rolle (vgl. nur noch zwei Vorkommen im Zitat von Hagg 2,6, Anc 5,3 und Anc 69,4). Epiphanius verbindet keine Erklärung oder Definition damit. Mit dem Bezug von παντοκράτωρ auf den Vater unterscheidet er sich insofern von Markell, als dieser stattdessen in der Regel gezielt vom εἷς θεὸς παντοκράτωρ spricht. So Markell, Ep. ad Liberium, § 10 (= TETZ, Markell III, 152,31); ebd., § 11 (= TETZ, Markell III, 152,32); vgl. auch Markell, Ep. ad Iulium, Haer 72,3,1f (3,258,6.16) (= fr. 129, KLOSTERMANN/HANSEN, GCS, 215,19.26f). Hinter diesem Vorgehen steckt, wie TETZ (Markell III, 179) feststellt, Absicht: „Markell vermeidet eine Identifizierung von Pantokrator und Vater, weil er sonst der arianischen Meinung Vorschub leisten würde, daß der Logos unter die durch den Pantokrator beherrschten πάντα zu rechnen sei.“ Vorbehalte dieser Art sind bei Epiphanius nicht zu erkennen.

[279] Wie bereits im Zusammenhang von Anc 7,2 gesagt, begegnet diese Formulierung nahezu wörtlich in Ps.-Athanasius, C. Sabellianos 7 (PG 28, 108 C/D).

[280] Vgl. Eunomius, Apol. 25 (68,25f): θεότητος μὲν καὶ δημιουργικῆς δυνάμεως ἀπολειπόμενον). Vgl. dazu die Wiederlegung des Basilius in AE III,5 (162,10ff), der hier anführt, der Geist müsse an der Gottheit teilhaben, wenn Gott durch den Geist in uns wohne (mit Verweis auf I Joh 3,24; I Kor 3,16; Eph 2,21f).

[281] Vgl. schon Athanasius, Ep. ad Serap. I,10.11ff; MEINHOLD, Pneumatomachoi, 1093f. Vgl. auch Brief II,3.

Ein kurzer Vergleich mit Athanasius und Basilius soll Parallelen und Unterschiede aufzeigen. Auch Athanasius zieht I Kor 2,11f in der Auseinandersetzung mit den Tropikern heran, um zu beweisen, dass der Geist kein Geschöpf ist.[282] Er baut in Ep. ad Serap. I,22 seine Argumentation auf der menschlichen Analogie auf.[283] Hierin liegt der Unterschied zu Epiphanius, der sich wie schon in Anc 8,6 (vgl. auch Anc 11,5ff) veranlasst sieht, jegliche Analogie mit der Schöpfung als unvereinbaren Gegensatz zum göttlichen Bereich abzulehnen und ein Zusammengesetztsein Gottes auszuschließen. Die Notwendigkeit dieser Betonung kann damit erklärt werden, dass er sich aufgrund des expliziten Bekenntnisses zur Homousie auch des Geistes in der Verlegenheit sieht, die Einheit und Integrität Gottes zu erhalten. So muss er sich gegen den Gedanken abgrenzen, Gott sei zusammengesetzt.[284] Athanasius hingegen nutzt I Kor 2,11f in seinem Kontext lediglich dazu, den Geist als aus Gott und damit als *ungeschaffen* zu erweisen.[285]

Ein Vergleich mit Basilius zeigt größere Parallelen. In AE I,14 verbindet er wie Epiphanius Mt 11,27 und I Kor 2,10f. Damit belegt er gegen Eunomius, der – so Basilius spöttisch – von Gott offensichtlich nicht nur den Namen sondern auch das Wesen offenbart bekommen hat,[286] dass allein Sohn und Geist Kenntnis vom Vater haben (vgl. AE I,14,3ff). Er verbindet Mt 11,27 mit I Kor 2,10f, weil er die Kenntnis nicht allein auf den Sohn beziehen will.[287] Ebenso geht Epiphanius von Mt 11,27 (vgl. Anc 11,3) aus. Allerdings zieht er schon aus dieser Stelle die Folgerung, dass sowohl der Sohn als auch der Geist die volle Kenntnis haben, was durch die vorangehende Argumentation in Anc 10,8–11,2 vorbereitet war (vgl. das *Implikationsprinzip*). Die Exegese von I Kor 2,10f dient in diesem Punkt nur als Vertiefung. Um so deutlicher ist, dass die Kapitel Anc 11ff eine konkrete Auseinandersetzung widerspiegeln.

Insgesamt ist bei Basilius die Beobachtung zu machen, dass I Kor 2,11 in seinem späteren Werk DSS gegenüber der Verwendung in AE eine geringere

---

[282] Vgl. Ep. ad Serap. I,22.26; III,1.

[283] Vgl. Athanasius, Ep. ad Serap. I,22 (= PG 26, 581 B): καὶ γὰρ εἰ ὥσπερ οὐδεὶς οἶδε τὰ τοῦ ἀνθρώπου εἰ μὴ τὸ πνεῦμα τὸ ἐν αὐτῷ, οὕτως καὶ τὰ τοῦ θεοῦ εἰ μὴ τὸ ἐν αὐτῷ πνεῦμα. Allerdings ist zu beachten, dass letztlich auch Athanasius die Möglichkeit ausschließt, menschliche Analogien auf Gott zu übertragen, was vor allem in Bezug auf das Vater-Sohn-Verhältnis gilt. Vgl. z.B. Or. I c. Ar., 21,6ff; Ep. ad Serap. I,16; IV,6 (PG 26, 645 C – 648 A). Vgl. auch zu Anc 71.

[284] Vgl. v.a. die Diskussion in Anc 46ff.

[285] Vgl. die angegebenen Stellen; dazu HAYKIN, Spirit of God, 78–83; LAMINSKI, Geist, 147ff.

[286] Vgl. AE I,13,36f. Basilius spielt hier auf die Lehre des Eunomius an, aufgrund der Wesensbegriffe (ἔννοια φυσική) Erkenntnis über das Wesen Gottes erhalten zu können. Vgl. ABRAMOWSKI, RAC, 946; HAYKIN, Spirit of God, 137.

[287] So auch HAYKIN, Spirit of God, 138. Eine andere zentrale Stelle bei Basilius ist AE III,4,43ff. Basilius zieht hier die Analogie zwischen menschlichem Geist und Geist Gottes: So, wie niemand, der fremd ist (οὐδεὶς ἀλλότριος οὐδὲ ξένος; III,4,49), einen Blick auf die inneren Gedanken des Menschen werfen kann, so kann auch der Geist, wenn er ein Geheimnis mit Gott teilt, diesem nicht fremd sein. Ähnlich wie Athanasius nutzt Basilius hier die Analogie, um die Zugehörigkeit des Geistes zu Gott zu beweisen. HAYKIN sieht Basilius in AE III,4 durch Athanasius inspiriert. Vgl. ders., Spirit of God, 140.

Rolle in seiner Argumentation spielt.[288] Den Grund dafür vermutet HAYKIN darin, dass „the forceful use of the analogy between the divine Spirit and the human spirit could lead to a Sabellian understanding of the Holy Spirit."[289] Demnach habe Basilius, der, als er DSS verfasste, seitens der Pneumatomachen um Eustathius zeitweilig dem Verdacht des Sabellianismus ausgesetzt war,[290] diese Gefahr erkannt und folglich zu vermeiden gesucht.[291]

Es ist auffallend, dass nicht nur Epiphanius sondern auch Basilius um 373/4 bei der Interpretation der Stelle auf eine Analogie zum Menschen verzichten bzw. diese, wie Epiphanius, sogar ausdrücklich ablehnen. Ein wesentlicher Unterschied zu Basilius besteht dabei darin, dass Epiphanius offenbar nicht die Gefahr eines Sabellianismus sieht. Er bezieht die Analogie nicht in der Weise auf den Geist des Menschen wie Basilius, sondern legt das Gewicht auf das einwohnen (κατοικοῦν; Anc 12,1f), das für ihn die Gefahr birgt, Gott als zusammengesetzt zu denken. Das zweifache σύνθετον καὶ συγκείμενον in Anc 12,2 und der Anschluss οὐκ ἀλλότριος τοίνυν Anc 12,4, der die Schlussfolgerung aus dem Vorangehenden darstellt, bestätigt, dass es ihm um diesen Gedanken ging. Die Motivation, keine Analogie im Zusammenhang mit I Kor 2,11 zuzulassen, ist eine andere als bei Basilius. Eine Abhängigkeit scheidet damit aus. Insgesamt unterscheidet sich Epiphanius z.T. erheblich sowohl von der Argumentation des Athanasius als auch von der des Basilius. Anders als bei Basilius baut seine Argumentation letztlich alleine auf I Kor 2,10 auf. Dies ist die für ihn zentrale Stelle. Der nachfolgende Vers I Kor 2,11 dient ihm lediglich als Einleitung zu seinen Ausführungen. Gegen eine zu enge Analogie, die diese Stelle implizieren könnte, grenzt er sich ab. I Kor 2,12 spielte in der Argumentation faktisch keine Rolle.[292] Das Ziel aller drei war jedoch das gleiche: Den Geist als zu Gott zugehörig zu erweisen.

In Anc 16,2ff behält Epiphanius zwar das Thema der Entsprechung von Wesenserkenntnis und Wesenseinheit bei, argumentiert aber vor allem in Bezug auf den Sohn. Der Grund dafür ist in seinem eigenen Vorgehen zu sehen. In Anc 16,2 beschließt er die Argumentation um I Kor 2,10 mit der Feststellung, der Geist sei Gott nicht fremd. Er unterscheidet sich von den Engeln und Erzengeln, von denen nirgendwo gesagt ist, dass sie die Tiefen Gottes ergründen. Sie haben gerade keine Kenntnis von den Plänen Gottes, was Epiphanius mit Mk 13,32

---

288 Vgl. HAYKIN, Spirit of God, 139. Dies verwundert angesichts der Tatsache, dass Basilius in DSS XVI,40,43–49 mit I Kor 2,11 gerade den „stärksten Beweis für die Verbundenheit des Geistes mit dem Vater und dem Sohn" (40,43f) begründet. Denn, so Basilius, der Geist verhalte sich so zu Gott, wie der Geist in uns sich zu jedem von uns verhält (es folgt der Verweis auf I Kor 2,11).

289 HAYKIN, Spirit of God, 139.

290 Vgl. Basilius, Ep. 52. Dazu DRECOLL, Basilius, 276–281.

291 Vgl. HAYKIN, Spirit of God, 140; 215f.

292 Anders bei Basilius, für den auch I Kor 2,11 und 12 einige Bedeutung hatten. Vgl. oben und HAYKIN, Spirit of God, 141ff. Zu Athanasius und Basilius vgl. zusammenfassend HAYKIN, Spirit of God, 214–217.

belegt – und dieses Zitat ist der Anlass für die folgenden Ausführungen. Denn dort (Anc 16,2) heißt es: „‚Niemand kennt den Tag und die Stunde', sagt der Sohn Gottes, ‚weder die Engel des Himmels noch der Sohn, sondern nur der Vater'." Da in diesem Zitat der Sohn mit einbegriffen ist, legt Epiphanius im Folgenden dar, dass dieser selbstverständlich auch Kenntnis von Stunde und Tag hat.[293] Dies geschieht in einer langatmigen Passage Anc 16,3–22,5 im Zusammenhang mit der Frage nach der Kenntnis des Gerichtes. In Anc 22,2 kommt er zu der Feststellung zurück, dass die Engel – im Gegensatz zur Gottheit und insbesondere im Gegensatz zum Heiligen Geist – zu den Geschöpfen zu zählen sind (vgl. auch Anc 17,1).

Wie schon in Anc 11ff geht es um die rechte Auslegung einer Schriftstelle. Wie im Kontext mit der vorangehenden Diskussion um I Kor 2,10–12 stellt Epiphanius in Anc 16,3 das falsche Schrift- bzw. Gottesverständnis der Gegner in einen Zusammenhang mit fehlendem Geistbesitz (vgl. wiederum Anc 2,2).

c) Exkurs: Auseinandersetzung um Mk 13,32 (Anc 16–22)

Die gesamte Passage ist durch zahlreiche Einschübe in ihrem Gedankenfluss gestört.[294] Insgesamt geht es um die Frage, ob es im Vater etwas gibt, was nicht im Sohn ist.[295] Grundlage der Diskussion ist Mk 13,32. Die direkte Anrede an einen Gegner in Anc 16,6ff macht es wahrscheinlich, dass es sich auch hier um eine konkrete Auseinandersetzung handelt.
Epiphanius geht auf zweifache Weise vor.

1. argumentiert er, dass derjenige, der das Größere kennt, auch das Geringere kennen muss. Da der Vater den Tag kennt und der Sohn den Vater, muss dieser folglich auch den Tag kennen (vgl. Anc 17,2–19,7).

2. zeigt er in einer weitschweifigen Passage (Anc 20f), dass die Schrift zweierlei Arten (δύο εἰδήσεις, Anc 20,1) von Erkenntnis kennt, eine theoretische und eine praktische (nämlich eine κατὰ ἐνέργειαν bzw. πρᾶξιν und eine κατὰ εἴδησιν bzw. γνῶσιν; vgl. Anc 20,1; 21,1). Während der Vater den Zeitpunkt des Gerichtes in beiderlei Hinsicht kennt, kennt der Sohn ihn zwar der Theorie nach, hat ihn aber noch nicht gewirkt, kennt ihn also noch nicht der Praxis nach.[296]

Der Zusammenhang zur Pneumatologie besteht darin, dass der Geist die rechte Erkenntnis auch in dieser Frage vermittelt. Außerdem werden die Ergebnisse zu Vater-Sohn wieder auf den Geist übertragen (so schon Anc 3f). Da es z.T. gerade die Abschweifungen in dem Abschnitt 16,3–19,8 sind, die interes-

---

[293] Es ist hier deutlich, dass Epiphanius durch Stichwortanschluss auf ein anderes Thema gekommen ist.

[294] Vgl. die Klammer Anc 16,6 – Anc 17,2 – Anc 19,8, die jeweils eine Wiederaufnahme des Themas markiert. Eine Parallele zu der Gesamt-Thematik findet sich in Haer 69,15,5; 43,1ff.

[295] Vgl. Anc 16,3: νομίζουσι δὲ οἱ ἀνόητοι, οἱ μὴ κεκοσμημένοι πνεύματι ἁγίῳ, μὴ ἔστι τι ἐν τῷ πατρί, ὅπερ οὐκ ἔστιν ἐν τῇ θεότητι τοῦ υἱοῦ.

[296] Vgl. hierzu auch HANSON, Christian doctrine, 663.

sante Ergebnisse bringen, soll die Argumentation für diese Passage genauer nachgezeichnet werden.

Epiphanius hält den Gegnern entgegen, dass alles, was des Vaters ist, auch das des Sohnes ist (vgl. Joh 16,15; Joh 17,10). Was dieses πάντα beinhaltet, erläutert er in Anc 16,4: τίνα δέ ἐστι τὰ τοῦ πατρὸς ἀλλ' ἢ ταῦτα· τὸ θεὸς τοῦ πατρός ἐστι, τοῦτο καὶ τοῦ υἱοῦ... Das entspricht der Aussage von Anc 8,5. Es folgen weitere Beispiele wie „Licht" (vgl. dazu schon Anc 4) und „Unsterblichkeit".[297] Es geht bei diesem πάντα um alles, was das Wesen, das Gemeinsame betrifft. Mit den Worten von Anc 4,5 handelt es sich um das πᾶς σύνδεσμος. Die Verbindung zur Pneumatologie wird in Anc 16,5 hergestellt: Der Vater hat Kenntnis über das Gericht, ebenso der Sohn, weil er Kenntnis vom Vater hat, und ebenso auch der Geist. Das führt Epiphanius in Anc 17,2ff weiter aus.

In Anc 16,6–17,1 folgt ein exkursartiger Einschub, in dem Epiphanius nach direkter Anrede einen Appell an einen fiktiven Gegner richtet, zur Wahrheit Gottes zurückzukehren. Die kurze Passage befasst sich mit dem Geist als Offenbarer und Vermittler der Gotteserkenntnis. Aufschlussreich für die Bestimmung des innertrinitarischen Verhältnisses ist eine Formulierung in Anc 16,8. Es ist dies die bisher klarste Äußerung darüber, welche *Funktionen* die einzelnen trinitarischen Personen ausüben. So heißt es an den Gegner gerichtet: „Bitte den Vater, dass er dir den Sohn offenbare, und bitte den Sohn, dass er dir den Vater offenbare, und wiederum bitte den Vater, dass er dir den Sohn gebe und den Heiligen Geist offenbare und dir gebe, ihn in dir zu haben, damit der Geist, einmal in dir, dir die ganze Kenntnis über Vater, Sohn und Heiligen Geist gebe und damit du lernst, dass im Sohn keinerlei Unkenntnis ist und ebenso wenig im Heiligen Geist." Daraus ergibt sich folgendes Bild:

Der Vater
- *offenbart* den Sohn und den Geist
- *gibt* den Sohn
- *gibt* den Geist *in* den Menschen.

Der Sohn
- *offenbart* den Vater.

Der Geist
- *gibt* dem Menschen Kenntnis Gottes.

Voraussetzung für diese Aussagen ist die aufgrund der Wesenseinheit bestehende gemeinsame Kenntnis. Deutlich ist die Vorordnung des Vaters, der sowohl Geist als auch Sohn offenbart und gibt. Das Geben des Sohnes durch den Vater muss auf das Heilsgeschehen bezogen sein. Nur der Geist wird von ihm *in* den Menschen gegeben. Der Geist ist Heilsvermittler, indem er einem jeden gibt,

[297] Vgl. auch Haer 62,4,7 (2,393,14ff).

wie er will (vgl. I Kor 12,11).[298] Die Tatsache, dass Vater und Sohn sich jeweils offenbaren, könnte sich auf das Vater-Sohn-Verhältnis beziehen. Auffallend ist, dass Sohn und Geist in keiner expliziten Relation zueinander stehen. Epiphanius deutet hier mit keinem Wort an, dass der Geist auch vom Sohn gegeben wird (anders Anc 66f).

Fraglich ist erneut, welchen Gegner er hier anspricht. Der Kontext im Zusammenhang mit Mk 13,32 weist auf Gegner hin, die nicht nur über den Geist, sondern auch über den Sohn inferioristisch denken (vgl. Anc 16,3). Athanasius hat sich z.B. in seiner dritten Rede gegen die Arianer mit der Stelle auseinandergesetzt.[299] Basilius bezeugt in Ep. 236, dass die Frage nach der Kenntnis von Tag und Stunde schon oft untersucht und vor allem von den Anhomöern (παρὰ τῶν Ἀνομοίων) in die Diskussion gebracht worden sei.[300] Ob tatsächlich ein (neu-)arianischer Hintergrund in Betracht kommt, ist deshalb fraglich, weil Epiphanius seinen Gegner mit ὦ ἀγαπητέ anspricht und außerdem offenbar noch Hoffnung hat, dass dieser auf den rechten Weg zurückfindet, zumal er dessen Lehre noch nicht als Falschglaube (vgl. Anc 9,1–3) bezeichnet.[301] Diese Hoffnung und diese Zurückhaltung sind in Bezug auf einen Arianer schwer nachvollziehbar. Möglich ist allerdings, dass es sich im Zuge der Anrede in Anc 16,6ff in dieser Formulierung um ein rhetorisches Mittel handelt. Die Gründe, die vor allem aufgrund des Kontextes[302] zu der Annahme führen, Epiphanius setze sich auch hier mit (neu-) arianischer Lehre auseinander, wiegen zu schwer, als dass für die betreffende Stelle von einem Wechsel der Gegnerschaft auszugehen ist. Diese Annahme wird dadurch gestützt, dass in Anc 24,7 im Zusammenhang mit der Exegese von Dan 3, bei der es um arianische Lehre geht, ebenfalls ein Gegner mit ἀγαπητέ ἀδελφέ direkt angesprochen wird.

In Anc 17,2 nimmt Epiphanius die Frage nach der Kenntnis des Gerichtes wieder auf (direkter Anschluss an Anc 16,6: ἐρωτῶ σε, καὶ λέγει μοι). Als Beweis für die Kenntnis des Sohnes vom Gericht reicht die Tatsache, dass er Kenntnis vom Vater hat (so Anc 17,3).

In Anc 17,4 geht er auf einen weiteren Einwand ein. Der Gegner will mit Joh 14,28 belegen, dass, wie der Sohn selber bezeuge, der Vater größer sei als er.[303] In diesem Sinne argumentiert Eunomius in Apol. 11 (46,9–12), wo er Joh 14,28 als Beleg für seine These heranzieht, der Sohn könne dem Vater nicht ἴσος

[298] In dieser Tatsache sieht Epiphanius die Souveränität (αὐθεντίαν; Anc 16,7) des Geistes ausgedrückt, was gegen jede pneumatomachische Lehre verstanden sein will, die dem Geist eine selbstständige Wirksamkeit abstreitet. So auch HAUSCHILD, Pneumatomachen, 66.

[299] Vgl. dazu Athanasius, Or. III c. Ar., 42ff.

[300] Vgl. Basilius, Ep. 236,1,1–10.

[301] Epiphanius spricht den Gegner mit „Geliebter“ an, weil er nach Anc 16,6 nur den Teufel und dessen Werke und den Falschglauben (κακοπιστία) hasst. Von daher fällt der Gegner für Epiphanius nicht in diese Rubrik. Falschglaube macht es nach Anc 9,1 fast unmöglich, zurückzukehren.

[302] Vgl. neben dem vorangehenden Kontext auch den weiteren, Anc 17,4ff.

[303] HOLL verweist dazu auf die Parallele in Haer 69,43–47.

sein. Epiphanius argumentiert dagegen ausgehend von dem Verhältnis Vater-Sohn (vgl. schon zu Anc 5,9). Der Sohn sagt, der Vater sei größer als er, weil er der Sohn ist. Damit zeigt er seine wahre Abstammung (γνησιότητα; Anc 17,4) an.[304] Rhetorisch fragt Epiphanius in Anc 17,5f, in welcher Hinsicht der Vater etwa größer sein solle als der Sohn, im Umfang, in der Zeit, in der Würde oder der Gottheit oder in einer anderen Kategorie.[305] Diese Möglichkeiten werden verworfen mit dem Hinweis, dass es in der Gottheit nichts gebe, was beim Sohn gegenüber dem Vater ungleich (ἄνισον) wäre, und dass das Göttliche keiner geschöpflichen Kategorie unterliege. Die Verwerfung des ἄνισος steht in direkter Entsprechung zu der Verwerfung des ἴσος bei Eunomius. Damit dürfte der Rahmen eindeutig abgesteckt sein: Sowohl der Kontext als auch die direkte Entgegnung auf gegnerische Lehre weisen auf einen neuarianischen Hintergrund. In Anc 17,5 erläutert Epiphanius erneut: „Weil der Vater Vater ist und der Sohn Sohn, deshalb ehrt er seinen Vater“ (Anc 17,5).[306] Es handelt sich also nicht um einen Vorrang im Wesen.[307]

Zum Schluss von Anc 17 nimmt Epiphanius zwei schon bekannte Abgrenzungen vor. Der Sohn ist nicht untergeordnet[308], vielmehr sitzt er zur Rechten des Vaters (vgl. Ps 109,1). Das heißt aber nicht, dass er *in den Vater* eingeht (καὶ οὐκ εἶπεν, εἰσῆλθεν εἰς τὸν πατέρα; Anc 17,6). Namentlich bringt Epiphanius beide Aspekte mit Arius und Sabellius in Verbindung. Die zweite Abgrenzung passt erneut zu der Lehre Markells, der hier mit der Bezeichnung „Sabellius“ gemeint sein wird.[309] Eine Parallele bei Basilius belegt diese Annahme. Dieser setzt sich in Ep. 69,2 dafür ein, die Lehre Markells ebenso wie die Lehre des Arius als dem gesunden Glauben fremd zu verbannen. Denn Markell gestehe zu, dass der Eingeborene „Logos“ genannt werde, „der hervorgetreten ist [sei] gemäß einem Bedürfnis zu bestimmter Zeit, aber wieder zu dem zurückkehrt

---

[304] Basilius geht auf die genannte Stelle des Eunomius in AE I,22ff intensiv ein. Allerdings steht bei ihm nicht die Frage nach dem ἴσον, die bei Epiphanius zentral ist, im Vordergrund (vgl. DRECOLL, Basilius, 97), sondern die nach dem Vater als der αἰτία des Sohnes. Nach AE I,25,31ff ist Joh 14,28 auf den Vater derart zu beziehen, dass der Begriff „Vater“ den Ursprung und Anfang dessen anzeigt, der aus ihm geboren ist (τὸ αἰτία εἶναι καὶ ἀρχὴ τοῦ ἐξ αὐτοῦ γεννηθέντος; I,25,33f). Vgl. dazu DRECOLL, Basilius, 98.

[305] Diese Möglichkeit hat Eunomius selber in Apol. 11 (46,1–3), also im direkten Kontext mit der entsprechenden Stelle, abgelehnt.

[306] Vgl. ebenso Haer 69,53,3ff (3,200,5ff). Epiphanius steht mit dieser Argumentation auf einer Linie mit dem westlichen Bekenntnis von Serdika 342. Hier schon wurde Joh 14,28 ausschließlich auf den „Namen Vater“ bezogen. Vgl. bei Theodoret, Hist. Eccl. II,8,45 (116,4f): οὐ διὰ τὴν διαφοράν, ἀλλ' ὅτι αὐτὸ τὸ ὄνομα τοῦ πατρὸς μεῖζόν ἐστι τοῦ υἱοῦ. Epiphanius nimmt keinen direkten Bezug auf diese Argumentation, doch ist sein Gedankengang der gleiche.

[307] Aus diesem Grunde liegt hier auch kein Widerspruch zu Anc 6,1 vor.

[308] Mit der Konjektur zu Anc 17,6 ὑπερβεβηκὼς] ὑποβεβηκὼς.

[309] Auch HÜBNER bringt diese Argumentation mit der Lehre Markells in Verbindung. Vgl. HÜBNER, Ps-Athanasius, 184 (vgl. dort Anm. 77, wo Anc 17,6 genannt ist). Vgl. auch Anc 47,5; 81,8. Vgl. den Kommentar zu Anc 3,2f.

[zurückkehre], von dem er ausgegangen sei, dass er weder vor seinem Hervortreten sei noch nach der Rückkehr existiere."[310]

Gegenüber den Häretikern fordert Epiphanius in Anc 18,1: μὴ ζήτει τὰ μὴ ζητούμενα.[311] An spekulativen Betrachtungen ist er nicht interessiert. Vielmehr fordert er die Gegner – und damit unterbricht er den Gedankengang erneut, indem er wieder auf die Frage nach der Ehre des Sohnes (vgl. Anc 11,2) eingeht – auf: „Also ehre den Sohn, damit du den Vater ehrst."[312]

In Anc 18,1ff nimmt er den Einwand auf, aus Mk 10,18par sei zu entnehmen, allein der Vater sei gut, woraus die Gegner wahrscheinlich auf eine Inferiorität des Sohnes schließen. Er entkräftigt dies mit einer Argumentation, der das *Implikationsprinzip* zugrunde liegt:[313] Der Sohn sagt das nicht um anzuzeigen, dass er selber nicht gut sei. Vielmehr offenbart er sich darin, dass er keine Ehre von Menschen möchte, sondern seinem Vater die Ehre überträgt, um so mehr, „so dass man aus der Güte des Vaters ableiten kann die Erkenntnis der Güte des Sohnes, der von dem guten Vater gezeugt ist" (Anc 18,2). Die Güte des guten Vaters impliziert die Güte des von ihm gezeugten Sohnes. Voraussetzung und Ermöglichung dafür ist die Abstammung aus dem gemeinsamen Wesen.[314]

Offensichtlich angeregt durch die vorangehende Thematik (vgl. das Zitat Lk 6,46, Anc 18,6) lässt Epiphanius in Anc 19 eine ausgedehnte Passage über den Logos folgen. Er stellt Schriftstellen und überlieferte Glaubensaussagen nebeneinander, die z.T. bereits bekannt sind. Hervorzuheben sind vor allem folgende Aussagen:

Bemerkenswert ist das Zitat aus *Lk 1,33*, dass die Herrschaft des Sohnes kein Ende haben werde. Diese Stelle wird sich gegen Markell richten, der ein Ende des Zusammenseins des Logos mit dem von ihm angenommenen Fleisch lehrte, also ein Ende des Königtums des angenommenen Menschen.[315] Das Zitat *Hebr 1,3* gibt für Epiphanius offensichtlich keinen weiteren Anlass, das Verhältnis von Vater und Sohn zu hinterfragen. Dies ist insofern auffällig, als Athanasius dieses Bild[316] bevorzugt zur Beschreibung des Verhältnisses von Vater und Sohn herangezogen hat.[317] Die Symbolik spielt für Epiphanius im gesamten *Ancoratus* jedoch keine Rolle. Der Grund dafür dürfte darin liegen, dass er, wie vor allem aus seinen späteren Äußerungen im Zusammenhang mit dem Bilder-

310 Basilius, Ep. 69,2,12–15. Zitiert nach HAUSCHILD, Briefe I, 133.

311 Ähnlich argumentiert auch Athanasius, vgl. z.B. Ep. ad Serap. I,18f; Or. II c. Ar. 43,1.

312 Die Thematik wird, wie auch HOLL anmerkt, in Haer 69,57 wieder aufgenommen.

313 Vgl. Anc 5,9; 10,6ff.

314 Vgl. auch Anc 4,5. In Anc 18,4 führt Epiphanius darüber hinaus eine Reihe von Schriftstellen an, die aufzeigen, dass die Schrift in vielen Fällen von „gut" spricht, so dass Gott nicht in dem von den Gegnern verstandenen Sinne „allein" gut sein kann. Vgl. dazu schon Origenes, De princ I,2,13 (47,16–48,8).

315 Vgl. hierzu bereits den Kommentar zu Anc 3,2.

316 Das heißt, das Bild des Sohnes als ἀπαύγασμα τῆς δόξης καὶ χαρακτὴρ τῆς ὑποστάσεως αὐτοῦ (Hebr 1,3).

317 Vgl. z.B. Or. I c. Ar., 20,3–7; 22,2; 58,5f; 60,2; Or. II c. Ar. 34,3 u.ö.

streit deutlich wird, ein (Ab-)Bild nie für geeignet halten könnte, das Urbild adäquat wiederzugeben.[318] Hierin liegt ein weiterer wesentlicher Unterschied zu Athanasius und ein weiterer Beleg dafür, dass Epiphanius, trotz aller Anleihen, die er vor allem bei ihm gemacht hat, einen eigenen Ansatz verfolgt. Auch die Bezeichnung als εἰκὼν τοῦ πατρός (Kol 1,15) ist nebensächlich und hat in seiner Argumentation keinen Stellenwert.

In Anc 19,2 beschreibt er das Verhältnis Vater-Sohn mit den Worten: ὁ σοφία ὢν ἐκ σοφίας, ὁ πηγὴ ὢν ἐκ πηγῆς bzw. ὁ ἐκ τῆς πηγῆς προελθών. Anders als Athanasius, der das Verhältnis mit dem Vergleich πηγή-ποταμός oder φῶς-ἀπαύγασμα zum Ausdruck bringt (vgl. z.B. Ep. ad Serap. I,19) und damit aufgrund der unterschiedlichen Begriffe einerseits stärker differenziert und andererseits den Vater eindeutig vorordnet, bleibt Epiphanius bei demselben Ausdruck und betont damit stärker die Einheit, das Gemeinsame, auch wenn das ἐκ ebenfalls klar auf eine Vorordnung des Vaters hinweist. Die Bezeichnung des Vaters als Quelle ist Epiphanius im trinitätstheologischen Zusammenhang ansonsten fremd. Anc 19,2 ist die einzige derartige Stelle im *Ancoratus*. Auch in dieser (fehlenden) Begrifflichkeit liegt ein Unterschied zu Athanasius (vgl. auch zu Anc 71,1).

Während der erste Teil Anc 19,1–3 sich allein auf den *Logos* bezieht, kommt er in Anc 19,4 auf den *Inkarnierten* zu sprechen, folgt also dem Ablauf der Heilsgeschichte. Der Logos ist zugleich ὁ ἄνθρωπος ἐν ἀληθείᾳ γεγονὼς καὶ θεὸς ἐν ἀληθείᾳ ὑπάρχων, μὴ τραπεὶς τὴν φύσιν, μὴ ἀλλοιώσας τὴν θεότητα, ὁ γεννηθεὶς ἐν σαρκί, ὁ σαρκωθεὶς λόγος, ὁ λόγος σὰρξ γενόμενος. Hier sind wesentliche Aspekte der Christologie angesprochen. Der Logos ist beides, wahrer Gott und wahrer Mensch. Das eine *ist* er anfangslos und ewig, das andere *wurde* er, sein Menschsein hatte einen Anfang. Erstmals bringt Epiphanius im christologischen Zusammenhang den Begriff φύσις, den er mit „Gottheit“ parallelisiert. Es kommt ihm an dieser Stelle darauf an, dass beide (φύσις und Gottheit) durch die Inkarnation nicht verändert wurden. Zu beachten ist der Singular τὴν φύσιν, das heißt der Logos verändert *die* Natur nicht. Epiphanius spricht hier nicht von der göttlichen Natur in Abgrenzung zur menschlichen, denn von einer solchen, einer zweiten ist keine Rede.[319] Daraus kann gefolgert werden, dass φύσις an dieser Stelle nichts anderes bedeutet als θεότης oder οὐσία. Der Logos wurde in das Fleisch geboren, ist „fleischgewordener Logos“, wurde (mit Joh 1,14) Fleisch. Die Fleischwerdung erläutert Epiphanius mit der Abfolge der Worte in Joh 1,14. Daran sei abzulesen, dass das γενόμενος sich im Unterschied zum γεννηθείς allein auf das Fleisch be-

---

[318] Wie aus dem „*Logos gegen die Verfertiger von Bildern*“ (von THÜMMEL (Bilderlehre, 221.298) datiert auf zwischen 393 und 395 bzw. „um 394“) hervorgeht, hält Epiphanius Bilder etwa von Evangelisten und Aposteln für Fälschungen (τῶν ψευδωνύμων εἰκόνων ὑπὸ τῆς μωρίας τοῦ ζωγράφου κατὰ τὸν νοῦν αὐτοῦ τυπωθεῖσαν (= THÜMMEL, Bilderlehre, 298,17f)). Vgl. zu dieser Stelle auch HOLL, Bilderverehrung, 364: „Zuvörderst sind, führt er [scil. Epiphanius] aus, die Bilder in Wahrheit Fälschungen: Sie stellen etwas dar, was so gar nicht vorhanden ist.“ Vgl. auch CLARK, Origenist Controversy, 90.

[319] Zum Begriff φύσις vgl. Teil III, C.

ziehe und nicht auf den Logos.[320] Damit interpretiert er die Schrift im traditionellen Sinne so, dass alle Affekte auf die Menschheit bezogen werden, also unter Zugrundelegung der eindeutigen Differenzierung von Gottheit und Menschheit in Christus.[321]

Die Formulierung ὁ σαρκωθεὶς λόγος wirft in der Verbindung mit dem singulären Gebrauch von φύσις die Frage auf, ob Epiphanius hier von Apollinaris beeinflusst ist. Die klassische Formel apollinaristischer Christologie lautet: μία φύσις τοῦ θεοῦ λόγου σεσαρκωμένη.[322] Apollinaris hat zwischen σάρξ und ἄνθρωπος insofern unterschieden, als die σάρξ lediglich der willenlose und unselbstständige Teil des Menschen ist, ohne Verstand (νοῦς) ausgestattet, wogegen ἄνθρωπος den ganzen Menschen bezeichnet. Die Einung mit dem Logos führt zu nur einer Natur, da die σάρξ keine eigene Natur hat. Zwei Naturen in Christus sind nach Apollinaris unmöglich zu denken. Wie die Auseinandersetzung mit apollinaristischer Christologie in Anc 76ff zeigen wird, unterscheidet Epiphanius jedoch nicht zwischen *Mensch*werdung und *Fleisch*werdung. Mit beiden Termini ist für ihn die vollkommene Menschheit zum Ausdruck gebracht. Ein Abhängigkeitsverhältnis zu Apollinaris scheidet an dieser Stelle von daher aus. Zur Frage des Naturbegriffes in der Christologie vgl. zusammenfassend Teil III (C.). Der christologische Exkurs Anc 19,1–5 endet so abrupt, wie er begonnen hat, was vielleicht ein Indiz dafür ist, dass es sich bei der Passage um eine ältere Vorlage gehandelt hat.

In Anc 19,6ff schließt Epiphanius wieder an das Thema von Anc 16,2ff an.[323] Zwar heißt es in Mk 13,32, dass nur der Vater den Tag kennt (vgl. Anc 16,2), da der Sohn aber (aufgrund der dargestellten Einheit) den Vater kennt, kennt dieser folglich auch den Tag (vgl. Anc 17,3). Wiederum wird die gegenseitige Entsprechung von (Er-)Kenntnis Gottes und Gottsein deutlich: Nur Gott kennt den Tag – wer den Tag kennt, ist Gott. Der ganze Abschnitt Anc 16ff ist folglich ein weiterer Beweisgang nicht nur für die Gottheit des Sohnes, sondern auch für die des Geistes, denn zum Schluss wird auch der Geist wieder mit eingeschlossen, wenn Epiphanius sich warnend an den Gegner wendet:[324] ἐρεύνησον τὰς θείας γραφὰς καὶ μάθε τοῦ ἁγίου πνεύματος τὴν δύναμιν, καὶ αὐτὸ τὸ πνεῦμα τὸ γινῶσκον τὸν πατέρα καὶ τὸν υἱὸν ἀποκαλύψει σοι τὴν τοῦ λόγου τοῦ υἱοῦ τοῦ θεοῦ γνῶσιν, ἵνα μὴ πλανηθῇς τῆς ἀληθείας καὶ ἀπολέσῃς τὴν σεαυτοῦ ψυχήν (Anc 19,8). Bestimmend bleibt auch in den Abschnitten, die sich inhaltlich auf den Logos beziehen, das Leitthema, dass der Geist die rechte Erkenntnis vermittelt, und zwar unter zwei Aspekten: Er ver-

---

[320] Vgl. Anc 19,5: ὁ ἔχων μεταξὺ τοῦ γενόμενος τὸ σάρξ ... ἀλλὰ μετὰ τὸ εἰπεῖν ὁ λόγος ἀπαρεμφάτως τίθησι τὸ σάρξ, μετὰ δὲ τὸ σὰρξ λέγει ἐγένετο, ἵνα τὸ ἐγένετο ἐκ Μαρίας δοκιμασθῇ, ἵνα ὁ λόγος ἄνωθεν παρὰ πατρὸς κατελθὼν νοηθῇ.

[321] Vgl. auch zur inkarnatorischen Exegese im Zusammenhang mit Anc 29.

[322] Vgl. Apollinaris, Ep. Ad Iovianum (= LIETZMANN, Apollinaris, 251,1f). Vgl. auch GRILLMEIER, Christus I, 486–490 (v.a. 487 Anm. 24).

[323] Die Argumentation in Anc 19,7f wird in Haer 69,43,5 wiederholt.

[324] Vgl. Anc 16,6; 17,2.

mittelt das rechte Schriftverständnis und die rechte Erkenntnis des Logos. Dieses Prinzip der Erkenntnisvermittlung wird für die Auseinandersetzung mit arianischen Schriftstellen in Anc 27ff leitend sein.

Als letzte Erklärung für die Aussage, nur der Vater kenne den Tag, folgt in Anc 20f die oben (Teil II, A.2.c)) bereits angesprochene Beweisführung anhand der verschiedenen Arten von Kenntnis in der Schrift.[325] Diese Kapitel sind für unser Thema nicht ertragreich. In Anc 22,1 beschließt Epiphanius den Argumentationsgang um Mk 13,32, indem er Anc 16,2 (vgl. auch Anc 17,1) wieder aufnimmt. Rückblickend erklärt er in Anc 22,4: „Das ist gemeint mit den Worten (τουτέστιν <τό>): ‚als nur der Vater allein, weder die Engel noch der Sohn' (vgl. Mt 24,36)".

d) Zusammenfassung der bisherigen Argumentation (Anc 22–26)

Wichtig ist die neuerliche Abgrenzung gegenüber den Engeln, die Epiphanius in Anc 22 im Blick auf den Heiligen Geist vornimmt (vgl. Anc 16,2). Diese sind geschaffen, Vater, Sohn und Geist ungeschaffen (vgl. Anc 22,2). Sie kennen weder den Tag noch die Stunde in irgendeiner Art und Weise, Vater, Sohn und Geist dagegen werden ihn bewirken (vgl. Anc 20,3).

Zentral für das Leitthema ist die Betonung in Anc 22,5, dass der Geist den *wahren Sinn der Schrift* vermittelt. Durch ihn tötet der Buchstabe nicht mehr, sondern macht lebendig. Ohne den Geist ist es den Häretikern unmöglich, die Schrift richtig zu deuten. Er ist unabdingbare Voraussetzung für die rechte Schriftauslegung, damit für den rechten Glauben und damit für das Heil. Die Auseinandersetzungen um I Kor 2,10–12 und Mk 13,32 waren exemplarisch für diesen Sachverhalt, standen aber ganz im Zeichen der Intention, den Geist als zur Gottheit zugehörig zu erweisen. In Anc 27ff wird das Schriftverständnis zum eigentlichen Thema, während die Person des Geistes dort thematisch kaum eine Rolle spielt.

Das Ziel der Argumentation fasst Epiphanius in Anc 22,6 in einer Aufzählung zusammen. Er nimmt Bezug auf die zurückliegende Argumentation, insbesondere kommt er noch einmal auf die Taufe zu sprechen (vgl. Anc 8): Der Vater gab seinen einziggeborenen und ebenbürtigen Sohn und seinen Geist[326] seiner Kirche in einer Harmonie der Erkenntnis (ἐν μιᾷ γνῶσει ὁμονοίας) und in einem Band (ἐν ἑνὶ συνδέσμῳ) der Vollkommenheit, „damit wir in dem Namen des vollkommenen Vaters und Gottes das Siegel erhalten (κομισώμεθα), und in dem Namen des vollkommenen Sohnes und Gottes und in dem Namen des göttlichen und vollkommenen Geistes das Siegel empfangen (λάβωμεν)."[327]

---

[325] Die Argumentation von Anc 20,1–22,3 wird in Haer 69,45–47 wiederholt.

[326] Eindeutig ist auch hier der Geist als Geist des Vaters bezeichnet. Sohn und Geist sind in ihrer Stellung zum Vater gleichgesetzt, beide werden von ihm der Kirche gegeben. Vgl. dazu Anc 16,8; 26,7.

[327] Anc 22,6. Auffallend ist, dass Epiphanius hier in Bezug auf den Geist wieder schwächer formuliert und ihn nur „göttlich" nennt, obgleich er ihn schon explizit als Gott bezeichnet hat.

In Anc 22,7 folgt eine Akklamation, die Epiphanius' Trinitätstheologie in nuce zusammenfasst: ὢ τριὰς ἁγία ἀριθμουμένη, τριὰς ἐν ἑνὶ ὀνόματι ἀριθμουμένη (vgl. Anc 3,8). οὐ γὰρ λέγεται ἑνὰς καὶ δυὰς οὐδὲ μονὰς καὶ μονάς, ἀλλὰ μονὰς ἐν τριάδι καὶ τριὰς ἐν μονάδι (vgl. Anc 2,6), μονοειδῶς μονωνύμως (vgl. Anc 8,1.2.4) εἷς θεός, πατὴρ ἐν υἱῷ, υἱὸς ἐν πατρὶ σὺν ἁγίῳ πνεύματι (vgl. Anc 10,5; 24,7; 73,9; vgl. Anc 119,14).

Folgende zentrale Elemente werden erneut betont: Die Trias ist in einem Namen aufgezählt. Es handelt sich um eine Trias, nicht um eine (mathematische) Einheit und eine Zweiheit, was entweder so zu verstehen ist, dass der Vater sich nicht zwei Geschöpfe dazu erschaffen hat (vgl. Anc 8,8f) oder in dem Sinne, dass der Geist nicht als Geschöpf zu der Zweiheit von Vater und Sohn hinzugezählt wurde.[328] Der Begriff μονάς wurde im Zusammenhang mit der Interpretation von Anc 2,6 definiert.[329] Der Ausdruck liegt auf einer Ebene mit einem Wesensbegriff. Nur so ist die Formel von der „Dreiheit in Einheit" überhaupt erst möglich und zu verstehen. Gestützt wird diese Annahme dadurch, dass Epiphanius in Anc 22,7 mit ἑνάς die mathematische Einzahl bezeichnet. Verständlich ist, dass das μονὰς καὶ μονάς abzulehnen ist, weil dies zur Annahme von Polytheismus führen würde.

Das Adverb μονοειδῶς entspricht in etwa dem μονωνύμως.[330] Es begegnet im *Ancoratus* nur noch in Anc 10,4. Dort bedeutet es im Zusammenhang mit dem dreifachen Heiligkeitsruf Jes 6,3 so viel wie „mit einem und demselben Wort sprechen". Ein solcher Sinn liegt auch der Verwendung in Anc 22,7 zugrunde, wo der Ausdruck etwa das gleiche bedeutet wie μονονύμως, also „mit einem eindeutigen und singulären Wort benannt", nämlich εἷς θεός.

Eine ähnliche Problematik wie die, die in Anc 22,7 angedeutet ist, greift Basilius in DSS XVIII auf. Er argumentiert, dass Mt 28,19 nicht im Zusammenhang mit einer Zahl erwähnt wird im Sinne eines „erstens", „zweitens", „drittens" oder eines „eins", „zwei", „drei". Vielmehr schenke uns der Herr die Kenntnis des zum Heil führenden Glaubens durch die bloßen Namen (vgl. DSS XVIII,44,1–5). Präziser als Epiphanius löst Basilius die bestehende Spannung zwischen Einheit und Dreiheit: Er bezieht die numerische Zweiheit von Vater und Sohn auf die Eigentümlichkeiten der Personen und sieht deren Einheit in der Natur: ὥστε κατὰ μὲν τὴν ἰδιότητα τῶν προσώπων, εἷς καὶ εἷς· κατὰ δὲ τὸ κοινὸν τῆς φύσεως, ἓν οἱ ἀμφότεροι.[331] Eine derartige, auch begriffliche Klärung lässt Epiphanius vermissen.

---

[328] Die Tropiker bei Athanasius gingen von der Zweiheit Vater-Sohn aus, die unter Hinzunahme des geschöpflichen Geistes zur Dreiheit erweitert wurden. Vgl. Ep. ad Serap. III,7. Vgl. auch MEINHOLD, Pneumatomachoi, 1096.

[329] Vgl. den Kommentar zu Anc 2. Dort wurde gezeigt, dass damit nicht die mathematische Einzahl gemeint sein kann, sondern die Einheit, die eine Differenziertheit ermöglicht.

[330] Vgl. dazu den Kommentar zu Anc 8.

[331] DSS XVIII,45,12–14. Im Weiteren vermeidet Basilius die Annahme, die Rede von dem „einen" und dem „einen" führe zum Polytheismus, mit der Eikon-Theologie, indem er das Beispiel anführt, das Bild eines Königs werde auch König genannt und deshalb seien doch nicht zwei Könige. Ebenso denkt Basilius in Bezug auf Gott. Obwohl im *Ancoratus* die Eikon-Analogie

Zum Abschluss dieses in erster Linie pneumatologisch ausgerichteten Teiles Anc 3–26 führt Epiphanius zwei weitere Schriftzeugnisse an, die für ihn zusammenfassend zur Stützung seiner Lehre gelten, Dan 3 und Jes 6,3. Auf beide Zeugnisse kommt er in Anc 117,6 im Rahmen einer kurzen Zusammenfassung seiner Lehre zurück. Dort stellt er beide Zeugnisse in einen Zusammenhang mit den Pneumatomachen. Wiederum verfällt er während seiner Ausführungen in einen Exkurs, diesmal über die Frage, ob Geist und Sohn schon im AT gewirkt haben (vgl. Anc 25).

Aus Anc 24,7 wird ersichtlich, dass der Hintergrund der Exegese von Dan 3 wie schon im Zusammenhang mit I Kor 2,10–12 und Mk 13,32 eine konkrete Auseinandersetzung ist, da Epiphanius hier einen Gegner direkt anspricht.

An der Auslegung von Dan 3 wird erneut der Gegensatz geschaffen-ungeschaffen aufgezeigt. Die Jünglinge im Feuerofen sollen uns als „Zeugen der Wahrheit“[332] durch ihren Dank- und Lobgesang dafür, dass Gott sie im Feuer bewahrt hat, lehren, was geschaffen ist, was ungeschaffen. Denn die ganze Schöpfung soll mit ihnen zusammen Gott preisen (vgl. Anc 24,1). Der umfangreiche Appell an alles Geschaffene (vgl. Anc 24,1–7; vgl. Dan 3,57), richtet sich jedoch weder an den Sohn noch an den Geist, was für Epiphanius ein eindeutiger Beweis dafür ist, dass diese nicht zu den Geschöpfen zu zählen sind, denn die Jünglinge zählten ja alle Werke auf (πάντα εἶπον καὶ οὐδὲν κατέλιπον; Anc 24,1). Wenn sie aber nicht geschaffen sind, sind sie Gott. Sie selber haben mit dem Vater zusammen alles andere geschaffen (Anc 24,6). Die Passage richtet sich folglich wiederum gegen Arianer bzw. gegen solche Pneumatomachen, die auch die Gottheit des Sohnes nicht anerkannten (entsprechend der ersten Haer 74 genannten Gruppen)[333].

Den Abschluss von Anc 24 bildet erneut ein kurzer Aufruf an einen Gegner, eingeleitet durch ὅρα δέ, ἀγαπητὲ ἀδελφέ (Anc 24,7). Erneut lässt sich nicht sagen, wen Epiphanius hier meint. Wahrscheinlich ist es derselbe Gegner wie in Anc 16,6ff, den er ebenfalls mit ὦ ἀγαπητέ angeredet hat. Die inhaltliche Auseinandersetzung legt es wieder nahe, in dem Gegner einen Arianer bzw. Homöer zu vermuten. Möglich ist jedoch auch, dass er einen bestimmten Gegner absichtlich in eine arianische Tradition stellen will, da für ihn die Leugnung der Gottheit einer trinitarischen Person (egal ob des Geistes oder des Sohnes) mit Arianismus gleichzusetzen ist, da die Einheit der Trias zerstört wird. Der „geliebte Bruder“ soll erkennen, dass die Jünglinge den Sohn und den Geist nicht zu den Geschöpfen zählen „sondern wussten, dass dieselbe Gottheit in der Dreiheit ist und dieselbe Dreiheit in einer Gottheit. Und sie priesen den Vater im Sohn und den Sohn im Vater, mit dem Heiligen Geist, eine Heiligung, eine Verehrung (μίαν λατρείαν), eine Gottheit, eine Verherrlichung (μίαν δοξολογίαν).“[334] Gegenüber Anc 22,7 bringt diese Aufzäh-

---

nicht vorkommt, begründet Epiphanius in Haer 66,8,10 (3,12,10–13) die Tatsache, dass nicht zwei Götter seien, mit genau demselben Beispiel von dem Bild des Königs wie Basilius. Vgl. ebenso Athanasius, Or. III c. Ar. 5,3. Es zeigt sich, dass Epiphanius hier einer älteren Tradition gefolgt ist, die jedoch kein systematischer Bestandteil seiner Theologie geworden ist.

[332] Anc 23,1. Als solche Zeugen waren die Jünglinge natürlich mit dem Geist beschenkt, sie waren Heilige in dem in Anc 12,6; 16,1 gemeinten Sinne; vgl. Anc 23,3.

[333] Vgl. dazu Teil I, A.2.c).

[334] Anc 24,7. Vgl. Anc 10,5; 22,7; 73,9.

lung nichts Neues. Statt μονὰς ἐν τριάδι formuliert Epiphanius nun τὴν αὐτὴν θεότητα εἶναι ἐν τριάδι. Das belegt, dass er mit μονάς die eine Gottheit meint. Die Verhältnisbestimmung der Personen zueinander ist dieselbe wie Anc 22,7.

In Anc 25 folgt ein kurzer Exkurs, in dem es ausgehend von der Erzählung von den drei Jünglingen um die Frage geht, ob der Sohn und der Geist auch zur Zeit des AT schon als solche existierten. Denn, so könnte ein Vorwurf lauten, die Jünglinge haben den Sohn und den Geist nur deshalb nicht mit aufgezählt, weil sie diese als Juden gar nicht kannten (vgl. Anc 25,1). Nachdem Epiphanius einige Schriftbeweise angeführt hat, in denen auch im AT vom Geist und vom Sohn die Rede ist, folgert er in Anc 25,3: ἄρα οὖν ᾔδεισαν τὸν υἱὸν καὶ ᾔδεισαν τὸν πατέρα καὶ τὸ πνεῦμα τὸ ἅγιον καὶ οὐκ ἀγνοίας χάριν οὐκ εἶπον τὰ ὀνόματα, ἀλλ' ἀσφαλείας ἕνεκα.

Im Anschluss an den Abschnitt über Dan 3 greift Epiphanius in Anc 26,1–3 den Heiligkeitsruf der Seraphim und Cherubim Jes 6,3 auf, den er in Anc 10 bereits ausführlich thematisiert hat.[335] Im Vergleich zu jener Stelle argumentiert er hier in mancher Hinsicht deutlicher und auch anders. So stellt er den Ausführungen voran, worauf es ihm ankommt: Die Engel preisen die Dreiheit gleichherrlich (ὁμοδόξως), gleichrangig (ὁμοστοίχως), und als gleichwesentlich (ὁμοουσίως). Die folgenden Ausführungen sind präziser als in Anc 10: Die Engel rufen das „heilig“ dreimal aus, und zwar einstimmig (ἐν ἑνότητι), nicht vielstimmig (οὐ πολυωνύμως). Der Ausdruck πολυωνύμως hat hier eine andere Bedeutung als in Anc 10. Er bezieht sich nun nicht mehr auf Begriffe,[336] sondern auf das Sprechen der Engel (Adverb). Die Einheit ist folglich über die Einstimmigkeit belegt, nicht mehr über den einen Begriff ἅγιος. Damit hat Epiphanius hier eine wichtige Trennung der Ebenen vollzogen, die Anc 10 unklar bleibt: Der Begriff ἅγιος verweist hier auf die differenzierte Trias. Er bezieht sich nur auf diese Ebene. So erklärt Epiphanius die Tatsache, dass die Engel nicht viermal „heilig“ sagen damit, dass dem Begriff der Dreiheit (τῇ τῆς τριάδος ὀνομασίᾳ) kein Zuwachs beigegeben werden darf. Ebenso wenig darf durch ein zweimaliges Nennen ein Mangel in der vollkommenen Ehre ausgesagt werden. Vielmehr muss das „heilig“ dreimal gerufen werden, damit Vater, Sohn und Geist mit derselben Ehre geheiligt werden. Anders als in Anc 10 ist die Einheit nicht in erster Linie über den Begriff ἅγιος zum Ausdruck gebracht, der also nicht auch noch auf die Wesensebene verweist. Die Einheit ist in Anc 26 vielmehr durch die Einstimmigkeit des Gesanges angedeutet.

In Anc 26,3 bringt Epiphanius dann einen gegenüber Anc 10 grundlegend neuen Gedanken. Der Heiligkeitsruf zeigt an, dass es keine trinitarische Person gibt, die weniger heilig ist als die anderen, denn: οὐ λέγουσιν ἅγιος καὶ ἡμιάγιος, sondern dadurch, dass die Engel gleichermaßen (ἴσως) dasselbe Wort ἅγιος nennen, mit einer Stimme (μιᾷ φωνῇ) und einem Wort (ἑνὶ λόγῳ),

---

[335] Vgl. auch Anc 73,9 (= Haer 74,10,9 (3,328,12ff)). Vgl. Anc 69,(1–)7 (= Haer 74,6,(1–)7 (3,321,(9–)26f)).

[336] Vgl. Anc 10,4: καὶ οὐ λέγουσιν ἅγιοι ἅγιοι, ἵνα μὴ τὸ ἑνικὸν πολυώνυμον ἀποφήνωσι...

verherrlichen sie die Dreiheit zusammen (ὁμοῦ) in der Einheit und die Einheit in der Dreiheit.

Es ist auffällig, dass Epiphanius innerhalb weniger Kapitel zweimal Jes 6,3 anführt und dabei unterschiedliche Schwerpunkte in der Argumentation setzt. Diese Tatsache ist am Besten dadurch zu erklären, dass er in mindestens einem Fall auf eine Vorlage zurückgegriffen hat. Eine Parallelstelle zu einem der beiden Kapitel, die diese These stützte, lässt sich jedoch nicht ausmachen. Hinsichtlich der Stringenz und der Dienlichkeit für seine Argumentation ist gerade vor dem Hintergrund von Anc 8 der Interpretation in Anc 26 der Vorrang gegenüber derjenigen in Anc 10 zu geben.

Abschließend weist Epiphanius in Anc 26,4 darauf hin, dass bei der Vermittlung der Erkenntnis, die die Engel Jes 6,3 zum Ausdruck bringen, Vater, Sohn und Geist zusammenwirken. Der Sohn lehrt uns ταύτην γὰρ τὴν γνῶσιν, der Geist verkündet uns ταύτην τὴν σύνεσιν, der Vater offenbart uns ταύτην τὴν τελειότητα. Und wiederum schenkt der Sohn uns ταύτην τὴν ζωήν (vgl. Anc 2,3), der Geist baut uns (ᾠκοδόμησεν) ταύτην τὴν οἰκοδομήν, und zwar auf den einzigen Grund, der gelegt ist (vgl. I Kor 3,11).

Entscheidend ist die erneute Betonung in Anc 26,6, dass nicht alle die nötige Erkenntnis haben und dass nur derjenige die Kenntnis dieses Geheimnisses erlangen kann, der des Geistes gewürdigt ist. In Anc 26,8 unterscheidet Epiphanius verschiedene Gruppen: Einige haben nur wenig (βραχύ) empfangen, andere gar nichts (οὐδ' ὅλως), andere wieder über die Maßen (περισσοτέρως). Hierin liegt die Kontinuität in der Argumentation seit Anc 2: der Geistbesitz ist Voraussetzung für die rechte Erkenntnis. Der Geist wurde als vollwertiger Gott und Teil der Trias erwiesen (Anc 3–10), es wurde gezeigt, dass er als Gott wahre und wesenhafte Erkenntnis Gottes hat und dass er diese den Heiligen vermittelt (Anc 11–26).

Im Folgenden (Anc 27–63) geht es Epiphanius um die Anwendung dieser Erkenntnisse, um das Problem der rechten Schriftauslegung und um die Beweisführung, dass einige gar nichts empfangen haben. Die Argumentation in Anc 11–26 ist insofern als Voraussetzung für das Folgende anzusehen.

Epiphanius setzt sich nun vor dem Hintergrund häretischer Ansichten mit verschiedenen sogenannten „Arianerstellen" auseinander,[337] also mit Schriftstellen, die für die Argumentation der Arianer zur Stützung ihrer Lehre typisch sind.[338] Dabei steht die Problematik im Vordergrund, dass die Arianer die Schrift allzu *wörtlich* verstehen.[339] Epiphanius hält dem entgegen, dass die wahre Lehre und das Heil nur dann aus der Schrift zu entnehmen sind, wenn diese *geistig* (πνευματικῶς; Anc 27,1) verstanden wird. Dann enthält sie vieles über

[337] Vgl. v.a. Anc 32,1.
[338] Dabei gleicht sein Vorgehen dem des Athanasius vor allem in den *Arianerreden*.
[339] Vgl. Anc 41,2; 53,1.

unser Leben, was unser Heil stärkt, „das heißt die Erkenntnis des Herrn“.[340] Inhaltlich geht es, was sich aus den diskutierten Stellen ergibt, um den Sohn, und zwar vor allem um sein Verhältnis zum Vater. Insofern geht es weiter um *trinitätstheologische* Fragen. Im Zuge dessen geht es aber ebenso um Fragen bezüglich der *vollen Menschheit* des Sohnes.

Auch der kurze Exkurs über Origenes in Anc 54–63 steht unter dem Thema der rechten Schriftauslegung. Epiphanius zeigt hier an einem weiteren Beispiel die Folgen fehlenden Geistbesitzes. Nun geht es um die Problematik, dass die Schrift zu einseitig *allegorisch* ausgelegt wird. In Anc 64 erfolgt eine erste deutliche Zäsur.

Wie schon die je von der Frontstellung abhängige Ablehnung des allegorischen oder des wörtlichen Schriftsinns zeigt, ist bei Epiphanius keine einheitliche Hermeneutik auszumachen. Sein hermeneutischer Schlüssel ist, wie in den folgenden Kapiteln deutlich wird, die Soteriologie: Die jeweilige Auslegung wird am Nutzen für das Heil des Menschen gemessen.[341]

Im Zusammenhang mit der Frage nach der Gegnerschaft in Anc 27ff ist kurz auf eine These DECHOWs einzugehen. DECHOW führt in seiner fast ausschließlich auf dem *Panarion* basierenden Monographie neben anderen auch Epiphanius als einen derjenigen auf, die Anklagepunkte gegen Origenes zusammengestellt haben, und verweist in einer Anmerkung unter anderem auf Anc 49,1–75,8.[342] In diesem Abschnitt verhandele Epiphanius alle sieben Anklagepunkte, die er auch in Haer 64 nennt.[343] Demzufolge versteht DECHOW den gesamten Abschnitt bis hin zur Auseinandersetzung mit apollinaristischem Gedankengut als Angriff gegen Origenes.[344] Diese Ansicht muss relativiert werden. Es ist unbestritten, dass Epiphanius im *Panarion* Arius (und Lukian) und die Anhomöer in eine Tradition mit Origenes stellt[345] und dass er von hierher Origenes (unberechtigt und auch polemisch) Thesen des Arius unterschiebt.[346] Allerdings wird man weder dem aktuellen Hintergrund noch dem Anlie-

---

340 Anc 27,1. Vgl. auch Haer 76,9, wo Epiphanius das Schriftverständnis des Aëtius und der Anhomöer in ganz ähnlicher Weise kritisiert und dagegen festhält, dass die Schrift vieles über unser Heil enthält (so Haer 76,9,9).

341 Vgl. z.B. Anc 46,2. Insofern ist SCHNEEMELCHERS Ansicht zu relativieren, der Epiphanius' Auslegung vorherbestimmt sieht „durch das von den ‚Vätern', d.h. von den Aposteln u. den orthodoxen Kirchenlehrern überkommene Dogma“. SCHNEEMELCHER, RAC, 921.

342 Vgl. DECHOW, Epiphanius, 244.

343 Vgl. DECHOW (Epiphanius, 248, Anm. 29): Vgl. zu Anklage 1 (Subordinatianismus) Anc 49,1–54,1; 63,1–75,8. Zu Anklage 3 (Ebenbildlichkeit) Anc 55,3–57,6; 58,7–61,4,8. Zu Anklage 4 („Gewänder aus Fellen“; Exegese von Gen 3,21) Anc 61,7–62,9. Zu Anklage 5 (Auferstehung) Anc 82,1–100,7. Zu Anklage 6–7 (Paradies) Anc 54,2–55,3; 58,1–7; 61,2,5–7. Anklänge an Anklage 2 fänden sich in den Passagen zu Anklage 3 und 5. Die sieben Anklagepunkte gegen Origenes werden von Epiphanius aufgeführt in Haer 64,4,3–11 (2,410,8–413,6).

344 DECHOW (a.a.O., 82) verweist auf Epiphanius, Ep. ad Hieronymum (= Hieronymus, Ep. 91,1), wo Epiphanius Origenes und Apollinaris als die beiden Haupthäretiker bezeichnet, und zwar, wie DECHOW festhält, „explicitly echoing their generalized association in the Ancoratus and Panarion.“

345 Vgl. z.B. Haer 76,3,5; zur Verbindung zwischen Lukian und Arius vgl. auch Anc 33,3f.

346 DECHOW hat das intensiv nachgewiesen. So stellt er mit Recht fest: „Epiphanius sees Origen through anti-Arian eyes“ (DECHOW, Epiphanius, 275). An anderer Stelle bezeichnet er im

gen des Epiphanius gerecht, wenn man seinen Gegner für diesen ganzen Abschnitt des *Ancoratus* mit Origenes identifiziert. Schließlich ist der *Ancoratus* im Gegensatz zum *Panarion* nicht in erster Linie ein häreseologisches Werk, sondern eine Schrift, die auf die aktuellen Probleme einer Gemeinde eingeht.[347] DECHOW hat die Bedeutung des Origenes für den *Ancoratus* überbewertet.[348] Epiphanius befasst sich in Anc 27ff, wie er selber mehrfach zu erkennen gibt, vor allem mit arianischer Theologie, und zwar mit derjenigen seiner Zeit, also mit neuarianischer, die er polemisch mit der Lehre des Arius gleichsetzt. Sein „Arianer-Begriff" ist, ähnlich wie der des

Zusammenhang mit der ersten Anklage gegen Origenes (= Subordination) die Intention des Epiphanius wie folgt: „The charge [scil. charge 1, subordinationism; vgl. Haer 64,4,3f] is to indicate that Origen's ‚false assumptions' about the Trinity passed directly to ‚Arius' and the ‚Anomoians'." DECHOW, The heresy charges against Origen, 112.

[347] Die Gemeinde in Pamphylien wird sich kaum von uspründlicher origenistischer Theologie bedroht gesehen haben, sondern von aktuellen Gegnern.

[348] DECHOW ist hier tendenziös, was sich unter anderem daran zeigt, dass er SCHNEEMELCHER unpräzise wiedergibt, wenn er sagt: „Epiphanius was sure that Origen was the epitome and exemplar of all heresies from the beginning of time. Chapter 64, ‚das eigentliche Herzstück des Werkes' (‚the real [railroad-crossing] ‚frog' of the work', Schneemelcher 1962, 917), is the remedy for Origen's ‚poison'." DECHOW, Epiphanius, 13. Bei SCHNEEMELCHER (RAC, 917) heißt es a.a.O. aber: „Seine Hauptgegner sind Origenes u. die Arianer, die er auf einen Nenner zu bringen versucht. Die auf sie bezüglichen Abschnitte (haer. 64/80) sind daher das eigentliche Herzstück des Werkes." Er nennt, was DECHOW in seinem Zitat unterschlagen hat, als Gegner neben Origenes ebenso die Arianer, worunter er mit dem Verweis auf die Kapitel 64–80 auch noch mehrere, sehr verschiedene Richtungen subsumiert. Zwar stellt auch SCHNEEMELCHER fest, dass Epiphanius Arius und Origenes auf einen Nenner zu bringen versucht, aber SCHNEEMELCHER weiß doch zwischen zwei Hauptgegnern zu unterscheiden. Als weiterer Punkt kann angeführt werden, dass DECHOW (a.a.O., 14) mit Blick auf den *Ancoratus* festhält, Epiphanius werfe Origenes und allen Häretikern vor, den nizänischen Glauben zu bestreiten. In Anc 12,6 führt Epiphanius als ersten und vorzüglichen Repräsentanten der aufgezählten Häresien aber gerade Arius an. Zudem muss festgestellt werden, dass Epiphanius den Häretikern im *Ancoratus* nirgendwo explizit vorwirft, den nizänischen Glauben zu bestreiten. Ferner kann gegen DECHOW angeführt werden, dass es nicht gut zu erklären wäre, warum Epiphanius Origenes nicht schon in Anc 27ff direkt und namentlich angegriffen hätte. Er nennt ihn erst in Anc 54 und verweist dann darauf, dass er später (nämlich im *Panarion*) wieder auf ihn zurückzukommen und sich dann intensiver mit ihm auseinanderzusetzen gedenkt. Es wäre ein unsachgemäßer Schritt, die gesamte Argumentation in Anc 27ff von dieser Stelle her auf Origenes zu beziehen. Gegen DECHOW spricht auch noch, dass Epiphanius in Anc 68ff erneut pneumatologische Fragen aufgreift, die einen aktuellen Bezug zu haben scheinen. Hierin eine (späte) Reaktion auf origenistische Lehre zu erkennen (was DECHOW indirekt tut, wenn er auch diese Kapitel unter die Kapitel gegen Origenes subsumiert), hätte keinen Sitz im Leben. Letztlich sei noch angemerkt, dass auch WILLIAMS (Panarion I, XIV) nur die Stellen Anc 54–63; 87–92 als diejenigen Passagen bezeichnet, in denen sich Epiphanius schon im *Ancoratus* mit Origenes auseinandersetzt.

Zusammenfassend kann also mit DECHOW festgehalten werden, dass Epiphanius Origenes durch anti-arianische Augen sieht. Die seinen theologischen und kirchenpolitischen Kampf bestimmende Häresie war aber die arianische. Von hierher ist sogar zu fragen, inwiefern Epiphanius eventuell seine anti-origenistische Haltung erst in der Auseinandersetzung mit der arianischen Häresie gewonnen hat, indem er zunächst deren Gefahr für den Glauben erkannte, dann gewisse Parallelen zur Lehre des Origenes ausmachte und diesen schließlich als Vater der arianischen Häresie entlarvte.

Athanasius, undifferenziert.[349] Diese Sichtweise ermöglicht es ihm grundsätzlich, mit der Widerlegung des Häresiarchen (Arius) alle Sichtweisen zu widerlegen, die er in dessen Tradition sieht. Vor diesem Hintergrund ist die folgende Auseinandersetzung zu sehen.

3. Antiarianische Hermeneutik: Pneumatisches Schriftverständnis (Anc 27–63)

Auffallend sind im Folgenden zahlreiche z.T. wörtliche Parallelen zwischen Anc 27–52 und dem Kapitel im *Panarion* gegen die „Ariomaniten", Haer 69. Die Parallelen sollen jeweils besonders hervorgehoben werden, da sie dunkle Gedankengänge im *Ancoratus* erhellen können. Außerdem wird anhand dieser Parallelstellen deutlich, dass Epiphanius für den *Ancoratus* mehrfach auf älteres Material zurückgegriffen hat. Die oftmals unstrukturierte Argumentation ist in der Regel damit zu erklären, dass er solch älteres Material eingefügt und damit den Gedankengang gestört hat.

Grundlegend für die folgende Auseinandersetzung ist wie erwähnt die Gewissheit, dass die Schrift geistig verstanden vieles über unser Leben enthält, was unser Heil stärkt, „das heißt die Erkenntnis des Herrn" (Anc 27,1). Bevor Epiphanius in die inhaltliche Auseinandersetzung geht, nennt er in Anc 27,4ff zunächst paradigmatisch zwei Gruppen, die hinsichtlich des Sohnes eine falsche Lehre vertreten und die er in Anc 3 bereits kurz genannt hat.[350] So waren es zum einen „die Juden", die Anstoß am Sohn nahmen. Der Vorwurf des Epiphanius lautet hier: ἄρα οὖν τὴν θεότητα ἠγνόουν, ἄνθρωπον δὲ ψιλὸν μόνον αὐτὸν ἐνόμιζον.[351] Den Vorwurf, den Sohn als ψιλὸς ἄνθρωπος zu verstehen, richtete Euseb an Markell,[352] so dass erneut ein Indiz dafür vorliegt, dass mit dieser Lehre nicht wirklich die Juden gemeint sind, sondern innerkirchliche Gegner.[353]

Die andere Gruppe wird zunächst ohne weitere Kennzeichnung mit οἱ δὲ eingeführt (vgl. Anc 27,5). Wie aber sofort deutlich wird (vgl. spätestens Anc 28,4), sind damit die Arianer gemeint. Sie unterliegen, anders als die Juden, dem – nach Anc 9 weitaus schlimmeren – Falschglauben. Epiphanius wirft ihnen

---

[349] Vgl. die Bezeichnung des von ihm zitierten Synodalbriefes von Seleukia als ἡ τῶν προειρημένων Ἡμιαρείων καὶ Ἀρειανῶν ἔκθεσις (Haer 73,26,8 (3,301,14f)). In Haer 76,8,3 bringt er Aëtius und all diejenigen zusammen, die wie dieser den Sohn als Geschöpf bezeichnen.

[350] Vgl. dazu Athanasius, der in Or. III c. Ar., 27,3–5 in derselben Weise die Juden und Arianer anführt und zusammenfassend das Kernproblem ebenfalls in der Inkarnation mit den aus ihr resultierenden Affekten sieht (vgl. a.a.O., 27,5,23f).

[351] Anc 27,4. Vgl. auch Anc 3,1f. Die Lehre, der Erlöser sei ἄνθρωπος ψιλός, legt Ps.-Athanasius dem „Samosatener" bei (vgl. Ps.-Athanasius, C. Sabellianos 4 (PG 28, 104 C)). Im Sinne von Anc 9,1 handelt es sich bei dieser Anschauung um Unglauben.

[352] Vgl. z.B. Euseb, C. Marcellum I,1,25 (6,28f); I,4,46 (27,31); I,4,64 (30,33). Vgl. GRILLMEIER, Christus I, 318; FEIGE, Die Lehre Markells von Ankyra, 17.

[353] Vgl. auch Anc 32,6; 44,5.

vor, dass sie den Sohn zwar als Gott erkennen, seine vollkommene Herrlichkeit jedoch verkennen, obwohl sie gehört haben, was „in der Tiefe“ (scil. der Schrift) über ihn gesagt ist – gemäß dem Heilsgeschehen im Fleische, das unseretwegen gewirkt wurde. Und weil sie sich irren in Bezug auf seine Gottheit, lehren sie falsch.[354] In Anc 27,6 verdeutlicht er erneut den Unterschied beider Häresien.[355]

Im Anschluss gibt Epiphanius ein erstes Argument der Gegner wieder, womit er in die thematische Auseinandersetzung eintritt.

a) Gegen subordinatianistische Lehre (Anc 27–30)

Epiphanius zitiert in Anc 27,7 („sie behaupten“): *Aber es heißt* (scil. Joh 20,17): *„Ich gehe zu meinem Gott und zu eurem Gott, zu meinem Vater und eurem Vater“. Siehst du, dass auch er eins der Geschöpfe ist?*

Womit die Arianer ihre Schlussfolgerung begründen, wird im direkten Zusammenhang des Zitates noch nicht deutlich, sondern erst in Anc 29f, wo Epiphanius die Stelle mehrfach aufgreift (vgl. dazu Haer 69,17,5 und vor allem Haer 69,55). Er deutet jedoch schon jetzt an, worum es in der folgenden Argumentation gehen wird, denn er stellt im Anschluss fest: „Du siehst nun, dass sie der Heilsplan der fleischlichen Erscheinung täuschte.“[356] Die Inkarnation mit den damit zusammenhängenden Fragen ist für ihn der Grund, warum die Gegner zu ihren falschen Ansichten gelangen, und zwar sowohl über die *Gottheit* als auch über die *Menschheit* des Sohnes.

Bevor Epiphanius auf Joh 20,17 eingeht, ist in Anc 28,1–29,2 ein Exkurs eingefügt, nämlich die Argumentation mit Gen 1,26, die in Haer 69 keine rechte Parallele hat.[357] Diese Argumentation stört den Gedankengang von Anc 27,7 und Anc 29,2.

---

[354] Anc 27,5: οἱ δὲ καὶ θεὸν αὐτὸν ἐγνωκότες, ἀγνοήσαντες <δὲ> τὴν τελείαν αὐτοῦ δόξαν, ἀκούσαντες τὰ ἐν βάθει περὶ αὐτοῦ εἰρημένα ῥήματα καὶ κατὰ τὴν εἰς ἡμῶν πραγματευθεῖσαν σωτηρίαν <σαρκὸς> οἰκονομίαν, σφαλλόμενοι εἰς τὴν αὐτοῦ θεότητα κακοδοξοῦσιν.

[355] So sahen die Juden zwar das, was von den Propheten gesagt wurde, erkannten aber die Erfüllung in der fleischlichen Erscheinung Christi nicht (vgl. auch Anc 115,4). Die Arianer hingegen denken verständnislos über das Gehörte und wenden zum Verderben, was über unser Heil gesagt ist (vgl. Anc 27,7; in Anc 28,1 bezeichnet Epiphanius das Heilsgeschehen der Menschwerdung (οἰκονομία) erneut als Hauptursache des Irrtums der Arianer. Zum οἰκονομία-Verständnis im *Ancoratus* vgl. zu Anc 31,1. Denselben Vorwurf erhebt er auch in Haer 69,17,3). Hier ist das Hauptproblem angesprochen, das Epiphanius bei den Arianern (wie bei Origenes) sieht: Das falsche (Schrift-)Verständnis.

[356] Anc 28,1. Vgl. dazu auch Athanasius, Or. III c. Ar., 27,5,23f.

[357] In Haer 69,55,4 ist der Stelle lediglich wenig Platz eingeräumt. Sie wird dort nicht selber Thema der Auseinandersetzung, sondern steht ganz im Dienst der Argumentation um Joh 20,17. Die Interpretation ist dabei dieselbe wie in Anc 28. In Haer 69,55,4 (3,202,14f) heißt es schlicht: ... ἀλλ᾽ ὁ πατὴρ τῷ υἱῷ ποιήσωμεν ἄνθρωπον λέγει, συνδημιουργὸν καλῶν τὸν υἱὸν καὶ γνήσιον δεικνὺς κατ᾽ ἰσότητα. Vgl. die etwas ausführlichere Argumentation in Haer 65,8,8f im Zusammenhang mit Paul von Samosata. Die Tatsache, dass die Stelle in Haer 69,55,4 nur kurz

Epiphanius versteht die Argumentation in Anc 28 als direkte Erwiderung auf die oben zitierte These aus Anc 28,1.[358] Der Aussage, der Sohn sei Geschöpf, stellt er entgegen: Der Sohn ist (Mit-)Schöpfer. Das ist verbunden mit der Frage der Gleichewigkeit der Trinität. Dazu lässt er sich auf die von den Gegnern aufgeworfene Frage nach dem Anfang ein, der mit Gen 1,26 bezeichnet wird. Er sucht damit zu beweisen, dass Sohn und Geist immer schon mit dem Vater waren. Obwohl sich die Diskussion alleine um Vater und Sohn dreht, bezieht Epiphanius in Anc 28,3 das κατ' εἰκόνα ἡμετέραν auch auf den Geist.[359] Vater, Sohn und Geist sind gleich ewig, der Sohn ist dem Vater nicht ἀνόμοιος (vgl. Anc 28,3). Das eine impliziert das andere. Indem der Vater sagt κατ' εἰκόνα ἡμετέραν, zeigt er, dass er nicht zwischen der ὁμοίωσις in Bezug auf den Sohn und der in Bezug auf den Vater unterscheidet, er nimmt nichts hinweg von der wesenhaften Identität von Vater und Sohn.[360] Gen 1,26 offenbart μίαν οὐσίαν καὶ θεότητα des Vaters, des Sohnes und des Geistes. Der Mensch ist nach dem Bilde dieser einen Gottheit in der Dreiheit geschaffen (vgl. Anc 28,3). Über die Art und Weise der Ebenbildlichkeit des Menschen äußert sich Epiphanius hier nicht weiter. Es könnte allerdings der Eindruck entstehen, dass er sie trinitarisch interpretiert. Allerdings lehnt er in Anc 81,6f den Gedanken, die Trinität analog zur Aufteilung des Menschen zu verstehen, ab. Außerdem kommt er auch in Anc 55,4ff, wo er im Zusammenhang mit Origenes die Frage aufgreift, zu dem Ergebnis, dass es unmöglich sei, eine genaue Aussage über das „wie" der Ebenbildlichkeit zu treffen. Dieses „wie" bleibe Gott vorbehalten. Von einer zielgerichteten trinitarischen Interpretation der Ebenbildlichkeit des Menschen kann also nicht gesprochen werden.

Eine ausführlichere Parallele zu der Argumentation von Anc 28,2f findet sich in Haer 76 im Zusammenhang mit Aëtius.[361] Diese Parallele und vor allem die Verwendung des Begriffs ἀνόμοιος weisen deutlich auf einen neuarianischen Hinter-

---

und im Kontext mit Joh 20,17 erwähnt wird, macht es wahrscheinlich, dass Epiphanius den Zusammenhang aus Anc 27f entnommen hat.

[358] Vgl. die Weiterführung in Anc 28,1: ἀναλάβωσι γὰρ ἐξ ὑπαρχῆς καὶ ἐρωτήσωσι χρόνους ἢ καιρούς.

[359] In Anc 28,2 heißt es dagegen noch: ἀλλὰ πατρὸς λέγοντος πρὸς τὸν υἱόν. Innerhalb des christologischen Kontextes bleibt das Bemühen sichtbar, den Geist als gleichwertigen Bestandteil der Trias zu erweisen. Vgl. auch Anc 15,7–9.

[360] Anc 28,3: οὐδὲ διεῖλεί τι τῆς ταυτότητος τοῦ πατρὸς πρὸς τὸν υἱόν. Der Begriff ταυτότης kann sich hier nur auf die *wesenhafte Identität* beziehen, die Vater, Sohn (und Geist) zu Grunde liegt. Anderenfalls brächte Epiphanius hier Sabellianismus zum Ausdruck, den er ebenso heftig bekämpft wie den Arianismus.

[361] Vgl. Haer 76,19,6f (3,365,15–22). Dort interpretiert Epiphanius die Stelle in dem Sinne, dass der Vater sagen will, der Sohn sei nicht verschieden von ihm, ἀλλὰ δυϊκὴν καὶ ὁμώνυμον λέξιν ἐπειπών, τὸ ποιήσωμεν ἄνθρωπον, ἵνα δύο σημάνῃ, ἑαυτὸν τε καὶ τὸν υἱόν, ἢ καὶ εἴποιμι καὶ τὸ ἅγιον πνεῦμα. καὶ τὸ (HOLL fügt ein: etwa <μὲν κατ' εἰκόνα καὶ καθ' ὁμοίωσιν προφέρων>) ἐπὶ τῇ ἰσότητι τῆς εἰκόνος, τὸ μὴ <ἀνόμοιον> διὰ δύο λόγων παρενθείς, εἰκόνα μίαν ἔφη, <τῷ> ἡμετέραν δὲ τὸ δυϊκὸν ἀπεφήνατο, τὸν δὲ γινόμενον ἄνθρωπον οὐ τῇ τοῦ ἑνὸς εἰκόνι, ἀλλὰ τῇ τῶν δύο ὁμοιότητί τε καὶ ἰσότητι εἰκόνα γινόμενον, ἵνα πάντη σαφὲς εἴη τὸ προκριτέον ἐν πατρὶ καὶ υἱῷ καὶ ἁγίῳ πνεύματι μένον ἐν ταυτότητι καὶ μὴ ἀλλοιούμενον. Die Konjektur des Schlüsselwortes ἀνόμοιον durch HOLL ist aufgrund des Kontextes gerechtfertigt. Vgl. auch die kürzere Interpretation von Gen 1,26 in Haer 76,6,9ff (3,347,916).

grund hin, denn die Neuarianer stellen als einzige Gruppe das Verhältnis zwischen Vater und Sohn als ἀνόμοιος dar.[362]

In Anc 28,4–6 nennt Epiphanius Arius und wendet sich in direkter Rede an ihn. Er fordert ihn auf, aufgrund der Anrede ποιήσωμεν in Gen 1,26 zuzugeben, dass der Sohn Mitschöpfer (συνδημιουργός) des Vaters sei. Oft habe Epiphanius nämlich gehört, wie einige sagten, dass *der Sohn nichts erschuf, sondern „durch ihn wurde" (vgl. Joh 1,3) das Gewordene.*[363] Er kennt allerdings in Bezug auf den Sohn einen zweifachen Aspekt: (1.) ὁ γὰρ ἀρχιτέχνης λόγος πάντων ἐστὶ ποιητὴς (2.) καὶ δι' αὐτοῦ πατὴρ ἐργάζεται. Damit scheint er hier auf die selbe neuarianische Vorstellung Bezug zu nehmen, die auch Basilius in DSS III–VIII thematisiert hat, dass nämlich durch das δι' οὗ angezeigt wäre, der Sohn sei nur „Werkzeug" des Vaters, er sei aber nicht selber Schöpfer.[364] Dagegen führt Epiphanius beide Aspekte an. Zusammengefasst kommt dieser Sachverhalt für ihn in Joh 5,17 zum Ausdruck: „Mein Vater wirkt bis jetzt, und auch ich wirke" (Anc 28,5). Indem er so spricht, bezeichnet auch der Sohn den Vater als συνδημιουργός (Anc 28,5). Zum Schluss führt Epiphanius Phil 2,6f an, um zu zeigen, dass der Sohn wahrer Herr (δεσπότης) und nicht Knecht ist.[365]

Die genannte Argumentation bildet den Hintergrund für das Folgende. In Anc 29,1f nimmt Epiphanius beide Textstellen, also Gen 1,26 und Joh 5,17, in einem (fiktiven?) Einwand zusammen. Eine Parallele gibt es weder für die These der Gegner noch für die ganze Argumentation. Deswegen ist es schwierig zu entscheiden, ob er eine Lehre paraphrasiert oder ob er den Einwand selber konstruiert: *Aber der Vater sagt zum Sohn „lasst uns machen", der Sohn aber sagt nicht zum Vater „lasst uns machen". Und der Sohn sagt nicht „ich wirke und mein Vater wirkt", sondern den Vater ordnet er vor im Reden und im Handeln.*[366]

Die These gründet offensichtlich darauf, dass der *Vater* in Gen 1,26 *zum Sohn* spricht und nicht der *Sohn zum Vater*, und dass in Joh 5,17 das Handeln des Vaters

---

[362] Vgl. schon Haer 76,2,5 (3,342,13f).

[363] Vgl. dazu auch Basilius, der sich in DSS III–VIII (5–21) ausführlich mit den verschiedenen Präpositionen (vor allem ἐξ οὗ und δι' οὗ) und deren Bedeutung für die Trinitätslehre auseinandersetzt. Seine Gegner argumentieren, mit dem δι' οὗ, das allein auf den Sohn zutreffe, werde generell das „Werkzeug" bezeichnet, womit eine Inferiorität des Sohnes zum Ausdruck gebracht werde (vgl. DSS III,5). Ob Epiphanius hier ein Zitat wiedergibt, ist zumindest für den letzten Teil (τὰ γενόμενα) fraglich. Es entspricht seiner eigenen Argumentation, das ὃ γέγονεν aus Joh 1,3 noch zu dem vorangehenden πάντα δι' αὐτοῦ ἐγένετο, καὶ χωρὶς αὐτοῦ ἐγένετο οὐδὲ ἕν zu ziehen, um auf diese Weise zu vermeiden, dass der Geist zu den durch den Sohn geschaffenen πάντα gezählt wird. Vgl. dazu Anc 74,3f. Eigentlich wäre es im Sinne der gegnerischen Lehre dienlicher, die Abgrenzung vor dem ὃ γέγονεν vorzunehmen. Es ist von daher wahrscheinlich, dass es sich hier nur um eine Paraphrase handelt.

[364] Zu der Auseinandersetzung in DSS vgl. DRECOLL, Basilius, 212–218.

[365] Er fragt, wie der Sohn sich hätte entäußern sollen, wenn er nicht die Vollkommenheit (der Gottheit) gehabt hätte. Da Phil 2,6 hier nur kurz angesprochen wird, soll darauf an dieser Stelle nicht weiter eingegangen werden. Vgl. aber zu Anc 45, wo die Stelle in einem anderen Kontext erneut aufgegriffen wird.

[366] Anc 29,1. Der Satz τὸν πατέρα τάττει πρῶτον λέγοντα καὶ ἐργαζόμενον muss noch Teil des Zitates sein; vgl. auch die Rahmung des Zitates καὶ μὴ διὰ κακόνοιαν εἴπῃς ... und das folgende τοῦτο γὰρ ἠλιθίως λέγεις.

zuerst genannt ist, also scheinbar vorzeitig gegenüber dem des Sohnes ist. Die These hätte damit eine eindeutig subordinatianistische Aussage.[367]

Daraus ergibt sich für Epiphanius die Konsequenz: τοῦτο γὰρ ἠλιθίως λέγεις καὶ πολλὰς ἀρχὰς θέλεις νοεῖν τὸ θεῖον. Und er fährt fort: μία δέ ἐστιν ἀρχὴ καὶ ἡ αὐτὴ μία θεότης (Anc 29,2). Epiphanius reagiert auf die subordinatianistische These, indem er auf die Gefahr der Annahme mehrerer (Wirk-)Prinzipien hinweist.[368] Der Hintergrund scheint der zu sein, dass Epiphanius hier seine eigene Sichtweise mit der der Gegner vermischt. Subordinatianismus muss nämlich dann zwangsläufig in den Polytheismus führen, wenn – wie das für Epiphanius selbstverständlich ist – einerseits jede Vor- oder Unterordnung als ontologische Trennung verstanden wird, und wenn andererseits der Sohn als Gott bezeichnet wird.[369] Aus diesem Grunde wirft er den Gegnern vor, mehrere Prinzipien zu lehren, womit er grundsätzlich jeden Gegner, der subordinatianistisch über Vater, Sohn und Geist denkt, des Polytheismus' beschuldigt.

Die Konsequenz aus seiner Argumentation ist für ihn, anhand der Exegese von Joh 20,17 aufzuzeigen, dass 1.) die ἀρχή nur eine ist, dass 2.) der Sohn nicht vom

---

[367] Dass Joh 5,17 in dieser Weise interpretiert werden kann, zeigt eine Stelle im Zusammenhang mit Photin. In Haer 71,4,6f (3,253,20ff) verwendet Epiphanius Joh 5,17, um Photin zu widerlegen, dessen Lehre er mit den Worten zitiert („er behauptet:"): *Wie der Mensch durch den Logos tut, was er will, so schafft auch der Vater durch seinen Logos alles, durch seinen Logos, der in ihm ist.* (Haer 71,4,5 (3,253,18–20). Photin sieht das Verhältnis Vater-Logos nach Epiphanius analog zu dem Verhältnis des Menschen und des λόγος ἐνδιάθετος bzw. λόγος προφορικός; vgl. Haer 71,4,3 (3,253,13f).) Dieser These begegnet Epiphanius mit Joh 5,17. Die Entgegnung mit dieser Stelle kann nur in der Weise verstanden werden, dass Epiphanius eine Entsprechung zwischen dieser *Distinktion im Wirken* und einer *Distinktion im Wesen* sieht. Doch erklärt er sofort, und hieran wird die Gefahr der Fehlinterpretation der Stelle deutlich, dies bedeute nicht, dass der Vater nicht im Wirken des Sohnes mit handele, ebenso wenig, dass der Sohn vom Vater getrennt sei oder dass er nicht am Schöpfungswirken des Vaters beteiligt sei. Vielmehr gilt: Alle Werke, die es gibt, werden zugleich (ἅμα) aus dem Vater und dem Sohn und dem Heiligen Geist (!) gewirkt. Vgl. Haer 71,4,7 (3,253,24–26). Es geht also um die Betonung, dass Vater, Sohn und Geist ontologisch nicht getrennt sind, sondern dass sie eine Einheit im Wesen und im Wirken haben, und zwar eine Einheit bei realer Differenzierung.

[368] Wer verschiedene Archai lehrt, vertritt Polytheismus. Als Vertreter einer solchen Lehre ist Mani zu nennen (vgl. z.B. Haer 66,8,5ff), sie trifft aber auch auf Markion zu (vgl. z.B. den Vorwurf bei Ps.-Athanasius, C. Sabellianos 6 (PG 28, 108 A)).

[369] Vgl. Athanasius, Or. III c. Ar., 15(,2). Auch der Tomus ad Antiochenos kennt in diesem Sinne Häretiker, die drei Archai bzw. drei Götter lehren. Die Vertreter der Drei-Hypostasen-Lehre werden hier aufgefordert, sich gegen diese abzugrenzen und ihr eigenes Verständnis darzulegen. Vgl. Tomus ad Antiochenos 5 (= PG 26, 801 AB): ἢ ὡς ἄλλοι αἱρετικοὶ τρεῖς ἀρχὰς καὶ τρεῖς θεοὺς λέγουσιν, οὕτω καὶ οὗτοι φρονοῦντες, τρεῖς ὑποστάσεις λέγωσι; Darauf antworten sie bezüglich des Glaubens an die Heilige Trias: μήτε δὲ εἰρηκέναι τρεῖς θεοὺς ἢ τρεῖς ἀρχὰς ... ἀλλ' εἰδέναι ἁγίαν μὲν τριάδα, μίαν δὲ θεότητα, καὶ μίαν ἀρχὴν καὶ υἱὸν μὲν ὁμοούσιον τῷ πατρὶ ... τὸ δὲ ἅγιον πνεῦμα οὐ κτίσμα οὐδὲ ξένον, ἀλλ' ἴδιον καὶ ἀδιαίρετον τῆς οὐσίας τοῦ υἱοῦ καὶ τοῦ παρτός. TETZ (Tomus ad Ant, 205) vermutet hinter diesen Worten die Anhänger des Meletius. Ihre Argumentation versteht er als Kalkül (ebd., 206): „Durch direkten Ausschluß der Drei-Götter- und der Drei-Prinzipien-Lehre in der Formel μία θεότης καὶ μία ἀρχή gewinnt man hier die Möglichkeit, eine subordinatianische Konzeption zu unterschieben: eine Gottheit der Trias bedeutet μία ἀρχή = Vater; dann der Sohn (μέν), der mit dem Nicaenum als dem Vater ὁμοούσιος bezeichnet wird, und der Heilige Geist (δέ), der zu der οὐσία des Vaters und des Sohnes untrennbar gehört. Die Abstufung ist kaum zu verkennen."

Vater getrennt ist.[370] Die Diskussion um Joh 20,17 hat an zwei Stellen in Haer 69 eine Parallele: In Kurzform in Haer 69,17,4 und ausführlich in Haer 55.[371]

Anhand des Abschnittes Anc 28,1–29,2 lässt sich aufzeigen, dass Epiphanius ältere Texte in den *Ancoratus* eingearbeitet hat. Darauf weist sowohl die Tatsache hin, dass die Passage den Gedankengang im *Ancoratus* unterbrochen hat, als auch die Tatsache, dass es anders als zu den vorangehenden und den folgenden Passagen keine Parallele in Haer 69 gibt, sondern in Haer 76. Fraglich ist, welche Abschnitte älter, welche jünger sind. Für das Verhältnis der Stellen zueinander eröffnen sich zwei Möglichkeiten: Entweder hat Epiphanius Anc 27ff als Vorlage für Haer 69 und Haer 76 verwendet. Dann müsste er für Haer 69 die den Gedankengang störende Stelle ausgelassen und stattdessen in Haer 76 eingefügt haben. Das erklärt jedoch nicht, warum der Abschnitt Anc 28,1–29,2 im Gedankengang des *Ancoratus* als so störend empfunden wird. Von daher bietet sich eine zweite Möglichkeit an, nämlich der umgekehrte Weg: Epiphanius lag Haer 69 als Vorlage für Anc 27ff mindestens in Teilen bereits vor. Die Auseinandersetzung mit den Arianerstellen macht insgesamt den Eindruck, als habe Epiphanius hier älteres Material verwertet. Es ist daher mit mehreren literarkritischen Ebenen zu rechnen: Wahrscheinlich hat Epiphanius zunächst Quellenmaterial gegen die Arianer gesammelt (zu großen Teilen wohl aus Schriften des Athanasius) und dieses bei der Verwendung für den *Ancoratus* mit neuerem, „neuarianischem" Material angereichert. Das erklärt die Unterbrechung des Gedankenganges. An einigen anderen Stellen lässt sich diese These erhärten.[372]

In Anc 29,2ff nimmt Epiphanius Anc 27,7 wieder auf.[373] Aufgrund der Einschaltung Anc 28,1–29,2 bekommt die Argumentation mit Joh 20,17 in Anc 29f die Aufgabe, gegen den Subordinatianismus Stellung zu beziehen. In Ablehnung der Aussage, der Vater sei dem Sohn vorzuordnen und es gebe mehrere Urprinzipien, schließt Epiphanius als Beweis an, dass der Sohn nirgendwo im AT seinen Vater als „mein Gott" anspricht. Das hat, wie er festhält, nichts damit zu

---

370 Wir haben also im *Ancoratus* die umgekehrte Argumentation zu derjenigen von Tomus ad Antiochenos 5. Während hier die Meletianer zunächst die drei ἀρχαί ablehnen und die μία ἀρχή bekennen und unter diesem Bekenntnis ihren impliziten Subordinatianismus einführen können, stellt Epiphanius die These vom Subordinatianismus voran und reagiert darauf, indem er die μία ἀρχή beweist.

371 Zum Problem der Dubletten im *Panarion* Haer 69 vgl. auch zu Anc 33–35.

372 Vgl. vor allem zu Anc 47f.

373 Zugleich findet sich nun auch wieder eine Parallele in Haer 69,55, wo der vorangegangene Abschnitt Anc 28,1–29,2 fehlt und wodurch der Gedankengang dort abgerundeter und flüssiger ist. Außerdem ist hier genau die gegnerische These wiedergegeben, die zu der Diskussion um Joh 20,17 passt. So werden die Gegner in Haer 69,55,1 (3,201,31ff) einleitend zitiert („sie lehren:"): *Warum nun sagt Christus seinen Jüngern ‚Ich gehe hin zu meinem Vater und eurem Vater, zu meinem Gott und eurem Gott' (vgl. Joh 20,17)? Wenn er nun seinen Gott bekennt, wie kann er dann noch diesem gleich sein oder natürlich von ihm gezeugt sein?* Epiphanius geht bis Haer 69,55,3 auf diese gegnerische These ein.

tun, dass der Sohn etwa dem Vater die Ehre (τιμήν) nicht geben wolle,[374] sondern das liege in der „Anordnung" der Gottheit.[375] Gemeint ist jedoch keine ontologische Rangfolge. Dagegen spricht schon der Kontext, in dem Epiphanius sich gegen eine solche Annahme wehrt. Bis zur Inkarnation, also überall im AT, heißt es generell einfach „Gott" bzw. „in sich selbst vollendeter Gott" (αὐτοτελής θεός)[376] (vgl. Anc 29,3). Dass der Sohn, obgleich selber Gott, zum Vater „mein Gott" sagt, geschieht erst seit und wegen der Inkarnation, das heißt in dem Moment, wo es nicht mehr um eine innertrinitarische Anrede geht.[377] Vorher bestand keine Notwendigkeit für die Anrede „mein Gott".[378]

Die Inkarnation bezeichnet Epiphanius in Anc 30,1 als οἰκονομία τῆς σαρκός.[379] Damit stellt sich die Frage, was für ein οἰκονομία-Verständnis er im *Ancoratus* hat und ob er etwa, ähnlich wie Markell, eine erste und eine zweite, eventuell auch noch eine dritte Oikonomia kennt.[380] Wenn Epiphanius in Anc 30,1 davon spricht, dass die Oikonomia des Fleisches *noch nicht* war, stellt sich die Frage nach der gerade aktuellen Oikonomia.[381] Dazu äußert er sich jedoch an keiner Stelle. Im Gegensatz zu Markell erwähnt er nie eine „zweite" Oikonomia. Insofern wird man nicht davon sprechen können, dass Epiphanius das gleiche Oikonomia-Verständnis hatte wie dieser. Es deutet vielmehr alles darauf hin, dass er nur eine Oikonomia kennt und dass die οἰκονομία τῆς σαρκός nur ein besonderer Aspekt oder eine

---

[374] Der Zusammenhang von Joh 20,17 mit der Frage nach der Ehre (vgl. auch Anc 31) und der Abfolge der Gottheit fehlt in Haer 69,55. Die Frage nach der Ehre behandelt Epiphanius dafür im Vorfeld von Haer 69,55, nämlich in Haer 69,53,4ff.

[375] Anc 29,2: ἀλλὰ πῶς ἔχει ἡ τῆς θεότητος ἀκολουθία. Das heißt, die Tatsache, dass der Sohn den Vater vor der Inkarnation nicht mit „mein Gott" anredet, liegt darin begründet, dass er hier, innertrinitarisch, ausschließlich sein Vater ist. HÖRMANN, BKV II übersetzt: „... sondern im Sinne des innergöttlichen Verhältnisses." Dass ἀκολουθία in diesem Sinne gebraucht werden kann, zeigt Basilius, DSS VII,16,37f.

[376] Diese Formulierung fehlt an der Parallelstelle in Haer 69,55,5.

[377] Vgl. Anc 30,4. Zur Begründung vgl. Haer 69,55,6f. Hier beschränkt Epiphanius sich allerdings auf das Wesentliche, nämlich auf die Markierung der Inkarnation als Ursache für die Unterscheidung.

[378] Anc 29,7: οὐκ ἦν τῆς λέξεως χρεία τοῦ εἰπεῖν... Vgl. auch 30,1.3.

[379] Vgl. ebenso Anc 28,1; Anc 43,8; Anc 49,6; Anc 77,3.

[380] Auch Markell spricht von einer κατὰ σάρκα οἰκονομία. Vgl. fr. 17 (KLOSTERMANN/HANSEN, GCS, 187,30), 19 (a.a.O., 188,12); 70 (a.a.O., 198,17); 100 (a.a.O., 207,7f); 117 (a.a.O., 210,21.32f (κατὰ ἄνθρωπον); 211,8 (κατὰ σάρκα)). Diese bezeichnet er auch als zweite (δευτέρα) Oikonomia (vgl. fr. 9 (KLOSTERMANN/HANSEN, GCS, 187,1); 73 (a.a.O., 199,4f)) bzw. als neue (καινή) und jüngere (νέα) (vgl. fr. 43 (KLOSTERMANN/HANSEN, GCS, 192,26f)). Aus diesen Formulierungen ist zu erschließen, dass Markell auch eine erste bzw. ältere Oikonomia kennt, die folglich die Zeit bis zur Inkarnation umfasste. Vgl. SEIBT (TRE, 86), der von zwei Ökonomien des Logos-Sohnes spricht. Vgl. auch GRILLMEIER, Christus I, 422. Ob Markell auch eine dritte Oikonomia kannte, ist nach GRILLMEIER nicht eindeutig. Zumindest hält GRILLMEIER es für falsch, „von einer ‚dritten', einer ‚Geist-Oikonomia' zu sprechen und darunter die Ablösung der ‚zweiten' zu verstehen", da die Geschichte der zweiten „das Eschaton bis zur Rückführung der Kirche zu Gott und die Rücknahme der Inkarnation in das reine Logos-Sein" umfasst (GRILLMEIER, Christus I, 423).

[381] In dieselbe Richtung weist Anc 116,4, wo er im Zusammenhang mit David von der „zukünftigen Oikonomia" spricht (τὴν ... μέλλουσαν ἔσεσθαι οἰκονομίαν).

Phase dieser einen Oikonomia ist,[382] die ihr Ziel und ihre Erfüllung in dem besonderen Heilsgeschehen des Inkarnierten hat.[383] Die Oikonomia ist bei ihm schlicht das Heilsgeschehen, das verschiedene Aspekte und auch eine Abfolge hat.[384] Das ganze Weltgeschehen wird so als Oikonomia gedeutet.

Epiphanius fährt in Anc 30,5ff fort, indem er erklärt, dass die Geschöpfe den Vater grundsätzlich nicht als Vater ansprechen, sondern als Gott, es sei denn, sie sind, wie die Jünger, der von Christus verliehenen Gnade teilhaftig.[385] So gilt: θεὸς γὰρ τῶν μαθητῶν, πατὴρ δὲ τοῦ κυρίου κατὰ φύσιν, τῶν δὲ μαθητῶν πατὴρ κατὰ χάριν (Anc 30,6). Und weiter in Bezug auf den Sohn: „Gott" ist der Vater für den Sohn aufgrund des Fleisches, „Vater" aber aufgrund seiner ewigen und unbegreiflichen Zeugung und Ebenbürtigkeit.[386] Hier hat die Parallele zu Haer 69,55 ein Ende.

Auf ähnliche Weise wie Epiphanius legt Cyrill Joh 20,17 aus. Er begründet die Tatsache, dass Gott sowohl in Bezug auf Christus als auch in Bezug auf die Menschen „Vater" ist, damit, dass der Begriff „Vater" in Joh 20,17 verschiedene Bedeutungen hat: eine κατὰ φύσιν in Bezug auf Christus und eine κατὰ θέσιν in Bezug auf die Menschen. Beiden Bedeutungen entsprechend sage Christus einmal „zu meinem Vater" und einmal „und zu eurem Vater". Er sage

---

382 Vgl. auch die Bezeichnung der Jungfrauengeburt als οἰκονομία τῆς κυήσεως in Anc 32,8.

383 Vgl. Anc 43,10: ...ἐπεὶ ἦλθεν ἡμῖν ὕστερον τὴν πᾶσαν οἰκονομίαν τελέσας. Anc 75,5: ...ὁ τὴν τελείαν οἰκονομίαν πληρώσας, ἦλθεν εἰς τὸν κόσμον δι' ἡμᾶς καὶ διὰ τὴν ἡμετέραν σωτηρίαν. Dass die Inkarnation für Epiphanius das Zentrum der Oikonomia ist, wird auch an anderen Stellen deutlich (vgl. v.a. Anc 30,7). Der Sohn ist meistens handelndes Subjekt oder Inhalt des Heilsgeschehens. Vgl. weiter Anc 27,7; Anc 33,6; Anc 34,9; Anc 37,6; Anc 94,2 (zweimal); Anc 109,1; Anc 27,5; Anc 33,2; Anc 65,9; Anc 78,9. Dagegen gibt es im *Ancoratus* nur zwei Stellen, in denen Gott als der Handelnde genannt wird, und zwar einmal in Anc 2,1 und einmal im Zusammenhang mit der Auferstehung in Anc 88,1. Dass Epiphanius ganz zu Beginn Gott als den Handelnden einführt, ist kein Zufall. Schließlich sind Vater, Sohn und Geist gleichsam an der Heilsgeschichte beteiligt, was immer wieder ein wichtiger Bestandteil der Argumentation ist (vgl. z.B. Anc 30,7). Ein weiterer Hinweis darauf, dass Epiphanius mit der οἰκονομία in erster Linie die Inkarnation verbindet, ist letztlich das vermehrte Vorkommen des Begriffes in den entsprechenden Kapiteln Anc 27ff.

384 Vgl. Anc 31,8: τὰ τοιαῦτα πάντα ὑπέμεινεν ὑπὲρ ἡμῶν, ἵνα τὴν πᾶσαν ἀκολουθίαν τῆς δι' ἡμᾶς οἰκονομηθείσης ἐνανθρωπήσεως φυλάξας μὴ ἀφανίσῃ τὸν χαρακτῆρα τῆς ἀληθείας.

385 Auch Athanasius unterscheidet eine Sohnschaft aus Gnade von der naturhaften Sohnschaft. Diejenige aus Gnade wird den Menschen auf dem Weg der Anteilnahme verliehen (κατὰ μετοχήν), indem sie den Geist empfangen (Or. I c. Ar., 37,6,19; vgl. auch Or. II c. Ar., 61,2; Or. III c. Ar, 19,3. Vgl. LAMINSKI, Heilige Geist 43). Im Gegensatz zu diesem Gedanken bei Athanasius ist es nach Anc 30,5 die Gnade Christi, die die Jünger in den Gnadenstand beruft, Gott „Vater" zu nennen. Basilius unterscheidet zwischen einer υἱοθεσία χάριτι der Christen, und dem Logos, der κατὰ φύσιν Sohn ist. Vgl. AE II,23,45–49. Dazu DRECOLL, Basilius, 83f.

386 Vgl. Anc 30,6 bzw. die Argumentation von Anc 29f. Es wird anhand dieser Stelle sehr deutlich, dass der Begriff „Sohn" kein nach-inkarnatorischer Begriff ist sondern als Entsprechung zum Begriff „Vater" ewig ist. Sohn und Logos sind deshalb identisch. In der Ewigkeit des Verhältnisses und der Zeugung liegt ein innerer Zusammenhang zu der Exegese von Gen 1,26: Der Logos ist anfangslos und damit ungeschaffen.

dagegen nicht „zu unserem Vater“. Die zweimalige Nennung des Begriffes Vater ist für Cyrill ein Indiz dafür, dass der Ausdruck von Christus in den beiden verschiedenen Bedeutungen gebraucht ist.[387] Im Folgenden (Catech. VII,8) führt er aus, in welchem Sinne die Menschen Gott ihren Vater nennen, nämlich nicht κατὰ φύσιν, ἀλλὰ κατὰ θεοῦ χάριν καὶ θέσει, und bringt anschließend Beispiele für den vielfältigen Gebrauch des Wortes „Vater“ in der Schrift.[388]

Von Belang ist an dieser Stelle ein kurzer Vergleich mit Gregor von Nazianz, der Or. 30 (IV),8 ebenfalls ähnlich argumentiert wie Epiphanius, indem er auf die Unterscheidung in Christus eingeht. Gregor führt an, dass der Vater nicht Vater dessen war, den man sieht,[389] sondern Vater des Logos. Da Christus aus zwei Elementen bestand (ἦν διπλοῦς)[390], kommt ihm der eine Begriff im eigentlichen Sinne des Wortes zu, der andere Begriff im uneigentlichen Sinne. Gregor spricht in seinem Zusammenhang von Naturen (φύσεις) Christi.[391] Epiphanius geht zwar, wie auch Gregor, bei der Interpretation der Schrift von der Unterscheidung in Christus aus, bringt jedoch den Begriff φύσις in diesem Zusammenhang nicht.[392]

Trotz einiger signifikanter Unterschiede in der Terminologie scheint sowohl der Argumentation Cyrills als auch derjenigen bei Epiphanius und Gregor dieselbe exegetische Tradition in Bezug auf Joh 20,17 zugrundezuliegen.

Anc 30,7 beschließt Epiphanius die Argumentation mit einer typischen Aufzählung, die deutlich macht, dass die Soteriologie sein Denken bestimmt. Er wiederholt, dass der Sohn den Vater „Gott“ nennen musste aufgrund der Heilsgeschichte, die der Logos nur unseretwegen wirkte, der ewig *beim Vater* Seiende (ὢν ἀεὶ πρὸς τῷ πατρί), der anfangslos gezeugte Logos, der im Fleisch aber von Maria ist, in den letzten Tagen dem Fleisch nach geboren,[393] aus Maria, derselben heiligen Jungfrau, durch den Heiligen Geist. Der Geist ist auf diese Weise an der Inkarnation und damit auch am Heilsgeschehen beteiligt.[394]

---

[387] Vgl. Cyrill, Catech. VII,7.

[388] Vgl. Catech. VII,9f.

[389] Dieses Argument führt Epiphanius in Anc 32,3 an, wo er kurz auf Joh 20,17 zurückkommt.

[390] Vgl. Gregor von Nazianz, Or. 30 (IV),8,3f.

[391] Gregor argumentiert ebenfalls im Zusammenhang mit der Frage, ob der Vater größer sei als der Sohn (vgl. Or. 30 (IV),7). Vgl. dazu Anc 29,2; 31,1. Er formuliert in Or. 30 (IV),8,5f: ἡμῶν γὰρ κυρίως μὲν θεός, ὁ θεός, οὐ κυρίως δὲ πατήρ und rekurriert darauf, dass die unterschiedlichen Begriffe auf die unterschiedlichen Naturen in Christus verweisen: ἡνίκα αἱ φύσεις διΐστανται ταῖς ἐπινοίαις, συνδιαιρεῖται καὶ τὰ ὀνόματα (Or. 30, (IV),8,9f).

[392] So z.B. Anc 30,1 (οἰκονομία τῆς σαρκός); Anc 30,6 (δὶα τὴν σάρκα). Die Gottheit kann dagegen als göttliche Natur verstanden werden. Vgl. Anc 31,1. In Anc 30,6 wiederum ist der Ausdruck κατὰ φύσιν antithetisch zu κατὰ χάριν verwandt und verweist auf die naturhafte Abstammung vom Vater. φύσις verweist hier nicht auf die göttliche Natur als Gegenüber zur menschlichen. Im Zusammenhang mit den zwei Naturen kommt der Begriff gerade nicht vor, vielmehr heißt es dann: διὰ τὴν σάρκα bzw. κατὰ τὴν θεότητα. φύσις hat in Anc 30,6 also eher die Bedeutung von Usia. Epiphanius spricht, anders als Gregor, niemals von „Naturen“ im Plural. Zum Begriff φύσις vgl. zusammenfassend Teil III, C.

[393] Anc 30,7: ἐν σαρκὶ δὲ ἀπὸ Μαρίας ἐπ᾽ ἐσχάτου τῶν ἡμερῶν γεννηθεὶς κατὰ σάρκα.

[394] Vgl. dazu auch Anc 75,5f.

Grundlegend für die Argumentation in Anc 29,2ff war die Unterscheidung von inkarniertem und vorinkarnatorischem Sohn. Epiphanius unterscheidet nicht etwa zwischen Sohn und Inkarniertem, sondern wendet den Begriff „Sohn" (ebenso wie den Begriff „Logos") sowohl auf den Vorinkarnierten als auch auf den Inkarnierten an.[395] Entscheidend ist, dass die Inkarnation einen Wendepunkt markiert, weil von da an der Sohn nicht nur ein innertrinitarisches Verhältnis zum Vater hat. Er ist nun nicht nur vollkommener Gott sondern auch vollkommen Mensch.

Die Unterscheidung in Christus ist auch in den folgenden Kapiteln das bestimmende Element in der Widerlegung. Anhand dieses Unterscheidungsprinzips erklärt Epiphanius zahlreiche traditionelle Schriftstellen, die „anthropopathische Redeweise" enthalten.[396] Er legt dabei eine „inkarnatorische Exegese christologischer Stellen" zugrunde.[397]

b) Gegen die Leugnung der vollen Gottheit und vollen Menschheit des Sohnes (Anc 31–39)

In Anc 31 führt Epiphanius einige Schriftstellen mit anthropopathischer Redeweise an, die die Gegner missbräuchlich in ihrem Sinne verstehen. In Anc 32,1 kündigt er an, diese Stellen der Reihe nach zu erklären und den wahren Sinn aufzuzeigen (vgl. Anc 32ff). Die Parallelen für diese Argumentation befinden sich in Haer 69,19 und 48.

Nach Anc 31,1[398] verkehren die Gegner die Gnade Gottes in Ungnade, indem sie das für uns gewirkte Heil, nämlich die Inkarnation, als Schande (ἀδοξία) für die unaussprechliche und unbegreifliche Natur (φύσις)[399] Gottes verste-

---

[395] Vgl z.B. Anc 30,6, wo deutlich gesagt ist, dass der Vater aufgrund der Inkarnation (wegen des Fleisches) Gott des *Sohnes* ist.

[396] Vgl. Anc 32,1: ὡς ἀνθρωποπαθῶς εἴρηται. Vgl. z.B. in Anc 44,2 die Exegese von Apg 2,36 (τοῦτον τὸν Ἰησοῦν, ὃν ὑμεῖς ἐσταυρώσατε): οὐκ εἶπε τὸν ἄνωθεν θεὸν λόγον, ἀλλὰ τοῦτον τὸν Ἰησοῦν <τουτέστιν> τὴν σάρκα τὴν σὺν τῷ ἄνωθεν λόγῳ ἐν γαστρὶ Μαρίας συνειλημμένην.

[397] SEIBT bezeichnet so die exegetische Methode Markells, der damit das Hauptargument gegen die Arianer geliefert hat und im 4. Jahrhundert eine große Nachwirkung hatte, wie SEIBT betont insbesondere auf Athanasius und Gregor von Nyssa. Vgl. SEIBT, Markell, 87, der sich hier z.T. auf HOLL, Amphilochius, 156f bezieht. Auch TETZ stellt heraus, dass Markell alle Aussagen über menschliches Leiden Christi dem Fleisch zugeschrieben habe, was TETZ mit der Frontstellung gegen die Arianer begründet. Seinen Niederschlag findet dieses Vorgehen TETZ zufolge in Ep. ad Liberium, §§ 4–5 (TETZ, Markell III, 152,13–20). Zur Exegese Markells vgl. auch GRILLMEIER, Christus I, 426f. Als Beispiel für die „arianischen" Behauptungen, die bekämpft werden, verweist TETZ (Markell III, 171) auf das Bekenntnis von Serdika § 3. Auch Epiphanius steht wie Athanasius, der diese Praxis vor allem in seiner zweiten Rede gegen die Arianer verfolgte, voll in dieser Tradition.

[398] Zu Anc 31 vgl. Haer 69,19; 48.

[399] Der Begriff φύσις ist hier allein für die Natur Gottes im Allgemeinen reserviert. Er ist hier nicht eindeutig von οὐσία zu unterscheiden, denn die entscheidende Aussage ist die, dass Gott unveränderbar ist.

hen.[400] Sie beziehen die anthropophatische Redeweise[401] auf die Gottheit des Sohnes und gefährden dadurch das Heil. Dem hält Epiphanius das Faktum der vollen Menschheit entgegen. Alle menschlichen Eigenschaften habe der Logos unseretwegen auf sich genommen, „damit er, die ganze Konsequenz der unseretwegen gewirkten Menschwerdung tragend, nicht deren Wahrheitscharakter verberge".[402]

---

[400] Auffallend ist, dass in der Parallelstelle in Haer 69,48,4 die Problematik um die Ehre (bzw. um die Unehre, ἀδοξία) ebenso wenig Thema ist wie in der Parallelstelle zu Anc 29,2 (scil. Haer 69,55) die Frage, wie der Sohn dem Vater die Ehre (τιμήν; Anc 29,2) gibt. In Haer 69,48,4 (3,195,17f) gibt Epiphanius dagegen die These, die den Hintergrund für Anc 31,1 gibt, als wörtliches Zitat wieder: ... ἀλλότριος ἄρα, φησίν, ὑπάρχει τῆς τοῦ πατρὸς οὐσίας τε καὶ φύσεως. Wie schon im Zusammenhang mit Anc 29,2/Haer 69,55 ist die Argumentation hier durch die Verbindung von Zitat und Widerlegung abgerundeter als im *Ancoratus*.

[401] Vgl. v.a. Jes 40,28 in Verbindung mit Mt 4,2; Jes 40,28 in Verbindung mit Joh 4,6. Jes 40 wird im Folgenden mehrfach angeführt und wurde von den Gegnern gerne herangezogen, um die Geschöpflichkeit des Sohnes zu beweisen. Vgl. dazu weiter Anc 33f.36 und Haer 69,49f.

[402] Anc 31,8; vgl. die sehr ähnliche Formulierung in Anc 40,8. Textkritisch von Belang ist Anc 31,3f. Epiphanius wendet hier ein, dass die Menschwerdung tatsächlich stattfinden musste, um jeden Verdacht des Doketismus abzuwenden. In diesem Zusammenhang berichtet er sogar von ὀρθοδόξοι, die offensichtlich die Erzählung, Jesus habe Blut geschwitzt (s.u. in dieser Anm.), aus Sorge vor Missbrauch ausgesondert haben, weil sie „deren Zweck und guten Sinn nicht erkannten" (Anc 31,4). Dieser liegt nach Epiphanius, der hier nach eigenem Bekunden Irenäus folgt, in dem Erweis der vollen Menschheit. Irreführend sind in Anc 31,4f die Anmerkungen und die Konjekturen HOLLS zur Stelle. Epiphanius spricht in An 31,4 einmal von den Tränen des Herrn (vgl. Lk 19,41) und einmal von dessen Blutschweiß (vgl. Lk 22,44). Dazwischen fügt er die textkritische Erörterung ein, in der er von der Tilgung der Stelle durch Orthodoxe berichtet und dagegen auf die richtige Verwendung bei Irenäus verweist. Fraglich ist nun, welche der beiden Stellen Epiphanius mit dieser Erörterung vor Augen hatte. HOLL fügt zwischen das ἔκλαυσε und das folgende κεῖται ein ἐν τῷ κατὰ Λουκᾶν εὐαγγελίῳ mit der anschließenden Erörterung des Epiphanius ein <ὡς> ein und verbindet damit die textkritischen Ausführungen mit der ersten Stelle, woraus sich Widersprüche ergeben (vgl. seine Anmerkungen zur Stelle). Wie U. HOLZMEISTER jedoch überzeugend dargelegt hat, müssen sich die Erörterungen auf die zweite Stelle, Lk 22,43f beziehen. Der von HOLL konstatierte Widerspruch lässt sich nämlich ganz einfach lösen, wenn statt des ὡς ein Punkt gesetzt wird und der Satz hier beendet wird (so HOLZMEISTER, Ancoratus 31,4, Seite 310; 314). Dann bezieht sich die folgende Erörterung tatsächlich auf die anschließend genannte Stelle Lk 22,44 mit dem Blutschweiß (HOLZMEISTER nimmt außerdem das καί aus Anc 31,5 mit in das Zitat auf). HOLL dagegen merkt zu den Worten des Epiphanius über die Tilgung und den Verweis auf Irenäus an: „Irrtum; vgl. Irenaeus adv. haer. III 22,2; II 122 Harvey (adv. haer. I 20,2; I 179 Harvey)"). Diese Anmerkung bezeichnet HOLZMEISTER (a.a.O., 310) mit Recht als „dunkel". An der ersten von HOLL genannten Stelle nimmt Irenäus Bezug auf die Lazaruserzählung (Joh 11,35: ἐδάκρυσεν ὁ Ἰησοῦς). Im Anschluss bezieht er sich auf Lk 22,44, wozu HARVEY (= PG 7,1, 957 C) anmerkt: „Hunc Irenaei locum respexit Epiphanius in Ancoratu, § 31." Auch HARVEY hielt es also für gegeben, dass Epiphanius sich auf die zweite Stelle bezog. Offensichtlich sah HOLL den Irrtum darin, dass sich Irenäus nicht auf die Gethsemane-Szene bezog. Epiphanius aber ging es um den einfachen Sachverhalt, dass auch Irenäus die Tränen und den Blutschweiß als Beweis der wahren Menschheit gegen jeden Verdacht des Doketismus anführte. Die zweite von HOLL angegebene Stelle nimmt zwar Bezug auf Lk 19,41(f), hat aber ansonsten keinen Bezug zu der Thematik, die Epiphanius verhandelt. Noch ein weiteres Argument spricht für die Interpretation von HOLZMEISTER. Einmal mehr ist hier ein Vergleich mit den Parallelen im *Panarion* aufschlussreich. In Haer 69,19,4 bzw. 69,61,1, wo Epiphanius dem Erzählfaden des *Ancoratus* folgt, verbindet er mit den Worten ἐν τῷ κατὰ Λουκᾶν εὐαγγελίῳ

Der Sinn der anthropopathischen Redeweise ist es demnach, neben der vollen Gottheit die volle Menschheit des Sohnes anzuzeigen. Dazu gibt Epiphanius zunächst zwei Beispiele.[403] Zum einen nimmt er in Anc 32,2–5 die Frage nach der unterschiedlichen Anrede des Sohnes an den Vater wieder auf (vgl. Joh 20,17; Anc 29,2ff) und argumentiert, das θεός μου sage er wegen des „Sichtbaren“ (διὰ μὲν τὸ ὁρατὸν), das πατήρ μου wegen des „Unsichtbaren“.[404] Die Tatsache, dass Jesus von den Menschen als Mensch erkannt wurde, wertet er dabei als Beweis seiner vollständigen Menschheit.[405] Als zweites Beispiel führt er Jer 17,9[406] an. Auch diese Stelle verweise auf die Gottheit und die Menschheit. Denn hier könne nicht nur ein bloßer Mensch (ἄνθρωπος ψιλός; Anc 32,6)[407] bezeichnet sein, sondern die Frage „... und wer soll ihn erkennen?“ verweise auf die den Menschen verborgene Gottheit. So sind wie mit Joh 20,17 auch mit Jer 17,9 beide Aspekte zum Ausdruck gebracht (Anc 32,6).[408]

Zu beachten ist bei der Argumentation um die anthropopathische Redeweise stets ein doppelter Aspekt: Zum einen verweist diese Rede darauf, dass der Sohn vollkommen Mensch wurde. Zum anderen wird dadurch indirekt auch seine vollkommene Gottheit aufgezeigt, da alle problematischen Stellen auf diese Menschheit bezogen werden können. Diesen zweifachen Sinn hat Epiphanius stets im Blick. Deshalb haben die Auseinandersetzungen, die er in Anc

---

ausschließlich die Stelle mit dem Blutschweiß aus Lk 22,44. Die andere Stelle wird hier überhaupt nicht erwähnt. Ebenso fehlen hier die textkritische Anmerkung und der Verweis auf Irenäus, was jedoch weiter nichts zur Sache beiträgt, da es allein um die Verbindung von Stelle und Verweis geht. Auch die Wiederaufnahme von Lk 22,44 in Anc 37,1 zeigt, dass Epiphanius es für nötig hielt, diese Stelle zu erklären. HOLL ist folglich in Anc 31,4 ein Opfer seiner eigenen Konjekturfreudigkeit geworden (vgl. HOLZMEISTER, a.a.O., 313). Dem Irrtum HOLLS erlag auch HÖRMANN, BKV II in seiner Übersetzung, obwohl er zum großen Teil von der MIGNE-Ausgabe ausging. In gleicher Weise übersetzte schon WOLFSGRUBER, BKV I, obwohl dieser sich noch nicht auf HOLL beziehen konnte.

403 Zu Anc 32 vgl. Haer 69,48,4. Die Argumentation ist hier gegenüber Anc 32 stark gekürzt und auf das Wesentliche beschränkt. Sachlich geht es hier wie dort darum, die anthropopathische Redeweise auf die Menschheit zu beziehen.

404 Vgl. dazu Gregor von Nazianz, Or. 30 (IV),8,1: θεὸς δὲ λέγοιτο ἄν, οὐ τοῦ λόγου, τοῦ ὁρωμένου δέ.

405 Dahinter steht das Prinzip, dass Gleichartiges nur von Gleichartigem erkannt werden kann. Vgl. Anc 32,4f. Vgl. auch Anc 33,2 und Haer 76,6,6f. Vgl. den Kommentar zu Anc 46,6.

406 Zitiert nach Anc 32,3: ἄνθρωπος γάρ ἐστι, καὶ τίς γνώσεται αὐτόν; Wieder aufgenommen in Anc 32,6.

407 Vgl. Anc 27,4. Wie dort ist es auch in Anc 32,6 möglich, dass Epiphanius sich gegen ein Markell zugeschriebenes (Miss-)Verständnis wendet. Vgl. auch Anc 44,5.

408 Interessant ist in Anc 32,9f die Betonung, der Sohn wirke bei der Inkarnation in Übereinstimmung mit dem Vater mit. Die Sendung geschah aus beider Willen und der Vater leitete das Fleisch zusammen mit dem Logos. Vgl. das zweifache ἰδίᾳ θελήσει in Anc 32,9: ἀπὸ ὕψους τὸν λόγον ἰδίᾳ θελήσει καὶ αὐτοῦ τοῦ λόγου ἰδίᾳ θελήσει πέμψας, ἀπὸ βάθους δὲ τὴν σάρκα εὐδοκίᾳ ἰδίᾳ σὺν αὐτῷ τῷ λόγῳ οἰκονομήσας. Das bedeutet eine deutliche *Gleichstellung* im Wirken und zugleich eine Betonung der Wirk*einheit*. Die Gottheit des Sohnes blieb bei der Inkarnation unverändert. In der Inkarnation wurde den Menschen der ihnen vorher unbekannte Gott offenbart (vgl. Anc 32,9).

27ff führt, einen vorwiegend trinitätstheologischen Charakter und nicht in erster Linie einen christologischen.

Der zweifache Aspekt wird auch in der folgenden Argumentation um die menschliche Seele deutlich. Der Abschnitt gibt erneut Einblicke in das Verhältnis zwischen *Ancoratus* und *Panarion*, weil auch hier gezeigt werden kann, dass die Paralleltexte aus Haer 69 teilweise als Vorlage für den *Ancoratus* gedient haben, also älter als dieser sind (vgl. schon zu Anc 28,1–29,2). Da ein Vergleich zwischen dem *Ancoratus* und dem *Panarion* in diesem Fall auf wichtige Sachverhalte hinweist, sollen die Parallelen ausführlicher herangezogen werden.

In Anc 33,1 nimmt Epiphanius Jes 42,28 wieder auf (vgl. Anc 31,2) und betont, an Anc 31,8 anknüpfend, die Menschwerdung habe vollkommen und mit allen Konsequenzen geschehen müssen und der Sohn habe um unseretwillen die der Menschwerdung entsprechende Lebensweise annehmen müssen,[409] damit die Heilsgeschichte als wahrhaft stattfindend erkannt werde (Anc 33,2; vgl. auch Anc 40,8).

In dieser Menschwerdung, auf die die anthropopathische Redeweise hindeutet, liegt für Epiphanius der Schlüssel zur Widerlegung sämtlicher von den Häretikern gemachter Einwürfe. Namentlich nennt er hier die Manichäer, die Lukianisten und Arius (vgl. Anc 33,3f). Die Manichäer vertraten nach Anc 33,3.7 ein doketistisches Verständnis der Menschwerdung,[410] das durch die genannte Redeweise widerlegt wird.[411] Auffallend ist, dass Epiphanius bei Lukian bzw. Arius nicht zuerst den ihnen vorgeworfenen Subordinatianismus bekämpft. Vielmehr haben nach Anc 33,3f „Lukian und alle Lukianisten" (also Arius und seine Anhänger) die Annahme einer Seele in Christus geleugnet und behauptet, er habe σάρκα μόνον angenommen.[412] Auch gegen die Arianer ergeht also wie gegen die Manichäer der Vorwurf, nicht die volle Menschheit gelehrt zu haben.[413] Sie leugneten die Seele, so Epiphanius, mit der Absicht, die Affekte dem Logos zurechnen zu können, da, so ihr Argument, das Fleisch an sich (σὰρξ καθ' ἑαυτὴν οὖσα; Anc 33,5) nicht hungere und dürste. Aus demselben Grunde verteidigt Epiphanius die Annahme einer vollen Menschheit inklusive der Seele, denn τῆς δὲ ψυχῆς καὶ τῆς σαρκὸς ἦν μέρη ἡ πεῖνα καὶ ὁ κάματος

---

409 Vgl. Anc 33,2: τὴν τῆς ἐνανθρωπήσεως χρειώδη συνήθειαν.

410 Vgl. dazu Haer 66,26,5. Vgl. auch Athanasius, Or. I c. Ar., 53,3,15–17.

411 Hier sieht Epiphanius durch die anthropopathische Redeweise also betont: Der Sohn wurde *wirklich* Mensch.

412 Zur Kritik einer solchen vereinfachten Darstellung arianischer Theologie vgl. BÖHM (Christologie des Arius, 64–66), der grundsätzlich anzweifelt, dass die Lehre des σῶμα ἄψυχον tatsächlich auf Arius zurückgehe. Er kommt (ebd., 66) zu dem Ergebnis, dass „die Frage nach der menschlichen Seele bei Arius so wenig wie bei Athanasius *das* entscheidende theologische Problem gewesen" ist. Auch GRILLMEIER hält es für möglich, dass aus dem offensichtlichen Schweigen der Lukianisten zur Frage nach der Seele von den späteren Vätern polemisch eine positive Verneinung gemacht wurde. Vgl. ders., Christus I, 374(ff).

413 Hier sieht Epiphanius durch die anthropopathische Redeweise betont: Der Sohn wurde *vollkommen* Mensch. Vgl. für beide Gruppen, Manichäer und Lukianisten, Anc 33,7.

usw. (Anc 33,6). Epiphanius bezieht alle problematischen Aussagen auf die Seele und das Fleisch. So werden die Affekte und die anthropopathische Redeweise geradezu zum Beweis für das Vorhandensein einer Seele (vgl. Anc 33,5ff). Mit diesem Ansatz steht er der Argumentation der Arianer diametral entgegen. Das Insistieren auf die volle Menschheit wird so zur Voraussetzung für die vollkommene Gottheit, die jetzt vom Anhaften der Affekte befreit ist.

Die Parallele für diese Argumentation findet sich, worauf auch HOLL im Apparat hinweist, in Haer 69,19, es gibt allerdings auch Anklänge in Haer 69,48f. Der Vergleich mit diesen Parallelen bringt einen wichtigen Unterschied ans Licht, auf den hier ausführlicher hingewiesen werden soll. Die in Frage kommenden Stellen werden wörtlich zitiert.

In Haer 69,19,7f (3,169,4–13) heißt es:

(1) οὐ μόνον δὲ τοῦτο, ἀλλὰ καὶ ἀρνοῦνται (scil. die Arianer) ψυχὴν αὐτὸν ἀνθρωπείαν εἰληφέναι, αὐτ τοῦτο προκατασκευάζοντες. σάρκα γὰρ ὁμολογοῦσιν ἀληθινὴν ἀπὸ Μαρίας αὐτὸν ἐσχηκότα καὶ πάντα ὅσα ἐστὶν ἐν τῷ ἀνθρώπῳ χωρὶς ψυχῆς, (2a) ἵνα ὅταν ἀκούσῃς περὶ πείνης ἢ δίψης ἢ καμάτου ἢ ὁδοιπορίας, ἢ ἱδρῶτος ἢ ὕπνου ἢ ἐμβριμήσεως καὶ εἴπῃς ὅτι διὰ τὴν ἐνανθρώπησιν τούτων ἐπεδέετο, (2b) λέξουσί σοι ὕστερον ὅτι σὰρξ καθ' ἑαυτὴν ταῦτα οὐκ ἐνεργεῖ, ἐὰν μὴ ἔχῃ τὴν ψυχήν. (3) καὶ γὰρ τῷ μὲν ὄντι οὕτως ἐστί. (4) τί οὖν ἐστι, φησίν, ἀλλ' ὅτι ἡ θεότης αὐτοῦ ἐπεδέετο, ἵνα ὅταν εἴπωσι τὴν θεότητα αὐτοῦ ἐπιδεομένην, ξένον ἀποφάνωσιν αὐτὸν καὶ ἀλλότριον τῆς τοῦ πατρὸς οὐσίας τε καὶ φύσεως ἀληθινῆς. Anstatt nun sofort eine Widerlegung anzufügen, geht Epiphanius im Folgenden auf die Diskussion um Prov 8,22 ein, weil er der Meinung ist, dass durch die Widerlegung einiger Beispiele das ganze Lehrgebäude der Arianer zusammenbricht (vgl. Haer 69,19,9).[414]

U.a. ausgehend von Jes 40,28 weiß Epiphanius in Anc 33,4f bezüglich der Arianer zu berichten:

(1) Λουκιανὸς γὰρ καὶ πάντες Λουκιανισταὶ ἀρνοῦνται τὸν υἱὸν τοῦ θεοῦ ψυχὴν εἰληφέναι, σάρκα δὲ μόνον φασὶν ἐσχηκέναι, (2a/4)[415] ἵνα δῆθεν προσάψωσι τῷ θεῷ λόγῳ ἀνθρώπινον πάθος, δίψαν καὶ πεῖναν καὶ κάματον καὶ κλαυθμὸν καὶ λύπην καὶ ταραχὴν καὶ ὅσαπερ ἐν τῇ ἐνσάρκου αὐτοῦ παρουσίᾳ ἐμφέρεται. (5) εὔηθες δ' ἂν εἴη ταῦτα εἰς τὴν θεότητα τοῦ υἱοῦ τοῦ θεοῦ λογίζεσθαι. (2b) ἀλλά, φασί, σὰρξ καθ' ἑαυτὴν οὖσα οὔτε ἐσθίει οὔτε πίνει οὔτε κάμνει οὔτε <τὰ> ἄλλα πράττει. (3) καὶ αὐτὸς σύμφημι σάρκα καθ' ἑαυτὴν μὴ ἔχειν ταῦτα.

[414] Dies ist vor dem Hintergrund zu sehen, dass Epiphanius in Haer 69,12,1; 14,1 die Interpretation von Prov 8,22 als die Ursache allen Übels bei Arius markiert hat.

[415] Epiphanius nimmt hier Argument 2a und 4 aus Haer 69,19 zusammen.

Dieselben Argumente wie in Haer 69,19,7f begegnen, nicht in der gleichen Reihenfolge, dafür aber mit z.T. wörtlichen Übereinstimmungen auch in Anc 33. Die Argumentation ist hier allerdings nicht so ausführlich. Insbesondere spricht Epiphanius nicht explizit von einer *menschlichen* Seele. Anders als in Haer 69,19 fügt er eine Äußerung ein, die die gegnerische Lehre für absurd erklärt (5).

Auffallend ist, dass die Argumentation in Haer 69,19 gegenüber derjenigen von Anc 33 schlüssiger und runder ist. Die gut überlegten Einwände der Arianer werden verständlich nachgezeichnet: Zunächst nennen sie die einfache Tatsache, dass Christus Affekten unterlag. Dies tun sie jedoch mit einer bestimmten Absicht (ἵνα). Denn wenn der Orthodoxe[416] ihnen darauf erwidert, diese Affekte seien auf die Menschheit zu beziehen, dann erst (vgl. das ὕστερον) offenbaren sie ihre eigentliche Absicht, indem sie behaupten, das Fleisch alleine könne diese Affekte nicht ausüben. Der Orthodoxe muss hier zustimmen. Daraufhin rechnen die Arianer die Affekte konsequenter Weise der Gottheit zu, die somit als defizitär erwiesen ist. Diese Argumentation hat nach Epiphanius nur das eine Ziel nachzuweisen, dass der Sohn dem Wesen und der Natur des Vaters fremd ist. Der Abschnitt vermittelt erneut den Eindruck eines tatsächlich erlebten Gesprächs.[417]

Anc 33,4f erscheint wie eine Zusammenfassung dieses Abschnittes. Die Punkte 2a und 4 werden in einem Satz zusammengenommen. Dabei wird die Argumentation nicht mehr im Einzelnen nachgezeichnet. Der kritische Punkt ist nicht mehr die Lehre der Arianer, der Sohn sei der Usia des Vaters fremd. Dass dies die verwerfliche Absicht ihrer ganzen Argumentation ist, macht Epiphanius durch den ἵνα-Satz klar. Im Vordergrund steht nun die Widerlegung, die sich allein auf die Frage bezieht, wem die Affekte zuzurechnen seien. Deshalb nennt Epiphanius erst zum Schluss und aus dem Kontext herausgelöst das Argument, das Fleisch allein könne die Affekte nicht bewirken, was anschließend Grundlage der Argumentation wird. Auffallend ist, dass sich das Zitat in Anc 33,5 (ἀλλά, φασί, ...) ausschließlich auf die Frage bezieht, ob das Fleisch allein die Affekte bewirken kann, während das Zitat in Haer 69,19 auch die zentrale gegnerische Lehre einschließt, die Gottheit des Sohnes sei defizitär zu nennen.

Die Verschiebung wird verständlich angesichts der unterschiedlichen Stoßrichtung. Dem Text im *Ancoratus* schließt Epiphanius eine Widerlegung an, indem er mittels der Schrift nachzuweisen versucht, dass Christus tatsächlich eine Seele besessen habe. In Haer 69,19 steht dagegen das Aufzeigen der Lehre im Vordergrund, die nur eine von vielen Irrtümern der Arianer ist. Eine direkte Widerlegung erfolgt dort nicht.

Hieraus können Rückschlüsse auf das Verhältnis beider Texte gezogen werden. Es ist wahrscheinlich, dass der Text aus Haer 69 älter ist als der in Anc 33f.

---

416 Mit dem ὅταν ἀκούσῃς (vgl. 2a) meint Epiphanius einen fiktiven Gegner der Arianer, also einen Orthodoxen, der der Arglist der arianischen Argumentation erliegt.

417 Darauf weist auch die Anrede in der zweiten Person hin (ὅταν ἀκούσῃς bzw. λέξουσί σοι).

Epiphanius hat die für seinen Zusammenhang wichtigen Passagen übernommen und seiner aktuellen Argumentation dienstbar gemacht, in der es um die Frage nach der menschlichen Seele geht. Dieses Vorgehen könnte den schon vorher zu beobachtenden Sachverhalt erklären, dass er mehrfach die seiner Argumentation entsprechende gegnerische These im *Ancoratus* nicht nennt, diese aber offenkundig kennt: Er scheint hier aus einem älteren Bestand geschöpft zu haben.

Die These, Epiphanius habe mit der Ausarbeitung von Teilen des *Panarion* bereits vor 373/4 begonnen und habe diese dann für die Ausarbeitung des *Ancoratus* herangezogen, kann nicht nur die zahlreichen Parallelen zwischen *Ancoratus* und *Panarion* verständlich machen, sondern auch die Dubletten im *Panarion*, vor allem innerhalb von Haer 69.[418] Epiphanius hat offensichtlich nicht nur andere Autoren mit Vorliebe zitiert, sondern hat auch von seinen eigenen früheren Ausführungen immer wieder gezehrt.

Zur folgenden Argumentation in Anc 33ff gibt es zwei Parallelen.[419] Die Thematik vom seelenlosen Leib wird in Anc 34 (anders als in Haer 69,19, aber entsprechend Haer 69,49ff) weiter geführt. Epiphanius argumentiert, dass auch im AT Belege dafür zu finden sind, dass der Sohn eine Seele angenommen hat (vgl. Ps 15,10).[420] Ähnlich wie Jer 17,9 weist auch Ps 15,10 auf die Verbindung von Gottheit und Menschheit hin, die Epiphanius in Anc 34,1 als τὸ σύνθετον τοῦ κυριακοῦ ἀνθρώπου bezeichnet. Die Formulierung κυριακὸς ἄνθρωπος[421] begegnet insgesamt siebenmal im *Ancoratus*.[422] Epiphanius betont damit

---

[418] Besonders auffällig sind, wie gesagt, die zahlreichen Parallelen zwischen dem *Ancoratus* und Haer 69. Daneben gibt es aber auch Parallelen zu Haer 64 (vgl. zu Anc 54ff). Die ebenfalls auffälligen Parallelen mit Haer 62 und 65 erklärt HÜBNER damit, dass Epiphanius für den *Ancoratus* und für die Kapitel gegen Sabellius und Paul von Samosata mit Ps.-Athanasius, *Contra Sabellianos* eine gemeinsame Quelle benutzt habe. Zu dieser HÜBNER-These vgl. auch zu Anc 67,7. Daneben fallen zahlreiche Dubletten innerhalb des *Panarion* auf (vgl. auch diesbezüglich Haer 69), die damit erklärt werden können, dass Epiphanius später (nach 374) mit den Ausarbeitungen fortgefahren ist. Auf diesen Sachverhalt scheint auch die Zäsur in Haer 69,27 hinzuweisen, wo Epiphanius sich rückblickend auf den *Ancoratus* bezieht und feststellt, dass er dort bereits „über all dies" verhandelt habe (vgl. Haer 69,27,2 (3,177,3ff)). Dennoch hält er es dann für angebracht, die Ausführungen fortzusetzen. Die grundsätzliche Frage des Verhältnisses der Parallelen im *Ancoratus* und im *Panarion* einerseits und der Dubletten innerhalb des *Panarion* andererseits ist ein wichtiges, bisher nicht untersuchtes Problem, auf das hier nicht vertiefend eingegangen werden kann. Im Zusammenhang mit den Dubletten wäre genau zu klären, welche Texte primär sind. Es erscheint auf jeden Fall zu einfach, im Vergleich mit dem *Ancoratus* generell die Texte des *Panarion* als die späteren zu bezeichnen, ebenso wenig, wie innerhalb des *Panarion* die späteren Kapitel die jüngeren Texte beinhalten müssen. Viel wahrscheinlicher ist es, dass Epiphanius die Quellen, aus denen er geschöpft hat, schon länger zur Verfügung standen. Vgl. dazu z.B. die Anmerkung über Origenes in Anc 64,1, die diesen Umstand anzeigt. Vgl. insgesamt auch Teil I, A.2.a).

[419] Vgl. v.a. Haer 69,49–51 (hier besteht also mit Abweichungen eine durchgehende Parallele zu Anc 33–35), aber auch Haer 69,64; 69,66. Die Zählung Haer 69,65 fehlt bei HOLL irrtümlich.

[420] Die Stellen sind jedoch nicht so zu lesen, als habe die Annahme der Seele vorinkarnatorisch stattgefunden. Sie sind vielmehr als Prophezeiungen zu verstehen.

[421] Nach GRILLMEIER (Christus I, 429(ff)) ist die Formulierung erstmals belegt bei Markell, Ep. ad Antiochenos (vgl. SCHWARTZ, Sermo maior, Nr. 54–80; z.B. Nr. 56; vgl. auch ebd., S. 55f).

vor allem die Menschheit (vgl. v.a. Anc 37,3), was seinen Niederschlag darin findet, dass er den Begriff stets im Zusammenhang mit Schriftstellen verwendet, an denen die Affekte der Menschheit zuzusprechen sind. Der κυριακὸς ἄνθρωπος ist bei ihm „der Mensch Jesus Christus und seine Wirklichkeit in Leib und Seele."[423]

Auffallend ist die Bemerkung in Anc 34,1, dass der Gott-Mensch zusammengesetzt ist. Diese Formulierung überrascht insofern, als Epiphanius das Zusammengesetzt-Sein in Gott ausgeschlossen hat (vgl. v.a. Anc 8,6; vgl. auch Anc 45ff). Für den Bereich der Trinität wäre eine solche Aussage seiner bisherigen Argumentation widersprechend. In Bezug auf den Inkarnierten scheint sie dagegen möglich zu sein. Dies wird auch in dem folgenden Abschnitt deutlich, in dem Epiphanius die soteriologisch wichtige Frage anspricht, ob die Seele nach dem Kreuzestod zusammen mit der Gottheit in den Hades einging.[424] Nach Anc 34 tat sie das, damit das Geheimnis (scil. unserer Erlösung; vgl. auch Anc 67,1) vollendet werde.[425] Dabei hatte das Totenreich nie wirklich Gewalt über die Gottheit, denn sie ging freiwillig, um unseretwillen in den Hades ein (vgl. Anc 34,2–4). Die Souveränität der Gottheit erleidet niemals einen Mangel. Was letztlich am Kreuz starb, war das Fleisch, die Menschheit.[426] Die sich aus dieser Argumentation ergebende Verbindung von Leidensfähigem mit Leidensunfähigem wird nicht weiter erklärt, sondern schlicht behauptet.[427] Das Paradox ist nur zu lösen, wenn die Verbindung tatsächlich als Zusammensetzung verstanden wird. Die Gottheit nahm die Menschheit in der Weise auf, dass die Menschheit leiden kann, während die Gottheit ihre Leidensunfähigkeit bewahrt. Allerdings, und das ist charakteristisch, äußert sich Epiphanius hier nicht explizit in diesem Sinne. Die Frage nach der Art der Zusammensetzung in Christus wird erst in Anc 80 wieder aufgenommen und soll dort thematisiert werden.[428]

Der Zusammenhang von Menschwerdung und Seele ist in Anc 35 auch das Argument dafür, dass Stellen, in denen von der Seele des Vaters die Rede ist

---

Markell bezieht den Ausdruck, signifikant anders als Epiphanius, nur auf den verherrlichten Menschen, nach der Vollendung des Leidensweges.

[422] Vgl. Anc 34,1; 37,3; 44,2; zweimal 78,7; 93,7.

[423] So GRILLMEIER (Fragmente, 192 (= ders., ʼ Ο ΚΥΡΙΑΚΟΣ ʼΑΝΘΡΩΠΟΣ, 41)), der sich jedoch allein auf Anc 34,1 stützt, weil er fälschlich davon ausgeht, dass dies die einzige Stelle im *Ancoratus* sei, an der Epiphanius die Formulierung verwendet, und dass sie insgesamt bei Epiphanius „nur zweimal gebraucht" werde.

[424] Vgl. Haer 69,64.

[425] Anc 34,1: τὸ μυστήριον τετελειωκέναι. Vgl. auch Anc 80,5.

[426] Die Gethsemane-Szene mit den Anfechtungen Jesu wird von Epiphanius als Scheinmanöver gedeutet (vgl. Anc 34,5), um den Widersacher, der nun von der Schwachheit Jesu ausgeht, herauszufordern und zu Fall zu bringen, bevor dieser noch weiteren Schaden anrichten kann. Vgl. dazu die Anmerkung HÖRMANNS, BKV II, 60.

[427] Anc 34,9: ἡ γὰρ αὐτοῦ θεότης ἀναδεξαμένη τὸ ἐν σαρκὶ παθεῖν ἀπαθής ἐστι καὶ ἀπαθὴς ἦν καὶ ἀπατὴς διέμεινε, μὴ τραπείσης τῆς ἀπαθείας μηδὲ ἀλλοιωθείσης τῆς ἀιδιότητος. Vgl. zu allem Anc 34,5–8.

[428] Vgl. den Kommentar zu Anc 80 und Teil III, C.

(vgl. Mt 3,17), nicht wörtlich verstanden werden dürfen, sondern im übertragenen Sinn (τροπικώτερον, Anc 35,3; vgl. zu allem die ausführlichere Parallelstelle in Haer 69,50f). Das Kriterium dafür, die jeweiligen Worte tropisch oder wörtlich zu verstehen, ist hier die Menschwerdung. Die Seele ist Bestandteil der Menschheit, die der Vater nicht angenommen hat. So muss von dem jeweiligen „allgemeinen Begriff", der jeweiligen „Art" (εἶδος) her der Sinn der Rede gedeutet werden.[429]

In Anc 36 nimmt Epiphanius die These auf, die Gottheit des Sohnes sei aufgrund der Annahme von Seele und Leib, also aufgrund der Inkarnation der Usia des Vaters gegenüber geringer (ἠλαττωμένη).[430] Die Konsequenz der Gegner, aus den unterschiedlichen und sich z.T. ausschließenden Aussagen der Schrift über Gott (bzw. den Vater) und Jesus (erneut nimmt Epiphanius mit Jes 40,28 und Mt 4,1ff das erste Beispiel aus Anc 31,2 wieder auf) zu folgern, der Logos sei nicht *aus dem Wesen* des Vaters hervorgegangen, lehnt er ab: οὐ παρὰ τοῦτο οὐκ ἔστιν ἐκ τῆς τοῦ πατρὸς οὐσίας ἄνωθεν κατελθὼν ὁ λόγος (Anc 36,2). Denn der Logos ermüdete nicht „oben", sondern ἐν σαρκί (Anc 36,2). Die zu diesen Ausführungen passende These ist sowohl in Haer 69,17,2[431] als auch in Haer 69,48,2ff[432] direkt wiedergegeben.[433]

In Anc 36,4 findet man zwar den bisher deutlichsten Hinweis darauf, dass Epiphanius die Gottheit und die Menschheit des Sohnes als zwei Naturen ver-

[429] Vgl. Anc 35,4: ἀπὸ γὰρ τοῦ εἴδους λαμβάνεται ἕκαστος τρόπος. Vgl. auch Anc 35,6, wo Epiphanius den Ausdruck im gleichen Sinne verwendet. Vgl. auch Anc 59,2. An den genannten Stellen ist εἶδος kein Personbegriff (i.S. von „äußere Gestalt"). Zu εἶδος vgl. auch Anc 81,4.6. Zur Argumentation in Anc 35,4 vgl. auch Athanasius, Or. II c. Ar., 5, der bekräftigt, dass die Bedeutung der Begriffe ἐγένοντο, ἐκτησάμην oder ἐποίησα bei Geschöpfen und bei Gott nicht einfach identisch sei, denn: ἡ γὰρ φύσις καὶ ἡ ἀλήθεια ἕλκει τὴν διάνοιαν εἰς ἑαυτήν (ebenda 5,1,2f). Vgl. auch den Hinweis in Or. I c. Ar., 54,1.

[430] In Anc 36,1 werden θεότης und οὐσία parallel gebraucht. Beide Begriffe sind, wie schon in Anc 6,10, synonym verwendet.

[431] Haer 69,17,3: *Wie aber hungerte er, wenn er aus der Usia des Vaters war? Denn über Gott steht geschrieben: „Er ist nicht hungrig und nicht durstig, noch sind seine Gedanken erforschbar" (vgl. Jes 40,28). Dieser aber hatte sowohl Hunger als auch Durst. Wieso ruhte er aus auf seinen Wegen und setzte sich <wenn geschrieben steht> „Gott wurde nicht müde" (vgl. Jes 40,28)?*

[432] Haer 69,48,2ff: „Sie bekennen nämlich, dass der Erlöser wahres Fleisch angenommen habe, und wenn sie vom Evangelium selbst hören, dass er auf seinen Wegen ausruhte, dass er Hunger hatte und dürstete, dass er müde war und auferstand, dann bringen sie all dies zusammen und beziehen es auf seine Gottheit, um damit seine Gottheit dem Wesen des Vaters zu entfremden. Denn sie sagen: *Wenn er aus dem Vater ist, der Vater aber weder müde wird noch dürstet noch hungert, wie die Heilige Schrift sagt „Er wird nicht müde, er hungert nicht, er dürstet nicht, er schläft weder noch sind seine Gedanken erforschbar" (vgl. Jes 40,28), wenn diese Dinge aber auf den Sohn zutreffen, dann ist er folglich vom Wesen und von der Natur des Vaters verschieden."*

[433] In Anc 36,6 vergleicht Epiphanius die Affekte mit einem Flecken, der sich nur äußerlich auf dem Kleid befindet, und nicht etwa auf dem Leib des Trägers, und der dennoch dem Träger zugerechnet wird. Vgl. auch Anc 93,5f und Haer 77,33,1ff. An beiden Stellen greift Epiphanius das Gleichnis wieder auf. Ein weiteres Gleichnis bringt er in Anc 41,7f.

steht. Allerdings ist die Stelle stark verderbt.[434] Obwohl HOLL eine sinnvolle Konjektur anbietet, die den ursprünglichen Sinn mit hoher Wahrscheinlichkeit richtig wiedergeben wird,[435] verbietet es sich aufgrund der bisher beobachteten Zurückhaltung im Hinblick auf den Begriff φύσις, gerade diese zerstörte Stelle als Beleg dafür heranzuziehen, dass Epiphanius eine Zwei-Naturen-Lehre vertritt. Er vermeidet es, die Gottheit und die Menschheit Christi explizit als zwei Naturen zu bezeichnen und bleibt bei den allgemeinen Begriffen „Gottheit“ und „Menschheit“ bzw. „Fleisch“.

Nachdem Epiphanius in Anc 37 erneut auf Lk 22,44 eingegangen ist,[436] behandelt er in Anc 38 und 39 den Einwand, der Sohn zeige durch seine Fragen Unwissenheit an.[437] Die Gegner beziehen alle Fragen im AT auf den Sohn (so Anc 39,1). Dagegen bezieht Epiphanius sie z.T. auf den Vater, z.T. auf den Sohn und z.T. auf den Geist (vgl. Anc 39,3).[438] Damit weist er darauf hin, dass die Trias schon im AT als solche existierte und wirkte.[439]

---

[434] Anc 36,4: οἱ δὲ εὑρόντες (scil. die Jünger, vgl. Joh 1,41.45) αὐτὸν * διὰ τῆς ἀκαταλήπτου φύσεως, * τουτέστι τῆς ἐνσάρκου.

[435] HOLL zur Stelle: * <οὐχ εὗρον αὐτὸν> * | * <ἀλλὰ διὰ τῆς καταληπτικῆς> *.

[436] Vgl. schon Anc 31,4f.

[437] Die Parallele dazu befindet sich in Haer 69,61f. Zu der Argumentation der Gegner vgl. Athanasius, Or. III c. Ar., 26, wo in etwa dieselben Stellen aufgeführt sind wie bei Epiphanius. In Anc 108f greift er die gleiche Problematik erneut auf, hier bezogen auf den „Gott des Gesetzes“ und im Zusammenhang mit den Markioniten. Es zeigt sich einmal mehr, dass Epiphanius dieselbe Argumentation zur Widerlegung verschiedener Gegner anwenden kann und dass er das gleiche Quellenmaterial an verschiedenen Stellen verwendet hat. Vgl. dazu die z.T. wörtlichen Übereinstimmungen zwischen Anc 38,7–39,6 und Anc 109,2–6. Während er in Anc 38f die Fragen des Vaters im AT als Vergleich heranzieht um zu beweisen, dass die Fragen des Sohnes nicht aus Unwissenheit gestellt sind, der Vater also der Zeuge für den Sohn ist, verfährt er in Anc 108 genau umgekehrt.

[438] Hier wie im gesamten Kontext Anc 35–39, wo es um die Zitierung von Schriftstellen geht, begegnet mehrfach die traditionelle Zitationsformel ἀπὸ bzw. ἐκ προσώπου, die, in der christlichen Literatur erstmals von Justin zur Anwendung gebracht, seit Anfang des 3. Jahrhunderts überall in der patristischen Literatur im Dienste einer prosopographischen Exegese festzustellen ist. Vgl. dazu ANDRESEN, Personbegriff, 12f. Vgl. auch zu Anc 67,7.

[439] Die Fragen haben einen tieferen Sinn: In Anc 38 deutet er die Fragen, die Jesus z.B. an die blutflüssige Frau richtet (vgl. Lk 8,45; Mk 5,30) oder im Zusammenhang mit der Lazaruserzählung stellt (vgl. Joh 11,34) als pädagogische Fragen, die seine Macht offenbaren (vgl. Anc 38,5.6). Die Art der Fragen Jesu verweist nicht etwa auf Unwissenheit, sondern ist von derselben Art wie die Frage des Vaters „Adam, wo bist du?“ (Gen 3,9, Anc 38,7); vgl. die Aufnahme des Beispiels in Anc 108,1. Vgl. auch das Beispiel mit Sara (Gen 18,9) in Anc 39,4–6. Anlass zu Spekulationen scheint die Frage Jesu in Mt 16,13 gewesen zu sein, für wen die Menschen „des Menschen Sohn“ halten. Nachdem Epiphanius diese Frage in Anc 38,1 bereits einmal angeführt hat, kommt er in Anc 39,7 noch einmal darauf zurück. Jesus selber verwende, so betont er, den Ausdruck „Menschensohn“ nicht etwa deshalb, weil er nicht Gott war, sondern weil die Jünger nicht denken sollten, er frage nach dem „Unsichtbaren“, also nach seiner Gottheit, die die Menschen nicht erkennen können. Wieder wird der kategoriale Unterschied deutlich, den Epiphanius zwischen Schöpfer und Schöpfung sieht.

c) Gegen die Annahme der Geschöpflichkeit des Sohnes (Anc 40–45)

Die Parallelen in Haer 69 sind für die folgende Argumentation spärlich. Allerdings finden sich dafür z.T. in anderen Zusammenhängen Vergleichsstellen.

In Anc 40 thematisiert Epiphanius im Wesentlichen drei Textstellen, anhand derer er aufzeigt, dass der Sohn vom Wesen des Vaters nicht verschieden ist (vgl. auch Anc 36,1). Er beginnt, indem er zwei Johannesstellen miteinander kombiniert: So, wie der Sohn zum Vater führt (vgl. Joh 14,6), so führt auch der Vater zum Sohn (vgl. Joh 6,44). Das Verhältnis ist nicht einseitig, womit angezeigt ist, dass der Sohn nicht untergeordnet ist, sondern dass die Gottheit ein und dieselbe ist (vgl. Anc 40,1).

Eine weitere Stelle ist Lk 2,52 (vgl. Anc 40,2.6ff).[440] Die Aussage, Christus habe zugenommen an Weisheit und Alter, deutet Epiphanius in dem Sinne, dass Christus „seine Kraft auf die ganze Erde ausdehnte, so dass er den ganzen Erdkreis mit seiner Gnade erfüllte“ (Anc 40,6). Er nahm aber nicht in seiner Gottheit an Weisheit zu. Denn er ist selber Weisheit, ὁ σοφία ὢν καὶ γενόμενος ἄνθρωπος (Anc 40,6). Weil er die Weisheit des Vaters[441] ist, erübrigt sich die Annahme, er habe irgendetwas nicht gewusst und habe in seiner Gottheit zunehmen müssen an Weisheit. Epiphanius deutet die Aussage letztlich als kalkuliertes Manöver: Weil seine fleischliche Geburt (ἡ ἔνσαρκος αὐτοῦ κύησις; Anc 40,8) bloß als Schein angesehen worden wäre, machte der Sohn die Beschränkungen des kindlichen Alters durch, „damit er die Wahrhaftigkeit der Abfolge nicht vertusche.“[442]

Bevor Epiphanius Lk 2,52 zu Ende interpretiert, schiebt er zur Untermauerung seiner Argumentation eine kurze Interpretation von Phil 2,7 ein.[443] Hier zeigt er, dass die Gottheit unter der Kenosis nicht gelitten hat (vgl. Anc 40,2).[444] Die Inkarnation begründet er einmal mehr soteriologisch. Der Sohn musste vollkommen Mensch

---

440 Vgl. aber Anc 78f; Haer 77,27.30, wo die Stelle in ganz ähnlicher Weise Gegenstand der Diskussion ist.

441 Vgl. Anc 40,7: σοφία ὢν τοῦ πατρός. Vgl. auch Anc 40,2. Diese Stelle ist hilfreich für das Verständnis von Anc 43,1.

442 Anc 40,8: ἵνα μὴ ἀφανίσῃ τὸ ἀληθὲς τῆς ἀκολουθίας. Vgl. die insgesamt ähnliche Formulierung in Anc 31,8; vgl. auch Anc 33,2. Anlehnend an Anc 31,8 handelt es sich bei der ἀκολουθία um „die ganze Konsequenz der um unseretwillen gewirkten Menschwerdung“ (so die Übersetzung HÖRMANNs, BKV II zu Anc 31,8).

443 Vgl. Anc 40,2–5. Ein derartiges Zerreißen des Gedankengangs ist typisch für Epiphanius.

444 Besonderes Gewicht legt er darauf, dass es ἐκκενωθέν („ausleeren“, „entleeren“) heißt (mit Verweis auf Cant 1,2) und nicht etwa ἐκχυθέν („ausgegossen“) (vgl. Anc 40,3). Wahrscheinlich möchte er damit jedem Emanationsgedanken und auch jedem Stufungsgedanken entgegentreten: Die Integrität der Gottheit bleibt durch die Totalität der Aktion bewahrt. Der Sohn inkarniert sich als vollkommener Gott, es strömt nicht bloß etwas aus dem Vater hervor. Als Salböl, das von Gefäß zu Gefäß geleert wird und so alle Gefäße mit Wohlgeruch erfüllt, heiligt Christus diejenigen, die ihn in Wahrheit aufnehmen (vgl. Anc 40,4). Epiphanius zeichnet hier (Anc 40,3) die Stationen des Inkarnierten von der Geburt bis zur Himmelfahrt nach. HOLL verweist im Apparat zu der „eigentümlichen Aneinanderreihung der Örtlichkeiten“ auf Haer 51,7ff.25ff.

werden, ἵνα πληρώσῃ τὴν οἰκουμένην χάριτος (Anc 40,6).[445] Auf Phil 2,6f kommt Epiphanius in Anc 45,1–3 noch einmal zu sprechen.

Anc 41,1f hat wieder eine gute Parallele in Haer 69,37.42.[446] Epiphanius macht den Gegnern den Vorwurf, der Schrift Widersprüchlichkeiten zu unterstellen, weil sie sich an den Buchstaben klammern, aber die darin verborgene Bedeutung nicht erkennen.[447] Zuerst verhandelt er mit Hebr 3,1 eine bedeutsame Stelle, die von den Gegnern zum Erweis der Geschöpflichkeit des Sohnes herangezogen wurde. Er legt sie nach bewährter Art aus, indem er die problematische Aussage auf die Menschheit bezieht.[448]

In Anc 42–44 kommt Epiphanius mit Prov 8,22 auf eine Kernstelle in der Auseinandersetzung mit arianischer Theologie zu sprechen, mit der er sich über mehrere Kapitel hinweg auseinandersetzt.[449] Epiphanius wehrt sich dagegen, die Stelle so auf den Logos zu beziehen, dass sein Geschaffen-Sein bewiesen würde. Sein erstes Argument (vgl. Haer 69,21,2) ist der *Titel der Schrift* (παροιμίαι), der schon anzeige, dass der Inhalt nicht wörtlich zu verstehen sei, denn: „das sinnbildlich Gesagte ist nicht dasselbe wie das wörtlich Gesagte" (Anc 42,1). Das verdeutlicht er, indem er u.a. Parabeln Jesu anführt,[450] die tropisch zu verstehen sind.[451]

Als zweites stellt er, und hier folgt er dem Aufbau von Haer 69,20, grundsätzlich in Frage, ob Salomo die Stelle überhaupt auf den Sohn Gottes bezogen hat. Denn immerhin werde der *Begriff „Weisheit" in unterschiedlichem Sinn gebraucht*, wofür einige Beispiele angegeben werden.[452]

In Anc 43,1–2 fügt er einen Text ein, der nicht ganz verständlich, dessen Sinn aber in etwa zu erschließen ist. Leider hat die Stelle keine direkte Parallele in Haer 69. Epiphanius will die Konsequenzen aufzeigen, die sich aus dem Ansatz der Arianer für ihn ergeben. Er verbindet die Frage, ob der Sohn die Weisheit des Vaters ist, mit der Frage, ob der Sohn aus dem Vater hervorgegangen ist. Seine Folgerung ist, dass man nur beide Punkte bejahen kann, da ansonsten Gott nicht mehr der „allein weise, unsichtbare Gott" wäre (mit I Tim 1,17, vgl.

---

[445] Vgl. auch die Argumentation in Anc 41(,6).

[446] Vgl. auch Haer 69,14.39.

[447] So Anc 41,2: οἱ τῶν ἀκολουθιῶν ἐφαπτόμενοι τὴν ἐν αὐταῖς φραζομένην δύναμιν ἀγνοοῦσι.

[448] Diese Interpretation erläutert Epiphanius in Anc 41,7f, ähnlich wie in Anc 36,6, durch ein Gleichnis (vgl. Haer 69,39). Zur Argumentation vgl. Athanasius, Or. I c. Ar., 53 (der hier ebenfalls Bezug auf Prov 8,22 und Hebr 3,1 nimmt); Or., II c. Ar., 6f.10; De sent. Dion., 11.

[449] Die Parallele für die folgende Argumentation befindet sich in Haer 69,20ff. Nach Haer 69,12,1f; 69,14,1 ist die Fehlinterpretation dieser Stelle die Ursache für allen weiteren Irrglauben der Arianer.

[450] Vgl. Anc 42,2ff.

[451] Vgl. Anc 42,4f: τὸ δὲ τροπικὸν τοῦ λόγου αἰνιγματωδῶς λέγεται. ἄρα οὐ ταυτόν ἐστι τὸ παροιμιαζόμενον ... οὐ ταυτὸν δέ ἐστι τῇ δυνάμει. Vgl. auch Haer 69,21.

[452] Vgl. Anc 42,6f; 43,4. Vgl. Haer 69,20,2ff. In beiden Schriften werden, wenn auch in unterschiedlicher Reihenfolge, fast exakt dieselben Stellen angeführt.

Anc 43,2).[453] Der Sohn ist also beides, er ist Weisheit, aber, wie gleich deutlich werden wird, in einem absoluten Sinne, und er ist *aus* dem Vater (vgl. Anc 70,6).

Anc 43,3 hat erneut eine Entsprechung in Haer 69: καὶ περὶ σοφίας πολλὰ ἔστι λέγειν.[454] Epiphanius fährt fort, indem er den in Anc 42,6f genannten verschiedenen Weisheiten die Weisheit des Vaters entgegenstellt, die als solche einzigartig (μονοειδής) ist und nichts Vergleichbares neben sich hat (μὴ ἔχουσα ἀντιπαράθεσιν ἄλλην; Anc 43,3).[455] Allerdings kann Epiphanius nicht sagen, ob in Prov 8,22 tatsächlich von dieser Weisheit die Rede ist. Das Wissen darüber sei alleine Gott vorbehalten.[456]

In Anc 43,4ff bringt er ein drittes Argument, mit dem er die Stelle schließlich interpretiert. Er stellt Prov 8,22.23.25 hintereinander.[457] Wenn er zugestehen muss, dass die Stelle widersprüchlich ist, so wird schnell deutlich, dass dieser Widerspruch nur unter Zugrundelegung einer falschen Hermeneutik zustande

---

[453] Er führt hier die Konsequenz vor Augen, die sich aus dem Ansatz der Arianer ergibt. Der Text in Anc 43,1 lautet: τί οὖν λέγομεν; εἰ σοφία πατήρ ἐστι καὶ ὁ υἱὸς δὲ κατὰ τὸν ἐκείνων νοῦν οὐ προῆλθεν ἐξ αὐτοῦ, λόγος καὶ θεὸς ὢν καὶ σοφία ὤν, ἄρα ὁ πατὴρ λείπεται σοφίας ἐν ἑαυτῷ. Der Konjekturvorschlag HOLLS (σοφία + <οὐχ ὁ>?*) erscheint hier unglücklich. Wahrscheinlicher ist die Konjektur, die schon PETAVIUS zur Stelle bot. Vgl. die Anmerkung zu PG 43, 93 C: „εἰ σοφία πατήρ ἐστι. Legendum pro eo atque interpretati sumus, εἰ σοφία πατρός ἐστι ὁ υἱός, κατὰ δὲ τὸν ἐκείνων νοῦν, etc. Petav." Diese Lesart wird zunächst gestützt durch das direkt vorangehende Zitat aus Weish 7,15 und durch Anc 40,7; 43,3, wo der Sohn in beiden Fällen als σοφία τοῦ πατρός bezeichnet wird. Dazu kann noch auf Anc 40,2 (εἰ σοφία ἐστὶ τοῦ θεοῦ, οὐκ ἐνδέεται σοφίας) verwiesen werden. Dort wie in Anc 43,1 geht die Argumentation von der wesenhaften Verbundenheit zwischen Vater und Sohn aus. Wenn dann die Gegner leugnen, dass der Sohn *aus* dem Vater hervorgegangen ist, wenn sie also die wesenhafte Verbundenheit ablehnen, dann führt das dazu, dass es eine Weisheit außerhalb des Vaters gibt. Daran ist die Frage aus Anc 43,2 anzuschließen: „ ...dem einzig weisen, unsichtbaren Gott...?" Allerdings wäre auch die von HOLL gebotene Lesart ohne Konjektur in diesem Sinne zu verstehen: Wenn der Vater Weisheit ist (vgl. Anc 43,3; in Anc 70,5 bezeichnet Epiphanius den Vater u.a. als Weisheit) und der Sohn Weisheit ist, dieser aber nicht aus dem Vater hervorgegangen wäre, dann gäbe es zwei voneinander getrennte Weisheiten und der Vater hätte einen Mangel, da er nicht im absoluten und einzigartigen Sinne göttliche Weisheit wäre.

[454] Vgl. dazu Haer 69,20,5 (3,170,12): καὶ πολλά ἐστι περὶ σοφίας λέγειν.

[455] Diesen Vergleich stellte er im *Panarion* den verschiedenen Beispielen voran; vgl. Haer 69,10,4.

[456] Vgl. Anc 43,4. Auch in Anc 43,2 wendet er sich gegen alle Spekulationen über die Geheimnisse Gottes: ταῦτα πάντα ἐστὶν ἀκατάληπτα καὶ ἄπειρα ἀνθρώποις.

[457] Das entspricht dem etwas ausführlicheren Zitat von Prov 8,12.15–18.20–25 in Haer 69,20,5–7. Im *Ancoratus* bringt Epiphanius also die Stelle nur verkürzt, weil es ihm vor allem auf die Begriffe ankommt, die das Hervorgehen des Sohnes in irgendeiner Weise erklären. Das hängt zusammen mit der unterschiedlichen Stoßrichtung im *Panarion* und im *Ancoratus*. In Haer 69,20 diskutiert er die Stelle, angeregt durch die Einwände der Arianer, in ihrem Kontext. Er erörtert dort die Frage, ob die „Weisheit" mit dem Logos zu identifizieren sei. Entsprechend wird die Argumentation im Anschluss an das Zitat in Haer 69,20,8f weitergeführt. In Anc 42ff geht es aber wesentlich um die Frage des Hervorgehens aus Gott und das gleichzeitige Festhalten an dessen Unveränderbarkeit. Entsprechend wird hier das Gewicht anders gelegt. Ein Sachverhalt ist jedoch in beiden Diskussionen bestimmend: Es geht um die Reihenfolge von Worten. Erst in Haer 69,23,6 findet sich ein Anklang auf das Thema von Anc 43,5ff.

kommt.[458] Ist die Stelle auf Christus zu beziehen, so erfüllt sie sich in der Menschwerdung,[459] so dass also die Verben, die ein Schaffen zum Ausdruck bringen, auf die Menschheit, das Zeugen aber auf die Gottheit zu beziehen sind. Die Reihenfolge der Verben, also die Tatsache, dass zunächst vom Schaffen, dann erst vom Zeugen die Rede ist, begründet Epiphanius soteriologisch: Das für den Menschen näher liegende Ereignis (τὰ ἐγγύτερα), die Inkarnation, wird zuerst genannt, das ältere (τὰ ἀρχαιότερα) und damit weiter entfernt liegende später (Anc 43,8).[460] Salomo beginnt Prov 8,22ff mit dem „Fleisch", weil die Menschen, die „am Nahesten"[461] stehen, überzeugt werden sollen, während er „das Obige"[462] später zeigt.[463] Gemeint sind mit den „Nächsten" hier wohl diejenigen, die in zeitlicher Nähe zum Ereignis der Inkarnation stehen. Das ergibt sich aus der ergänzenden Formulierung in Anc 43,9, in der Epiphanius auf den dem Menschen unendlich fernen Bereich des Göttlichen, nämlich die Zeugung verweist, die später genannt wird.[464] Über die tatsächliche Reihenfolge besteht kein Zweifel: Christus ist vom Himmel, „aus den Schößen der Väter" auf die Erde gekommen, da er *später* (ὕστερον; Anc 43,10) zu uns gekommen ist, indem er das *ganze Heilswerk* vollendete. Anc 41,1 aufgreifend, stellt Epiphanius abschließend fest, dass die Schrift nicht widersprüchlich ist.

---

[458] Anhand der Abfolge der Verben (ἔκτισε – ἐθεμελίωσε – γεννᾷ) zeigt Epiphanius auf, dass die Stelle nicht wörtlich zu verstehen ist, denn wenn etwas schon geschaffen ist, ist es nicht gezeugt (vgl. Anc 43,5: πῶς δὲ τὸ κτιζόμενον γεννᾶται;). Schaffen und Zeugen schließen einander aus – das gilt zumindest in Bezug auf Gott, der selber ungeschaffen ist. Bei den Menschen, die selber Geschöpfe sind, ist hingegen auch das Gezeugte geschaffen. Vgl. Anc 43,6f; vgl. Haer 69,26,1f. Vgl. auch Athanasius, Or. II c. Ar., 4f, der die Hermeneutik von der jeweiligen Natur abhängig macht (vgl. ebd., 5,1). Der Gegensatz geschaffen–ungeschaffen/gezeugt ist für Epiphanius neben dem Gegensatz ewig–zeitlich das konstituierende Merkmal für die Gottheit. Vgl. dazu auch Anc 46.

[459] Anc 43,8: εἰς τὴν ἔνσαρκον οἰκονομίαν πληροῦται.

[460] Vgl. dazu die gleiche Argumentationsweise in Haer 69,21,5ff. In Haer 69,22,1 (3,171,25–28) heißt es: καὶ οὐκ οἴδασιν ... ὅτι ἀεὶ ἡ θεία γραφὴ πάντα ὅσα βούλεται διδάσκειν ... οὐκ εὐθὺς εἰς τὸ ἀρχαῖζον καὶ ὡς εἰπεῖν εἰς τὸ κεφάλαιον ἐπιβάλλεται, ἀλλ' ἀπὸ τῶν ἐγγυτάτων ἄρχεται, ἵνα τὸ προὸν ἔσχατον σημάνῃ.

[461] Anc 43,8: πεῖσαι γὰρ ἀνθρώπους τοὺς ἐγγυτάτω βουλόμενος ἀπὸ σαρκὸς ἄρχεται.

[462] Anc 43,9: ἵνα τὰ ἄνωτερα ὕστερα δείξῃ.

[463] Die Begründung für die Wortstellung in Prov 8,22 ist in Haer 69,23,5 die gleiche. Vgl. auch Haer 69,21,5. Interessant ist die im Zusammenhang mit Anc 43,8 gegebene Erklärung, in der Epiphanius den Zusammenhang von Heil und Inkarnation betont. In Anc 43,9 führt er an, dass das Fleisch, also die Inkarnation, „der Anfang der Wege der Gerechtigkeit des Evangeliums" sei, „weil der Logos uns in Maria Fleisch wurde, und es wurde die Seele in ihrem Fleisch zugrunde gelegt." (1.) bezeichnet er die Inkarnation als den Anfang, damit auch als das Zentrum, und zwar (2.) als das Zentrum der Soteriologie, denn er wurde Fleisch „für uns". (3.) ist der Empfänger der Seele nicht der Logos, sondern das Fleisch. (4.) ist diese Einheit von Fleisch und Logos wichtig. Epiphanius greift hier das Thema von Anc 33,3ff wieder auf.

[464] Vgl. aber auch HÖRMANN, BKV II, der in Anc 43,8 einfügt: „die (der Erfüllung) Nächststehenden".

Als viertes und letztes Argument verweist er in Anc 44 auf verschiedene Lesarten zu Prov 8,22[465] und stützt seine Argumentation, indem er anhand verschiedener Beispiele die Auslegung unter Zugrundelegung der Unterscheidung von Gottheit und Menschheit fortführt. So unterschied auch Petrus (scil. Apg 2,36)[466] zwischen dem Logos, der „von oben“ kommt, und Jesus, der aufgrund seiner Abstammung aus Maria erneut als κυριακὸς ἄνθρωπος (Anc 44,2; vgl. Anc 34,1) bezeichnet wird, weil das Fleisch im Leib Marias mit dem von oben kommenden Logos zusammengenommen (συνειλημμένην) wurde.[467] Wenn der Erlöser in Joh 8,40 selber sagt: „Nun wollt ihr mich, *einen Menschen*, der euch die Wahrheit gesagt hat, die ich vom Vater empfangen habe, töten“, so ist damit gezeigt, dass die Affekte auf die Menschheit und „das Untere“, das Irdische zu beziehen sind,[468] während der Logos selber natürlicher, „von oben kommender“ (ἀπὸ τῶν ἄνωθεν; Anc 44,4), das heißt himmlischer Sohn des Vaters ist.[469] Explizit stellt Epiphanius die *Menschheit* (ἀνθρωπότης) der Gottheit gegenüber. Beide sind in Jesus „zusammengenommen“. Der Begriff συλλαμβάνω sagt nicht viel über die Art und Weise dieser Verbindung von Gottheit und Menschheit in Jesus aus.[470]

Der Sohn zeigte sich zwar als Mensch, aber es gilt: οὐ ψιλόν (Anc 44,5). Er ist Mittler (μεσίτης; vgl. I Tim 2,5) zwischen Gott und Mensch. Im Verhältnis zu seinem Vater ist er der Natur nach Gott und ebenbürtig gezeugt, im Verhältnis zu den Menschen ist er natürlicher, aus Maria geborener Mensch. Insofern ist er Mittler, als er Gott *ist* (θεὸς ὤν) und Mensch *geworden ist* (ἄνθρωπος γεγονώς), ohne die Natur (scil. die göttliche; Singular) zu verändern, gemäß (der Eigenart) jeder der beiden (κατὰ ἑκάτερα; Plural) vermittelt er beiden zusammen (ἀμφότερα).[471] Das ἀμφότερα wird sich auf Gott und die Menschen beziehen, denn sie sind das Ziel der Vermittlung.[472] Ob mit dem ἑκάτερα ebenso die Gottheit und die Menschheit bezeichnet werden, oder ob es auf φύσις zu beziehen ist, ob Epiphanius hier also von *zwei Naturen* spricht, wird

---

[465] Vgl. dazu Haer 69,25f. Die Stellen sind hier wesentlich ausführlicher und eine sinnvolle Ergänzung zum Verständnis von Anc 44.

[466] Vgl. Haer 69,14,2. Athanasius, Or. II 11(,3,13ff)–12.

[467] Inhaltlich geht es in Haer 69,25 zwar auch um die volle Gottheit und die volle Menschheit Jesu, doch weicht die Argumentation hier von der im *Ancoratus* etwas ab. So fehlt in Haer 69,25 der zentrale Begriff κυριακὸς ἄνθρωπος, um den es in Anc 44 geht. Auch die wichtige Frage der Mittlerschaft zwischen Gott und Menschen (vgl. Anc 44,5ff) wird in Haer 69,25 nicht angesprochen.

[468] Anc 44,4: τὸ πάθος ἀπὸ τῆς ἀνθρωπότητος καὶ <τῶν> κατωτέρω.

[469] MEES (Rezeptionsgeschichte, 183), bezeichnet den Vers als „Hinweiszitat auf die beiden Naturen Christi“.

[470] Vgl. zu Anc 80.

[471] Anc 44,6: οὕτω γάρ ἐστι μεσίτης θεοῦ καὶ ἀνθρώπων, θεὸς ὢν καὶ ἄνθρωπος γεγενώς, οὐ τραπεὶς τὴν φύσιν, ἀλλὰ κατὰ ἑκάτερα πρὸς τὰ ἀμφότερα μεσιτεύων.

[472] Bestätigt wird dies durch Anc 66,1. Offensichtlich unterscheidet Epiphanius zwischen ἑκάτερα und ἀμφότερα genau in dem Sinne, den PASSOW s.v. ἑκάτερος festhält. Demnach meint ἑκάτερος, „daß zwei Gegenstände als getrennt von einander gedacht werden, während ἀμφότεροι zwei Gegenstände als verbunden wirkend darstellt, dah. auch ἑκάτερος im Gegensatz gegen ἀμφότερος gebraucht wird.“ Vgl. entsprechend s.v. ἀμφότερος.

nicht deutlich. Ein Plural von φύσις wird jedenfalls auch hier nicht verwendet. Ein eindeutiges Beziehungswort fehlt bei beiden Pronomina.

In der Argumentation um Prov 8,22 führt Epiphanius zusammenfassend also vier Punkte an: 1. nimmt er unter Verweis auf den Titel der Schrift („Sprichwörter") der Stelle grundsätzlich ihre Aussagekraft. 2. verweist er auf die verschiedenen Bedeutungen des Begriffs σοφία und stellt in Frage, ob Salomo mit dem Ausdruck tatsächlich den Sohn meinte. 3. interpretiert er die Stelle schließlich – wenn den Gegnern darin gefolgt werden soll, dass es in Prov 8,22 um den Sohn geht – unter Zugrundelegung der inkarnatorischen Exegese. 4. verweist er auf unterschiedliche Lesarten, die alle kein Schaffen zum Ausdruck bringen.

Das Argument, dass der Titel der biblischen Schrift auf einen nicht wörtlichen Sinn hinweist, begegnet schon bei Athanasius, der in Or. II c. Ar., 44,2 zunächst in derselben Weise argumentiert wie Epiphanius.[473] Dann jedoch geht Athanasius vor allem auf den Unterschied zwischen dem Verb κτίζω und der Bezeichnung als κτίσμα ein[474] und verweist auf zwei verschiedene Bedeutungen von κτίζω.[475] Er versteht von dieser Unterscheidung her das κτίζω in Prov 8,22 als gleichbedeutend mit γεννάω.[476] Er hält (wie Epiphanius in Anc 50,6) fest, dass nirgendwo in der Schrift die Aussage zu finden sein wird, der Herr sei Geschöpf, und dass von daher Prov 8,22 auf die Menschheit des Herrn zu beziehen sei.[477]

Mit Basilius, der sich in *Adversus Eunomium* ebenfalls genötigt sieht, die Stelle gegen entsprechende Interpretationen zu schützen, hat Epiphanius mehr Übereinstimmungen in der Argumentation. Auch Basilius weist darauf hin, dass die Stelle in einem Buch steht, das nicht wörtlich zu verstehen ist. Außerdem handele es sich nur um eine einzige Stelle in der Schrift, die eine solche Aussage trifft (vgl. Basilius, AE II, 20,25–37). Basilius weist wie Epiphanius auf die hebräische Lesart hin (vgl. Basilius, AE II, 20,37–44). Ein grundsätzlicher Unterschied zwischen Basilius und Epiphanius besteht im Umgang mit der Stelle. Während Epiphanius sie kurzerhand (wie Athanasius) auf die Menschheit bezieht, schlägt Basilius keine eigene Interpretation vor. Seine Argumentation ist

---

[473] Auch Athanasius argumentiert a.a.O., 44,2,4–13 zunächst mit dem Titel der Schrift und verweist als Beleg dann auf Joh 16,25, wo Jesus sich über seine Rede in „Sprichwörtern" äußert. Zur Auseinandersetzung um Prov 8,22 vgl. Or. I c. Ar., 44–49.

[474] Vgl. Or. II c. Ar., 45,1,3f: διό, καθὼς προεῖπον, οὐκ εἶπε κτίσμα εἰμί ἢ κτίσμα ἐγενόμην, ἀλλὰ μόνον ἔκτισε.

[475] Vgl. Or. II c. Ar., 45,2,6–9: „Aber der Ausdruck ‚er schuf', nur für sich betrachtet, bezeichnet nicht mit Notwendigkeit die Usia oder die Zeugung, sondern deutet an, dass etwas anderes an dem geschehe, von dem man spricht. Und nicht ist das, wovon man sagt, es werde geschaffen, mit Notwendigkeit auch schon der Natur (φύσει) und Usia nach ein Geschöpf. Diesen Unterschied kennt auch die göttliche Schrift." Vgl. schon die Unterscheidung in Or. II c. Ar., 44,5; 47,2,16f: ἐὰν ἀκούωμεν ἐν ταῖς Παροιμίαις τὸ ἔκτισεν, οὐ δεῖ κτίσμα τῇ φύσει ὅλον νοεῖν τὸν λόγον...

[476] Vgl. Or. II c. Ar., 44,3,15–17 εἰ δὲ ἡ σοφία τοῦ θεοῦ ἐστιν ... ἡ περὶ ἑαυτῆς λέγουσα, τί δεῖ νοεῖν ἢ ὅτι τὸ ἔκτισε φάσκουσα οὐκ ἐναντίον τῷ ἐγέννησε λέγει; Vgl. auch 47,3,26.

[477] Vgl. Or. II c. Ar., 45,1; 46,3–5.

allein darauf ausgerichtet, den Wert der Stelle zu relativieren.[478] Da die Exegese des Basilius in *Adversus Eunomium* (anders als bei Epiphanius) streng am Wortlaut der Schrift orientiert ist, führt das dazu, nicht jede Stelle angemessen verstehen zu können.[479] Was der Vergleich mit Basilius deutlich macht, ist die Tatsache, dass Prov 8,22 offenbar in der Auseinandersetzung mit den Neuarianern immer noch eine Rolle spielt. Auch Meletius bezieht sich in seiner von Epiphanius im *Panarion* zitierten Predigt auf diese Stelle und zeigt damit, dass die Stelle zur Leugnung der Gottheit des Sohnes herangezogen wurde.[480] Von daher darf die Diskussion bei Epiphanius nicht als überholt betrachtet werden, sondern kann einen aktuellen Hintergrund haben.

In Anc 45,1–3 geht Epiphanius noch einmal auf Phil 2,6f ein (vgl. Anc 40,2), diesmal jedoch unter einem anderen Aspekt.[481] Einige Unwissende verstanden offensichtlich die Worte „er hielt es nicht für einen Raub, Gott gleich zu sein" falsch, denn Epiphanius sieht sich genötigt klarzustellen: „Er sagte nicht: ‚er wollte nicht Gott durch einen Raub gleich werden', sondern ‚er hielt es nicht für einen Raub, Gott gleich zu sein', Gott der Natur nach (φύσει) zu sein, [und zwar] weil er es war."[482] Und nur *weil* er Gott gleich war, konnte er Knechtsgestalt annehmen. Dabei erlitt die Gottheit keinen Schaden: Er machte nicht das Freie unfrei (also die Gottheit zum Knecht), sondern er befreite die unfreien Menschen, diejenigen, die ihm nachfolgten.[483] Auch die Juden bezeugten, dass sich Christus tatsächlich als „Gott gleich" bezeichnet hat (vgl. Anc 45,3). Insgesamt spielt Phil 2,6f in der Auseinandersetzung des Epiphanius keine große Rolle.

In Anc 45,4 bringt er ein neues Zitat, das keinen direkten Bezug zu dem vorher Gesagten hat. Vielmehr führt die These zu einem anderen Thema: Im Folgenden geht es um die Frage, wie die Zeugung aus Gott möglich sein soll, ohne dass Gott einer Veränderung unterliegt.

---

[478] Vgl. dazu DRECOLL, Basilius, 81.

[479] Vgl. DRECOLL, Basilius, 81. Zum Schriftverständnis des Basilius in *Adversus Eunomium* vgl. ebd., 75–84.

[480] Vgl. Haer 73,31,1 (3,305,30–306,4). Auch Meletius verweist hier, ähnlich wie Epiphanius im Zusammenhang mit den Arianern, auf den geistigen Sinn der Schrift. Er stellt fest, dass es Gegner gibt, die die Schrift falsch auslegen, weil sie weder die Bedeutung der Rede (μήτε τῶν ῥημάτων τὴν δύναμιν) noch die Natur der Taten (μήτε τῶν πραγμάτων τὴν φύσιν) richtig verstehen. In Bezug auf sie hält er fest: οὓς δέον τῷ πνεύματι τῷ ζωοποιοῦντι ἀκολουθεῖν καὶ μὴ τῷ γράμματι τῷ ἀποκτένοντι. Wie Epiphanius kommt Meletius zu dem Ergebnis, dass die Schrift nicht widersprüchlich ist (vgl. Haer 73,31,3).

[481] Hierfür findet sich im Kontext von Haer 69,20ff keine Parallele.

[482] Anc 45,1.

[483] Vgl. Anc 45,2. Vgl. dazu Haer 69,6,4.

d) Abgrenzung gegen arianische und modalistische Lehre (Anc 45–52)

Das folgende Thema hat in Haer 69 zahlreiche Anklänge. Hier gibt Epiphanius z.T. die gegnerischen Thesen, die auch hinter der Auseinandersetzung in Anc 45ff zu stehen scheinen, wörtlich wieder.[484]

Einleitend bringt er ein Zitat. In Anc 45,4 gibt er seine Gegner wieder, die sagen: „*Wir müssen das, was bildlich über ihn gesagt ist (τὰ τροπικά), bekennen. Und die Schrift sagt vieles bildlich über ihn, und es ist nicht notwendig, das darin verborgen Gesagte (τὰ εἰς αὐτὸν αἰνιγματωδῶς εἰρημένα) zu leugnen.*" Es folgen Beispiele dafür, wie die Schrift Christus bezeichnet, z.B. als Tür, Löwe, Eckstein u.a. (vgl. Anc 45,4).[485] Epiphanius stimmt zu (δηλονότι; Anc 45,5), das bildlich Gesagte auf Christus zu beziehen. Er erklärt auch gleich den tieferen Sinn jeder der genannten Bezeichnungen.[486] Entscheidend ist dabei die Erklärung in Anc 46,1, diese Redeweisen haben sich an Christus unseretwegen, das heißt zu unserem Heil erfüllt. Epiphanius interpretiert sie also im Hinblick auf ihren soteriologischen Gehalt.

In Anc 46,1 wird außerdem deutlich, worauf die Gegner mit ihrer Argumentation hinaus wollen: *Wenn über ihn geschrieben steht, dass er ein Geschöpf ist, muss man ihn auch als Geschöpf bekennen.*[487] Fraglich ist, auf welche Bibelstelle hier Bezug genommen wird, denn eine den vorher genannten Bezeichnungen vergleichbare, explizite Aussage, der Sohn sei Geschöpf, findet sich in der Schrift nicht. Es ist deshalb anzunehmen, dass die Gegner die Aussage aus Prov 8,22 ableiten (vgl. die vorangegangene Argumentation in Anc 42–44). Sodann ist zu fragen, in welchem Zusammenhang das zweite gegnerische Zitat mit dem vorangehenden steht. Die Verbindung beider wird allein über Epiphanius' Darstellung hergestellt.[488] Aufgrund des Kontextes ist der zugrundeliegende Gedankengang der Gegner in etwa zu rekonstruieren. Ebenso ist der Hintergrund von Epiphanius' Argumentation allein aus dem Kontext zu erschließen, denn er gibt selber keinen Anhaltspunkt bezüglich der Meta-Ebene seiner Argumentation. Von Folgendem ist auszugehen:

Die Gegner stellen (zumindest suggeriert Epiphanius das) die Aussage, Christus sei ein Geschöpf, in eine Linie mit den Selbstbezeichnungen Jesu, sie gehört demnach für sie in dieselbe Aussagenkategorie der Tropoi.[489] Da eine tropische Redeweise auf einen bestimmten Sinn verweisen will, der mit dem verwendeten Begriff zusammenhängt,[490] wollen die Gegner wahrscheinlich zeigen, dass dem Sohn in irgendeiner Weise etwas Geschöpfliches zukommt. Ge-

---

[484] Vgl. die Zitate in Haer 69,15; 69,17,1; 69,26,3; 69,34–36.

[485] Vgl. auch Haer 69,34,6.

[486] Vgl. dazu Haer 69,35,2ff.

[487] Vgl. ebenso Haer 69,34,3.5f. Auch Meletius hält an dem ἔκτισε fest und stellt fest, dass die Schrift sowohl dieses als auch das ἐγέννησε benutzt, was für ihn jedoch nicht bedeutet, dass der Sohn Geschöpf sei. Vgl. seine bereits genannte Predigt, hier Haer 73,31,6.

[488] Vgl. Haer 69,34,5ff. Auch hier stellt Epiphanius beide Thesen in einen direkten Zusammenhang.

[489] Der Beleg für diese Verbindung findet sich in Haer 69,34,5f.

[490] Vgl. LAUSBERG, Handbuch, 282f.

gen diese Folgerung wehrt sich Epiphanius. Er streitet ab, dass die Bezeichnung Christi als Geschöpf in dieselbe Aussagekategorie gehört wie die Selbstbezeichnungen, dass sie also einen bildhaften Bedeutungsüberschuss hervorrufen will. Denn das alleinige und entscheidende Kriterium für die tropische Schriftauslegung ist für ihn die Soteriologie.[491] Anders als die Selbstbezeichnungen ist die Bezeichnung als Geschöpf kein Tropos, sondern eine *Seinsaussage*, mit der keine soteriologische Implikation verbunden ist. Deshalb darf Christus nicht – auch nicht übertragend – als Geschöpf bezeichnet werden.

Basilius argumentiert in AE I,5,124ff in Auseinandersetzung mit neuarianischer Lehre ebenfalls mit den verschiedenen Selbstbezeichnungen Christi. Für ihn entsprechen die Begriffe, in Abwehr des eunomianischen Verständnisses, menschlichen Vorstellungen.[492] Verschiedene Namen können sich auf verschiedene Vorstellungen ein und desselben Gegenstandes beziehen. Vor diesem Hintergrund interpretiert er die Selbstbezeichnungen Jesu als Tür, Weg, Brot, Weinstock, Hirte und Licht im Hinblick auf die verschiedenen Wirkungen Christi.[493] Der hier dargestellte Hintergrund unterscheidet sich allerdings von demjenigen in Anc 45,4ff. Übereinstimmung besteht lediglich darin, dass es hier wie dort wahrscheinlich um neuarianische Thesen geht, und in der Deutung der Selbstbezeichnungen, die auch bei Epiphanius auf Christus verweisen, und zwar auf verschiedene Aspekte seines Heilswirkens: Er wird übertragend Tür genannt, damit er unser Eingang und Beistand werde. Er wird Weg genannt, damit wir darauf wandeln und nicht in die Irre gehen (vgl. Anc 46,2). Die eigentliche Auseinandersetzung hat jedoch einen anderen Schwerpunkt. Epiphanius geht es nicht um das Verständnis der ὀνόματα καθ' ἐπίνοιαν und deren Verhältnis zur Usia (so bei Basilius), sondern um die Frage, ob die Bezeichnung „Geschöpf" derselben Begriffskategorie angehört wie die Selbstbezeichnungen. Während Basilius begriffsphilosophisch argumentiert, geht Epiphanius anders als in Anc 3–10 hier nicht auf eine Begriffstheorie ein, sondern widerlegt die Gegner mit einer rein rhetorischen Argumentation.

[491] So fordert er die Gegner in Anc 46,2 auf zu erklären, welchen tieferen Sinn es etwa haben sollte, den Sohn als Geschöpf zu bezeichnen: κτίσμα <δὲ> διὰ τί ἡμῖν γίνεται; τὶ ἡμᾶς ὠφελεῖ; Vgl. dazu Haer 69,36,1, wo Epiphanius diesen Punkt deutlicher macht: τί κτίσμα ὠφελεῖ τὰς κτίσεις; (3,184,14). Vgl. auch Haer 69,35,1.

[492] Vgl. auch Basilius, AE II,4,34ff.

[493] Vgl. Basilius, AE I,7,12–17: ἀλλ' ἓν ὢν κατὰ τὸ ὑποκείμενον, καὶ μία οὐσία καὶ ἁπλῆ καὶ ἀσύνθετος, ἄλλοτε ἄλλως ἑαυτὸν ὀνομάζει, ταῖς ἐπινοίαις διαφερούσας ἀλλήλων τὰς προσηγορίας μεθαρμοζόμενος. κατὰ γὰρ τὴν τῶν ἐνεργειῶν διαφορὰν καὶ τὴν πρὸς τὰ εὐεργετούμενα σχέσιν διάφορα ἑαυτῷ καὶ τὰ ὀνόματα τίθεται. Vgl. die anschließende Interpretation der Bezeichnungen. Ähnlich argumentiert Cyrill in Catech. X,3f. Er fordert hier die Katechumenen auf, an den einen Herrn zu glauben, der nur aufgrund seines Wirkens verschiedene Namen erhält: ἕνα λέγομεν, ἵνα μὴ τὸ πολυώνυμον τῆς ἐνεργείας εἰς πολλοὺς υἱοὺς ἐκχέῃς δυσσεβῶς (Catech. X,3). Es folgt die Erklärung für Bezeichnungen wie Tür, Weg, Lamm, Hirte, Löwe, Stein usw., die Cyrill alle in ihrer Bedeutung für die Beschreibung des Wirkens Christi erläutert. Er wendet sich gegen die Annahme, dass die verschiedenen Bezeichnungen verschiedene Söhne implizieren und kommt zu dem Schluss: εἰ γὰρ καὶ πολλαὶ αἱ προσηγορίαι, ἀλλ' ἓν τὸ ὑποκείμενον (Catech. X,4).

Auch das folgende Zitat macht es wahrscheinlich, dass die Gegner der Auseinandersetzung Neuarianer sind. In Anc 46,3 zitiert Epiphanius die Gegner weiter, die ihre Argumentation nun begründen: *Wenn du ihn nicht als Geschöpf bezeichnest, legst du dem Vater eine Veränderung (πάθος) bei. Denn jeder, der zeugt (γεννῶν), unterliegt einer Veränderung. Entweder er zieht sich zusammen oder er erweitert sich, oder er öffnet sich (ἁπλοῦται), oder er muss auseinandergehen oder sich vergrößern oder etwas dergleichen erleiden.*[494]

Der Sohn muss also geschaffen sein, weil er nicht gezeugt sein kann, so die Argumentation der Gegner. Dies entspricht der Lehre des Eunomius, der davon ausgeht, dass der allein ungezeugte Gott nicht zeugen kann, weil sonst seine Usia zerteilt würde.[495]

Die Entgegnung des Epiphanius ist in ihren Grundzügen aus Anc 5,8(f); 17,5f bekannt. Wenn er in Anc 46,5 fordert, dass derjenige, der den Vater bekennt, auch glauben soll, dass er seinen Sohn in Wahrheit gezeugt hat, so liegt der Argumentation wieder das *Implikationsprinzip* zugrunde. Im Anschluss macht er deutlich, dass Gott als Schöpfer selber keinen geschöpflichen Kategorien unterliegt und dass diese von daher nicht in der Argumentation um die Geschöpflichkeit des Sohnes, der auch Gott ist, angeführt werden können. Wenn es keine geschöpflichen Kategorien in Gott gibt, dann kann Gott sich auch nicht verändern. Epiphanius argumentiert von der Prämisse der Kategorienlosigkeit her.

Von Bedeutung ist die Erklärung, die er für diesen Sachverhalt gibt. Wie schon in Anc 7,8 zitiert er Joh 4,24: πνεῦμα γὰρ ὁ θεός (Anc 46,6).[496] Als Geist erleidet Gott weder ein Auseinanderfließen (ῥύσιν) noch ein Zerschnitten-Werden (τομήν), weder eine Einschränkung (συστολήν) oder Verminderung (μείωσιν) oder Ausdehnung (ἅπλωσιν; vgl. Anc 46,6). Dem abzulehnenden Zeugungsverständnis der Gegner setzt er positiv das der „geistigen Zeugung" entgegen. So, wie der Vater Geist ist (καθὸ τοίνυν ὁ πατὴρ πνεῦμά

[494] Vgl. Haer 69,15,3. Vgl. bei Athanasius vor allem Or. I c. Ar., 28, aber auch 15; 16. An Epiphanius' Reaktion auf diese These lässt sich seine Methodik aufzeigen. Zunächst diffamiert er die Gegner: Vor dieser schlimmen Lehre muss man fliehen, denn nicht einmal Dämonen können in dieser Weise über Gott denken (vgl. Anc 46,4). Dann hält er ihnen bekenntnishaft seine Lehre entgegen, eingeleitet mit Imperativen (vgl. Anc 46,5f). Der Ansatz einer Erörterung des Problems folgt erst in Anc 47.

[495] Vgl. Eunomius, Apol. 9 (42,3–10): εἰ γάρ τις κοινοποιεῖν πρὸς ἕτερον ἢ μεταδιδόναι τινὶ τῆς οὐσίας ταύτης ἐθελήσειεν, ἤτοι κατὰ διάστασιν καὶ μερισμὸν ἢ κατὰ σύγκρισιν τοῦτο κατασκευάσειεν ἄν. ... εἴτε γὰρ διαιροῖτο καὶ μερίζοιτο, οὐκ ἔτ' ἀγέννητος εἴη (ὃ μὴ πρότερον ἦν, τοῦτο ἐκ τῆς διαιρέσεως γιγνόμενος), ἀλλὰ μὴν οὔτ' ἄφθαρτος (τοῦ μερισμοῦ τὸ τῆς ἀφθαρσίας ἀξίωμα λυμαινομένου)...

[496] Vgl. ähnlich in Haer 69,15,4 (3,164,27); Haer 69,36,6 (3,185,1); Haer 69,53,8 (3,200,28f); Haer 70,5,2 (3,237,2f). In allen genannten Fällen dient Joh 4,24 der Ablehnung geschöpflicher und materieller Kategorien. Es ist also kein Zufall, dass Epiphanius die Stelle vor allem im arianischen Kontext (Haer 69) anbringt. Gegen die Vorstellung, Gott komme etwas Körperliches zu, wendete sich schon Origenes in De princ I,1 (17–27) und geht dazu auch auf Joh 4,24 ein (vgl. vor allem I,1,2ff (18,3ff)).

ἐστι; Anc 46,6), hat er auch den Sohn „geistig“ (πνευματικῶς) gezeugt.[497] Der Begriff πνευματικῶς soll die Zeugung nicht in einer bestimmten Weise deuten, sondern will vom Geschöpflichen abheben. Er verweist auf den geheimnisvollen, dem Menschen verborgenen göttlichen Bereich. Die anderen Stellen, an denen Epiphanius den Begriff verwendet,[498] machen deutlich, dass für ihn mit dem Begriff Implikationen wie „unsichtbar“, „nicht körperlich“, „uneingeschränkt“ und „geheimnisvoll“ verbunden sind. Auch dem Ausdruck πνεῦμα sind Begriffe zugeordnet wie ἀχρόνως, ἀκαταλήπτως, ἀνάρχως (vgl. Anc 46,6), ἄπειρος, ἀκατάληπτος, ἄχραντος, ἄφραστον und ἄφθαρτον (vgl. Anc 47,3; vgl. auch Anc 70,2), also eine Reihe negativer Gottesprädikate, durch die die Verneinung geschöpflicher Kategorien deutlich wird. Epiphanius teilt also die traditionelle Vorstellung, Gott sei insofern ein geistiges Wesen, als er nicht körperlich und nicht fassbar ist.[499] Mit diesem Argument wendete man sich (sowohl in heidnisch-philosophischer als auch in jüdischer Polemik) gegen jegliche Form anthropomorpher Redeweise. Erst die Formulierung einer dezidierten Pneumatologie macht es nicht mehr ohne weiteres möglich, die Aussage „Gott ist Geist“ zu übernehmen.

Durch die Verbindung des Verbs γεννάω mit dem Adverb πνευματικῶς erhält die Zeugung die vom arianischen Verständnis unterschiedliche Bedeutung: Die geistige Zeugung ist ontologisch verschieden von jeder fleischlichen, weltlichen (vgl. Anc 71). Konsequent kann sie nur mit negativen Attributen beschrieben werden: Sie ist „kategorienlos“, nämlich zeitlos (ἀχρόνως), unbegreiflich (ἀκαταλήπτως), anfangslos (ἀνάρχως).

Dieselbe Argumentation bringt Epiphanius in Haer 76 gegen Aëtius vor. Gegen dessen Argumentation, das Ungezeugte könne dem Gezeugten nicht gleich sein,[500] beschreibt er die Zeugung, indem er zunächst auf den Grundsatz verweist, dass alles, was zeugt, nicht nur das ihm Ähnliche, sondern das Identische zeugt: Menschen zeugen Menschen, Gott zeugt Gott (vgl. Haer 76,6,6f).[501] Dann fährt er fort: „Gott alleine aber zeugt den Einziggeborenen unaussprechlich, οὐ κατά τινα ῥύσιν οὐδὲ συστολὴν οὐδὲ πλατυσμόν, ἀλλὰ πνεῦμα ὢν ὁ πατὴρ ἐξ αὐτοῦ ἀνάρχως καὶ ἀχρόνως τὸν υἱὸν ἐγέννησεν, ὅμοιον αὐτῷ κατὰ πάντα καὶ ἴσον... “ (Haer 76,6,7 (3,346,33–347,1)). Dieselben Elemente wie in Anc 46,6 begegnen hier wieder: Die Ablehnung der Vorstellung eines Auseinanderfließens (ῥύσιν), einer Einschränkung (συστολήν) oder einer

---

[497] Vgl. auch Gregor von Nazianz, Or. 29 (III),4,1ff, der die Affektlosigkeit bei der Zeugung damit begründet, dass sie unkörperlich (ἀσώματος) sei.

[498] Vgl. neben Anc 46,6 auch die Verwendung des Begriffes im Zusammenhang mit dem Sprechen des Sohnes in Anc 17,1, der Auslegung der Schrift in Anc 27,1, der Verbindung des menschlichen Leibes Christi mit der Unsterblichkeit des Logos in Anc 61,8 und der Auferstehung in Anc 81,1.

[499] Vgl. z.B. Origenes, De princ I,1.

[500] Zitiert in Haer 76,6,1 (3,346,7–9): οὐ δύναται τὸ ἀγέννητον ὅμοιον εἶναι τῷ γεννητῷ. καὶ γὰρ κατὰ τὸ ὄνομα διαλάττει· τὸ μὲν γάρ ἐστιν ἀγέννητον, τὸ δὲ γεννητόν.

[501] Vgl. auch Anc 32,4f. Vgl. das gleiche Argument bei Ps.-Athanasius, C. Sabellianos 2 (PG 28, 100 C).

Verbreiterung (πλατυσμόν) sowie der Verweis auf die Kategorienlosigkeit (durch die Adverbien ἀνάρχως und ἀχρόνως), die durch das Geist-Sein des Vaters begründet wird. Die These, dass hinter der Argumentation neuarianische Lehre zu vermuten ist, erhält von hierher eine Stütze.

In Anc 47f möchte Epiphanius die Gegner durch zwei (bzw. drei) Beispiele von ihrem Irrglauben überzeugen. Die Passage in Anc 47,1–48,5 zerreißt den Argumentationsgang, was sich zum einen darin widerspiegelt, dass Epiphanius sich in Anc 48,6 veranlasst sieht, die These aus Anc 46,3 wieder aufzugreifen, und zum anderen darin, dass keine Parallele in Haer 69 besteht. Es liegt damit ein ähnlicher Fall vor wie in Anc 28,1–29,2.

Gegen diejenigen, die „dieses" denken (durch den direkten Anschluss an Anc 46 also: dass Gott bei der Zeugung einer Veränderung unterliegt) hält er zunächst fest: κτίσμα ἐστὶ [τὸ] ἀπείρως καὶ μυριονταπλασίως τοῦ αὐτοῦ δεσπότου ἀποδέον (Anc 47,1)[502] und beginnt dann mit der ersten Widerlegung.

In Anc 47,2–5 bringt Epiphanius zwei Vergleiche. Zunächst ein „Sonnengleichnis": Wenn Menschen in der Wüste ein Brennglas in die Sonne halten und auf entzündlichen Stoff richten, „nimmt" (λαμβάνεται; Anc 47,2) dieser Stoff sofort von dem Feuer der Sonne und entflammt. Dabei wurde die Sonne durch die Teilhabe (διὰ τῆς μετοχῆς; Anc 47,2)[503] an ihrem Wesen bzw. an ihrer Substanz (οὐσία)[504] weder zerschnitten (τέτμηται) noch erlitt sie irgendeinen Mangel (ἐνέλειψεν) oder wurde verringert (μεμείωται).[505] Wenn das für die Sonne gilt, so argumentiert Epiphanius, die selber geschöpflich ist, wie viel mehr gilt das dann für den unendlichen (ἄπειρος; Anc 47,3), unbegreiflichen (ἀκατάληπτος) und unbefleckten (ἄχραντος) Gott (also den Schöpfer), der Geist ist,[506] und der den unaussprechlichen (ἄφραστον), unbegreiflichen (ἀκατάληπτον) und unvergänglichen (ἄφθαρτον) Gott-Logos ohne irgendeine Veränderung[507] zeugte, und zwar als Vollkommener den Vollkommenen in Vollkommenheit, *aus sich* heraus (vgl. Anc 47,3)?

---

[502] Vgl. hierzu Haer 69,18,5.

[503] Es fällt auf, dass Epiphanius keinen passenden Begriff für den Modus des Teilgebens (nur: μετοχή) der Usia/Physis hat, der nicht in der Gefahr steht, mit dem abzulehnenden Begriff μέρος in Verbindung gebracht zu werden. Zu dem Begriff μέρος vgl. z.B. Athanasius, Ep. I ad Serap. 16 (PG 26, 569 AB), der diesen Gedanken der Zerteilung in Gott (im Zusammenhang mit der Zeugung des Sohnes) ablehnt (den Kommentar zu Anc 71).

[504] Der Begriff οὐσία kann im geschöpflichen Zusammenhang durchaus als Substanzbegriff verstanden werden (vgl. die Zusammenstellung in Teil III, D.1.) Wichtig ist, dass Epiphanius jegliche Analogie zwischen dem göttlichen Bereich und diesem Verständnis ablehnt.

[505] So in Form rhetorischer Fragen in Anc 47,2: ἆρα τέτμηται ὁ ἥλιος διὰ τῆς μετοχῆς τῆς οὐσίας; ἆρα ἐνέλειψεν; ἆρα μεμείωται; οὐχί, φασιν.

[506] Der Aussage „Gott ist Geist" entsprechen die negativen Prädikationen, die Epiphanius Vater und Sohn zuspricht. Vgl. oben zu Anc 46,6.

[507] Vgl. die Reihung οὐ διὰ πάθους – τομῆς – ἐλλείψεως, die Anc 47,2 wieder aufnimmt (hier: τέτμηται – ἐνέλειψεν – μεμείωται).

Der Vergleichspunkt liegt darin, dass sowohl die Sonne, erst recht aber Gott durch die Teilhabe an ihrer Usia die Einheit und Unversehrtheit derselben nicht verlieren. Die Stoßrichtung ist durch den vorangegangenen Kontext antiarianisch.

Trotz dieses Vergleichspunktes fällt auf, dass ein wesentlicher Bestandteil schon dieser Argumentation der Hinweis auf den Analogie*bruch* ist (Unterschied Schöpfer-Geschöpf).[508] In Anc 47,4 schließlich stellt Epiphanius diesen Bruch vollends in den Mittelpunkt seiner Argumentation. Er kommt hier auf den Punkt zu sprechen, der jede weitere Analogie verbietet, und führt (zur Explikation des Sonngleichnisses) mit dem „Feuergleichnis" einen zweiten, kürzeren Vergleich an:

Für die Sonne gilt zum einen (1.), dass die Natur (φύσις) des Feuers von einem Feuer her viele Lichter entzünden kann, und zwar ohne, dass das erste verringert wird. Zum anderen (2.) kann sich dieselbe Natur (nun: οὐσία; φύσις und οὐσία sind hier parallel und damit synonym gebraucht. Wie oben kann die geschöpfliche οὐσία als Substanz verstanden werden) aus verschiedenen Teilen (μερικῶν), nämlich Lichtern oder Fackeln, zusammensetzen.

Dem stellt Epiphanius den göttlichen Bereich als Gegensatz entgegen: ἀλλ' οὐχ οὕτω τὸ θεῖον, μὴ γένοιτο.[509] Dieser Satz muss sich auf die Aussage beziehen, dass die Usia der Sonne aus verschiedenen Teilen zusammengesetzt ist (= 2.), denn der erste Teil des Satzes (= 1.) wurde vorher im Zusammenhang mit der Sonne als Vergleichspunkt herausgestellt.[510]

Bemerkenswert ist die Begründung, die er in Anc 47,5 für den Analogiebruch gibt: οὐ πάλιν γὰρ <εἰς>ἦλθεν ὁ λόγος καὶ συναλοιφὴν τῷ πατρὶ εἰργάσατο, ἀλλ' ὁ πατὴρ πατήρ ἐστι καὶ ὁ υἱός υἱός καὶ τὸ ἅγιον πνεῦμα πνεῦμα ἅγιον.[511] Der Grund (γάρ) dafür, dass die Usia Gottes nicht zusammengesetzt ist, liegt demnach in der Tatsache, dass die Differenziertheit besteht und nicht wieder in einer συναλοιφή aufgeht. Diese Pointe überrascht insofern, als sie schlecht zu der vorangegangenen Argumentation passt. Ging es dort mit anti-arianischer Stoßrichtung darum, dass die Usia ihre Einheit nicht verliert, so spielt der Schluss-Satz auf die entgegengesetzte Bewegung an, dass die Differenziertheit sich nicht wieder auflöst in eine Einheit. Die ursprüngliche

[508] Vgl. auch Anc 47,1, wo Epiphanius den fundamentalen Unterschied von Schöpfer und Geschöpf als „Thema" für das Folgende vorgegeben hat.

[509] Anc 47,5. Vgl. Anc 47,1. Schon in Anc 11,5ff ging Epiphanius darauf ein, dass der göttliche Bereich letztlich niemals durch menschliche Analogien erschlossen werden kann. Ebenso Anc 48,6f. Vgl. auch Haer 69,15,3.

[510] Hier zeigt sich auch, dass das Verständnis von der geschöpflichen und der göttlichen Usia ein grundlegend verschiedenes ist. Es ist also nicht notwendig, auch die göttliche Usia als Substanz zu verstehen.

[511] Die Tatsache, dass Epiphanius den Geist hier wieder mit nennt, entspricht seinem ganzen Anliegen, ihn in den zentralen Aussagen zur Gottheit mit einzuschließen. HOLL verweist für seine Konjektur auf Anc 17,6, eine Stelle, die in eindeutig anti-modalistischem Zusammenhang steht.

Frage nach der Teilhabe, also nach der Bewegung von der Einheit in die Differenziertheit, wird hier nicht mehr berührt.[512]

So wirft das Gleichnis, vielmehr die Verbindung der beiden Gleichnisse, einige Fragen auf. Als erstes stellt sich die Frage nach dem Sinn des *Sonnengleichnisses*. Zunächst kann festgehalten werden, worin der Sinn offensichtlich nicht lag, nämlich in der Erklärung des Verhältnisses Vater-Sohn durch das Beispiel Sonne-Sonnenstrahl, denn davon war keine Rede. Gestützt wird diese These durch Anc 48,4, wo es heißt: ...οὔτε τὸν θεὸν ἐξισοῦμεν τῷ ἡλίῳ <τῷ> ὑπ' αὐτοῦ ἐκτισμένῳ οὔτε τὸν μονογενῆ αἴγλῃ τῇ ὑπὸ τοῦ ἡλίου εἰς τὸ στυπεῖον πεμπομένῃ. Ergänzend zu dem Sonnengleichnis aus Anc 47 bringt Epiphanius mit dem Begriffspaar „Sohn" – „Strahl" einen bisher nicht genannten Aspekt ein. Es zeigt sich, dass er den Vergleich Sonne-Sonnenstrahl zur Beschreibung des Verhältnisses von Vater und Sohn sehr wohl kannte. Auch Athanasius argumentierte mit dieser Analogie.[513] Um so mehr erstaunt es, dass Epiphanius zwar die Einheit und Unversehrtheit der Sonne als Beleg der Einheit Gottes heranzieht, aber nicht so weit geht, den Vergleich auch auf den Ausgang des Sohnes auszudehnen.[514] Der Zweck des Sonnengleichnisses ist nach Anc 47,3 allein der aufzuzeigen, dass die Usia Gottes durch die Zeugung nicht zerteilt wird.

Wie aber ist der Anschluss des *Feuergleichnisses* zu verstehen und welchen Sinn verfolgt Epiphanius damit?

Eine aufschlussreiche Parallele findet sich bei einem seiner Vorgänger. In seinem *Dialogus cum Tryphone* setzt sich Justin mit einer Lehre auseinander, nach der die Eigenständigkeit des Logos (bei Justin: der „Kraft"; δύναμις) gefährdet ist.[515] Die Argumentation dort liefert einen auffallend guten Hinter-

---

[512] Diese Bewegung ist in dem Gleichnis implizit ausgesagt. Legt man alles Gewicht auf diesen Punkt, würde das bedeuten, dass der Sohn einmal nicht war, was wiederum dem ganzen Ansatz des Epiphanius widerspräche, der gerade in der Abwehr arianischer (und modalistischer) Thesen die Ewigkeit der Differenziertheit betont. Vgl. v.a. Anc 5,6ff. Vgl. auch Anc 6,10; 7,2; 15,6. Das Gleichnis darf also in dieser Hinsicht nicht überstrapaziert werden.

[513] Vgl. z.B. Athanasius, Or. III c. Ar., 15,2,6–8. Vgl. v.a. die sehr häufige Argumentation mit dem Schema Licht–Abglanz, z.B. Or. I c. Ar., 16,6; 20,3–7; Or. III c. Ar., 13,5; Ep. ad Serap. I, 19 (PG 26, 573 B – 576 A); 20 (PG 26, 577 B) u.ö. Weitere Nachweise für die Verwendung insgesamt bei DÖLGER, Sonne und Sonnenstrahl, v.a. 271–287, der einen knappen Überblick über die Geschichte des Gleichnisses gibt. Vgl. auch LAMINSKI, Geist, 48f.

[514] Auch Gregor von Nazianz äußerte Vorbehalte gegen den Vergleich Sonne–Sonnenstrahl–Licht für die Trinität, vgl. Or. 31 (V),32,2–6. Er sieht hier erstens die Gefahr, „dass man sich die nicht zusammengesetzte Natur zusammengesetzt vorstellt, wie das eben bei der Sonne und den Dingen an ihr der Fall ist, und zweitens, dass man das Wesen dem Vater zuspricht, die beiden anderen aber nicht selbstständig existieren lässt, sondern sie zu Kräften Gottes macht, die bloß in einem anderen, aber nicht für sich selbst existieren." Gregor sieht hier dieselben Gefahren, die auch Epiphanius daran hindern, das Gleichnis vorbehaltlos anzuwenden.

[515] Dabei spielt zum einen das Sonnengleichnis eine zentrale Rolle. Um die Parallelen zu Epiphanius deutlich machen zu können, soll hier die entsprechende Passage aus dem Dialog zitiert werden. Justin gibt die Lehre seiner Gegner wie folgt wieder (Dialogus cum Tryphone 128,3): ἄτμητον δὲ καὶ ἀχώριστον τοῦ πατρὸς ταύτην τὴν δύναμιν ὑπάρχειν, ὄνπερ τρόπον τὸ

grund für die Ausführungen in Anc 47, so dass sich fast alle in diesem Zusammenhang aufgekommenen Fragen klären lassen:

Die Gegner Justins haben offenbar die Selbstständigkeit des Logos gefährdet.[516] Sie lehrten, der Vater sende die „Kraft" aus, wie er will, und er nehme sie auch wieder (πάλιν) in sich auf. In einer so gearteten Lehre scheint die Ursache für die Schlussbemerkung des Epiphanius zu liegen, der Sohn gehe nicht wieder (πάλιν) in den Vater ein und bewirke eine Vermischung (vgl. Anc 47,5). In gleicher Weise argumentierte schon Justin in seiner Reaktion auf diese Lehre, wenn auch mit Bezug auf die Engel, die sich nicht wieder in das auflösen, aus dem sie geworden sind. In Bezug auf die „Kraft" lehrt er, sie sei – und hier zeigt auch Justin in gewisser Weise einen Analogiebruch zwischen Schöpfung und Schöpfer auf – nicht wie das Licht der Sonne nur dem Namen nach aufgezählt, sondern „der Zahl nach etwas anderes". Deutlich verweist Justin darauf, dass die Aufzählung nicht bloß eine namentliche Differenzierung bedeutet, sondern eine wirkliche, eine ontologische ist.[517] Er erklärt weiter, die „Kraft" sei durch die Macht und den Willen (δυνάμει καὶ βουλῇ) Gottes gezeugt,[518] „aber nicht durch Trennung (οὐ κατὰ ἀποτομήν), als ob das Wesen des Vaters dabei geteilt würde (ὡς ἀπομεριζομένης τῆς τοῦ πατρὸς οὐσίας)".[519] Genau um diesen Punkt geht es auch Epiphanius im ersten Teil des Sonnengleichnisses (vgl. Anc 47,2f).

Es bestehen somit unverkennbare Parallelen in beiden Argumentationen. Doch die Übereinstimmungen gehen noch weiter. Auch die Verbindung des Sonnengleichnisses mit dem Feuergleichnis findet sich bei Justin. Er belegt seine These, die Usia des Vaters werde nicht zerschnitten (τὰ τεμνόμενα/τμη-

---

τοῦ ἡλίου φασὶ φῶς ἐπὶ γῆς εἶναι ἄτμητον καὶ ἀχώριστον τοῦ ἡλίου ὄντος ἐν τῷ οὐρανῷ· καί, ὅταν δύσῃ, συναποφέρεται τὸ φῶς· οὕτως ὁ πατήρ, ὅταν βούληται, λέγουσι, δύναμιν αὐτοῦ προπηδᾶν ποιεῖ, καί, ὅταν βούληται, πάλιν ἀναστέλλει εἰς ἑαυτόν. κατὰ τοῦτον τὸν τρόπον καὶ τοὺς ἀγγέλους ποιεῖν αὐτὸν διδάσκουσιν. Dem hält Justin entgegen (Dialogus cum Tryphone, 128,4): ἀλλ᾽ ὅτι μὲν οὖν εἰσὶν ἄγγελοι, καὶ ἀεὶ μένοντες καὶ μὴ ἀναλυόμενοι εἰς ἐκεῖνο ἐξ οὗπερ γεγόνασιν, ἀποδέδεικται· καὶ ὅτι δύναμις αὕτη, ἣν καὶ θεὸν καλεῖ ὁ προφητικὸς λόγος, <ὡς> διὰ πολλῶν ὡσαύτως ἀποδέδεικται, καὶ ἄγγελον, οὐχ ὡς τὸ τοῦ ἡλίου φῶς ὀνόματι μόνον ἀριθμεῖται, ἀλλὰ καὶ ἀριθμῷ ἕτερόν τί ἐστι, καὶ <περὶ τούτου> ἐν τοῖς προειρημένοις διὰ βραχέων τὸν λόγον ἐξήτασα, εἰπὼν τὴν δύναμιν ταύτην γεγεννῆσθαι ἀπὸ τοῦ πατρός, δυνάμει καὶ βουλῇ αὐτοῦ, ἀλλ᾽ οὐ κατὰ ἀποτομήν, ὡς ἀπομεριζομένης τῆς τοῦ πατρὸς οὐσίας, ὁποῖα τὰ ἄλλα πάντα μεριζόμενα καὶ τεμνόμενα οὐ τὰ αὐτά ἐστιν ἃ καὶ πρὶν τμηθῆναι· καὶ παραδείγματος χάριν παρειλήφειν ὡς τὰ ἀπὸ πυρὸς ἀναπτόμενα πυρὰ ἕτερα ὁρῶμεν, οὐδὲν ἐλαττουμένου ἐκείνου, ἐξ οὗ ἀναφθῆναι πολλὰ δύνανται, ἀλλὰ ταὐτοῦ μένοντος.

[516] Vgl. dazu auch DÖLGER, Sonne und Sonnenstrahl, 275.

[517] Eine ähnliche Verwendung des Begriffs ἀριθμέω kennen wir von Epiphanius, auch wenn dieser im Zusammenhang mit dem Begriff in der Regel ebenso die ontologische Einheit betont. Vgl. die Formel τριὰς ἐν ἑνὶ ὀνόματι ἀριθμουμένη (Anc 3,8; 22,7). Vgl. auch Anc 7,2. Allerdings fällt auf, dass er in Anc 48,5 den Begriff in derselben Weise verwendet wie Justin, was wahrscheinlich mit dem Kontext von Anc 47 zu tun hat.

[518] Diese Anschauung lehnt Epiphanius in Anc 52,3ff vehement ab, was mit der veränderten Frontstellung zusammenhängt.

[519] Denn, so erklärt Justin weiter, auch alles andere sei bei der Teilung und Trennung nicht mehr dasselbe wie vor dem Abschneiden.

θῆναι), mit dem Feuergleichnis. Vgl. seine Argumentation: τὰ ἀπὸ πυρὸς ἀναπτόμενα πυρὰ ἕτερα ὁρῶμεν, οὐδὲν ἐλαττουμένου ἐκείνου, ἐξ οὗ ἀναφθῆναι πολλὰ δύνανται, ἀλλὰ ταὐτοῦ μένοντος[520] mit derjenigen bei Epiphanius (Anc 47,4): καὶ ἡ μὲν τοῦ πυρὸς φύσις πολλοὺς λύχνους ἅπτει ἀπὸ ἑνὸς καὶ ὁ πρῶτος ὑπάρχων οὐκ ἐμειώθη.

Der Vergleich mit Justin ist ein Beleg dafür, dass Epiphanius dessen Dialogus als Vorlage gekannt hat.[521] So liefert der Hintergrund bei Justin eine passende Erklärung dafür, warum Epiphanius seine Argumentation am Ende als gegen diejenigen gerichtet versteht, die die Differenziertheit wieder aufheben wollen. Auch ist die Tatsache, dass Epiphanius den Absatz aus einem fremden Kontext übernommen hat, eine Erklärung dafür, dass sein eigener Argumentationsfaden durch Anc 47 unterbrochen wird.

Setzt man eine Kenntnis der genannten Stelle durch Epiphanius voraus, lässt sich die Frage beantworten, warum er nicht wie viele seiner Zeitgenossen das Sonnengleichnis herangezogen hat, um das besonders enge Verhältnis von Vater und Sohn zu illustrieren. Justin hielt das Gleichnis vor dem Hintergrund seiner geschichtlichen Situation für ungeeignet, „da es in der Anwendung der bekämpften Theologen die Selbständigkeit der Person des Logos gefährdete."[522] Gerade um diesen Aspekt geht es auch Epiphanius. In seinem Schluss-Satz Anc 47,5 betont er die Differenziertheit, nicht die unversehrte Einheit. Die Einheit, auf die er mit dem Sonnengleichnis im engeren Sinne hingewiesen hat (vgl. Anc 47,2f), war Prämisse für die weitere Argumentation.

Vor diesem Hintergrund lässt sich bestimmen, gegen wen Epiphanius sich hier abgrenzt. In Haer 62,1,6–8 ordnet er Sabellius eine Lehre zu, nach der dieser das innertrinitarische Verhältnis wie folgt beschreibt: „Oder es sei wie bei der Sonne: Sie sei in einer Hypostase, habe aber drei Energien, nämlich die erleuchtende und die erwärmende Kraft und die Gestalt des Umfanges selber. Die wärmende Kraft, die Wärme und Hitze, sei der Geist, die erleuchtende Kraft der Sohn, der Vater selber sei die Gestalt der ganzen Hypostase. Der Sohn sei zu einem Zeitpunkt gesendet worden wie der Strahl, und nachdem er in der Welt alles, was den Heilsplan des Evangeliums und die Rettung der Menschen betrifft, bewirkt habe, sei er sofort wieder in den Himmel aufgenommen worden, sei er wie der von der Sonne gesandte Strahl wieder in die Sonne zurückgekehrt." Hier erkennt Epiphanius im Ergebnis eine ähnliche Lehre, wie die bei Justin beschriebene: Die ewige Eigenständigkeit des Sohnes (und des Geistes)

---

520 An anderer Stelle (Dialogus cum Tryphone 61,2) präzisiert Justin: καὶ ὁποῖον ἐπὶ πυρὸς ὁρῶμεν ἄλλο γινόμενον, οὐκ ἐλαττουμένου ἐκείνου ἐξ οὗ ἡ ἄναψις γέγονεν, ἀλλὰ τοῦ αὐτοῦ μένοντος, καὶ τὸ ἐξ αὐτοῦ ἀναφθὲν καὶ αὐτὸ ὂν φαίνεται, οὐκ ἐλαττῶσαν ἐκεῖνο ἐξ οὗ ἀνήφθη.

521 Dass er Schriften Justins kannte, kann als gesichert angenommen werden. Die unterschiedliche Terminologie in den genannten Passagen zeigt, dass die Möglichkeit der Übernahme einer Argumentation, die mehr als 200 Jahre vor Epiphanius geführt wurde, ihre Grenzen hatte.

522 DÖLGER, Sonne und Sonnenstrahl, 275.

wird geleugnet.[523] Das erklärt, warum Epiphanius mit dem Feuergleichnis ein zweites Gleichnis zur Präzisierung heranzieht und warum er grundsätzliche Vorbehalte gegenüber dem Gleichnis hat, so dass er nachdrücklich den Analogiebruch deutlich macht.

Der Theologe, den die Pointe von Anc 47 in der zweiten Hälfte des vierten Jahrhunderts trifft, ist Markell.[524] Darauf deutet die Bewegung von der Einheit in die Differenziertheit und letztlich wieder zurück in die Einheit hin (vgl. den Begriff πάλιν Anc 47,5), was der Ansicht Markells entspricht, der die Erweiterung der Monas zur Trias und die Zurückführung in die Monas lehrte.[525] Auch der Begriff συναλοιφή passt, wie schon mehrfach angezeigt, auf Markell.[526]

Es sind folglich wieder beide Richtungen, die Epiphanius hier bekämpft: An die Ablehnung der arianischen Sichtweise, die Gottheit erfahre bei der Zeugung eine Veränderung, die eine Entsprechung in Haer 69 hat, schließt sich, ohne Parallele in Haer 69 und den Zusammenhang deutlich störend, die Ablehnung der markellischen Sichtweise an, dass die Differenziertheit einmal wieder aufgehoben wird. Damit wird deutlich, dass diese Ablehnung ernst zu nehmen ist und ein aktuelles Anliegen darstellt, denn sie wurde eindeutig in den Kontext eingefügt (vgl. ähnlich Anc 28,1–29,2).

In Anc 48,1–5 fährt Epiphanius mit einem weiteren Beispiel fort, das wiederum aus einem anderen Kontext als aus Haer 69 stammt. Er nimmt auf die Seelenleere der Manichäer Bezug, um daran einerseits deren Irrtum aufzuzeigen und andererseits seine vorherige Argumentation zu stützen. Auch mit diesem Beispiel verdeutlicht er, worum es ihm schon in Anc 47 ging, nämlich um die Betonung der Differenziertheit.

> Mani lehrte nach Anc 48,1,[527] dass die Seelen ursprünglich von einer Lichtsäule stammen und ein Gebilde (ἓν σῶμα) waren und dass sie, nachdem sie sich von den (menschlichen) Leibern (ἀπὸ τῶν σωμάτων) wieder gelöst haben, sofort wieder die

---

[523] Zugleich wird deutlich, dass dasselbe Gleichnis in verschiedene Richtungen interpretiert werden kann. Vgl. auch DÖLGER, Sonne und Sonnenstrahl, 284.

[524] Auch FEIGE (Die Lehre Markells von Ankyra, 77–79) führt Justin als einen Vertreter an (und verweist u.a. auf die oben besprochene Stelle bei Justin, Dialogus cum Tryphone, 128,2–4), dessen antimodalistische Äußerungen einige Argumente enthalten, „die auch in der Auseinandersetzung Eusebs mit Markell eine Rolle spielen" (a.a.O., 78), wofür FEIGE einige Beispiele gibt.

[525] Vgl. frr. 47.48, SEIBT, Markell, 323f (= frr. 66.67, KLOSTERMANN/HANSEN, GCS, 197f). Dazu den Kommentar von SEIBT, Markell, 325ff. Vgl. ebenda, 460ff. Ein ähnlicher Zusammenhang scheint auch bei Gregor von Nazianz, Or. 30 (IV),6,32–35 vorzuliegen. Gregor gebraucht das Bild von der Fackel und dem Feuer in einer vergleichbaren Argumentation, die er mit den „Sabellianern" in Verbindung bringt, wenn er im Zusammenhang mit I Kor 15,28 sagt: οὐχ ὁ πατήρ, πάντως εἰς αὐτὸν ἀναλυθέντος τοῦ υἱοῦ, ὥσπερ εἰς πυρὰν μεγάλην λαμπάδος πρὸς καιρὸν ἀποσπασθείσης, εἶτα συναφθείσης – μηδὲ γὰρ Σαβέλλιοι τῷ ῥητῷ τούτῳ παραφθειρέσθωσαν – ...

[526] Vgl. ebenso das im Zusammenhang mit Anc 17,6 bereits angeführte Zeugnis des Basilius, Ep. 69,2,12–15.

[527] Vgl. Haer 66,26,4.

eine Usia[528] bildeten, wie zu der einen Säule zusammengefasst. Damit ist derselbe Kreislauf von der *Ein*heit in die *Viel*heit und zurück zur *Ein*heit bezeichnet, der Anc 47,4 kritisiert wurde.

Analog zu Anc 47 hält Epiphanius der Lehre der Manichäer sein Usia-Verständnis entgegen. Er vertritt die Ansicht, dass die Seelen der Verstorbenen nicht wieder zu einer Verschmelzung εἰς μίαν συναλοιφήν (vgl. Anc 47,5) zusammengefasst werden, sondern jede einzelne für sich gezählt wird (ἑκάστου ἰδιαζόντως ἀριθμουμένου; Anc 48,5). Den Beleg für seine These sieht er in der Schrift: Bei der Brotvermehrung (vgl. Joh 6,9ff) machte Jesus die übriggebliebenen Stücke (τὰ κλάσματα) auch nicht wieder zu einem Brot (vgl. Anc 48,2f).

Anc 48,4 erscheint in der Argumentation wieder wie ein störender Einschub. Der Einsatz in Anc 48,5 „κατὰ δὲ τὸ ὅμοιον“ bezieht sich sinnvoll nur auf Anc 48,3. Epiphanius macht in Anc 48,5 deutlich, worauf es ihm mit seinem Beispiel ankommt: „Entsprechend dem Gleichnis [scil. der Brotvermehrung] vereinigen sich (συνάπτονται) auch die geschaffenen Seelen natürlich nicht in eine Verschmelzung (εἰς μίαν συναλοιφήν),[529] sondern in die Wohnungen Gottes (es folgt Zitat Joh 14,2). Und zwar nicht auf einen Haufen, sondern jede einzelne für sich gezählt.“ Der Vergleichspunkt liegt somit darin, dass ebenso wenig, wie die Brote wieder ein Ganzes werden, auch die Seelen nicht wieder zu einem Ganzen werden. Das entspricht dem Duktus von Anc 47,4f.[530]

Mit dem Einschub Anc 48,4 will er den Verdacht abwehren, er vergleiche in seinen Beispielen zwei unvergleichbare Komponenten. Damit schließt er thematisch eher an Anc 47,1.5 an und distanziert sich hier im Grunde von den von ihm selbst gebrachten Beispielen (ὑπόδειγμα; Anc 48,4): Nicht zur Erklärung der (eigenen) Anschauung hat er sie vergleichend herangezogen (ἠλληγορήσαμεν). „Denn“, so fährt er fort, „wir bezeichnen die Brote nicht als Seelen und auch nicht die einzelnen Brotstücke (τὰ κλάσματα), auf keinen Fall. Weder machen wir Gott der Sonne gleich (ἐξισοῦμεν), die von ihm geschaffen wurde, noch den Einziggeborenen dem Strahl, der von der Sonne auf das Wergbündel geworfen wird.“

Auf die Distanzierung von dem Vergleich Logos–Sonnenstrahl wurde oben bereits eingegangen. Offensichtlich geht es in jedem der drei Vergleiche (Seelen-Brote/Gott-Sonne/Einziggeborener-Sonnenstrahl) in erster Linie darum, den genannten Kreislauf zu widerlegen.[531] Festzuhalten ist jedoch, dass sowohl mit dem Bild der Sonne als auch mit dem des Brotes eine ursprüngliche *Ein*heit bezeichnet ist, von

528 Usia ist hier in Bezug auf die geschaffenen Seelen wieder im Sinne von Substanz gebraucht.

529 Anc 48,5: κατὰ δὲ τὸ ὅμοιον καὶ <αἱ> ψυχαὶ αἱ γεννηθεῖσαι οὐ συνάπτονται εἰς μίαν συναλοιφήν, μὴ γένοιτο...

530 Und der Argumentation bei Justin!

531 In diesem Sinne kann auch die Seelenlehre des Mani herangezogen werden, um die Argumentation zu stützen. Es handelt sich hingegen *nicht* um eine reine Gegenüberstellung von Gott und Schöpfung, wie nach Anc 47,1 zu erwarten gewesen wäre. Da die Seelen geschaffen sind (so Anc 48,5; 55,9), liegen dem Beispiel der Seelen und der Brote zwei Elemente zugrunde, die der geschöpflichen Kategorie angehören. Es konnte Epiphanius hier nicht darauf ankommen, den Gegensatz Schöpfer–Schöpfung zu illustrieren. Was er in Anc 48,4 letztlich ablehnt, ist eine Identifikation der jeweiligen Elemente der Vergleiche. Der Vorgang mit den Seelen kann letztlich genauso wenig durch das Beispiel mit den Broten erklärt werden, wie die Zeugung in Gott durch das Beispiel mit der Sonne.

der die Differenziertheit ausging. Wenn es sich also nicht um einen Kreislauf handelt, dann doch offensichtlich um eine Bewegung von der Einheit in die Differenziertheit. Allerdings widerspricht das dem Axiom der Ewigkeit der Trias. Es zeigt sich folglich, dass die Gleichnisse in ihrer Aussage nicht zu sehr strapaziert werden dürfen. Epiphanius geht auf diesen Aspekt nicht ein.

Bettet man die Argumentation von Anc 47f in den Gesamtkontext ein, so zeigt sich deutlich der abrupte Wechsel von anti-arianischer Argumentation zu antimodalistischer. Wie störend Anc 47,1–48,5 im Gesamtkontext ist, zeigt ein Vergleich mit Haer 69,36, wo die Parallele zu dem Abschnitt Anc 46,1–6; 48,6f liegt.[532] Der Absatz im *Panarion* ist signifikant anders aufgebaut als der im *Ancoratus*. Epiphanius argumentiert hier, indem er 1.) darauf hinweist, dass ein Geschöpf die Geschöpfe nicht erlösen kann (Haer 69,36,1); 2.) dass es unsinnig wäre, ein Geschöpf anzubeten und ein Geschöpf zum Gott zu machen (und damit gegen das erste Gebot zu verstoßen; vgl. Haer 69,36,2). Deswegen betet die katholische Kirche kein Geschöpf an, sondern „den ebenbürtigen Sohn, den Vater im Sohn, den Sohn im Vater, mit dem Heiligen Geist."[533] Haer 69,36,1 deckt sich mit Anc 46,2. Die Schilderung der gegnerischen Position in Haer 69,36,4[534] stimmt fast wörtlich (vgl. v.a. die Einleitung des Zitates) mit Anc 46,3[535] überein. Erst die jeweiligen Entgegnungen weichen voneinander ab. In Haer 69,36,5f führt er das Thema weiter und fährt schlüssig fort, indem er darauf hinweist, dass die Gegner den Fehler machen, geschöpfliche Verhältnisse auf Gott zu übertragen.[536] Er argumentiert, dass Gott sowohl im Zeugen (ἐν τῷ γεννᾶν) als auch im Schaffen (ἐν τῷ κτίζειν) ἀπαθής sei. Wir hingegen verändern uns, wenn wir zeugen, weil wir Geschöpfe sind, und analog ermüden wir auch, wenn wir schaffen. Wenn man sagt, dass Gott sich beim Zeugen verändert, dann müsste man auch sagen, dass er beim Erschaffen (scil. der Welt) ermüdete, was allerdings niemand ernsthaft behaupten würde. Als abschließende Erklärung dafür, dass Gott auch beim Zeugen unversehrt bleibt, führt Epiphanius Joh 4,24 an mit der bekannten Erläuterung, Gott zeuge den Sohn auf geistige Art[537] anfangslos und zeitlos. Diese Argumentation mit Joh 4,24 entspricht wieder Anc 46,6.

In Haer 69,36 tritt Epiphanius der arianischen Theologie erwartungsgemäß mit Argumenten entgegen, die die Gottheit des Sohnes begründen. Der Absatz ist in sich schlüssig und hat einen durchgehenden Gedankengang.

---

[532] Also gerade nicht zu Anc 47.

[533] Haer 69,36,3 (3,184,21–23).

[534] Haer 69,36,4 (3,184,23–26): ἀλλὰ ναί, φασιν· ἐὰν γὰρ μὴ εἴπω ὅτι κτίσμα, φησίν, ἐλάττωσιν προσφέρω τῷ πατρί. τὸ γὰρ κτιστὸν οὐκ ἐλαττοῖ τὸν κτίσαντα, τὸ δὲ γεγεννημένον ἐκ φύσεως ἢ συστολὴν ἐργάζεται ἢ πλατυσμὸν ἢ μείωσιν ἢ τομὴν ἢ τι τῶν τοιούτων παθῶν προσάπτει τῷ γεγεννηκότι. Vgl. auch Haer 69,15,3 (3,164,21–24).

[535] Anc 46,3: ναί, φησὶν ὁ κενόδοξος φιλονεικῶν· εἰ μὴ γὰρ αὐτὸν εἴπῃς κτίσμα, τῷ πατρὶ πάθος περιτίθης. πᾶς γὰρ γεννῶν πάθει περιβέβληται· ἢ γὰρ συστέλλεται ἢ πλατύνεται ἢ ἁπλοῦται ἢ ἀπορρέει ἢ ὀγκοῦται ἢ τι τῶν τοιούτων <πάσχει>.

[536] Vgl. auch Haer 69,15,3 (3,164,25f).

[537] Vgl. Haer 69,36,6 (3,185,1): <κατὰ> πνεῦμα; die Konjektur HOLLs erscheint sinnvoll.

Ganz anders geht er im *Ancoratus* vor. Im Anschluss an die Nennung der gegnerischen Position bringt er in Anc 46,4 zunächst seine Abscheu über diese Lehre zum Ausdruck.[538] Dann verweist er auf das eindeutige und untrennbare Verhältnis von Vater und Sohn, das die wahrhafte Zeugung impliziert (Anc 46,5).[539] Der Anc 46,6 anschließende Verweis darauf, dass Gott keiner geschöpflichen Kategorie unterliegt, wird mit Joh 4,24 gestützt, von wo aus die Zeugung als geistiger Vorgang gedeutet wird (vgl. Haer 69,36,6). Anc 47,1 betont er erneut den kategoriellen Unterschied zwischen Schöpfer und Schöpfung und fügt dann die beiden besprochenen Beispiele an. Im *Ancoratus* fehlt also die für den Kontext eigentlich sinnvolle Argumentation von Haer 69,36,2f. Stattdessen werden die beiden Beispiele eingefügt, die keine Entsprechung in Haer 69 haben.

Diese Änderung macht zweierlei deutlich:

1. bestätigt sich die These, dass Epiphanius entweder mit Haer 69 aus einer Vorlage geschöpft hat, die er in weiten Teilen seinen Ausführungen vor allem in Anc 27ff zugrundegelegt hat, oder dass er für alle Kapitel eine gemeinsame ältere Quelle verwendet hat. Auf jeden Fall zeigt sich, dass weite Teile von Haer 69 zumindest in einer Vorform bereits vor 373/4 existierten.
2. wird ersichtlich, dass es Epiphanius im *Ancoratus* stark um die Abgrenzung gegen modalistische Theologie geht, die aufgrund von Anc 47f als markellische Lehre identifiziert werden kann. Nur mit dieser Frontstellung, die Epiphanius im *Ancoratus* wichtig ist, ist die aufgezeigte Änderung gegenüber Haer 69 zu begründen.

Erst in Anc 48,6 bezieht sich Epiphanius wieder auf die These der Gegner aus Anc 46,3, und zwar auffallend unvermittelt. Ebenso wenig, wie der Zusammenhang der Beispiele mit Anc 46,6 deutlich wird, ist der Zusammenhang von Anc 48,6f mit dem vorher Gesagten verständlich. Die Stelle ist insofern problematisch, als nicht deutlich wird, wo er in Anc 48,6 gegnerische Lehre paraphrasiert und wo er polemisiert.[540] Die Worte beziehen sich zwar auf das Zitat in Anc 46,3, doch passt die Aussage eigentlich nicht zu der Wiedergabe der gegnerischen These in Anc 46,1, dass der Sohn in jedem Fall als Geschöpf zu bezeichnen sei.

Die Diskussion in Anc 48,6f wird in vielen Punkten deutlicher durch die oben genannte Parallele in Haer 69,36,4ff, wo die gesamte Argumentation ausführlicher dargelegt ist.[541] Vor diesem Hintergrund wird ersichtlich, dass es sich

---

[538] Vgl. zur ersten Reaktion eine ähnliche Formulierung in Haer 69,35,1 (3,183,16).

[539] Vgl. das *Implikationsprinzip* (Anc 5,9); vgl. zu Anc 8,7. Eine Entsprechung zu dieser Argumentation kann man in der Doxologie in Haer 69,36,3 sehen.

[540] Es heißt in Anc 48,6: οὐδὲ ἐν τῷ λέγειν γεγεννηκέναι τὸν θεὸν τὸν μονογενῆ αὐτοῦ υἱὸν πάθος αὐτῷ προσάπτομεν κατὰ τὴν ἐκείνων κακὴν βλασφημίαν. πᾶς γὰρ γεννῶν ἐμπαθῶς κάμνει (so bereits Anc 46,3) καὶ οὐ χρὴ οὔτε κτίσμα λέγειν οὔτε γέννημα κατὰ τὸν ἐκείνων λόγον, ἵνα μὴ δῶμεν θεὸν κάμνοντα ἢ πάσχοντα.

[541] Vgl. zur These der Gegner in Haer 69,36,4 (3,184,23–26) S. 230, Anm. 534, zur Entgegnung des Epiphanius auf diese These in Haer 69,36,5f (3,184,26–32) S. 230.

in Anc 48,6f um eine polemische Fortentwicklung des gegnerischen Gedankens handelt. Epiphanius unterstellt den Gegnern, dass man am Ende den Sohn weder Geschöpf noch Erzeugnis nennen darf, weil man ansonsten Gott ein Ermüden oder ein Erleiden von Affekten zusprechen würde.[542] Er spielt im Anschluss auf das Verhältnis von Vater und Sohn an und fragt: Woher kommt es denn, dass der Sohn „Sohn" genannt wird? (Anc 48,6). Das Problem der Gegner sieht er darin, dass ihre Argumentation auf menschlichen Rückschlüssen (συλλογισμοί; Anc 48,7) basiert. Doch ist es verboten (ἀθέμιτόν), unsere menschlichen Affekte auf Gott zu übertragen (ebenso Haer 69,36,6).

Die in Anc 48,6 gestellte Frage nach der Berechtigung des Begriffes „Sohn" gibt Epiphanius Anc 49f (ausgehend von Jes 42,1; 44,1; Mk 1,11) Anlass zu einer kurzen Diskussion über die Frage des Adoptianismus bzw. der Auserwählung. Ausgangspunkt sind dabei vor allem zwei Schriftstellen: Jes 44,1 und Kol 1,13. Eine direkte Parallele hat diese Auseinandersetzung in Haer 69 erneut nicht, und wieder fällt auf, dass der Gedankengang gestört wird und Epiphanius in Anc 50,3 – abermals recht unvermittelt – Anc 48,6f wieder aufnimmt.

In Anc 49,2 wird die erste gegnerische These genannt, von der Epiphanius ausgeht: „Es denken aber diese Schwätzer, der Begriff ‚auserwählt' (vgl. Jes 44,1) zeige, er sei nur der Gnade nach Sohn genannt und nicht der Natur nach."[543] Jeder derartigen Auffassung hält er das κατὰ φύσιν entgegen, das nur auf den Einziggeborenen zutreffe, während alle anderen „Söhne Gottes" (vgl. z.B. Ps 88,7) dies nur κατὰ χάριν seien.[544] Der Sohn ist μονογενής genau in dem Sinne, dass er einzig ist, ihm ist niemand gleich (vgl. Anc 49,3; Anc 8,2). Die Auserwählung bezieht Epiphanius im Sinne der inkarnatorischen Exegese auf die Menschheit.[545] In Anc 49,6 bezeichnet er die Inkarnation erneut als οἰκονομία τῆς σαρκός.[546] Diese zeigt der Vater mit den Worten Mt 3,17[547] dem Johannes an. Als Gegenpol zu dieser Erscheinung im Fleische stellt Epiphanius die Gottheit dar, die eine unbegrenzte Natur hat (ἡ δὲ θεότης ἀπείρως ἔχει τῆς φύσεως). Erneut fällt auf, dass er im Zusammenhang mit der Gottheit den Begriff φύσις gebraucht, im Zusammenhang mit der Menschheit dagegen nicht.

---

[542] Insofern ist die Übersetzung von WOLFSGRUBER, BKV I und ihm folgend HÖRMANN, BKV II, inhaltlich zutreffend, auch wenn beide sich für Anc 48,6 nicht genau am (MIGNE-)Text orientieren: „Mit der Behauptung aber, daß Gott seinen eingeborenen Sohn gezeugt habe, übertragen wir keineswegs auf Gott eine Veränderung, wie die gotteslästerliche Ansicht der Häretiker meint, daß, wer erzeugt, irgendwelche Zustandsänderungen erleiden müsse. Wir dürfen am Ende nach der Meinung unserer Gegner den Sohn weder ein Geschöpf noch eine Erzeugung Gottes nennen, damit wir nicht in dem einen Falle Gott eine mühevolle Tätigkeit und in dem zweiten Falle ein Leiden zuschreiben." Als letzten Beleg dafür, dass der Sohn gezeugt, aber gerade nicht geschaffen ist, führt Epiphanius in Haer 69,36,6 (3,185,3) noch die entsprechenden Worte aus dem Nizänum an.

[543] Zur These des Arius, der Sohn sei nur Sohn der Gnade nach, vgl. auch die Parallele in Haer 69,18. Vgl. auch Athanasius, Or. I c. Ar., 5,6.

[544] Zur Argumentation vgl. Anc 30,4ff.

[545] Denn obwohl viele tausende auf der Erde waren, fand Maria allein Gnade, und aus ihr erwählte er das „heilige Fleisch", und zwar durch den Heiligen Geist (vgl. Anc 49,6).

[546] Zu dem Begriff vgl. Anc 30,1.

[547] HOLL ergänzte in Anc 49,6 dieses Zitat aus Mt 3,17.

In Anc 50,2 nennt Epiphanius die zweite These, mit der die Gegner ihre adaptionistische Auffassung begründen. Sie behaupten mit Verweis auf Kol 1,13 („... und er versetzte uns in das Königreich des *Sohnes seiner Liebe*"), „dass er gemäß dem Fortschreiten (κατὰ προκοπήν) der Liebe Gottes der Sohn ist." Dem hält Epiphanius entgegen, dass der Einziggeborene wahrhaft der geliebte Sohn ist, „da ja der Vater Liebe ist und der Sohn Liebe ist, da er ja Liebe aus Liebe ist" (Anc 50,3). So ist er Sohn der Liebe in einem zweifachen Sinne: In Bezug auf uns und im Verhältnis zu seinem Vater.[548] Denn in ihm liebte uns Gott und er gab seinen einziggeborenen Sohn für uns hin. Es geht hier im Wesentlichen um die Verhältnisbestimmung ἀγάπη ἐξ ἀγάπης, die die enge, wesenhafte Verbindung ausdrückt.

So ergibt sich aus dieser Verhältnisbestimmung für Epiphanius auch, dass Gott weder ermüdete, als er erschuf, noch eine Veränderung erlitt, als er zeugte (vgl. Anc 50,3), womit er wieder an Anc 48,6f anknüpft. Erneut erscheint diese Anknüpfung etwas unvermittelt. Trotz der fehlenden Parallele in Haer 69 und trotz des Sprunges in der Argumentation (vom Thema Adoptianismus hin zum Thema Veränderung Gottes bei der Zeugung) ist der Abschnitt Anc 49,1–50,3 nicht so einschneidend wie etwa derjenige in Anc 47,1–48,5, da die Thematik grundsätzlich zum arianischen Hintergrund passt.

In Anc 50,4 nennt Epiphanius die These, der Sohn sei aufgrund seiner Geschöpflichkeit nicht anbetungswürdig.[549] Er stimmt in einem Punkt mit den Gegnern überein: μωρὸν γάρ ἐστι κτίσιν προσκυνεῖν.[550] Genau entgegengesetzt zu deren Argumentation hält er den Arianern jedoch entgegen: *Weil* er angebetet wird, *muss* er Gott sein (vgl. Anc 50,5).[551] In Haer 76,8,6ff treibt Epiphanius mit der Frage nach der Anbetungswürdigkeit auch Aëtius in die Enge. Er fragt ihn hier, ob er den Sohn als Gott anbete, was dieser angeblich bejaht. Dann fragt Epiphanius: „Wie kann nun Gott ein Geschöpf sein, wie du es von ihm sagst, und dennoch angebetet werden?" Der Zusammenhang ist hier allerdings etwas anders als in Anc 50,4, denn Aëtius betet den Sohn offensichtlich an, während die „Arianer" im *Ancoratus* ihn gerade nicht für anbetungswürdig halten. Gemeinsam ist allen, dass sie den Sohn als Geschöpf bezeichnen. An beiden genannten Stellen geht Epiphanius in gleicher Weise vor: Hier wie dort schließt er von der Tatsache, *dass* der Sohn angebetet wird, auf dessen Gott-Sein.[552] In einem weiteren Punkt besteht Übereinstimmung: In Anc 50,6 betont Epiphanius abschließend, dass es in der ganzen Schrift keine Stelle gibt, in der

---

[548] Anc 50,3 wörtlich: υἱὸς οὖν ἐστιν ἀγάπης δι' ἡμᾶς καὶ δι' ἑαυτόν.

[549] Der Abschnitt hat eine Parallele in Haer 69,31,4; 32,6.

[550] In Anc 70,2f übernimmt Epiphanius genau dieses Argument auch für den Geist. Dort heißt es: πῶς γὰρ οὐ μωρὸν κτίσιν θεολογεῖν... (= Haer 69,36,2 (3,184,19); vgl. Haer 69,31,4 (3,180,16): καὶ εἰ οὐκ ἔστι προσκυνητός, πῶς ἄρα θεολογεῖται;). Zu dem Argument, dass ein Geschöpf nicht angebetet werden darf, vgl. außerdem Anc 29,8; 37,5; 51,1–5.

[551] Epiphanius schließt also von der Praxis auf das Sein, während die Gegner den umgekehrten Weg einschlagen. Die gleiche Argumentation begegnet in Anc 70,1ff in Bezug auf den Geist.

[552] Vgl. Anc 50,5 und Haer 76,8,9.

von der Erschaffung des Sohnes die Rede ist.[553] Dasselbe Argument begegnet im Zusammenhang mit der vorangehenden Diskussion in Haer 76,9,8.[554]

Den Vorwurf in Anc 51,1, mit der Anbetung des „Erlösers im Leibe" den Leib als ein Geschöpf anzubeten,[555] entkräftet Epiphanius mit einem Gleichnis, das darauf abzielt, zwischen dem Leib und der Gottheit zu unterscheiden.[556]

Beide Probleme, das der Geschöpflichkeit des Sohnes und das der Unveränderbarkeit Gottes, werden in Anc 52 im Zuge zweier traditioneller arianischer Einwände verhandelt.

In Anc 52,1 gibt Epiphanius die entsprechenden gegnerischen Thesen wieder:[557] „*Aber*, so sagen sie, *was sagst du nun? Hat der Vater den Sohn wollend gezeugt oder nicht-wollend? Denn du sagst ja: der Logos war immer und es war keine Zeit vor dem Logos*."

Zunächst geht er in Anc 52,1f kurz auf den letzten Teil des Zitates ein, womit er die Voraussetzung für die folgende Argumentation schafft. Er hält fest, selbst die Arianer sagten, der Sohn Gottes sei zeitlos (ἀχρόνως) gezeugt. Allerdings sagten sie dies nur zur Irreführung der Menschen.[558] Denn sie wollten ihn nicht ewig (ἀΐδιον) nennen, sondern sagen: ἦν ποτε ὅτε οὐκ ἦν,[559] wobei

---

553 Diese Aussage ist nur möglich vor dem Hintergrund der inkarnatorischen Exegese, die er gegen die „Arianer" immer wieder ins Feld führt.

554 Und zwar nachdem Epiphanius die geistlose Schriftauslegung der Anhomöer kritisiert hat. Auch hierin liegt eine Parallele zur Kritik an den Arianern im *Ancoratus*. Eine weitere Parallele hat die ganze Passage (Frage der Anbetungswürdigkeit – Feststellung, dass die Schrift nirgendwo berichtet, der Sohn sei geschaffen) außerdem noch im Zusammenhang mit Origenes, Haer 64,8,5–9,2. Wie bereits betont, kann daraus jedoch nicht geschlossen werden, dass Epiphanius sich auch im *Ancoratus* an den entsprechenden Stellen gegen Origenes wendet. Vgl. dazu oben, S. 191-193. Den Verweis in Haer 64,9,2, dass Epiphanius sich zu der Frage der Geschöpflichkeit des Sohnes schon früher zur Genüge geäußert und auch Texte dagegen angeführt habe, weswegen er es nun damit belassen will, bezieht DECHOW (The heresy charges against Origen, 113) auf den *Ancoratus*. Obwohl Epiphanius den *Ancoratus* hier nicht erwähnt, wird DECHOW darin Recht zu geben sein (vgl. die ähnliche Formulierung in Haer 64,4,11). DECHOWS Festlegung in diesem Zusammenhang auf Anc 49,1–54,1; 63,1–75,8 ist jedoch, wie oben bereits dargestellt, insofern unsachgemäß, als Epiphanius sich im *Ancoratus* mit zeitgemäßer Theologie auseinandersetzt.

555 Vgl. den Vorwurf in Anc 51,1: ἰδοὺ οὖν, κτίσμα προσκυνεῖς τὸ σῶμα.

556 Er vergleicht die Erscheinung des Inkarnierten mit einem König, der verehrt wird und der einen Purpurmantel trägt. Doch ist jedem klar, dass es der König ist, der verehrungswürdig ist, nicht der Mantel oder der Thron, auf dem er sitzt. Nach dem Ablegen des Mantels und dem Verlassen des Thrones werden beide Gegenstände nicht weiter verehrt (vgl. Anc 51,2ff).

557 Es ist hier sinnvoller, der Interpunktion bei MIGNE zu folgen, der, anders als HOLL, aus dem letzten Satz keinen Fragesatz macht. Außerdem ist die fehlerhafte Lesart οὐκ ἔν χρόνος bei HOLL sinnvoller Weise in ἦν zu konjizieren (gegen PETAVIUS/MIGNE: ἔνι), was sich aus der von Epiphanius im Anschluss noch explizit wiedergegebenen arianischen These ergibt.

558 Denselben Vorwurf machte schon Athanasius in Or. I c. Ar., 13,8. Auch die folgende Argumentation bei Athanasius und Epiphanius zeigt große Übereinstimmungen. Vgl. auch Or. I c. Ar., 14,7.

559 Anc 52,1. Vgl. auch Anc 5,5ff und Athanasius, Or. I c. Ar., 5,3; 13,8. Die Nähe zu Athanasius wird in der Argumentation gut sichtbar. Zitiert ist der Satz in dem Brief Alexanders von Alexandrien an alle Bischöfe (= OPITZ, Urk. 4b,7,21). Er fasst die Theologie des Arius zusammen: Der Sohn war nicht ewig, und das bedeutet, er ist Geschöpf, da alles, was einen Anfang hat,

sie vorgeblich der Meinung seien, das ποτε bezeichne keine Zeit. Epiphanius hält den Gegnern entgegen, dass das ποτε, wörtlich genommen (λεξικῶς λεγόμενον), doch eine Zeit bezeichne. Das führe in Konsequenz dazu, den Sohn als ἀλλότριον παντάπασι τῆς τοῦ πατρὸς θεότητος zu verstehen (Anc 52,2).[560]

In Anc 52,3ff geht es dann um die eigentliche Frage, ob der Vater den Sohn wollend (θέλων) gezeugt hat oder nicht-wollend (μὴ θέλων; Anc 52,3).[561] Epiphanius erkennt die Brisanz dieser Frage: Wenn er sagt, der Vater habe nicht-wollend gezeugt, dann legt er dem Göttlichen einen Zwang (ἀνάγκη; Anc 52,3) bei; und wenn er sagt, er habe wollend gezeugt, dann gibt er zu, dass es vor dem Sohn etwas anderes gab, nämlich den Willen, was einer Annahme einer Zeit vor dem Sohn gleichkommt. Entsprechend geht er auf die Frage gar nicht erst ein und verweist stattdessen darauf, dass sowohl die Kategorie des Wollens als auch die der Zeit auf Gott nicht zutreffen (vgl. Anc 5,5ff; 46,3ff). Er folgert in Anc 52,4: οὔτε θέλων τοίνυν ἐγέννησεν οὔτε μὴ θέλων, ἀλλ' ὑπερβολῇ φύσεως.

Auffallend ist hier der Begriff ὑπερβολῇ φύσεως, der an gnostische Emanationsvorstellungen erinnert. Eine solche Formulierung passt nicht zu Epiphanius' Argumentation, der eine solche Präzisierung bisher vermied (vgl. Anc 46,3). Interessant ist wiederum ein Vergleich mit den Parallelstellen in Haer 69. In Haer 69,26,6 (3,176,26f) formuliert er signifikant anders: ... ἀλλὰ ἐν τῇ ὑπὲρ βουλὴν φύσει.[562] Er zeugte also nicht *durch den Überfluss seiner Natur*, sondern er zeugte *in* der Natur, die *über dem Willen* ist und damit der Kategorie „wollend" bzw. „nicht-wollend" nicht unterliegt.[563] Ein solches Verständnis passt auch zu der Fortsetzung des Satzes in Anc 52,4: „... denn (γάρ) die göttliche Natur überschreitet den Willen und unterliegt weder der Zeit noch handelt sie aus Zwang". Schließlich ergänzt er in Anc 52,5: ἐγέννησε ... ἐν τῇ ὑπερβολικῇ καὶ ἀφράστῳ αὐτοῦ φύσει,[564] so dass die Lesart, die Haer 69,26,6 bietet, der Textkorrektur in Anc 52,4 vorzuziehen ist.

---

geschaffen ist. Vgl. auch den Brief Eusebs von Nikomedien an Arius (= OPITZ, Urk. 2), der diese Logik bestätigt.

[560] Einen ähnlichen Vorwurf erhebt Epiphanius in Haer 74,1,2 gegen die Gegner, die er zur ersten der beiden in Haer 74,1 erwähnten pneumatomachischen Gruppen zählt, zu den Arianern.

[561] Vgl. dazu Haer 69,26,5f; 69,70,2–4.

[562] Ebenso Haer 69,70,4 (3,218,24f): ... ἀλλὰ ἐν τῇ ὑπὲρ βουλὴν φύσει, hier noch mit dem Zusatz: φύσεως γάρ ἐστιν <γέννημα> ὁ υἱὸς ὑπὲρ βουλὴν καὶ πᾶσαν ἔννοιαν καὶ ὑπόνοιαν.

[563] Vielmehr hat Gott, schon vor dem Wollen, im selben Augenblick alles vollkommen in sich vollendet. Vgl. Anc 52,5; vgl. auch Anc 99,6; Haer 69,26,6 (3,176,28f). Vgl. auch Haer 69,70,3 (3,218,18–20): ἅμα πάντα ἐν αὐτῷ ἐστι τέλεια καὶ οὐ πρῶτον βούλεται πρὶν ἢ ποιῆσαι οὐδὲ ποιεῖ ἄνευ βουλεύματος καὶ οὐ βουλεύεται, ἵνα τι ἑτοιμάσῃ, οὐδὲ ἡ ἑτοιμασία αὐτοῦ βουλῆς ἐπιδέεται.

[564] Außer an der angegebenen Stelle verwendet Epiphanius den Begriff ὑπερβολή im *Ancoratus* noch weitere siebenmal, jeweils, um ein „Übermaß" anzugeben, so an (Er-)Bitten (Anc 1,4); Güte (Anc 2,1), Liebe (9,9; 37,6; 45,2); Ehre (18,6); Bewunderung (Anc 37,7).

Anhand des kategorialen Unterschiedes zwischen Schöpfer und Schöpfung verdeutlicht Epiphanius, dass in der göttlichen φύσις, im Gegensatz zu uns Menschen, die wir immer erst planen müssen, bevor wir handeln, alles vollkommen vorhanden ist, alles fertig und alles in sich vollendet, so dass kein Planen und kein Wollen in Gott ist.[565] Vollkommenheit, reine Aktualität, Vollendung – das sind die Attribute, die der Natur Gottes zukommen, ganz im Unterschied zu unserer Natur.[566]

Erneut stellt sich die Frage, wessen Lehre Epiphanius hier aufgegriffen hat. Zunächst ist auf Arius selbst zu verweisen, der lehrte, der Sohn sei θελήματι τοῦ θεοῦ geschaffen worden.[567] Auch das Symbol der dritten Antiochenischen Synode von 345, die *Ekthesis makrostichos*, verurteilte diejenigen, die die Zeugung des Sohnes aus dem freien Willen des Vaters leugnen.[568] Schließlich bezeugt Gregor von Nazianz, der sich mit derselben Thematik ausführlicher auseinandersetzte, dass die Frage selbst zu seiner Zeit noch Aktualität hatte.[569] Auch er berichtet davon, dass die Gegner ihn in die Enge treiben wollten mit der Frage, ob der Vater den Sohn wollend (βουληθείς) oder nicht wollend (μὴ βουλόμενος) gezeugt habe.[570] Denn auch Gregor erkennt die Absicht der Gegner: „‚Wenn der Vater gegen seinen Willen (gezeugt hat)‘, sagen sie, ‚so stand er unter Zwang‘“.[571] Dieses Argument entkräftet er zuerst mit der Frage, wer denn Gott Zwang antun könnte. Dann nimmt er die zweite Konsequenz aus dem gegnerischen Ansatz auf: „Wenn er aber wollend (gezeugt hat), so ist der Sohn Sohn des Willens. Wie kann er dann aus dem Vater sein?“[572] Es ist unübersehbar, dass es sich bei Epiphanius und Gregor um dieselbe Problematik handelt, auch wenn die Widerlegung bei beiden unterschiedlich ist.[573]

---

565 Vgl. Anc 52,5. Interessant ist die Begründung, warum eine Analogie zwischen Mensch und Gott auch hier nicht möglich ist: ὅτι οὐκ ἦμέν ποτε. Ewigkeit ist Gottesprädikat, und wenn die Arianer behaupten, es habe eine Zeit gegeben, als der Logos nicht war, stellen sie ihn auf eine Stufe mit den Geschöpfen.

566 Auf den kategorialen Unterschied zwischen Gott und Menschen weist auch Athanasius mehrfach hin, vgl. z.B. Or. I c. Ar., 21,9. Auch er betont, dass die Zeugung nicht dem Willen unterliegt, sondern mit zur Wesenheit gehört. Vgl. Or. I c. Ar., 29,2,8f: τὸ δὲ γέννημα οὐ βουλήσει ὑπόκειται, ἀλλὰ τῆς οὐσίας ἐστὶν ἰδιότης.

567 Vgl. z.B. Haer 69,7,7. Vgl. auch Haer 69,6,6.

568 Vgl. Ekthesis makrostichos II (= Athanasius, De synodis 26): τοὺς δὲ λέγοντας ... ὅτι ου βουλήσει οὐδὲ θελήσει ἐγέννησεν ὁ πατὴρ τὸν υἱὸν ἀναθεματίζει ἡ ἁγία καὶ καθολικὴ ἐκκλησία.

569 Vgl. Or. 29 (III),6–8.

570 Or. 29 (III),6,1ff.

571 Or. 29 (III),6,5: εἰ μὲν γὰρ οὐ θέλων, φασί, τετυράννηται.

572 Or. 29 (III),6,6f: εἰ δὲ θέλων, θελήσεως υἱὸς ὁ υἱός· πῶς οὖν ἐκ τοῦ πατρός;

573 So beginnt Gregor seine Widerlegung, indem er einen Vergleich mit den Menschen aufzeigt und deutlich macht, dass auch hier die Frage nach der willentlichen bzw. unfreiwilligen Zeugung absurd ist (vgl. Or. 29 (III),6,13–19). Es überrascht wenig, dass ein solcher Vergleich bei Epiphanius nicht begegnet, weil er grundsätzlich Analogien aus der Schöpfung ablehnt. Gemeinsam ist beiden jedoch, dass sie nichts, also auch keinen Willen, zwischen Vater und Sohn treten lassen. Vgl. Or. 29 (III),6,25. Gregor erörterte, um die Absurdität der gegnerischen Frage aufzuzeigen, kurz vorher, ob Gott die Welt wollend oder nicht-wollend geschaffen habe. Er lehnt

Vor allem die späte Bezeugung der Problematik bei Gregor lässt einen neuarianischen Hintergrund vermuten. In der Tat versteht auch Eunomius die Erzeugung des Sohnes als Akt des Willens. In Apol. 23f geht es ihm um die Widerlegung der Einheit bzw. Identifizierung von „Energie" und Usia: οὐ χρὴ τοίνυν ... ἑνοῦν τῇ οὐσίᾳ τὴν ἐνεργείαν...[574] Vielmehr gelte, dass die „Energie", hier wohl die „Wirkkraft", die in Bezug auf Gott am Meisten wahr und für ihn am Meisten angemessen ist, sein *Wille* ist. Und dieser Wille reiche hinlänglich aus, alles zum Sein zu bringen und zu erhalten (mit Verweis auf Ps 113,11). Denn Gott bedürfe es an nichts, um das zu tun, was er will, sondern ἅμα τε βούλεται καὶ γέγονεν ὅπερ ἠθέλησεν. Eunomius versteht schließlich den Sohn als durch die Wirkkraft (d.h. die Energie, und damit durch den Willen) geworden: ...τὴν ἐνέργειαν δι' ἧς ὁ υἱὸς ἐν ᾧ τὰ πάντα. Es handelt sich bei der Zeugung somit nicht um einen wie auch immer gearteten Ausfluss der Usia, sondern um einen Akt des Willens[575]

Beachtlich ist hier die Nähe zu Epiphanius' Argumentation. An der Parallelstelle zu Anc 52,4f, in Haer 69,26,6, formuliert er: φύσις γὰρ αὐτῷ ἐστι θεότητος οὔτε βουλῆς ἐπιδεομένη οὔτε ἄνευ βουλῆς τι πράττουσα, ἀλλ' ἅμα ἐξ αὐτῆς τὰ πάντα ἔχουσα καὶ οὐδὲν λείπουσα τῶν ὄντων.[576] Hier wie in Anc 52,4f wird dem Willen kein Raum in der Gottheit zugewiesen, sondern Gott hat alles unmittelbar aus sich heraus. Anders als bei Eunomius, der die Energie mit dem Willen in Verbindung bringt, schließt Epiphanius den Willen als Vermittlungsinstanz aus: Gott handelt, anders als die Menschen, direkt.[577] Während Eunomius die Energie mit dem Willen identifiziert und gerade von der Usia abhebt, verlegt Epiphanius den Akt der Zeugung in die Natur, die über dem Willen steht.

Es ist folglich anzunehmen, dass Epiphanius ebenso wie Gregor sich in diesem Punkt mit der Lehre der Neuarianer auseinandergesetzt hat.

e) Resümee (Anc 53–63)

In Anc 53 zieht Epiphanius ein Resümee seiner bisherigen Auseinandersetzung mit arianischen Schriftstellen. Er hält fest, dass die Häretiker die Schrift verdre-

---

es ab, den Willen zwischen den Schöpfer und die Geschöpfe treten zu lassen. Seine Argumentation läuft darauf hinaus, zu unterscheiden zwischen dem Wollenden und dem Willen, zwischen dem Zeugenden und der Zeugung: „Aber es ist, so meine ich, etwas anderes der Wollende und der Wille, der Zeugende und die Zeugung, der Sprechende und die Sprache – wenn wir nicht betrunken sind. Das eine ist nämlich der Bewegende, das andere sozusagen die Bewegung. Folglich ist das Gewollte nicht (ein Erzeugnis) des Willens – das folgt keineswegs daraus. Und was gezeugt ist, ist nicht (ein Erzeugnis) der Zeugung..." Or. 29 (III),6,26–30.

574 Eunomius, Apol. 23 (64,15f). Vgl. auch Apol. 24 (64,1–4): οὐκοῦν εἰ τὴν μὲν βούλησιν ἀπέδειξεν ὁ λόγος ἐνέργειαν, οὐκ οὐσίαν δὲ τὴν ἐνέργειαν, ὑπέστη δὲ βουλήσει τοῦ πατρὸς ὁ μονογενής, οὐ πρὸς τὴν οὐσίαν, πρὸς δὲ τὴν ἐνέργειαν (ἥτις ἐστὶ καὶ βούλησις) ἀποσῴζειν τὴν ὁμοιότητα τὸν υἱὸν ἀναγκαῖον.

575 Eunomius, Apol. 24 (64,10). Vgl. auch RITTER, HDThG 1, 192.

576 Haer 69,26,6 (3,176,27–29).

577 Vgl. auch Anc 99,6.

hen: „die Streitsüchtigen verkehren das wahrhaft Gesagte in Allegorie, das tropisch Gesagte nehmen sie allzu wörtlich“ (Anc 53,1; vgl. dazu Haer 69,50,1). Damit hat er einen zweiten Indikator für falsches Schriftverständnis aufgezeigt. Während er sich bisher gegen eine allzu *wörtliche* Auslegung der Arianer zur Wehr setzte und selber *tropisch* interpretierte (vgl. z.B. Anc 35,3; 42,4f), spricht er sich hier auch gegen eine *Allegorisierung* von eigentlich wörtlich zu verstehenden Berichten aus. Den Gegnern wirft er vor, das γεγεννῆσθαι, das ἐν αὐτῷ κατὰ φύσιν ist, zu leugnen, indem sie sagen: οὐχ ὡς ἕν τι τῶν γεννημάτων, auf das ἐκτίσθαι aber, das der Gottheit des Sohnes fremd (ἀλλότριον) ist und – wenn überhaupt – dann nur im allegorischen Sinne gemeint ist, alles Gewicht zu legen und es für wahr zu halten (vgl. Anc 53,1).[578]

Er selber lehnt, das wurde schon in den Kapiteln Anc 27ff deutlich, weder den wörtlichen noch den tropischen Schriftsinn kategorisch ab. Seine Methodik ist die *pneumatische* Schriftauslegung, die von der Frage nach dem Heil geleitet ist. Die Notwendigkeit einer solchen Hermeneutik, die methodisch nicht festgelegt ist, zeigt er in Anc 53 exemplarisch an einem scheinbaren Widerspruch der Schrift auf.

Wenn es – so Epiphanius – im Evangelium heißt, niemand habe Gott jemals gesehen (vgl. Joh 1,18; auch I Joh 4,12), andererseits die Propheten aber davon berichten, Gott geschaut zu haben (vgl. z.B. Jes 6,1.5; Ez 1,26f), dann müssen bei wörtlichem Verständnis entweder der Sohn oder die Propheten gelogen haben. Folglich sei eine allegorische Deutung gefordert (vgl. Anc 53,3f), was Epiphanius an einem Beispiel verdeutlicht:[579] Wenn wir, so heißt es in Anc 53,6, durch ein schmales Fenster den Himmel sehen, ohne aber Kenntnis von der gesamten Ausdehnung zu haben, so hat der recht, der sagt „ich habe den Himmel gesehen“. Genauso hat aber der recht, der sagt „ich habe ihn nicht gesehen“, denn, und das ist das Entscheidende, wir sehen ihn zwar so, wie wir ihn aufnehmen können (ὡς χωροῦμεν; Anc 53,6), aber wir sehen ihn nicht, wie er an sich ist (καθό ἐστιν; Anc 53,6).[580] Ebenso haben die Propheten zwar den Herrn wirklich gesehen, aber nur soweit sie konnten, nicht ὡς ἔχει τὸ ἄπειρον τῆς θεωρίας (Anc 53,7), bzw. ὡς ἔχει τὸ ἄπειρον τῆς ἀκαταληψίας (Anc 54,1). Diese Argumentation passt dazu, dass Epiphanius grundsätzlich davon ausgeht, die göttlichen Geheimnisse bleiben Gott vorbehalten und seien nicht spekulativ zu durchdringen.[581] Nur der Herr selber habe die unsichtbare (ἀοράτως;

[578] Vgl. Haer 69,7,5 (3,158,9–11) (= OPITZ, Urk. 6,2,9f). Hier wird Arius zitiert: κτίσμα ..., ἀλλ' οὐχ ὡς ἓν τῶν κτισμάτων, γέννημα, ἀλλ' οὐχ ὡς ἓν τῶν γεγεννημένων... Demnach bekannte Arius sowohl das γέννημα als auch das κτίσμα, freilich ohne zwischen beiden zu unterscheiden. Da für Epiphanius diese Unterscheidung grundlegend ist, kann er Arius vorwerfen, das γεγεννῆσθαι nicht in dem Sinne bekannt zu haben, der sich gegen Ende des 4. Jahrhunderts durchgesetzt hat. Der grundlegende Unterschied zwischen Schaffen und Zeugen ist ebenso für Athanasius evident (vgl. dazu LAMINSKI, Geist, 41).

[579] Vgl. Anc 53,6ff. Das vorangehende kürzere Beispiel in Anc 53,5 hat denselben Tenor.

[580] Vgl. auch Anc 53,8. HOLLs Verweis auf Platon, Respublica VII, 515 d, bezieht sich auf das „Höhlengleichnis“ und die Situation des entfesselten Gefangenen, der erstmals die Quelle des Lichtes erblickt und damit alles so sieht, wie es wirklich ist: ὅτι ἔστιν.

[581] Vgl. Anc 43,2; vgl. auch die Frage nach der Gott-Ebenbildlichkeit des Menschen, die Epiphanius in Anc 55,4–9 bis auf das „dass“ offen lässt. Das „wie“ zu kennen liege allein bei Gott.

Adverb! Vgl. Anc 49,6) Natur (φύσις) gesehen, habe aber demjenigen, der diese Fähigkeit zu sehen nicht besitzt (τῷ μὴ δυναμένῳ ὁρᾶν), die Gnadengabe gegeben (δύναμιν χαρίσματος), die Fähigkeit (δύναμιν) der Beschauung wahrzunehmen (ἰδεῖν; vgl. Anc 53,8).[582]

An diesem Beispiel wird deutlich, dass sowohl das wörtliche Verständnis als auch das allegorische Verständnis seine Berechtigung hat.

In den folgenden Kapiteln Anc 54–63 setzt sich Epiphanius in einem Exkurs mit einem Vertreter der einseitig allegorischen Schriftauslegung auseinander: Sein Gegner ist nun Origenes.[583] Die Kapitel sind das erste überlieferte Zeugnis dafür, dass er ihn bekämpft. Wie zu zeigen ist, greift er auch für diesen Abschnitt z.T. auf älteres Material zurück, so dass der Beginn der literarischen Auseinandersetzung mit origenistischer Theologie (ebenso wie mit arianischer) vor 373/4 zu datieren ist. Wann genau Epiphanius seine radikal antiorigenistische Haltung eingenommen hat, ist jedoch unklar. Es ist nicht selbstverständlich davon auszugehen, dass er bereits seit seiner Jugend in dieser Hinsicht geprägt war.[584] Auffallend ist, dass es im Folgenden in erster Linie um hermeneutische Fragen und nur am Rande um trinitätstheologische Probleme geht.

Die Schau der Propheten ist nach Anc 54,1 nicht als gedankliche bzw. geistige verstanden (διανοίᾳ), sondern als eine wirkliche, mit den Augen vollzogene (ὀφθαλμοῖς). In der Hermeneutik vertritt Epiphanius hier – wie auch in der Auferstehungslehre (vgl. Anc 87ff) – ein realistisches Verständnis (vgl. das αἰσθητός, Anc 57,6; 58,6), das zu dem in Anc 3–10 dargelegten Begriffsrealismus passt. Das heißt, die Schrift legt er gegen Origenes wörtlich aus und die Auferstehung versteht er als leibliche, nicht bloß geistige oder seelische.[585] Im Grunde betont er gegen Origenes die Faktizität der biblischen Berichte: Das *Paradies* ist real, ebenso wie die *Ebenbildlichkeit*, der Ablauf der *Heilsgeschichte*, die *Inkarnation*, und damit ist bewiesen: auch unser *Heil*, die Auferstehung.

Die Parallelen liegen in dem entsprechenden Kapitel gegen Origenes, Haer 64 und in dem Brief an Johannes von Jerusalem (ca. 393/4), der in die Zeit des

---

582 WOLFSGRUBER (BKV I) übersetzt den schwer verständlichen Satz: „Er selbst aber hat die Natur und Wesenheit gesehen, die wir zu sehen nicht vermögen; doch hat er uns gnädig eine gewisse Sehkraft gegeben, nämlich die der Betrachtung (geistigen Schauung)." HÖRMANN (BKV II), ist etwas präziser: „Er selbst aber hat gesehen unsichtbar die Wesenheit und er hat denen, die (sie) nicht sehen können, eine Kraft der Gnade gegeben zu geistiger Schauung."

583 Vgl. Haer 64,4,11.

584 Vgl. dazu Teil I, A.1.a) (und b)).

585 E. CLARK (Origenist Controversy, 87) weist auf diesen Sachverhalt hin: „Already in the *Ancoratus*, the major line of assault against Origen pertains to issues of ‚materiality' as they manifest themselves in discussions of the body and of allegorical exegesis. [...] In the *Ancoratus*, Epiphanius's criticism both of Origen's allegorical exegesis and of his teaching on the resurrection focuses on ‚bodiliness'."

maßgeblich durch Epiphanius ausgelösten ersten Origenistischen Streites gehört.[586]

In Anc 54,2 nennt Epiphanius erstmals Origenes direkt. Auf dieselbe Weise (οὕτως), so Epiphanius, wie im Zusammenhang mit der Frage, ob die Propheten Gott wirklich oder nur übertragend sahen, deuten einige das Paradies allegorisch. Zu diesen zählt er den „von Gott [im Sinne einer Plage?] gesandten Origenes" (ὁ θεήλατος Ὠριγένης), der „viel lieber ein Phantasiegebilde als die Wahrheit ins Leben einführte".[587]

Origenes behauptet nach Anc 54,2 aufgrund der Exegese von II Kor 12,2–4, dass es kein Paradies auf Erden gebe, sondern, so ist aus der anschließenden Diskussion zu entnehmen, dass Paradies und Himmel denselben Ort bezeichneten.[588] Epiphanius versteht die Stelle dagegen so, dass der Apostel zwei verschiedene Örtlichkeiten meinte und dass die Entrückung zuerst in den Himmel stattfand und dann erst ins Paradies (vgl. Anc 54,2–7). Das Paradies ist nach Epiphanius genauso wirklich wie Himmel und Erde: Versteht man das eine allegorisch, so muss man auch das andere allegorisch verstehen, und damit leugnet man die ganze Schöpfungsgeschichte (nämlich τὰ ἐν Γενέσει γεγραμμένα; vgl. Anc 55,1f; vgl. denselben Gedanken in Anc 58,6ff; 61,1f).

Als nächstes nimmt Epiphanius in Anc 55,4–57,6 Gen 1,26 (vgl. Anc 55,3) zum Anlass für eine Diskussion über die Gottebenbildlichkeit des Menschen,[589] ohne dass sich eine direkte Parallele dazu in dem Abschnitt gegen Origenes in Haer 64 findet.[590]

Epiphanius argumentiert: Ebenso wahrhaftig, wie Gott die Erde schuf, schuf er den Menschen, und zwar nach seinem Bilde. Mehrfach betont er dabei, dass der Mensch nicht alles über Gott erfahren kann und auch nicht alles hinterfragen soll, wie eben die Frage nach der Art und Weise der Ebenbildlichkeit.[591] Sie liegt nicht in der Gestalt (πλάσμα, in Anlehnung an Gen 2,7), nicht im Geist (πνεῦμα), nicht im Verstand (νοῦς) und nicht in der Tugend (ἀρετή), doch darf die Ebenbildlichkeit hierfür auch nicht geleugnet werden (vgl. Anc 55,5f). Vielmehr ist es Sache des Gläubigen τὸ ὁμολογεῖν τὴν γραφὴν καὶ μὴ ἀρνεῖσθαι, ἀπίστων δὲ τὸ ἀθετεῖν τὴν χάριν (Anc 55,6; vgl. Gal 2,21). Die gezeigte Ambivalenz ergibt sich daraus, dass man sich bei dem Versuch, die Gott-Ebenbildlichkeit einem bestimmten Teil des Menschen zuzuordnen, unweigerlich in Widersprüche verstrickt, was Epiphanius in Anc 55,7–57,1 deutlich macht. Die Argumentation ist aufschlussreich für seine Anthropologie.

---

586 Vgl. auch Teil I, A.2.a).

587 Vgl. Anc 54,2. Vgl. auch Haer 64,4,11.

588 Vgl. zu dieser Lehre ausführlicher Haer 64,47. Vgl. auch Epiphanius, Ep. ad Iohannem (= Hieronymus, Ep. 51,5,4ff).

589 Vgl. auch Anc 11,7f; Anc 15,17–19; Anc 28f.

590 Vgl. aber im Zusammenhang mit Origenes Ep. ad Iohannem (= Hieronymus, Ep. 51,7,2f). Vgl. auch im Zusammenhang mit den Audianern, Haer 70,2–5. Vgl. auch Anc 28,1–29,2.

591 Vgl. Anc 55,5.6.9.

Zunächst zeigt er anhand des *Leibes* auf, dass die Ebenbildlichkeit weder bejaht noch verneint werden kann.[592] Dann diskutiert er die Frage intensiver in Bezug auf die *Seele*. Die Seele ist, wie der Leib, einerseits geschaffen (κτιστήν). Andererseits heißt es, Gott habe sie eingehaucht (ἐνεφύσησε; vgl. Gen 2,7; Anc 55,8.9), weswegen Epiphanius in Anc 55,9 folgert: „καὶ οὔτε μέρος θεοῦ λέγομεν εἶναι τὴν ψυχὴν οὔτε ἀλλοτρίαν τοῦ ἐμφυσήματος. Wie dies aber in seiner Feinheit (κατὰ λεπτόν) zu denken ist, weiß Gott alleine." In Anc 56,1f liefert er ein zentrales Argument dafür, warum die Ebenbildlichkeit wiederum nicht in der Seele liegen kann: Unter Verweis auf Hebr 4,12[593] versteht er die Seele als teilbar, was mit Gott, der unteilbar ist, unvereinbar ist. Dieser Aspekt der Teilbarkeit ist wichtig für die christologische Auseinandersetzung in Anc 76ff.[594] Andererseits wird auch die Seele „Mensch" genannt,[595] weswegen die Ebenbildlichkeit für sie auch nicht zu leugnen ist.

Danach diskutiert er, ob die Ebenbildlichkeit im *Verstande*, dem νοῦς liegt (vgl. Anc 56,3). Mit Verweis auf Röm 7,23 verneint er das, denn der νοῦς lässt sich „gefangen nehmen". Folgt man der Konjektur HOLLS,[596] dann will Epiphanius anschließend mit I Kor 14,15[597] zeigen, dass die Ebenbildlichkeit für den νοῦς auch nicht verneint werden kann. Warum und inwiefern I Kor 14,15 als Beleg für die Ebenbildlichkeit des νοῦς herangezogen wird, wird allerdings nicht deutlich.

Zuletzt fragt Epiphanius in Anc 56,4f, ob die Ebenbildlichkeit in der *Tugend*, der ἀρετή liege, was er ebenso ambivalent beantwortet.

Wichtig für die Anthropologie ist vor allem die Einteilung Leib/πλάσμα, Seele/ψυχή und Verstand/νοῦς.[598] Eine ähnliche Reihung begegnet in Anc 78,6 (ψυχή-σῶμα-νοῦς). Doch sind, wie im Zusammenhang mit der Auseinandersetzung um die Menschheit Christi in Anc 75ff zu zeigen sein wird, die Aussagen hinsichtlich

---

[592] Gegen die Annahme, die Ebenbildlichkeit liege im Leib, wendet Epiphanius ein, dass man damit, da Gott „unsichtbar, unbegreiflich und unerforschlich" sei, das Sichtbare, Fassbare und Begreifbare zum Ebenbild (εἰκών) des Unsichtbaren und Unbegreiflichen mache, was aber unmöglich sei. Gen 2,7 führt er dann an, um zu zeigen, dass die Ebenbildlichkeit dennoch nicht losgelöst vom Leib bestehen könne (vgl. Anc 55,8).

[593] Die Tatsache, dass Epiphanius die Stelle anders gelesen hat (ἄχρι μερισμῶν ψυχῆς statt ἄχρι μερισμοῦ ψυχῆς (und weiter: καὶ πνεύματος) ist in diesem Falle sekundär, auch wenn die Argumentation unter Berücksichtigung der NT-Lesart hinfällig wäre, worauf schon WOLFSGRUBER, BKV I aufmerksam machte.

[594] Hier versteht Epiphanius den νοῦς nämlich als einen Aspekt der Seele.

[595] Scil. aufgrund der untrennbaren Einheit von Seele und Leib, vgl. Anc 59,2f; Anc 78,1f. Vgl. auch schon Anc 55,8.

[596] Der Text ist an dieser Stelle verderbt. Der bisherigen Argumentation folgend, müsste sich nun noch ein Argument dafür anschließen, dass die Ebenbildlichkeit auch im νοῦς liegt. Insofern kann dem Konjekturvorschlag HOLLS gefolgt werden: „ergänze etwa: <ἐὰν δὲ εἴπῃς, μὴ εἶναι τὸν νοῦν κατ' εἰκόνα, ἄκουε τοῦ ἀποστόλου λέγοντος>". Allerdings bleibt die Stelle problematisch.

[597] I Kor 14,15 wird in Anc 76ff herangezogen, um zu zeigen, dass πνεῦμα und νοῦς nicht identisch sind (vgl. v.a. Anc 77,7). Von daher sind die Anmerkungen, die vor allem HÖRMANN, BKV II zu Anc 56, 73, 76 und 78 macht, irreführend, denn er setzt voraus, dass Epiphanius gerade πνεῦμα und νοῦς gleichsetzt.

[598] Die Tugend wird im Zusammenhang mit der Anthropologie von Epiphanius nicht weiter erörtert.

der Anthropologie nicht eindeutig, was es schwierig macht, Epiphanius ein bestimmtes Modell zuzuordnen.

In Anc 57,1 hält er abschließend fest: „Es haben nun alle die Ebenbildlichkeit". Aber: οὐ κατὰ φύσιν. Denn das κατ' εἰκόνα in Gen 1,26 bedeutet nicht κατὰ ἰσότητα. Gott ist unfassbar und unbegreiflich, er ist „Geist, und Geist über allen Geist und Licht über alles Licht". Wiederum bringt Epiphanius die Unfassbarkeit Gottes damit in Verbindung, dass er Geist ist. Wiederum erfolgt keine weitere Erläuterung oder Abgrenzung zum Heiligen Geist (vgl. auch Anc 7f; 46,6; 70,7). Außerdem hält er daran fest, die Verhältnisbestimmung „κατὰ φύσιν", die für den Sohn und den Geist reserviert ist, nicht auf die Schöpfung zu beziehen. Ebenbildlichkeit heißt nicht (naturhafte) Gleichheit. Sie ist nicht fassbar, sondern als wahr zu glauben.[599]

In Anc 58,1 kommt Epiphanius auf die Frage nach der Lokalisierung des Paradieses zurück und knüpft an Anc 55,3 wieder an.[600] Im Folgenden geht es bis Anc 61 um die Widerlegung der allegorischen Exegese, indem er die Genealogie lückenlos (vgl. Anc 61,1) nachzeichnet, beginnend bei Adam, dessen Existenz nicht bezweifelt werden kann (vgl. Anc 58,8), gipfelnd in der Geburt Jesu (vgl. Anc 60,2f) und fortführend in der Chronologie der römischen Kaiser bis „τὸ ἔτος γὰρ τοῦτό", nämlich dem Zeitpunkt der Abfassung von Anc 60 (vgl. Anc 60,5), um auf diese Weise zu zeigen, dass entweder alles real, sinnlich (αἰσθητός; Anc 58,6) wahrzunehmen ist oder nichts (vgl. Anc 58,6–8; vgl. Anc 55,1f; 61,1f). Die in Anc 60,4 gegebene Datierungsangabe wurde bereits in Teil I (B.2.) untersucht.

In Anc 61,3ff macht Epiphanius Aussagen zur Soteriologie. Die gesamte Schöpfung hat, wie gezeigt, wahrhaft stattgefunden (vgl. das wiederholte ἔστι in Anc 61,1f), denn bei Gott ist alles möglich, auch das Vergängliche in Unvergängliches zu wandeln (μεταβαλεῖν; Anc 61,3). Denn er kam und zeigte dies, indem er das vergängliche (φθαρτήν) Fleisch annahm (Anc 61,4) und es in der Gottheit anzog (ἐνδυσάμενος ἐν τῇ θεότητι; Anc 61,4) und als unvergänglich aufzeigte.

Epiphanius fährt mit der Paradiesgeschichte fort und erzählt die Vertreibung des Menschen aus dem Paradies (Anc 61,5). Auch dies geschah real, denn Gott kann auch „aus Steinen Kinder machen" (Mt 3,17) und, worauf er in Anc 61,6 erneut

---

[599] Als Analogie für das Verständnis der Ebenbildlichkeit (νοῆσαί ἐστιν ἀπὸ τῶν ὁμοίων; Anc 57,2) führt Epiphanius die Einsetzungsworte Jesu an, der „das" (τάδε) nahm und sprach: τοῦτό μού ἐστι τάδε. Anc 57,3 (vgl. auch Haer 42,11,17 (3,149,11–13)). Die kryptische Redeweise (τάδε statt ἀρτόν bzw. τοῦτό μού ἐστι τάδε statt τοῦτό ἐστιν τὸ σῶμά μου; vgl. Mt 26,26) ist auf die damals verbreitete Arkandisziplin zurückzuführen, die es gebot, das heilige Geschehen im Abendmahl nicht auszusprechen. Vgl. dazu POWELL, Arkandisziplin, 6, zu Epiphanius Z. 48–50. Dieses „τάδε" bzw. „τοῦτό" ist nach Anc 57,4 dem fleischlichen Bild (εἰκόνι) oder der unsichtbaren Gottheit und auch den Eigentümlichkeiten der Glieder weder gleich (ἴσον) noch ähnlich (ὅμοιον). Zu vergleichen ist aber beides (scil. τάδε und die Gottheit) in Bezug auf die Kraft (* ὡς πρὸς τὴν δύναμιν; Anc 57,5, mit der Konjektur HOLLS: „etwa <ἀλλ' ὅμοιά εἰσιν>). Obwohl das Geheimnis nicht zu verstehen ist, muss es geglaubt werden, weil sonst das Heil verloren geht (vgl. Anc 57,5).

[600] Damit ist auch die Parallele bei Epiphanius, Ep. ad Iohannem (= Hieronymus, Ep. 51,5,4ff) wieder aufgenommen.

hinweist, das Vergängliche in Unvergängliches verwandeln. Und so, wie er will, gewährt er jedem die Unvergänglichkeit.[601] Wie das geschieht, wird in Anc 61,8 deutlich: Der Leib des Erlösers stammt von Maria, die wie wir alle und wie Adam aus derselben Erde stammt, und dieser Leib wird auf geistige Weise mit der Unvergänglichkeit des Logos im Himmel vereint (συνήνωται πνευματικῶς τῇ τοῦ λόγου ἐν οὐρανῷ ἀφθαρσίᾳ; Anc 61,8). Auf diesem Faktum beruht unsere Hoffnung auf ewiges Leben und den unvergänglichen Erbteil. M.a.W. sieht Epiphanius unsere soteriologische Hoffnung darin begründet, dass der Inkarnierte die unüberbrückbare Kluft zwischen dem Schöpfer und seinem Geschöpf überwunden hat. Die Inkarnation läuft nach diesen Worten auf eine Verbindung der Menschheit mit der Gottheit hinaus. Die Gottheit ist dabei der allein aktive und dominante Teil.[602]

Die gesamte Beweisführung hat Epiphanius zusammengetragen, um nichts von dem, was die Schrift berichtet, zu übergehen. Zum wiederholten Male fordert er, dieses in Schlichtheit (ἁπλότητι) anzunehmen und betont erneut: συγχωρεῖν <δὲ> αὐτῷ [scil. τῷ θεῷ] μόνῳ πρέπον ἐστὶν εἰδέναι τὰ ἀκατάληπτα (Anc 61,9).

In Anc 62 kommt Epiphanius auf Origenes zurück (Anc 62). Es geht weiter um die Frage der allegorischen Exegese (vgl. Anc 62,8). Inhaltlich deutet er in Anc 62 vor dem Hintergrund der Exegese von Gen 3,21 die Lehre von der Präexistenz der Seelen an[603] und wirft Origenes hier Sophisterei vor (σοφίζεται; Anc 62,3).[604]

In Anc 63 beendet Epiphanius die Auseinandersetzung mit Origenes. Auffallend ist, dass in der ganzen bisherigen Diskussion die Trinitätstheologie keine Rolle spielte. Erst die in Anc 63,1 folgende Ablehnung des Origenes bringt Epiphanius mit der Trinitätslehre in Verbindung. Der entsprechende Absatz ist vor dem Hintergrund, dass der Subordinatianismus für Epiphanius Hauptthema der Trinitätstheologie ist, auffallend kurz.[605] Er drückt seine Verwunderung dar-

[601] Anc 61,7: καὶ ὡς θέλει χαρίζεται ἑκάστῳ τὴν ἀφθαρσίαν.

[602] Auch mit dem zweifachen Hinweis ὅτε ἠθέλησεν in Anc 61,6 bzw. ὡς θέλει in Anc 61,7 betont Epiphanius die absolute Souveränität der Gottheit.

[603] Vgl. Anc 62,2. Vgl. auch Haer 64,63,5ff und Epiphanius, Ep. ad Iohannem (= Hieronymus, Ep. 51,5,2f). Zu dem Zusammenhang zwischen der Exegese Gen 3,21 und der Lehre von der Präexistenz der Seelen vgl. DECHOW, The heresy charges against Origen, 115, der hier auf Haer 64,65,7–15 Bezug nimmt: „But Epiphanius assumes Origen denied any corporeality in the human condition before Genesis 3.21 and held that, before the garments of skins, ‚Adam and Eve were [...] incorporal‘ and without flesh in any sense. (Haer 64,65.7–15, esp. 8–11). Origen's notion of the spiritual body is lost, and the reasons for his opposition to the literal, gnostic, and ethical interpretations of Genesis 3.21 are not appreciated.“

[604] Zum Vorwurf der Sophisterei an die Gegner vgl. den Kommentar zu Anc 74,1. Der allegorischen Exegese des Origenes hält Epiphanius in Anc 62,3–5 anhand verschiedener Beispiele die Allmacht Gottes entgegen, die eine allegorischen Auslegung überflüssig macht: Wenn Gott die Welt erschaffen kann, dann kann er auch Fellröcke für die ersten Menschen (vgl. Gen 3,21) schaffen. In Anc 62,6–9 geht er kurz auf die leibliche Auferstehung Jesu ein.

[605] Insofern ist CLARK (Origenist Controversy, 87) Recht zu geben, wenn sie feststellt: „In the Ancoratus of 374, Epiphanius's announced target, however, is Trinitarian heresy: the ‚Ariomanics‘ surpass all other heretics in their impiety, he declares [scil. in Anc 119, worauf CLARK in einer Anmerkung verweist].“ Dann jedoch fährt CLARK fort mit einer Einschätzung, der nicht gefolgt werden kann: „It comes no surprise, then, that one of the complaints he registers against

über aus, wie Einige es ertragen können, dass Origenes seinen Herrn lästert. Mit Verweis auf dessen Werk Περὶ ἀρχῶν warnt er davor, ihm folgend den Sohn von der Gottheit des Vaters zu trennen (χωρίζειν; Anc 63,2). Im Anschluss gibt er Origenes' These wieder, der Sohn könne den Vater ebenso wenig sehen (ἰδεῖν) wie der Geist den Sohn, die Engel den Geist und die Menschen wiederum die Engel (vgl. Anc 63,3). Dieser gestaffelte Subordinatianismus setzt sich nach Origenes in der Schöpfung fort.[606] Die Darstellung der Lehre des Origenes ist hier tendenziös und polemisch. Origenes soll als der Urheber der Lehre dargestellt werden, die den Sohn vom Vater trennt. Diejenigen, die in der Zeit des *Ancoratus* eine solche Lehre vertreten, sind in erster Linie die Neuarianer um Aëtius und Eunomius.[607]

Eine Widerlegung lässt Epiphanius nicht folgen. Vielmehr fordert er Origenes und seine Schüler (wahrscheinlich sind damit die Arianer gemeint) auf, Schluss zu machen mit den falschen Reden (παῦσαι; παύσασθε; Anc 63,5). Im selben Sinne (παυσάσθωσαν; Anc 63,6) verdammt er namentlich die Gnostiker, Valentinianer, Manichäer, Markioniten, Arianer, Anhomöer, Sabellianer, Pneumatomachen und Dimöriten und stellt diesen die Wahrheit entgegen, die alleine aus der göttlichen Schrift, den Aposteln und Propheten zu entnehmen ist (vgl. Anc 63,4f.7).[608] Um Gott zu verstehen (εἰδέναι; Anc 63,7) und ihm und seinen Worten zu glauben in Bezug auf die schon gewirkten Gnadengaben und die endliche Auferstehung der Toten, ist allerdings das rechte Verständnis notwendig (συνέσεως δὲ χρεία; Anc 63,7), das, wie schon öfter betont, nur durch den Geist vermittelt wird. Epiphanius unterstreicht erneut, dass jede Häresie lügt, μὴ λαβοῦσα πνεῦμα ἅγιον κατὰ τὴν παράδοσιν τῶν πατέρων ἐν τῇ ἁγίᾳ τοῦ θεοῦ καθολικῇ ἐκκλησίᾳ.

Mit dem Schluss-Satz von Anc 63 zieht er erneut den Bogen zu Anc 3,1, Anc 12,1ff und Anc 26f. Der Geistbesitz ist nach Anc 63,7 an das Verbleiben in

---

the ‚disgraceful' Origenists is that Origen in On First Principles taught that the Son is ‚less' than the Father." Es ist m. E. vielmehr auffallend, dass Epiphanius das Thema Subordinatianismus im Zusammenhang mit Origenes im *Ancoratus* nicht sehr viel breiter entfaltet hat und nur an dieser einen Stelle kurz anspricht.

606 Vgl. Haer 64,4,3ff; Epiphanius, Ep. ad Iohannem (= Hieronymus, Ep. 51,4,1ff). Vgl. Origenes, De princ I,1,8 (25,13–16); vgl. auch De princ I,3,5 (56,8–18).

607 Zu der von Epiphanius so gesehenen Verbindung zwischen Origenes und den Arianern vgl. DECHOW, Epiphanius, 273–95 (275); DECHOW, The heresy charges against Origen, 112; außerdem S. 191-193.

608 Arianer, Anhomöer, Sabellianer, Pneumatomachen und Dimöriten sind Vertreter derjenigen Häresien, mit denen Epiphanius sich im *Ancoratus* hauptsächlich auseinandersetzt. Manichäer und Markioniten werden mehrfach angeführt (für die Markioniten vgl. v.a. Anc 107,5ff). Dass er diese Häresien in eine Reihe mit den älteren Häresien der Gnostiker und Valentinianer stellt, mag eine häreseologische Stereotype sein. Bereits in dem *Brief an arabische Christen* aus der Zeit wenige Jahre nach 367 (zur Datierung vgl. oben, Teil I, A.2.a)) gibt Epiphanius eine ähnliche Aufzählung (Gnostiker, Markioniten, Archontiker, Manichäer; vgl. die Zitierung in Haer 78,3,2–5 (3,453,17–454,1)). Allerdings ist zu beachten, dass gerade auf Zypern gnostisches Gedankengut lange fortlebte (vgl. JANIN, Chypre, 793f), so dass die Erwähnung an dieser Stelle auch als aktuelle Abgrenzung verstanden werden könnte.

der heiligen katholischen Kirche geknüpft, die Epiphanius gegenüber Origenes und allen Häresien repräsentiert.[609]

In Anc 64 findet sich erstmals eine deutliche thematische Zäsur. Der erste Satz dieses Kapitels bezieht sich noch auf das Vorangegangene. Epiphanius beendet die Auseinandersetzung mit Origenes, ohne weiter auf dessen Lehre einzugehen.[610] Er teilt in Anc 64,1 mit, ein andermal auf diese Dinge eingehen zu wollen (περὶ τούτων πάντων αὖθις πάλιν ἐροῦμεν).[611] Hierin liegt ein weiterer wichtiger Hinweis, dass Epiphanius z.T. aus älteren Quellen geschöpft hat, auf die er sich auch in Zukunft zu stützen gedenkt. Er hat nicht nur den Entschluss für Haer 64 gefasst, er hat auch schon Ausarbeitungen vorliegen, auf die er – wie auch für Anc 54ff – zurückgreifen kann. Eine Fortsetzung hat die Thematik z.T. in der Auseinandersetzung um die Auferstehung der Toten in Anc 87ff.

In den Kapiteln Anc 2–63 hat Epiphanius auf verschiedene Weise Fragen der Trinitätslehre angesprochen. Im Mittelpunkt stand dabei der Heilige Geist und die Frage seiner Zuordnung zur Trinität im Verbund mit der durch ihn vermittelten rechten Schriftauslegung. Im Folgenden thematisiert Epiphanius in einem *zweiten Durchgang* erneut trinitätstheologische Fragen, wobei er zum Teil Themen aufgreift, die er bereits in diesem *ersten Durchgang* angesprochen hat. Eine mögliche Erklärung für dieses Vorgehen soll zu Beginn des nächsten Abschnittes erörtert werden.

B. Die Zusammengehörigkeit von Geist und Sohn mit Gott/Vater nach den Aussagen der Heiligen Schrift: Zweiter Durchgang in Anc 64–82

In Anc 64,1 erklärt Epiphanius, wie er fortzufahren gedenkt: Er will alles im Einzelnen (ἀπὸ μέρους) darlegen für diejenigen, denen ihr Heil am Herzen liegt, und zwar obwohl er festhält, dass *das bisher Gesagte über Vater, Sohn und Geist eigentlich ausreicht* (vgl. Anc 64,2). Er entschließt sich dazu allein um der Freude (εὐφρασίαν), der Errettung (περιποίησιν) und der Gewissheit (πληροφορίαν) der Gläubigen willen und hat aus diesem Grunde „von allen Seiten die Zeugnisse der göttlichen Schrift zu einer großen Freudentafel“ für die Gläubigen zusammengetragen, um zu zeigen, „wie fest und stark unsere Hoff-

[609] Vgl. Anc 64,1, wo er antithetisch zu Anc 63,1 und im Anschluss an Anc 63,4–7 festhält, dass er selber von Gott gewürdigt sei, Mitglied der heiligen katholischen Kirche Gottes zu sein.

[610] Der Name des Origenes begegnet erst wieder in Anc 87.

[611] Mit „diesen Dingen“ kann nur die Auseinandersetzung mit Origenes gemeint sein, da Epiphanius ansonsten mit seinen Ausführungen fortfährt.

nung auf Gott ist" (Anc 64,2).[612] Hier ist das Thema für das Folgende genannt. Es ist deutlich, dass die Weiterführung soteriologisch begründet ist. Die hier gemachte Ankündigung bestätigt, dass der *Ancoratus* die „in der Schrift verankerte Abhandlung" ist.[613]

Eine Entsprechung zu der Ankündigung, Schriftbeweise zu sammeln, liegt in Anc 74,1f, wo Epiphanius auf dieses Vorhaben zurückblickt.[614] Die Passage zwischen Anc 64 und 74 ist fast deckungsgleich mit dem zweiten Abschnitt, der in Haer 74 von ihm zitiert wird (vgl. Anc 65–73 und Haer 74,2–10). Anders als der erste zitierte Abschnitt aus Anc 6,10–7,8 ist derjenige aus Anc 65–73 dort eindeutig als Zitat aus dem *Ancoratus* gekennzeichnet.[615] Diese Tatsache spricht dafür, dass Epiphanius darin eine sinnvolle Widerlegung der Pneumatomachen sieht, wobei er den Abschnitt höher zu bewerten scheint als denjenigen von Anc 6,10–7,8, denn schließlich zitiert er ihn in Haer 74 an erster Stelle und außerdem nur ihn explizit.

Sowohl diese Beobachtung als auch die Wiederaufnahme bzw. Weiterführung der trinitätstheologischen Thematik unter besonderer Berücksichtigung des Geistes wirft die Frage auf, wie diese beiden Sachverhalte zu erklären sind. Die mögliche Ursache könnte darin liegen, dass der zweite Brief aus Suedra, derjenige des Palladius, Epiphanius während seiner Ausarbeitungen erreichte und dazu bewogen hat, genauer auf einige Punkte einzugehen. Schließlich spezifiziert Palladius in seinem Brief die Vorwürfe gegen die Pneumatomachen, die behaupten, es sei „nicht notwendig, den Geist der Gottheit und der Herrschaftswürde nach mitzuverherrlichen (συνδοξάζεσθαι), sondern man müsse ihn auf die Stufe eines Dieners (ὑπηρέτου) und Boten (ἀποστόλου) stellen".[616] Die folgenden Kapitel Anc 64–69, die vor allem das Wirken und Wesen der Trinität zum Thema haben, könnten als Antwort auf diese Problematik verstanden werden. Sowohl die hier erfolgende Vertiefung der pneumatologischen Fragen als auch die Tatsache, dass zwei Briefe aus einem sich nahe stehenden Absenderkreis an Epiphanius gesandt wurden, ließen sich durch diese Hypothese erklä-

[612] Dieses Vorhaben entspricht dem Amt und der Position, die Epiphanius als Seelsorger und Bischof den Adressaten gegenüber einnimmt. Vgl. Anc 64,1, wo Epiphanius sich selbst als ἑδραίωμα der Kirche bezeichnet.

[613] Zum Titel vgl. Teil I, B.4.

[614] Vgl. dazu v.a. Anc 68f. Eine ähnliche Ankündigung macht Athanasius in Ep. ad Serap. I,21 (PG 26, 581 A). Nachdem er die Schmähung der Tropiker, die aus Unwissenheit die Aussprüche des Propheten (scil. Amos 4,13) und des Apostels (scil. I Tim 5,21) verdreht haben, widerlegt hat, will er im Folgenden alles, was in den göttlichen Schriften über den Geist gesagt ist, für sich betrachten. Vgl. dazu auch LAMINSKI, Geist, 70f. Hierin liegt eine Parallele zum Vorgehen des Epiphanius. Trotz dieser Parallele liegt ein wichtiger Unterschied allerdings darin, dass Epiphanius im Folgenden vor allem das Verhältnis Geist/Sohn und deren Verhältnis zum Vater thematisiert.

[615] Vgl. den Beginn der Zitierung in Haer 74,2,1 (3,314,12): ἐκ τοῦ 'Αγκυρωτοῦ λόγος und das Ende in Haer 74,10,9 (3,328,18): <πε>πλήρωται τὰ <ἐκ> τοῦ 'Αγκυρωτοῦ. Vgl. dagegen die erste Passage (Anc 6,10 – 7,8) in Haer 74,11,6–12,8 (3,329,13–330,21).

[616] Brief II,3. Vgl. auch Teil I, B.3.b).

ren.[617] Ebenso kann die umgekehrte Reihenfolge der Zitate in Haer 74 auf diese Weise erklärt werden: Epiphanius hielt den Abschnitt des zweiten Durchganges (also Anc 64–74) später für effektiver und wichtiger als denjenigen aus dem ersten Durchgang (Anc 6,10–7,8). Allerdings stützt sich die genannte These lediglich auf Indizien.

In seinen inhaltlichen Ausführungen bleibt Epiphanius in Anc 64,2 beim Thema Trinität/Soteriologie. Er hält fest, dass die Berechtigung für unsere Hoffnung in einer festen Tatsache begründet liegt: ὅτι οὐδὲν παρήλλακται ἐν πατρὶ καὶ υἱῷ καὶ ἁγίῳ πνεύματι, ἀλλ᾽ ὁμόστοιχος καὶ ὁμοούσιός ἐστιν ἡ ἁγία τριάς.[618] Mit dieser Aussage bindet Epiphanius das Heil an die Gleichrangigkeit und die Gleichwesentlichkeit der Trias und stellt beides dem παρήλλακται gegenüber. Schon in Anc 26,1 nannte er die Begriffe ὁμοούσιος[619] und ὁμόστοιχος zusammen. An beiden Stellen bedeutet der Begriff ὁμόστοιχος, den Epiphanius sonst nur noch fünfmal im *Panarion* verwendet, (ontologisch) „gleichrangig“, „gleichwertig“.[620] Anders als das ὁμοούσιος betont der Begriff zwar die Gleichrangigkeit von Verschiedenem, macht jedoch keine direkte Aussage über das (einheitliche) Wesen. Dass es sich um eine *ontologische* Gleichrangigkeit handelt, wird nur durch den trinitätstheologischen Zusammenhang und durch die Verbindung mit dem ὁμοούσιος erkennbar, weswegen das ὁμοούσιος eine verständliche und notwendige Ergänzung zu dem Begriff ist. Das ὁμόστοιχος hat das ὁμοούσιος zur Voraussetzung. Es richtet sich, vor allem in der Gegenüberstellung zum παρήλλακται, gegen jede Vorstellung von Subordinatianismus und damit auch gegen die Vorstellung, der Geist stehe auf der Stufe eines Dieners und Boten, wie es die Pneumatomachen Palladius zufolge behaupten.

Die Tatsache, dass Vater, Sohn und Geist gleichrangig und gleichwesentlich sind, ist insofern wichtig, als alle drei unverzichtbar an der Heilsgeschichte beteiligt sind, was in der folgenden Argumentation deutlich wird. Epiphanius beginnt von neuem, die Kernpunkte des wahren Glaubens zu erläutern. Erneut betont er, dass er die Lehre nicht aus dem eigenen Denken oder von irgendwoher nehmen will, sondern ἀπὸ τῆς ἡμετέρας ζωῆς τουτέστιν ἐκ προφητῶν καὶ ἐκ τῆς τοῦ σωτῆρος ἡμῶν παρουσίας καὶ τῆς αὐτοῦ φιλανθρωπίας (Anc 64,3), mit anderen Worten aus der Heilsgeschichte.[621] Anhand der Heilsge-

617 Vgl. ebd.

618 Anc 64,2. Vgl. Anc 26,1.

619 Nach Anc 6,3–6 und Anc 26,1 ist dies die dritte Stelle, an der im *Ancoratus* der zentrale Begriff ὁμοούσιος begegnet. Vgl. noch Anc (118,10;) 119,4. Vgl. auch Anc 74,1: ὁμοουσιότης.

620 Vgl. ebenso im Zusammenhang mit Sabellius, Haer 62,4,4 (2,393,9). Die anderen Stellen im *Panarion* stehen nicht im trinitätstheologischen Zusammenhang: Vgl. Haer 4,2,9 (1,183,7); Haer 66,57,7 (3,94,11); Haer 66,76,3 (3,118,1); Haer 66,76,5 (3,118,7).

621 Erneut zeigt sich hier der bereits im Kontext von Anc 54ff beobachtete Sachverhalt, dass Epiphanius ein realistisches Verständnis der Heilsgeschichte hat: Im Zusammenhang mit Origenes argumentiert er, dass die in der Schrift beschriebene Schöpfungsgeschichte genau so stattgefunden habe, wie dort beschrieben. Dazu passt, dass er in Anc 64,3 „unser Leben“ gleichsetzt mit den „Propheten“ und der „Erscheinung und Menschenliebe des Erlösers“. Will man etwas über die Geschichte des Menschen lernen, muss man die Schrift lesen.

schichte zeigt er das gemeinsame *Wirken* der Trinität auf, das zentral auf das Erlösungswerk Christi hinausläuft, und macht dabei zugleich Aussagen über das *Wesen*.

1. Aussagen der Schrift über Wirken und Wesen der Trinität (ökonomische und immanente Trinitätslehre) (Anc 64–69)

Zu Beginn der Heilsgeschichte stand, so macht Epiphanius in Anc 64,5 klar, der Abfall des Menschen von Gott, der (in Anschluss an Röm 7,19f) ἀκουσίως geschah, gegen unseren Willen.[622] Daraufhin sandte der heilige Vater seinen heiligen Sohn, der uns in seinem Erbarmen errettete. Sowohl der Fall als auch die Erlösung liegen also ganz in der Hand Gottes und sind in der Schöpfungsgeschichte mit angelegt.[623] Wie die Errettung geschah, zeigt Epiphanius in Anc 65f unter Zugrundelegung zahlreicher Schriftstellen auf. Mit Anc 65,1 beginnt der in Haer 74 zitierte Abschnitt.

Epiphanius bekennt mit Tit 2,11–14, dass Christus sich für uns hingab, damit er uns loskaufe (λυτρώσηται) von aller Ungerechtigkeit und uns, die wir aller Unfrommheit und weltlicher Begierde absagen sollen, anleite, besonnen, fromm und gerecht im Jetzt zu leben und seine Wiederkehr, die des großen Gottes und unseres Erlösers Jesus Christus zu erwarten (vgl. Anc 65,1). Das Heil für den Menschen geschieht auf zweierlei Weise:

Zum einen brachte Christus uns anstelle des alten Gesetzes (vgl. Kol 2,14) das gerechtmachende Gesetz (vgl. Röm 8,4) des Geistes, damit wir ihn, Christus, erkennen (vgl. Anc 65,3), denn die Lehre über ihn (τὰ περὶ αὐτοῦ) ist Anfang und Ende des Lebens. Damit ist der Geist in die Heilsgeschichte integriert, denn er vermittelt die heilsbringende Erkenntnis Christi. Das rechte Erkennen (γνῶναι) Christi machte Epiphanius schon in Anc 2,2f zur Bedingung des Heils, und seit diesem Kapitel betont er, dass die wesentliche Funktion des Geistes die Vermittlung dieser Erkenntnis ist.

Neben dem aufgezeigten Heilszusammenhang kennt Epiphanius auch einen ausschließlich christologischen. Christus ist „in uns“ (ἔσω δὲ ἡμῶν ὁ Χριστός; Anc 65,4), durch seinen Tod wurde er uns zum Lebensweg (vgl. Anc 65,4f). Er überwandt die Trennung und Feindschaft zwischen Gott und den Menschen, indem er beides zu einem macht (Anc 65,8; vgl. Eph 2,14). Er wurde uns „Rechtfertigung, Heiligung und Erlösung“ (Anc 65,9; vgl. I Kor 1,30). Rechtfertigung, weil durch den Glauben an ihn die Sünden gelöst werden; Heiligung, weil er uns durch Wasser und Geist und in seinen Worten (καὶ ἐν ῥήματι αὐτοῦ; Anc 65,10) frei macht; Erlösung, weil er sein Blut für uns hingegeben

---

[622] Epiphanius hat hier also ein ganz anderes Verständnis als etwa Origenes, der den Abfall der Seelen als freiwilligen Akt versteht.

[623] Dazu passt, dass Epiphanius den σωτήρ-Begriff schon auf den (vor-inkarnatorischen) Logos anwendet (vgl. Anc 75,4ff).

hat als Löseopfer. Es sind folglich diese drei Elemente, die zum Heil führen: Der *Glaube* an Christus, die *Taufe* und die *Erlösungstat* Christi.

Christus ist als „Gefäß" (δοχεῖον; Anc 66,1) der Weisheit und Gottheit unser Mittler (μεσιτεύων; Anc 66,1; vgl. schon Anc 44,6). Er ist beides, Gott und Mensch.[624] Als solcher ist er der Spender (δοτήρ) des Geistes, welcher neu gebärt (ἀναγεννῶντος) und alles erneuert (ἀνακαινίζοντος) (Anc 66,1). Auf diesen wichtigen Aspekt geht er in Anc 66,10 weiter ein.

Zunächst äußert Epiphanius sich in Anc 66,2ff weiter zur Inkarnation. Er vergleicht sie mit dem Regen, der sich mit der Natur der Pflanzen vereinigt (συμφυσιόω) und der jeweiligen Pflanze entsprechende Früchte hervorbringt. Dann heißt es: οὕτως οἶμαι ὁ λόγος τοῦ θεοῦ ἐν Μαρίᾳ σὰρξ ἐγένετο καὶ ἐν σπέρματι Ἀβραὰμ ἄνθρωπος εὑρίσκετο κατὰ τὴν ἐπαγγελίαν.[625] Das Gleichnis wird anschließend durch verschiedene Zitate als schriftgemäß gestützt.[626] Es gilt, dass Maria zwar den Logos freudig aufnahm wie die Erde den Regen; der allein, absolut souverän und freiwillig Handelnde ist jedoch der Logos. Christus selber ist es, der in dem Engel zu Maria spricht (vgl. Lk 1,35), der Herr selber ist es, der sich in seiner Gestalt heraufbildete (ἀναπλάττει δὲ ἑαυτὸν ἐν τῇ ἑαυτοῦ πλάσει ὁ δεσπότης; Anc 66,6). Er nahm sterbliche Natur an (προσλαμβανόμενος θνητοῦ φύσιν; Anc 66,6), damit er, der leidensunfähige Logos, leiden kann. Erstmals bezeichnet Epiphanius hier die Menschheit explizit als sterbliche „Natur". Die Stelle ist im *Ancoratus* singulär.[627]

In Anc 66,10 geht Epiphanius genauer auf den Geist, seine Heilsfunktion und sein Verhältnis zu Christus ein. Christus heiligt mit seinem Blut die Völker und führt durch seinen eigenen Geist (πνεύματι δὲ αὐτοῦ ἰδίῳ) die Berufenen in den Himmel. Entsprechend zu der Aussage, Christus sei ἁγίου πνεύματος δοτήρ (vgl. Anc 66,1), wird der Geist hier als eigener Geist Christi bezeichnet, wobei das ἴδιον eine deutliche Betonung ist, dass der Geist in Bezug auf das Heilswirken von Christus gegeben wird. Noch einige Male betont er in diesem Kapitel die Zugehörigkeit des Geistes zu Christus. Er wird erneut als „eigener Geist Christi" (πνεύματι αὐτοῦ ἰδίῳ; Anc 66,10) bezeichnet bzw. als „Geist Christi (vgl. Röm 8,9)" (Anc 66,11) oder „sein Geist" (Anc 66,12; in Verbindung mit Röm 8,11). Außerdem stellt Epiphanius gegen die Pneumatomachen die lebendigmachende Kraft des Geistes Christi heraus, ohne den jeder tot ist

---

[624] Anc 66,1: ἄμφω γάρ, θεὸς καὶ ἄνθρωπος. Vgl. auch dazu Anc 44,6.

[625] Anc 66,3. Zum Gleichnis mit dem Regen, der derselbe bleibt (μονοειδής), sich aber je nach der ihn aufnehmenden Pflanze so oder so zeigt und Früchte hervorbringt, vgl. auch Cyrill, Catech. XVI,12. Cyrill zieht das Beispiel allerdings dazu heran, das Wirken des Geistes zu illustrieren, der einzigartig ist (μονοειδές), aber vielerlei Tugenden bewirkt.

[626] Epiphanius zitiert hier u.a. Ps 71,6 („Er soll herabfahren wie Regen auf das Vlies, wie Tropfen, die auf das Land träufeln"). Dieselbe Stelle bringt Cyrill in Catech. XII,9, nun um die Inkarnation zu erläutern. Er erklärt: „Mit Regen ist auf das Himmlische (ἐπουράνιον) hingewiesen, mit Vlies auf die Menschheit (ἀνθρωπότητα)." Weiter führt auch Cyrill die Stelle nicht aus, so dass sich die Parallele mit Epiphanius hier auf die bloße Zitierung von Ps 71,6 beschränkt.

[627] Vgl. mit Anc 36,4 eine Stelle, die jedoch nicht eindeutig belegt ist. Vgl. weiter Teil III, C.

(vgl. Anc 66,10–12).[628] Er schließt in Anc 66,12 mit dem verbindenden Bekenntnis: „Beide wohnen in dem gerechten Menschen, Christus und sein Geist."

Von den christologisch-soteriologischen Aussagen gelangt Epiphanius in den letzten beiden Kapiteln zu pneumatologischen. Damit wird eine wichtige Tendenz sichtbar: Er bindet – stärker als im ersten Durchgang – die Pneumatologie an die Christologie. Es geht nicht mehr in erster Linie um die Zuordnung zur Gottheit. Die Beweisführung dazu ist vor allem in Anc 2–27 erbracht worden. Es geht vielmehr um das speziellere Verhältnis von Sohn und Geist vor dem Hintergrund der Heilsgeschichte. Zu beachten ist, dass es sich beim Heilswirken um einen *ökonomischen* Aspekt der Gottheit handelt. Eine Aussage über den wesenhaften Ausgang des Geistes, über eine innertrinitarische Abhängigkeit vom Sohn, ist nicht direkt zum Ausdruck gebracht. Zum Problem der innertrinitarischen Verhältnisse äußert Epiphanius sich in Anc 67. Das Kapitel nimmt wegen der ungewohnt abstrakten Überlegungen, die er hier anführt, eine wichtige Stellung ein.

In Anc 67,1 spricht Epiphanius die grundsätzliche Frage nach dem innertrinitarischen Ausgang von Sohn und Geist an. Der einleitende Satz macht zugleich deutlich, dass der Zugang zu diesem Geheimnis nicht über Spekulationen erreichbar ist: „Ob aber Christus aus (ἐκ) dem Vater geglaubt wird, als Gott aus (ἐκ) Gott, und der Geist aus (ἐκ) Christus oder von (παρά) beiden (wie Christus sagt: ‚der vom Vater ausgeht (ἐκπορεύεται)' und ‚dieser wird aus (ἐκ) dem Meinigen nehmen')[629], Christus aber aus (ἐκ) dem Heiligen Geist (denn die Stimme des Engels sagt: ‚das, was in ihr ist, ist aus (ἐκ) dem Heiligen Geist')[630], dieses mich erlösende Geheimnis verstehe ich im Glauben, aufs Hören allein hin, in der Liebe zu dem, der zu mir gekommen ist. Denn Gott kennt sich selbst, der Sohn verkündet sich selbst, der Heilige Geist offenbart sich selbst den Heiligen."[631]

Es sind hier verschiedene Verhältnisbestimmungen angeführt. Eindeutig geklärt durch die bisherige Argumentation ist das Verhältnis Vater-Sohn, das Ausgangspunkt aller Überlegungen war (vgl. Anc 2ff). Anders verhält es sich mit der Frage, ob der Geist aus (ἐκ) Christus ausgeht oder von (παρά) beiden, also Vater und Sohn. Weder ist das jeweilige Verhältnis zu Vater und Sohn eindeutig bestimmt, noch ist eindeutig, ob das „oder" exklusiv (im Sinne eines entweder – oder) oder inklusiv zu verstehen ist, also in dem Sinne, dass Epiphanius beide Möglichkeiten für richtig hält und nur im Hinblick auf verschiedene

[628] Epiphanius unterteilt in Anc 66,10 die Menschen in solche, die den lebendigmachenden Geist haben und solche, die tot sind und „Psychiker" oder „Sarkiker" genannt werden. Vgl. auch Anc 17,1. Die Kapitel Anc 66,10–12 lassen seine monastisch geprägte Ethik erkennen, die auf ein Leben im Geiste im Gegensatz zum fleischlichen Leben ausgerichtet ist.

[629] Vgl. Joh 15,26 und Joh 16,14. Wie im Zusammenhang mit Anc 7,1 angemerkt, bevorzugt Epiphanius diese schriftgemäße Verhältnisbestimmung des Geistes zu den beiden anderen Personen. Vgl. auch Teil III, B.1.

[630] Vgl. Mt 1,20.

[631] Anc 67,1f.

Aspekte, einen ökonomischen und einen immanenten, also wesensmäßigen Aspekt unterscheidet. Das könnte dann bedeuten, dass der Geist wesensmäßig von Vater und Sohn ausgeht und heilsgeschichtlich vom Sohn gespendet wird (so etwa Anc 65f). Entscheidend für diese zweite Möglichkeit („oder" im inklusiven Sinn) spricht, dass Epiphanius bisher nicht gelehrt hat, der Sohn gehe etwa ausschließlich von Christus aus. Entsprechend darf auch die letzte Verhältnisbestimmung (Christus aus dem Heiligen Geist) nicht als exklusive Alternative zu den anderen Aussagen verstanden werden, sondern auch sie ist, nämlich bezogen auf die Inkarnation, also auf den ökonomischen Aspekt, richtig und wahr (vgl. auch Anc 66,5 und vor allem Anc 75,5.6).

Aus diesen Überlegungen kann folgendes Fazit gezogen werden: Die vermeintlichen Alternativen, die Epiphanius hinsichtlich der Verhältnisbestimmung aufzeigt, sind nicht einander ausschließend, sondern ergänzend zu verstehen. Jede der Aussagen ist im entsprechenden Zusammenhang wahr. Der mit εἰ eingeleitete Fragesatz hat als Zielpunkt nicht die Entscheidung für das eine oder andere Verhältnis, sondern den auf das Ganze bezogenen Hinweis, dass das Geheimnis nur aufgrund der Offenbarung erkannt werden kann, an der die gesamte Trias beteiligt ist. Die Ursache dafür liegt darin, dass (nur) Gott sich selber kennt, Christus sich selber verkündet und der Heilige Geist sich selbst den Heiligen offenbart.

In den heiligen Schriften werde uns die Trias verkündet,[632] und zwar werde sie ohne Umstände (ἀπεριέργως), ohne Widerstreit (ἀφιλονείκως), aus der „Zusammensetzung des Gehörten" (<ἐκ>[633] συνθημάτων ἀκοῆς) heraus geglaubt (vgl. Anc 67,2). Aus diesem Glauben komme das Heil der Gnade (Anc 67,3 mit Bezug auf Röm 3,28). Ferner stehe geschrieben, der Geist Christi werde den Geretteten aufgrund des (bloßen) Hörens der Pistis gegeben.[634] Das „Hören allein" ist Voraussetzung für den Geistempfang, der wiederum Voraussetzung für das rechte Verstehen der Schrift und damit für das Heil ist.

Im Anschluss fasst Epiphanius den wahren Glauben zusammen, wie er ihn aus den Schriften verstanden zu haben meint.[635] Zunächst betont er anhand verschiedener Wortpaare die Differenziertheit und die Einheit Gottes (vgl. Anc 67,4). Die verwendeten Komposita sind im Vergleich mit anderen zeitgenössischen Autoren im trinitätstheologischen Zusammenhang singulär. Auch bei Epiphanius begegnen die Begriffe bis auf das ἅγιος (vgl. Jes 6,3; Anc 10 und

---

[632] Hier findet sich ein weiterer Beleg dafür, dass Epiphanius seine Ausführungen zur Trias nicht auf spekulative Erörterungen gründet, sondern auf die Schrift.

[633] Die Konjektur von HOLL erscheint hier notwendig.

[634] Anc 67,3: ἐξ ἀκοῆς πίστεως τὸ πνεῦμα τοῦ Χριστοῦ δίδοσθαι τοῖς σῳζομένοις. Vgl. Röm 1,27.

[635] Anc 67,4: πίστις δὲ ἡ καθόλου κηρύκων φωναῖς αὕτη σημαίνεται, ὡς ἔγωγε οἶμαι κατηχούμενος ἐκ γραφῶν.

26,1–3) im Zusammenhang mit der Trinität sonst nirgendwo.[636] Die meisten der folgenden Begriffe sind strenggenommen nicht biblisch:

τρία ἅγια (drei Heilige)	τρία συνάγια (drei zugleich[637] bzw. zusammen Heilige)
τρία ὑπαρκτά (drei Vorhandene)	τρία συνύπαρκτα (drei zugleich bzw. zusammen Vorhandene)
τρία ἔμμορφα (drei Gestaltete; scil. als Vater, Sohn und Geist, womit keine körperliche Gestaltung gemeint ist)	τρία σύμμοφρα (drei Gleichgestaltete[638])
τρία ἐνεργά (drei Wirkende)	τρία συνεργά (drei zugleich bzw. zusammen Wirkende)
τρία ἐνυπόστατα (drei real Existierende)	τρία συνυπόστατα (drei zugleich bzw. zusammen real Existierende)

Fraglich ist, worin die genaue Bedeutung vor allem der Komposita besteht und welchen Sinn die Zusammenstellung haben soll. Generell bringt Epiphanius hier den Sachverhalt zum Ausdruck, den er in Anc 6 mit dem ὁμοούσιος bezeichnet: Es geht um den Aspekt der Dreiheit in Einheit (vgl. Anc 2,6). Doch führt die Aufzählung weiter. Er stellt Begriffe zusammen, die sich teils auf das Wesen (so ἅγια, ὑπαρκτά, ἔμμορφα und ἐνυπόστατα) teils auf das Wirken der Gottheit beziehen (so vor allem das ἐνεργά, in gewisser Hinsicht aber auch das ἅγια). Für jedes einzelne Element, das auf die Dreiheit bezogen ist, gilt dabei zugleich, dass diesbezüglich auch Einheit besteht. Somit handelt es sich wahrscheinlich um eine paradigmatische Aufzählung, die deutlich machen soll, dass das Schema Dreiheit-Einheit auf jeden allgemeinen Bereich der Gottheit anzuwenden ist.[639] Es gibt nichts, was etwa nur für die linke Seite der Tabelle

[636] Eventuell liegt hier eine Reaktion auf eine Theologie vor, wie sie Arius in seinem Schreiben an Alexander von Alexandrien formuliert hat. Vgl. dazu Haer 69,8,2 (3,158,27–29) (= Athanasius, De synodis 16,4,11f; OPITZ, Urk. 6,4,10f): οὐδὲ γάρ ἐστιν ἀΐδιος ἢ συναΐδιος ἢ συναγένητος τῷ πατρί· οὐδὲ ἅμα τῷ πατρὶ τὸ εἶναι ἔχει. Allerdings geht es Epiphanius nicht nur um Vater und Sohn, sondern, entsprechend der veränderten Situation, um die ganze Trinität.

[637] Beide Aspekte, die die Präposition σύν im Kompositum ausdrücken kann, die Gemeinsamkeit und die Gleichzeitigkeit bzw. Gleichewigkeit, passen zu Epiphanius' Argumentation.

[638] Zu σύμμορφα vgl. Röm 8,29 im Zusammenhang mit der Gleichgestaltung des Menschen mit dem Bilde Christi, sowie Phil 3,10.21, hier im Zusammenhang mit den zwei Naturen Christi. Vgl. dazu auch Phil 2,5–7. SCHULTZE (Filioque Anc, 118) vermutet, dass es Epiphanius mit dem Begriff ἔμμορφα darauf ankam zu zeigen, „daß jede einzelne der drei Personen derselben göttlichen Gestalt oder Natur teilhaftig ist, mit ‚σύμμορφα', daß die drei Personen es innertrinitarisch gemeinschaftlich sind [...]".

[639] Umgekehrt kann gesagt werden, dass die Aspekte auszuschließen sind, die sich jeweils nur auf eine Person beziehen, wie z.B. das Vater-Sein und damit verbunden das Prädikat „ungezeugt" (vgl. dazu Anc 7,8).

gültig wäre, die die Differenziertheit betont, ohne dass auch die rechte Seite gilt: Die trinitarischen Personen wirken nie einzeln, unabhängig voneinander, ohne zugleich auch zusammen zu wirken. Sie existieren nie einzeln, ohne zugleich auch zusammen zu existieren usw. In Bezug auf alles, was die trinitarischen Personen wirken oder sind, sind sie im Wirken und Sein sowohl differenziert als auch vereint. Damit erhebt Epiphanius das Schema Dreiheit-Einheit zu einem generellen Prinzip der Gottheit. Der Sinn der Zusammenstellung liegt darin, die vollkommene Übereinstimmung des trinitarischen Gottes in der Einheit auszudrücken.

Epiphanius fährt fort, die Trias zu beschreiben: Diese Trias wird heilig genannt, drei seiend (τρία ὄντα), eine Übereinstimmung (μία συμφωνία), eine Gottheit derselben Usia (τῆς αὐτῆς οὐσίας), derselben Gottheit (τῆς αὐτῆς θεότητος), derselben Hypostase (τῆς αὐτῆς ὑποστάσεως), gleiches aus gleichem (ὁμοία ἐξ ὁμοίου), Gleichheit der Gnade wirkend (ἰσότητα χάριτος ἐργαζομένη), des Vaters, des Sohnes und des Hl. Geistes.

An dieser Stelle verwendet Epiphanius ὑπόστασις wie οὐσία als Wesensbegriff, was sich vor allem aus der Reihung Usia-Gottheit-Hypostase ergibt. Wenn er dabei von „derselben“ Hypostase spricht, dann impliziert das, dass er nur eine göttliche Hypostase kennt. Wie schon in Anc 10,5 setzt er mit der Verbindung τρία ὄντα das Gegengewicht zu den Einheitsformulierungen: Es steht als notwendige Ergänzung dem μία συμφωνία bzw. μία θεότης und den übrigen Wesensaussagen gegenüber.

In Anc 67,6 nimmt er das τρία ὄντα, das vorher auf Vater, Sohn und Geist bezogen war, wieder auf, bezieht es diesmal aber auf drei Relationen, ohne jedoch eine eindeutige Zuordnung derselben vorzunehmen: οὐκοῦν ταῦτα τρία ὄντα ἢ ἐξ αὐτοῦ ἢ παρ᾽ αὐτοῦ ἢ πρὸς αὐτόν, „die einem jedem [scil. Vater, Sohn und Geist] entsprechend zu denken sind, je nachdem, wie sie sich selbst offenbaren, (als) Licht, Feuer, Wind[640], und ich weiß, sie werden noch mit anderen sichtbaren Dingen verglichen, je nachdem, wie eben der Mensch, der ihnen dient, Gnade hat.“

Die hier aufgestellte Reihe ἐξ αὐτοῦ – παρ᾽ αὐτοῦ – πρὸς αὐτόν erinnert an eine doxologische Reihung, wie sie etwa in Röm 11,36 begegnet.[641] Das Ziel in Anc 67,6 ist jedoch kein Lobpreis.[642] Die Partikel ἐκ, παρά und πρός beziehen sich vielmehr, wie zu zeigen ist, auf die verschiedenen in Anc 67,1 genannten Relationen. Das ist wie folgt zu belegen:

---

[640] πνεῦμα darf aufgrund des Kontextes nicht einfach mit „Geist“ übersetzt werden, sondern muss in Entsprechung zum „Licht“ und zum „Feuer“ verstanden werden.

[641] Vgl. die Formulierung nach Röm 11,36: ἐξ αὐτοῦ – δι᾽ αὐτοῦ – εἰς αὐτόν.

[642] Dagegen sprechen einmal das Fehlen jeglicher für eine Doxologie typischer Terminologie und zum anderen die Betonung, dass die verschiedenen Präpositionen je nach Offenbarung austauschbar sind. SCHULTZE (Filioque Anc, 119f) versucht dennoch, Anc 67,6 auf Röm 11,36 zu beziehen, obwohl außerdem zwei der drei Präpositionen nicht übereinstimmen.

Der Reihe:	ἐξ αὐτοῦ	παρ᾽ αὐτοῦ	πρὸς αὐτόν
ist zugeordnet die Reihe:	Licht	Feuer	Wind.

Wie der Zusammenhang zwischen beiden Reihen genau zu denken ist, ist jedoch unklar. Als erstes ist deshalb zu fragen, auf wen das Personalpronomen αὐτός verweist, mit anderen Worten: aus wem, von wem und zu wem hin etwas ist. Die Begriffe θεότης, οὐσία und ὑπόστασις aus Anc 67,4 kommen als Bezugswort aufgrund des Genus nicht in Betracht. Möglich sind die Begriffe θεός und πατήρ. Da Epiphanius aber von der Dreiheit spricht und die Dreierreihe, die die Relationen angibt, offenkundig in einer Beziehung zur Dreierreihe Vater-Sohn-Geist steht, fällt der Begriff πατήρ als Bezugswort eigentlich auch aus, denn der Vater kann schlecht zu sich selbst in einem relationalen Verhältnis stehen. Es bleibt der Begriff θεός. Diese Lösung ist jedoch insofern problematisch, als „Gott“ für Epiphanius keine Größe neben Vater, Sohn und Geist ist, aus der diese abgeleitet würden.

Es ist zu folgern, dass das Personalpronomen αὐτός nicht nur ein einziges bestimmtes Bezugswort hat, sondern dass es im jeweiligen Zusammenhang wechselt: Je nachdem, welche trinitarische Person sich offenbart, wechselt sowohl die Partikel, die das Abstammungsverhältnis angibt (ἐκ, παρά oder πρός), als auch das Bezugswort zum Pronomen αὐτός, das sich auf πατήρ, υἱός und πνεῦμα gleichermaßen beziehen kann. Dementsprechend ist der Sinn der ersten Reihung ausgehend von Anc 67,1 zu erschließen, wo Epiphanius sich in verschiedenen Zusammenhängen zu den Beziehungen ἐκ und παρά äußert. Das ἐκ bestimmt dort das Verhältnis des Sohnes zum Vater, des Geistes zum Sohn und auch des Sohnes zum Geist. Das παρά bezeichnet das Verhältnis des Geistes zu Vater und Sohn. Nur das πρός wird hier nicht genannt, kann jedoch z.B. aus Joh 1,1f abgeleitet werden.

In der Folge muss gefragt werden, inwiefern die zweite Reihung (Licht-Feuer-Wind) eine Ergänzung zur ersten darstellt.[643] Die zweite Reihe kann, so

[643] Interessant ist ein Blick auf den Neuplatoniker Johannes Scottus Eriugena (gest. ca. 877), der die Stelle gleich zu Beginn des 4. Buches seiner Hauptschrift *Periphyseon* zitiert. Johannes leitet das Buch ein, indem er den zuvor erörterten Hauptinhalt von der Wissenschaft über die Natur zusammenfasst. Es ging demnach bisher um die eine überwesentliche Natur (ΥΠΕΡΟΥΣΙΑΔΕΣ (hoc est superessentialis); Periphyseon IV,2,4), die die von keinem Geschaffenen schöpferische Ursache alles Daseienden und Nichtseienden ist und als der eine Uranfang und die eine allgemeine Quelle aller Dinge von keinem ausfließt. Diese Natur versteht Johannes als *gleichwesentliche Dreiheit in drei Bestandteilen* (trinitas coessentialis in tribus substantiis; a.a.O., 2,8), als *einen Gott, gleichwesentlich und überwesentlich* (deus unus, ΟΜΟΥΣΙΟΣ et ΥΠΕΡΟΥΣΙΟΣ (id est coessentialis et superessentialis); a.a.O., 2,9f). Zur Explikation zitiert er dann Epiphanius, Anc 67,4–6 (GCS S. 82, Z. 2 τρία – 12 πνεῦμα). Johannes versteht diesen Abschnitt als Beleg für seine Lehre und als Erklärung des Verhältnisses von Dreiheit und Einheit in der Trinität: Et, ut ait sanctus Epifanius, episcopus Constantiae Cypri, in ΑΓΚΥΡΑΤΩ [sic!] sermone de fide: *Tria sancta, tria consancta, tria agentia, tria coagentia, tria formantia, tria conformantia, tria operantia, tria cooperantia, tria subsistentia, tria consubsistentia sibi inuicem coexistentia. Trinitas haec sancta uocatur: tria existentia una consonantia, una deitas eiusdem*

ist der Schlussteil des oben zitierten Satzes aus Anc 67,6 wohl zu verstehen, je nach Offenbarung auch anders lauten. Folgt man der biblischen Diktion, so könnte das Licht z.B. auf den Sohn (vgl. Joh 1,9) oder den Vater (vgl. Jes 10,17; I Joh 1,5) bezogen sein, das Feuer auf den Vater (vgl. Ex 3; Ex 13,21f; Dtn 4,24) oder den Geist (vgl. Mt 3,11, dazu Anc 115,3; Apg 2,3), während der Begriff πνεῦμα zweifelsfrei auf den Geist zu beziehen ist (vgl. z.B. Apg 2,2: πνοή).

Das heißt, die verschiedenen Offenbarungsweisen sind keineswegs eindeutig einer bestimmten trinitarischen Person zuzuordnen. Ebenso wenig lassen sich diese Offenbarungsweisen eindeutig den Verhältnisbestimmungen der ersten Reihe zuordnen, was vor allem an der Paarung πρὸς αὐτόν / πνεῦμα liegt, für die es keine sinnvolle Erklärung gibt. Es kann also nicht linear von einem Element der oberen Reihe auf das darunterliegende der zweiten Reihe geschlossen werden: Das ἐξ αὐτοῦ bezieht sich nicht zwangsläufig auf das Licht, das παρ' αὐτοῦ nicht notwendig auf das Feuer und ebenso wenig das πρὸς αὐτόν auf den Wind. Da sich die Verhältnisbestimmungen der ersten Reihe weder eindeutig noch ausschließlich auf eine bestimmte trinitarische Person beziehen, sind sie auch nicht eindeutig und ausschließlich einer bestimmten Offenbarungsweise zuzuordnen.

Das bedeutet, der Zusammenhang zwischen den Reihen besteht allein darin, dass Epiphanius in der zweiten Reihe Beispiele für Offenbarungsweisen gibt, was der Aussage entspricht, dass der Mensch je nach Gnadenstand die Trinität noch mit anderen sichtbaren Dingen vergleicht (vgl. Anc 67,6).

In Anc 67,7 gibt Epiphanius anhand verschiedener Schriftstellen schlussfolgernd Beispiele für das heilsgeschichtliche Wirken der Trinität an: Gott selber

essentiae, eiusdem uirtutis, eiusdem subsistentiae, similia similiter aequalitatem gratiae operantur patris et filii et sancti spiritus. Quomodo autem sunt, ipsis relinquitur docere: „Nemo enim nouit patrem nisi filius, neque filium nisi pater, et cuicunque filius reuelauerit"; reuelatur autem per spiritum sanctum. Non ergo haec tria existentia aut ex ipso aut per ipsum aut ad ipsum in unoquoque digne intelliguntur, sicut ipsa reuelant, ΦΩΣ, ΠΥΡ, ΠΝΕΥΜΑ (hoc es lux, ignis, spiritus)? Haec, ut dixi, ab Epifanio tradita, ut quisquis interrogatus quae tria et quid unum in sancta trinitate debeat credere, sana fide respondere ualeat, aut ad fidem accedens sic erudiatur (a.a.O., 2,10–25). Johannes interpretiert den Schluss so, dass Epiphanius „Luft" statt „Wärme" (spiritum pro calore; 2,25f) gesagt habe und dass er eigentlich die Reihung Licht–Feuer–Wärme meine. Er begründet dies damit, dass diese drei eines Wesens seien (Haec enim tria unius essentiae sunt; 2,27). Hier wird deutlich, dass Johannes die Epiphaniusstelle in seinem Sinne interpretiert, denn die Änderung von „spiritum" in „calore" hat bei Epiphanius keinen Anhaltspunkt. Zur Erhellung der Bedeutung der Reihung ἐξ αὐτοῦ – παρ' αὐτοῦ – πρὸς αὐτόν trägt Johannes damit nichts bei. Bemerkenswert ist allerdings, dass sich der Neuplatoniker, der neben der Übersetzung des Ps-Dionysius Areopagita vor allem Schriften des Gregor von Nyssa und des Maximus Confessor ins Lateinische übertrug (vgl. MÜHLENBERG, Johannes Scottus, 538; SCHRIMPF, Eriugena, 159f), auch um den so wenig philosophischen Epiphanius bemüht zu haben scheint. Zumindest zitiert er ihn u.a. im näheren Kontext der genannten Stelle noch mehrfach (vgl. z.B. Periphyseon IV,8,19–10,23 / Anc 92–94; IV,10,26–12,3 / Anc 69). SCHRIMPF (Eriugena, 160) hält es überdies für wahrscheinlich, dass Johannes sich insgesamt um eine Übersetzung des *Ancoratus* bemüht hat (ferner um eine Übersetzung des *Hexaëmeron* des Basilius).

ist es, der am Anfang spricht „es werde Licht" (Gen 1,3), er selber ist es, der uns erleuchtet, das wahre Licht zu sehen, das jeden Menschen erleuchtet (vgl. Joh 1,9), es ist der Herr (κύριος) selbst, der sagt: „In den letzten Tagen werde ich von meinem Geist ausgießen auf alles Fleisch und ihre Söhne und Töchter und ihre Jünglinge werden Gesichte sehen (Joel 2,28)". Hier sind angedeutet Gott Vater, Sohn und Heiliger Geist.

Von eminenter Bedeutung für die Trinitätstheologie im *Ancoratus* ist der Schluss-Satz des Kapitels, mit dem Epiphanius das Thema von Anc 67 zusammenfasst: Derselbe Gott zeigt uns „drei Personen des Heilswerkes[644] aus einer Hypostase, die dreifach ist (τρία πρόσωπα ἁγίας λειτουργίας δεικνὺς ἡμῖν ἐξ ὑποστάσεως οὔσης τριττῆς)." Durch den Zusammenhang erhält der Begriff πρόσωπον vor allem in Verbindung mit dem ἐξ ὑποστάσεως οὔσης τριττῆς hier die Funktion eines Personbegriffes. Damit ist gemeint, dass hier ein Beispiel – und zwar das einzige im gesamten *Ancoratus* – für einen Begriff vorliegt, mit dem Epiphanius die trinitarischen Personen zusammenfassend bezeichnet, ohne auf die Namen Vater, Sohn und Geist zurückzugreifen, die für die Darlegung der *Theologie der Namen* in Anc 3–10 grundlegend sind. Hinzu kommt, dass dieser Personbegriff zugleich einem Seinsbegriff zugeordnet ist. Von hier aus erhält die Formulierung ihren hohen Stellenwert, denn die Verwendung eines Personbegriffes im Zusammenhang mit einem Seinsbegriff gibt vor dem Hintergrund der begrifflichen Präzisierung durch Basilius und die anderen Kappadokier Aufschluss über den Stand der trinitätstheologischen Entwicklung.

Beide Elemente müssen daher untersucht werden. Auffallend ist zunächst, dass Epiphanius nicht etwa von τρεῖς ὑποστάσεις spricht, sondern von τρία πρόσωπα. Dies ist ein eindeutiges Zeichen dafür, dass er die Wende, die im *Panarion* sichtbar wird, noch nicht vollzogen hat. Zu fragen ist, inwiefern es sich dabei um eine grundsätzliche theologische oder mehr um eine formal-begriffliche Wende handelt. Aufgrund der Gleichsetzung von ὑπόστασις mit οὐσία, die er zuletzt in Anc 67,4 vollzog, wäre es ihm bisher unmöglich, von drei Hypostasen zu sprechen. In dem Ausdruck τρία πρόσωπα sieht er wahrscheinlich eine Mittellösung, um die Differenziertheit von Vater, Sohn und Geist auszudrücken. Der Begriff πρόσωπον begegnet im *Ancoratus* 22 Mal, und zwar in folgenden Verwendungen:[645] Zweimal im Sinne von „aus der Perspektive von jemandem";[646] viermal in der Bedeutung „Gesicht", „Antlitz";[647]

[644] Der Begriff λειτουργία kommt bei Epiphanius nur hier und in der Parallelstelle in Haer 74 in dieser Bedeutung vor. In Haer 42,1,5 (2,94,14f) spricht Epiphanius vom Dienst des Bischofs(amtes) (διαπρέπων ἐν τῇ τῆς ἐπισκοπῆς λειτουργίᾳ). Vgl. auch Haer 59,4,6 (2,368,7). In Haer 80,5,5 (3,490,21) bezeichnet er die Arbeit der Apostel als ἐκκλησιαστικὴν διοίκησιν καὶ ἐνδελεχῆ λειτουργίαν. Übertragend ist der „heilige Dienst" der Trinität als *Heils*werk für die Menschen zu verstehen.

[645] Die folgenden sechs Verwendungen im Zitat bleiben unberücksichtigt: Vgl. zweimal Anc 25,2 (vgl. Dan 3,92); Anc 31,3; 36,4 (Jes 50,6); 55,8 (Gen 2,7); 68,2 (Ps 103,30).

[646] Vgl. Anc 32,1 und Anc 49,5.

[647] Vgl. Anc 39,5; 39,6; 96,4; 109,6.

jeweils einmal in der Bedeutung „Erscheinungsweise“[648] sowie Gestalt im Sinne von „Art und Weise“[649] und einmal im Sinne von „Sachverhalt“, „Gegenstand“.[650] Keine der bisher genannten Stellen steht in einem trinitätstheologischen Zusammenhang. Daneben begegnet der Ausdruck noch sechsmal in der traditionellen Zitationsformel ἐκ/ἀπὸ προσώπου der prosopographischen Exegese im Zusammenhang mit der Argumentation in Anc 27–63.[651] Bemerkenswert ist hier der Gebrauch in Anc 39,3. Epiphanius betont dort, dass auch im AT schon Vater, Sohn und Geist sprechen, indem er die Formel dreimal hintereinander wiederholt: ...ὅτι ἐκ προσώπου τοῦ πατρός ἐστιν ἐν τῇ παλαιᾷ διαθήκῃ εἰρημένα· ἀλλὰ καὶ ἐκ προσώπου τοῦ υἱοῦ πολλάκις καὶ ἐκ προσώπου πάλιν τοῦ ἁγίου πνεύματος. Dadurch erhält die überlieferte Formel eine bestimmte trinitätstheologische Bedeutung, denn es geht Epiphanius nicht einfach um die Tatsache, dass Vater, Sohn und Geist schon im AT redeten, sondern – so der Tenor seiner bisherigen Ausführungen – um den Sachverhalt, dass alle drei ewig als solche existieren. Damit zeigt sich, dass die Formulierung ἐκ/ἀπὸ προσώπου bei Epiphanius mehr als eine reine Zitationsformel ist. Allerdings ist sie an der genannten Stelle auch nicht aus dem Kontext derselben herauszulösen. Weiterhin wird deutlich, dass er den Begriff πρόσωπον nicht selbstständig als trinitätstheologischen Ausdruck einführt, sondern vermittelt im Zusammenhang dieser traditionellen Formel übernimmt.

Von hierher ist nach der Bedeutung des Begriffes in Anc 67,7 zu fragen. Dies ist die einzige Stelle im *Ancoratus*, an der der Ausdruck (1.) nicht in Verbindung mit der Zitationsformel begegnet und (2.) eindeutig im trinitätstheologischen Zusammenhang steht.

Epiphanius bezieht den Begriff hier auf die ökonomische Trinität: Er spricht von den drei Personen des Heilswerkes. Diesbezüglich kennt er ein eindeutiges Nebeneinander der wirkenden Personen, wie an der Aufstellung in Anc 67,4 und auch durch Anc 68f deutlich wird: Sohn und Geist wirken zusammen, und zwar in der differenzierten Zweiheit (bzw. mit dem Vater in der Dreiheit; vgl. das τρία ὄντα in Anc 67,4). Die Differenziertheit wird auch anhand der verschiedenen Wirkweisen in Bezug auf das Heil deutlich: Der Vater gibt seiner Kirche den Sohn und den Geist (vgl. z.B. Anc 22,6), der Sohn erlöst uns durch seine Inkarnation und seinen Tod (so mehrfach in der Argumentation Anc 27ff; vgl. auch Anc 65f), der Geist vermittelt die wahre Erkenntnis (so v.a. Anc 11ff; vgl. auch Anc 67,2.5) und ist darüber am Heilsgeschehen beteiligt. Daraus ergibt sich, dass ein modalistisches Verständnis der Rede von den drei Prosopa in jedem Fall auszuschließen ist. Die Gefahr, dass die Worte derart verstanden

---

648 Vgl. Anc 34,8.

649 Vgl. Anc 83,4.

650 Vgl. Anc 54,5. Die Stelle ist nur so sinnvoll zu interpretieren.

651 Vgl. Anc 35,1 (ὥς φησιν Ἡσαΐας ἀπὸ προσώπου τοῦ θεοῦ (es folgt Jes 42,1)); 38,2 (ὅσα γὰρ ἐν τῇ παλαιᾷ διαθήκῃ ἀπὸ προσώπου τοῦ θεοῦ καὶ πατρὸς ὑποκατερχόμενά εἰσιν); 38,7 (ἀπὸ προσώπου τοῦ πατρός λέγει). Zur Zitationsformel vgl. den Kommentar zu Anc 39,3f und ANDRESEN, Personbegriff, 11ff.

werden könnten, sieht Epiphanius offenbar nicht oder nicht mehr. Die Formulierung könnte, was durch die bisherige anti-modalistische Stoßrichtung der Argumentation gerechtfertigt wäre, sogar als Reaktion auf die Lehre Markells verstanden werden, der unter strenger Auslegung der Monade nur ein einziges Prosopon lehrte.[652]

Um entscheiden zu können, inwiefern πρόσωπον in Anc 67,7 als Personbegriff zu verstehen ist, muss das Verhältnis zu der Formulierung ἐξ ὑποστάσεως οὔσης τριττῆς untersucht werden, zu der das τρία πρόσωπα in genauer Entsprechung steht. Zu beachten ist das Zahlwort: Es ist weder von drei (τρεῖς) Hypostasen noch von der dritten (τρίτης) Hypostase die Rede, sondern von einer *dreifachen* Hypostase (τριττῆς).[653] Als reiner Wesensbegriff ist ὑπόστασις damit hier nicht zu verstehen, denn das Wesen ist für Epiphanius einfach und unteilbar.[654] Der Ausdruck ist (anders als in Anc 67,4) auch nicht gleichzusetzen mit οὐσία, denn eine vergleichbare Formulierung (etwa: οὐσίας οὔσης τριττῆς) begegnet im Zusammenhang mit οὐσία nie. Da die drei Prosopa *aus* (ἐκ) dieser dreifachen Hypostase des Heilswerkes sind, sind die beiden Zahlwörter τριττῆς und τρία nicht unabhängig voneinander zu verstehen. Es scheint, dass Epiphanius mit der Formulierung „dreifache Hypostase“ einen innertrinitarischen Sachverhalt bezeichnet, der sich als „drei Prosopa“ manifestiert und auf das Heilswerk, die Ökonomie, bezogen ist. Nur so ist das ἐκ zu verstehen. Der Ausdruck ὑπόστασις erfüllt dabei eine doppelte Funktion: Er bezeichnet das Wesen und zugleich die Differenziertheit. Das entspricht dem Verständnis, das Epiphanius schon in Anc 6,5 zugrundelegt, wenn er gegen Sabellius die eine Hypostase ins Feld führt, die aber ein dreifaches ἐνυπόστατος bezogen auf den Vater, den Sohn und den Geist impliziert. Demgegenüber ist ὑπόστασις in Anc 67,7 aber klarer von οὐσία zu unterscheiden, so dass die Bedeutung an beiden Stellen nicht deckungsgleich ist. In Anc 67,7 ist ὑπόστασις wohl am Besten mit „Seinsweise“ zu übersetzen, die dreifach ist und sich in drei Prosopa manifestiert. Da ὑπόστασις in diesem Zusammenhang weder mit οὐσία gleichzusetzen ist noch mit πρόσωπον, lässt sich hier der Übergang zu einem Verständnis von ὑπόστασις als Personbegriff markieren, den Epiphanius kurz nach Abfassung des *Ancoratus* gänzlich vollzieht.[655] Ebenso zeigt sich die Tendenz, die Bedeutung von ὑπόστασις an diejenige von πρόσωπον anzugleichen. Gregor von Nazianz dokumentiert, dass die Bedeu-

---

[652] Vgl. Markell, fr. 76 (KLOSTERMANN/HANSEN, GCS, 200,23 – 201,18 = fr. 97 SEIBT, Markell, 396f; vgl. den anschließenden Kommentar): τὸ γὰρ ἐγὼ ἑνὸς προσώπου δεικτικόν ἐστιν, αἱ γὰρ δύο ῥήσεις ἓν ἡμῖν πρόσωπον σημαίνουσιν (a.a.O., 200,25f). Vgl. auch FEIGE, Die Lehre Markells von Ankyra, 45f.

[653] Zu beachten ist außerdem, dass nicht explizit von *einer* (μία) dreifachen Hypostase die Rede ist.

[654] Vgl. in Anc 22,7 die Bezeichnung Gottes als „mononym“; vgl. dazu Anc 8. Vgl. auch Anc 6,10; Anc 47.

[655] Vgl. dazu Teil III, D.3. Ausschlaggebend sind dafür wohl die Ereignisse, an denen er in Antiochien beteiligt gewesen ist. Vgl. zusammenfassend Teil III, C.

tungsgleichheit beider Begriffe im Jahre 381 bereits weitgehend anerkannt war.[656]

Das Verständnis, das Epiphanius in Anc 67,7 zum Ausdruck bringt, ist abzugrenzen von einem solchen, wie es z.B. Paulinus von Antiochien vertritt. Dieser lehrt eine strikte Ein-Hypostasen-Lehre und bezeichnet, in Anlehnung an lateinische Terminologie, die ihm vielleicht durch Luzifer von Calaris vermittelt wurde,[657] die Einheit als μία ὑπόστασις, die Differenziertheit wahrscheinlich mit der Formulierung τρία πρόσωπα.[658] Vor dem Hintergrund dieser Gegenüberstellung von μία ὑπόστασις - τρία πρόσωπα bei Paulinus kann gezeigt werden, dass Epiphanius zwar einer gleichen Tradition entstammt, zugleich wird aber auch deutlich, dass seine trinitätstheologische Begrifflichkeit sich im Wandel befindet, was mit seiner Theologie korrespondiert.

Abschließend kann festgehalten werden, dass Epiphanius dem neunizänischen Gedanken und der Formulierung τρεῖς ὑποστάσεις - μία οὐσία an dieser Stelle bereits nahe kommt. Allein – die begriffliche Differenzierung und Präzisierung hat er noch nicht übernommen. Die Notwendigkeit dafür sieht er erst später. Damit deutet sich an, dass es sich bei der Übernahme der neunizänischen Formel mehr um eine formal-begriffliche Wende handelt als um eine grundsätzlich theologische.[659]

Da Anc 67,7 die einzige Stelle überhaupt ist, an der Epiphanius von τρία πρόσωπα spricht, drängt sich die Frage auf, ob er den Begriff eventuell von jemandem übernommen hat. Als mögliche Quelle kommt hier Apollinaris in Betracht, mit dem Epiphanius allein in christologischen Fragen Differenzen hatte.[660] In der Schrift *Kata meros pistis* begegnet mehrfach die Formulierung τρία πρόσωπα, häufig auch in der Gegenüberstellung zu μία θεότης bzw. οὐσία.[661] Zwar ist für diese Schrift von einer späteren Überarbeitung auszugehen,[662] doch ist die Formulierung τρία πρόσωπα für Apollinaris durchaus als wahrscheinlich anzunehmen.[663] Die These, Epiphanius habe von ihm oder auch

---

[656] Vgl. seine Abschiedsrede auf dem Konzil von Konstantinopel, Or. 42,16,14–16. Vgl. ERDIN, Hypostasis, 77f; HAMMERSTAEDT, Hypostasis, 1022. Vgl. auch die Glaubenserklärung der Meletianer und Eustathianer in Antiochien von 381, wiedergegeben bei Theodoret, Hist. Eccl. V,9 (289,5–294,19), ebd. V,9,11 (292,15f). Nach ANDRESEN (Personbegriff, 35) wurden beide Begriffe im Osten erst seit dem Konzil von 451 synonym gebraucht.

[657] So ERDIN, Hypostasis, 66.

[658] ROUGIER (termes, 155) geht davon aus: „Sans doute, Paulin se servait-il de l'expression τρία πρόσωπα pour désigner les trois termes de la Trinité."

[659] Vgl. dazu zusammenfassend Teil III, v.a. zu ὑπόστασις (D.3.).

[660] Vgl. die Auseinandersetzung in Anc 76ff.

[661] Vgl. Apollinaris, KMP 1 (= LIETZMANN, Apollinaris, 167,19); 13 (= LIETZMANN, Apollinaris, 171,21); KMP 15 (= LIETZMANN, Apollinaris, 172,13f); KMP 19 (= LIETZMANN, Apollinaris, 173,22–24); KMP 25 (= LIETZMANN, Apollinaris, 176,3–10).

[662] Vgl. MÜHLENBERG, Apollinaris, 101–103; DRECOLL, Basilius, 32f.

[663] Vgl. MÜHLENBERG, Apollinaris, 234f; HÜBNER, Ps-Athanasius, 231.

vermittelt durch seine Schüler[664] die Formulierung übernommen, erhält durch folgenden Sachverhalt eine Stütze. HÜBNER hat nachgewiesen, dass Epiphanius mehrfach auf die Ps.-Athanasianische Schrift *Contra Sabellianos* zurückgegriffen hat. Als Verfasser der Schrift erkennt HÜBNER Apollinaris.[665] Im Einzelnen hat HÜBNER die Bezugnahme des Epiphanius auf diese Schrift für die Kapitel gegen Sabellius (Haer 62), Photin (Haer 71) und Paul von Samosata (vgl. Haer 65) nachgewiesen,[666] außerdem verweist er auf Anklänge auch im *Ancoratus*.[667] Von Belang für den Zusammenhang von Anc 67,7 ist eine Stelle in Haer 65,3,4. Epiphanius verwirft dort eine Auffassung, nach der der Logos im Vater zu denken sei wie das Wort im Herzen des Menschen. Die zu verwerfende Konsequenz daraus ist: διὰ τοῦτο πρόσωπον ἓν τὸν θεὸν ἅμα τῷ λόγω φασίν, ὡς ἄνθρωπον ἕνα καὶ τὸν αὐτοῦ λόγον.[668] Aus der Ablehnung dieses Verständnisses kann geschlossen werden, dass er selber von mehreren Prosopa ausgeht. Die Verwendung des Prosopon-Begriffs durch Epiphanius ist an dieser Stelle ähnlich ungewöhnlich wie in Anc 67,7. Entscheidend ist nun, dass die genannte Passage in Haer 65 sich nahezu wörtlich in Ps.-Athanasius, C. Sabellianos 2 (PG 28, 97 C) wiederfindet: καὶ διὰ τοῦτο πρόσωπον ἓν τὸν θεὸν ἅμα τῷ λόγῳ φασίν· ὥσπερ καὶ τὸν ἄνθρωπον ἅμα τῷ ἑαυτοῦ λόγῳ ἄνθρωπον ἕνα.[669] Es ist von hierher gut möglich, auch die Übernahme des Prosopon-Begriffs in den beiden genannten Fällen (Haer 65,3 und And 67,7) zu erklären, der bei Ps.-Athanasius im trinitätstheologischen Zusammenhang mehrfach begegnet.[670]

---

[664] Mehrfach verweist Epiphanius in Haer 77 darauf, dass Schüler des Apollinaris auf Zypern waren.

[665] Vgl. HÜBNER, Ps-Athanasius, 197–251; vgl. ders., Hauptquelle, 60 (206). Allerdings blieb HÜBNER mit seinen Thesen nicht unwidersprochen, wie v.a. DRECOLL im Hinblick auf Datum und Verfasserschaft von Ps.-Athanasius, Contra Sabellianos sowie dessen Abhängigkeitsverhältnis zu Basilius zeigt. Vgl. dazu DRECOLL, Basilius, 34–37. DRECOLL kommt hinsichtlich der Verfasserschaft zu dem Ergebnis: „Daß Ps.Ath. ein authentisches Werk des Apollinaris ist, ist deshalb nicht nachweisbar, weil die Verfasserschaft eines Apollinaristen nicht ausschließbar ist." (Ebda., 37.) Die Frage, ob Apollinaris selber oder ein Apollinarist der Autor des Traktates ist, ist für unser Thema jedoch insofern sekundär, als es lediglich wichtig ist, dass in trinitätstheologischer Hinsicht offensichtlich eine Nähe zu Apollinaris bzw. Apollinaristen besteht.

[666] Vgl. HÜBNER, Ps-Athanasius, hier v.a. 175–186, sowie dessen Aufsatz „Die Hauptquelle des Epiphanius (Panarion, haer. 65) über Paulus von Samosata, Ps.-Athanasius, contra Sabellianos".

[667] Vgl. hierzu HÜBNER, Ancoratus, 325–333. Vgl. v.a. zu Anc 7,2/15,6.

[668] Haer 65,3,4 (3,5,17f).

[669] Die Übereinstimmung erstreckt sich auch über den näheren Kontext. Vgl. dazu HÜBNER (Hauptquelle, 63–67), der die wörtlichen Übereinstimmungen zwischen Haer 65 und C. Sabellianos für einige Kapitel synoptisch dargestellt hat. Insgesamt ist mit HÜBNER davon auszugehen, dass Epiphanius Ps.-Athanasius als Quelle benutzt hat, nicht umgekehrt. Das ergibt sich aus den zahlreichen Parallelen in verschiedenen Kapiteln des *Panarion* und auch im *Ancoratus*.

[670] Vgl. z.B. Ps-Athanasius, C. Sabellianos 2 (PG 28, 100 C; 101 A). Dazu HÜBNER, Ps-Athanasius, 230.

In Anc 68f zeigt Epiphanius weiterführend die Parallelität des Wirkens von Sohn und Geist in Bezug auf die Heilsgeschichte auf (vgl. Anc 67,4). Dazu stellt er anhand zahlreicher Beispiele jeweils einem Ausspruch über den Geist einen entsprechenden, inhaltlich vergleichbaren Beleg für den Sohn gegenüber. Nach Anc 68,1 ist Christus, gemäß Röm 15,8, „Diener der Beschneidung", wobei der Geist, so Epiphanius ergänzend, dabei mitdient (συνδιακονεῖν).[671] Diese Aussage ist entscheidend gegenüber jeder pneumatomachischen Lehre, die den Geist auf die Stufe eines Dieners und Boten stellt,[672] denn dadurch, dass Epiphanius den Geist als *Mit*diener bezeichnet, ist er auf eine Stufe mit Christus gestellt.

Folgende Aussagen entnimmt er aus der Heiligen Schrift (vgl. Anc 68,1ff): Der Sohn wird vom Vater gesandt – so auch der Geist (ἀποστέλλεται; es handelt sich hierbei folglich um eine zeitliche Sendung in der Heilsgeschichte, nicht um einen wesenhaften Ausgang); Christus redet in den Propheten – so auch der Geist; Christus heilt – der Geist heilt; Christus heiligt – der Geist heiligt; Christus tauft auf seinen Namen – der Geist tauft (scil. auf seinen Namen; vgl. Anc 8,7ff). Die Äußerungen sind im Verbund mit Anc 67,4 zu verstehen, wo die Parallelität des Wirkens paradigmatisch zum Prinzip erhoben wurde. Sie bezieht sich nach Anc 69,1 auch auf Rechtfertigung und Gnade, die aus beiden stammen.[673] Auch hierfür gibt es zahlreiche Belege in der Schrift. Erneut betont Epiphanius in Anc 69,2, dass niemand den Heiligen Geist empfangen kann, es sei denn vom Sohn (d.h. vom Herrn). Das heißt, in Bezug auf das Heilswirken wird der Geist vom Sohn gegeben (vgl. schon Anc 66,1).

Das Ziel der Ausführungen bringt Epiphanius in Anc 69,8, nach eigenen Worten unübertreffbar,[674] zum Ausdruck, wenn er aus Apg 5,3f folgert: ἄρα θεὸς ἐκ θεοῦ καὶ θεὸς τὸ πνεῦμα τὸ ἅγιον.[675] Wieder wird der Geist explizit als Gott bezeichnet, wieder gilt das zentrale ἐκ auch für den Geist.[676] Aufgrund dieser Ausführungen wird deutlich, dass die trinitätstheologischen Aussagen in erster Linie dem Nachweis der Gottheit des Geistes dienen. Da auch der Sohn Gott ist (vgl. Anc 69,9), kann festgehalten werden, dass es derselbe Heilsdienst (διακονία) des Geistes und des Logos ist (vgl. Anc 69,10). Diese Folgerung entspricht der Aufzählung in Anc 67,4 mit dem Schema Dreiheit-Einheit: Geist und Logos wirken auf ihre Weise, dennoch ist es derselbe Heilsdienst.

In Anc 70,1 fasst Epiphanius zusammen: συνεργεῖ τοίνυν, ὡς ἀποδέδεικται, τῷ πατρὶ ὁ υἱὸς καὶ τὸ πνεῦμα τὸ ἅγιον, was mit Ps 32,6 bekräf-

---

671 So Anc 68,1: λέγω οὖν Χριστὸν διάκονον γεγενῆσθαι περιτομῆς ὑπὲρ ἀληθείας θεοῦ εἰς τὸ πληρῶσαι τὰς ἐπαγγελίας (vgl. Röm 15,8) συνδιακονεῖν δὲ τὸ πνεῦμα τὸ ἅγιον.

672 Vgl. Brief II,3.

673 Anc 69,1: ἀλλὰ καὶ τὴν δικαίωσιν ἐξ ἀμφοῖν λέγει καὶ τὴν χάριν.

674 Vgl. das anschließende τούτου μεῖζον οὐκ ἔχω λέγειν in Anc 69,8.

675 Vgl. die fast gleiche Formulierung in Haer 69,28,7 (3,177,24); vgl. dagegen etwas anders in Anc 9,3.

676 Vgl. Anc 6,6; 9,3. Vgl. zu Anc 2.

tigt wird. Erneut ist der Geist durch die Präposition σύν dem Sohn deutlich beigeordnet.

Insgesamt ist die Parallelität des Heilswirkens von Sohn und Geist in den letzten Kapiteln stark betont worden. Daneben gilt aber auch, dass bezogen auf das Heilswirken der Geist vom Sohn gegeben wird. In diesem Ansatz liegt eine wichtige Parallele zu Athanasius. Auch er betont, dass der Geist an jedem Wirken der Trinität beteiligt ist.[677] Außerdem vertritt Athanasius die Auffassung, der Geist werde vom Logos bzw. Sohn gespendet und dieser wirke durch ihn.[678] Diesen Aspekt betont er allerdings stärker als Epiphanius, der mehr auf die Betonung der Gleichordnung bedacht ist.[679]

Nachdem Epiphanius in den letzten Kapiteln Schriftbeweise für die Einheit von Wesen und Wirken der Trias gesammelt hat, setzt er sich von Anc 70 an mit pneumatomachischen Thesen auseinander. Die vorangegangenen Ausführungen dienen als Basis für die folgende Auseinandersetzung.

2. Schrift und Heiliger Geist – Auseinandersetzung mit pneumatomachischen Thesen (Anc 70–75)

Anc 70–75 sind für das pneumatologische Anliegen des *Ancoratus* zentrale Kapitel. Summarisch werden hier Kernaussagen zur Pneumatologie zusammengetragen.[680] Zu Beginn von Anc 70 stellt Epiphanius klar: προσκυνητὸν δὲ τὸ πνεῦμα τὸ ἅγιον (Anc 70,1). Wenn er nämlich bei der Schöpfung mitwirkt, kann er selber kein Geschöpf sein.[681] Grundlegend ist hier wieder der Gegensatz Schöpfer-Schöpfung: Entweder der Geist ist Teil des einen oder des anderen. In Anc 70,2 nennt Epiphanius in diesem Zusammenhang einige negative Gottesprädikate, die er auf den Geist bezieht und die aus dem Gegensatz zum Geschöpflichen zu verstehen sind: Er ist grenzenlos (ἀπερίγραφος), raumlos (ἀχώρητος) und nicht mit dem Verstande zu fassen (ἀπερινόητος), er selber umfasst dagegen alles, was von Gott geschaffen ist.[682] Durch die Verbindung dieser Prädikate mit dem Geist wird erneut der *ambivalente Geistbegriff* fassbar, den Epiphanius bereits in den ersten Kapiteln des *Ancoratus* zugrundelegt (vgl. v.a. zu Anc 7f). Hier hat er das Wesen Gottes als Pneuma bestimmt. Dem entspricht, dass er in Anc 70,2 solche Gottesprädikate nennt, die jegliche ge-

[677] Vgl. z.B. Athanasius, Ep. ad Serap. I,31 (PG 26, 600 C – 601 A); III,4.5, (PG 26, 632 BC). Vgl. LAMINSKI, Geist, 146f. Dabei kann auch Athanasius Ps 32,6 als Beleg anführen, vgl. z.B. Ep. ad Serap. I,31 (PG 26, 600 C); III,5 (PG 26, 632 BC).

[678] Vgl. LAMINSKI, Geist, 155ff.

[679] Vgl. Teil III, B.2.

[680] Vgl. dazu Anc 5–10. Hier wird deutlich, dass es sich in Anc 70–75 z.T. um eine Wiederholung von bereits Gesagtem handelt.

[681] Vgl. Anc 70,2f. Das Argument begegnet auch bei Athanasius, Ep. ad Serap. III,5 (PG 26, 632 C); I,24 (PG 26, 585 BC) u.ö. Vgl. auch LAMINSKI, Geist, 146f.

[682] Vgl. ähnlich Anc 46,6; 47,3; 73,7. Vgl. auch für den Sohn Anc 81,1.

schöpfliche Kategorie ablehnen. Wie schon im Zusammenhang mit Anc 46,6 gesagt, lebt hier die alte Vorstellung weiter, Gott sei insofern ein geistliches Wesen, als er unkörperlich und unfassbar ist.

Epiphanius argumentiert weiter, dass ein Geschöpf nicht angebetet werden dürfe.[683] Wie auch in Bezug auf den Sohn argumentiert er von der Tatsache her, *dass* der Geist angebetet wird (hier würden die Pneumatomachen bereits entschieden widersprechen), und gewinnt von daher ein schlagkräftiges Argument für dessen Gottheit. Dazu bedient er sich einer Beweisführung, die in Haer 69 an zwei Stellen im Zusammenhang mit dem Sohn begegnet: πῶς γὰρ οὐ μωρὸν κτίσιν θεολογεῖν ἀθετεῖν τε <τὴν> πρώτην ἐντολὴν... (Anc 70,3).[684] Es zeigt sich, dass Epiphanius die gleiche Argumentation für Sohn und Geist in Anspruch nehmen kann, denn, wie Dtn 6,4 sagt, Gott ist nur *einer* und es ist kein anderer Gott, also auch kein anbetungswürdiges Geschöpf, neben diesem (vgl. Anc 70,3).

Dieses Bekenntnis zum Monotheismus gilt absolut, auch wenn die Schrift verschiedene Bezeichnungen (διάφορα ὀνόματα) für Vater, Sohn und Geist kennt (vgl. Anc 70,4ff). Die betreffenden Namen liegen auf derselben Ebene wie die Tropoi, die Epiphanius in Anc 46 im Zusammenhang mit den Selbstbezeichnungen Christi als Tür, Weg, Löwe usw. verhandelt. Hier wie dort gilt, dass die Bezeichnungen auf einen bestimmten positiven Aspekt verweisen wollen.[685] Epiphanius unterscheidet dabei zwischen Bezeichnungen, die jeweils nur einer Person zukommen.[686] Daneben gibt es solche, mit denen eine bestimmte Relation ausgesagt wird: Der Vater, dem hier mehrfach der Titel „Gott“ beigestellt ist, ist φῶς, δύναμις, σοφία oder ζωή. Der Sohn ist all dies auch, aber immer in der Relation zum Vater: Er ist Licht *aus* Licht. Da Gott insgesamt (ὅλος) Weisheit ist, ist der Sohn Weisheit *aus* Weisheit, das gleiche gilt für die ζωή (vgl. Anc 70,5f). Die Argumentation entspricht derjenigen von Anc 4f. Entsprechend handelt es sich um dasselbe Prinzip, dass der πᾶς σύνδεσμος (vgl. Anc 4,5) von einer Person auf die andere übertragen werden kann. Hier wie dort wird der Geist in die Überlegungen mit eingeschlossen. Epiphanius bestimmt sein Verhältnis zu Vater und Sohn mit den Worten: τὸ δὲ ἅγιον

[683] Vgl. Anc 70,3: οὐδὲ λατρευτὴ ἡ κτίσις. Epiphanius überträgt hier eine Argumentation, die er vorher schon auf den Sohn angewendet hat, auf den Geist. Vgl. v.a. Anc 50,4. Hier macht er deutlich, dass ein Geschöpf nicht angebetet werden dürfe. Da der Sohn aber angebetet werde, könne er kein Geschöpf sein. Vgl. auch Anc 29,8; 37,5; 51,1–5. Auch Athanasius macht den Arianern den Vorwurf, mit ihrem Verständnis vom Sohn ein Geschöpf anzubeten (vgl. Or. I c. Ar., 8,7f.

[684] Vgl. Haer 69,36,2 (3,184,19f): μωρὸν γὰρ τὸ κτίσιν θεολογεῖν, ἀθετεῖν δὲ πρώτην ἐντολὴν... Vgl. Haer 69,31,4 (3,180,16): καὶ εἰ οὐκ ἔστι προσκυνητός, πῶς ἄρα θεολογεῖται;

[685] Insofern besteht kein Gegensatz zu der in Anc 3–10 dargelegten *Theologie der Namen*, was daran liegt, dass die in Anc 70 genannten Namen keine Mononyma sind.

[686] So in Anc 70,4 für den Vater die Bezeichnungen παντοκράτωρ, πατὴρ ἁπάντων, πατὴρ Χριστοῦ. Für den Sohn λόγος, Χριστός, φῶς ἀληθινόν. Für den Geist παράκλητος, πνεῦμα ἀληθείας, πνεῦμα θεοῦ, πνεῦμα Χριστοῦ. Zum Begriff παντοκράτωρ vgl. den Kommentar zu Anc 15,9.

πνεῦμα παρὰ ἀμφοτέρων, πνεῦμα ἐκ πνεύματος. Die Aussage wird begründet mit Joh 4,24: πνεῦμα γὰρ ὁ θεός (Anc 70,7).[687]

Zum einen ist hier erneut ausgesagt, dass der Geist „von" Vater und Sohn ist, wie Epiphanius bereits in Anc 67,1 formuliert und wie er in Anc 71,1 wiederholt. Die Häufung dieser Formulierung zeigt, dass er damit einen ihm wichtigen Sachverhalt zum Ausdruck bringt. Der Ergänzung πνεύμα ἐκ πνεύματος im Verbund mit Joh 4,24 liegt wieder der *ambivalente Geistbegriff* zugrunde.[688] Aufgrund der Anordnung des ganzen Satzes ist die Stelle so zu verstehen, dass der Geist insofern „aus beiden" ist, als er aus dem Pneuma (-Wesen) ist. Dieser Bezug auf das Pneuma ist wichtig, da damit deutlich wird, dass es Epiphanius nicht um eine Aussage bezüglich der personalen Abstammung aus Vater und Sohn geht. Im Vordergrund steht einmal mehr das Anliegen, den Geist dem Wesen Gottes zuzuordnen und seine Abstammung aus diesem einen Wesen zu erweisen, also die Homousie zu belegen.

Ein wesentliches Charakteristikum ist es nach Anc 70,7, dass der Geist Geber der Gnadengaben ist (χαρισμάτων ἐστὶ δοτήρ).[689] Im Kontext mit Anc 66,1 kann also gesagt werden, dass Christus heilsgeschichtlich der Geber des Geistes ist (vgl. Anc 66,1), der wiederum die Gnadengaben wirkt.[690] Er ist ferner der Wahrhaftigste (ἀληθέστατον), der Erleuchter (φωτιστικόν; vgl. Anc 73,2), außerdem der Paraklet und der Verkünder des göttlichen Ratschlags. Hier sind weitere wesentliche Merkmale des Geistes angesprochen. Die Charakterisierung als Erleuchter bzw. Verkünder ist für Epiphanius und vor allem für den *Ancoratus* zentral.

Bezeichnend für die letzten Kapitel ist die Formulierung in Anc 70,8: ὡς γὰρ ὁ υἱός [scil. Engel des großen Ratschlusses ist; vgl. Jes 9,6], ... οὕτω καὶ τὸ πνεῦμα τὸ ἅγιον, womit erneut die Parallelität zwischen Sohn und Geist betont ist.

Aufgrund dieser besonderen Betonung der Parallelität muss Epiphanius sich in Anc 71,1 gegen den pneumatomachischen Einwand abgrenzen, Sohn und Geist seien zwei Söhne.[691] Dazu führt er mit einem Häretikerzitat in die Thematik ein: ἀλλ' ἐρεῖ τις· οὐκοῦν φαμὲν δύο εἶναι υἱούς, καὶ πῶς μονογενής; Diesen Einwand wehrt er ab, indem er die Begriffstheorie aufgreift, die er in Anc 8 im Zusammenhang mit der *Theologie der Namen* entfaltet hat.

Epiphanius führt zunächst an, dass der Vater denjenigen „Sohn" nennt, der aus (ἐκ) ihm ist, und denjenigen „Geist", der von (παρά) beiden ist. Der Punkt,

---

[687] Vgl. ähnlich für den Sohn in Haer 76,35,12 (3,385,21–23): οὐ γάρ ἐστι σωματική τις διαστολή, ἀλλὰ λόγος ἐνυπόστατος, υἱὸς ἐκ πατρὸς ὤν, πνεῦμα ἐκ πνεύματος καὶ θεὸς ἐκ θεοῦ.

[688] Durch diesen Zusammenhang ist die von HOLL gebotene Lesart πνεῦμα ἐκ πνεύματος der von LJ bezeugten πνεύματος] πατρός vorzuziehen.

[689] Vgl. z.B. Anc 7,4; Anc 72,7.

[690] Die eigenständige Wirksamkeit des Geistes ist dadurch stärker hervorgehoben als bei Athanasius, für den die Formel ἐκ–διά–ἐν charakteristisch ist. Vgl. dazu Teil III, B.2.

[691] Vgl. schon Anc 6,9.

der hier den entscheidenden Unterschied hinsichtlich der Abstammung des Sohnes und Geistes markiert, kann nicht die Verhältnisbestimmung ἐκ sein kann, denn das ἐκ ist konstitutiv auch für die Gottheit des Geistes und schon mehrfach auf ihn bezogen worden, auch mit direktem Bezug auf den Vater.[692] Das heißt aber, der Unterschied muss darin liegen, dass der Sohn nur aus *einem* (scil. dem Vater) ist, der Geist dagegen von *zweien*. Damit liegt hier erstmals eine eindeutige Aussage vor, die den doppelten Ausgang des Geistes aus Vater und Sohn nicht nur beiläufig nennt, sondern konstitutiv als das entscheidende Merkmal des Geistes gegenüber dem Sohn ausweist. Allerdings ist daraus nicht zu folgern, dass er diesen doppelten Ausgang („filioque") konsequent vertreten hätte. Es sieht vielmehr so aus, dass Epiphanius kontextbezogen argumentiert und keine wirkliche Theorie über den Ausgang des Geistes aus Vater und Sohn zugrundelegt.

Hinter der Argumentation steht wieder die Theorie, dass die Begriffe Vater und Sohn auf einen ontologischen Sachverhalt hinweisen (vgl. Anc 5,9). Erneut wird also der Begriffsrealismus deutlich. Durch die Aussage, der Geist sei von beiden, bleibt das μονογενής dem Sohn vorbehalten, da eine Geburt nicht παρ' ἀμφοτέρων sein kann.[693]

---

[692] Vgl. Anc 8,4; 119(120),10. Vgl. auch Anc 6,10; 9,3; vgl. zuletzt Anc 70,7.

[693] Athanasius setzt sich in Ep. ad Serap. I mehrfach mit diesem Einwand der Tropiker auseinander. Vgl. Ep. ad Serap. I,15 (PG 26, 568 A): οὐκοῦν υἱός ἐστι καὶ αὐτὸ καὶ δύο ἀδελφοί εἰσιν αὐτό τε καὶ ὁ λόγος. καὶ εἰ ἀδελφός ἐστι, πῶς μονογενὴς ὁ λόγος... ; Vgl. auch a.a.O., I,16 (PG 26, 569 B). In I,15f begegnet er den Tropikern, die über den Sohn orthodox dachten (vgl. Ep. ad Serap. I,2 (PG 26, 532 C)) und das Vater-Sohn-Verhältnis zugrundelegten, auf der Ebene ihres Einwandes, indem er aufzeigt, dass die Analogie menschlicher Verwandtschaftsverhältnisse auf Gott nicht zutrifft. So sei es ebenso absurd zu fragen, ob der Vater etwa selber einen Vater gehabt habe oder ob er einen Bruder habe, was eine logisch konsequente Annahme wäre, wenn die menschliche Vater-Sohn Vorstellung auf Gott übertragen würde. Schließlich sollen die Tropiker dann erklären, warum der Vater „Vater" heiße, wenn er keinen eigenen Vater habe, oder wie er einen Sohn haben könne, wenn er selber niemals Sohn gewesen sei (vgl. I,15; PG 26, 568 B). Athanasius rekurriert bei seiner Widerlegung wie Epiphanius auf die Begriffe. Er macht deutlich, dass die göttlichen Verhältnisse nicht mit menschlichen zu vergleichen sind (vgl. v.a. den Schluss-Satz von Ep. ad Serap. I,15; PG 26, 568 B)). Hier liegt eine wichtige Parallele zu Epiphanius vor. In I,25 nimmt Athanasius den Einwand wieder auf und argumentiert, dass der Geist zwar aus Gott sei, dass er deshalb jedoch nicht, wie die Gegner meinen, auch Sohn sei. Der Grund liegt darin, dass der Sohn aus dem Vater ist, während der Geist in einem Verhältnis zum Sohn steht: Er ist Geist der Sohnschaft (vgl. I,25 (PG 26, 589 A)) und wird dagegen nirgendwo in der Schrift „Sohn" genannt (vgl. I,25 (PG 26, 588 C)). Athanasius argumentiert hier vor allem ausgehend vom Zeugnis der Schrift.

Etwa 35–40 Jahre später thematisiert auch Gregor von Nazianz dieselbe Frage (vgl. Or. 31 (V),7–9). Er verneint zunächst ebenso wie Athanasius und Epiphanius jegliche menschliche Analogie betreffend der innertrinitarischen Abstammungsverhältnisse (vgl. 31 (V),7). Seine Lösung des Problems liegt dann darin, sich gar nicht auf die Alternative „ungezeugt" oder „gezeugt" einzulassen (vgl. 31 (V),8). Er stellt beiden Charakteristika für Vater und Sohn unter Bezugnahme auf Joh 15,26 das ἐκπορευτόν als Drittes und als entscheidenden Modus des Hervorgehens für den Geist zur Seite (vgl. 31 (V),8,6–9: ποῦ γὰρ θήσεις τὸ ἐκπορευτόν, εἰπέ μοι, μέσον ἀναφανὲν τῆς σῆς διαιρέσεως, καὶ παρὰ κρείσσονος ἢ κατὰ σὲ θεολόγου, τοῦ Σωτῆρος ἡμῶν, εἰσαγόμενον;). Mit dieser Definition eines eigenen Ausgangsmodus für den Geist ist der Vorwurf der Pneumatomachen entkräftet. Allerdings gehen weder Athanasius noch Epiphanius

In Anc 71,1 fügt Epiphanius einen erläuternden Einschub zu seinen Ausführungen über Sohn und Geist ein. Er hält fest, dass sie nur im Glauben von den Heiligen verstanden werden können (vgl. Anc 67,1) und bezeichnet sie als φωτεινά („Leuchtende", also „Licht") und φωτοδότα („Lichtspender"), die eine leuchtende Wirkung haben (φωτεινὴν τὴν ἐνέργειαν ἔχει). Der Plural φωτεινά bzw. φωτοδότα zeigt, dass beide Prädikationen sowohl auf den Sohn als auch auf den Geist zu beziehen sind. Es ist also nicht gemeint, dass etwa der Geist das Licht ist, der Sohn der Lichtspender. Beide sind beides. Außerdem stimmen sie in ihrer Wirkung überein, die auf die Erleuchtung der Menschen abzielt. Sohn und Geist werden anschließend in ein Verhältnis zum Vater gestellt: Sie stimmen überein mit dem „Vater des Lichts" (vgl. Jak 1,17). Es wird hier ein wichtiges Charakteristikum des trinitätstheologischen Ansatzes erkennbar: Anders als Athanasius zieht Epiphanius das Beispiel des Lichtes nicht heran, um die Trinität mit einer Reihung wie Licht – Abglanz – Wirkung zu vergleichen,[694] sondern ordnet Sohn und Geist in ihrer Wirkung und in ihrem Verhältnis zum Vater stärker gleich (vgl. auch zu Anc 19,2).

Die folgende Argumentation ist für das Verständnis der *Theologie der Namen* von hoher Bedeutung, ebenso für das Verständnis dessen, was Epiphanius mit der Bezeichnung als „wahrer" Sohn, „wahrer Vater" und „wahrer" Geist meint. Er argumentiert nun mit der Ursprünglichkeit der Begriffe Vater, Sohn und Geist, die nur bei Gott wahrhaft und naturhaft verortet sind, während sie bei den Geschöpfen sekundär sind.[695] Der Gedankengang begegnet schon bei Athanasius,[696] doch geht Epiphanius, dessen Prägung durch die Theologie des Athanasius an dieser Stelle unverkennbar ist, erneut über diesen hinaus, indem er konsequent den Geist mit in die Argumentation einbezieht.

In Anc 71,2 hält er fest, dass der Vater Vater eines *wahren* Sohnes ist, ganz Licht. Der Sohn ist Sohn eines *wahren* Vaters, Licht *aus* Licht.[697] Damit begründet er die Tatsache der „wahren" Vaterschaft bzw. Sohnschaft zunächst wie schon in Anc 2 mit der Abstammung ἐκ. Außerdem macht er keinen Unterschied in der Formulierung: Beide sind gleichermaßen Licht. Dann grenzt er ab: „nicht wie die gemachten oder geschaffenen [scil. Väter und Söhne] nur der Bezeichnung nach (προσηγορίᾳ μόνῃ)". Für den Heiligen Geist gilt, dass er Geist der Wahrheit ist (vgl. Joh 14,17; 15,26; 16,13), φῶς τρίτον παρὰ πατρὸς καὶ υἱοῦ. Die Bezeichnung φῶς τρίτον verweist dabei nicht auf eine Nachordnung, sondern es geht darum, den Geist als drittes Licht gleichgeordnet neben Vater und Sohn zu verstehen, wobei das „Licht" auf die Gottheit, auf das

---

den Schritt, einen solchen Modus zu definieren, obwohl Joh 15,26 auch für Epiphanius eine zentrale Beweisstelle für die Abstammung des Geistes aus Gott ist. Vgl. zusammenfassend Teil III, B.1.

[694] So Athanasius, Ep. ad Serap. I,30 (PG 26, 600 B): ἔνθα γὰρ τὸ φῶς, ἐκεῖ καὶ τὸ ἀπαύγασμα· καὶ ἔνθα τὸ ἀπαύγασμα, ἐκεὶ καὶ ἡ τούτου ἐνέργεια καὶ αὐγοειδῆς χάρις. Vgl. auch I,19.

[695] Vgl. schon Anc 5,6ff.

[696] Vgl. Ep. ad Serap. I,16 (PG 26, 569 AB).

[697] Vgl. Anc 70,5.

gemeinsame Wesen hinweist.[698] Wäre das τρίτον hier im Sinne einer Subordination zu verstehen, müsste der Sohn konsequent als zweites Licht auch dem Vater untergeordnet sein. Gegen beide Annahmen spricht die Betonung der Gleichordnung vor allem von Sohn und Geist in den letzten Kapiteln und letztlich natürlich die anti-pneumatomachische Stoßrichtung von Anc 71. Der Sinn der Aussage ist der, dass Vater, Sohn und Geist in Bezug auf die Gottheit gleichrangig sind und dass die Gottheit in der Dreiheit besteht, nicht etwa nur in der Zweiheit Vater-Sohn. Das παρά (mit Genitiv) verweist dann jedoch nicht auf die Beiordnung („neben"), sondern erneut auf den Ausgang („von"). Die Formulierung unterstützt damit die Aussage von Anc 71,1 (παρ' ἀμφοτέρων): Der Geist ist das dritte Licht, das vom Vater und vom Sohn her sein Sein hat.

Wieder ist ein Unterschied zu dem oben gezeigten Ansatz des Athanasius aufzuzeigen. Während bei Athanasius die Reihe Vater-Sohn-Geist zugrunde liegt, definiert Epiphanius die Abstammung unter Zugrundelegung des Schemas Vater/Sohn-Geist, was damit zu erklären ist, dass es ihm auf die Abstammung des Geistes aus Gott ankam, also aus demselben Wesen wie Vater und Sohn. Von daher stellt er hinsichtlich der Abstammung den Geist der Einheit Vater-Sohn gegenüber und zeigt so, dass der Geist nicht aus dem Geschöpflichen abstammt.

In Anc 71,3 grenzt er den göttlichen Bereich gegen den geschöpflichen ab. Der grundlegende Unterschied zwischen Gott und Schöpfung liegt darin, dass alles Geschaffene die Namen nur der Setzung nach bzw. der bloßen Benennung nach (θέσει ἢ κλήσει)[699] trägt, und nicht etwa wie bei Vater, Sohn und Geist aufgrund der Wirksamkeit (ἐνεργείᾳ), der Kraft (δυνάμει), des Lichtes (φῶτι) oder des (eigentlichen) Sinnes (ἐννοίᾳ). Dafür gibt es verschiedene Beispiele, in denen von Göttern (vgl. Ps 81,6), Söhnen (vgl. Ps 81,6; Jes 1,2), Vätern (vgl. Eph 3,15) und Geistern (vgl. Amos 4,13[700]) die Rede ist (vgl. Anc 71,3). Es ist hier ein für die *Theologie der Namen* wesentlicher Punkt angesprochen. Es geht um die Frage, wo die Begriffe ursprünglich ihren Ort haben, wo sie primär sind und wo sie eine abgeleitete, sekundäre Bedeutung haben. Epiphanius argumentiert, dass der *wahre* Vater vollkommen unvergleichbar mit allen geschöpflichen Vätern ist, da er weder einen Anfang noch ein Ende des Vater-Seins hat, er ist es ewig. Denn wenn es einen Anfang des Vater-Seins gegeben hätte, dann wäre er selber einst auch Sohn eines anderen Vaters gewesen. Entsprechend wäre die Reihe bei der Suche nach dem wahren Urvater (τὸν ἀληθῶς πατέρα τῆς ἀρχαιολογίας; Anc 71,4) ins Unendliche fortzusetzen (vgl. auch Anc 5,7). Das gleiche gilt für den *wahren* Sohn, der ewiger Sohn ist, weil der Vater ewiger Vater ist (vgl. Anc 71,5).[701] Wieder wird deutlich, dass das Begriffspaar Vater-

---

[698] Vgl. auch das τρίτον τῇ ὀνομασίᾳ in Anc 7,1.

[699] Vgl. Anc 72,6.

[700] Dass Epiphanius Amos 4,13 hier als Beispiel für eine Stelle anführt, in der nicht der Heilige Geist gemeint ist, liegt in der Konsequenz der Exegese dieser Stelle in Anc 5,3f.

[701] Zur Argumentation vgl. Anc 5,6f. Vgl. auch Haer 69,18,1–3.

Sohn einander bedingt und ein ontologisches Verhältnis impliziert (vgl. Anc 5,9).

Anhand der bisherigen Ausführungen lässt sich aufzeigen, was *wahre* Vaterschaft bzw. Sohnschaft ausmacht: *Anfangslosigkeit* und *Endlosigkeit*. Damit können wahre Vaterschaft und wahre Sohnschaft nur auf die Gottheit zutreffen, niemals auf die Schöpfung. An diesem Punkt lässt sich die gedankliche Nähe zu Athanasius aufzeigen, der in Ep. ad Serap. I,16 genauso argumentiert.[702]

Da Epiphanius das göttliche Vater- bzw. Sohn-Sein zwar kategorial von dem geschöpflichen abhebt, dennoch aber beide Bereiche miteinander vergleicht, kann gefolgert werden, dass er das menschliche Vater-Sohn-Verhältnis als nach dem Vorbild des göttlichen Verhältnisses geschaffen versteht, wobei zwischen beiden ein unüberwindbarer ontologischer und kategorieller Unterschied bestehen bleibt. Gott-Vater und Gott-Sohn sind offenkundig das Urbild aller anderen Väter und Söhne. Vor allem in diesem Punkt macht sich nischer Einfluss bemerkbar. Die Argumentation von Anc 71 ist damit eine wichtige Ergänzung zu Anc 8, wo er die Begriffe Vater und Sohn als μονώνυμος bezeichnet. Sie sind, das wird hier bestätigt, dies insofern, als ihr Vater-Sein und Sohn-Sein vollkommen einmalig ist, da nur sie wahrer Vater bzw. wahrer Sohn sind. Die Analyse zum Begriff μονώνυμος erhält so eine wichtige Stütze.[703] Ebenso wird deutlich, in welchem Sinne Epiphanius bereits in den ersten Kapiteln des *Ancoratus* Vater, Sohn und Geist als „wahr" bezeichnet hat. In Anc 3,8f findet sich eine entsprechende Formulierung.

---

[702] In Ep. ad Serap. I,16 verweist Athanasius auf die Unmöglichkeit, eine Analogie mit dem menschlichen Verständnis der Begriffe Vater/Sohn zu ziehen. Diese Begriffe seien nur bei den göttlichen Personen wahrhaft verortet, weil diese ihren Status im Gegensatz zu den Menschen, die in einer langen Reihe von Vätern und Söhnen stehen, niemals verändern. Es heißt hier, ebenso ausgehend von der Frage nach der Benennung der Personen und mit Verweis auf den Unterschied zwischen Schöpfer und Schöpfung: ...τῶν μὲν γὰρ ἀνθρώπων εἰ πατὴρ λέγεται τις, ἀλλ' ἑτέρου γέγονεν υἱός· καὶ εἰ υἱὸς λέγεται, ἀλλ' ἑτέρου γέγονε πατήρ· ὥστε ἐπ' ἀνθρώπων μὴ σώζεσθαι κυρίως τὸ πατρὸς καὶ υἱοῦ ὄνομα. Ἀβραὰμ γοῦν, υἱὸς ὢν τοῦ Θάρρου, πατὴρ γέγονε τοῦ Ἰσαάκ· ... καὶ τοῦτον τὸν τρόπον ἡ φύσις τῶν ἀνθρώπων ἔχει· μέρη γὰρ εἰσιν ἀλλήλων· καὶ ἕκαστος γεννώμενος ἔχει τοῦ πατρὸς μέρος, ἵνα καὶ αὐτὸς ἑτέρου γένηται πατήρ. ἐπὶ δὲ τῆς θεότητος οὐκ ἔστιν οὕτως. οὐ γὰρ ὡς ἄνθρωπος ὁ θεός, οὐδὲ μεριζομένην ἔχει φύσιν· διὸ οὐδὲ γεννᾷ υἱὸν μεριζόμενος, ἵνα καὶ αὐτὸς γένηται πατὴρ ἑτέρου, ἐπεὶ μηδ' αὐτός ἐστιν ἐκ πατρός· οὔτε ὁ υἱὸς δὲ μέρος ἐστὶ τοῦ πατρός· διὸ καὶ οὐδὲ γεννᾷ, ὥσπερ γεγέννηται αὐτός, ἀλλὰ ὅλος ἐστὶν ὅλου εἰκὼν καὶ ἀπαύγασμα· καὶ ἐπὶ τῆς θεότητος μόνης ὁ πατὴρ κυρίως ἐστὶ πατήρ· καὶ ὁ υἱός, κυρίως υἱός ἐστιν· καὶ ἐπὶ τούτων ἕστηκε τὸ πατὴρ ἀεὶ πατήρ, καὶ τὸ υἱὸς ἀεὶ υἱός. καὶ ὥσπερ οὐκ ἂν εἴη ποτὲ ὁ πατὴρ υἱός, οὕτως οὐκ ἂν ποτε γένοιτο ὁ υἱὸς πατήρ. καὶ ὥσπερ οὐ παύσεταί ποτε ὁ πατὴρ μόνος ὢν πατήρ, οὕτως οὐ παύσεταί ποτε ὁ υἱὸς μόνος ὢν υἱός... Ep. ad Serap. I,16 (PG 26, 568 C – 569 B). Vgl. dazu v.a. Anc 71,4f. Vgl. auch Ep. ad Serap. IV,6 (PG 26, 645 C); Or. I c. Ar., 14–16; 21(v.a. 6ff)–28; 33. Trotz der großen gedanklichen und argumentativen Nähe wird deutlich, dass Epiphanius Athanasius nicht einfach als Vorlage benutzt hat, sondern die Argumentation in seinen eigenen Gedankengang integriert hat. Denn es gibt erstens keine wörtlichen Übereinstimmungen, vor allem aber hat Epiphanius die für Athanasius so wesentliche Analogie εἰκών – ἀπαύγασμα nicht übernommen. Darin deutet sich an, dass er einen eigenen Ansatz vertreten hat.

[703] Vgl. den Kommentar zu Anc 8,1–4.

Auch in Anc 71 beschränkt Epiphanius sich nicht auf Aussagen zu Vater und Sohn.[704] Entsprechend seinem bisherigen Vorgehen beansprucht er das, was für die beiden ersten trinitarischen Personen gilt, auch für den Geist (vgl. Anc 71,6). Da das Vater-Sohn-Schema nun nicht mehr grundlegend sein kann, formuliert er anders: Der Geist ist *Geist der Wahrheit* (vgl. Joh 14,17; 15,26; 16,13), er ist nicht wie die übrigen Geister geschaffen, er wird nicht wie die übrigen Engel „Engel des großen Ratschlags (vgl. Jes 9,6)“ genannt. Die Formulierungen οὐδὲ ὡς τὰ λοιπὰ πνεύματα bzw. οὐδὲ ὡς οἱ λοιποὶ ἄγγελοι überraschen insofern, als der Geist hier durch die Worte „nicht wie die *übrigen*“ im Grunde mit den geschaffenen Geistern und Engeln verglichen wird. Vgl. dazu unten zu Anc 72,6.

Um die geschaffenen Geister gegen den Heiligen Geist (und wahrscheinlich den Sohn) abzugrenzen, stellt Epiphanius in Anc 71,7f einige Charakteristika einander gegenüber. Die erste Gegenüberstellung macht deutlich, dass auch für den Geist die Eigenschaften gelten, die für die entsprechende Definition als ἀληθινός bei Vater und Sohn konstitutiv sind: Die einen (scil. die geschaffenen Geister und Söhne) haben Anfang und Ende, die anderen (scil. Heiliger Geist und Sohn) „haben einen undenkbaren (ἀνεπινόητον) Anfang und eine undenkbare (d.h. grenzenlose) Macht“ (Anc 71,7).

Epiphanius fährt fort mit der zum Teil in chiastischer Form gehaltenen Gegenüberstellung von göttlichem und geschöpflichem Bereich (vgl. Anc 71,7f):

Die einen schaffen alles in aller Ewigkeit, indem sie mit dem Vater zusammenwirken – die anderen sind geschaffen von diesen, so wie es diesen beliebt.
Die einen dienen ihnen – *den anderen wird gedient von allen Geschöpfen.*
Die einen erretten die Geschöpfe – die anderen empfangen die Rettung von ihnen.
Die einen werden nach Gerechtigkeit gerichtet – *die anderen halten das gerechte Gericht.*
Die einen existieren in der Zeit – *die anderen sind nicht in der Zeit.*
Die einen erleuchten alles – die anderen werden von diesen erleuchtet.
Die einen rufen die Schwachen in die Höhe – die anderen werden vom Vollkommenen gerufen.
Die einen verleihen allen Gnade – die anderen empfangen Gnade.
Um es mit einem Wort zu sagen: Die einen preisen die Heiligkeit in den Himmeln und allen anderen unsichtbaren Orten [vgl. Jes 6,3] – *die anderen sind die Gepriesenen und verleihen den Würdigen Gaben nach ihrer Würdigkeit.*

[704] Vgl. Anc 71,4: οὐ γὰρ ὡς οἱ λοιποὶ πατέρες ... ὁ ἀληθινὸς πατὴρ...; Anc 71,5: οὐδὲ ὡς τὰ λοιπὰ τέκνα θέσει ὁ υἱὸς ὁ ἀληθινός...; Anc 71,6: οὐδὲ ὡς τὰ λοιπὰ πνεύματα τὸ πνεῦμα τῆς ἀληθείας..., οὐδὲ ὡς οἱ λοιποὶ ἄγγελοι ὁ τῆς μεγάλης βουλῆς ἄγγελος...

Damit hat Epiphanius den Unterschied zwischen Gott und Schöpfung zusammenfassend deutlich gemacht. Eine ähnliche, etwas ausführlichere Argumentation begegnet bei Athanasius, Ep. ad Serap. I,22f. Epiphanius verfolgt mit seiner Auflistung dieselbe Intention wie Athanasius, so dass auch hier damit zu rechnen ist, dass er die Stelle bei Athanasius kannte. Eine ähnliche Gegenüberstellung begegnet ebenso bei Basilius, AE III,2,18–21. Basilius beginnt hier: δύο γὰρ λεγομένων πραγμάτων, θεότητός τε καὶ κτίσεως, καὶ δεσποτείας καὶ δουλείας, καὶ ἁγιαστικῆς δυνάμεως καὶ τῆς ἁγιαζομένης... Auch Basilius verfolgt die Absicht, den Geist mittels dieser Gegenüberstellung dem Bereich der Gottheit zuzuordnen. An diesem Punkt zeigt sich zum einen das gemeinsame Anliegen bei Athanasius, Basilius und Epiphanius, zum anderen zeigt sich, dass alle drei sehr ähnlich argumentiert haben, dass sie also in der Pneumatologie eine gemeinsame Tradition verbindet, die für Basilius und Epiphanius ihren Ursprung in Athanasius hat.

In Anc 72 geht Epiphanius vertiefend auf das Problem ein, den Heiligen Geist von anderen, geschaffenen Geistern abzugrenzen und ihn dem Bereich des Göttlichen zuzuordnen. Das Kapitel ist vor allem deshalb von Bedeutung, weil Epiphanius hier eine „allgemeine Pneumatologie“ entfaltet. Die Schrift kennt, so zeigt er in Anc 72,1–5, verschiedene Geister,[705] die nur von denjenigen zu unterscheiden sind, die der Gabe der Unterscheidung (χάρισμα ... διακρίσεως πνευμάτων; Anc 72,2; vgl. I Kor 12,10) gewürdigt wurden. Epiphanius teilt die Geister ein in himmlische, die Freude an der Wahrheit haben (vgl. I kor 13,6), irdische, die Freunde der Stumpfsinnigkeit und des Irrtums sind, und unterirdische, die Kinder des Abgrundes (ἀβύσσου; vgl. Lk 8,31) und der Dunkelheit sind (vgl. Anc 72,2).

Als wesentliches Unterscheidungsmerkmal führt er in Anc 72,6 an: So, wie die meisten Söhne (οἱ πολλοί υἱοί) dies nur θέσει ἢ κλήσει sind, aber οὐκ ἀληθείᾳ, weil sie einen Anfang und ein Ende haben und sündhaft geboren[706] sind, so (οὕτω) sind auch „die meisten“ Geister (πνεύματα πλεῖστα) nur θέσει ἢ κλήσει und sündhaft, während nur (μόνον) der Heilige Geist *von Vater und Sohn* (zur Lesart vgl. unten) „Geist der Wahrheit (vgl. Joh 14,17; 15,26; 16,13)“, „Geist Gottes (vgl. Röm 8,9.14)“, „Geist Christi (vgl. Röm 8,9)“ und „Geist der Gnade (vgl. Hebr 10,29)“ genannt wird.[707] οὐκ ἀληθείᾳ (Anc 72,6),

[705] Epiphanius verweist als Beleg z.B. auf Ps 103,4, Jes 4,4; I Reg 22,21f; Hos 4,12.5,4 u.a.

[706] Die Konjektur HOLLs „ergänze wohl <καὶ γεννηθῆναι>“ ist hier durch den folgenden Satz gestützt.

[707] LAMINSKI (Geist, 59 Anm. 36) verweist darauf, dass sich in Anc 72 noch ein Hinweis auf eine Argumentation findet, wie sie Athanasius, Ep. ad Serap. I,4ff im Zusammenhang mit Amos 4,13 führt, dass nämlich zu unterscheiden sei zwischen dem Heiligen Geist, dem in der Regel der Artikel oder eine andere Apposition beigegeben ist, und anderen Geistern. LAMINSKI verweist ebenso auf Origenes, De princ I 3,4 und Cyrill von Jerusalem, Catech. VI,13–15. Beide gehen wie Athanasius davon aus, dass die jeweilige Bedeutung des Geistbegriffes in der Regel durch eine Apposition oder einen anderen Zusatz deutlich wird. Es ist möglich, dass auch bei Epiphanius

weil sie einen Anfang des Seins haben und sündhaft wurden. Es wird hier deutlich, dass Epiphanius analog zu der Argumentation bezüglich des Sohnes vorgehen will, indem er den *wahren* Geist gegen andere Geister abgrenzt wie er den *wahren* Sohn gegen andere Söhne abgegrenzt hat. Im Zusammenhang mit der Stelle muss auf zwei Besonderheiten eingegangen werden.

Zum einen überrascht die Formulierung, jeweils nur „die meisten" (οἱ πολλοί bzw. πλεῖστα) Söhne und Geister seien dies θέσει ἢ κλήσει, denn die gesamte Argumentation baut darauf auf, dass Sohn und Heiliger Geist einzigartig sind und *alle* anderen, nicht nur die meisten anderen ontologisch verschieden sind. Zwar ist davon auszugehen, dass die Formulierungen aufgrund dieses eindeutigen Kontextes nicht zu pressen sind. Analog zu der Formulierung in Anc 71,6 muss jedoch festgestellt werden, dass Epiphanius im *Ancoratus* nicht in jeder Hinsicht eine präzise Vorstellung von der Stellung des Geistes hat. Gleiches gilt für Haer 74, wenn er in Haer 74,11,5 (3,329,9) den Geist als ἀνώτατον πάντων πνευμάτων bezeichnet. Auch hier verwischt der ontologische Unterschied zu einem graduellen.[708] Obwohl Epiphanius den Geist von den geschaffenen Geistern eindeutig abhebt, zeigen die genannten Stellen und die Tatsache, dass er ihn so ausführlich zu diesen in Relation stellt, dass er einer volkstümlich-traditionellen Sichtweise verbunden bleibt. Dies korrespondiert mit den Beobachtungen zum *ambivalenten Geistbegriff* (vgl. Anc 7f), dem die Vorstellung inneliegt, das Pneuma-Wesen sei unkörperlich und unfassbar. Zuletzt hat Epiphanius in Anc 70,2 diesen Sachverhalt aufgezeigt, indem er einige negative Gottesprädikate auf den Heiligen Geist bezogen hat, die dieser traditionellen Sichtweise entsprechen (vgl. auch Anc 73,7).[709]

Zum anderen ist auf die textkritische Situation für Anc 72,6 hinzuweisen, die an einer wichtigen Stelle erneut nicht eindeutig ist. HOLL konjiziert gegen die Textzeugen J und L καλεῖται πνεῦμα πατρὸς καὶ υἱοῦ. Sowohl L als auch das *Panarion* bieten jedoch die Lesart καλεῖται ὑπὸ πατρὸς καὶ υἱοῦ, J bietet ἀπὸ. Auch die Lesart der Parallelstelle im *Panarion*[710] entspricht derjenigen von L und bietet ὑπό. Während die Lesart HOLLs betont, dass allein der Heilige Geist „Geist des Vaters und des Sohnes" genannt wird, „Geist der Wahrheit" usw., rekurrieren L, J und Haer 74,9 darauf, dass allein der Heilige Geist von Vater und Sohn „Geist der Wahrheit" usw. *genannt* wird.[711] Somit wird im ersten Fall der Unterschied zu den anderen Geistern durch die einzigartigen Benennungen des Heiligen Geistes aufgezeigt, im zweiten Fall ist es die Legitimation durch Vater und Sohn, die ihn von den anderen Geistern abhebt. Die Kon-

---

dieser Gedanke eine Rolle spielte. Allerdings wendet er diese These nicht konsequent an, und sie ist erst Recht nicht konstitutiv für seine Geistlehre.

[708] Vgl. Teil I, A.2.c).

[709] Der Geist wird in Anc 70,2 beschrieben als grenzenlos (ἀπερίγραφος), raumlos (ἀχώρητος) und nicht mit dem Verstande zu erfassen (ἀπερινόητος), er umfasst vielmehr alles, was von Gott geschaffen wurde. Vgl. auch Anc 46,6; 47,3.

[710] Vgl. Haer 74,9,6 (3,326,13).

[711] Vgl. Anc 72,6 bzw. Haer 74,9,6 (3,326,10–15).

jektur HOLLs ist folglich abzulehnen, weil sie ohne Anhaltspunkte bei den Textzeugen ist und den Sinn verändert.

Charakteristikum des Geistes ist es nach Anc 72,7 vor allem, die Gnadengaben zu spenden (vgl. schon Anc 7,4 und 70,7). Dennoch ist es nur ein Geist, der einem jedem zuteilt, wie er will (vgl. I Kor 12,11). Epiphanius betont hier und in Anc 72,8 die Souveränität des Geistes mit einigen Schriftzitaten. Auch damit richtet er sich gegen pneumatomachisches Verständnis, nach dem der Geist etwa eine bloße Gabe des Sohnes ist. Zum Schluss führt er in einem ausführlicheren Zitat mit den bekannten Stellen Joh 15,26 und Joh 16,12–14 Christus selber als Zeugen für die Gottheit des Geistes an, die davon abgeleitet werden kann, dass er vom Vater ausgeht (παρὰ ... ἐκπορεύεται) und vom Sohne nimmt (ἐκ ... λήψεται; vgl. Anc 72,9).[712] Aufgrund der Ausführlichkeit des Zitates Joh 16,12ff ist hier der Bezug zwischen dem „Wissen" des Sohnes und dem „Nehmen vom Meinigen" deutlich herausgestellt.

In Anc 73 setzt Epiphanius die Argumentation von Anc 70–72 steigernd fort. Ausgehend von Mt 11,27 hält er fest, dass nur die trinitarischen Personen Kenntnis voneinander haben, und zwar wie Vater und Sohn, so auch der Geist.[713] Das versteht Epiphanius als Folge seines Ausgangs vom (παρά) Vater und des Nehmens aus (ἐκ) dem Sohn.[714] Deshalb gilt für ihn, dass er wahrhaft verherrlicht (vgl. Anc 12,6), alles lehrt, „das über den Sohn zeugt, was er vom Vater [hat] und aus dem Sohne [nimmt]".[715] Der Geist allein ist der Wegweiser zur Wahrheit. Dies entspricht der für den *Ancoratus* grundlegenden Aussage, die seit Anc 2f das Leitthema ist: nur der Geist kann die rechte Erkenntnis vermitteln. Auf diesen Sinn zielen auch die übrigen Aussagen, die Epiphanius über den Geist macht: Er ist Ausleger der heiligen Gesetze, Verkünder des geistigen Gesetzes, Führer der Propheten, Lehrer der Apostel, „Erleuchter" (φωστήρ; vgl. Anc 66,1; 71,1) der evangelischen Lehre und erwählt die Heiligen (vgl. Anc 12,6; 16,1). Epiphanius schließt diese Zusammenstellung in Anc 73,2 mit der aus dem Nizänum über den Sohn bekannten Aussage: Der Geist ist „wahres Licht aus wahrem Licht". So, wie er zuvor mit dieser Aussage mehrfach die Wesenseinheit von Vater und Sohn aufgezeigt hat, belegt er damit hier diese Wesenseinheit auch für den Geist.[716] Der Kontext legt es nahe, dass Epiphanius mit dem Begriff φῶς hier auf den Offenbarungscharakter hinweisen möchte.

---

[712] Vgl. dazu Anc 7,1. Vgl. auch Anc 6,9; 8,4; 11,3; 73,1; (118,11 (119,3) = NC); 119,10 (120,10). Vgl. auch Anc 67,1.

[713] Anc 73,1f stimmt fast wörtlich mit Anc 11,3 überein. Die Frage der Erkenntnis thematisiert Epiphanius grundlegend in Anc 11–26.

[714] Vgl. in Anc 73,1f zweimal Joh 15,26 bzw. 16,14.

[715] Anc 73,2: τὸ μαρτυροῦν περὶ τοῦ υἱοῦ, ὃ παρὰ τοῦ πατρὸς ὃ ἐκ τοῦ υἱοῦ. Das παρὰ τοῦ πατρὸς und das ἐκ τοῦ υἱοῦ bezieht sich durch den zweimaligen relativen Anschluss ὃ auf das μαρτυροῦν, und nicht auf einen Ausgang. Die Übersetzung beider BKV-Ausgaben ist hier Interpretament.

[716] Für den Sohn vgl. zuletzt Anc 70,5; 71,2, beidemale ohne ἀληθινόν. Vgl. auch Anc 4.

In Anc 73,3 fasst er zusammen: Der natürliche (φυσικός) Sohn ist wahrer und ebenbürtiger Sohn, Einziger aus Einzigem. Mit ihm (σὺν αὐτῷ) ist der Geist, nicht Sohn, ἀλλὰ πνεῦμα ὀνομαζόμενον.[717] In Kurzform bringt er hier wieder den Sachverhalt zum Ausdruck, für den die in Anc 3–10 entfaltete *Theologie der Namen* den Hintergrund darstellt. Die Attribute φυσικός, ἀληθής und γνήσιος sind Voraussetzung dafür, dass der Sohn μονώνυμος Sohn ist (vgl. Anc 8 und Anc 71). Deshalb ist er einzig, und zwar aus Einzigem, denn auch der Vater ist μονώνυμος Vater (vgl. ebenso Anc 8; vgl. auch Anc 2).

In Anc 73,4ff erfolgt ein Resümee: „Dies ist der in der Kirche verherrlichte Gott. Der Vater ewig, der Sohn ewig, der heilige Geist ewig, ὑψηλὸς <ἐξ> ὑψηλοῦ καὶ ὕψιστος.[718] Er ist nur geistig zu erfassen,[719] hat unermessliche Herrlichkeit (δόξαν ἔχων ἀμέτρητον), ihm ist alles Geschaffene unterworfen" (Anc 73,4).

Die Offenbarung des trinitarischen Wesens Gottes geschah sukzessive in drei Stufen: (1.) Die eine Gottheit (θεότης γὰρ μία) wurde bei (ἐν) Mose verkündet (καταγγέλλεται), (2.) die Zweiheit (δυάς) unter den Propheten, (3.) die Dreiheit (τιράς) im Evangelium, so, wie es dem Gerechten gemäß den Zeiten und Geschlechtern an Erkenntnis und Glaube entsprach (vgl. Anc 73,5). Die Erkenntnis dieser trinitarischen Gottheit bedeutet Unsterblichkeit und aus dem Glauben an sie wird Sohnschaft (υἱοθεσία) zuteil. Deutlich verbindet Epiphanius an dieser Stelle die wahre Erkenntnis Gottes, die – wie oben gesagt – vor allem durch den Geist vermittelt wird, mit dem Heil.

Die sukzessive Selbstoffenbarung darf nicht verwechselt werden mit einem modalistischen Verständnis oder mit einer Lehre, wie etwa Markell sie vertreten hat. Zu beachten sind die Formulierungen: Bei Mose wurde die *eine Gottheit* verkündet, nicht nur der Vater. Dann wurde die *Zweiheit* verkündet, dann die *Dreiheit*. Vater, Sohn und Geist existieren jedoch schon immer als solche und hören niemals auf, als solche zu existieren, das heißt, sie wären bei richtiger Erkenntnis auch schon bei Mose zu erkennen gewesen.[720] Schließlich sind Sohn und Geist Mitschöpfer, wie v.a. in Anc 68f deutlich gesagt wurde.

Entsprechend der sukzessiven Offenbarung, die dem jeweiligen Glaubensstand der Gerechten entsprach, verkündet die Gottheit zuerst, nämlich bei Mose, Rechtfertigung (δικαιώματα; Anc 73,6) des Fleisches, dann in den übrigen Propheten Rechtfertigung der Seele, und zuletzt, in den Evangelien, die des Geistes. Erst mit dem Evangelium ist die Rechtfertigung vollständig. Der Ge-

---

[717] Vgl. z.B. Anc 7,1.

[718] Die Formulierung ist wohl am ehesten als Superlativ zu verstehen und mit „der Allerhöchste" zu übersetzen. Dass Epiphanius hier auf einen ontologischen Sachverhalt hinweisen will, ist unwahrscheinlich, da damit eine Stufung impliziert wäre. Die Konjektur HOLLs ist gerechtfertigt.

[719] In diesem Sinne wird das νοερός zu interpretieren sein.

[720] Vgl. dazu die Anklage an die Juden, nur den Vater erkannt zu haben: Vgl. Anc 10,1; 25,1; 27. Ganz ähnlich argumentiert Gregor von Nazianz, Or. 31 (V),26,4–7: ἐκήρυσσε φανερῶς ἡ Παλαιὰ τὸν πατέρα, τὸν υἱὸν ἀμυδρότερον. ἐφανέρωσεν ἡ Καινὴ τὸν υἱόν, ὑπέδειξε τοῦ πνεύματος τὴν θεότητα. ἐμπολιτεύεται νῦν τὸ πνεῦμα, σαφεστέραν ἡμῖν παρέχον τὴν ἑαυτοῦ δήλωσιν. Vgl. auch Or. 31 (V),21.

danke, erst die Dreiheit bringe die Vollkommenheit, zieht sich so auf verschiedenen Wegen durch die gesamten Ausführungen.

Dieses „heilige Zelt“, diesen „heiligen Tempel“ hat allein der Gerechte, der mit ihnen, nämlich mit der Trias, zusammen ist (vgl. Anc 73,6), das heißt nur der, der durch den Geist die Erkenntnis der Trinität vermittelt bekommen hat (vgl. Anc 73,2; vgl. auch Anc 12,6; 16,1). In dem Gerechten[721] wohnt *eine* Gottheit, die unendlich (ἄπειρος), unsterblich (ἄφθαρτος), unbegreiflich (ἀπερινόητος), unfassbar (ἀκατάληπτος), unbeschreibbar (ἀνεκδιήγητος) und unsichtbar ist (ἀόρατος; vgl. Anc 73,7). Wie schon in Anc 70,2 ist es Epiphanius nur via negationis möglich, Aussagen über das Wesen Gottes zu machen.[722] Er fährt mit Aussagen fort, die als logische Konsequenz zu den negativen Prädikationen zu verstehen sind: Die Gottheit allein kennt sich selbst (ἑαυτὴν γινώσκουσα μόνη; Anc 73,7), sie selbst zeigt sich (ἑαυτὴν ἐμφανίζουσα), wie sie will, sie bereitet (διεγείρουσα; eigentlich: „aufwecken“) sich selbst ihre Zeugen, sie beruft, sie bestimmt vorher (προορίζουσα), sie verherrlicht (δοξάζουσα), führt aus dem Hades (ἐξ ῞Αιδου ὑψοῦσα) und sie heiligt (ἁγιάζουσα). Außerdem vereint (ἑνοποιοῦσα) diese Gottheit zu ihrer eigenen Herrlichkeit und um sich Glauben zu verschaffen verschiedene Dreiheiten: So z.B. Geist-Seele-Fleisch; Vergangenheit-Gegenwart-Zukunft; Beschneidung des Fleisches – Beschneidung der Herzen – Beschneidung in Christus (vgl. Anc 73,8).

Sowohl die Auflistung der Gottesprädikate (hier explizit bezogen auf die Gottheit) als auch die Auflistung der Wirkweisen der Gottheit stimmen mit den Aussagen in Anc 70,2 bzw. 73,1f über den Geist überein, worüber er der Gottheit zugeordnet ist.

Anhand der Aufzählung in Anc 73,7f thematisiert Epiphanius das Erkenntnisproblem, denn sowohl die negativen Prädikate als auch die positiven Aussagen zielen darauf ab, die Unergründbarkeit Gottes zu betonen. Die positiven Aussagen zeigen außerdem die Souveränität Gottes an, der Erkenntnis vermittelt, wem er will. Dem steht gegenüber, dass der Heilige Geist die heilbringende Erkenntnis gibt. Vor diesem Hintergrund dient die gesamte Argumentation in Anc 73 dem Nachweis der Gottheit des Geistes, und zwar unter verschiedenen Aspekten: Zum einen wird die Bedeutung des Heilswirkens des Geistes herausgestellt, zum anderen wird deutlich gemacht, dass die Gottheit nur in der Trias vollständig ist. Davon abhängig ist wiederum das vollkommene Heil.

Epiphanius schließt den Abschnitt in Anc 73,9 mit einer Doxologie, die wiederum anti-pneumatomachisch ausgerichtet ist. Um dies deutlich zu machen greift er erneut auf den Heiligkeitsruf der Engel in Jes 6,3 zurück.[723] Wieder betont er, dass dieselbe heilige Stimme „heilig, heilig, heilig“ ruft, wobei ἡ

---

[721] Das ἐν αὐτῷ in Anc 73,7 kann sich sinnvoll nur auf das vorangehende τὸν δίκαιον beziehen.

[722] Vgl. auch Anc 46,6; 47,3.

[723] Vgl. die genaue Interpretation zu Anc 10 und Anc 26,1–3. Vgl. auch Anc 67,4; Anc 69,(1–)7 (= Haer 74,6,(1–)7 (3,321,(9–)26f)).

αὐτῇ φωνῇ auf die Einheit und das dreifache ἅγιος auf die dreifache Differenziertheit hinweist.[724] Dieselbe Stimme verherrlicht[725] den Vater im Sohn, den Sohn im Vater, mit (σύν) dem Heiligen Geist, dem Ehre sei und Stärke bis in alle Ewigkeit. Das σύν zeigt deutlich die Stoßrichtung, denn der Geist ist auch hier auf dieselbe Stufe mit Vater und Sohn gestellt.

An dieser Stelle endet der Abschnitt, den Epiphanius in Haer 74,2–10 zitiert. In Anc 74,1 blickt er auf die Kapitel Anc 65–73 zurück, so dass dieser in Haer 74 zitierte Abschnitt eine weitgehend geschlossene Einheit darstellt. Es ist gut möglich, dass Epiphanius auch hier älteres Material verwendet und in seine laufende Argumentation eingebaut hat. Ein Beispiel für ein solches Vorgehen gibt Basilius in seiner Schrift *De Spiritu Sancto*.[726]

Nach Anc 74,1 versteht Epiphanius die vorangehenden Kapitel als Ausführungen περὶ μὲν τριάδος καὶ ὁμοουσιότητος θεοῦ πατρὸς καὶ υἱοῦ καὶ ἁγίου πνεύματος. Er habe ohne Sophisterei (μηδὲν σοφιζόμενοι) allein aus den Heiligen Schriften vieles gesammelt εἰς εὕρεσιν πιστῶν καὶ ἀντίρρησιν κακοπίστων καὶ κενοδόξων (vgl. den Anschluss an Anc 64,2). Die Gegenüberstellung Sophisterei – Heilige Schrift ist für Epiphanius grundlegend. Aus den Worten ist das Ziel zu entnehmen, das er mit seiner Schrift verfolgt: Sie dient dem Nutzen bzw. der Erbauung der Gläubigen und vor allem der Widerlegung der Falsch- und Ungläubigen. Die rechte Auslegung der Heiligen Schrift ist dabei an den Geistbesitz gebunden: „Groß ist die Kraft des Glaubens im Heiligen Geist, der [scil. der Glaube] in der ganzen Heiligen Schrift verschiedentlich verkündet wird (Anc 74,1).“ So ist es der Geist, der den Menschen mit seinen Gnadengaben weise macht (σοφίζουσαν), nicht der Mensch selber.[727] Der Vorwurf der Sophisterei richtet sich in erster Linie gegen Arianer bzw. Neuarianer.[728] Ihnen wirft Epiphanius vor, die Worte der Schrift zu verdrehen[729]

---

[724] Das bedeutet, er interpretiert Jes 6,3 hier in demselben Sinne wie in Anc 26,1–3. Vgl. dagegen Anc 10.

[725] Mit der Konjektur HOLLS <δοξάζουσα>.

[726] Vgl. dazu v.a. DRECOLL, Basilius, 183–195; vgl. auch DÖRRIES, De Spiritu Sancto, v.a. 81–93, auf den DRECOLL Bezug nimmt.

[727] So in Haer 69,19,2 (3,168,17f): μὴ ἔχοντες (scil. die Arianer) τὴν τοῦ ἁγίου πνεύματος δωρεάν, τὴν σοφίζουσαν πάντα ἄνθρωπον. Dies ist zu sehen im Gegensatz zum Menschen, der von sich aus Sophisterei betreibt: Vgl. Haer 69,62,8f (3,211,27f).

[728] Vgl. neben den genannten Stellen auch im Zusammenhang mit den Neuarianern: Haer 76,16,3 (3,362,6f); 76,16,7 (3,362,20); 76,54,20 (3,412,8). Auch die Homöusianer wenden sich in ihrem Synodalschreiben von Ankyra 358 gegen die Sophisterei der Neuarianer. Vgl. Haer 73,5,1 (3,274,9f); 73,7,8 (3,278,2); 73,10,1 (3,280,26–281,5). Vgl. auch den Brief Georgs von Laodizea von 359, Haer 73,14,4 (3,286,30f). Auch Basilius sieht als Grund für die verwerfliche Lehre des Eunomius dessen σοφίσματα bzw. nicht-christliche Philosophie. Vgl. z.B. Basilius, AE I,3,13–17; AE II,14,19–22; DSS 4f. Epiphanius wirft außerdem auch anderen Gegnern Sophisterei vor, so z.B. Origenes (vgl. Haer 64,63,1 (2,500,2–4); Anc 62,3; Anc 92,1f) und den Manichäern (vgl. Haer 66,21,2 (3,48,15f); 66,92,9 (3,92,8–10)). Vgl. auch Haer 76,3,5 (3,343,20–23). SCHNEEMELCHER (RAC, 925), ist trotz Epiphanius' mehrfacher Bezugnahme auf die philosophischen Techniken seiner Gegner davon überzeugt, dass „E. von den wirklichen Zusammenhängen zwischen

und durch Syllogismen zu Aussagen über Gott gelangen zu wollen.[730] Wichtig für die folgenden Kapitel ist, dass er in Haer 77,1,6 auch den Apollinaristen Sophisterei vorwirft. Außerdem verdrehen auch sie die Schrift und verkehren sie in Mythen.[731] Dieser Vorwurf begegnet in Anc 76,1, zu Beginn der Auseinandersetzung mit apollinaristischer Christologie im *Ancoratus*, wieder.[732] Das verbindende Element zwischen den Kapiteln Anc 65ff und Anc 76ff ist damit weiterhin die rechte Schriftauslegung, die durch den Geist vermittelt wird.

Wenn Epiphanius in Anc 74,1 formuliert, er habe über die „Dreiheit" und über die „Wesenseinheit des Vaters, des Sohnes und des Heiligen Geistes" genügend gesagt, dann zeigt das einmal mehr, dass beide Aspekte für ihn begrifflich noch relativ unverbunden nebeneinander stehen. Zwar spricht er von einer Wesenseinheit; wie sich diese aber zur Dreiheit verhält und wie das Verhältnis begrifflich aussagbar ist, wird nicht deutlich. Er beschreibt die Differenziertheit weiter mit den Namen, nimmt also nicht etwa den Prosopon-Begriff aus Anc 67,7 wieder auf. Damit zeigt sich erneut, dass er diesen Begriff als Personbegriff nicht wirklich adaptiert und akzeptiert hat.[733]

Auffallend ist, dass er den Begriff ὁμοούσιος bisher zwar selten gebraucht hat (vgl. Anc 6; 26; 64), trotzdem aber der Meinung ist, genügend darüber gesagt zu haben. Folglich versteht er seine gesamte Trinitätslehre als Darlegung der Homousie der Trias. Das ὁμοούσιος ist unverzichtbare und selbstverständliche Prämisse seines theologischen Denkens. Wann genau er das ὁμοούσιος für sich als das „Band des Glaubens" (so Anc 6,4) angenommen hat, ist jedoch nicht sicher.[734]

In Anc 74,2 erläutert er sein weiteres Vorgehen. Da die Gewissheit unseres Heils „auf dem festen Bekenntnis zur Menschwerdung unseres Erlösers" und in der „Bestätigung unserer Hoffnung bezüglich der Auferstehung der Toten und unserer Wiedergeburt" gründet, beendet er seine Ausführungen an dieser Stelle noch nicht, sondern sammelt diesbezüglich weitere Zeugnisse für diejenigen,

---

antiker Philosphie u. christlicher Theologie keine rechte Vorstellung hat, sondern sich mit globaler Ablehnung begnügt."

[729] Vgl. Haer 69,56,7 (3,203,25).

[730] Vgl. Haer 69,70,1 (3,218,10–13); Haer 76,48,8 (3,402,25); 76,48,10 (3,403,1–4). Die Wurzeln seiner eigenen Abneigung gegenüber spekulativ-philosophischen Ansätzen liegen bereits in seiner frühen Vergangenheit, als er in Ägypten eine monastische, vor allem auf die Praxis ausgerichtete Ausbildung genoss. Vgl. Teil I, A.1.a).

[731] Vgl. Haer 77,1,6 (3,416,25–29): τὴν γὰρ τῶν θείων γραφῶν ἀκολουθίαν καὶ εὐθύτητα καὶ ἀκακίας ὁμολογίαν, προφητικήν τε καὶ εὐαγγελικὴν καὶ ἀποστολικὴν πίστιν παρέντες σοφιστικὴν ἡμῖν λέξιν καὶ μυθώδη παρεισήγαγον, μεθ᾽ ἧς καὶ πολλῶν δεινῶν ἀκολουθίαν, πληροῦντες ἐν ἑαυτοῖς τὸ εἰρημένον ὅτι ἀποστήσονταί τινες τῆς ὑγιαινούσης διδασκαλίας προσέχοντες μύθοις καὶ κενοφωνίαις (vgl. II Tim 4,3f; I Tim 1,4). Vgl. auch Haer 77,18,15 (3,432,28–31); 77,24,7f (3,437,25–31); 77,30,5 (3,443,8–12); 77,32,2 (3,444,15–17).

[732] Vgl. auch Anc 79,5, wo ebenso der Vorwurf der Sophisterei anklingt, und vor allem Anc 80,4.

[733] Vgl. den Kommentar zu Anc 67,7.

[734] Vgl. Teil I, A.1.a).

die genauer darauf eingehen wollen (ἀκριβέστερον; Anc 74,2; vgl. auch Anc 64,2f). Die treibende Kraft seiner Ausführungen ist die Soteriologie. Diese ist untrennbar verbunden mit der Christologie bzw. der Inkarnation, was durch die Anordnung der Kapitel Anc 76ff (Christologie) und Anc 82ff (Soteriologie) deutlich wird.

In Anc 74,3–75,4 nimmt Epiphanius mit Joh 1,3 einen weiteren wichtigen Schriftbeweis der Pneumatomachen auf. Zunächst erörtert er dazu in Anc 74,3ff die „arianische Frage", ob es eine Zeit oder „etwas" vor dem Logos gab.[735] Es geht also um die Frage der Ewigkeit. Er hält fest, dass es der heilige, real existierende Logos selbst ist (αὐτὸς ὁ ἅγιος λόγος ὁ ἐνυπόστατος[736]; Anc 74,3), der aus dem Vater hervorgeht und durch den die Äonen und Zeiten geworden sind. Deshalb gab es keine Zeit vor ihm. Denn wenn die Zeit vor dem Logos gewesen wäre, hätte diese Zeit größer sein müssen als der Sohn. Gegen eine solche Annahme führt er mit Joh 1,3 an, dass „alles durch ihn geworden ist, was geworden ist", denn wenn etwas geworden ist, ist es durch den Sohn geworden (vgl. Anc 74,4). Er selber aber ist ungeschaffen und ewig, ebenso sind der Vater und der Geist ewig. In Anc 74,6 weist er darauf hin, dass auch die Engel vom Sohn geschaffen worden sind. Der Geist, der dagegen nicht geschaffen ist, wird so von den Engeln abgegrenzt.

In Anc 75,1–4 führt Epiphanius die Diskussion um Joh 1,3 ausschließlich unter pneumatologischem Aspekt fort.[737] So interpretieren einige (τίνες) Joh 1,3 falsch und folgern, der *Geist* sei zu dem Geschaffenen zu zählen, womit sie der Blasphemie verfallen. Epiphanius betont jedoch, dass sich Joh 1,3 auf alles beziehe, ὅ γέγονεν. Es geht also um die genaue Abgrenzung des Zitates, denn diese Worte gehören mit zu der Aussage, wie er auch in Anc 74,4 gesagt hat. Wieder geht es also um das falsche Schriftverständnis, das Ursache des Irrtums ist. Wieder führt er an, was Johannes meint: Wenn etwas geworden ist, dann ist es durch den Logos geworden (Anc 75,2).[738] Es gilt aber, dass der Vater ewig ist und der Sohn ewig ist, und der Geist weht (πνέει; vgl. Joh 3,8) aus Vater und Sohn. Wie mehrfach im Kontext von Anc 65ff beschreibt Epiphanius hier den doppelten Ausgang des Geistes aus Vater und Sohn. Der Begriff πνέει ist in diesem Zusammenhang allerdings singulär. Noch einmal betont er, dass alles,

---

[735] Eine kurze Parallele zu der Argumentation findet sich in Haer 69,25,4f (3,175,8–12).

[736] Zum Begriff ἐνυπόστατος vgl. den Kommentar zu Anc 6.

[737] Vgl. die Parallele in Haer 69,56,1f (3,203,1–10). Hier ist zu Beginn die gegnerische These wiedergegeben: „Sie sagen nämlich, *dass der Heilige Geist wiederum Geschöpf eines Geschöpfes ist.*" Als Beleg wird Joh 1,3 angeführt.

[738] Zur Argumentation vgl. z.B. Gregor von Nazianz, Or. 31 (V),12,21f: πάντα γὰρ ὅσα γέγονεν, εἴρηται, οὐχ ἁπλῶς ἅπαντα. Auch Basilius lehnt es ab, aus Joh 1,3 die Geschöpflichkeit des Geistes zu folgern. Er geht dabei jedoch nicht auf ein sprachliches Argument ein, sondern bezieht sich auf die Einzigkeit des Geistes, die darauf hinweist, dass er zur „einfachen Natur" (μοναδικῆς φύσεως), scil. der Natur Gottes gehört. Vgl. AE III,7,32–36. Vgl. auch Haer 69,18,4f und Athanasius, Or. I c. Ar., 13,7f.

was nach Vater, Sohn und Geist kommt, einmal nicht war und geschaffen wurde, und zwar *durch* den Logos *mit* dem Geist.[739]

Die Exegese von Joh 1,3 bildet ein Bindeglied zwischen Christologie und Pneumatologie.[740] Als Übergang von der pneumatologischen zur christologischen Exegese kann Anc 75,4 angesehen werden: Durch den Logos, unseren Erlöser (σωτήρ), ist alles Geschaffene geworden. Wie durch Stichwortanschluss fährt Epiphanius fort, das Werk des Erlösers zu beschreiben. Er kam, so führt er in Anc 75,5 aus, vom Himmel herab und hielt es für würdig, im jungfräulichen Leib unser Heil zu bewirken. Er wurde wiederum (αὖθις)[741] geboren, und zwar aus Maria, nachdem er durch den Heiligen Geist empfangen wurde (vgl. Lk 1,35; vgl. ebenso Anc 75,6). Hier wird die Verbindung von Pneumatologie und Christologie einerseits und die Verschränkung von immanenter und ökonomischer Trinitätslehre andererseits deutlich: Der Heilige Geist ist an der Inkarnation beteiligt, indem er Christus zeugt. Diese Verhältnisbestimmung gilt jedoch allein bezogen auf die Oikonomia.[742] Auch in Anc 67,1 nennt Epiphanius das Χριστὸς ἐκ πνεύματος ἁγίου als eine mögliche Verhältnisbestimmung für die Gottheit, nämlich bezogen auf die Inkarnation.[743] Wichtig ist, dass Lk 1,35 kombiniert ist mit der Aussage, der Logos selber habe Fleisch angenommen. Damit ist ein vom stoischen Denken beeinflusstes Verständnis ausgeschlossen, nach dem die Gottheit in Christus nur im Sinne einer Einhauchung wie bei den Propheten zu verstehen ist.[744] Beide Elemente bringt Epiphanius im Folgenden zum Ausdruck. Der Erlöser (Subjekt von Anc 75,5 bleibt ὁ σωτήρ) nahm Fleisch an (τὴν σάρκα λαβών), der Logos wurde Fleisch (vgl. Joh 1,14). λόγος und σωτήρ sind hier parallelisiert. Der Logos wurde nicht erst durch die Inkarnation zum Erlöser, sondern war dies schon vorher. Ob dieses Erlöser-Sein einen Anfang hatte, lässt Epiphanius offen. Auf jeden Fall wird deutlich, wie der hohe Stellenwert der Soteriologie bis in die Begrifflichkeit hineinspielt.

Der Logos hat mit der Gottheit die Menschheit angenommen, ohne „die Natur“ (τὴν φύσιν) zu verändern, und hat damit den vollkommenen Heilsplan erfüllt. Wieder bezeichnet Epiphanius explizit nur die Gottheit als „Natur“.[745] Zwischen „Fleisch“ und „Menschheit“ differenziert er nicht: Die Aussage, der Erlöser habe Fleisch angenommen, ist gleichbedeutend mit der, er habe die Menschheit angenommen.

---

[739] Vgl. wieder die signifikant unterschiedlichen Formulierungen διά – σύν bei Epiphanius (Anc 74,3) und διά – ἐν bei Athanasius, Ep. ad Serap. III,5 (PG 26, 633 B). Dazu Teil III, B.2.

[740] Vgl. ähnlich im Zusammenhang mit Amos 4,13, Anc 5,3f.

[741] Epiphanius kennt folglich eine „zweifache Geburt“: Eine ewige der Gottheit nach aus dem Vater und eine zeitliche aus Maria (vgl. Anc 80,4).

[742] Vgl. auch unten den Kommentar zu Anc 77,4.

[743] Wie vor allem in Anc 65–69 deutlich gemacht wurde, wirken der Sohn und der Geist in der Heilsgeschichte zusammen.

[744] Vgl. STEAD, Divine Substance, 178.

[745] Vgl. auch Anc 75,5: ὁ μὴ τραπεὶς τὴν φύσιν, ὁ σὺν τῇ θεότητι λαβὼν τὴν ἀνθρωπότητα.

Der Grund für die Inkarnation ist allein unser Heil, das jedoch an das doppelte Faktum der vollen Gottheit und vollen Menschheit gebunden ist. Die Annahme der ἀνθρωπότης bedeutet, dass der Sohn τὴν σάρκα καὶ ψυχὴν ἀνθρωπίνην angenommen habe und nicht nur zum Scheine (δοκήσει) Mensch wurde (Anc 75,6). Er bereitete sich (εἰς ἑαυτὸν ἀναπλάσας) aus Maria (der „Gottesgebärerin“) einen vollständigen Menschen *durch den heiligen Geist*. Erneut wird die Funktion des Geistes bei der Inkarnation und damit beim Heil betont. Der Logos wohnt nicht in diesem Menschen nach der Art, wie er in den Propheten redet,[746] sondern er wurde selbst Fleisch, οὐ τραπεὶς τοῦ εἶναι θεός, οὐ μεταβαλὼν τὴν θεότητα εἰς ἀνθρωπότητα, ἀλλὰ σὺν τῷ ἰδίῳ πληρώματι τῆς αὐτοῦ θεότητος καὶ τῇ ἰδίᾳ ὑποστάσει τοῦ θεοῦ λόγου καὶ ἐνυποστάτου συμπεριλαβὼν τὸ εἶναι ἄνθρωπος καὶ εἴ τι ἐστιν ἄνθρωπος (Anc 75,7).[747] Epiphanius hält daran fest, dass der Logos voller Gott und voller Mensch sei mit allem, was zum Menschsein dazugehöre,[748] ohne dass das Gott-Sein einer Veränderung unterliege ohne dass der Logos die Gottheit in die Menschheit verändere. Vielmehr (Anknüpfung an die negativen Aussagen mit ἀλλά) betont er, der Logos umfasse mit der ganzen Fülle seiner Gottheit und mit der eigenen Hypostase des Gott-Logos, der real und konkret existiere, das Mensch-Sein.[749]

An dieser Stelle findet sich ein gegenüber dem bisherigen Gebrauch grundlegend verschiedenes Verständnis von ὑπόστασις. Während ὑπόστασις bisher nicht auf die einzelne Person angewendet wurde, spricht Epiphanius hier von der „eigenen Hypostase des Gott-Logos“.[750] ὑπόστασις bedeutet in Anc 75,7 so viel wie „Existenz“. Verstärkt wird dies noch durch die Betonung, diese Hypostase sei ἐνυπόστατος, also real existierend, als Oppositum zu ἀνυπόστατος

[746] Vgl. dazu Athanasius in seinem Brief an Epictet, Haer 77,12,6 (3,426,24ff); vgl. auch Gregor von Nazianz, Ep. 101,22. Diese These wendet sich wahrscheinlich gegen die Lehre des Eustathius von Antiochien, der als erster dem Logos-Sarx-Modell ein Logos-Anthropos-Modell entgegenstellte, die Verbindung der Gottheit mit der Menschheit allerdings nur nach Art einer prophetischen Inspiration erklären konnte. Auch Apollinaris sprach sich wohl gegen diese Auffassung aus. Vgl. bei Gregor von Nyssa, Antirrheticus, GNO III[1], 138,10–16; vgl. Apollinaris, Ep. ad Diocaesareenses 2 (= LIETZMANN, Apollinaris, 256,3–7). Vgl. auch Anc 80,4.

[747] Epiphanius stellt hier zwei verschiedene christologische Lehren nebeneinander. Einmal versteht er die Inkarnation als Annahme des Fleisches, einmal als Fleischwerdung: ὁ τὴν σάρκα λαβών ... ὁ λόγος σάρξ γενόμενος ... ὁ ... λαβὼν τὴν ἀνθρωπότητα ... ὁ τὴν σάρκα καὶ ψυχὴν ... λαβών ... τέλειον εἰς ἑαυτὸν ἀναπλάσας ἄνθρωπον ... ὁ λόγος σὰρξ γενόμενος ... (Anc 75,5–7). Mit GRILLMEIER finden sich bei Epiphanius sowohl Elemente der homoassumptus- als auch der homo-factus-Christologie, was GRILLMEIER darauf zurückführt, dass Epiphanius hier mit seiner Anschauung eine Synthese aus Athanasius und Paulinus bildet. Vgl. GRILLMEIER, Christus I, 503. Auffallend ist, dass Epiphanius jedesmal, wenn er von der Fleischwerdung spricht, anschließend die Unwandelbarkeit des Logos betont, da ein Werden stets einen Wandel impliziert. Diesen Aspekt will er eliminieren.

[748] Ausgenommen ist natürlich die Sünde, wie er des öfteren betont (vgl. zu Anc 78,6).

[749] In der Beschreibung dieses Vorganges bleibt Epiphanius ungenau, wie auch grundsätzlich in der Beschreibung der Verbindung von Gottheit und Menschheit. Entscheidend ist ihm das „dass“.

[750] Vgl. ebenso Haer 77,33,6 (3,446,11).

(vgl. Haer 77,24,2). Dies muss im Gegenüber zur Lehre der apollinaristischen Gegner in Anc 76ff gesehen werden, die den νοῦς als Hypostase bezeichnen und lediglich den νοῦς als göttliches Prinzip in Christus verstehen. Demgegenüber hebt Epiphanius schon hier hervor, dass 1.) der Logos insgesamt Hypostase ist und dass 2.) dieser Logos zusammen mit der ganzen Fülle seiner Gottheit die Menschheit umfasse (und nicht etwa nur der νοῦς). Es liegt somit eine zentrale Bedeutungsverschiebung für den Begriff ὑπόστασις im christologischen Kontext vor. Darüber hinaus fällt auf, dass in Bezug auf die Menschheit nicht von einer Hypostase die Rede ist, sondern von τὸ εἶναι ἄνθρωπος. Damit ist zumindest auf sprachlicher Ebene die Annahme vermieden, in Christus existierten zwei Hypostasen, was unverzichtbar für das Festhalten an der Personeinheit ist, für die Epiphanius vehement eintritt.[751] Ob er ὑπόστασις im christologischen Zusammenhang tatsächlich mit einer anderen Bedeutung verwendet als im trinitätstheologischen, muss anhand der folgenden christologischen Diskussion und im Vergleich mit den Ergebnissen der Untersuchungen zu Haer 77 erörtert werden.

In Anc 75,8 bringt er deutlich zum Ausdruck, warum er an dem Paradox der vollständigen Gottheit und der vollständigen Menschheit festhält: Der Einziggeborene musste wahrer Gott und wahrer Mensch sein, ἵνα ἐν τῷ τελείῳ ἀνθρώπῳ τελείως τὸ πᾶν τῆς σωτηρίας θεὸς ὢν ἐργάσηται, μηδὲν ἀπολείψας τοῦ ἀνθρώπου, ἵνα μὴ τὸ ἀπολειφθὲν εἰς μέρος πάλιν γένηται βρώματος διαβόλου.[752] Wieder wird der soteriologische Hintergrund der Argumentation deutlich.

Von Anc 76 an setzt sich Epiphanius mit apollinaristischer Christologie auseinander. Bestimmend ist auch hier der Vorwurf, dass die Gegner die Heilige Schrift nicht verstanden haben, sondern sie in Mythen verkehren (vgl. Anc 76,1; Anc 80,4 und die Ausführungen zu Anc 74,1). Epiphanius umrahmt die gegnerische Lehre mit seiner eigenen. Zu Beginn (Anc 75) und zum Schluss (Anc 80) hält er fest, dass der Logos einen vollständigen Menschen annahm mit allem, was zum Menschen dazugehört. Die Einheit Christi und die Einheit des Menschen entsprechen dabei einander und ermöglichen die vollständige Erlösung.

Vor der inhaltlichen Analyse soll das Profil der Gegner untersucht werden, mit denen Epiphanius sich in den folgenden Kapiteln auseinandersetzt.

---

[751] Dies ist ein wichtiges Ergebnis der Analyse zu Haer 77 (vgl. Teil I, A.2.b)) und zeigt sich auch in der folgenden Auseinandersetzung in Anc 76ff.

[752] Dieses Argument war ein Haupteinwand gegen die apollinaristische Lehre. Vgl. auch Gregor von Nazianz, Ep. 101,32: τὸ γὰρ ἀπρόσληπτον, ἀθεράπευτον. Auch Anc 77,1ff zeugt davon, dass es Epiphanius bei der ganzen Auseinandersetzung um das Heil des Menschen geht. Vgl. auch Anc 78,3.5.

Exkurs: Die Gegner in Anc 76ff

Von Anc 76 an geht es um die Frage, ob Christus eine menschliche Seele (vgl. v.a. Anc 76) bzw. einen menschlichen νοῦς (vgl. v.a. Anc 77,3ff) angenommen hat. Beide Fragen sind für Epiphanius untrennbar miteinander verbunden und es ist für ihn möglich, beiden Problemkreisen mit denselben Argumenten zu begegnen, da für ihn Seele und νοῦς eine Einheit bilden (s.u. Teil II, B.3.) und der eine Ausdruck den anderen impliziert. Hierin liegt in jedem Fall das verbindende Element zwischen Anc 76 und Anc 77.

Vor allem für Anc 76 ist eine genaue Zuordnung zu bestimmten Gegnern nicht ohne weiteres möglich. Epiphanius leitet die Auseinandersetzung ein: „Wenn aber einige (τινες) behaupten, er habe alleine Fleisch angenommen, eine Seele (ψυχήν) aber nicht..." Mit τινές stellt er eine unspezifische Verbindung zu den vorangegangenen Kapiteln her. Wen meint er hier konkret? Insgesamt gibt es mindestens drei Gruppen, auf die die betreffende Lehre zutreffen könnte.

1.) Das Problem der fehlenden menschlichen Seele brachte Epiphanius in Anc 33,3f mit Lukian „und allen Lukianisten" (Arianern) in Verbindung.[753] Die historische Berechtigung dieses Vorgehens ist allerdings zweifelhaft.[754] Es waren wohl v.a. spätere Arianer, die den Gedanken vom seelenlosen Leib positiv formuliert haben. Eunomius vertritt in seinem Glaubensbekenntnis vor Kaiser Theodosius aus dem Jahre 383 die Ansicht, der Logos habe nicht einen aus Leib und Seele bestehenden Menschen angenommen.[755] Ebenso betont Eudoxius, der Sohn sei Fleisch, nicht aber Mensch geworden, und habe deshalb auch keine menschliche Seele angenommen.[756]

2.) Daneben gab es wahrscheinlich, wie zumindest der zweite der beiden Ps.-Athanasianischen Dialogi contra Macedonianos zeigt, auch einige Pneumatomachen, die das Vorhandensein einer menschlichen Seele in Christus bestritten.[757] Allerdings weist HAUSCHILD darauf hin, dass diese Lehre im pneumatomachischen Schrifttum singulär ist.[758]

---

[753] Anc 33,4: ... ἀρνοῦνται τὸν υἱὸν τοῦ θεοῦ ψυχὴν εἰληφέναι, σάρκα δὲ μόνον φασὶν ἐσχηκέναι. Vgl. v.a. Haer 69,19,7.

[754] Ob die Lehre von der fehlenden Seele explizit von Arius vertreten wurde, ist umstritten. Vgl. oben den Kommentar zu Anc 33,3.

[755] Vgl. zum Glaubensbekenntnis MANSI III, 645–649. Zur Widerlegung vgl. Gregor von Nyssa, *Refutatio Confessionis Eunomii II*, GNO II, 312–410, dort v.a. 384,29–385,2, wo Eunomius zitiert wird: τούτου χάριν φησὶ τὸν ἐπ᾿ ἐσχάτων τῶν ἡμερῶν γενόμενον ἄνθρωπον, οὐκ ἀναλαβόντα τὸν ἐκ ψυχῆς καὶ σώματος ἄνθρωπον. Vgl. auch GRILLMEIER, Christus I, 379.

[756] Vgl. das Glaubensbekenntnis bei HAHN, Bibliothek der Symbole, § 191: σαρκωθέντα, οὐκ ἐνανθρωπήσαντα· οὔτε γὰρ ψυχὴν ἀνθρωπίνην ἀνείληφεν, ἀλλὰ σὰρξ γέγονεν... Eudoxius unterscheidet bewusst zwischen den Begriffen „Fleisch" und „Mensch". Vgl. dazu auch GRILLMEIER, Christus I, 380.

[757] Der Dialog, von LOOFS (Christologie, 67) datiert auf ca. 383–392 (vgl. auch HAUSCHILD, Pneumatomachen, 89), trägt in manchen HSS den Titel ἑτέρα διάλεξις πρὸς Μακεδονιανόν, περὶ τοῦ, εἰ ἐφόρεσε σῶμα ἔμψυχον ὁ τοῦ θεοῦ λόγος. Zum Text vgl. Ps.-Athanasius, Dialogi contra Macedonianos (= CAVALCANTI, 110–124 (PG 28, 1329 C – 1337 A)). Obwohl der Dialog stark überarbeitet ist, lässt sich hieraus pneumatomachisches Gedankengut entnehmen.

3.) Schließlich gibt es Bezüge zu Apollinaris.[759] Auch er vertrat, bevor er später die Frage auf den νοῦς zuspitzte, zunächst die Lehre, Christus habe keine menschliche Seele gehabt.[760]

Gemeinsam ist all diesen Anschauungen, dass sie die Gottheit die Stelle der menschlichen Seele einnehmen lassen. Zumindest die Arianer schließen daraus, die Affekte dem Logos zuzurechnen.[761] Gegen eine solche Folgerung wehrt sich Epiphanius sowohl in Anc 33ff als auch in Anc 75,5ff. Die mehrfache Betonung, der Logos habe eine volle Menschheit angenommen sowie die Gleichstellung von σάρξ und ἀνθρωπότης, ferner von Fleisch*werdung* und Mensch*werdung* können als Reaktion auf jede Lehre verstanden werden, die die Menschheit in irgendeiner Form defizitär erscheinen lässt.

Die Unklarheit, in der Epiphanius den Leser hinsichtlich seiner Gegner belässt, scheint beabsichtigt zu sein. Da die Lehre der Arianer in Anc 33ff bereits verurteilt wurde, fungiert die Auseinandersetzung in Anc 76 als Bindeglied zu Anc 77,3ff. Auch hier werden keine Gegner namentlich erwähnt, sondern wiederum unspezifisch durch τινες eingeführt. Durch die Reihung Anc 33ff – Anc 76 – Anc 77,3ff werden sie indirekt in eine Tradition mit den Arianern gestellt und gleichsam mitverurteilt. Neben dieser fingierten Tradition, besteht eine andere Tradition für Epiphanius tatsächlich: All seine Gegner legen die Schrift falsch aus und sind des Geistes nicht gewürdigt.

Vgl. MEINHOLD, Pneumatomachoi, 1090; HAUSCHILD, Pneumatomachen, 89. Die Parallele zu dem Ansatz des Arius und dem des Apollinaris (vgl. dazu unten) wird an den folgenden Beispielen deutlich. Ein Makedonianos bekennt in dem Dialog, die Gottheit habe die Stelle der Seele angenommen: ἀλλ' εἶχε θεότητα ἀντὶ τῆς ψυχῆς (a.a.O., 112,25 (PG 28, 1332 A)). Allerdings weist HAUSCHILD darauf hin, dass die θεότης hier nicht als das personbildende Element gedacht ist, dass vielmehr ein Vergleich der θεότης in Jesus mit dem menschlichen ἡγεμονικόν abgelehnt wird (mit Verweis auf PG 1332 A = CAVALCANTI, 112,25ff). Im Folgenden geht es u.a. um Jes 42,1/Mt 3,17. Diese Stelle hält der Makedonianos dem Orthodoxen entgegen, der zum Beweis einer Seele Jesu verschiedene Schriftstellen zitiert. Der Makedonianos argumentiert, ebenso wie der Gegner des Epiphanius (vgl. Anc 35,1ff, ebenso im Zusammenhang mit Jes 42,1/Mt 3,17), dass die Rede von der Seele des Vaters im übertragenen Sinne (καταχρηστικῶς) zu verstehen sei, woraus zu folgern ist, dass auch in Bezug auf den Sohn nicht wirklich von einer menschlichen Seele ausgegangen werden dürfe (vgl. a.a.O., 112,42ff (PG 28, 1332 B ff)). Der Makedonianos leugnet die menschliche Seele jedoch nicht, um die Affekte der Gottheit zuzusprechen. Hier liegt der fundamentale Unterschied zu den Arianern, die Epiphanius bekämpft: Direkt zu Beginn des Dialoges wird klargestellt, dass der Makedonianos die ihm nahegelegte Schlussfolgerung, die Leugnung einer Seele führe zur Annahme des ἀνόμοιος, ablehnt: ἀλλ' ἡμεῖς ἀνόμοιον μὲν οὐ λέγομεν, ἄψυχον δὲ λέγομεν (CAVALCANTI, 110,9 (PG 28, 1329 C)). Vgl. auch HAUSCHILD, Pneumatomachen, 108f.

758 Vgl. HAUSCHILD, Pneumatomachen, 108.

759 Vgl. dazu GRILLMEIER, Christus I, 380; 480ff (494–497!).

760 Vgl. dazu S. 52, Anm. 212.

761 So der Vorwurf bei Epiphanius, Anc 33,5. Epiphanius weiß zu berichten, dass es auch unter den Dimöriten eine Gruppe gegeben hat, die aufgrund einer falschen Exegese (hier von I Kor 2,8) dem Logos Leidensfähigkeit zusprechen wollten: Vgl. Haer 77,32; vgl. SMITH, Dimoeritae, 831, der sich auf diese Stelle bezieht.

Die Gegner von Anc 77,3ff sind durch den Inhalt eindeutig zu bestimmen. Es geht nun explizit um die Frage nach dem menschlichen νοῦς. Diese Problematik brachte Epiphanius schon in Anc 63,6 mit den sogenannten „Dimöriten" in Verbindung, die er hier wie in Anc 13,8 in einem Ketzerkatalog nannte.[762] Die Bezeichnung ist abgeleitet von „δίμοιρος, -ον", „in zwei Teile geteilt". Die Dimöriten sind nach Epiphanius diejenigen, die „nicht die volle Menschwerdung Christi bekennen" (Anc 13,8) und die „unvernünftiger Weise den νοῦς verwerfen" (Anc 63,6).[763] Anders als „die Lukianisten" differenzieren sie zwischen Seele und νοῦς und schließen nur letzteren von der Annahme durch den Sohn aus, weil dessen Platz der Logos bzw. der göttliche νοῦς eingenommen hat. Sie nahmen in Jesus nur Leib und (animalische) Seele an, nicht aber den νοῦς.

Der Begriff „Dimöriten" kann vor diesem Hintergrund in zweierlei Weise gedeutet werden:

1.) Entweder, Epiphanius klagt ein, dass die Gegner nur Seele und Leib in Christus kennen, dass sie also nur von einer Zweiheit ausgehen, obwohl der Mensch mehr ist als dies (vgl. Anc 77,5f).

2.) Oder er kritisiert, dass die Gegner mit ihrem Verständnis Christus in zwei Teile *zerteilen*, nämlich in Christus auf der einen und die Gottheit bzw. den νοῦς auf der anderen Seite, wodurch sie die Personeinheit zerstören. Dieser zweite Aspekt scheint vor dem Hintergrund der Analyse von Haer 77 der entscheidende und eigentliche Vorwurf zu sein, der mit dem Begriff impliziert ist.

Nach SMITH, der sich für seinen Artikel über die Dimöriten vornehmlich auf Epiphanius stützt, ist die Bezeichnung „another name for the followers of Apollinarius."[764] In Haer 78,1 identifiziert Epiphanius die Dimöriten selber explizit mit den Apollinaristen.[765] Im *Ancoratus* schweigt er sich über eine namentliche Verbindung zu Apollinaris oder seinem Schüler Vitalis jedoch aus.[766] Trotz der offenkundigen Verbindung zwischen Anc 77,3ff und Haer 77 darf auf den *Ancoratus* nicht die Situation übertragen werden, die Haer 77 widerspiegelt. Vielmehr ist vom Textbefund des *Ancoratus* auszugehen. Der Hauptgrund dafür,

---

[762] Außer bei Epiphanius findet sich ein weiterer Beleg für den Begriff noch bei Didymus, Psalmenkommentar IV, 285,4 (= GRONEWALD, PTA, 284).

[763] Anc 63,6: ... καὶ Διμοιρῖται οἱ ἀνοήτως τὸν νοῦν παρεκβάλλοντες. Vgl. eine ähnliche Charakterisierung bei Gregor von Nazianz, Ep. 102,5: μονοὶ γὰρ σχεδὸν ὅ δογματίζουσιν ὄντως καὶ πάσχουσιν, ἀνοίᾳ τὸν νοῦν περικόπτοντες.

[764] Vgl. SMITH, Dimoeritae, 830. SMITH (Dimoeritae, 831) weist darauf hin, dass zwischen verschiedenen Gruppierungen zu unterscheiden ist, wobei die einen eher die Lehre des Apollinaris verträten, andere von anderen Systemen beeinflusst seien.

[765] Vgl. Haer 78,1,1 (3,452,2f): ἀπὸ ταύτης τῆς παρά τισι Διμοιριτῶν κεκλημένης ἤ χωρὶς νοῦ ἐνσάρκου Χριστοῦ παρουσίας ὀνομαζομένης... Vgl. auch die indirekte Identifizierung aufgrund der Lehre, Haer 77,1,4 (3,416,15–20): ἔδοξε γάρ τισι ... παρεκβάλλειν τὸν νοῦν ἀπὸ τῆς τοῦ Χριστοῦ ἐνσάρκου παρουσίας καὶ λέγειν ὅτι σάρκα ἔλαβεν ὁ Χριστὸς ἐλθὼν ὁ κύριος ἡμῶν καὶ ψυχήν, νοῦν δὲ οὐκ ἔλαβε τουτέστι τέλειον ἄνθρωπον·

[766] Vgl. jedoch MARTIN (Epiphane, 125), der in Anc 78,3 einen Hinweis auf Apollinaris sieht. Allerdings bleibt diese These spekulativ, denn ebenso könnte Epiphanius hier wie so oft einen fiktiven Gegner ansprechen.

dass Epiphanius hier weder Apollinaris noch sonst einen Apollinaristen namentlich erwähnt, dürfte darin liegen, dass es zwischen beiden noch nicht zu dem offenen Bruch gekommen ist, der der Situation von Haer 77 zugrunde liegt. Epiphanius wollte Apollinaris, der wie er Nizäner war und sich zum ὁμοούσιος bekannt hat,[767] zu dieser Zeit wahrscheinlich nicht direkt angreifen und hat die entsprechenden Lehren namenlosen Schülern angelastet.[768] Es ist gut möglich, dass die Anc 76ff geführte Auseinandersetzung mit den in Haer 77,2; 77,22,5 erwähnten Schülern in Verbindung zu bringen ist, die, wie Epiphanius selber bezeugt, nach Zypern gekommen sind und häretische Lehren verbreitet haben. Zwar wurde von den drei mit ihnen in Zusammenhang gebrachten Lehren im *Ancoratus* nur die Frage nach der fehlenden Seele erörtert, während die beiden anderen – trotz ihres häretischen Inhaltes – hier ungenannt blieben. Dies kann jedoch damit erklärt werden, dass diese Lehren mittlerweile keine Streitthemen mehr gewesen sind.[769]

Die Annahme, dass Epiphanius im *Ancoratus* auf die Auseinandersetzung mit diesen Schülern anspielt, erhält von daher eine Stütze, dass die – wie der Vergleich zwischen Haer 77 und Anc 77 zeigt – detaillierten Kenntnisse über die gegnerische Lehre auf einen direkten Kontakt mit Vertretern derselben schließen lassen. Über weitere Auseinandersetzungen mit apollinaristischer Lehre vor dem Gespräch in Antiochien ist nichts bekannt.[770]

Abschließend kann festgestellt werden, dass aufgrund des engen inhaltlichen Zusammenhangs von Anc 76 und Anc 77,3ff davon auszugehen ist, dass Epiphanius sich in dem gesamten christologischen Abschnitt Anc 76ff mit apollinaristischer Christologie auseinandersetzt, wobei die Anonymität der Gegner und die daraus sich ergebende Verbindung zu den Arianern als beabsichtigt angesehen werden kann.[771] Auf gleiche Weise ist ein unbestimmter Bezug zu den vorangehenden Kapiteln und der Auseinandersetzung mit den Pneumatomachen hergestellt. Die sachliche Verbindung besteht in dem Vorwurf, die Schrift falsch auszulegen und damit das Heil zu gefährden.

---

[767] Vgl. z.B. Apollinaris, Apodeixis (= fr. 39f; LIETZMANN, Apollinaris, 213,24f.29).

[768] Das Bestreben, Apollinaris in Schutz zu nehmen, ist auch in Haer 77 deutlich spürbar.

[769] Vgl. zu allem Teil I, A.2.b).

[770] Die Möglichkeit, dass dieses nicht genau datierbare Gespräch auch schon die Grundlage für die Auseinandersetzung von Anc 77,3ff bildet, hat zu viele chronologische Gründe gegen sich, obwohl die Übereinstimmungen zwischen Haer 77,22–24 und Anc 77,3ff sehr auffällig sind. Zur Datierung des Gespräches auf eine Zeit nach 374 vgl. Teil I, S. 61. Anm. 267.

[771] Die Anonymität der Gegner passt außerdem zu der Intention des *Ancoratus*, in erster Linie eine positive Darstellung der orthodoxen Lehre zu geben und sich nicht in eine direkte Auseinandersetzung mit konkreten Gegnern einzulassen. Vgl. hierzu das im Zusammenhang mit Anc 27ff beobachtete Vorgehen, die gegnerische Position z.T. gar nicht oder lediglich ungenau wiederzugeben. Die entsprechenden Positionen wurden in Haer 69 dagegen wesentlich genauer dargestellt.

3. Schrift und Inkarnation – Auseinandersetzung mit apollinaristischer Christologie (Anc 76–80)

In Anc 76,1 nennt Epiphanius erstmals in diesem christologischen Kontext eine gegnerische These. Einige (τινές) verkehren die Schrift in Fabeln (vgl. II Tim 4,3f; I Tim 1,4, vgl. auch Haer 77,1,6 (3,416,25–29)) und behaupten, ὅτι σάρκα μόνην εἴληφε, ψυχὴν δὲ οὔ. Die folgende Widerlegung wird anhand von I Kor 2,16 geführt. Anhand dieser Stelle führt Epiphanius den Nachweis für die Existenz eines menschlichen νοῦς in Christus. Die Frage nach der Seele ist demnach eng mit derjenigen nach dem νοῦς verbunden.

Die Schriftstelle im Korintherbrief wurde von den Gegnern bevorzugt als Beweis dafür angeführt, dass der νοῦς Christi, wenn wir diesen aufnehmen, sich von unserem menschlichen wohl unterscheiden müsse.[772] Epiphanius argumentiert dagegen, der Mensch gebe, wenn er den νοῦς Christi empfange, seinen eigenen nicht ab, sondern er sei mit beiden erfüllt, wobei der νοῦς Christi den eigenen menschlichen νοῦς anleite und führe. Ebenso habe auch Christus, der Gott sei und in sich selbst νοῦς,[773] den menschlichen νοῦς zusammen mit Leib und ψυχή angenommen. Entscheidend ist, dass dabei die Souveränität der Gottheit gewahrt bleibt: ὡς γὰρ τὴν σάρκα ἔλαβε μὴ ὑπὸ σαρκὸς ἡττηθείς, οὕτω καὶ τὸν νοῦν εἰληφὼς οὐχ ὑπὸ νοὸς ἥττηται (Anc 76,3). Dies ist dieselbe Argumentation wie im Gefolge von Anc 33,4 im Zusammenhang mit der Seele. In Anc 76,4 präzisiert Epiphanius, dass die Affekte eher noch als dem νοῦς dem Fleisch zuzurechnen seien, wie er anhand verschiedener Schriftstellen verdeutlicht. Er kommt zu dem Ergebnis, dass der νοῦς das ist, was die Schrift mit καρδία bezeichnet,[774] das hegemonische Prinzip (ἡγεμόνα) des ganzen Menschen, das gut und böse unterscheidet. Der νοῦς ist an sich neutral, er ist das Unterscheidende, nicht aber das Entscheidende (vgl. Anc 76,6).[775]

---

[772] Vgl. SMITH, Dimoeritae, 831 und unten.

[773] Dahinter steht der Gedanke, dass Christus alles ganz und vollkommen ist. Nur dadurch ist gewährleistet, dass er ungeteilt und unzusammengesetzt ist. So bezeichnet Epiphanius Christus auf dieselbe Weise als νοῦς, wie er ihn als πνεῦμα (vgl. z.B. Anc 81,1) oder als σοφία (vgl. z.B. Anc 43,1) bezeichnen kann. Vgl. dazu auch das Verständnis bei Gregor von Nyssa, Antirrheticus, GNO III[1], 136,30–137,7: „Aufgrund dessen, dass Gott einfach (ἁπλοῦς), unteilbar (ἀμερὴς) und unzusammengesetzt (ἀσύνθετος) ist, ist er alles ganz, was von ihm ausgesagt werden kann. Er ist nicht zum einen Teil dies und zum anderen jenes. Es muss alles in ihm als Eines gedacht werden, und wenn er nicht (Eines) ist, fällt alles in Nichts zusammen. ... Christus ist nicht einfach nur Kraft (δύναμις), sondern Gottes Kraft und Gottes Weisheit."

[774] Vgl. ebenso Origenes, De princ I 1,9 (27,11–14).

[775] Vgl. dagegen Gregor, der in Antirrheticus, GNO III[1],141,8ff dem νοῦς auch die Fähigkeit zum Entscheiden (προαιρετικῆς; ebd. 141,9) zuspricht. Dass es sich bei der in Anc 76 diskutierten Interpretation um ein „typically Apollinarian understanding" (DECHOW, Epiphanius, 62) von I Kor 2,16 handelt, zeigt ein Vergleich mit Gregor von Nazianz, der in Bezug auf die Stelle ganz ähnlich argumentiert. Auch er hält die Interpretation der Gegner, mit dem „νοῦς Χριστοῦ" sei die Gottheit Christi gemeint, für falsch. Die Stelle sei vielmehr auf diejenigen zu beziehen, die ihren νοῦς gereinigt haben, indem sie jenem νοῦς Christi nachahmten. Das seien die, über die gesagt wird, sie haben den νοῦς Christi. Man könne ebenso sagen, dass diejenigen, die ihr Fleisch überwunden haben (vgl. Gal 5,24), das Fleisch Christi angenommen haben, weil sie aus diesem

Der Grund dafür, dass Epiphanius die Frage nach der menschlichen Seele mit I Kor 2,16 beantwortet, liegt darin, dass für ihn der νοῦς ein Aspekt der Seele ist.[776] Von daher leugnet der, der eine Seele leugnet, auch den νοῦς, und andererseits ist der Nachweis, Christus habe einen νοῦς angenommen, gleichzeitig der Nachweis, er habe eine Seele angenommen. Wer die Seele nennt, nennt den νοῦς implizit mit.[777] Folglich sind für Epiphanius νοῦς und ψυχή in der Argumentation Wechselbegriffe, und von daher erklärt sich auch die Verbindung zwischen der Frage nach der ψυχή und der Frage nach dem νοῦς.

Anc 77,1f unterstreicht den soteriologischen Charakter der Argumentation: Epiphanius fragt nach dem Nutzen der fremden Lehre für das Leben.[778] Gegen sie betont er von neuem die Annahme der vollen Menschheit, die er präzisiert als ein „sich selbst nehmen" insofern, als der Sohn sich seinen Leib selbst gebildet hat und sich die Seele selbst eingegeben (ἐνθείς) hat.[779] Damit hebt er die absolute Souveränität des Logos über die Menschheit hervor.

In Anc 77,3 leitet Epiphanius über zu einer anderen Lehre. Die Gemeinsamkeit zur vorangehenden liegt darin, dass auch durch diese Lehre die menschliche Erscheinung Christi defizitär gemacht wird und damit (vgl. Anc 75,8) das in ihm sich ereignende Heil, die οἰκονομία, die dem ganzen Menschen gilt. Anders als in Anc 76,1 geht es jetzt explizit um die Lehre, Christus habe keinen menschlichen νοῦς angenommen. Offensichtlich meinen die Gegner, mit der

---

Grunde mit zum Leib Christi gehören und Teilhaber sind (vgl. Eph 3,6). Vgl. Gregor von Nazianz, Ep. 102,10f.

776 Vgl. dazu unten den Kommentar zu Anc 77,4ff.

777 Vgl. auch Gregor von Nyssa, Antirrheticus, GNO III[1], 145,6–8: τί δήποτε τοίνυν παρεσιωπήθη παρὰ τοῦ Παύλου τὸ νοερὸν τῆς ψυχῆς ἐπὶ τοῦ Ἀδάμ; ἢ δῆλον ὅτι τῷ μέρει συνονομάζεται τὸ λειπόμενον...

778 Vgl. Haer 77,24,3–5 (3,437,10–20).

779 Der Abschnitt in Anc 77,2 ist Teil eines Briefes, der als syrisches Fragment bei Severus von Antiochien überliefert ist. Zum lateinischen Text vgl. Severus von Antiochien, *Liber contra impium Grammaticum*, CSCO; 102/Syr. 51, 235f. Nach der Überschrift (*Eiusdem; Ex epistula ad Magnum, Antiochiae Presbyterum, qui Sabellianus erat, cuius initium est: ‚Virtus Spiritus Sancti fortes reddit eos, qui gratiam a Deo acceperunt'*) handelt es sich um einen Brief, den Epiphanius an Magnus, einen Presbyter in Antiochien geschrieben hat. Magnus wird hier als Sabellianer charakterisiert, obwohl das Fragment keinen trinitätstheologischen Bezug hat, vielmehr einen christologischen. LEBON spezifiziert, dass sich darin apollinaristische Häresie widerspiegelt, wofür er sich auf den Kontext des *Ancoratus* beruft (vgl. LEBON, a.a.O., 156). Den Vorwurf an Magnus, gleich zwei Häresien auf einmal verfallen zu sein, hält LEBON für nicht ungewöhnlich. Er bezieht sich hier auf Basilius, der in Epp. 129,1; 265,2; 223,6 Apollinaris des Sabellianismus verdächtigt. LEBON hält es für möglich, dass Epiphanius um die so hergestellte Verbindung zwischen Sabellianismus und Apollinarismus wusste und dass er und von daher in Magnus beide Häresien bekämpfte (vgl. ders., a.a.O., 157). LEBON setzt den Brief später an als den *Ancoratus*, worin ihm zu folgen ist. Zur Begründung führt er an, dass das Fragment gegenüber Anc 77,2 präzisierend formuliert. So äußert z.B. das Fragment statt der Worte ἤτοι ἐνθείς (so Anc 77,2) anlehnend an Joh 10,18: „... qui dixit: Potestatem habeo dandi illam, id est, ponendi illam iterumque sumendi illam" (CSCO; 102/Syr. 51, 236,6f). Vgl. LEBON, a.a.O., 156. Wie weit sich der Brief ursprünglich mit dem Text des *Ancoratus* deckte, ist unklar. Vgl. zu dem Brief auch Teil I, A.2.a).

Übernahme des menschlichen νοῦς sei die Übernahme der Sündhaftigkeit verbunden.[780]

Das Problem in der Argumentation der Gegner liegt für Epiphanius in zwei wesentlichen Punkten: Zum einen denken sie, der νοῦς sei eine Hypostase, zum anderen sind sie der Meinung, der νοῦς sei das, was die Schrift gewöhnlich als πνεῦμα im Menschen bezeichnet, was die Gegner aus I Thess 5,23 schließen (Anknüpfung des Zitates durch ὡς).[781] Beidem widerspricht Epiphanius entschieden (σφάλλονται οὖν) und fügt seine Widerlegung an.

Aus der Ablehnung der Identifikation von νοῦς und Pneuma, die darauf abzielt, dem νοῦς die hypostatische Eigenständigkeit abzusprechen, kann gefolgert werden, dass für Epiphanius das Pneuma in Christus als göttliche Hypostase zu verstehen ist, obwohl er dies nicht explizit sagt. Das korrespondiert mit den Aussagen in Anc 75,5.6 und Anc 67,1. Wie hier deutlich wurde, kennt Epiphanius auch die Verhältnisbestimmung, dass „Christus aus dem Heiligen Geist" ist, insofern er nämlich „aus Maria durch den Heiligen Geist geboren" wurde (vgl. Anc 75,5; Lk 1,35; vgl. ebenso Anc 75,6). Erneut spielt der *ambivalente Geistbegriff* eine Rolle (vgl. Anc 7f): Der Einziggeborene ist aufgrund des Pneuma-Wesens „ganz Geist" (Anc 81,1). Von daher kann das Göttliche in Christus auch als Pneuma definiert werden.

Der zentrale Punkt in der Auseinandersetzung mit den Apollinaristen ist jedoch die Frage nach dem νοῦς und nach dessen hypostatischer Eigenständigkeit. Dies zeigt Anc 77ff, dies zeigt der Rückblick in Haer 77,20–23 auf das Gespräch mit Viatlis in Antiochien (zu datieren nach 374[782]), dies zeigt die Auseinandersetzung im *Panarion*, Haer 77,23ff. Es ist davon auszugehen, dass die Schüler des Apollinaris genau diese Lehre um den νοῦς auch auf Zypern verbreitet haben, weswegen Epiphanius sich bereits früh damit konfrontiert sah. Die Diskussion in Anc 77ff spiegelt offenkundig eine direkte und intensive Auseinandersetzung um das Thema wider, denn der Passage ist anzumerken, dass Epiphanius noch „im Thema ist", während der Leser kaum Hintergrundwissen vermittelt bekommt. Aus diesem Grunde ist hier ein Vergleich mit Haer 77 hilfreich. Außerdem soll zum besseren Verständnis der nun folgenden Auseinandersetzung ein Vergleich mit Gregor von Nyssa herangezogen werden, der ca. 12 Jahr später in seinem *Antirrheticus adversus Apolinarium* die gleiche Problematik behandelt, um die es auch bei Epiphanius geht.[783]

---

[780] So Anc 77,4 mit der Konjektur HOLLs. Die Konjektur erhält durch Anc 79,1.4 ihre Berechtigung. Vgl. Gregor von Nyssa, Antirrheticus, GNO III[1], 195,7ff; Apollinaris, Ep. ad Diocaesareenses 2 (= LIETZMANN, Apollinaris, 256). Vgl. auch Haer 77,27,4 (3,440,3ff): οὐ γὰρ ὁ νοῦς ἡμῶν εἰς τὸ ἁμαρτάνειν ἡμῖν γεγένηται, ἀλλὰ... Vgl. Haer 77,26,5–29,4 (3,439,11–442,9); 77,35,1 (3,447,11).

[781] Vgl. auch Gregor von Nyssa, Antirrheticus, GNO III[1], 209,1ff, dem zufolge Apollinaris diese Stelle als Beleg für den Trichotomismus Geist/Seele/Leib anführte.

[782] Vgl. Teil I, S. 61 Anm. 267.

[783] Vgl. dazu die Ausführungen bei LIETZMANN, Apollinaris, 83ff (grundlegend hier auch die Fragmentensammlung, a.a.O., 208ff) und v.a. bei MÜHLENBERG, Apollinaris, 64–91 (Sichtung der Fragmente LIETZMANNS und Rekonstruktion). Die Schrift Gregors ist nach MÜHLENBERG (Apolli-

Gregor zufolge stimmt Apollinaris zu, dass das Fleisch nicht seelenlos ist.[784] Diese Aussage nimmt Gregor auf und zeigt den Problempunkt auf: Es reiche nicht aus, nur die Existenz einer Seele auszusagen, wenn man den νοῦς als einen von der Seele getrennten Teil verstehe. Denn der Mensch bestehe nicht nur einfach aus Leib und Seele, sondern aus Leib und einer *vernunft*begabten Seele. Im gesamten Verlauf der Schrift stellt Gregor diesen Punkt heraus: Zum Menschen gehört die Vernunft, der νοῦς, untrennbar dazu.[785]

Apollinaris leugnet hingegen den menschlichen νοῦς in Christus. Er trennt ihn von der Seele ab und lässt an seine Stelle den Logos oder den göttlichen νοῦς treten,[786] weswegen er vom Sohn als νοῦς ἔνσαρκος sprechen kann.[787] Im Zuge der Auseinandersetzung wehrt sich Gregor unter anderem dagegen, dass Apollinaris, der Gregor zufolge offensichtlich von einem trichotomischen Modell ausgeht,[788] die Unterteilung im Menschen zu stark betont. Grundsätzlich hält Gregor es sowohl für möglich, von einer vernunftbegabten Seele zu sprechen, als auch νοῦς und ψυχή gesondert aufzuzählen, so dass er die trichoto-

---

naris, 90f) „mit einiger Wahrscheinlichkeit auf das Jahr 386“ zu datieren. Die dem Antirrheticus zugrundeliegende Schrift des Apollinaris (Ἀπόδειξις περὶ τῆς θείας σαρκώσεως τῆς καθ' ὁμοίωσιν ἀνθρώπου) datiert MÜHLENBERG (TRE, 365) auf „vor Winter 382“. Anc 77 repräsentiert somit ein wesentlich früheres Stadium der Auseinandersetzung. Eine literarische Abhängigkeit von Gregor ist folglich ausgeschlossen.

[784] Vgl. Gregor, Antirrheticus, GNO III[1], 140,17 (= fr. 22; LIETZMANN, Apollinaris, 209,31): ἀλλ' οὐκ ἄψυχος, φησίν, ἡ σάρξ. Vgl. zur Stelle MÜHLENBERG, Apollinaris, 66f. Vgl. auch Gregor, a.a.O., 213,1ff.

[785] Nur die vernunftbegabte Natur unterscheidet uns von den anderen Lebewesen, während wir alles andere, wie Nahrungstrieb, Fortpflanzungskraft, Schlaf, Verdauung usw. mit ihnen gemeinsam haben. Die Vernunftbegabung ist kennzeichnend für die menschliche Seele. Vgl. Antirrheticus, GNO III[1], 140,20ff; 141,3ff; 163,28ff u.ö.

[786] Vgl. Apollinaris, Ep. ad Diocaesareenses 2 (= LIETZMANN, Apollinaris, 256,3–10): ἡμεῖς ὁμολογοῦμεν ... αὐτὸν τὸν λόγον σάρκα γεγενῆσθαι μὴ ἀνειληφότα νοῦν ἀνθρώπινον, νοῦν τρεπόμενον καὶ αἰχμαλωτιζόμενον λογισμοῖς ῥυπαροῖς, ἀλλὰ θεῖον ὄντα νοῦν ἄτρεπτον οὐράνιον· διὸ καὶ οὐ σῶμα ἄψυχον οὐδὲ ἀναίσθητον οὐδὲ ἀνόητον εἶχεν ὁ σωτήρ, οὐδὲ γὰρ οἷόν τε ἦν τοῦ κυρίου δι' ἡμᾶς ἀνθρώπου γεγενημένου ἀνόητον εἶναι τὸ σῶμα αὐτοῦ.

[787] Vgl. z.B. Antirrheticus, GNO III[1], 166,26–28; 186,21ff (= fr. 69; LIETZMANN, Apollinaris, 220,23–25).

[788] Vgl. S. 288, Anm. 781. Vgl. ferner Antirrheticus, GNO III[1], 141,30f: ...κατὰ τὴν τριμερῆ τοῦ Ἀπολιναρίου τῶν ἀνθρώπων. Antirrheticus, GNO III[1], 185,9ff; 209,12ff; 213,7ff (= fr. 89; LIETZMANN, Apollinaris, 227,22ff). Vgl. aber 214,19–21 (= fr. 91; LIETZMANN, Apollinaris, 228,8f) und dazu die Deutung MÜHLENBERGs (Apollinaris, 85), der betont, Apollinaris gehe gerade nicht von einem Wesen aus vier Teilen aus, da eine Einung aus Gott und einem vollkommenen Menschen (mit Leib, Seele und νοῦς) unmöglich sei und diese dann gar nicht stattgefunden habe (vgl. fr. 92; LIETZMANN, Apollinaris, 228,14f). So ist der Begriff ἀνθρωπόθεος (vgl. fr. 91, ebd., 228,9) als polemische Spitze zu verstehen. Zur Anthropologie bei Apollinaris vgl. auch GRILLMEIER (Christus I, 484), der zusammenfassend (vgl. seine Anm. 13) zu dem Ergebnis kommt, dass die Frage, ob Apollinaris tatsächlich eine dichotomische oder eine trichotomische Sicht des Menschen vertreten hat, sich nicht eindeutig beantworten lässt und für die Beurteilung seiner Lehre auch zweitrangig ist. Entscheidend sei vielmehr die „‚anthropologische‘ Grundkonzeption von Menschwerdung als solcher.“ Vgl. dazu auch MÜHLENBERG, Apollinaris, 97; RITTER, HDThG 1, 232.

mische Auffassung nicht von vornherein für falsch hält.[789] Doch macht er auf die Gefahr aufmerksam, dass dieses Lehrgebäude den Häretikern manchen Vorwand liefert: „Denn wenn man die Vernunftbegabung für sich zählt, kann man auch der Fähigkeit zum Zorn eine eigene und dem gierigen Verlangen wiederum eine eigene Benennung geben. Gleichfalls könnte jemand nach dieser Ansicht die übrigen Seelenregungen beliebig oft zerteilt aufzählen und so zeigen, dass der Mensch aus vielen Teilen, nicht nur aus dreien zusammengesetzt ist."[790]

Auf diese Gefahr scheint auch Epiphanius in dem problematischen Abschnitt Anc 77,4ff Bezug zu nehmen. Der entscheidende Unterschied zu der Darstellung Gregors ist allerdings, dass Epiphanius den zentralen Begriff ὑπόστασις ins Spiel bringt. Der entsprechende Text in Anc 77,5f lautet: εἰ γάρ ἐστι νοῦς τὸ πνεῦμα καὶ τὸ πνεῦμα νοῦς, ὡς καὶ αὐτοὶ νομίζουσιν, ψυχὴ δὲ ἄλλη <ὑποστάσις (sic!)>[791] παρὰ τὸν νοῦν καὶ παρὰ τὸ πνεῦμα, οὐκέτι δύο ὑποστάσεις ἐν τῷ ἀνθρώπῳ ἐν μιᾷ συναγόμεναι ὑποστάσει, οὐκέτι ἐνυπόστατος μόνη ψυχὴ καὶ ἐνυπόστατον τὸ σῶμα, ἀλλ' εὑρήκαμεν λοιπὸν τέσσαρα· νοῦν μίαν ὑπόστασιν, ψυχὴν ἄλλην ὑπόστασιν, πνεῦμα ἄλλην ὑπόστασιν, σῶμα ἄλλην ὑπόστασιν. καὶ ἐὰν πάλιν ἐρευνήσωμεν, ἔτι πλέον ἔσται· ἐπειδὴ γὰρ πολλὰ ὀνόματα κέκτηται ὁ ἄνθρωπος...

GRILLMEIER bezeichnet den ganzen Abschnitt Anc 77f mit Recht als „reichlich unklare[n] Erwiderung des Epiphanius auf die Ideen des Laodiceners."[792] Die Schwierigkeit des Abschnittes liegt zum einen darin, dass Epiphanius seine eigene Position und die, die er seinen Gegnern zuweist, weder deutlich von einander abgrenzt noch ihre Zuordnung zu einander klärt,[793] zum zweiten darin,

---

[789] Zusammenfassend macht er in Antirrheticus, GNO III[1], 142,5–11 deutlich: „Aus vielen Zeugnissen der uns vorliegenden Schrift [scil. des Apollinaris] erhärtet sich seine Annahme, dass der Mensch aus drei Teilen zusammengesetzt ist: aus Fleisch, Seele und Vernunft (ἐκ τριῶν συνεστάναι τὸν ἄνθρωπον, ἀπὸ σαρκός τε καὶ ψυχῆς καὶ νοῦ). Das ist nicht weit von unserer Auffassung entfernt. Denn es kommt auf dasselbe hinaus zu sagen, der Mensch bestehe aus einer vernünftigen Seele und einem Körper, oder die Vernunft für sich zu zählen und damit den Begriff des Menschen dreifach zu unterteilen (ταὐτὸν γάρ ἐστιν ἐκ νοερᾶς ψυχῆς καὶ σώματος τὸν ἄνθροπον λέγειν καὶ ἰδιαζόντως τὸν νοῦν ἐφ' ἑαυτοῦ ἀριθμήσαντα τριχῇ διελεῖν τὴν περὶ τὸν ἄνθρωπον θεωρίαν)."

[790] Antirrheticus, GNO III[1], 142,12–18: εἰ καὶ ὅτι πολλὰς τοῖς αἱρετικοῖς δίδωσιν ὁ λόγος ἐν τούτῳ λαβάς· δύναται γάρ, εἰ τὸ νοητικὸν ἐφ' ἑαυτοῦ τις ἀριθμοίη, ἑτέραν τοῦ θυμοειδοῦς τὴν περιγραφὴν λέγειν καὶ τοῦ ἐπιθυμητικοῦ πάλιν ἑτέραν. ἴσως δ' ἄν τις καὶ τὰ λοιπὰ τῆς ψυχῆς κινήματα κατὰ τὸν λόγον ἐξαριθμούμενος πολυσχιδῆ τινα καὶ πολυσύνθετον ἀντὶ τοῦ τριμεροῦς ἀποδείξειε τὸν ἄνθρωπον.

[791] Die Konjektur HOLLS ergibt sich aus dem Femininum ἄλλη, das ein Beziehungswort fordert, und wird gestützt durch das folgende ψυχὴν ἄλλην ὑπόστασιν (Anc 77,5).

[792] So GRILLMEIER, Christus I, 493, der sich für seine Ausführungen auf RICHARD, Hypostase, 9–12 stützt.

[793] So stellt sich ganz zentral die Frage, inwieweit Epiphanius mit den Worten οὐκέτι δύο ὑποστάσεις ἐν τῷ ἀνθρώπῳ ἐν μιᾷ συναγόμεναι ὑποστάσει, οὐκέτι ἐνυπόστατος μόνη ψυχὴ καὶ ἐνυπόστατον τὸ σῶμα die Meinung der Gegner paraphrasiert und ob hier auch seine eigene Auffassung hervorscheint. Vgl. dazu unten. Die Vermischung verschiedener Positionen

dass zwei verschiedene Probleme zusammen behandelt werden, nämlich a) die Frage, ob νοῦς und Pneuma das gleiche bedeuten, und b) die Frage, ob der νοῦς eine Hypostase ist.[794] Zum dritten ist problematisch, dass Epiphanius die Auseinandersetzung um den νοῦς mit dem Begriff ὑπόστασις verbindet, dessen Herkunft und Bedeutung in diesem Zusammenhang nicht geklärt ist.

Vor dem Hintergrund, den Gregor gegeben hat, sollen Schritt für Schritt die verschiedenen Punkte, die in Anc 77,5–7 angesprochen sind, untersucht werden.

1. Die Gegner setzen νοῦς und πνεῦμα gleich. Dies stimmt mit der Lehre des Apollinaris überein.[795] Den νοῦς bzw. das πνεῦμα verstehen die Apollinaristen als Prinzip des Lebens bzw. als göttliches Prinzip in Christus.[796] Da Apollinaris davon ausgeht, dass ein vollkommener Gott sich nicht mit einem vollkommenen Menschen verbinden kann,[797] lehrt er, der göttliche νοῦς in Christus sei an die Stelle des menschlichen νοῦς getreten.[798] Epiphanius wendet sich entschieden gegen diese Gleichsetzung, um dem νοῦς die Sonderstellung zu nehmen, die ihm die Apollinaristen zukommen lassen. Dazu argumentiert er mit der Schrift: Wie I Kor 14,15 zeigt, wird zwischen νοῦς und Pneuma differenziert, ist beides also nicht identisch (vgl. Anc 76,6; 77,7).[799] Die Argumentation

---

lässt sich an einem Punkt gut aufzeigen: Epiphanius stellt in dem zitierten Abschnitt eine Gleichung auf, die logisch nicht nachvollziehbar ist. In Variablen übertragen sagt er: Wenn A = B gilt und C etwas anderes ist neben A und B, dann sind nicht mehr zwei in einem zusammengefasst, nämlich C und D, sondern es gibt insgesamt vier. Da Epiphanius aber A = B voraussetzt, handelt es sich nur um drei statt vier Komponenten, da die Gegner eine Sache mit zwei Begriffen bezeichnen. Das bedeutet, Epiphanius hat hier zwei Ansichten, die seiner Gegner und seine eigene, miteinander vermischt. Er geht aus von der Darstellung der Gegner, die πνεῦμα und νοῦς synonym gebrauchen und Leib und Seele zu einer Hypostase zusammenfassen. Dann zählt er doch alle vier einzeln und hat nun folglich seine eigene Auffassung von der Unterscheidung von Geist und νοῦς zugrundegelegt. Nur mit dieser Erklärung ist der aufgezeigte Widerspruch zu erklären.

[794] Das dies die zentralen Punkte für Epiphanius sind, zeigt auch Anc 78,4. Vgl. auch Haer 77,23.

[795] Vgl. Antirrheticus, GNO III[1], 172,20ff.

[796] Vgl. auch Haer 77,23,3–6, dazu Teil I, A.2.b).

[797] Vgl. Antirrheticus, GNO III[1], 194,3–5 (= fr. 81; LIETZMANN, Apollinaris, 224,14f); 216,10–12 (= fr. 92; LIETZMANN, Apollinaris, 228,14f).

[798] Vgl. Gregor von Nazianz, Ep. 202,14. Vgl. das Zitat bei Gregor von Nyssa, Antirrheticus, GNO III[1], 143,1–3 (= fr. 25; LIETZMANN, Apollinaris, 210): τὸ δὴ πνεῦμα, τουτέστι τὸν νοῦν, θεὸν ἔχων ὁ Χριστὸς μετὰ ψυχῆς καὶ σώματος εἰκότως ἄνθρωπος ἐξ οὐρανοῦ λέγεται. Vgl. a.a.O., 192,9–18 (= fr. 74; LIETZMANN, Apollinaris, 222,6–12). Vgl. Gregor über Apollinaris, a.a.O., 146,22–24: φησὶ (scil. Apollinaris) γὰρ ἐκεῖνον (scil. Christus) μὲν ἐκ γῆς χοϊκόν, διότι τὸ σῶμα ἐκ τοῦ χοῦ πλασθὲν ἐψυχώθη. ἆρα ὁ νοῦς, ὅπερ ὀνομάζει πνεῦμα, οὐ συγκατεβλήθη τῷ κατὰ τὸν Ἀδὰμ πλάσματι; Vgl. auch MÜHLENBERG, Apollinaris, 165ff; 75. GRILLMEIER (Christus I, 483f) spricht davon, dass das Menschsein des Inkarnierten nach Apollinaris eine Synthesis aus πνεῦμα und σάρξ sei: Das Pneuma, das ist (so GRILLMEIER, Christus I, 484) der Logos, gehe eine echte Seinsverbindung mit der Sarx ein.

[799] Vgl. auch hierzu Gregor, der sich zum einen gegen Apollinaris' Prämisse wendet, das Göttliche mit der Vernunft gleichzusetzen. Vgl. a.a.O., 191,30–192,1: ἡμεῖς δὲ τῷ εἰρημένῳ ἀντιπροτείνομεν· τίς τῶν ἁγίων νοῦν τὸ θεῖον ὡρίσατο; Zum anderen wendet er sich gegen die Gleichsetzung von νοῦς und Pneuma im Menschen. An den Stellen, wo in der Schrift vom Geist des Menschen die Rede ist, sei nicht dessen νοῦς gemeint, der Begriff πνεῦμα verweise vielmehr auf das „Unkörperliche", die nicht körperliche Ebene (a.a.O., 212,10–13): ὁ δὲ σωτὴρ

passt zu dem Begriffsrealismus, den er vor allem in Anc 3–10 zugrundelegt. Außerdem wird die Abwehr dieser These aus der Verbindung mit der folgenden Hypostasis-Problematik zu erklären sein. Für Epiphanius besteht offenkundig ein Zusammenhang zwischen der Gleichsetzung von νοῦς und Pneuma sowie der Frage, ob der νοῦς eine Hypostase ist.

2. Die Gegner behaupten Epiphanius zufolge die Trennung von νοῦς und Seele. Die Seele sei eine andere Hypostase neben dem νοῦς und neben dem Pneuma. Für Epiphanius dagegen sind Seele und νοῦς – wie für Gregor[800] – eine untrennbare Einheit. Es ist davon auszugehen, dass Epiphanius die Einheit beider gerade in Antithese zu Apollinaris betont. Mit der von Apollinaris vorgenommenen Trennung sind für Epiphanius weitreichende Konsequenzen verbunden, denn nur die Vorstellung, die Seele könne von der Vernunft getrennt sein, ermöglicht Apollinaris' Ansatz, den menschlichen νοῦς gegen den göttlichen austauschen zu können.

3. Beide Punkte, die Gleichsetzung νοῦς/Pneuma und die Trennung νοῦς/Seele, verbindet Epiphanius mit der Hypostasis-Problematik. Er wehrt sich, und das ist der entscheidende Punkt in der ganzen Auseinandersetzung, dagegen, den νοῦς oder die Seele als Hypostase zu bezeichnen, denn daraus ergibt sich für ihn die Konsequenz, dass νοῦς, Pneuma, Seele und Sarx als für sich bestehende Teile des Menschen verstanden werden, der Mensch als daraus zusammengesetzt.[801] In Haer 77 macht er dies explizit deutlich: ἡμῶν δὲ ἀνθυποφερόντων καὶ λεγόντων, τί γάρ ἐστιν ὁ νοῦς; ὑπόστασιν τοῦτον νομίζετε εἶναι ἐν τῷ ἀνθρώπῳ; οὐκοῦν πολλοστός ἐστιν ὁ ἄνθρωπος;[802] Es wird damit sein zentrales Anliegen deutlich: Die Personeinheit des Menschen

---

λέγων ἐν πνεύματι δεῖν προσκυνεῖν τὸν θεὸν (vgl. Joh 4,23) οὐ τὸν νοῦν δηλοῖ τῇ προσηγορίᾳ τοῦ πνεῦματος, ἀλλὰ τὸ μὴ δεῖν σωματικάς τινας περὶ τὸ θεῖον τὰς ὑπολήψεις ἔχειν. Vgl. auch a.a.O., 173,3–5.

[800] Vgl. den oben zitierten Paralleltext bei Gregor. Vgl. auch Antirrheticus, GNO III[1], 211,29: εἰ δὲ τὴν ψυχὴν ἄλλο τι παρὰ τὸν νοῦν οἴεται, πῶς αἰνέσει τὸν θεὸν ὁ ἀνόητος;

[801] Epiphanius betont gegen die Apollinaristen, dass kein Teil des Menschen als Hypostase bezeichnet werden dürfe, weil damit verschiedene Hypostasen im Menschen existierten. Vielmehr existiere „dieses" (ταῦτα; Anc 77,6) im Menschen. Epiphanius sieht die Gefahr, dass eine weitere Aufteilung des Menschen eine Zerlegung in so viele Teile zur Folge hätte, wie es Benennungen für den Menschen gibt. Dass die Lehre des Apollinaris dahingehend missverstanden werden konnte, zeigt der oben zitierte Paralleltext bei Gregor. Gregor fährt mit Bezug darauf a.a.O., 142,21–23 fort: κατασκευάσας γὰρ διὰ πολλῶν τὸ τριφυὲς ἢ τριμερὲς ἢ ὅπως ἂν ἐθέλῃ τις ὀνομάζειν τὸ ἀνθρώπινον σύγκριμα... Vgl. hier das unterschiedliche Verständnis bezüglich Apollinaris' Anthropologie bei Gregor und Epiphanius. Während dieser die Apollinaristen als Διμοιρῖται bezeichnet, spricht Gregor von τριμερές, und hier nicht nur von drei Teilen, sondern von drei Naturen. An anderer Stelle weist er darauf hin, dass Paulus mit I Thess 5,23 (vgl. Anc 77,4) nicht andeuten wollte, dass der Mensch in dreierlei Elemente zerteilt sei. Vgl. a.a.O., 209,19–21: οὐ γὰρ τὸν ἄνθρωπον τρισὶ τμήμασι καταμερίζων ὁ Παῦλος κατά γε τὸν ἡμετέρον λόγον τοῖς Θεσσαλονικεῦσιν ἐκεῖνα γράφει... . Vielmehr zeige der Vers, dass die Bezeichnungen Geist, Seele und Körper auf die jeweils vorherrschende Gesinnung bzw. Haltung des Menschen verweisen (vgl. die Interpretation von I Thess 5,23, a.a.O., 209f).

[802] Haer 77,23,5 (3,436,24–26).

und vor allem diejenige Christi.[803] In Anc 78 geht er deshalb näher auf diese Personeinheit ein.

Der Vorwurf an die Apollinaristen, auch die Seele und den Leib als Hypostasen zu bezeichnen, hat in der sonstigen Überlieferung keinen weiteren Anhaltspunkt.[804] Selbst die Behauptung, die Apollinaristen haben den νοῦς als Hypostase bezeichnet, ist bei Epiphanius nicht eindeutig bezeugt. Auch die entscheidende Stelle, an der er von seinem Dialog mit Vitalis berichtet, bringt hier keine Klarheit.[805] Zumindest ist es höchst fraglich, ob die Apollinaristen den Begriff ὑπόστασις in der Anthropologie derart gebraucht haben, wie Epiphanius es suggeriert. Allerdings spricht ein wichtiges Kriterium dafür, dass sie den Begriff in der Christologie verwendet haben: Bei Epiphanius spielt er außerhalb der apollinaristischen Auseinandersetzung in der Christologie im *Ancoratus* keinerlei Rolle. Es ist von daher zu vermuten, dass die Gegner den Ausdruck eingebracht haben und Epiphanius die Verwendung des Begriffs durch sie dann teils missverstanden und teils polemisch überspitzt hat.[806] Das bedeutet, er paraphrasiert mit den Worten οὐκέτι δύο ὑποστάσεις ἐν τῷ ἀνθρώπῳ ἐν μιᾷ συναγόμεναι ὑποστάσει, οὐκέτι ἐνυπόστατος μόνη ψυχὴ καὶ ἐνυπόστατον τὸ σῶμα gegnerische Lehre und entstellt sie dabei. Der Vorwurf besteht darin, dass sie mit ihrer Argumentation ihren ursprünglichen Gedanken, die eine Hypostase in Christus zu bewahren, gerade verfehlen.

RICHARD hat die eigentliche Lehre der Gegner aus den Worten in Anc 77 wie folgt zu rekonstruieren versucht:[807] Der νοῦς sei das Prinzip des Lebens im Menschen, aufgrund dessen der Mensch Hypostase ist. Aus diesem Grunde habe der Logos, der selber göttlicher νοῦς sei, keinen vollen Menschen annehmen können. Wenn er aber nur einen Leib und eine animalische Seele ange-

---

[803] So auch der Tenor in Haer 77. Vgl. dazu Teil I, A.2.b).

[804] Zwar argumentiert auch Gregor gegenüber Apollinaris in einem ähnlichen Sinne wie Epiphanius, der Begriff ὑπόστασις ist im Zusammenhang mit der Anthropologie bei ihm jedoch nicht bezeugt.

[805] Vgl. v.a. die oben zitierte, wichtige Stelle in Haer 77,23,5. Vgl. auch Haer 77,24,1 (3,437,1ff). Hier bezeugt Epiphanius lediglich, dass „einige sagten, er sei keine Hypostase". Nirgendwo ist bei ihm letztlich eindeutig bezeugt, dass die Apollinaristen die Frage, ob der νοῦς eine Hypostase sei, tatsächlich positiv beantwortet oder überhaupt aufgeworfen haben. Vgl. auch RICHARD (Hypostase, 10), der mit Blick auf die Frage an Vitalis in Haer 77,23,5 feststellt: „Chose bizarre il ne nous dit pas la réponse de Vital, mais ajoute immédiatement ‚Donc l'homme est multiple (πολλοστός)', c'est à dire, si l'on se réfère à l'Ancoratus, composé de plusieurs hypostases. Ceci suppose une réponse affirmative de son interlocuteur."

[806] Mit RICHARD, Hypostase, 6 und GRILLMEIER. Wenn GRILLMEIER (Christus I, 493) allerdings Epiphanius als „einen" Zeugen dafür anführt, „dass die Schule des Apolinarius mit dem Begriff der Hypostase gearbeitet und diesen in der Christologie heimisch gemacht hat", so ist dabei stets zu fragen, für welches Hypostasis-Verständnis er tatsächlich als Zeuge herangezogen werden kann und wie stark sich seine eigene Interpretation mit der tatsächlichen Lehre der Gegner vermischt hat. Außerdem ist zu fragen, inwiefern Epiphanius *ein* Zeuge ist oder ob er für die gezeigte Verwendung des Begriffes ὑπόστασις nicht der *einzige* Zeuge ist.

[807] Vgl. dazu RICHARD, Hypostase, 10; ebenso GRILLMEIER, Christus I, 493f, der sich auf RICHARD bezieht.

nommen habe, so seien diese notwendigerweise im Logos „enhypostasiert“, das heißt, sie existieren in dieser Hypostase, kraft und vermöge des Logos.

Das heißt, die Gegner haben wahrscheinlich deutlich zwischen ὑπόστασις und ἐνυπόστατος differenziert und nicht, wie Epiphanius vorgibt, gelehrt, der Mensch sei aus verschiedenen Hypostasen zusammengesetzt.[808] Hypostase ist nur der νοῦς, Leib und Seele sind „enhypostasiert“. Wenn Epiphanius den Gegnern vor diesem Hintergrund vorwirft, die Seele als *andere* Hypostase neben dem νοῦς zu bezeichnen, wird die Polemik seines Vorgehens offenkundig, denn solches haben sie wahrscheinlich nie gelehrt.

Zusammenfassend kann festgehalten werden, dass Epiphanius den Begriff ὑπόστασις, der in einer bestimmten Bedeutung von den Gegnern ins Spiel gebracht wurde, gründlich missverstanden und/oder polemisch gegen diese verwandt haben wird, wobei er den Ausdruck ἐνυπόστατος in derselben Bedeutung verwendet hat. Bei ihm selber spielt ὑπόστασις in der Christologie noch keine eigene Rolle, in seine Anthropologie kann er ihn nicht einordnen. Dies zeigt sich an der Verknüpfung der Thematik νοῦς/Pneuma bzw. νοῦς/Seele einerseits mit dem Begriff Hypostasis andererseits. Anders ist dies, wie einige Stellen zeigen, im *Panarion*. Hier verwendet er den Begriff ὑπόστασις von sich aus in der Christologie.[809] Damit bilden der *Ancoratus* und das *Panarion* die zwei Eckpunkte, zwischen denen eine Entwicklung stattgefunden hat.

In Anc 78 argumentiert Epiphanius für die Einheit des Menschen, insbesondere die von Leib und Seele. Die folgende Argumentation ist vor dem Hintergrund von Haer 77 zu verstehen. Epiphanius wirft den Gegnern dort vor, unter „Christus“ und der Gottheit bzw. dem νοῦς Christi Verschiedenes zu verstehen und damit die Personeinheit zu zerstören.[810] Gegen ein solches Verständnis wendet er sich auch hier im *Ancoratus*. Was für die Personeinheit des Menschen gilt, gilt auch für die Personeinheit Christi.

Er führt an, dass σῶμα und ψυχή nicht ohne (ἄνευ; vgl. Anc 78,2) einander gedacht werden können.[811] Vielmehr wird, wie die Schrift zeigt, mit beiden Begriffen jeweils der ganze Mensch bezeichnet.[812] Daraus folgert er, dass der Logos, wenn er Fleisch geworden ist,[813] auch eine Seele angenommen haben wird, und

---

[808] Es kann als gesichert gelten, dass Apollinaris in der Christologie eine Ein-Hypostasen-Lehre vertrat, ebenso eine Ein-Naturen- und eine Ein-Personen-Lehre, und dass diese Lehre den Kern seiner Christologie bildete. Vgl. z.B. RICHARD, Hypostase, 6–8, mit Verweis auf Apollinaris, De fide et incarnatione 6 (= LIETZMANN, Apollinaris, 199,16f): ... ἀλλ' ἔστι μία φύσις, μία ὑπόστασις, μία ἐνέργεια, ἓν πρόσωπον, ὅλος θεός, ὅλος ἄνθρωπος ὁ αὐτός. Vgl. auch Apollinaris, De fide et incarnatione 3 (= LIETZMANN, Apollinaris, 194,23f). Vgl. auch GRILLMEIER, Christus I, 490ff.

[809] Vgl. Teil I, A.2.b).

[810] Vgl. Teil I, A.2.b).

[811] Vgl. Anc 78,1f. Vgl. auch Anc 59,2f.

[812] Vgl. dazu auch Gregor, Antirrheticus, GNO III[1], 163,28–164,12.

[813] Zwischen σῶμα und σάρξ scheint Epiphanius nicht zu differenzieren. Vgl. v.a. Anc 86,2f. Beide Begriffe benutzt er im Wechsel, der eine drückt nicht mehr aus als der andere.

das heißt für ihn, dass er auch alles andere angenommen hat, was zum Menschen gehört. Von hier aus fragt er, wie einige behaupten können, Christus habe den νοῦς ausgeschlossen.

Zunächst stellt Epiphanius gegen sie die Frage nach dem Nutzen der fremden Lehre für die Kirche und für unser Heil, wodurch der soteriologische Ansatz unterstrichen wird. Wer so denke wie die Gegner, mache das Heil defizitär (vgl. Anc 78,3; vgl. auch 77,1f; Anc 75,8).

In Anc 78,4 hält er den Gegnern dann positiv seine Lehre entgegen, indem er den Begriff νοῦς definiert: „Wir aber können nicht denken, der νοῦς sei etwas anderes (ἕτερον), auch können wir ihn nicht als Hypostase für sich (ὑπόστασιν καθ' ἑαυτόν)[814] bezeichnen, sondern er ist das Zusammengesetzte (τὸ σύνθετον),[815] das Vernünftige (λογικόν) und Denkende (φρονοῦν) in einem jeden, der <nicht>[816] umherirrt, sozusagen der Intellekt (νόημα) des Menschen. Wie die Augen im Leib, so ist der νοῦς in der ψυχή.[817] Und dies sagen wir nicht, weil wir streitsüchtig sind, sondern sagen mit einem Wort: er ist die Denkkraft (τὸ ἐννοητικὸν) der Menschen."

Deutlicher noch als in Anc 77 kommt hier die Ablehnung, den νοῦς oder überhaupt einen Aspekt im Menschen als Hypostase „für sich" zu bezeichnen zum Ausdruck. Mit dem Begriff ὑπόστασις bezeichnet Epiphanius im christologischen bzw. anthropologischen Zusammenhang das Nicht-Zusammengesetzte, Unteilbare und für sich Existierende. Das heißt, die Hypostase ist das Prinzip des Lebens und des Seins, worin er durchaus mit Apollinaris übereinstimmt. Dieses Verständnis passt zu der Grundsatzfrage, die er im Anschluss an diese Darlegung in Anc 78,5 stellt: „Was ist folglich der Mensch?" Die Antwort lautet: ψυχὴ σῶμα νοῦς καὶ εἴ τί ἐστιν ἕτερον.[818]

Daraus ist, obwohl Epiphanius das hier nicht explizit sagt, zu folgern, dass es nur eine Hypostase im Menschen geben kann, dass der Mensch, wie in Haer 77,24 dann deutlich gesagt wird, als ganzer Hypostase ist.[819] Epiphanius betont also einmal mehr die Einheit des Menschen. Im Weiteren fragt er: „Um was zu retten kam nun der Herr?" Und antwortet: „Natürlich den vollständigen Menschen. Folglich nahm er auch alles vollständig in sich auf." Wieder ist die Soteriologie das Motiv für seine Argumentation: Weil Christus den ganzen Men-

[814] Vgl. aber Anc 81,7, wo die Formulierung im trinitätstheologischen Zusammenhang wiederbegegnet.

[815] Hier wohl in Antithese zur nicht zusammengesetzten Hypostase. BKV II, 126 übersetzt: „...ist Teil Kraft eines Ganzen".

[816] Vgl. die Konjektur HOLLs zur Stelle.

[817] Vgl. Platon, Respublica VII, 533 d.

[818] Vgl. Anc 78,6; 80,2. Vgl. auch Haer 77,27,2 (3,439,28f): ἔσχε γὰρ ταῦτα ... σῶμα καὶ ψυχὴν καὶ νοῦν καὶ πάντα εἴ τί ἐστιν ἄνθρωπος...

[819] Vgl. Haer 77,24,2 (3,437,5f): Der νοῦς ist keine Hypostase, sondern wird definiert als κίνησις τῆς ἡμῶν πάσης ὑποστάσεως.

schen erlösen musste, musste er ebenso ganz Mensch werden und alles annehmen, selbstverständlich mit Ausnahme der Sünde.[820]

Zur Abwehr gegnerischer Einwände führt er im Anschluss zwei Schriftstellen an,[821] deren Aussagen eindeutig nicht auf die Gottheit Christi zu beziehen sind, sondern auf den κυριακὸς ἄνθρωπος.[822] Dieser Begriff fasst die christologischen Aussagen des Epiphanius zusammen und ist die wohl schärfste Formulierung, die er Apollinaris (wie auch in Anc 34,1 den Arianern) entgegenhalten konnte: Einer, und dabei ganz Gott und ganz Mensch.[823] Epiphanius folgt in seiner Argumentation dem bekannten Schema, alle anstößigen und problematischen Aussagen auf die Menschheit zu beziehen. Wenn das „Einsehen" aus Jes 52,13 aber eindeutig auf die Menschheit zu beziehen ist, dann ist damit die Existenz des menschlichen νοῦς in Christus bewiesen, denn ohne den Verstand ist ein Einsehen nicht möglich.[824]

In Anc 79 fährt Epiphanius mit der Abwehr nicht explizit genannter Einwände fort. Er nimmt Stellung zu der Frage, ob die Annahme des νοῦς zur Sündhaftigkeit führe.[825] Wie schon in Anc 76 argumentiert er, dass dies erst recht auf das Fleisch zutreffen müsse, ohne das keine Sünde vollbracht werden könne.[826] Folglich hätte Christus, indem er Fleisch annahm, auch im Fleisch sündigen müssen, was jeder Orthodoxe natürlich von sich weisen wird. Epiphanius zeigt an dieser Argumentation auf, dass sich der νοῦς ebenso zur Gottheit verhält wie das Fleisch: Weder das eine noch das andere hat Macht über sie.[827] Der Logos ist im Inkarnierten so absolut souverän, dass er allein entscheidet, den Leib zu kontrollieren oder aber bestimmte Bedürfnisse zu zeigen. Er wirkt als θεὸς ἐν σαρκὶ ἀληθινῇ mit Fleisch, Seele und νοῦς und dem ganzen Menschen (ὅλῳ τῷ σκεύει; Anc 79,4).

---

[820] Vgl. Anc 78,6; Haer 77,35,3 (3,447,21). Vgl. diese immer wiederkehrende Wendung mit Bezug auf Hebr 4,15 (hier: χωρὶς ἁμαρτίας) in Anc 119,5; Haer 77,17,2 (3,430,25); Haer 77,27,2 (3,439,29f); fast wörtlich wiederholt in 77,35,3 (3,447,27) und in seinem in Haer 78,2,1–24,6 zitierten Brief an die Araber, vgl. hier Haer 78,24,6 (3,475,10–16) u.ö. Die vollständige Menschwerdung wurde durch die Propheten verkündet und vorhergesagt (vgl. Anc 78,6).

[821] Vgl. Jes 52,13 (von HOLL nicht angegeben, aber entscheidend) in Verbindung mit Jes 42,1 (vgl. Mt 12,18) und Lk 2,52.

[822] Vgl. den Kommentar zu Anc 34,1.

[823] Vgl. Apollinaris bei Gregor von Nyssa, Antirrheticus, GNO III[1], 162,17–19 (= fr. 42; LIETZMANN, Apollinaris, 214,3f): καὶ τί τούτων σαφέστερον, εἰς τὸ μὴ ἕτερον μεθ' ἑτέρου εἶναι, θεὸν τέλειον μετὰ τελείου ἀνθρώπου;

[824] Vgl. Anc 78,7–9. In der gleichen Weise ist das „Zunehmen an Weisheit und Alter" (Lk 2,52) zu verstehen: Nicht die Gottheit, die insgesamt Weisheit ist, konnte weiser werden, sondern die Menschheit, die dazu des νοῦς bedarf. Vgl. zur Argumentation auch Gregor von Nyssa, Antirrheticus, GNO III[1], 141,3ff.

[825] Von hierher lässt sich die verderbte Stelle in Anc 77,4 interpretieren.

[826] Ebenso Gregor von Nyssa, Antirrheticus, GNO III[1], 195,7ff.

[827] Epiphanius vertritt hier eine gängige Ansicht gegen diesen Einwand. Vgl. Gregor von Nyssa, a.a.O., 146,1: ὁ δὲ νοῦς ἁμαρτία οὐκ ἔστι.

Die Formulierung „Gott im Fleische“[828] erstaunt bei Epiphanius – wird sie doch vornehmlich mit Vertretern der Logos-Sarx-Christologie in Verbindung gebracht. So ist sie in erster Linie Schlagwort der Arianer und soll hier gerade betonen, dass der Logos nur das Fleisch, nicht jedoch eine Seele angenommen habe. Der Begriff σάρξ steht dann in Antithese zu ἄνθρωπος.[829] Doch spricht Gregor auch in Bezug auf Apollinaris von dessen σάρκινος θεός.[830] Epiphanius scheint die Formulierung dagegen unvoreingenommen zu gebrauchen. Sie ist bei ihm zu verstehen aus der Tatsache, dass er zwischen σάρξ und σῶμα nicht differenziert und dass er σῶμα und die Vernunftseele als Einheit versteht. Von daher sagt der Begriff bei ihm gerade das Gegenteilige wie bei den Arianern aus: Gott hat das Fleisch ganz, in der Leib-Seele-Einheit angenommen, was durch das Attribut ἀληθινῇ unterstrichen wird.

In Anc 80 beschließt Epiphanius die Diskussion um die volle Menschheit des Sohnes, indem er sich erneut gegen die Auffassung wendet, Christus sei durch die Annahme der vollen Menschheit der Sünde unterlegen. Dazu argumentiert er, dass schon die Heiligen – obschon bloße Menschen – heilig und gerecht lebten, und zwar, weil Christus ihnen τὴν αὐτοῦ δύναμιν eingehaucht habe (ἐνέπνευσε).[831] Der Grund für die Sündlosigkeit liegt darin, dass der Logos alles lenkte und in der Lage war, sich der Sünde nicht hinzugeben (vgl. Anc 80,2).

Im Folgenden betont Epiphanius, analog zur Einheit des Menschen, erneut die Einheit in Christus und fordert wieder, sich nicht durch leere Fabeleien täuschen zu lassen.[832] Der Zusammenhang zwischen der vollen Gottheit und der vollen Menschheit wird in Anc 80,4 deutlich herausgestellt. Wenn er „oben“ wirklich geboren ist aus dem Vater, dann ist er auch wirklich aus Maria geboren, ist er „oben“ vollkommen, so ist er auch „unten“ vollkommen.[833] Die Verbindung wird verstanden nicht als *Einwohnung* eines Vollkommenen in einem anderen Vollkommenen,[834] sondern er vollendete in sich alles (vgl. Anc 80,4), das heißt, er war sowohl wahrer Gott als auch wahrer Mensch. Nur für kurze Zeit waren Gottheit und Seele nach dem Tod vom Leib getrennt. Nach der Auferstehung war er nicht mehr unterteilt (μεριζόμενος) in den Leib im Grab und die Gottheit und die Seele in der Unterwelt (vgl. Anc 80,5; vgl. auch Anc 34,1f; Haer Kapitel „Christentum“,2,8, (1,229,4).

So gilt, dass er ein und derselbe ist, Gott und Mensch (Anc 80,6). Die Verbindung wird wie bei der Trinitätstheologie dialektisch verstanden: Sie darf

[828] Vgl. neben der angegebenen Stelle nur noch Haer 77,28,5 (3,441,17–21).

[829] Vgl. das Glaubensbekenntnis des Eudoxius von Constantinopel (= HAHN, Bibliothek der Symbole, § 191): οὐ δύο φύσεις, ἐπεὶ μὴ τέλειος ἦν ἄνθρωπος, ἀλλ᾽ ἀντὶ ψυχῆς θεὸς ἐν σαρκί. Vgl. GRILLMEIER, Christus I, 380f.

[830] Gregor von Nyssa, Antirrheticus, GNO III[1], 185,7.

[831] Anc 80,2. In diesem Sinne interpretiert er auch I Kor 2,16. Vgl. unten zu Anc 76.

[832] Vgl. Anc 80,4: μηδεὶς ἀπατάσθω κενοῖς μύθοις. Vgl. Anc 76,1.

[833] Vgl. Haer 69,25,9 (3,175,32–176,4).

[834] Vgl. schon Anc 75,7.

nicht als σύγχυσις gedacht werden (μὴ σύγχυσιν ἀπεργασάμενος), sondern der Logos vermischte zwei zu einem (τὰ δύο κεράσας εἰς ἕν; Anc 80,6). Die Menschheit wich dabei nicht zurück in die Nicht-Existenz (οὐκ εἰς ἀνυπαρξίαν χωρήσας), sondern er hat den irdischen Leib mit der Gottheit gekräftigt (συνδυναμώσας), zu einer Kraft vereint (εἰς μίαν δύναμιν ἥνωσεν), zu einer Gottheit zusammengeführt (συνήγαγεν). Der Leib wird dadurch als geistiger Leib verstanden, der unsterblich ist und mit in den Himmel auffährt (so Anc 80,8).

Die Verbindung von Gottheit und Menschheit wird hier beschrieben mit den Verben κεράννυμι, συνδυναμόω, ἑνόω und συνάγω und abgegrenzt zu συγχέω. Vor dem Hintergrund der stoischen Mischungstheorie hat diese Einteilung eine Bedeutung. Die Stoiker unterschieden im Wesentlichen zwischen drei Arten, nämlich 1.) der παράθεσις (d.h. der bloßen Nebeneinanderordnung fester Körper; Beispiel: zwei Getreidesorten), 2.) der μίξις (bei trockenen Körpern; Beispiel: Feuer und Eisen) bzw. der κρᾶσις (bei Flüssigkeiten; Beispiel: Wasser und Wein). Wichtig ist, dass bei diesem zweiten Mischungsverhältnis die Substanzen zwar eine so enge Verbindung eingehen, dass jeder Teil des einen Körpers von einem Teil des ihm beigemischten durchdrungen wird (κρᾶσις δι᾽ ὅλων), aber ohne dass dabei beide Körper zu einem und demselben Stoff zusammengehen und ihre eigentümlichen Qualitäten verlieren. Dies wäre die dritte Stufe, 3.) die σύγχυσις, das heißt die Auflösung der Eigenschaften beider Substanzen und die Verwandlung zu einer dritten (Beispiel: chemische Reaktion).[835] Wenn Epiphanius eine σύγχυσις ablehnt, so dürfte vor dem genannten Hintergrund, der in seinen Grundzügen auch ihm bekannt gewesen sein wird, zumindest zu erklären sein, wie er die Verbindung von Gott und Mensch in Christus *nicht* dachte: Nämlich als Verschmelzung derart, dass die Eigentümlichkeiten der Gottheit und der Menschheit aufgehoben würden und ein neues (Misch-)Wesen entstünde. In der Trinitätslehre dürfte συναλοιφή der entsprechende Begriff sein.

Auffallend ist, dass Epiphanius im gesamten christologischen Zusammenhang den Begriff φύσις weitestgehend vermeidet. Eine Erörterung über die Begriffe findet sich in der Christologie bei ihm ebenso wenig wie im Bereich der Trinitätslehre.[836]

Der eine Gedanke, der sich durch die gesamten anthropologischen und christologischen Überlegungen zieht, ist der Gedanke der Personeinheit. Der Mensch ist eins, insgesamt Hypostase,[837] obwohl er aus Verschiedenem besteht. Ebenso

[835] Vgl. zu allem Stobäus, Eklogai I,17,154,10 – 155,14. Vgl. ZELLER, Philosophie, 128–30. POHLENZ, Stoa, 72f.

[836] Bezüglich der Präzision des Ausdrucks und der Klarheit des Gedankeganges wird hierin der Gegensatz zu Gregor von Nyssa offenkundig, der eindeutig formuliert: ὅ τι γὰρ ἂν ἐξ ἀμφοτέρων εἴπῃς, τὴν ἐκ τῶν δύο φύσεων σύνθεσιν οὐκ ἀφαιρήσεις τοῦ λόγου (Antirrheticus, GNO III[1],215,11–13).

[837] Vgl. Anc 78,5f. Explizit: Haer 77,24,2 (3,437,5f).

ist Christus eins, insgesamt Hypostase,[838] obwohl er aus einer vollen Gottheit und einer vollständigen Menschheit besteht.

Aus diesem Ansatz ergibt sich für Epiphanius jedoch ein Problem, das er weitgehend unangesprochen lässt. Denn wie verhält sich demnach die Hypostase Mensch zur Hypostase Logos im Inkarnierten? Nirgendwo sagt er, dass die eine zugunsten der anderen zurückgetreten sei. Jede Lösung dieser Art bleibt ihm aufgrund seiner Frontstellung gegen Apollinaris verwehrt. So führt sein kompromissloser Ansatz zwangsläufig in ein Paradox, das grundsätzlich bestehen bleibt. Es geht ihm einzig um die Widerlegung der gegnerischen Lehre. Der Grund dafür ist, dass sein Ansatz rein soteriologisch orientiert, d.h. vom Ergebnis her gedacht ist. Was dieses Ergebnis gefährdet, kann nicht richtig sein: Gott musste ganz Mensch werden, um die Menschen ganz zu erlösen.[839] Diese soteriologische Motivation zeigt Epiphanius immer wieder an (vgl. Anc 75,8; 77,1ff; 78,3.5). Die Frage nach dem Nutzen der Diskussion steht im Vordergrund.[840] Grundsätzlich hält er die gesamte gegnerische Lehre für überflüssig, weil sie keinen Vorteil für das Heil bringt (vgl. Anc 77,1; 78,1–3).

In Anc 80,7f wird dann der Zusammenhang zwischen Christologie und Trinitätstheologie greifbar. Epiphanius verweist hier darauf: εἷς ὢν κύριος εἷς Χριστός, οὐ δύο Χριστοὶ οὐδὲ δύο θεοί.[841] Diese Formulierung kann vor dem Hintergrund verstanden werden, dass Apollinaris bei seinen Gegnern offensichtlich die Gefahr sah, durch die Lehre von zwei vollkommenen Naturen in Christus werde die Trinität zu einer Quaternität erweitert.[842] Ebenso hat er den Vorwurf erhoben, die Gegner unterschieden zwischen einem vor- und einem nach-inkarnatorischen Christus, so dass am Ende zwei existierten.[843] Epiphanius betont dagegen trotz des Eintretens für die volle Gottheit und die volle Menschheit Christi dessen Einheit und wirft seinerseits Apollinaris vor, die Einheit zu zerstören.[844] Für Epiphanius besteht Identität zwischen dem vor- und dem nachinkarnatorischen Sohn. Er betont in Anc 80,8 weiter, der θεὸς κύριος habe auch dann, als er sich zur Rechten des Vaters setzte, das Fleisch nicht zurückge-

---

[838] Vgl. Anc 75,7; vgl. Haer 77,33,6 (3,446,11).

[839] Vgl. Haer 77,32,7 (3,445,5–7): Die Gottheit verband sich mit der Menschheit, ἵνα τὴν δικαίωσιν μηκέτι ἐν τῇ σαρκὶ μόνον ἔχωμεν, ἀλλὰ ἐν τῇ θεότητι, καὶ ἵνα ἐν τῇ θεότητι καὶ ἐν τῇ σαρκὶ κατ᾽ ἀμφοῖν ἡμῖν σωτηρία γένηται.

[840] Vgl. Anc 77,1f.

[841] Vgl. auch Haer 77,29,5 (3,442,12–17): καὶ ἐὰν εἴπωμεν τελείως, οὐ δύο Χριστοὺς ἔχομεν, οὐ δύο βασιλέας υἱοὺς θεοῦ, ἀλλὰ τὸν αὐτὸν θεὸν τὸν αὐτὸν ἄνθρωπον, οὐχ ὡς ἐν ἀνθρώπῳ οἰκήσαντα, ἀλλ᾽ αὐτὸν ὅλον ἐνανθρωπήσαντα, οὐκ ἄνθρωπον ὄντα ἐλθόντα εἰς προκοπὴν θεότητος, ἀλλὰ θεὸν ἀπ᾽ οὐρανῶν ἐλθόντα εἰς ἑαυτὸν ἀναπλασάμενον τὴν ἰδίαν ἐνανθρώπησιν κατὰ τὴν αὐτοῦ δυνατὴν θεότητα ... (es folgt Zitat Joh 1,14).

[842] Vgl. Gregor von Nyssa, Antirrheticus, GNO III^1, 201,25ff; Apollinaris, KMP 31 (= LIETZMANN, Apollinaris, 179,1–4).

[843] Vgl. Gregor, a.a.O. 219,13ff und 221,6ff (v.a.13f). Gegen eine solche Annahme richtete sich schon Tomus ad Antiochenos 7 (PG 26, 804 C – 805 A).

[844] Vgl. dazu Teil I, A.2.b) und den Exkurs in Teil II, B.

lassen, sondern er habe das Ganze zu einem, zu einer Gottheit verbunden und sitze so zur Rechten des Vaters (vgl. Hebr 10,12 bzw. Ps 109,1). Da hier Christus in seiner Personeinheit gemeint ist und da er, wie zuvor gezeigt, als solcher Hypostase ist, bedeutet das mit anderen Worten, dass der, der neben dem Vater sitzt, Hypostase ist.

Allerdings wird diese Verbindung zwischen Christologie und Trinitätslehre nur indirekt deutlich, was damit zusammenhängen wird, dass der Begriff ὑπόστασις für Epiphanius noch nicht hinreichend geklärt ist.

Durch die Bezugnahme auf Hebr 10,12/Ps 109,1 deutet sich an, dass es im Folgenden um modalistische Trinitätslehre geht. Die Worte, die in Anc 81,1.8 wieder aufgenommen werden, können gegen Markell gerichtet sein, wie das schon für Anc 17,6 nahe liegt. Ein Zusammenhang könnte aber ebenso darin zu sehen sein, dass auch Apollinaris dem Vorwurf des Sabellianismus ausgesetzt war, z.B. durch Basilius.[845] Auch das im Zusammenhang mit Anc 77,2 erwähnte Fragment eines Briefes, den Epiphanius an den Antiochenischen Presbyter Magnus geschrieben hat, zeugt – zumindest nach der heute überlieferten Überschrift – von sabellianistischen Tendenzen unter den Apollinaristen.[846] Allerdings ist Epiphanius ansonsten nicht als Zeuge für eine Verbindung zwischen Sabellianismus und Apollinarismus heranzuziehen, von der sehr vagen Verbindung in Anc 77,2 und Anc 80,1 einmal abgesehen. In der gesamten Auseinandersetzung mit Vitalis spielt dieser Punkt keine Rolle, obwohl es doch ein leichtes gewesen wäre, Vitalis an dieser Stelle anzugreifen, wenn er denn unter dem Verdacht gestanden hätte, Sabellianer zu sein. Diesen Vorwurf richtete Vitalis jedoch vielmehr gegen Paulinus.[847]

In Anc 81 fährt Epiphanius mit trinitätstheologischen Aussagen fort. Das Kapitel nimmt neben Anc 6 und Anc 67 eine zentrale Bedeutung für die Trinitätstheologie ein. Der Zusammenhang zu der christologischen Argumentation ist durch Anc 80,7f hergestellt.

4. Abgrenzung gegen modalistische Lehre (Anc 81–82)

Zunächst folgt eine bekenntnisartige Auflistung von Aussagen über den Logos in bereits bekannter Weise.[848] Epiphanius bezieht hier, ähnlich wie in Anc 70,2 für den Geist, einige negative Gottesprädikate auf den Sohn: Er ist ἄκτιστος,

---

[845] Vgl. vor allem in Ep. 129,1 das Zitat einer Lehre, die angeblich Apollinaris zuzuordnen ist und nun von den „Sebastenern" Basilius selber angelastet wird. Zum vollständigen Text des apollinaristischen Schriftstückes vgl. DE RIEDMATTEN, Correspondance, 209f. Vgl. den neuerlichen Bezug auf diese Lehre in Epp. 265,2; 223,6.

[846] Vgl. dazu den Kommentar zu Anc 77,2.

[847] Vgl. Haer 77,20,7 (3,434,23f); dazu Teil I, A.2.b).

[848] Vgl. v.a. Anc 19,1–5.

ἄτρεπτος, ἀναλλοίωτος, ἀπερινόητος, ἀόρατος.[849] Im Kontext dieser Aussagen wird der Ermöglichungsgrund deutlich, warum sowohl für den Sohn als auch für den Geist solche und andere Prädikate gelten, warum es sich hierbei also um *Gottes*prädikate handelt: Für den Sohn gilt: πνεῦμα ὢν ὅλος. Das ist zum einen in dem Sinne zu verstehen, wie der Sohn auch als νοῦς ἐν ἑαυτῷ bezeichnet wird (vgl. Anc 76,2) oder als σοφία (vgl. z.B. Anc 43,1). Zum anderen spielt hier der *ambivalente Geistbegriff* eine Rolle.[850] Weil Epiphanius das Wesen Gottes als Pneuma definieren kann, und weil von daher auch der Sohn „ganz Geist" ist, ist es möglich, Prädikate von einer Person auf die andere zu übertragen (vgl. Anc 4,5). Zu dem Verständnis des Pneuma-Wesens passt auch, dass die Auferstehung hier als „geistige" verstanden wird.[851]

Die Auflistung mündet in den Taufbefehl, der nach Epiphanius eindeutig darauf hinweist, dass zwischen Vater, Sohn und Geist zu differenzieren ist und dass keine συναλοιφή besteht.[852] Darauf deute das καί zwischen den Namen hin (vgl. Mt 28,19). Der Vater wird erkannt als wahrer Vater, Sohn und Geist als ἀληθινός(-ν) ἐνυπόστατος(-ν), als wahrhaft existierend (Anc 81,2).

Der Begriff συναλοιφή weist darauf hin, dass Epiphanius sich in Anc 81 gegen modalistische, wahrscheinlich markellische Lehre abgrenzt.[853] Dazu passen auch die Formulierungen πατέρα ἀληθινόν und ἀληθινὸν ἐνυπόστατον, denn Markell und seine Schüler bezeichneten die einzelnen Hypostasen nicht als „wahrhaft".[854]

Im Folgenden bringt Epiphanius ein Häretikerzitat, dessen Abgrenzung und Einordnung schwierig ist. Nun sagt, so heißt es in Anc 81,4, auch der (nicht näher definierte) Häretiker heimtückisch: (1a) δηλονότι πιστεύω ὅτι ὁ πατὴρ πατὴρ καὶ ὁ υἱὸς υἱὸς καὶ τὸ ἅγιον πνεῦμα ἅγιον πνεῦμα (1b) καὶ ὁμολογῶ τρεῖς ὑποστάσεις ἐν μιᾷ οὐσίᾳ· (2a) οὐχ ἑτέραν δὲ λέγω οὐσίαν παρὰ τὴν θεότητα, οὐχ ἑτέραν θεότητα παρὰ τὴν οὐσίαν, (2b) ἀλλὰ διὰ τὸ οὕτως ἀκριβοῦν <μίαν>[855] οὐσίαν καλοῦμεν, ἵνα μὴ ἄλλο καὶ ἄλλο εἶδος εἴπωμεν τῆς θεότητος τῆς τριάδος.

---

[849] Vgl. Anc 70,2 für den Geist: ἀπερίγραφος, ἀχώρητος, ἀπερινόητος. Außerdem umfasst der Geist alles, was von Gott geschaffen ist.

[850] Vgl. dazu Anc 7f.

[851] Vgl. Anc 81,1: ὁ ἀναστὰς πνευματικῶς.

[852] Zur Argumentation vgl. Haer 62,4,4 (2,393,4ff).

[853] Zu dem Begriff συναλοιφή vgl. den Kommentar zu Anc 5,6.

[854] Vgl. TETZ, Markellianer, 104; FEIGE, Die Lehre Markells von Ankyra, 160. Dazu Markell, fr. 65 (= Klostermann/Hansen, GCS, 197, v.a. 16–22; = fr. 1 SEIBT, Markell, 249f, mit Kommentar, v.a. 255f), der Asterios aufgrund der Bezeichnung des Vaters als wahrhaftigen Vater und des Sohnes als wahrhaftigen Sohn vorwirft, er verstehe das Verhältnis Vater-Sohn zu menschlich. Gegen Markell richtet sich die Aussage des Bekenntnisses der Kirchweihsynode in Antiochien von 341, die drei Personen seien wahrhaft (ἀληθῶς) Vater, Sohn bzw. Heiliger Geist und die Namen „nicht aufs Geratewohl und ohne jeden Sinn" gegeben, ἀλλὰ σημαινόντων ἀκριβῶς τὴν οἰκείαν ἑκάστου τῶν ὀνομαζομένων ὑπόστασίν τε καὶ τάξιν καὶ δόξαν. Vgl. Athanasius, De Synod. 23,6,31f.

[855] Die Konjektur HOLLs ist von keinem Textzeugen gestützt. Ihre Berechtigung muss sich aus der Analyse erst ergeben. Vgl. unten Anm. 859.

Der Abschnitt 2a begegnete bereits in Anc 6,10. Dort heißt es: οὐχ ἑτέρα οὐσία παρὰ τὴν θεότητα οὐδὲ ἑτέρα θεότης παρὰ τὴν οὐσίαν...[856] Die Fortsetzung ist dort jedoch eine andere: ... ἀλλ' ἡ αὐτὴ θεότης καὶ ἐκ τῆς αὐτῆς θεότητος ὁ υἱὸς καὶ τὸ ἅγιον πνεῦμα. Epiphanius richtet sich in dem Kontext in Anc 6,10 gegen die Annahme eines Polytheismus und bezeugt mit dem Satz, dass es trotz der Rede von Vater, Sohn und Geist und deren jeweiligem Verständnis als Gott kein anderes Wesen, keine andere Gottheit als die eine gibt.

Unklar ist allerdings, von wem dieser Gedanke stammt. Entweder wiederholt Epiphanius in Anc 81,4 einen schon früher geäußerten Gedanken, oder er hat die Formulierung von dem Häretiker übernommen und in Anc 6,10 seiner Argumentation dienstbar gemacht. Die Beantwortung dieser Frage hängt maßgeblich mit der Abgrenzung des Häretikerzitates in Anc 81,4 zusammen. Diese Abgrenzung kann auf unterschiedliche Weise vorgenommen werden, wie exemplarisch an den verschiedenen deutschen Übersetzungen des *Ancoratus* gezeigt werden kann.

So übersetzt WOLFSGRUBER, BKV I, allerdings mit einigen Eingriffen in den Text: „So sprechen ja die Sectirer [der griechische Text bietet hier nach allen Zeugen den Singular]: (1) *Auch* [gr. Text: δηλονότι] *wir glauben* [gr. Text: Sg.], *daß der Vater Vater, der Sohn Sohn und der heilige Geist heiliger Geist sei; auch* [gr. Text: καί] *wir* [gr. Text: Sg.] *bekennen drei Hypostasen in einer Substanz.* (2a) Darauf müssen wir aber erwidern [gr. Text: Sg.], daß wir behaupten [gr. Text: Sg.], die Substanz sei von der Gottheit nicht verschieden und die Gottheit nicht von der Substanz, (2b) sondern nur um deutlich zu reden und die Gottheit nicht bald mit diesem, bald mit jenem Namen zu bezeichnen, nennen wir sie Substanz." (Ziffern und kursiv vom Verf.)

Der im griechischen Text bezeugte Wechsel von Singular und Plural wird von WOLFSGRUBER egalisiert. Der Satz (2a) ist sehr frei übersetzt, wie ein Vergleich mit dem griechischen Text zeigt. Hier ist betont, dass keine *andere* Usia *neben* der Gottheit besteht. WOLFSGRUBER betont dagegen, dass die Usia von der Gottheit *nicht verschieden* sei, er betont also die *Identität* beider. Die Präposition παρά lässt er völlig unberücksichtigt. Seine Übersetzung ist gegenüber dem griechischen Text Interpretation.

Das eigentliche Häretikerzitat erstreckt sich bei WOLFSGRUBER eindeutig nur über den kursiv gesetzten Teil (1ab), worauf WOLFSGRUBER dann, stark antithetisch, Epiphanius mit seiner Erwiderung einsetzen lässt (2ab). Zweifelhaft ist diese Lösung – abgesehen davon, dass WOLFSGRUBER den Text glättet – v.a. deswegen, weil Epiphanius' Entgegnung auf die Aussage des Häretikers in dieser Form wenig Sinn machte. Er wirft dem Häretiker, wie der gesamte Kontext von Anc 81 zeigt, Sabellianismus vor, und das, obwohl der Häretiker be-

[856] Der Unterschied liegt darin, dass der Satz in Anc 81,4 durch ein Verb eingeführt wird: λέγω. Es handelt sich also nicht mehr um eine bloße Feststellung (so im Grunde in Anc 6,10), sondern um eine Frage der *Bezeichnung*, der *Benennung*. Die Folge ist die Akkusativ-Konstruktion. Ansonsten ist der Teil bis auf das οὐχ/οὐδέ bei der zweiten Verneinung identisch.

teuert, drei Hypostasen in einer Usia zu bekennen. Durch die Übersetzung WOLFSGRUBERs erscheint es aber so, als ob Epiphanius sich gegen die Rede von den drei Hypostasen wende, denn hierauf bezieht sich seine Erwiderung („Darauf müssen wir...“). Das ist v.a. im Kontext von Anc 81 unwahrscheinlich.

Anders scheint HÖRMANN, BKV II die Stelle zu verstehen. Er übersetzt: „So sprechen ja die Sektierer [Text: Sg.]: (1a) *Auch ich glaube, daß der Vater Vater, der Sohn Sohn und der heilige Geist heiliger Geist sei;* (1b) *auch ich bekenne drei Hypostasen in einer Wesenheit.* (2a) *Ich betone aber: die Wesenheit ist nichts anderes als die Gottheit und die Gottheit nichts anderes als die Wesenheit,* (2b) *aber um der größeren Genauigkeit willen sagen wir Wesenheit, um nicht bald diese, bald jene Wesensbezeichnung der dreifaltigen Gottheit zu gebrauchen.*“ (Ziffern und kursiv vom Verf.)

Die Gliederung HÖRMANNs unterscheidet sich signifikant von derjenigen WOLFSGRUBERs. Das Zitat erstreckt sich bei ihm über den gesamten Abschnitt.[857] Der zweite Satz (2ab) ist nun als Explikation des Häretikers zu der vorangegangenen Aussage verstanden.

Auch diese Übersetzung wirft Probleme auf. HÖRMANN achtet zwar stärker auf die wechselnden Numeri, in der Übersetzung von 2a ist er aber wie WOLFSGRUBER unpräzise und insgesamt in der Übersetzung sehr frei. Das ganze Zitat liest sich nun wie die Rechtfertigung eines Vertreters der drei-Hypostasen-Lehre. Dies jedoch passt wiederum nicht in den Zusammenhang von Anc 81, in dem es um modalistische Lehre geht.

Hier wie dort wird der Kern des Problems verfehlt: Es geht um die Frage, wie einerseits die Worte des Häretikers als Sabellianismus verstanden werden können und wie andererseits die Entgegnung des Epiphanius auf genau diesen Vorwurf verständlich wird.

Die Lösung des Problems könnte in folgender Interpretation liegen:

„Auch sagt der Häretiker: (1a) *Natürlich* (δηλονότι) *glaube ich, dass der Vater Vater, der Sohn Sohn und der Heilige Geist Heiliger Geist ist,* (1b) *und ich bekenne drei Hypostasen in einer Usia.* (2a) *Nicht eine andere Usia meine ich aber neben* (παρά) *der Gottheit, nicht eine andere Gottheit neben der Usia.*“ Bis hierher passen die Worte gut zu einem Theologen, dem Sabellianismus vorgeworfen wurde und der sich nun gegen diesen Vorwurf verteidigt, indem er drei Hypostasen bekennt. Dann schränkt er jedoch ein, er meine damit nicht, dass neben der Usia noch eine andere Gottheit bestehe. Damit ist Satz 2a als

[857] So muss die Stelle bei HÖRMANN wohl verstanden werden, obwohl er nicht eindeutig kennzeichnet, bis wohin sich das Zitat erstreckt. Eine solche Einteilung nimmt auch RIGGI in seiner italienischen Übersetzung des *Ancoratus* vor. Vgl. RIGGI, L'Ancora della fede, 170: „L'eretico insiste: ‚[...] dico però che l'espressione *usia* ha l'unico preciso scopo di affermare della Trinità in genere che non vi sono diversi gradi di divinità‘.“ Diese Übersetzung ist sehr frei und interpretierend. Dem Text wird sie kaum gerecht. Leider gibt RIGGI keine Erörterung oder Begründung für seine Abgrenzung des Zitates, die ihm offensichtlich selbstverständlich erschien.

Explikation des Häretikers zu dem Bekenntnis von den drei Hypostasen verständlich.

Nun beginnt die antithetische Erwiderung des Epiphanius, die durch den Wechsel im Numerus angezeigt wird: „(2b) Aber um des präzisen Ausdrucks willen sagen wir ‚<eine> Usia‘, damit wir nicht bald diese, bald jene Gestalt der Gottheit der Dreiheit nennen.“

Gegenüber dem Häretiker, dem die verschiedenen Begriffe Probleme bereiten, erklärt Epiphanius, dass er[858] die Annahme verschiedener Gestalten der Gottheit gerade dadurch vermeide, dass er präzise von <einer> οὐσία spricht, womit er das eine und einzige Wesen Gottes bezeichnet.[859] Dieses Verständnis von Usia stimmt mit der bisherigen Verwendung des Begriffes durch Epiphanius überein.[860]

Die hier gezeigte Abgrenzung des Zitates hat somit folgende Gründe für sich:

1.) Zum einen ist das Häretikerzitat aus sich heraus verständlich und passt in den sabellianischen Kontext von Anc 81. 2.) Zum anderen macht die Entgegnung des Epiphanius Sinn. 3.) Schließlich spricht noch ein formaler Aspekt für diese Interpretation. Epiphanius fährt in Anc 81,5 fort, die Verschlagenheit[861] des Häretikers zu erläutern. Wieder stellt er die gegnerische Lehre dar, wobei er vom Häretiker wieder im Singular spricht (vgl. Anc 81,5f). Dem stellt er, wiederum antithetisch und mit einem Wechsel im Numerus verbunden, in Anc 81,7 die eigene Lehre entgegen: ἡμεῖς δὲ οὐχ οὑτῶς ἐμάθομεν... In dieser Anordnung (gegnerische Lehre/Singular – eigene Lehre/Plural) liegt eine formale Entsprechung zu Anc 81,4.

Aus dieser Abgrenzung ergäbe sich, dass Epiphanius in Anc 6,10 eine Formulierung und einen Gedanken des Häretikers übernommen hat.

Zuletzt soll auf eine Lesart hingewiesen werden, die in den Sacra Parallela des Johannes von Damaskus zu finden ist. Das dort überlieferte Fragment lautet: ὁ μὴ ὁμολογῶν τρεῖς ὑποστάσεις ἐν μιᾷ οὐσίᾳ· οὐχ ἑτέραν δὲ λέγω οὐσίαν παρὰ τὴν θεότητα· οὐχ ἑτέραν δὲ θεότητα παρὰ τὴν οὐσίαν. ἀλλὰ διὰ τὸ οὕτως ἀκριβοῦν, οὐσίαν καλοῦμεν· ἵνα μὴ ἄλλο καὶ ἄλλο ὁ τοιοῦτος ῥᾳδιουργεῖ.[862] Diese Lesart birgt weitreichende Konsequenzen, denn demnach wäre das (in dem Fragment nicht überlieferte) Häretikerzitat schon nach Satz (1a) beendet (hinter ἅγιον πνεῦμα), wonach dann mit (1b) der Neuansatz mit der Erwiderung des Epiphanius folgte. Der Vorwurf an den Häretiker lautete demnach, dass er nicht die neunizänische Formel bekenne, was Epiphanius an

[858] Der Plural „wir“ (καλοῦμεν) wird mit dem mehrfach zu beobachtenden Wechsel zwischen Singular und Plural zusammenhängen (vgl. schon Anc 1,1). Möglich ist aber auch, dass Epiphanius hier die Gruppe derer meint, die οὐσία präzise als Wesensbezeichnung verwenden.

[859] Die Konjektur HOLLs kann von hierher als berechtigt angesehen werden, ist aber nicht unbedingt erforderlich.

[860] Vgl. zusammenfassend Teil III, D.1.

[861] Vgl. die Begriffe: κρυπταζόμενος; ῥαδιούργως; δολίως.

[862] Wiedergegeben in PG 39, 116 C als Exzerpt des Amphilochius von Ikonium.

dieser Stelle dagegen ausdrücklich täte. Sämtliche Probleme, die die Stelle Anc 81,4 bietet, wären mit dieser Lesart gelöst. Allerdings ist schon aus diesem Grunde an ihrer Ursprünglichkeit zu zweifeln. Sie stellt eine so erhebliche Glättung gegenüber dem *Ancoratus*-Text dar, dass die Anwendung der Regel der *lectio difficilior* in diesem Falle unabwendbar zu sein scheint. Außerdem ist die Verwendung der neunizänischen Formel durch Epiphanius im *Ancoratus* nicht nachzuweisen.

Es muss letztlich festgestellt werden, dass die Frage nach der Abgrenzung des Häretikerzitates nicht eindeutig beantwortet werden kann. Dies ist für die weitere Analyse insofern nicht von Relevanz, als der Vorwurf des Epiphanius deutlich geworden ist: Der Häretiker bekennt sich zwar zu der Existenz von Vater, Sohn und Geist, er meint dies aber nicht in dem von Epiphanius gemeinten Sinne als reale und beständige Differenzierung. Dies ist der Kern der Anklage, wie durch die Klammer zwischen Anc 81,2 (Ausgangspunkt sind die Ausführungen zu Mt 28,19), den ersten Worten des Häretikerzitates in Anc 81,4 (= 1a) und der Wiederaufnahme dieser Worte in Anc 81,5 deutlich wird. Zu beachten ist auch die besondere Betonung vor der Zitierung des Häretikers, dass Vater, Sohn und Geist dies wahrhaft, ἀληθινός/-ν seien (vgl. Anc 81,2). Aufgrund der Positionierung vor dem Zitat stellt diese Aussage einen starken Kontrast zu den Häretikerworten dar, die das ἀληθινός/-ν gerade nicht aufnehmen. Das wird vor allem in Anc 81,5f deutlich, wo Epiphanius das Verschlagene dieser Rede beschreibt: ... καὶ δολίως λέγει· πιστεύω ὅτι πατὴρ πατήρ, υἱὸς υἱός, πνεῦμα ἅγιον πνεῦμα ἅγιον· ὑπόνοιαν δὲ ἔχει τοιαύτην κεκρυμμένην, ὡς ἀφ' ἡμῶν τὸ θεῖον ἀπεικάσας, λέγων ἐν ἑαυτῷ, ὅτι ὡς ἔχω σῶμα καὶ ψυχὴν καὶ πνεῦμα ἀνθρώπειον, οὕτω καὶ ἡ θεότης. πατὴρ μὲν ὡς εἰπεῖν τὸ εἶδος, υἱὸς δὲ ὡς ἐν τῷ ἀνθρώπῳ ψυχή, πνεῦμα δὲ ὥσπερ τὸ ἐμπνέον διὰ τοῦ ἀνθρώπου.[863]

Auffallend ist, dass die Formulierung ὁμολογῶ τρεῖς ὑποστάσεις ἐν μιᾷ οὐσίᾳ in der ganzen Entgegnung des Epiphanius in Anc 81 keine eigene Rolle

[863] Vgl. zu dieser Stelle Haer 62,1,4 (2,389,11–16), wo Epiphanius Sabellius und den Sabellianern folgende Lehre zuschreibt: δογματίζει γὰρ οὗτος καὶ οἱ ἀπ' αὐτοῦ Σαβελλιανοὶ τὸν αὐτὸν εἶναι πατέρα, τὸν αὐτὸν εἶναι υἱόν, τὸν αὐτὸν εἶναι ἅγιον πνεῦμα, ὡς εἶναι ἐν μιᾷ ὑποστάσει τρεῖς ὀνομασίας, ἢ ὡς ἐν ἀνθρώπῳ σῶμα καὶ ψυχὴν καὶ πνεῦμα, καὶ εἶναι μὲν τὸ σῶμα ὡς εἰπεῖν τὸν πατέρα, ψυχὴν δὲ ὡς εἰπεῖν τὸν υἱόν, τὸ πνεῦμα δὲ ὡς ἀνθρώπου, οὕτως καὶ τὸ ἅγιον πνεῦμα ἐν τῇ θεότητι. Die hier begegnende Wendung ἐν μιᾷ ὑποστάσει τρεῖς ὀνομασίας darf nicht gleichgesetzt werden mit derjenigen in Anc 81,4, auch wenn der Vorwurf, den Epiphanius im Zusammenhang mit beiden Formeln erhebt, vergleichbar ist. Mit der Wiedergabe der Formulierung ἐν μιᾷ ὑποστάσει τρεῖς ὀνομασίαι hat Epiphanius nach ANDRESEN (Personbegriff, 7f) „das theologische Schlagwort festgehalten, unter dem man im 4. Jh. den ‚Libyer' bekämpfte." Fraglich dürfte allerdings sein, ob es sich bei der Formulierung tatsächlich um eine Wiedergabe handelt, oder ob Epiphanius nicht auch hier polemisch vorging. Einen ähnlichen Vorwurf wie gegen Sabellius richtet er auch gegen Paul von Samosata (vgl. Haer 65,1,5ff (3,3,9ff)) und gegen Photin (vgl. Haer 72,2 (3,251,3ff)). Diese Parallelen sind für HÜBNER ein weiteres wichtiges Indiz dafür, dass Epiphanius den Traktat Contra Sabellianos (hier nämlich Kapitel 13) als Vorlage genutzt hat. Vgl. HÜBNER, Ps-Athanasius, 181.

spielt: An ihr hat er offenkundig nichts Anstößiges gefunden.[864] Obwohl er selber den Sprachgebrauch noch nicht übernommen hat, scheint dieser für ihn (aufgrund des Beschlusses der Synode von Alexandrien 362?) doch kein Problem darzustellen. Das entspricht in vollem Umfang den folgenden Ausführungen und der dortigen Verwendung des Begriffes ὑπόστασις.

Der häretischen Lehre von der Trinität, die nach Anc 81,5f analog zur Aufteilung des Menschen zu denken ist, stellt er in Anc 81,7 seine eigene entgegen: ἡμεῖς δὲ οὐχ οὕτως ἐμάθομεν. Im Anschluss verweist er auf die Differenziertheit: Wie die Taufszene (vgl. Mt 3,16f) belegt, ruft der Vater vom Himmel, während der Sohn am Jordan ist und der Geist sich abbildet, indem er in Gestalt einer Taube herabkommt. Epiphanius bringt dann die Differenziertheit mit dem Begriff ὑπόστασις zum Ausdruck. Der Geist wird, gegen das Verständnis als bloße Gestalt (εἶδος), als ὑπόστασις κατ' ἑαυτό bezeichnet, τῆς αὐτῆς οὐσίας πατρὸς καὶ υἱοῦ. Diese Aussage gilt explizit für den Geist, wodurch Epiphanius gegen jedes pneumatomachisches Denken klarstellt, dass der Geist ohne Unterschied an der οὐσία des Vaters und des Sohnes teilhat, dabei aber von ihnen differenziert ist.

In Anc 78,4 hat Epiphanius noch die Formulierung ὑπόστασις καθ' ἑαυτόν im Zusammenhang mit dem νοῦς abgelehnt, weil damit dessen Eigenständigkeit zu sehr betont wäre und weil damit die Personeinheit zerstört würde. Von daher verwundert die Bezeichnung des Geistes als Hypostase, deren Eigenständigkeit durch das καθ' ἑαυτό noch extra betont wird. Dabei sieht Epiphanius die Gefahr, dass die Einheit Gottes zerstört wird, offenkundig nicht.[865] Es zeigt sich, dass die Bedeutung der Begriffe in verschiedenen Zusammenhängen unterschiedlich sein kann. Die Tatsache, dass Epiphanius gerade nach der christologischen Auseinandersetzung, in der es um den Begriff ὑπόστασις ging, von einer eigenen Hypostase des Geistes sprechen kann, ist auffällig. Es ist zu vermuten, dass das im *Ancoratus* zumindest implizit vertretene Verständnis Christi als Hypostase[866] zu einem Wandel in der Verwendung des Begriffes geführt hat.

[864] HANSON (Christian doctrine, 666) geht ebenfalls davon aus, dass Epiphanius die Wendung sabellianisch interpretierte. Er sieht hinter den Worten „precisely the formula which the Cappadocians adopted and publicised [...]", vermutet dann allerdings: „[...] ‚the heretic' might be Meletius." Hiermit liegt HANSON m.E. falsch. Einen Anhaltspunkt dafür, dass der Häretiker mit Meletius oder sonst einem Neunizäner zu identifizieren ist, gibt es in keiner Weise. Dies ist allein von daher abwegig, weil Epiphanius dem Häretiker Modalismus vorwirft, v.a. aber, weil er selber der neunizänischen Lehre sehr nahe stand, wie im Anschluss Anc 81,7–9 zeigt.

[865] In Tomus ad Antiochenos 5 (PG 26, 801 A) werden diejenigen als Ariomaniten verworfen, die jede Hypostase für sich trennten (ἑκάστην καθ' ἑαυτὴν ὑπόστασιν διῃρημένην) in der Weise, wie die Geschöpfe und Menschen voneinander getrennt sind. Die Betonung liegt hierbei jedoch nicht auf der Bezeichnung καθ' ἑαυτὴν ὑπόστασιν, sondern auf der bei arianischen Theologen damit intendierten Trennung der Hypostasen. Da Epiphanius die Formulierung verwendet, scheint die Gefahr eines solchen Verständnisses zumindest für ihn nicht (mehr) zu bestehen.

[866] Vgl. vor allem die Formulierung in Anc 75,7: σὺν τῷ ἰδίῳ πληρώματι τῆς αὐτοῦ θεότητος καὶ τῇ ἰδίᾳ ὑποστάσει τοῦ θεοῦ λόγου.

Es zeichnet sich hier deutlich die begriffliche Differenzierung von οὐσία und ὑπόστασις ab.

Allerdings kommt es im *Ancoratus* zu keiner wirklichen Klärung, wie auch die folgende Stelle zeigt. Direkt im Anschluss heißt es nämlich weiterführend in Bezug auf den Geist: ...ὑπόστασις ἐξ ὑποστάσεως τῆς αὐτῆς πατρὸς καὶ υἱοῦ καὶ ἁγίου πνεύματος (Anc 81,7). Diese Formulierung steht zu den vorher gemachten Ausführungen in einem Widerspruch, denn nun vermischt Epiphanius wieder zwei Ebenen, die er zuvor terminologisch zu trennen begann. Zum gesamten Kontext will die Formulierung nicht recht passen. Wichtig ist in diesem Zusammenhang erneut ein Hinweis auf die textkritische Situation. J bezeugt die gebotene Lesart nicht, so dass sich die Überlieferung hier nur auf einen Zeugen (L) stützt. Ob HOLL an dieser Stelle mit seiner Entscheidung für L zu folgen ist, bleibt zumindest fraglich, auch wenn eine Auslassung leichter zu erklären ist als eine Einfügung und auch wenn zunächst die Regel der lectio difficilior gilt. Die Formulierung ὑπόστασις ἐξ ὑποστάσεως ist bei Epiphanius jedoch singulär.[867] Die folgenden Ausführungen lassen weiter an der Überlieferung von L zweifeln.

Epiphanius fährt fort, indem er betont, dass der Sohn zur Rechten des Vaters sitzt und nicht etwa wieder in den Vater eingeht (οὐκ εἶπεν, ἀνῆλθεν ὁ υἱὸς εἰς τὸν πατέρα; Anc 81,8; vgl. Anc 79,8; 81,1). Aufgrund dieser Aussage ist es möglich, den Gegner, gegen den Epiphanius sich hier wendet, einigermaßen sicher zu ermitteln, und die im Zusammenhang von Anc 81,2 bekundete Vermutung scheint sich nun zu bestätigen: Die Worte werden gegen Markell von Ankyra gerichtet sein.[868]

Damit stellt sich die Frage, ob Epiphanius für das gesamte Kapitel Anc 81 Markell im Blick hatte, ob Markell also der gemeinte Häretiker in Anc 81,4 ist. Der erste Teil des Zitates und der damit verbundene Vorwurf, der Häretiker bekenne nicht wirklich die Eigenexistenz von Vater, Sohn und Geist, passt ohne weiteres zu ihm. Die Rede von den drei Hypostasen in der einen Usia dagegen nicht. Markell lehnte sowohl die Rede von drei Hypostasen ab[869] als auch den Begriff οὐσία.[870] Das von Epiphanius überlieferte Bekenntnis einiger Markellianer spricht zwar von τρία

[867] Vgl. ähnlich nur noch in Anc 67,4 (= Haer 74,4,4 (3,318,19f)): μία θεότης τῆς αὐτῆς οὐσίας τῆς αὐτῆς θεότητος τῆς αὐτῆς ὑποστάσεως.

[868] Vgl. Anc 17,6, wo die Lehre des „Sabellius" abgelehnt wird. Vgl. auch Anc 47,5.

[869] Vgl. Markell, fr. 69 (= KLOSTERMANN/HANSEN, GCS, 198,15f; = fr. 50 SEIBT, Markell, 325, mit Kommentar, 326f). Vgl. auch fr. 66: ἀδύνατον γὰρ τρεῖς ὑποστάσεις οὔσας ἑνοῦσθαι μονάδι, εἰ μὴ πρότερον ἡ τριὰς τὴν ἀρχὴν ἀπὸ μονάδος ἔχοι (= KLOSTERMANN/HANSEN, GCS, 197,23f; = fr. 47 SEIBT, Markell, 323; vgl. hier v.a. Fußnote 331. SEIBT betont, dass der Sinn des Partizips οὔσας trotz des fehlenden ἄν irreal sei. Das bedeutete, dass Markell in dem genannten Fragment die Annahme dreier Hypostasen nur hypothetisch annähme, nicht aber wirklich voraussetzte. Diese Interpretation SEIBTs ist allerdings, wie er selber in seiner Fußnote anmerkt, umstritten).

[870] In dem maßgeblich durch Markell beeinflussten Bekenntnis von Serdika 342 wird der Begriff οὐσία ganz vermieden und als Begriff der Häretiker dargestellt. Vgl. Theodoret, Hist. Eccl. II,8,39 (113,13f): μίαν εἶναι ὑπόστασιν, ἣν αὐτοὶ οἱ αἱρετικοὶ οὐσίαν προσαγορεύουσι... Vgl. auch zu Anc 6,4f.

πρόσωπα der heiligen Trias, nicht aber von drei Hypostasen, so dass auch hier keine Übereinstimmung besteht.[871] Eine Zuordnung des Zitates in Anc 81,4 muss damit offen bleiben.

In Anc 81,9 bezieht Epiphanius sich auf die Verheißung Jesu, nach ihm werde der heilige Geist kommen (vgl. Joh 16,7), was er als eindeutigen Beleg dafür nimmt, dass zwischen beiden keine συναλοιφή besteht. Er nimmt hier einen Gedanken aus Anc 81,2 wieder auf, mit dem er die Auseinandersetzung eröffnet hat. Die Kontroverse um die gegnerische Lehre ist damit (ähnlich wie in Anc 75–80) von der eigenen, positiven Lehre gerahmt. Er beschließt die Argumentation in Anc 81,9 mit der Bemerkung: ἵνα δείξῃ ὑπόστασιν καὶ ὑπόστασιν und hält fest: μία δέ ἐστι θεότης εἷς θεὸς μία ἀλήθεια. Hier begegnet das Verständnis, das er dem Gegner in Anc 81,4 entgegenhält: Es gibt *eine Gottheit*, aber *verschiedene Hypostasen*. Die Passage spricht damit ebenfalls gegen die Lesart von L für Anc 81,7.

In Anc 81 liegt damit eindeutig ein anderes Hypostasis-Verständnis vor als noch zu Beginn des *Ancoratus*, wie ein Vergleich mit der Verwendung in Anc 6,5 zeigt. Während er dort ὑπόστασις im Sinne von οὐσία gebraucht hat, bezeichnet Epiphanius mit dem Ausdruck nun die Eigenexistenz der einzelnen trinitarischen Person. Damit kommt er dem neunizänischen Verständnis hier sehr nahe, obwohl er den Plural noch nicht verwendet. Die Gleichsetzung von ὑπόστασις und οὐσία begegnet im *Ancoratus* von nun an nicht mehr.[872]

Anc 82 bildet einen thematischen Übergang. Seine Ausführungen zur Trinitätslehre hat Epiphanius im Wesentlichen abgeschlossen. Rückblickend stellt er fest, dass er all das geschrieben hat für denjenigen, der „die Folgerichtigkeit" (τὴν ἀκολουθίαν) unseres Lebens, das heißt dessen inneren Zusammenhang, und das feste Bekenntnis (βεβαίαν ὁμολογίαν) kennen möchte,[873] und zwar, so betont er noch einmal, so, wie es aus der Schrift, nämlich vom Gesetz, den Propheten, Evangelien und Aposteln in der katholischen Kirche unverfälscht bis in unsere Zeit bewahrt wurde. Damit knüpft er an Anc 1,3 an.[874] Seine Lehre ist auf diese Weise legitimiert und erhebt Anspruch auf Verbindlichkeit, denn das, was er dargelegt hat, ist der eine und wahre Glaube, der sich gegen alle Häresien bewährt hat (vgl. Anc 82,2; vgl. auch Anc 118,5–8; 118,14 (119,6)).

Allerdings gibt es, so erfahren wir in Anc 82,3, neuerdings einige Abtrünnige, und zwar unter gewissen Mönchskreisen Ägyptens, der Thebais und anderer

[871] Vgl. Haer 72,11,5 (3,266,4).

[872] Ein Ausnahme bilden die Formulierungen der Anathematismen der beiden Bekenntnisse in Anc 118,13 (119,5) bzw. Anc 119(120),12. Dieser Sachverhalt ist jedoch leicht mit der Überlieferung zu erklären.

[873] Wer hier gemeint ist, ergibt sich aus Anc 101ff. Epiphanius verfasst seine Schrift konkret für die Gemeinde in Pamphylien.

[874] Vgl. Teil I, B.4.

Gegenden,[875] die der Lehre der Hierakiten folgen und die Auferstehung unseres gegenwärtigen Fleisches leugnen.[876] Damit hat er sein neues Thema angesprochen, dem er sich in den folgenden Kapiteln widmet. Dies entspricht der Themenstellung in Anc 1,3. Die Motivation dafür ist einmal mehr soteriologisch, denn durch die Leugnung der Auferstehung unseres Fleisches werden die Wahrheit Gottes und unsere feste Hoffnung in einen Mythos verkehrt.[877] Deshalb sieht Epiphanius sich genötigt, über diese neue Häresie noch zu sprechen. Der Anlass dazu ist, wie auch bei der pneumatomachischen Häresie, offenkundig aktuell.

Die Auseinandersetzung mit der apollinaristischen Christologie kann als Einführung für das Folgende gelten.[878] Ging es Epiphanius dort darum aufzuzeigen, dass Christus *vollkommen* Mensch wurde um den Menschen *vollkommen* zu retten, so zeigt er nun die daraus resultierende Konsequenz auf, nämlich die Auferstehung des *ganzen* Menschen mit Leib und Seele.[879] Die Lehre von der Auferstehung des ganzen Menschen passt zu dem Verständnis, dass der Mensch insgesamt als Hypostase zu bezeichnen ist. Da die Seele genauso wenig Hypostase ist wie alles andere im Menschen, kann sie auch nicht für sich existierend auferstehen.

Im Anschluss an die Diskussion über die Auferstehung spricht Epiphanius erstmals seit Anc 1f wieder die Adressaten direkt an und gibt Anweisungen, die

---

875 Vgl. HÖRMANN, BKV II zur Stelle: „Gemeint sind die Origenisten, u.a. speziell Euagrius, Didymus, Rufinus.“ Die Tatsache, dass Epiphanius sich hier gegen origenistische Mönchskreise richtet, muss nicht bedeuten, dass es sich hierbei um solche Kreise handelt, die er bereits zur Zeit seines Ägyptenaufenthaltes kennen gelernt hat und denen er schon damals ablehnend gegenüberstand (so offenkundig SCHNEEMELCHER, RAC, 911). Zur Frage, wann Epiphanius zu einem dezidierten Antiorigenisten geworden ist, vgl. Teil I, A.1.a).

876 Zu den Hierakiten vgl. Haer 67 (3,132ff).

877 Vgl. Anc 82,3; vgl. schon Anc 76,1; Anc 80,4 und den Kommentar zu Anc 74,1.

878 Vgl. auch die Einleitung in Anc 82,1: καὶ οὕτω γέγραφα τῷ βουλομένῳ (add. HOLL: <εἰδέναι>) τὴν τῆς ζωῆς ἡμῶν ἀκολουθίαν καὶ βεβαίαν ὁμολογίαν...

879 DECHOW interpretiert die Anordnung Anc 75–81 (gegen Apollinaris) und Anc 82–100 (nach DECHOW insgesamt gegen Origenes) dahingehend, dass Epiphanius der Passage gegen Apollinaris gezielt eine Passage gegen die Auferstehungslehre des Origenes folgen lasse. Das verbindende Element liege darin, dass beide Theologen auf ihre Weise die Annahme der vollen Menschheit durch Christus leugneten (vgl. DECHOW, Epiphanius, 63). Dem kann nur bedingt zugestimmt werden. Richtig ist, dass Anc 82ff auf das Vorhergehende aufbaut. Die im Zusammenhang mit Apollinaris herausgestellten christologischen Ergebnisse sind das Fundament für die Argumentation bezüglich der Auferstehung. Christus rettete den Menschen ganz, weil er selber ganz Mensch geworden ist. Allerdings thematisiert Anc 82–100 zum einen nicht nur Origenes und dessen Auferstehungslehre, sondern reflektiert ebenso die Auffassung der Ungläubigen (also der Heiden) und nennt in Anc 86,1 auch die Manichäer, die die Auferstehung des Leibes leugneten. Zum anderen verweist DECHOW auf die Lehre der präexistenten Seele Christi, um zu belegen, dass Origenes nicht die volle Menschheit Christi lehrte. Davon ist jedoch in Anc 82ff nicht die Rede. Es handelt sich insgesamt weniger um das Aufzeigen einer „correlation“ (vgl. ebenda) zwischen den Ansichten beider Theologen. Epiphanius geht es nur um einen Sachverhalt, nämlich um den Aufweis von Ursache und Folge: Die falsche Christologie führt zur falschen Soteriologie, die schlimmen Konsequenzen der einen (scil. der apollinaristischen) Lehre führen zum Irrglauben des Origenes.

sich bis zum Ende der Schrift erstrecken. Sie werden im Wesentlichen durch zwei größere Exkurse unterbrochen: In Anc 102,5–106,9 setzt er sich mit den Götzen der Heiden auseinander, in Anc 108–114 thematisiert er die Einheit des alten und des neuen Bundes. In Anc 115,1–118,5 kommt er wieder auf die Hauptgegner zurück, die er im *Ancoratus* bekämpft: Die Juden, Arius und Sabellius, die insgesamt als Wurzeln des Pneumatomachentums dargestellt werden. Dieser Abschnitt trägt den Charakter einer Zusammenfassung und abschließenden Verurteilung. Die Kapitel Anc 118,6–119(120),16 sind abschließend wieder direkt an die Adressaten gerichtet.

Weil die folgenden Kapitel für die Trinitätstheologie wenig hergeben, soll nur ein kurzer Überblick gegeben werden.

C. Abgrenzung gegen heidnische und häretische Lehren (Anc 83–119(120))

1. Gegen die Leugnung der leiblichen Auferstehung (Anc 83–101,3)

In Anc 83,1 nimmt Epiphanius seine Unterscheidung von Unglaube und Falschglaube wieder auf (vgl. Anc 9,1). Während die Ungläubigen die Auferstehung grundsätzlich ablehnen, verwerfen die Falschgläubigen alle Hoffnung und denken in der angegebenen Weise (οὕτω) über die Auferstehung. Damit hat Epiphanius zwei Gruppen genannt, mit denen er sich auseinandersetzen muss. In Anc 83,2–86,8 geht es um die Frage der Auferstehung in der Auseinandersetzung mit heidnischer Lehre, in Anc 87–100 in der Auseinandersetzung mit Origenes.

In Anc 83,2–85,5 geht es zunächst um die Auferstehung generell. Die Argumentation, die Epiphanius hier anführt, ist auf die heidnischen Gegner abgestimmt: Er argumentiert nun nicht mehr von der Schrift aus. Die Heiden, z.B. die Griechen, sollen vielmehr aus den Beispielen der Schöpfung[880] und der eigenen Mythologie[881] lernen, dass es eine Auferstehung gibt. Mit dieser Aufnahme heidnischer Elemente in die eigene Widerlegung folgt er apologetischer Tradition und Methodik, wie sie z.B. bei Justin, Athenagoras und vor allem Origenes in dessen Schrift *Contra Celsum* gängig ist. So führt Epiphanius z.B. an, dass die Heiden das nach der Rasur nachwachsende Haar zum Zeichen nehmen sollen, dass das, was vergangen ist, in der gleichen Form wieder aufersteht (vgl.

---

880 Vgl. Anc 83,3–84,2.

881 Vgl. Anc 84,3–85,5. In diesem Abschnitt (vgl. Anc 84,3–6) bringt Epiphanius auch das Beispiel des Vogels Phönix, das Gläubigen wie Ungläubigen bekannt sei (so Anc 84,3).

Anc 83,5). Die Beispiele werden langatmig bis Anc 85 ausgeführt.[882] In Anc 86 spezifiziert Epiphanius das Thema in Bezug darauf, dass nicht nur die Seelen auferstehen werden, sondern auch die Leiber.[883]

Die Ungläubigen hassen nach Anc 83,2 die Auferstehung, weil sie Gott und seine Gebote nicht kennen und weil die zukünftige Auferstehung ihnen Schande bringen wird, denn sie werden zum Gericht auferstehen, gegen ihren Willen.[884] Die Auferstehung ist in dem Sinne eine allgemeine, da sowohl Ungläubige als auch Falschgläubige und Gläubige auferstehen werden, die einen zum Gericht, die anderen zum ewigen Leben. Vor diesem Hintergrund ist das intensive Argumentieren dafür zu verstehen, dass der Mensch als ganzer, das heißt in seiner Leib-Seele-Einheit auferstehen wird.[885]

In Anc 87–100 wendet sich Epiphanius der Gruppe der Falschgläubigen zu, deren Lehre noch schlimmer zu bewerten ist als die der Ungläubigen.[886] Dabei thematisiert er zwei verschiedene Falschlehren. Zum einen richtet er sich gegen die auf Origenes zurückgeführte Lehre, der Mensch werde bei der Auferstehung ein anderes, neues Fleisch empfangen (vgl. Anc 87,1–3; 89,1ff)[887]. Zum anderen verwirft er die Auffassung, Leib und Seele würden im Gericht getrennt werden (vgl. Anc 87,4–88,8)[888]. Die Auseinandersetzung mit der ersten Lehre steht im

---

[882] In Anc 86,7 versteht Epiphanius οὐσία als Substanzbegriff, wenn er die Griechen fragt: τίνι τῷ λόγῳ τὰς βελτίους ψυχὰς τῆς τῶν σωμάτων οὐσίας <μνήμασιν> ἐγκαταδέοντες...; Die Konjektur HOLLS ist hier sinnvoll.

[883] Als Ausgangspunkt wird hier die Lehre der Manichäer genannt (vgl. dazu Haer 66,86f (3,129,1ff)). Das Hauptargument gegen die auch von ihnen vertretene Auffassung, nur die Seelen würden auferstehen, ist, dass die Seelen gar nicht auferstehen können, weil sie erst gar nicht gestorben sind (vgl. Anc 86,2). Diese Argumentation ist nicht unproblematisch. Denn wenn die Seelen nicht sterben, stellt sich die Frage, ob sie damit ewig existieren, oder ob sie nur unsterblich sind. Im ersten Fall hätte die Aussage weitreichende Konsequenzen, denn Ewigkeit impliziert auch Präexistenz – genau diesen Gedanken kritisiert Epiphanius aber an Origenes (vgl. Haer 64,63,5ff und Ep. ad Iohannem (= Hieronymus, Ep. 51,5,2f). Es zeigt sich hier, dass Epiphanius mehr von origenistischem bzw. platonischem Denken beeinflusst ist, als er selber zugibt oder als ihm selber bewusst war.

In Anc 86,4ff führt er dann erneut gegen die Hellenen an, sie sollen aus ihren eigenen Gebräuchen lernen, dass die Auferstehung auch die Leiber umfasse.

[884] Vgl. Anc 83,2: πλὴν ὅτι ἀναστήσονται, κἂν μὴ βούλωνται.

[885] Auf diese Weise ist gesichert, dass kein Teil des Menschen sich dem Gericht entziehen kann. Vgl. dazu Anc 87,3–88,8.

[886] Vgl. Anc 87,2. Das Vorgehen, zuerst den Unglauben zu thematisieren und dann demgegenüber steigernd den Falschglauben offenzulegen, ist ein bereits aus Anc 9 und Anc 27 bekanntes Motiv.

[887] Vgl. hierzu Haer 64,71,6ff (2,519,1ff).

[888] Epiphanius widerlegt die Lehre mit dem Hinweis, dass Leib und Seele eine Einheit bilden (vgl. Anc 75,4ff), die geschlossen vor dem Gericht Gottes erscheinen muss. Das Insistieren auf der Einheit wird hier aber nicht mit einer naturhaften Notwendigkeit begründet. Vielmehr sieht Epiphanius das gerechte Gericht Gottes gefährdet, wenn Leib und Seele einzeln vor Gott erscheinen. So wäre es zum einen ungerecht, wenn nicht der Leib, der auch gesündigt hat, bestraft würde, und andererseits wäre es nicht angemessen, wenn nicht der irdische Leib die Früchte seiner Askese und Enthaltsamkeit ernten dürfte. Vgl. Anc 87,3 und Anc 89. Hinter dieser Vorstellung

Vordergrund. Entsprechend der wechselnden Gegnerschaft argumentiert Epiphanius im Folgenden wieder mit der Schrift. Er schließt in Anc 89,1 den Gedankengang ab, weil er erneut der Meinung ist, alles Notwendige gesagt zu haben. Gleichzeitig hält er es für angezeigt, gegen die Lehre des Origenes weiter vorzugehen. In Anc 89,2ff wird dabei noch einmal sehr deutlich, wie ernst es ihm um die Frage des Heils bestellt ist. Auf der Auferstehung unseres Fleisches beruhen ja πᾶς ὁ θησαυρὸς καὶ κρηπὶς παντὸς σώφρονος λογισμοῦ καὶ πάσης ἀγαθοεργίας ἐλπίς (Anc 89,2). Epiphanius setzt einen klaren Tun-Ergehens-Zusammenhang voraus. Der jetzige Leib soll die Früchte ernten, die er durch ein enthaltsames und reines Leben verdient hat (vgl. Anc 89,3ff). Deutlich tritt hier die asketische Prägung durch ein langes Mönchsleben hervor.

Als abschließenden Beweis für seine Sichtweise führt Epiphanius in Anc 90 Zeugnisse aus der Schrift und schließlich das Beispiel der Auferstehung Jesu selber an.[889] Dieser Anordnung liegt eine bewusste Steigerung zugrunde. In Anc 91f wird die Argumentation vertieft.[890] Christus wurde uns, so die Aussage der Kapitel, zur Hoffnung und zum Vorbild, denn er lehrte uns:

1.) dass der Leib trotz der geistig-feinen Umwandlung derselbe geblieben ist, der gelitten hat (vgl. Anc 91,3f);

2.) dass nicht nur ein Teil auferweckt wird, sondern der ganze Leib (vgl. Anc 91,5);

3.) dass die Auferstehung nicht aufgrund der besonderen Zeugung allein ihm vorbehalten ist, sondern dass sie für alle gilt (vgl. Anc 92,1ff), und zwar – und

---

steckt die Erfahrung eines von Askese geprägten Mönchslebens. Ferner wäre es ungerecht, wenn die Seele aufgrund der Trennung vom Fleisch die Verantwortung für die Sünden auf das Fleisch abwälzen könnte (vgl. Anc 87,4ff). Die Seele könnte dann dem Gericht Gottes sogar widersprechen. Ebenso wenig darf aber das Fleisch die Verantwortung für die Sünde auf die Seele abschieben. Gott kann in seiner Allmacht zwar die Einheit von Leib und Seele außer Kraft setzen und den unbeseelten Leib zu leben erwecken, wie das Beispiel Ez 37,1–14 zeigt (vgl. Anc 88,1ff). Allerdings handelt es sich hierbei um einen Machterweis (vgl. Anc 88,5). Im Gericht sind sie um der Gerechtigkeit willen nicht getrennt (vgl. Anc 88,6). Wie schon in Anc 62 hält Epiphanius Origenes in Anc 88 entgegen, dass bei Gott nichts unmöglich ist. Hinter der ganzen Argumentation steht die Überzeugung, dass der Mensch in seiner Einheit gerichtet wird, zum Heil oder zum Verderben (vgl. Anc 88,8).

[889] In Anc 90 exegetisiert er einige Stellen aus I Kor 15, die zum einen beweisen, dass die Hoffnung auf die Auferstehung begründet ist, und zum anderen, dass der jetzige und der zukünftige Leib identisch sind. Ebenso exegetisiert er Joh 12,24. Zum Schluss kommt er zum Beispiel der Auferstehung Christi, das jeden Zweifel beseitigen soll. Anhand dieses Beispieles zeigt er in Anc 90,6 drei verschiedene Möglichkeiten auf, mit diesem Zeugnis umzugehen: Nach Art des Ungläubigen, des Falschgläubigen oder des Gläubigen.

[890] Zu Anc 92,3–8 findet sich eine Parallele in Haer 64,65,1–4 (2,504,20–505,6). Vgl. auch Haer 77,29 (3,441,22ff). Im Zuge der Argumentation äußert Epiphanius sich in Anc 91 zu dem subtilen Verhältnis von fleischlichem und geistigem Leib in Christus. Der fleischliche wird mit der Gottheit verbunden (συνενωθέν) und geht in eine λεπτότητα πνεύματος über (vgl. Anc 91,1), was es Christus ermöglichte, durch verschlossene Türen zu gehen.

darin ist Christus tatsächlich der „Erstling“ – die endgültige Auferstehung (vgl. Anc 92,5).[891]

In Anc 93 greift Epiphanius einige christologische Aspekte auf, die die Heilshoffnung bestärken sollen. Ausgangspunkt des Gedankenganges ist die Frage, ob Gott (nur) Mensch gewesen sei und zur Gottheit fortschritt (οὐκ ἄνθρωπος ἐλθὼν ἐν προκοπῇ θεότητος; Anc 93,1). Er hält dagegen, dass bisher kein Mensch das Heil bringen konnte und dass unsere Hoffnung auf Gott ruhen muss, nicht auf einem Menschen. Der Logos habe, so betont er mehrfach, das Leid freiwillig auf sich genommen, es sei ihm unseretwillen angerechnet worden.[892]

In Anc 94–100 folgen weitere Beispiele aus der Schrift, die die Hoffnung auf die Auferstehung, die nach Anc 95 in einem Augenblick[893] geschehen wird, als berechtigt erweisen sollen.[894] Die Heilsgeschichte findet in der Auferstehung Christi ihren Ziel- und Höhepunkt.[895]

Wichtig ist die Verwendung des Begriffes οὐσία in Anc 96,2. Im Zusammenhang mit dem Stab des Mose, den Gott zur Schlange verwandelt hat (vgl. Ex 4,2f), spricht Epiphanius davon, dass Gott diesen τῇ φύσει παρηλλαγμένον καὶ τῇ οὐσίᾳ ἑτέρως ἐσχηματισμένον machte, wobei es sich nicht um eine Umwandlung zum Scheine handelte, sondern um eine wirkliche. Der Aspekt, auf den es ihm ankommt, ist die Tatsache, dass der unbelebte Stab durch Gott belebt wurde, und zwar der ganze Stab (vgl. Anc 96,7). Außerdem wird Gott so wenig, wie er nicht einen Stab gegen einen anderen ausgetauscht hat, unseren Leib gegen einen anderen austauschen (vgl. Anc 96,5f). Damit wird der Stab Symbol für die Auferstehung. Während sich die φύσις änderte, bildete sich die οὐσία anders ab – sie blieb aber unverändert. Der Begriff φύσις bezieht sich hier auf das Äußerliche, Sichtbare, das veränderbar ist. Und hierin liegt offenkundig ein Unterschied zum Begriff Usia. Dieser bezeichnet das Wesen, das im Grunde unverändert bleibt: Es handelt sich immer noch um

---

[891] In Anc 92 betont Epiphanius einmal mehr, dass Christus freiwillig für uns (ἑκὼν δι' ἡμᾶς; Anc 92,6) gelitten habe. Der fleischgewordene Logos litt nicht in der Gottheit, sondern hat mitgelitten mit der Menschheit. Er ist nicht nur unsterblich, vielmehr (μᾶλλον) gilt: ὅλος ὢν ἀθανασία (Anc 92,7). Hierin ist wohl der Grund dafür zu sehen, dass wir durch ihn die Unsterblichkeit erlangen können. „Denn“, so fährt Epiphanius in direktem Anschluss in Anc 92,8 fort, „er selbst sagt ‚ich bin das Leben‘ (Joh 11,25)“. Vgl. auch Anc 100,1: αὐτὸς γάρ ἐστιν ἡ ἀνάστασις τῶν νεκρῶν.

[892] Vgl. dazu in Anc 93,5f die Wiederholung des Gleichnisses aus Anc 36,6 (vgl. auch Haer 77,33,1ff). In diesem Kontext bringt Epiphanius zwei weitere Male (Anc 93,6.7) den Begriff κυριακὸς ἄνθρωπος, den er immer im Zusammenhang mit der Betonung der Menschheit verwendet. Vgl. dazu zu Anc 34,1. Die christologischen Fragen haben in Anc 93ff, vor allem bedingt durch den Kontext, einen noch stärkeren soteriologischen Hintergrund als im Abschnitt Anc 27–54.

[893] Vgl. Anc 95,4: ὑπὸ θῆξιν.

[894] Vgl. den Rückblick in Anc 101,1.

[895] Vgl. dazu den Ausgangspunkt in Anc 94,1f.

denselben Stab; es hat gerade kein Austausch stattgefunden. Gerade das ist der Aspekt, auf den Epiphanius hinaus will und auf dem unsere Hoffnung gründet.

In Anc 97–100 bringt Epiphanius weitere Beispiele und betont in Anc 98 und Anc 100 wieder, dass die Auferstehung den ganzen Menschen betreffen wird, nicht bloß einen Teil.[896] Auch dafür findet er genügend Beweise aus der Schrift. Dieser begründeten Heilshoffnung stellt er in Anc 99,1 die Aussicht gegenüber, dass Gott ἄλλους εἰς ῞Αιδην κατήγαγε μετὰ τῶν σωμάτων. Auch dafür gibt es Beispiele aus der Schrift. Auch die Verurteilung durch Gott zum Tode erfolgt nach Anc 99,1 analog zur Auferstehung in einem Augenblick, ohne, dass Leib und Seele von einander getrennt werden oder ein Teil verschont werde. Die endgültige Auferstehung geschieht in eschatologischer Zukunft (vgl. Anc 99,4; Jes 34,4), wenn Gott bzw. Christus die Auferstehung unwiderruflich anordnet und damit wirkt.[897]

In Anc 101 schließt Epiphanius die Ausführungen zur Auferstehung ab. Er verweist erneut auf die Zeugnisse der Schrift, die von den Häretikern verdreht werden (vgl. Anc 101,1). Dann bringt er seine Hoffnung zum Ausdruck, dass die Ungläubigen und die Falschgläubigen[898] Barmherzigkeit erfahren und ihr Sinn erleuchtet werde.

Im Anschluss (vgl. Anc 101,3ff) wendet er sich den Heiden (῞Ελληνες) und dem Problem des Polytheismus zu. Erneut wird die zentrale Funktion des Geistes herausgestellt: Die Heiden werden, wenn sie den Geist empfangen,[899] von der Wahrheit selbst und durch die genannten Zeugnisse überführt werden, insbesondere aber ὑφ᾽ ὑμῶν τῶν υἱῶν τῆς ἁγίας τοῦ θεοῦ ἐκκλησίας καὶ ὀρθοδόξου πίστεως (Anc 101,3), das sind die Adressaten. Der Geistbesitz ist unbedingte Voraussetzung für die Erkenntnis der Wahrheit. In der Folge erschließt sich auch das Verständnis der Schrift und der Pistis. Epiphanius spricht nun direkt die Adressaten des *Ancoratus* an.

---

[896] In Anc 98,7f zeugt er außerdem davon, dass die Auferstehung allgemein ist und nicht nur einen Teil der Menschen betrifft. Vgl. auch Anc 100,1.

[897] Denn es gilt: ὅτι ὃ λέγει κύριος ἅμα καὶ ποιεῖ καὶ οὐκέτι λύεται ... θεοῦ γὰρ λόγος οὐ λυθήσεται (Anc 99,6). Zu dem Gedanken, dass Gott aus sich heraus unmittelbar wirkt, ohne erst zu wollen oder zu planen, vgl. auch Anc 52,4f.

[898] Hier werden die beiden Gruppen, die in Anc 83,1 bei der Einführung des Themas genannt sind, wieder zusammengefasst.

[899] Die Konjektur HOLLS <μὴ> λαβόντες ist an dieser Stelle unnötig und verfälscht m. E. den Sinn. Es geht Epiphanius gerade darum, seiner Hoffnung für die Heiden Ausdruck zu geben, dass sie, wenn sie den Geist empfangen haben, die Wahrheit erkennen werden. In diese Richtung gehen auch seine Anweisungen an die Orthodoxen in Anc 101,4ff. Die Annahme, die Heiden würden etwa ohne den Heiligen Geist, vor allem (μάλιστα) „durch die Söhne der Heiligen Kirche und des orthodoxen Glaubens“ (Anc 101,3) überführt (so mit der Konjektur HOLLS), widerspräche der ganzen bisherigen Argumentation hinsichtlich der Funktion des Heiligen Geistes als Erkenntnis- und Wahrheitsvermittler.

2. Anweisungen an die Gemeinde zur Mission (Anc 101,4–119(120))

Analog zu Anc 2f stellt Epiphanius den Heiden bzw. Falschgläubigen, die des Geistes nicht gewürdigt sind und die die Wahrheit nicht kennen, antithetisch die Adressaten gegenüber. Er fordert sie auf, die Heiden zu belehren, und zwar zunächst darüber, dass sie selber gewürdigt wurden, Jünger Christi zu sein (vgl. Anc 2,2–4), weil sie der Gemeinde und sich selbst „Nahrung" sammeln, das heißt, weil sie die rechte Lehre verbreiten (vgl. Anc 101,4).

Es ist davon auszugehen, dass Epiphanius hier konkret auf die Situation der nizänischen Gemeinde in Suedra zu sprechen kommt.[900] Die Adressaten, das heißt diejenigen, die orthodox über Sohn und Geist denken (so Anc 2,2), bezeichnet er als gottesfürchtige und gläubige Menschen, als Rechtgläubige und Söhne der Kirche.[901] Sie sollen πρῶτον, also vor allem[902] diejenigen sicher führen, die in die „heilige Wissenschaft" eingeführt sind (τοὺς εἰς τὴν ἁγίαν ἐπιστήμην εἰσαγομένους; Anc 102,2). Damit werden die eigenen Gemeindeglieder gemeint sein, was durch die Aufforderung, vor allem diese zu führen, bestärkt wird.

Dem Beispiel Mose folgend, dessen Lösen der Schuhe von den Füssen (vgl. Ex 3,5) symbolhaft als Ablegen von Lastern gedeutet wird (vgl. Anc 102,1f), sollen sie sich von allem Götzendienst und allem Übel abwenden.[903] Und nicht nur dies (οὐ μόνον δέ), sie sollen sich auch aller schlechten Rede enthalten (Anc 102,4). Damit könnten die Pneumatomachen der Gemeinde gemeint sein, die sich aufgrund des Streites um die Stellung des Heiligen Geistes von den anderen Nizänern abgespalten haben. Der Hinweis auf den Götzendienst (vgl. schon Anc 2) kann dahingehend gedeutet werden, dass die Pneumatomachen mit dem Heiligen Geist, der von ihnen nicht als vollwertiger Gott angesehen wird, ein Geschöpf anbeten (ebenso wie die Arianer mit Sohn und Geist zwei Geschöpfe anbeten). Im Grunde stehen sie damit auf einer Stufe mit den Heiden. Hierin dürfte der Zusammenhang mit der vorangehenden und anschließenden Argumentation bestehen. Die Identifizierung von heidnischer und arianischer Lehre nahm Epiphanius bereits in Anc 2,4–3,3 vor.

Wie in Anc 101,4ff deutlich wird, vertraut er jedoch darauf, dass die Hoffnung auf Seligkeit letztlich alle dazu bringen wird, sich von den „Jüngern und guten Hirten", also den Adressaten,[904] zu Christus führen zu lassen (vgl. Anc 102,4). Dazu ist es aber notwendig, die Wahrheit vor Augen zu führen und allen Götzendiensten entgegenzuhalten (vgl. Anc 102,5). Diese Hoffnung auf Bekehrung mag Ausdruck der Hoffnung sein, dass sich die zerstrittene Nizänerge-

---

[900] Zur wahrscheinlichen Gemeindesituation vgl. auch Teil I, B.3.

[901] Vgl. Anc 101,3.5; vgl. auch Anc 64,1 in Bezug auf Epiphanius selber.

[902] Da dem πρῶτον in Anc 102,2 kein δεύτερον folgt, ist der Ausdruck in dieser Weise zu übersetzen.

[903] THÜMMEL (Bilderlehre, 295f (= Text Nr. 32)) führt den Text in Anc 102f als Beispiel für die bilderfeindliche Haltung des Epiphanius an.

[904] Anc 102,3. Vgl. auch Anc 102,4.

meinde in Suedra wieder vereint. Grundlage dafür soll das Bekenntnis sein (vgl. Anc 118–119(120)).

Um seiner Argumentation Nachdruck zu verleihen, geht er im Folgenden in einem Exkurs näher auf die Götzen der Heiden ein (vgl. schon Anc 2). DUMMER bezeichnet den Abschnitt Anc 102,5–106,9 als „die einzige Stelle in seinen uns noch erhaltenen Schriften, an der Epiphanius sich um eine grundsätzliche Auseinandersetzung mit dem Polytheismus und seinen Erscheinungsformen bemüht hat."[905]

Zunächst streitet Epiphanius den Götzen jedes Sein ab, weswegen sie auch nicht für tot erklärt werden können (vgl. Anc 102,5f). Er wirft den Heiden vor, sich auf verschiedene Weise Götzen gemacht zu haben (vgl. Anc 102,7–103,6).[906] In Anc 103,7–104,4 führt er die Philosophen der Heiden als Zeugen gegen die heidnischen Götter und für den Monotheismus[907] an, in Anc 104,5–12 wendet er sich gegen die ägyptischen Götter, in Anc 105,1–106,7 gegen die griechischen, und in Anc 106,8f gegen die Anbetung von vergötterten Menschen.[908] In allen hier genannten Fällen macht

---

[905] DUMMER, Apologie, 269. Zum Aufbau von Anc 102,5–106,9 und den Parallelen zu Aristides vgl. ebd., 271ff.

[906] DUMMER (Ancor. 102,7, 345) geht davon aus, dass Epiphanius für den kurzen Abschnitt Anc 102,7–103,1 einer dreistufigen Entwicklungsgeschichte des polytheistischen Götterglaubens folgte, „die zeigen soll, daß die θεοί nichts weiter als Schöpfungen der menschlichen Phantasie sind". Erkenntlich ist dieser Aufbau an der Aufzählung: Zuerst (πρῶτον) wurde die Unzucht zur Gottheit erklärt – später (ἔπειτα) die eigene Kunst in Form von Götzen (Anc 102,7) – dann schließlich (ἔτι δὲ πάλιν) die eigene Leidenschaft (Anc 103,1). DUMMER verweist darauf, dass in diesem Stück, wie in der ganzen Passage gegen die heidnischen Götter, traditionelle Elemente verarbeitet wurden. Vgl. a.a.O., 345. Außerdem hat er nachgewiesen, dass Epiphanius für den Abschnitt wahrscheinlich auf eine bereits verfasste Vorlage zurückgegriffen hat (gegen WILAMOWITZ-MOELLENDORFF, vgl. unten). Vgl. ders., v.a. 346ff; dazu ders., Apologie, 271ff.

[907] Vgl. Anc 104,3: Homer und Philemon.

[908] Diesen Aufbau erkennt WILAMOWITZ-MOELLENDORFF, der in der Argumentation ein traditionelles Vorgehen der Polemik sieht, das schon bei älteren Apologeten begegnet. Für den Abschnitt Anc 103,7–106,9 hält er fest: „Erst werden die Philosophen zur Bekämpfung der Götter aufgeboten, um am Ende (was er in seinem Werk gegen die Ketzereien besorgt) selbst abgetan zu werden. Dann geht er den ägyptischen und griechischen Göttern zu Leibe, die immer gesondert werden, vermutlich weil die jüdische Polemik in Ägypten gewachsen war. Endlich wird der Kult der vergötterten Menschen behandelt [scil. in Anc 106,8f]." WILAMOWITZ-MOELLENDORFF, Ein Stück aus dem Ancoratus des Epiphanios, 761. Weiter geht er davon aus, dass Epiphanius den Abschnitt selber zusammenstellte, wobei er sich auf den Protreptikos des Clemens von Alexandrien und auf die Schrift Ad Autolycum des Theophilus von Antiochien gestützt habe. Vgl. ders., a.a.O., 761f; 763ff. Insgesamt kommt WILAMOWITZ-MOELLENDORFF zu dem Ergebnis, dass Epiphanius seine Vorlagen recht schlecht verwertet habe. Sein Urteil über Epiphanius' Umgang mit den Quellen fällt vernichtend aus: „Unter den Händen eines Epiphanius wird natürlich alles verfratzt" (a.a.O., 762). DUMMER bezweifelt dagegen die These, Epiphanius habe Clemens und Theophilus verwendet und aus seinen sonstigen Kenntnissen ergänzt. Er geht davon aus, dass Epiphanius den ganzen Abschnitt nicht selber zusammengestellt, sondern die entsprechende Partie einer verlorengegangenen Schrift ausgeschrieben hat. DUMMER hält dies v.a. deshalb für wahrscheinlich, weil der gesamte Text außer zwei Worten aus Sap. Sal. 14,12 und einer möglichen Anspielung auf Röm 1,25 (vgl. Anc 103,4) kein Bibelzitat enthält, was vor dem Hintergrund der ansonsten auf der Schrift beruhenden Argumentation des Epiphanius mehr als verwunderlich sei. Dies deutet für DUMMER darauf hin, dass Epiphanius das Material im Wesentlichen unverän-

sich der Mensch seine Götter. Dies steht im grundsätzlichen Gegensatz zum Christentum, das den allein wahren Gott anbetet (vgl. Anc 2,4ff). Das Ziel dieser Aufzählung wird in Anc 107,1 deutlich: Die Adressaten werden aufgerufen, ταῦτα πάντα in der Gemeinde genau darzulegen, um das schlimme Ende des Irrglaubens vor Augen zu führen und so zum rechten Leben zu führen, das für Epiphanius untrennbar mit dem rechten Glauben verbunden ist.

Es folgen Anweisungen allgemeiner Art. Die Rechtgläubigen sollen all das διὰ στόματος καὶ δι' ἔργων vorstellen und zuerst durch eigenes Vorbild überzeugen, bevor sie lehren, damit sie glaubwürdig sind (vgl. Anc 107,2). Dabei ordnet er das Handeln dem Reden vor (vgl. Anc 107,2f). Letztlich sollen sie versuchen, möglichst vielen Menschen (τοῖς πλείστοις) den „Eifer der Mönche" (μοναχῶν δὲ ζῆλον), das heißt das mönchische Lebensideal zu vermitteln, und zwar durch Beharrlichkeit und aufrichtigen Glauben (vgl. Anc 107,4f). Wieder kommt die Prägung durch ein auf die Praxis ausgerichtetes monastisches Leben zur Geltung; die Skepsis gegenüber einer Lehre, die allein auf Worte aufbaut und sophistisch ist, ist greifbar.

In Anc 107,5 folgt wieder ein genereller Aufruf, die Häretiker zu hassen. Namentlich Manichäer und Markioniten, die nicht im Besitz des Heiligen Geistes sind, sollen widerlegt werden. Wenn Epiphanius im Anschluss hervorhebt, dass diese gegen den Schöpfer des Alls (τὸν τῶν ὅλων δημιουργόν) lästern und die Gnadengaben hassen, die Gott durch seine Propheten allen Menschen geschenkt hat (vgl. Anc 107,6), dann hat er das Thema für das Weitere vorgegeben, wo er sich für die Einheit des alten und des neuen Bundes einsetzt. Auch dieses Thema entspricht der Zielsetzung, die er in Anc 1,3 vorgegeben hat, und wiederum scheint er aus aktuellem Anlass darauf zu sprechen zu kommen. Denn wie Johannes Chrysostomus in Ep. 221 berichtet, sind in Salamis zumindest etwa im Jahre 404 Markioniten tätig gewesen.[909] Auch für Epiphanius könnte diese Häresie damit eine konkrete Rolle gespielt haben, und es wäre von hierher verständlich, dass er (zumindest präventiv) auch gegenüber der Gemeinde in Suedra einiges über sie äußert. Zunächst beschließt er die direkte Anrede an die Adressaten in Anc 107,7 mit dem Aufruf, mit der Wahrheit gegen die Ketzer vorzugehen (vgl. Anc 101,3).

In Anc 108f nimmt er eine Frage auf, die er in Anc 38f bereits thematisiert hat. Wieder geht es um den Einwand, der „Gott des Gesetzes", also der Gott des alten Bundes, sei, wie seine Fragen zeigen, nicht allwissend.[910] Epiphanius hält dem entgegen,

---

dert übernommen habe. Vgl. DUMMER, Ancor. 102,7, 344f Anm. 3. In einem anderen Aufsatz zeigt DUMMER die Parallelen dieses Abschnittes zu Aristides auf und identifiziert damit die Vorlage (vgl. ders., Apologie, 271ff).

909 Johannes Chrysostomus, Ep. 221 (PG 52, 732f): τοῦ Σαλαμῖνος ἕνεκεν χωρίου τοῦ κατὰ τὴν Κύπρον κειμένου, τοῦ ὑπὸ τῆς αἱρέσεως τῶν Μαρκιωνιστῶν πολιορκουμένου, ἤμην διειλεγμένος οἷς ἐχρῆν, καὶ κατωρθωκὼς τὸ πᾶν, ἀλλ' ἔφθην ἐκβληθείς (a.a.O., 733,35–39). Vgl. dazu OBERHUMMER, Salamis, 1839. Zur Datierung auf 404 vgl. ebd.

910 Vgl. Anc 108,1: „Sie sagen aber: *Das ist ein schöner Gott des Gesetzes, der – nicht wissend, wo Adam sei – diesen fragte: ‚Adam, wo bist du?'* " (Vgl. Anc 38,7.)

dass die Gegner damit dem allwissenden Erlösergott (τῷ σωτῆρι θεῷ ... πρόγνωσιν ἔχοντι; Anc 108,2) ebenso wenig glauben, da dieser im neuen Bund genauso Fragen stellte (vgl. Anc 108,2ff).

In Anc 110ff reagiert er auf den Einwand, Gott sei ungerecht, weil er die Ägypter zugunsten der Israeliten betrogen habe[911] bzw. weil er den Israeliten fremdes Land geschenkt habe[912]. In beiden Fällen geht es wieder um Kritik am „Gott des Gesetzes" (ὁ θεός τοῦ νόμου; vgl. Anc 110,1 und Anc 111,4), was zu der namentlichen Nennung der Markioniten in Anc 107,5 passt. Allerdings scheint Epiphanius auch einen Zusammenhang zu den dort ebenfalls genannten Manichäern zu sehen. Eine Parallele zu Anc 110–114 findet sich in Teilen in dem Abschnitt gegen die Manichäer in Haer 66.[913] Gemeinsam ist beiden Gruppen der mangelnde Geistbesitz (vgl. Anc 107,6: κοῦφοι ὄντες καὶ κενοὶ ἀπὸ ἁγίου πνεύματος).

Epiphanius hält an der Kontinuität der Heilsgeschichte fest, indem er keinen Unterschied zwischen dem Gott des Gesetzes und dem Gott des neuen Bundes macht. Vielmehr ist es ein Gott, der – wie er aufgezeigt hat – gerecht ist. Das Kapitel beendet er erneut mit dem Aufruf, den Häretikern die Wahrheit entgegenzustellen.

Auf die Kontinuität der Heilsgeschichte läuft auch Anc 115 hinaus. Allerdings ändert sich hier die Stoßrichtung. Epiphanius wendet sich von nun an gegen die Juden, um von Anc 116 an andere, innerkirchliche Häresien anzusprechen. Die Geschichte Israels bildet so das Bindeglied zwischen der Argumentation gegen die Markioniten (mit dem Thema „Einheit des alten und des neuen Bundes") und derjenigen gegen die Auffassung, Christus sei nicht Gott gewesen, sondern bloßer Mensch.

In Anc 115 nimmt er einen Gedanken auf, den er in abgewandelter Form schon in Anc 73,5 entfaltet hat. Die „Synagoge" (vgl. Anc 115,1f) wird gegenüber der Kirche (vgl. Anc 116,7) mehrfach deutlich geringer bewertet. Er zeigt typologisch auf, dass die Heilsgeschichte bei Mose ihren Anfang nahm, über die Propheten fortgeführt wurde und im Evangelium ihre Erfüllung und ihren Höhepunkt fand.[914] Dennoch ist damit gezeigt, und darin liegt die Verbindung zur vorangegangenen Fragestellung, dass eine Kontinuität in der Heilsgeschichte besteht und alter und neuer Bund zusammen gehören.

Zum drittenmal nach Anc 3,2 und Anc 27,4 erhebt er in Anc 115,4f den Vorwurf, die Juden hätten den Sohn nicht als Gott erkannt.[915] In Anc 116,1 präzi-

---

[911] Vgl. Anc 110,1–111,3.

[912] Vgl. Anc 111,3–114,8.

[913] Vgl. die Chronologie in Haer 66,83f (3,124,18–127,13).

[914] Epiphanius nimmt in diesem Zusammenhang in Anc 115,2f das Bild des (Tauf-)Bades (τὸ πανάγιον λουτρόν ö.ä.) auf, worauf er in Anc 118,8 und 119(120),2 erneut zurückkommt. Er vergleicht das Lösen der Schuhe von den Füßen vor dem Eintritt in das Bad mit dem Irrtum der Israeliten, der zuerst überwunden werden müsse, bevor man in das (christliche) Taufbad eingehen könne.

[915] Als Argument gegen die Juden und für die Gottheit des Sohnes führt Epiphanius wieder Gen 1,26 an, wo der Vater zum Sohn und zum Geist gesprochen habe. Vgl. dazu Anc 28. Als weitere Beweisstellen, die die mangelnde Erkenntnis der Juden offen legen, führt er Ps 32,6, Gen 19,24 und Micha 5,2 an.

siert er: ταράσσει αὐτοὺς τὸ εἶναι θεὸν καὶ ἄνθρωπον.[916] Als Widerlegung führt er verschiedene alttestamentliche Schriftstellen an, die auf die Gottheit des Sohnes hinweisen, darunter auch Ps 109,1.[917] Der Glaube der Juden, die Epiphanius in Anc 116,3 als κυριοκτόνοι bezeichnet, wird schließlich für erledigt erklärt: Der alte Sabbat ist vergangen, der wahre wird durch die Christen verkündet; an die Stelle der ersten, kleinen Beschneidung ist die große, himmlische getreten, die den ganzen Körper betrifft (vgl. Anc 116,5). All diese Geheimnisse sind der heiligen Kirche anvertraut (Anc 116,7). Die Juden sind damit als Außenstehende gegen die Kirche abgegrenzt, was dem Wesen des Unglaubens ebenso wie dem der Häresie entspricht.

Doch auch aus den eigenen Reihen erhoben sich Feinde, die nicht aus dem wahren Glauben sind. Epiphanius meint damit (1.) die Arianer, die Ἀρειομανῖται, die den Sohn ἄνω καὶ κάτω lästern (vgl. Anc 116,8), das heißt, die über die Gottheit und über die Menschheit falsch denken. Sie hat er schon in den vorangegangenen Kapiteln[918] gebrandmarkt. Außerdem nennt er (2.) die Sabellianer (vgl. Anc 116,8ff), die in Anc 3 und Anc 27 nicht genannt wurden.[919] Diese leugnen nach Anc 116,9 vollends die Existenz des Sohnes und des Geistes, indem sie sagen: ὅτι ὁ υἱὸς αὐτός ἐστιν ὁ πατὴρ καὶ ὁ πατὴρ αὐτός ἐστιν ὁ υἱὸς καὶ τὸ ἅγιον πνεῦμα αὐτός ἐστιν ὁ πατήρ, ὡς μὴ εἶναι υἱὸν καὶ ἅγιον πνεῦμα.[920] Aufgrund dessen bezeichnet Epiphanius sie hier als δεύτεροι Ἰουδαῖοι καὶ κυριοκτόνοι.

Die Arianer aber sind die Gottlosesten von allen. Die Trennung des Sohnes von der Usia, der Gottheit des Vaters, ist noch schlimmer als die sabellianische Häresie.[921] Diese Trennung kommt in den Begriffen διαιρέω bzw. ἀπαλλοτριόω zum Ausdruck, weswegen er beide ablehnt. Außerdem wird wieder deutlich, warum ihm das ἐκ πατρός so wichtig ist (vgl. schon Anc 2).

Damit nennt Epiphanius in Anc 116 explizit die Idealtypen häretischer Lehre,[922] die er schon in Anc 3 genannt hat und die der gesamten Schrift zugrundeliegen. Sie können verschiedentlich eingeordnet werden. Zum einen passt das Schema Unglaube (= Juden) und Falschglaube (= Arianer und Sabellianer).

---

[916] Vgl. Anc 27,7–28,1.

[917] Vgl. Anc 17,6; 80,8; 81,1.8.

[918] Anc 116,8: ἐν τοῖς πρὸ τούτου λόγοις.

[919] Vgl. lediglich die Abgrenzung gegen Sabellius in Anc 6,4 und Anc 17,6 und die Nennung in den Ketzerkatalogen in Anc 13 und Anc 63.

[920] Vgl. Haer 62,2,5 (2,391,8f).

[921] Vgl. Anc 116,10: Ἀρειομανῖται δὲ οἱ πάντων ἀσεβέστατοι, οἱ τὸν υἱὸν ἀπὸ τῆς πατρῴας οὐσίας διαιρεῖν καὶ ἀπαλλοτριοῦν τολμῶντες, οὐκ ἀξιοῦσι τὸν υἱὸν ὁμότιμον εἶναι τῷ πατρὶ οὐδὲ ἐκ τῆς οὐσίας τοῦ πατρὸς αὐτὸν γεγεννῆσθαι. Das Usia-Verständnis entspricht dem von Anc 6. Vgl. auch Teil III, D.1.

[922] Die Juden sollen hier, obwohl sie außerhalb der Kirche stehen, insofern mit zu den häretischen Lehren gezählt werden, als ihre Lehre von Epiphanius exemplarisch für innerkirchliche Häresien genannt wird. Streng genommen gehören sie nicht zu den Falschgläubigen, sondern zu den Ungläubigen. Vgl. auch die Feststellung SCHNEEMELCHERS (RAC, 916), Epiphanius vertrete einen erweiterten Häresiebegriff, „der alles außerhalb des Christentums stehende u. nicht nur den Abfall von der Kirchenlehre umfaßt“.

Zum anderen können aber auch Juden und Sabellianer zusammengefasst werden, weil sie die Existenz des Sohnes und des Geistes leugnen.[923] Die im Kontext mit Anc 3 geäußerte These, dass Epiphanius mit „Juden" und „Sabellianern" dieselbe Gruppe meint, erhält durch die Herleitung der Pneumatomachen von den Juden (vgl. unten) eine Stütze, denn es wäre unsinnig, die Pneumatomachen von einer außerkirchlichen Gruppe abstammen zu lassen. Außerdem hat sich durch die Interpretation des *Ancoratus* bestätigt, dass Epiphanius, wenn er sich gegen Juden und Sabellianer wendet, modalistische Lehre vor allem markellischer Prägung bekämpft.[924] Es kann damit ein Bogen von Anc 3 nach Anc 116 gespannt werden.

Andere, die erst nach den genannten Häresien entstanden sind, hält Epiphanius für deren Sprösslinge (ἔγκονοι; Anc 116,11), die zusammen mit den Ur-Häresien widerlegt sind.[925] Es handelt sich dabei um die Pneumatomachen, die er einerseits zu „den Juden" zählen möchte (vgl. Anc 116,11)[926], andererseits als Abkömmlinge der Arianer versteht (vgl. Anc 117,6; vgl. unten). Die Pneumatomachen sind also neben Arianern und Juden/Sabellianern die dritte in Anc 116 genannte häretische Gruppe, die sich für Epiphanius aus den anderen beiden (bzw. drei) rekrutiert. Das verbindende Element zwischen „Juden" und Pneumatomachen ist die Leugnung der *Existenz* der zweiten und dritten Person, zwischen Arianern und Pneumatomachen ist es die Leugnung der vollen *Gottheit* beider.

In Anc 117 wendet sich Epiphanius erneut der Widerlegung der Sabellianer und der Arianer zu und möchte zusätzlich zu den bisher gebrachten Zeugnissen jeweils ein weiteres anfügen. So verweist er gegen die Sabellianer auf die μαρτυρία τοῦ Ἰορδάνου (Anc 117,1)[927], die zu einem Zeugnis für die Trinität wird: Der Vater spricht – der Sohn, dessen Einheit als Gott und Mensch von Epiphanius betont wird, kommt zu Johannes – der Heilige Geist kommt in Gestalt einer Taube (vgl. Anc 117,1–4). Vor dem Hintergrund, dass Epiphanius die Pneumatomachen auch als Abkömmlinge der Sabellianer versteht, erhält diese trinitarische Exegese großes Gewicht.

In Bezug auf die Arianer differenziert er dann genauer. Zum einen erklärt er, gegen sie genüge (neben dem bisher Gesagten; vgl. auch Anc 116,8) das Wort Jesu: ἐγὼ ἐν τῷ πατρὶ καὶ ὁ πατήρ ἐν ἐμοί (Joh 14,10). In diesem klassischen Text zeige sich die ἰσότητα ... υἱοῦ πρὸς πατέρα ... καὶ γνησιότητα (Anc

[923] Vgl. Anc 116,11.

[924] Vgl. den Kommentar zu Anc 3.

[925] Hier formuliert Epiphanius also explizit sein häreseologisches Prinzip: ἄλλοι δὲ τούτων ἔγκονοι, οἱ πρὸ τούτου μετὰ τῶν ἄλλων τῶν προταχθέντων <ἐλεγχθέντες> (Anc 116,11; mit der Konjektur HOLLS).

[926] Er nennt sie überdies „zweite Sadduzäer und Samaritaner", „unbekannte Tote" und „Ungläubige".

[927] Vgl. auch Anc 81,7ff.

117,5).[928] Zum anderen wendet er sich anschließend noch gegen die Abkömmlinge der Arianer (τοῖς δὲ ἐγκόνοις τῶν Ἀρειανῶν; Anc 117,6), *die den Heiligen Geist lästern*. Ihnen gegenüber führt er zwei weitere, bereits bekannte Schriftzeugnisse an. Zum einen nennt er die drei Jünglinge im Feuerofen (Dan 3),[929] zum anderen den Heiligkeitsruf der Engel Jes 6,3.[930] Beide Beispiele dienen, wie an den entsprechenden Parallelstellen dargelegt, als Beweise für seine Trinitätslehre.

Epiphanius unterscheidet also bei den Arianern genauer als bei den Sabellianern zwei Gruppen: Er kennt die genuinen Arianer und außerdem Pneumatomachen, die von diesen Arianern abstammen. Der Unterschied zwischen beiden Gruppen kann nur in der Haltung gegenüber dem Sohn bestehen: Die genuinen Arianer grenzen Sohn und Geist von der Gottheit des Vaters ab, denken also subordinatianistisch im Hinblick auf die gesamte Trinität. Die von ihnen abstammenden Pneumatomachen denken offenkundig – nur so ist die Unterscheidung zu verstehen – über den Sohn orthodox. Der Sache nach entspricht diese Einteilung in etwa der Klassifizierung in Haer 74, wo Epiphanius zwischen arianischen und nizänischen Pneumatomachen unterscheidet.[931] Allerdings – und dieser Unterschied ist entscheidend – im *Ancoratus* trifft er diese präzise Differenzierung nicht. Er sieht hier alle Pneumatomachen in einer Traditionslinie mit den Arianern. Dies entspricht dem Vorgehen des Athanasius in den *Serapionbriefen*. Sowohl diese Parallele als auch die Übereinstimmung in der Art der Widerlegung erhärten die These, dass Epiphanius diese Briefe des Athanasius gekannt und für seinen *Ancoratus* verwendet hat. Eine genaue Aussage darüber, welcher Herkunft die arianischen Pneumatomachen sind (für die er im gesamten *Ancoratus* keine eigene Bezeichnung hat[932]) und welche Lehre sie hinsichtlich des Sohnes und des Geistes präzise vertreten, macht er nicht. Letztlich bleiben sie unbestimmt und es entsteht ein inhomogenes Bild von den Gegnern. Dieser Eindruck wird verstärkt durch die Herleitung anderer Pneumatomachen von den Juden/Sabellianern, die Epiphanius in Anc 116f erstmals herstellt. Dies ist aus mehreren Gründen ungewöhnlich: Erstens ist über speziell sabellianische Pneumatomachen nichts bekannt. Die Sabellianer leugnen vielmehr die Differenziertheit der Trias insgesamt, nicht speziell die Existenz des Geistes. Zweitens nennt Epiphanius diese Gruppe in Haer 74 nicht. Drittens wird weder in den Briefen aus Suedra eine Verbindung der Pneumatomachen

928 Vgl. zu dieser Stelle Athanasius, Or. III c. Ar., 1,2,13ff. LAMINSKI (Geist, 48) weist dazu darauf hin, dass die Arianer Joh 14,10 im Sinne eines einander ergänzenden Ineinanders von Vater und Sohn interpretieren.

929 Vgl. Anc 117,6f. Vgl. auch Anc 23f.

930 Vgl. Anc 117,7. Vgl. auch Anc 10,1ff; Anc 26,1–4; Anc 73,9.

931 Vgl.Teil I, A.2.c).

932 Eine Ausnahme bilden hier die beiden Häretikerkataloge in Anc 13,7 und Anc 63,6, für die beide jedoch nicht mit Sicherheit ausgeschlossen werden kann, dass die Bezeugung sekundär ist. In Anc 13,7 findet sich der für Epiphanius typische Zusatz οἱ τὸ ἅγιον πνεῦμα τοῦ θεοῦ βλασφημοῦντες, der sicher von ihm selber stammt. In Anc 63,6 findet sich die Bezeichnung οἱ καὶ Πνευματομάχοι als Ergänzung zu Πνευματῖται.

mit modalistischer Lehre hergestellt noch ist bisher von Epiphanius ein solcher Zusammenhang hergestellt worden.[933] Den angeführten pneumatomachischen Schriftstellen im *Ancoratus* liegt ausschließlich eine subordinatianistische Interpretation durch die Gegner zugrunde.

Es ist von daher wahrscheinlich, dass Epiphanius in Anc 116f die Herleitung der Pneumatomachen von den Arianern polemisch auf die Sabellianer übertragen hat, um die Pneumatomachen gänzlich zu diskreditieren. Gleichzeitig stellt er damit eine Verbindung zwischen der pneumatomachischen Lehre und den zeitgenössischen Sabellianern her, also Markell und seinen Anhängern, die dadurch mitverurteilt werden.

Die Gemeinsamkeit zwischen Arianern, Sabellianern und Pneumatomachen liegt darin, dass sie die ewige Existenz der wahren Trias leugnen. Erneut zeigt sich hier, dass Epiphanius' Ansatz die „Dreiheit in Einheit" ist. Die Pneumatomachen sind somit nicht als eine konkrete Gruppe zu identifizieren, weil es ihm nicht um eine bestimmte profilierte Gruppe geht. Vielmehr liegt ihm daran, exemplarisch das grundsätzliche Übel pneumatomachischer Häresie aufzuzeigen: Die Leugnung der vollkommenen Gottheit des Geistes und seiner realen, ewigen Eigenexistenz als Teil der Trias führt zum Verlust des Heils.

Wie vor allem die Kapitel Anc 102f und die letzten Kapitel Anc 116–119(120) zeigen, möchte Epiphanius mit der von ihm aufgezeigten allgemeinen Ablehnung pneumatomachischer Lehre insbesondere die Abgefallenen der Gemeinde in Suedra zum wahren Glauben zurückführen. Den Adressaten des *Ancoratus* stellt er dafür ein gemeingültiges Rüstzeug zur Verfügung. Die Tatsache, dass er bei seinen Ausführungen keine konkrete pneumatomachische Gruppe vor Augen hat, bedeutet somit nicht, dass die Ausführungen nicht für einen konkreten Anlass bestimmt sind.[934]

In Anc 118,1 nennt Epiphanius zusammenfassend noch zwei weitere Schriftzeugnisse, die gegen dieselben Gegner gerichtet sind (ἐλεγξάτω δὲ πάλιν τούτους). Es handelt sich um Stellen, die er bereits früher in eindeutig pneumatomachischem Zusammenhang angeführt hat.[935] Diese Tatsache stützt die Beobachtung, dass er unter den Geistbekämpfern im *Ancoratus* vor allem Abkömmlinge der Arianer versteht.

In Anc 118,3 nähert Epiphanius sich dem Ende seiner Ausführungen. Er setzt dem Falschglauben der Häretiker den wahren Glauben entgegen: ἡμεῖς δὲ

---

[933] Vgl. dagegen Brief II,3, wo Palladius in Bezug auf den Geist subordinatianische Lehre der Gegner widergibt, die den Geist als Diener und Boten verstehen.

[934] Zur Frage der Gegner im *Ancoratus* vgl. auch die Zusammenfassung, Teil III, A.

[935] Wichtig ist vor allem die zweite Stelle, I Kor 2,10 (vgl. Anc 118,2), die Epiphanius bereits in Anc 11,3–16,2 thematisiert hat. So weist er auch darauf hin, dies schon oft gesagt zu haben: Der Geist ist nicht verschieden (μὴ ἀλλότριον; Anc 118,2) von Gott, weil er die Tiefen Gottes erforscht. Wichtig ist auch hier wieder das ἐκ θεοῦ, nach Anc 6,6 die Bedingung für die Homousie: τὸ δὲ μὴ ὂν ἐκ τῆς οὐσίας τοῦ θεοῦ ἀδύνατόν ἐστι τὰ βάθη τοῦ θεοῦ ἐρευνᾶν (Anc 118,2). Zur ersten Stelle, Apg 5,9 (vgl. Anc 118,1), vgl. Anc 9,2f, hier jedoch mit Apg 5,3f. Der Zusammenhang ist dennoch vergleichbar.

οἴδαμεν, und zwar „den Vater als Vater, den Sohn als Sohn und den Heiligen Geist als Heiligen Geist, Dreiheit in Einheit“. Die ersten Worte sind eine fast wörtliche Wiederholung des Häretikerzitates in Anc 81,4. Hier warf er den Häretikern ein sabellianisches Verständnis vor. Deshalb ist die Schlussaussage wichtig. Die Formulierung τριάδα ἐν ἑνότητι bezeichnet in Kurzform den trinitätstheologischen Ansatz des Epiphanius und das Gesamtthema des *Ancoratus*, das er in Anc 2 gestellt hat (vgl. zur Formel Anc 2,6). Er spezifiziert die Aussage, indem er die Einheit betont: „Denn es ist eine (μία) Einheit des Vaters, des Sohnes und des Heiligen Geistes, eine οὐσία, eine Herrschaft (κυριότης), ein Wille, eine Kirche, eine Taufe, ein Glaube (vgl. Eph 4,5).“ Für die Dreiheit verwendet Epiphanius wieder keine anderen Ausdrücke als die Namen und den Begriff τρίας. Die Einheit wird vor allem mit dem Begriff οὐσία ausgesagt. Einen anderen Wesensbegriff, etwa ὑπόστασις, nennt Epiphanius an dieser Stelle nicht. Die Betonung ἓν βάπτισμα wird, wie der Kontext deutlich macht, auf die Situation in Suedra bezogen sein. Es besteht für Epiphanius ein Zusammenhang zwischen der Einheit der Trias und der einen Taufe (vgl. auch Anc 8,6ff), weswegen eine Taufe, die nicht auch auf den Heiligen Geist als Gott vollzogen wird, abzulehnen ist. Zudem verbindet Epiphanius das Bekenntnis zur Einheit der Trias mit der Kirche. Schon in Anc 82,1 hat er deutlich gemacht, dass die wahre Überlieferung der Schatz der Kirche ist. In ihr allein findet sich die Wahrheit, weil nur in ihr der Heilige Geist wirksam ist (vgl. auch Anc 101,4ff). Epiphanius stellt einen eindeutigen Zusammenhang her zwischen Geistbesitz, Wahrheitserkenntnis und rechtem Glauben, und damit Kirchenzugehörigkeit.

In Anc 118,4 fordert er die Häretiker, die im Gegensatz zu den Adressaten in Suedra nicht des Geistes gewürdigt sind, damit auch die Wahrheit und den rechten Glauben nicht besitzen und nicht Teil der Kirche sind, auf, die Lästereien gegen die Kirche zu beenden. Die Kinder der Kirche dagegen sind beauftragt, diesen von den heiligen Vätern, das heißt von den heiligen Aposteln überlieferten Glauben ihren eigenen Kindern sowohl weiterzugeben als auch zu verkünden (vgl. Anc 118,5). Zum Ende seiner Ausführungen knüpft Epiphanius wieder an die antithetische Gegenüberstellung orthodoxer Glaube/Geistbesitz – Falschglaube/Geistmangel in Anc 2f an.

Als Abschluss fasst er den orthodoxen Glauben zusammen, der die Grundlage für die Missionierung (vgl. Anc 101,4ff), die Taufe (vgl. Anc 118,6ff) und vor allem die Rückgewinnung der Abgefallenen in der Gemeinde in Suedra bildet, und expliziert ihn.

Epiphanius gibt nun Anweisungen an die τιμιώτατοι ἀδελφοί, denen er versichert, zu den Kindern dieser Kirche zu gehören (Anc 118,6; vgl. Anc 2,1f). Sie sollen diese Lehre wiederum ihren „Kindern“, das heißt den Katechumenen, weitergeben.[936]

[936] Es gibt also eine Entsprechung zwischen den Briefen, dem Anfang des *Ancoratus* und dessen Ende: Es waren Presbyter, die für die Katechumenenausbildung zuständig waren, die sich an

Der folgende Abschnitt Anc 118,7f ist, vor allem im letzten Teil, verderbt. Allerdings kann der Sinn, worauf auch HOLL aufmerksam macht, von Anc 119(120),2 her ausreichend erschlossen werden. Die Adressaten sollen das Gesagte bekennen und weiter aus den heiligen Schriften zur Festigung ihrer selbst und ihrer Zuhörer alles sammeln, was dem ähnlich ist. Sie, die πιστοὶ καὶ ὀρθοδόξοι (vgl. Anc 2,2) sollen außerdem lehren, den Weg weisen und unterrichten (διδάσκοντες ὁδοποιοῦντες κατηχοῦντες; Anc 118,7) und nicht aufhören, diesen Glauben der heiligen Kirche zu bewahren und auf diese Weise jeden der zukünftigen Katechumenen, die in das heilige Bad (τῷ ἁγίῳ λουτρῷ; Anc 118,8. Vgl. Anc 115,2f) eingehen wollen, *zu überzeugen*. Sie müssen (ὀφείλετε) jedem ihrer Söhne im Herrn nicht nur „das Glauben" ankündigen (ἀπαγγέλλειν),[937] sondern auch ausdrücklich (ῥητῶς) lehren, wie dieselbe Mutter unser und euer aller zu sprechen.

Es folgt das erste der beiden Bekenntnisse[938] des *Ancoratus*.[939] In der überlieferten Form findet sich hier das Bekenntnis von 381 (C). Allerdings herrscht heute in der Forschung weitestgehend Konsens darüber, dass es sich dabei um eine spätere Interpolation handelt und an Stelle von C ursprünglich das Nizänum (N) gestanden hat.[940] Es macht auch insofern Sinn, dass Epiphanius sich

---

Epiphanius gewendet haben, diese hat er im Präskript direkt angesprochen und gibt nun zusammenfassend letzte Anweisungen an sie. Der *Ancoratus* ist damit als Antwort in erster Linie an die Gemeinde in Suedra zu verstehen. Die Tatsache, dass Epiphanius hier am Ende jede Bezeichnung der Adressaten vermeidet (so spricht er sie hier nicht explizit als Presbyter an), kann damit erklärt werden, dass der Adressatenkreis größer war. Palladius und die Seinen bezeichneten sich schließlich nicht als Presbyter sondern gehörten wahrscheinlich einem Mönchskreis an. Auch an sie ist der *Ancoratus* jedoch gerichtet, weswegen es konsequent ist, wenn Epiphanius nicht nur eine bestimmte Gruppe anspricht.

937 SCHWARTZ interpretiert die Stelle mit folgender Erklärung, die er hinter τοῖς ἑαυτῶν υἱοῖς ἐν κυρίῳ einfügt: „(d.h. ihr schuldet euren Kindern im Herrn, daß ein jeder Katechumen nicht nur erklärt, daß er so glaube; schon vorher hängt φυλάττειν von ὀφείλετε ab, und nachher διδάσκειν, ferner entsprechen sich τὸ πιστεύειν und τὸ λέγειν)". SCHWARTZ, Nicaenum und Constantinopolitanum, 86. WEISCHER (Traktate, 99) übersetzt nach der äthiopischen Version des *Ancoratus*: „Und so sollt ihr allen Katechumenen, die zum heiligen [Tauf]bad kommen, nicht nur mit dem Mund [vor]sprechen, sondern sie sollen (es) erklären, daß unsere Mutter auch eure Mutter ist, indem sie sprechen" (alle Klammersetzungen durch WEISCHER). Das problematische τὸ πιστεύειν τοῖς ἑαυτῶν υἱοῖς ἐν κυρίῳ in Anc 118,8 fehlt im ähtiopischen Text und wird von WEISCHER als mögliche Glosse angesehen (vgl. a.a.O., 99 Anm. 18). Vgl. auch den Konjekturvorschlag HOLLS zur Stelle, der jedoch das Problem nicht zufriedenstellend löst.

938 In der Tradition werden mindestens seit CASPARI die beiden Bekenntnisse im *Ancoratus* mit Ep. I bzw. Ep. II bezeichnet. Aufgrund der nicht nur in der vorliegenden Arbeit gebräuchlichen Abkürzung Ep./ep. für „epistula" und der Bezeichnung der beiden vorangestellten Briefe als Brief I/II wird von dieser Tradition hier Abstand genommen.

939 HOLL fährt in seiner Kapitelzählung hier mit Anc 118,9 fort, während MIGNE mit Kapitel 119 beginnt. Das erste Bekenntnis erstreckt sich von Anc 118,9 (119,1) – 118,13 (119,5).

940 Den Nachweis lieferte v.a. SCHWARTZ in Ablehnung der These von HORT und HARNACK, C sei im *Ancoratus* ursprünglich. Vor allem darauf stützen diese die Annahme, C sei älter als das Konzil von Konstantinopel und ein lokales Taufsymbol gewesen. SCHWARTZ macht gegen die Annahme der Ursprünglichkeit von C im *Ancoratus* folgende Punkte geltend: 1.) ist im heutigen Text C mit den Anathematismen von N verbunden, was mehr als ungwöhnlich ist und sonst nirgendwo bezeugt ist. 2.) passen die Worte, mit denen Epiphanius die Formel in Anc 118,14

hier auf N (und nicht etwa auf ein anderes Taufsymbol) als das für alle Taufunterweisung maßgebliche Bekenntnis beruft, als er im *Panarion* mehrfach explizit auf Nizäa Bezug nimmt. Daraus wird ersichtlich, dass dies die für ihn entscheidende Synode und der hier bekannte Glaube für ihn Maßstab ist.[941] Im *Ancoratus* erwähnt er Nizäa zwar nicht, doch zeigt die Paraphrase in Anc 119(120),3–12, dass auch hier N die Grundlage seiner Ausführungen war.

In Anc 118,14 (119,6) schließt er an Anc 118,8 an und hält fest, dass das der Glaube war, der von den Aposteln überliefert und in der Kirche von den 310 Bischöfen (scil. den Bischöfen in Nizäa) bezeugt wurde (vgl. auch Anc 82,1).[942] Es bestätigt sich hier, dass der orthodoxe Glaube für Epiphanius dieser eine, stets gültige Glaube war, der dann als der nizänische Glaube formuliert wurde.[943]

(119,6) abschließt, nicht zu C, sondern zu N, denn er spricht davon, dass „dieser Glaube von den 310 Vätern überliefert" wurde, womit nur die Väter von Nizäa gemeint sein können. 3.) führt SCHWARTZ an, dass das zweite angeführte Bekenntnis mit seinen Erklärungen nur dann Sinn machte, wenn an erster Stelle N gestanden habe: „Nur wenn N vorherging, konnte Epiphanius es für nötig halten, dessen nacktes σαρκωθέντα zu erklären mit τουτέστιν [...]: hätte Epiphanius selbst C als erste Formel angeführt, so würde er entweder auf eine Erklärung verzichtet oder sie anders gefaßt haben". SCHWARTZ, Nicaenum und Constantinopolitanum, 87. Abschließend führt SCHWARTZ an, dass es nicht ungewöhnlich sei, dass ein späterer Schreiber ganz selbstverständlich C als das seit Mitte des 5. Jahrhunderts offizielle Nizänum an die Stelle von N gesetzt habe. Zu allem vgl. SCHWARTZ, a.a.O., 86–88. Breit diskutiert hat die Problematik im Anschluss RITTER, Konzil, der v.a. 162–169 auf das Problem des ersten Symbols im *Ancoratus* eingeht. RITTER stützt hier die These von SCHWARTZ und kommt nach intensiven Untersuchungen zu dem Ergebnis, dass „die Annahme einer Interpolation vollauf gerechtfertigt" sein dürfte (RITTER, Konzil, 169). Vgl. ebenso KELLY, Glaubensbekenntnisse, 315f. Ungeachtet dieser Diskussion geht QUASTEN, (Patrology III, 387) davon aus, dass es sich beim ersten Symbol um das Taufsymbol von Konstantia gehandelt habe, dass dann 381 mit einigen Abweichungen zum Taufbekenntnis für den ganzen Osten erhoben wurde. Den neueren Stand der Forschung berücksichtigt WEISCHER, Glaubenssymbol, 407–414. Er folgt SCHWARTZ und RITTER und erbringt auf der Grundlage eines Vergleiches mit der äthiopischen Überlieferung des *Ancoratus*, die auf einen älteren (WEISCHER: „7./8. Jh.?"; a.a.O., 411) und gegenüber der heutigen Version besseren griechischen Text zurückgeht, den „endgültigen Beweis" (a.a.O., 412) für die Richtigkeit von SCHWARTZ' Annahme. Der äthiopische Text gibt nach WEISCHER (a..a.O., 413) den ursprünglichen griechischen Text des ersten Symbols wieder: „Es war das nikänische Glaubenssymbol". Zum äthiopischen Text für Anc 118–119(120) und der deutschen Übersetzung vgl. WEISCHER, Traktate, 96–107 (zum 1. Symbol vgl. 96–101).

[941] Vgl. z.B. Haer 70,9,6 (3,242,4); 73,23,8 (3,297,5); 73,34,3 (3,309,13); 75,2,7 (3,334,15).

[942] Gegen HOLL machte sich zuletzt WEISCHER, der sich erneut auf die äthiopische Version stützt, dafür stark, die offenkundige Lücke in dem Satz Anc 118,14 (119,6) zwischen ἁγίᾳ und πόλει anzunehmen und πόλει mit LIETZMANN auf Nizäa zu beziehen. Der Satz lautet nach der äthiopischen Version: „Diesen Glauben aber hat sie (= die Kirche) von den heiligen Aposteln empfangen (bzw. er wurde ihr überliefert) und er ist in der heiligen Kirche verblieben (bzw. enthalten). Und wegen Areios wurde er aufgeschrieben im Buch von Nikaia, der Stadt, von den damals anwesenden 318 Bischöfen." WEISCHER, Glaubenssymbol, 413. Die Kürzung dieses Satzes auf die heute überlieferte Form bringt WEISCHER mit der Interpolation von C in Zusammenhang.

[943] Vgl. Teil I, A.

Dennoch sieht er sich veranlasst, das Bekenntnis zu erklären. Als Begründung führt er die seit Nizäa und den hier verurteilten Lehren neu hinzugekommenen Häresien an (ἐπειδὴ δὲ ... τούτου χάριν; Anc 119(120),1f).[944] Obwohl er diese Häresien nicht namentlich nennt, wird anhand der Erweiterungen im zweiten Bekenntnis klar, wen er in erster Linie meint. Es sind hier drei Elemente, die diese Erweiterungen betreffen: sie richten sich gegen die Pneumatomachen, gegen die Dimöriten (d.h. Apollinaristen) und gegen die Leugner der leiblichen Auferstehung (gegen Origenisten u.a.).

Epiphanius betont, dass aufgrund der veränderten Situation er selber, seine Adressaten, alle orthodoxen Bischöfe und insgesamt die ganze heilige katholische Kirche[945] gegen die neuen Häresien *in der Folge* (ἀκολούτως) *des vorangestellten Glaubens* jener heiligen Väter zusammen mit den Katechumenen das folgende Bekenntnis sprechen.

Es ist gut möglich, dass die Betonung der Zustimmung der Adressaten und vor allem „aller orthodoxen Bischöfe“ zur Abgrenzung gegenüber den neuen Häresien gegen den Ortsbischof in Suedra gerichtet ist, der offenkundig der bekämpften pneumatomachischen Lehre verfallen ist.[946] Insgesamt versteht Epiphanius seine Erläuterungen als legitime Auslegung des Nizänums. Da die Erläuterungen, die mehrfach im Stile des τουτέστιν ἐκ τῆς οὐσίας τοῦ πατρός gehalten sind, mit denen die Väter in Nizäa das γεννηθέντα ἐκ τοῦ πατρός[947] erklärt haben, das Ergebnis seiner Ausführungen im *Ancoratus* sind, erhebt er indirekt für seine Schrift zumindest in Teilen einen quasi kanonischen Anspruch, denn es handelt sich nicht nur um ein Glaubensbekenntnis, sondern – wie der Zusammenhang mit den zur Taufe zuzulassenden Katechumenen zeigt – auch um ein (verbindliches) Lehrbekenntnis.

Epiphanius’ Vorgehen entspricht dabei dem Verständnis, das er in Haer 74,14,4–8 darlegt. Hier reagiert er auf den Einwand nizänischer Pneumatomachen, im Nizänum sei keine Rede davon, dass der Heilige Geist in der Gottheit mitzuzählen sei (ἐν τῇ θεότητι συναριθμεῖται).[948] Dem hält er entgegen, dass es in Nizäa um die der Zeit entsprechenden Belange gegangen sei, also die aria-

---

[944] Um den zeitlichen Unterschied zu dem Bekenntnis von 325 zu verdeutlichen, nennt Epiphanius „heute“, wozu er in Anc 119(120),1 zum zweitenmal nach Anc 60,5 eine genaue Datumsangabe macht, die gegenüber der ersten Stelle allerdings nichts Neues bringt. Vgl. dazu Teil I, B.2. KATTENBUSCH presst die Datumsangabe sehr stark, wenn er sie so interpretiert, dass Epiphanius sich mit seiner chronologischen Angabe bewusst und gezielt auf das letzte Jahrzehnt 364–74 beziehe, um den Zeitraum zu benennen, in dem die neuen Häresien entstanden seien, deretwegen er dann sein zweites Symbol „geschaffen“ habe. Vgl. KATTENBUSCH, Symbol, 289. Dagegen spricht, dass Epiphanius dieselben Angaben auch in dem großen Datierungskontext von Anc 60(,5) verwendet, aus dem er sie wahrscheinlich nach Anc 119,1 (120,1) übernommen hat. Dennoch ist KATTENBUSCH insofern Recht zu geben, als die neu hinzugekommenen Häresien, die Epiphanius bekämpft, erst in dem benannten Zeitraum in Erscheinung getreten sind.

[945] Vgl. Anc 119(120),2: ὑμεῖς τε καὶ ἡμεῖς καὶ πάντες ὀρθοδόξοι ἐπίσκοποι καὶ συλλήβδην πᾶσα ἡ ἁγία καθολικὴ ἐκκλησία.

[946] Vgl. dazu Teil I, B.3.

[947] Epiphanius: γεννηθέντα ἐκ θεοῦ πατρός.

[948] Vgl. Haer 74,14,4 (3,332,17).

nische Häresie, nicht aber um den Geist. In dieser Argumentation liegt eine wichtige Parallele zu Basilius. In der an Epiphanius gerichteten Ep. 258 vertritt dieser dieselbe These, dass es in Nizäa noch nicht um den Geist gegangen und von daher die Doxologie des Geistes dem Nizänum hinzuzufügen sei.[949] DECHOW (Epiphanius, 63) geht davon aus, dass Palladius und die Mönche eine Abschrift des *Ancoratus* an Basilius gesandt haben und dieser daraufhin die Erweiterungen zum Nizänum abgelehnt hat, mit Ausnahme der Doxologie für den Geist, die er für notwendig hält.[950] Folgt man dieser Einschätzung, so besteht wahrscheinlich sogar ein direkter Zusammenhang zwischen den beiden Erläuterungen bei Basilius und Epiphanius.

Die Tatsache, dass Epiphanius ebenso wie Basilius das Nizänum für auslegbar und außerdem für erweiterungsbedürftig hält, ist ein wichtiger Sachverhalt, der deutlich macht, dass er nicht auf die Charakterisierung als Altnizäner festgelegt werden darf.[951]

Das zweite Bekenntnis hat, das ist unumstritten, als Grundlage das Nizänum. Der Text von N und das Eigengut von Epiphanius sollen zur Verdeutlichung synoptisch dargestellt werden.[952]

N nach Anc 119(120),3–12	Epiphanius Ergänzungen nach Anc 119(120),3–12
πιστεύομεν εἰς ἕνα θεόν, πατέρα παντοκράτορα, πάντων ἀοράτων τε καὶ ὁρατῶν ποιητήν·	
καὶ εἰς ἕνα κύριον Ἰησοῦν Χριστόν, τὸν υἱὸν τοῦ θεοῦ, γεννηθέντα ἐκ θεοῦ πατρὸς μονογενῆ, τουτέστιν ἐκ τῆς οὐσίας τοῦ πατρός, θεὸν ἐκ θεοῦ, φῶς ἐκ φωτός, θεὸν ἀληθινὸν ἐκ θεοῦ ἀληθινοῦ, γεννηθέντα οὐ ποιηθέντα, ὁμοούσιον τῷ πατρί, δι' οὗ τὰ πάντα ἐγένετο, τά τε ἐν τοῖς οὐρανοῖς καὶ τὰ ἐν τῇ γῇ...	
	ὁρατά τε καὶ ἀόρατα, ...
τὸν δι' ἡμᾶς τοὺς ἀνθρώπους καὶ διὰ τὴν ἡμετέραν σωτηρίαν κατελθόντα καὶ σαρκωθέντα, ...	
	τουτέστι γεννηθέντα τελείως ἐκ τῆς ἁγίας Μαρίας τῆς ἀειπαρθένου διὰ πνεύματος ἁγίου, ...

949 Vgl. Ep. 258,2,15–20.

950 Vgl. Teil I, B.3.b).

951 Zur Einordnung vgl. die Einleitung und das Ergebnis (Teil III, E.).

952 Die geringfügigen Abweichungen gegenüber N sollen hier unberücksichtigt bleiben. Vgl. dazu WEISCHER, Glaubenssymbol, 412f.

ἐνανθρωπήσαντα, ...	τουτέστι τέλειον ἄνθρωπον λαβόντα, ψυχὴν καὶ σῶμα καὶ νοῦν καὶ πάντα εἴ τι ἐστὶν ἄνθρωπος χωρὶς ἁμαρτίας· οὐκ ἀπὸ σπέρματος ἀνδρὸς οὐδὲ ἐν ἀνθρώπῳ <γεγονότα>, ἀλλ᾽ εἰς ἑαυτὸν σάρκα ἀναπλάσαντα εἰς μίαν ἁγίαν ἑνότητα· οὐ καθάπερ ἐν προφήταις ἐνέπνευσέ τε καὶ ἐλάλησε καὶ ἐνήργησεν, ἀλλὰ τελείως ἐνανθρωπήσαντα· ὁ γὰρ λόγος σὰρξ ἐγένετο, οὐ τροπὴν ὑποστὰς οὐδὲ μεταβαλὼν τὴν ἑαυτοῦ θεότητα εἰς ἀνθρωπότητα, εἰς μίαν <δὲ> συνενώσας ἑαυτοῦ ἁγίαν τελειότητά τε καὶ θεότητα· εἷς γάρ ἐστιν κύριος Ἰησοῦς Χριστὸς καὶ οὐ δύο, ὁ αὐτὸς θεός, ὁ αὐτὸς κύριος, ὁ αὐτὸς βασιλεύς·
παθόντα...	δὲ τὸν αὐτὸν ἐν σαρκὶ...
καὶ ἀναστάντα	
καὶ ἀνελθόντα εἰς τοὺς οὐρανούς...	ἐν αὐτῷ τῷ σώματι, ἐνδόξως καθίσαντα ἐν δεξιᾷ τοῦ πατρός, ...
ἐρχόμενον...	ἐν αὐτῷ τῷ σώματι ἐν δόξῃ...
κρῖναι ζῶντας καὶ νεκρούς...	οὗ τῆς βασιλείας οὐκ ἔσται τέλος. ...
καὶ εἰς τὸ ἅγιον πνεῦμα...	τὸ λαλῆσαν ἐν νόμῳ καὶ κηρῦξαν ἐν τοῖς προφήταις, καταβὰν ἐπὶ τὸν Ἰορδάνην, λαλοῦν ἐν ἀποστόλοις, οἰκοῦν ἐν ἁγίοις. οὕτως δὲ πιστεύομεν ἐν αὐτῷ ὅτι ἐστὶ πνεῦμα ἅγιον πνεῦμα θεοῦ πνεῦμα τέλειον πνεῦμα παράκλητον, ἄκτιστον, ἐκ τοῦ πατρὸς ἐκπορευόμενον καὶ τοῦ υἱοῦ λαμβάνον καὶ πιστευόμενον. πιστεύομεν εἰς μίαν καθολικὴν καὶ ἀποστολικὴν ἐκκλησίαν καὶ εἰς ἓν βάπτισμα μετανοίας καὶ εἰς ἀνάστασιν νεκρῶν καὶ κρίσιν δικαίαν ψυχῶν καὶ σωμάτων καὶ εἰς βασιλείαν οὐρανῶν καὶ εἰς ζωὴν αἰώνιον. ...
τοὺς δὲ λέγοντας ὅτι ἦν ποτε ὅτε οὐκ	

ἦν ὁ υἱὸς...	ἢ τὸ πνεῦμα τὸ ἅγιον, ...
ἢ ὅτι ἐξ οὐκ ὄντων ἐγένετο ἢ ἐξ	
ἑτέρας ὑποστάσεως ἢ οὐσίας	
φάσκοντες εἶναι <ἢ> τρεπτὸν ἢ	ἢ τὸ ἅγιον πνεῦμα, ...
ἀλλοιωτὸν τὸν υἱὸν τοῦ θεοῦ...	
τούτους ἀναθεματίζει ἡ καθολικὴ...	καὶ ἀποστολικὴ...
ἐκκλησία, ...	ἡ μήτηρ ὑμῶν τε καὶ ἡμῶν.
	καὶ πάλιν ἀναθεματίζομεν τοὺς μὴ
	ὁμολογοῦντας ἀνάστασιν νεκρῶν
	καὶ πάσας τὰς αἱρέσεις τὰς μὴ ἐκ
	ταύτης τῆς ὀρθῆς πίστεως οὔσης.

Epiphanius übernimmt seine Erläuterungen aus den entsprechenden Abschnitten des *Ancoratus*. Es werden im Folgenden nur die entscheidenden Punkte hervorgehoben.[953]

Hinsichtlich der *Christologie*:

1. Die Wiederholung „das Sichtbare und das Unsichtbare“ im zweiten Artikel ist wahrscheinlich dahingehend zu deuten, dass Epiphanius die Gleichstellung von Sohn und Vater in der Schöpfung betonen will.[954]
2. Die Fleischwerdung ist verstanden als vollkommene Geburt aus der ewigen Jungfrau Maria unter Einbindung des Heiligen Geistes, der mittelbar beteiligt ist (διά). Der Geist hat am Heilsgeschehen also auch insofern Anteil, als er bei der Inkarnation mitwirkt. Vgl. dazu Anc 75,5.6, wo Epiphanius von der Pneumatologie zur christologischen Auseinandersetzung übergeht (vgl. auch Anc 30,7; 66,5; 67,1). Die Menschwerdung wird verstanden als vollkommene Annahme eines Menschen, mit allem, was zum Menschen dazugehört (explizit: Seele, Leib und νοῦς), mit Ausnahme der Sünde. (Vgl. Anc 75,6; 80,2.) Aufgrund der fleischlichen Zeugung „durch den Heiligen Geist“ kann das Göttliche in Christus als „Geist“ definiert werden, wogegen die hypostatische Selbstständigkeit des νοῦς als dem göttlichen Element abzulehnen ist (vgl. zu Anc 77,4).
3. Der Sohn handelte bei der Menschwerdung absolut souverän. Er bildete zu sich selbst das Fleisch herauf zu einer heiligen Einheit. (Vgl. Anc 30,4; 75,6.)
4. Die Menschwerdung ist nicht mit der Einhauchung in die Propheten und dem Sprechen und Wirken durch diese zu vergleichen, sondern der Sohn wurde vollkommen Mensch. Bei der Fleischwerdung unterlag der Logos

[953] Vgl. dazu v.a. die detaillierte Auflistung bei KATTENBUSCH, Symbol, 293–99. Anders als bei KATTENBUSCH, der systematisch jede einzelne Erläuterung aufzählt und kurz kommentiert, werden im Folgenden thematisch zusammengehörende Blöcke aufgezeigt und dazu die gemeinsamen Parallelen im *Ancoratus* genannt. Insgesamt verdeutlichen die Ausführungen der bisherigen Analyse, dass die Erläuterungen Kernaussagen der Theologie des Epiphanius darstellen. Vgl. dazu auch CASPARI, Quellen I, 8–16.

[954] Mit KATTENBUSCH, Symbol, 290 Anm. 19.

keinem Wandel und veränderte nicht etwa die Gottheit in die Menschheit. (Vgl. Anc 75,7; 117,2.) Gottheit und Menschheit bleiben vollkommen bestehen.

5. Er verband (sie) sich zu einer heiligen Vollkommenheit und Gottheit. Denn der Herr Jesus Christus (d.h. der Menschgewordene) ist einer, nicht zwei, derselbe Gott, derselbe Herr, derselbe König. Es geht Epiphanius um die Personeinheit, deren Zerstörung er den Apollinaristen vorwirft. Vor dem Hintergrund von Anc 77ff wird deutlich, dass er zwei Hypostasen in Christus ausschließt. Darüber, wie viele Naturen in ihm sind, äußert er sich nicht. (Vgl. Anc 80,7; 81,1.)
6. Derselbe hat im Fleisch gelitten, d.h. zum einen: kein anderer als der Sohn, und zum anderen: nicht die Gottheit. Die Aussage richtet sich damit sowohl gegen doketistische als auch gegen arianische Lehre (Vgl. Anc 34,9; 93,3.6.8.)
7. Er saß mit demselben Leib verherrlicht zur Rechten des Vaters. Wieder hat diese Ergänzung mehrere Stoßrichtungen. Zum einen richtet sie sich gegen Markell (vgl. Anc 17,6; 80,1.8), zum anderen gegen die Gegner der leiblichen Auferstehung (vgl. Anc 83–101), vor allem gegen Origenes.
8. Er kommt zum Gericht in demselben Leib. Auch diese Aussage richtet sich gegen das Auferstehungsverständnis des Origenes (vgl. Anc 87–101).
9. Sein Königreich hat kein Ende. Diese Ergänzung richtet sich eindeutig gegen markellische Lehre (vgl. Anc 19,1; 3,3).

Epiphanius fasst hier in nuce zusammen, was er in den entsprechenden Kapiteln im *Ancoratus* entfaltet hat. Er interpretiert den zweiten Artikel in erster Linie vor dem Hintergrund der apollinaristischen Christologie.[955]

Die nächsten Ergänzungen beziehen sich auf den dritten Artikel. Die Aussagen sind zu unterteilen in Aussagen zur *Wirkung* und solche zum *Wesen* des Geistes (vgl. v.a. Anc 64ff). Auf die Angabe von Parallelstellen soll hier weitgehend verzichtet werden, da diese – dem Thema entsprechend – über den gesamten *Ancoratus* verteilt begegnen.
Die Aussagen zur *Wirkung* sind die folgenden:

1. Der Geist *spricht* im Gesetz und *verkündet* in den Propheten.
2. Er *kam herab* an den Jordan.
3. Er *spricht* in den Aposteln.
4. Er *wohnt* in den Heiligen.

---

[955] GRILLMEIER (Christus I, 500 Anm. 7) bezeichnet die christologischen Erweiterungen des Epiphanius als ein „Zeugnis der Verlegenheit gegenüber den neuen Schwierigkeiten". Dabei muss jedoch berücksichtigt werden, dass Epiphanius einer der ersten war, der klar gegen die apollinaristische Christologie eingetreten ist. Die Frage, wie stringent er dabei vorgegangen ist, ist vor diesem Hintergrund – ähnlich wie im Zusammenhang mit der Pneumatologie – fast sekundär. Er hat erste Ansätze gebracht und hat vor allem deutlich Position bezogen. Zu diesem Zeitpunkt waren die Kappadokier noch weitaus zurückhaltender. Zur Bedeutung der Christologie für die Trinitätslehre vgl. zusammenfassend Teil III, C.

Diese Aussagen sind im Zusammenhang zu sehen. Epiphanius zeichnet hier den heilsgeschichtlichen Ablauf nach. Die Aussagen, der Geist habe schon im AT gewirkt und er sei an den Jordan herabgekommen, richtet sich gegen jede Lehre, die den Geist nicht als ewige, differenzierte trinitarische Person versteht.[956] Der Geist ist auch am Christus- bzw. Heilsgeschehen beteiligt. Der zentrale Punkt, der in den vier Aussagen deutlich wird, ist jedoch der Zusammenhang zwischen Geist und Erkenntnis. Der Geist spricht im Gesetz, in den Propheten und in den Aposteln, das heißt er verkündet durch sie die Wahrheit. Er wohnt (allein) in den Heiligen, das bedeutet, er vermittelt ihnen Erkenntnis (vgl. Anc 11,8; 16,1) und befähigt sie, die Schrift richtig zu verstehen, nämlich pneumatisch (vgl. Anc 27ff).

Dann setzt Epiphanius neu an und fährt mit Aussagen zum *Wesen* fort: „Auf diese Weise (οὕτως) glauben wir an ihn, dass er *ist*..."

5. heiliger Geist, Geist Gottes, vollkommener Geist, Tröstergeist.
6. ungeschaffen.
7. ausgehend *aus* dem Vater und nehmend *aus* dem Sohn.

Auf diese Weise betont Epiphanius zweierlei. Durch die Punkte 1–4 zeigt er die Beteiligung des Geistes an der Heilsgeschichte, die damit konstituierte Kontinuität derselben (vgl. die Reihung AT-Christusgeschehen-Apostel-Heilige = Kirche) und den „Geistbesitz" der Kirche an. Mit den Punkten 5–7 zeigt er mit Aussagen, die für ihn wesentlich sind, die Zugehörigkeit zur Gottheit an. Allerdings – und dieser Punkt ist auffallend – formuliert er in der Explikation des dritten Artikels wesentlich zurückhaltender als im Verlaufe des *Ancoratus*. Die Spitzenaussagen, dass der Geist Gott ist und dass die Homousie für die gesamte Trinität gilt, fehlen hier. Die Ursache dafür könnte darin liegen, dass er im *Ancoratus* von der Trias ausging und den Geist als Teil dieser Trias zu erweisen suchte.[957] Entsprechend formuliert er zwar explizit die Homousie der Trias, nicht aber im Besonderen die Homousie des Geistes (vgl. aber unten zu den Anathematismen).[958] Eine positive Formulierung der Homousie erscheint ihm vielleicht als zu schwerwiegender Eingriff in das Nizänum. Hier schlägt sich wohl der Umstand nieder, dass die Lehre über den Geist bisher insgesamt nicht hinreichend ausformuliert wurde und Nizäa keinerlei Anhaltspunkte über das bloße Bekenntnis zum Geist hinaus bietet. Das Synodalschreiben von Alexandrien 362 macht im Zuge eines Anathems nur zwei negative Aussagen, indem es feststellt, der Geist sei kein Geschöpf und er sei nicht von der Usia des Sohnes

[956] HAUSCHILD (TRE 24, 452) vermutet, dass die Aussage von NC, der Geist habe „durch die Propheten gesprochen", die keinen eindeutig erkennbaren aktuellen Bezug hat, vielleicht gegen die Lehre Markells gerichtet sei, wonach der Geist erst seit der Sendung durch Christus als eigene Hypostase existiere. Der Befund bei Epiphanius unterstützt eine solche Interpretation dieser Aussage.

[957] Vgl. dazu Teil III, A. und B.

[958] Vgl. aber Haer 74,11,2.

zu trennen.[959] Den ersten Punkt hat auch Epiphanius genannt, der zweite entspricht nicht seinem Ansatz: Anders als Athanasius – dem maßgeblichen Verfasser des Tomus – stellt er den Geist nicht in erster Linie in ein Verhältnis zum Sohn, sondern zu Vater *und* Sohn. Dies bringt er mit den bekannten Stellen Joh 15,26 bzw. Joh 16,14f zum Ausdruck.[960]

Gegenüber den ergänzenden Aussagen zum dritten Artikel sind die Eingriffe in die Anathematismen bei Epiphanius sehr viel schwerwiegender. Er zögert nicht, die auf den Sohn bezogenen nizänischen Sätze auf den Geist auszudehnen. Dadurch erfährt der Geist jetzt eine Würdigung, die Epiphanius im Bekenntnis selber nicht zum Ausdruck brachte: Zum einen gab es keine Zeit, als der Geist nicht war, das heißt er ist *gleichewig* mit Vater und Sohn. Am wichtigsten aber ist: Der Geist ist – wie der Sohn – *nicht aus einer anderen Hypostase oder Usia*,[961] er ist nicht *wandelbar* und *nicht veränderbar*. Im Sinne des *Ancoratus* ist die Formulierung, der Geist sei nicht aus einer anderen Usia, als Aussage der Homousie zu deuten.

Das letzte Anathem hat Epiphanius neu aufgenommen. Es richtet sich gegen diejenigen, die die *Auferstehung der Toten* leugnen (im Kontext mit dem *Ancoratus* also v.a. gegen die Origenisten) und generell gegen jede Häresie, die nicht dem aufgezeigten Glauben zustimmt.

Insgesamt handelt es sich also um eine erhebliche Erweiterung des Nizänums, die den Formulierungen, v.a. aber der Intention von C in einigen Punkten recht nahe kommt.[962]

Nach dem zweiten Bekenntnis kommt Epiphanius in Anc 119,13 (120,3) zum Ende. Er richtet das Wort wieder an die Adressaten, versichert sich deren Rechtgläubigkeit und stellt den Zusammenhang zwischen rechtem Glauben und daraus zu resultierendem rechten Handeln heraus. In Anc 119,14 (120,14) fügt er eine kurze Doxologie an: Er ruft auf, die Gebote des Herrn zu bewahren in Jesus Christus, unserem Herrn, δὶ οὗ καὶ μεθ' οὗ δόξα τῷ πατρὶ σὺν ἁγίῳ πνεύματι εἰς τοὺς αἰῶνας τῶν αἰώνων. Die Form der Doxologie ist charakteristisch für Epiphanius. Sie betont die Gleichstellung von Sohn und Geist. Er steht mit ihr im klaren Widerspruch zu allen Pneumatomachen, die den Geist von der Gottheit trennen. Grundsätzlich ist allerdings mit HAUSCHILD festzuhalten, dass der Streit um die Doxologie in der Darlegung des Epiphanius keine

---

959 Vgl. Tomus ad Antiochenos 4 (PG 26, 800 A): ἀναθεματίζειν δὲ καὶ τοὺς λέγοντας κτίσμα εἶναι τὸ πνεῦμα τὸ ἅγιον, καὶ διῃρημένον ἐκ τῆς οὐσίας τοῦ Χριστοῦ.

960 Vgl. zusammenfassend Kapitel III, B.1.

961 Die Gleichsetzung von ὑπόστασις und οὐσία ist an dieser Stelle vor dem Hintergrund der Überlieferung von N zu erklären.

962 Während KATTENBUSCH herausstellt, dass sich „bestimmte Wendungen" im zweiten Symbol „in spezifischer Weise" mit dem heute überlieferten ersten (= C) berühren (vgl. KATTENBUSCH, Symbol, 290f), betont RITTER (Konzil, 166) gegen KATTENBUSCH gerade die „charakteristischen Abweichungen von C". RITTER führt die mit Ausnahme des „aus dem Vater ausgehend" ansonsten recht vagen Berührungen auf mögliche Parallelen in anderen orientalischen Symbolen zurück. Vgl. a.a.O., 166 Anm. 1.

Rolle spielte,[963] was damit zusammenhängen mag, dass er – anders als Basilius in DSS – nicht in einer direkten Auseinandersetung mit Pneumatomachen gestanden hat.

In Anc 119,15 (120,15) beendet Epiphanius die Schrift mit einem Friedensgruß.[964]

---

963 Vgl. HAUSCHILD, Pneumatomachen, 67.

964 Die letzten Worte in Anc 119,16 (120,16) gehören dem Schreiber Anatolius, der noch den Titel des Werkes nennt: τὸ βίβλιον τοῦ Ἀγκυρωτοῦ ἐπονομασθέντος λόγου. Vgl. dazu Teil I, B.4.

III. TEIL:
ZUSAMMENFASSUNG – EPIPHANIUS' TRINITÄTSLEHRE ALS „THEOLOGIE DER NAMEN"

A. Gott als „Dreiheit in Einheit"

Epiphanius geht bei seiner Trinitätslehre aus von der ewigen „Dreiheit in Einheit".[1] Die Trias ist sein Ansatzpunkt, nicht eine einzelne trinitarische Person, was vor allem in Hinblick auf den Heiligen Geist deutlich wird (s.u. Teil III, B.). Epiphanius steht mit diesem Ansatz in einer Traditionslinie mit Athanasius, der in seinen *Briefen an Serapion* ebenfalls weniger die Person des Geistes im Blick hatte, als vielmehr die Einheit der Trias.[2] Aus zahlreichen, z.T. engen inhaltlichen Parallelen zu diesen Briefen ergibt sich, dass Epiphanius eine gute Kenntnis von ihnen gehabt haben muss. Seine Argumentation gegen die pneumatomachische Lehre lässt zudem nicht auf eine eigene direkte Auseinandersetzung mit Pneumatomachen schließen.[3] Auch geben weder die Briefe aus Pamphylien hinreichend Aufschluss über deren Lehre noch ist von anderen Informationsquellen etwas bekannt. Damit liegt die Annahme nahe, dass Epiphanius seine Informationen in erster Linie aus den Briefen des Athanasius erhalten hat.[4] Mit ihnen ist der *Ancoratus* außerdem von der literarischen Gattung her vergleichbar: Auch der *Ancoratus* ist in Briefform verfasst, er kann als Lehrbrief bezeichnet werden.[5] Zu der Schrift *De Spiritu Sancto* des Basilius, die etwa zeitgleich mit dem *Ancoratus* fertiggestellt wurde,[6] besteht weniger eine

---

[1] Vgl. die Formulierungen: τριὰς ἐν μονάδι (Anc 2,6); μονὰς ἐν τριάδι καὶ τριὰς ἐν μονάδι (Anc 22,7); τριὰς ἐν ἑνὶ ὀνόματι ἀριθμουμένη (Anc 3,8; 22,7); τὴν αὐτὴν θεότητα εἶναι ἐν τριάδι καὶ τὴν αὐτὴν τριάδα εἶναι ἐν μιᾷ θεότητι (Anc 24,7); τριὰς ἀεὶ οὖσα τῆς αὐτῆς οὐσίας (Anc 6,10).

[2] Vgl. LAMINSKI, Geist, 165f.

[3] Vgl. auch HAUSCHILD, Pneumatomachen, 63.

[4] Denkbar ist, dass Hypatius, der wegen des pneumatomachischen Problems aus Ägypten zu Epiphanius gekommen ist (vgl. Anc 1), ihn genauer über die Auseinandersetzung des Athanasius informiert und vielleicht sogar Abschriften der Briefe mitgebracht hat. Es ist bei dem Quellensammler Epiphanius allerdings auch nicht auszuschließen, dass er schon zu einem früheren Zeitpunkt solche Abschriften besaß. Als weitere Vermittlungsinstanz kommt die Gemeinde in Suedra in Frage, die wahrscheinlich Abschriften der *Serapionbriefe* durch Athanasius erhalten hat (vgl. dazu Teil I, B.3.a).

[5] Vgl. Teil I, B.5.

[6] Zur Datierung vgl. S. 13, Anm. 18.

inhaltliche als vor allem eine strukturelle Parallele, weil Epiphanius wie Basilius älteres Material in seine aktuellen Ausführungen eingebaut hat.[7]

Die Gottheit ist für Epiphanius wie für Athanasius nur in der Trias vollständig und vollkommen.[8] Konstitutiv für die Gottheit und damit für jede Person der Trias ist, dass sie *ewig* und – im Gegenüber zu allem Geschaffenen – *ungeschaffen* ist.[9] Außerdem ist die Trias für Epiphanius vollkommen gleichrangig. Zugleich gilt das Bekenntnis zur Einheit dieser Trias. Beide Sachverhalte, den der Einheit und der Differenziertheit, bringt er mit dem zentralen Begriff ὁμοούσιος zum Ausdruck, den er in Anc 6,3 definiert als „nicht außerhalb des Vaters gezeugt“, was in Bezug auf den Geist modifiziert wird (s.u. Teil III, B.1. sowie D.2.). Das Bekenntnis zur Homousie der Trias ist notwendig, um beim gleichzeitigen Bekenntnis zur Gottheit der drei Personen den Verdacht des Polytheismus abzuwenden, wofür die Verhältnisbestimmung *aus* (ἐκ) der einen Gottheit unverzichtbare Voraussetzung ist.[10]

Die Formel „Dreiheit in Einheit“ spiegelt die doppelte Frontstellung des *Ancoratus* wider. Wie die Interpretation gezeigt hat, setzt sich Epiphanius mit (neu)arianischer Lehre auseinander und grenzt sich zugleich gegen modalistische („sabellianische“) Lehre ab, die in zahlreichen Fällen als markellische Theologie identifiziert werden konnte. Ausschlaggebend dafür war vor allem die Ablehnung der Lehre, dass die Trias wieder zu einer Einzahl zurückkehre (vgl. v.a. Anc 47; 17,6) sowie die Betonung, dass die Herrschaft Christi kein Ende haben werde (vgl. Anc 3,1–3; 19,1) und dass der Sohn nach der Himmelfahrt zur Rechten des Vaters sitze (vgl. Anc 17,6; 79,8; 80,8; 81,1). Allgemein ist die Abgrenzung gegen den Gedanken einer συναλοιφή der Trias zentral, was ebenfalls mit Markell in Verbindung zu bringen ist (vgl. zu Anc 5,6).

Da Epiphanius sich im Hinblick auf die pneumatomachischen Gegner offenkundig zu einem großen Teil an Athanasius orientiert hat,[11] erklärt sich, warum diese Gegner im *Ancoratus* als inhomogen erscheinen, denn Epiphanius hat zwar in zahlreichen Fällen die Argumentation des Athanasius übernommen, seine Gegner sind jedoch keine Tropiker gewesen.[12]

---

[7] Für den *Ancoratus* vgl. v.a. zu Anc 27ff (hier: Anc 28,1–29,2; Anc 47f). Zu Basilius vgl. DRECOLL, Basilius, 183–195; vgl. auch DÖRRIES, De Spiritu Sancto, v.a. 81–93, auf den DRECOLL Bezug nimmt.

[8] Vgl. z.B. Ep. ad Serap. I,2 (PG 26, 533 AB); I,30 (597 BC). Vgl. LAMINSKI, Geist, 130–136.

[9] Zur Gleichewigkeit der Trias vgl. v.a. Anc 7,2; 6,8–10; 15,6ff; 28f. Zum Gegensatz Schöpfer-Schöpfung vgl. Anc 7,7f; 11,8; 23–25; 47,1; 52,5; 71,3–8. Beide Gedanken sind auch für Athanasius bestimmend. Vgl. z.B. Or. I c. Ar., 17; Ep. ad Serap. I,30 (PG 26, 597 B); I,28 (PG 26, 596 A) u.ö.

[10] Zur Bedeutung des ἐκ vgl. Anc 2; im Zusammenhang mit dem ὁμοούσιος vgl. Anc 6,6ff.

[11] So folgte er Athanasius darin, die pneumatomachische Häresie (polemisch) in einen arianischen Zusammenhang zu stellen (so v.a. Anc 117,5f), obwohl die Briefe aus Suedra diesen Zusammenhang nicht nahe legen. Diese Absicht des Athanasius wird vor allem in Ep. ad Serap. II–III deutlich.

[12] Vgl. Teil II, C.2.

Die Frage nach den Gegnern des Epiphanius muss in Verbindung mit Anlass und Zweck des *Ancoratus* gesehen werden.[13] Wie insbesondere im Zusammenhang mit Anc 101–119(120) deutlich wurde, ist die Schrift in erster Linie eine Grundlage für die nizänische Gemeinde in Pamphylien und soll mehrere Zwecke erfüllen: Zum einen dient sie der Taufunterweisung und der Heidenmission, zum anderen sollen – und hierin liegt m. E. der Hauptzweck der Schrift – mit ihrer Hilfe die Streitigkeiten über den Heiligen Geist innerhalb der nizänischen Gemeinde überwunden werden. Die Abgefallenen sollen zurückkehren. Wie oben erwähnt, hat Epiphanius wahrscheinlich keine direkten Verbindungen zu Pneumatomachen gehabt, weswegen er die orthodoxe Lehre in der Abgrenzung zu verschiedenen, aktuellen häretischen Lehren aufgezeigt hat. In diesem Kontext war es ihm möglich, die Argumentation des Athanasius zu übernehmen. Die unspezifische Gegnerschaft kommt seinem Anliegen dabei zugute: Aufgrund der willkürlichen Herleitung der Pneumatomachen von den Arianern *und den Sabellianern* (vgl. v.a. Anc 116f), ist die gesamte Widerlegung im *Ancoratus* in ihrer doppelten Frontstellung als Widerlegung pneumatomachischer Lehre zu verstehen. Die Einteilung in Pneumatomachen arianischer und nizänischer Herkunft, die Epiphanius in Haer 74 vornimmt, begegnet in dieser differenzierten Form im *Ancoratus* noch nicht.[14]

Hinsichtlich der Gegnerschaft unterscheidet sich der *Ancoratus* damit sowohl von Basilius' Schrift *Adversus Eunomium* als auch von den *Serapionbriefen* des Athanasius, da sie beide gegen eine konkrete Theologie bzw. Person gerichtet sind. Er hat diesbezüglich eher Parallelen zu Basilius' *De Spiritu Sancto*.

Für eine genaue Einordnung der Trinitätslehre sind folgende Punkte von Bedeutung. Grundlegend ist die Beobachtung, dass Epiphanius im *Panarion* anders als im *Ancoratus* die Rede von den drei Hypostasen übernommen hat. Da er die Trinitätslehre im *Ancoratus* von den trinitarischen Namen her entfaltet, gilt es zunächst, die für den *Ancoratus* charakteristische *Theologie der Namen* (ὀνόματα), die in Mt 28,19 offenbart sind,[15] in ihrer Funktion für die Trinitätslehre darzustellen. Der Rückgriff auf die biblischen Namen zur ausschließlichen Bezeichnung der Personen begegnet zwar auch bei Athanasius[16] und ist grundsätzlich alexandrinische Tradition, doch ist das System, das Epiphanius entwickelt hat, durchaus als Proprium zu bezeichnen.

---

[13] Vgl. auch Teil I, B.5.

[14] Vgl. dazu Teil I, A.2.c). Vgl. aber die Anklänge an diese Unterteilung in Anc 117,5–7.

[15] Vgl. Anc 7,1; 8,7; 74,3; 81,1. Vgl. auch Anc 68,6.

[16] Auch Athanasius hatte über die Bezeichnungen Vater, Sohn und Geist hinaus keine Benennungen für die trinitarischen Personen. Vgl. RITTER, Konzil, 281 Anm. 3. Vgl. auch LAMINSKI (Geist, 134), der festhält, dass Athanasius „keinen eigenen Terminus für die göttliche Person zur Unterscheidung von der göttlichen Natur" verwendet habe.

In den Kapiteln Anc 3–10 entfaltet Epiphanius eine Lehre, die die Formel „Dreiheit in Einheit“ denkerisch ermöglichen soll. Der Theorie liegt ein starker *Begriffsrealismus* zugrunde: „Der Name ist bezeichnend“ (Anc 5,9). Das hat vor allem für das Vater-Sohn-Verhältnis Konsequenzen, denn die Annahme der ewigen Existenz des Vaters impliziert ein ewiges Verhältnis und damit die ewige Existenz des Sohnes; wer den Vater nennt, nennt den Sohn zugleich mit. Dieser Sachverhalt wurde in dieser Arbeit als *Implikationsprinzip* bezeichnet, das in Anc 10,6 zu einem generellen Prinzip für die Trinität unter Einschluss des Geistes erhoben wird.

Im Zusammenhang mit der Klärung dieses ontologischen Sachverhaltes hat das Vater-Sohn-Schema seinen Platz. Insgesamt, bezogen auf die Trias, spielt dieses Schema dagegen nur eine untergeordnete Rolle, weil es um die Zuordnung des Geistes zur Gottheit geht, nicht um seine Zuordnung zum Vater-Sohn-Schema. Bei dieser Zielsetzung ist das Schema eher hinderlich.

Grundlegend für die *Theologie der Namen* ist die Begriffstheorie in Anc 8. Hier unterscheidet Epiphanius zwischen μονώνυμα ὀνόματα und ὁμώνυμα ὀνόματα. Der Ausdruck „mononym“ ist ein von Epiphanius geschaffenes Kunstwort und begegnet ausschließlich bei ihm, insgesamt lediglich fünfmal und nur im *Ancoratus*. Er bezeichnet damit einen Begriff, der einzigartig ist und in einem einmaligen, eindeutigen ontologischen Zusammenhang zur bezeichneten Sache steht, der also *eindeutig* und *singulär* ist. Als solcher ist der Ausdruck „mononym“ allein auf die Trias anwendbar. Nur „Vater“, „Sohn“ und „Heiliger Geist“ sind mononyme Begriffe, weil alle drei in ihrer Existenz einzigartig sind[17] und weil mit dem jeweiligen Begriff genau und ausschließlich die betreffende trinitarische Person bezeichnet wird. Im Unterschied zu allen geschöpflichen Vätern, Söhnen und Geistern sind – das ist das entscheidende Merkmal – nur sie „wahrer Vater“, „wahrer Sohn“ und „Geist der Wahrheit“. Die geschaffenen Väter, Söhne und Geister sind dies dagegen nur der Setzung und Benennung nach.[18] Die Bezeichnungen sind, so ist die Argumentation bei Epiphanius zu verstehen, in der Trinität ursprünglich verortet. Das bedeutet im Hinblick auf Vater und Sohn, dass sie und ihr Verhältnis eine Art Urbild für die geschaffenen Väter und Söhne darstellen. Auch diese Argumentation hat eine Parallele bei Athanasius.[19] Er geht gegen die Tropiker davon aus, dass die göttliche Vaterschaft und Sohnschaft kategorial von der menschlichen verschieden ist, womit er die Argumentation abwehren will, man könne von dem Vater-Sohn-Verhältnis auf das Verwandtschaftsverhältnis des Heiligen Geistes schließen.[20]

Aufgrund der Bestimmung als mononym und des dahinter liegenden Begriffsrealismus ist die Einzigartigkeit der Person über die Einzigartigkeit des Namens gewährleistet. Außer auf die trinitarischen Namen bezieht Epiphanius

---

[17] Vgl. die Bedeutung des μόνος in Anc 2.

[18] Vgl. Anc 71ff.

[19] Vgl Ep. ad Serap. I,16 (PG 26, 569 B): καὶ ἐπὶ τῆς θεότητος μόνης ὁ πατὴρ κυρίως ἐστὶ πατήρ· καὶ ὁ υἱὸς κυρίως υἱός ἐστιν. Vgl. auch den Kommentar zu Anc 71,3.

[20] Vgl. z.B. Ep. ad Serap. I,15–17.

die Charakterisierung „mononym“ noch auf den Begriff „Gott“ (Anc 22,7), dem insofern mononyme Eigenschaften zukommen, als es nur einen wahren Gott gibt (vgl. die Abgrenzung in Anc 2) und mit dem Begriff Gott genau dieser eine, in der Trias differenzierte Gott bezeichnet wird.

Entscheidend ist das Verhältnis der mononymen Begriffe, die auf die Einzelexistenz hinweisen, zu dem Begriff „Gott“, den Epiphanius in Anc 8,4f außerdem als „homonymen“ Begriff einführt. Unter dem Ausdruck ὁμώνυμος subsumiert er verschiedene in der Philosophie übliche Bedeutungsvarianten, der Ausdruck ist also nicht eindeutig festzulegen und nur aus dem Kontext von Anc 8,4f heraus zu erschließen. Um Polytheismus zu vermeiden, stellt Epiphanius hier die Regel auf, dass die mononymen Begriffe nicht homonym werden dürfen (Anc 8,4). Das kann hier nur so zu verstehen sein, dass sie nicht zum Gattungsbegriff werden dürfen, denn sobald es zwei Söhne gäbe, wäre „Sohn“ per definitionem nicht mehr mononym, sondern entweder Gattungsbegriff, womit eine Vielheit impliziert wäre, oder Wesensbegriff, womit aufgrund der Doppelung (zwei Söhne = zwei Wesen) ebenfalls eine Vielheit ausgesagt wäre. In beiden Fällen wäre die Einheit Gottes zerstört. Als einzige Ausnahme für diese Regel nennt Epiphanius den Begriff „Gott“. Dies ist der einzige Begriff, der sowohl mononyme Eigenschaften hat (vgl. Anc 22,7) als auch zu einem homonymen Begriff werden kann, insofern er auf die Differenziertheit Vater, Sohn und Geist zu beziehen ist (vgl. Anc 8,5). Damit ist er streng genommen nicht mehr mononym. Er ist jedoch auch nicht Gattungsbegriff in dem Sinne, dass er eine Menge aller Götter zusammenfasste, sondern das „Gott“ ist „im Vater“, „im Sohn“ und „im Heiligen Geist“.[21] Damit ist er Wesensbegriff. Die Formulierung in Anc 8,5 und auch die zu Grunde liegende Vorstellung erinnert an die stoische Auffassung vom ὑλικὸν ὑποκείμενον, doch legt Epiphanius kein stofflich-materielles Usia-Verständnis zugrunde, wie vor allem das Verständnis des Wesens als Pneuma zeigt (vgl. unten zu οὐσία, Teil III, D.1.).[22]

Über den Begriff „Gott“ – Begriff und bezeichnete Sache sind wie gesagt identisch – ist gewährleistet, dass kein Polytheismus besteht, denn dieser Begriff steht im Singular. Die Differenziertheit wird nicht über einen Wesensbegriff ausgesagt, sondern über die „Mononyma“, die über den Wesensbegriff „Gott“ ontologisch miteinander verbunden sind.

Dieser Ansatz bringt nichts anderes zum Ausdruck, als die später im *Panarion* begegnende Formulierung τρεῖς ὑποστάσεις - μία οὐσία. Die mononymen Namen verhalten sich auf die gleiche Weise zum Begriff Gott, wie die Hypostasen zur Usia. Als Belegstelle dafür kann Haer 62,3,6 angeführt werden, wo Epiphanius τὰ ὀνόματα und αἱ ὑποστάσεις parallel gebraucht.[23] Charakteris-

[21] Für den Geist gilt eine doppelte Bestimmung: Das „Gott“ und das „Gottes“. Damit ist eine relationale Ebene angesprochen, die im Zusammenhang mit der Pneumatologie thematisiert werden soll.

[22] Zum stoischen Usia-Verständnis vgl. STEAD, Divine Substance, 118–125.

[23] Epiphanius formuliert hier gegen Sabellius und Arius: ... μία οὖσα θεότης μία κυριότης μία οὖσα δοξολογία, ἀλλὰ τριὰς ἀριθμουμένη, πατὴρ καὶ υἱὸς καὶ ἅγιον πνεῦμα, οὐχ

tisch für den *Ancoratus* ist allerdings, dass die neunizänische Formel bzw. die Verwendung von ὑπόστασις als Personbegriff gerade nicht begegnet, sondern stattdessen die *Theologie der Namen*. Die Eigenexistenz der drei Personen bringt Epiphanius hier am deutlichsten durch die Verbindung des Einzelnamens mit dem Begriff ἐνυπόστατος zum Ausdruck. Wie bei der Interpretation von Anc 6,5 dargelegt, nimmt diese Kombination den Platz eines Personbegriffs ein.[24] Bemerkenswert ist, dass Epiphanius – anders als Athanasius – niemals den Begriff ἐνούσιος verwendet.[25] Es ist anzunehmen, dass sich auch in diesem Sachverhalt die Bedeutungsverschiebung zwischen οὐσία und ὑπόστασις bei Epiphanius abzeichnet.

Wie im Zusammenhang mit Anc 8 gezeigt, wendet sich Epiphanius mit der *Theologie der Namen* wahrscheinlich gegen neuarianische Lehre. Sein Ansatz steht dem des Eunomius entgegen, nach dem verschiedene Begriffe auf eine ontologische Differenz hinweisen.[26] Bei Epiphanius verweisen die Namen dagegen auf eine *Relation*, er bezieht sie auf die trinitarischen Personen und bezeichnet damit Spezifika. Obwohl er auf diese Spezifika seine Argumentation aufbaut (vgl. Anc 7,8), entfaltet er keine Lehre der Idiomata. Der Ausdruck τὸ ἰδίωμα bzw. ἴδιον spielt zur Bezeichnung der Eigentümlichkeiten der Personen beim ihm keine Rolle.

Bei der Interpretation von Anc 8 wurde darauf hingewiesen, dass die Begriffstheorie sich grundlegend von derjenigen unterscheidet, die Basilius in AE II,4,3–33.35–41 darlegt. Vergleichbar ist Epiphanius' Theorie eher mit der Konzeption des Basilius in DSS XVIII (vgl. zu Anc 22,7), also in einer Schrift, die etwa zeitgleich mit dem *Ancoratus* entstanden ist.[27] Auch Basilius nennt hier jede trinitarische Person einzeln, wehrt aber die Folgerung ab, dass ein Zusammenzählen zum Polytheismus führe. Basilius verwendet allerdings, anders als

---

ὡς ἕν τι τρισὶν ὀνόμασι κεκλημένον, ἀλλὰ ἀληθῶς τέλεια τὰ ὀνόματα, τέλειαι αἱ ὑποστάσεις. Haer 62,3,6 (2,392,6–9).

[24] Vgl. auch Anc 10,5. Der Ausdruck ἐνυπόστατος begegnet im *Ancoratus* 18 mal. Auffallend ist, dass Epiphanius ihn immer dann im Zusammenhang mit den Namen nennt, wenn er besonders auf die reale Eigenexistenz hinweisen möchte: Vgl. in Anc 6,5 und Anc 10,5 die dreimalige Wiederholung im Zusammenhang mit der namentlichen Aufzählung der Trias, in Anc 81,2 im Zusammenhang mit Sohn und Geist. In Anc 19,1; 74,3; 75,4; 75,7; 79,4 und 94,3 nennt Epiphanius allein den Logos ἐνυπόστατος, in Anc 72,8 allein den Heiligen Geist, wofür in allen Fällen der Kontext ausschlaggebend ist. Die jeweilige Wiederholung bei jedem Namen unterstreicht gegen jeden Modalismus die reale Differenziertheit. Unabhängig von den Namen begegnet der Ausdruck in Anc 67,4 in der Gegenüberstellung τρία ἐνυπόστατα – τρία συνυπόστατα. Wieder ist durch das τρία der Bezug zu allen drei Personen hergestellt. Die abstrakte Formulierung unterstreicht, dass ἐνυπόστατος den Platz eines Personbegriffes einnimmt. Zweimal begegnet der Ausdruck in Anc 77,5 im Zusammenhang mit der Argumentation über den νοῦς.

[25] Athanasius kann den Sohn als ἐνούσιος σοφία (vgl. De Synod. 41,8; vgl. dazu STEAD, Homousios, 422) oder als ἐνούσιος ἐνέργεια (vgl. Or. II c. Ar. 2,5,25) bezeichnen. Vgl. auch Tomus ad Antiochenos 5 (PG 26, 801 B): καὶ υἱὸν ἀληθῶς ἐνούσιον ὄντα καὶ ὑφεστῶτα.

[26] Vgl. zu Anc 5,7ff.

[27] Zur Datierung vgl. S. 13, Anm. 18.

Epiphanius im *Ancoratus*, mit ὑπόστασις einen Begriff zur Bezeichnung der trinitarischen Personen.[28]

Der Stellenwert der *Theologie der Namen* wird durch die unten (Teil III, D.) folgenden Begriffsdefinitionen deutlich, die zeigen, dass der Unterschied zwischen der Trinitätstheologie im *Ancoratus* und derjenigen im *Panarion* ein rein formaler ist und dass Epiphanius die Rede von den drei Hypostasen ohne Probleme in seinen trinitätstheologischen Ansatz integrieren konnte.

Als gesonderter Teil der Trinitätslehre werden im Folgenden die Ergebnisse zur Pneumatologie zusammengetragen, da die Frage nach der Stellung des Geistes der Anlass und das Hauptthema des *Ancoratus* gewesen ist.

B. Trinitätslehre und Pneumatologie

Zu Beginn ist auf einen negativen Sachverhalt hinzuweisen. Es stellt sich die Frage, inwiefern man bei Epiphanius überhaupt von einer Pneumatologie, einer expliziten Lehre über den Heiligen Geist sprechen kann. Es fällt auf, dass er den Geist fast ausschließlich in Hinblick auf seine Zugehörigkeit zur Trias in den Blick nimmt, also das Verhältnis Geist-Gott thematisiert. Dies entspricht seinem Anliegen, gegen pneumatomachische Positionen Stellung zu beziehen. Das Verhältnis Geist-Mensch bzw. Geist-Schöpfung bleibt dabei weitgehend unbeachtet. Vor allem in Bezug auf den Geist ist erkennbar, dass Epiphanius von der Trias und deren Einheit ausgeht, und nicht von der einzelnen trinitarischen Person des Geistes. Er entfaltet so wenig wie Athanasius eine systematische Pneumatologie sondern geht von der Gottheit des Geistes[29] sowie der vollkommenen Trias aus, die nicht zerstört werden darf, da ansonsten das Heil gefährdet ist.[30]

Die Homousie der Trias ist axiomatisch vorausgesetzt und Ausgangspunkt der Überlegungen. Vor diesem Hintergrund geht es darum zu klären, welche Stellung der Geist innerhalb der Gottheit hat und wie diese zu begründen ist. Epiphanius' Ausführungen dazu sind noch recht unausgereift. Die Schriftargumentation steht stark im Vordergrund, was mit daran liegen mag, dass Epiphanius kaum Synodalbeschlüsse zum Heiligen Geist vorlagen. Ontologische Reflexionen treten, wie insgesamt, fast ganz zurück. Ein Vergleich mit Haer 74 zeigt im Wesentlichen zwei Punkte, an denen eine leichte Entwicklung absehbar ist. Zum einen an dem expliziten Bezug des ὁμοούσιος auf die Person des

[28] Vgl. Basilius, DSS XVIII,44,20–23: εἷς θεὸς καὶ πατὴρ καὶ εἷς μονογενὴς υἱὸς καὶ ἓν πνεῦμα ἅγιον. ἑκάστην τῶν ὑποστάσεων μοναχῶς ἐξαγγέλλομεν· ἐπειδὰν δὲ συναριθμῆσαι δέῃ, οὐχὶ ἀπαιδεύτῳ ἀριθμήσει πρὸς πολυθεΐας ἔννοιαν ἐκφερόμεθα.

[29] Vgl. LAMINSKI, Geist, 51.

[30] Vgl. Ep. ad Serap. I,2 (PG 26, 533 BC); I,33 (PG 26, 608 B); I,17; insgesamt I,28–31; vgl. auch LAMINSKI, Geist, 55; 57f; 165f. Auch bei Epiphanius ist die Gottheit nur in der Trias vollständig. Die gesamte Trias ist an Schöpfung und Erlösung beteiligt (s.u.; vgl. auch die Verbindung von Pneumatologie und Christologie im Zusammenhang mit Lk 1,35 in Anc 75,5f).

Geistes. Dieser Punkt sollte insofern nicht überbewertet werden, als die Homousie auch im *Ancoratus* eindeutig ausgesagt ist. Schließlich ist der Ansatz im *Ancoratus* die Homousie der Trias, während in Haer 74 insbesondere die Homousie des Geistes betont wird. Der andere Punkt ist bedeutsamer. In der fast wörtlichen Wiedergabe des Abschnittes Anc 7,6f in Haer 74,12,6f präzisiert Epiphanius den Ausgang des Geistes gegenüber der γέννησις des Sohnes mit dem Verb προέρχομαι und versteht dieses Hervorgehen als Ausgang aus dem Vater.[31] Allerdings behält er diese Unterscheidung nicht konsequent bei, sie wird kein systematischer Bestandteil seiner Argumentation. Erst Gregor von Nazianz definiert das Hervorgehen des Geistes aus dem Vater als Unterscheidungskriterium gegenüber der Zeugung des Sohnes und als Entsprechung zu dieser.[32] Aufgrund des Umstandes, dass Epiphanius seinen eigenen Text korrigiert hat, erhält die Stelle dennoch einige Bedeutung, so dass sich hier die Tendenz aufzeigen lässt, dass das Problem des Ausgangs des Geistes einer Lösung zugeführt wird.

Ansonsten macht Epiphanius in Haer 74 keine grundlegend anderen Aussagen, sondern zitiert sich in erster Linie selber aus dem *Ancoratus*. Eine markante Entwicklung zwischen dem *Ancoratus* und dem Abschnitt im *Panarion* ist nicht festzustellen.

Aufgrund dessen ist es nur eingeschränkt möglich, von einer Entfaltung einer „Pneumatologie" zu sprechen. Es liegen lediglich Ansätze dazu vor. Das darf jedoch nicht darüber hinwegtäuschen, dass Epiphanius bereits im *Ancoratus* wesentliche Aussagen zur Stellung des Geistes formulierte, die in Konstantinopel 381 als orthodoxer Glaube bekannt wurden, wozu in erster Linie das Bekenntnis zur Homousie und Gottheit des Geistes gehören.

Zu unterscheiden ist bezüglich des Geistes zwischen Aussagen über sein Wesen bzw. seine Stellung innerhalb der Gottheit und über sein Wirken, also zwischen einem immanenten und einem ökonomischen Aspekt. Der zweite Punkt ergibt sich als Konsequenz aus dem ersten.[33] Eine entsprechende Unterteilung findet sich in der Paraphrase des Bekenntnisses in Anc 119(120),3–12 (vgl. dazu Teil II, C.2.).

1. Das Wesen des Geistes und seine Stellung in der Gottheit

Ausgangspunkt ist das Bekenntnis zur Homousie der Trias. Die direkte Konsequenz daraus ist die Bezeichnung des Heiligen Geistes als Gott, wobei er auf-

---

[31] Vgl. ebenso Haer 76,39,13 (3,393,32); vgl. Haer 76,3,3 (3,343,17–19): ὡς υἱὸς ἐκ πατρὸς ἀληθινῶς καὶ ὁμοουσίως γεγεννημένος· οὕτω καὶ ἐπὶ τοῦ ἁγίου πνεύματος διὰ τὸ ἐκ πατρὸς ἐξελθεῖν, εἰ καὶ οὐ γεγέννηται, διὰ τὸ τοῦ υἱοῦ μονογενές.

[32] Vgl. dazu Teil I, A.2.c).

[33] Vgl. dazu z.B. Anc 7,1: Der Geist ist der Aufzählung nach nicht verschieden (οὐκ ἀλλότριον τοῦ ἀριθμοῦ), nicht getrennt (οὐ διεστώς) vom Namen, nicht fremd (οὐ ξένον) von der Gnadengabe, sondern es ist ein Gott. Wie die letzten Worte deutlich machen, bedingen Wirken und Wesen einander.

grund der Homousie vollkommen gleichrangig mit Vater und Sohn ist. Beide Aspekte, Homousie und Gottheit, hängen untrennbar miteinander zusammen (vgl. Anc 6,6).[34] Da Epiphanius in Anc 6,3 das ὁμοούσιος im Hinblick auf den Sohn als „nicht außerhalb des Vaters gezeugt“ definiert hat, kann das ἐκ nun nicht mehr für den Sohn allein reserviert bleiben (vgl. noch Anc 2,6; 6,6), sondern wird – als Folge der vorhergehenden Argumentation – eine gesamtinnertrinitarische Verhältnisbestimmung für Sohn und Geist.[35] Es geht nun darum, diese Bestimmung in adäquater Weise auch für den Geist auszusagen, ohne dass dieser als Bruder des Sohnes oder Enkel des Vaters verstanden werden könnte.[36]

Eine erste Lösung liegt darin, dass es Epiphanius nicht in erster Linie um eine Abstammung aus dem Vater geht, sondern um die Abstammung *aus demselben Wesen* (Anc 7,8), *aus Gott, aus derselben Gottheit* (zu beidem vgl. Anc 6,10).

Das heißt, der eigentliche Bezugspunkt für die Homousie der Trias ist nicht die trinitarische Person des Vaters und in Bezug auf den Geist die des Sohnes, sondern das gemeinsame Wesen der Gottheit, das der Vater in besonderer Weise repräsentiert. Da Epiphanius mit Joh 4,24 dieses Wesen als Pneuma verstehen kann (vgl. unten, Teil III, D.1.), stellt sich das Problem, dass ein mehrdeutiger, ein *ambivalenter Geistbegriff* vorliegt. Es gilt, das Pneuma-Wesen vom Heiligen Geist zu unterscheiden. Dies gelingt Epiphanius nur unbefriedigend, denn ein wesentlicher Grund dafür, das Wesen als Pneuma zu definieren, liegt darin, den Heiligen Geist aus diesem Pneuma herleiten zu können (so Anc 70,7). Damit umgeht Epiphanius einerseits das Problem, den Heiligen Geist aus dem Vater oder aus dem Sohn abstammen zu lassen und ihn damit als Bruder oder Enkel darzustellen. Andererseits ergibt sich das Problem des unscharfen Geist-Begriffes. Um einer Verwischung der Grenzen vorzubeugen, betont Epiphanius in Anc 6,10, der Geist sei „nicht die Vermischung von Vater und Sohn“ (οὐδὲ συναλοιφή ἐστι πατρὸς καὶ υἱοῦ). Damit wehrt er ein Verständnis ab, nach dem der Geist nicht eigenständig existiert, sondern als – wie auch immer geartete – Vermischung von Vater und Sohn verstanden wird. Als Gegenpol dazu ist die Aussage zu verstehen, der Geist sei eine „Hypostase für sich“ (so Anc 81,7; vgl. auch 81,9).

---

[34] Zur Homousie der Trias vgl. außerdem Anc 26,1; 64,3 und 74,1.

[35] Insgesamt ist im *Ancoratus* im Kontext der Verhältnisbestimmung ein ambivalenter Gebrauch der Präposition ἐκ zu beobachten. Einerseits beschreibt Epiphanius mit dem ἐκ die besondere Hervorgehensweise des Sohnes aus dem Vater. Insofern trifft das ἐκ nur auf den Sohn zu. Eine solche Verwendung des Begriffes wird z.B. in Anc 71,1 deutlich, wenn Epiphanius das Verhältnis Vater-Sohn mit ἐκ beschreibt, das des Geistes zu den beiden anderen an dieser Stelle mit παρά. Jedoch ist er in diesem Vorgehen nicht einheitlich. Denn andererseits kann er, wie z.B. Anc 6,9; 69,8; 70,7; 75,3 zeigen, auch die Abstammung des Geistes mit ἐκ beschreiben. Dann ist das ἐκ nicht ausschließlich für den Sohn reserviert, sondern steht grundsätzlich für die Verhältnisbestimmung innerhalb der Trinität, wodurch Sohn und Geist als Gott erwiesen werden.

[36] Vgl. v.a. die von Epiphanius aufgegriffenen Schlagworte der Pneumatomachen in Anc 7,8; vgl. dazu Athanasius, Ep. ad Serap. I,15 (PG 26, 565 C – 568 A); IV,1 (PG 26, 637 B).

Der *ambivalente Geistbegriff* wird in der Bezeichnung des Heiligen Geistes als „Band der Dreiheit“ (Anc 7,1) offensichtlich. „Band“ ist der Geist hier aufgrund der Gleichsetzung mit Pneuma, denn dieses Pneuma-Wesen verbindet die Trias und ermöglicht es, wesentliche Aussagen, also das, was alle drei verbindet, von der einen Person auf die andere zu übertragen (vgl. Anc 4,5). Allerdings verbindet der Geist die *Trias*, das heißt er ist zugleich als eigenständige Person neben Vater und Sohn mitgenannt. Dabei ist keinerlei subordinatianistische Tendenz zum Ausdruck gebracht.[37]

In Anc 7,8 erklärt Epiphanius dann den Sachverhalt, dass der Geist „aus demselben Wesen des Vaters und des Sohnes“ ist, mit Joh 4,24. Aufgrund der Abstammung aus demselben Wesen ist es möglich, die wesentlichen Gottesprädikate auch auf den Geist zu beziehen: Er ist *ungeschaffen* und *ewig* (vgl. z.B. Anc 7,8; vgl. auch Anc 70,2; vgl. dazu auch unten zu Usia, Teil III, D.1.). Schon Athanasius war es ein wichtiges Anliegen zur Bestimmung der Wesenheit des Heiligen Geistes, den Geist von der Schöpfung abzuheben und ihn auf diese Weise dem Wesen von Vater und Sohn zuzuordnen.[38]

Vor diesem Hintergrund muss die Frage nach dem *Modus des Hervorgehens* gestellt werden. Dieser Modus ist für den Sohn eindeutig durch das Vater-Sohn-Schema definiert. Für den Geist fehlt eine entsprechende Formulierung. Epiphanius greift mehrfach auf Schriftstellen zurück, die eine Relation des Geistes zu Vater und Sohn zum Ausdruck bringen (vgl. v.a. Anc 5,1–3; 7f; 68ff). So heißt es in Anc 5,1, der Sohn sei „die Wahrheit“ (vgl. Joh 14,6), der Geist „Geist der Wahrheit“ (vgl. 15,26; 16,14; vgl. auch Anc 8,4; 71,2), ferner ist er „Geist Gottes“ (Anc 3,8; 8,4 u.ö.).

Eine adäquate Formulierung sieht Epiphanius in der Kombination der Schriftstellen Joh 15,26 („der Geist der Wahrheit geht aus vom Vater“) und Joh 16,14 („der Geist der Wahrheit nimmt von dem Meinigen“). Die Präpositionen wechseln mehrfach, woraus ersichtlich wird, dass es Epiphanius in erster Linie um die Aussage eines ontologisch-relationalen Verhältnisses geht, nicht so sehr um die Präzisierung, dass der Geist *aus der Person* von Vater bzw. Sohn ausgeht.[39] Die Bedeutung der beiden Schriftstellen lässt sich an Haer 69,34,3(4) festmachen. Ausgehend vom kategorialen Unterschied zwischen Schöpfer und Schöpfung betont Epiphanius: „Alles ist nämlich vom Sohn geschaffen. Allein der Sohn Gottes ist gezeugt (γεγέννηται). Und allein der Heilige Geist ging aus dem Vater aus und nahm vom Sohn (ἐκ πατρὸς προῆλθε καὶ τοῦ υἱοῦ

[37] Vgl. zu allem den Kommentar zu Anc 7.

[38] Vgl. für Athanasius etwa Ep. ad Serap. I,23 (PG 26, 584 B); I,24 (PG 26, 585 C – 588 B); III,5 (PG 26, 644 B). Vgl. LAMINSKI, Geist, 141. Für Epiphanius vgl. z.B. Anc 70–75.

[39] Vgl. Anc 6,9 (ἀπὸ πατρὸς ἐκπορευόμενον / τοῦ υἱοῦ λαμβάνον); Anc 7,1 (παρὰ πατρὸς ἐκπορευόμενον / τοῦ υἱοῦ λαμβάνον); 8,4 (ἐκ τοῦ πατρὸς ἐκπορευόμενον / ἐκ τοῦ ἐμοῦ λήψεται); 11,3 (παρ᾽ οὗ ἐκπορεύεται καὶ παρ᾽ οὗ λαμβάνει); 67,1 (παρὰ τοῦ πατρὸς ἐκπορεύεται / ἐκ τοῦ ἐμοῦ λήψεται); 72,9 (παρὰ τοῦ πατρὸς ἐκπορεύεται / ἐκ τοῦ ἐμοῦ λήψεται); 73,1 (παρὰ τοῦ πατρὸς ἐκπορεύεται / ἐκ τοῦ ἐμοῦ λήψεται); (118,11 (119,3) = NC (ἐκ τοῦ πατρὸς ἐκπορευόμενον / -)) 119,10 (120,10) (ἐκ τοῦ πατρὸς ἐκπορευόμενον / ἐκ τοῦ υἱοῦ λαμβάνον).

ἔλαβε). Alles andere aber ist geschaffen und ging weder aus dem Vater aus noch nahm es vom Sohn.“[40] Beide Schriftstellen werden bezogen auf den Heiligen Geist in eine eindeutige Entsprechung zur Zeugung des Sohnes gestellt, beides wird gegenüber der Schöpfung abgegrenzt. Das heißt, aufgrund des Ausganges aus dem Vater *und* des Nehmens vom Sohn ist der Geist aus demselben Wesen beider und damit Gott. Joh 15,26 und 16,14 gehören demnach ergänzend zusammen und charakterisieren nur in dieser Kombination den Ausgang des Geistes.

Damit stellt sich die Frage, ob und inwiefern Epiphanius als früher Vertreter des „filioque“ verstanden werden kann. Diese Frage ist in der neueren Forschung kontrovers diskutiert worden.[41]

Zunächst muss festgehalten werden, dass die Frage nach *dem „filioque“* bei Epiphanius in dieser Zuspitzung ein unerlaubter Anachronismus ist. Der Begriff „filioque“ hat eine feste Konnotation und hat die ab dem 5. Jahrhundert begonnene Auseinandersetzung zur Voraussetzung.[42] Das Ergebnis der Auseinandersetzung, die offizielle Aufnahme der Worte „a patre filioque“ in den Text des Nizänums im Jahre 1014 durch Papst Benedikt VIII,[43] ist Folge eines langen

---

[40] Haer 69,34,3(4) (die GCS-Ausgabe übergeht hier irrtümlich Abschnitt 4 und lässt auf 3 Abschnitt 5 folgen) (3,182,32–183,1).

[41] Der Graben zwischen den Befürwortern und Gegnern verläuft dabei zwischen orthodoxen und römisch-katholischen Theologen. Vgl. THEODOROS, διδασκαλία, 478. Folgende Beispiele sollen angeführt werden:

Contra „filioque“: Mit Entschiedenheit MOUTSOULAS, BHPES 74, 25; ebenso ORPHANOS, Procession, v.a. 99; LAMINSKI, Geist, 173. Wohl auch RODZIANKO („Filioque“, 302 Anm. 5), der aber nur von Athanasius her unter anderem auf Epiphanius schließt.

Pro „filioque“: Vgl. v.a. SCHULTZE in seinen beiden Aufsätzen zum „Filioque bei Epiphanius“. Vgl. schon PETAVIUS und MIGNE, beide bei MIGNE zu Anc 8. SCHERMANN (Gottheit, 244) zufolge wurde Epiphanius „der unmittelbare Vorkämpfer des Filioque“ (vgl. auch ders., a.a.O., 241f). Vgl. auch SWETE, Spirit, 229. KELLY (Glaubensbekenntnisse, 353) hält es immerhin für möglich, dass ein oder zwei griechische Autoren, wie Epiphanius (mit Verweis auf Anc 7,8), „dem Einfluß ihrer lateinischen Amtsbrüder so weit erlegen [sind], daß sie deren Redeweise widerklingen lassen“. Differenzierter z.B. HANSON, Christian doctrine, 788f („... if any ancient writer can be thought to support the *Filioque* it is he. ... Even so it will be observed that this is not a completely uniform acceptance of the *Filioque*.“).

In der Regel geht es um die Frage, ob z.B. das „Nehmen vom Sohne“ (Joh 5,26) einen *ewigen, wesenhaften Ausgang* vom Sohn impliziert, oder ob sich dieses Nehmen auf die *zeitlich begrenzte Sendung* durch den Sohn bezieht. Da ORPHANOS z.B. bei Epiphanius eine Unterscheidung zwischen dem ewigen Ausgang vom Vater und der zeitlich begrenzten Sendung durch den Sohn erkennt, lehnt er die Annahme, dieser habe ein filioque gelehrt, ab (vgl. ders., Procession of the Holy Spirit, 96; 98f). Die Tatsache, dass Epiphanius zuweilen auch anderslautende und somit widersprüchliche Aussagen mache (mit Verweis auf Anc 67,1; 70,7; 71,1), begründet ORPHANOS damit, dass Epiphanius bei der Formulierung wenig sorgfältig und ungeschickt vorgegangen sei. Vgl. a.a. O., 97; 99. ORPHANOS kommt zu dem Ergebnis: „Nevertheless, if we take into account that Epiphanius' doctrine of the Holy Spirit is based on John 15,26, and its two poles are the preeternal procession of the Holy Spirit from the Father, and the receiving and sending in time from the Son, we can hardly accept the idea of causal derivation of the Holy Spirit from the Father and from the Son.“ A.a.O., 99.

[42] Zur Entstehung des Filioque-Problems vgl. OBERDORFER, Filioque, 129–150.

[43] Vgl. OBERDORFER, Filioque, 165ff.

Streites, der das Bekenntnis zur vollen Gottheit des Geistes und zur Homousie der gesamten Gottheit zur Grundlage hat – eine Voraussetzung, an deren Schaffung Epiphanius erst beteiligt war. Er gehört zu den Theologen, die in der zweiten Hälfte des 4. Jahrhunderts erstmals die Person des Heiligen Geistes und seine Stellung in der Gottheit theologisch reflektierten und die ganz am Anfang dieser Entwicklung standen, so dass es verfehlt wäre, mit dem Ergebnis dieser Entwicklung an ihn heranzutreten. Einen Niederschlag findet dieser Sachverhalt darin, dass Epiphanius die Frage, ob der Geist wesensmäßig auch vom Sohn ausgeht, in dieser Form nicht gestellt hat. Seine Aufgabe war es zu zeigen, dass der Heilige Geist Gott ist, dass er ὁμοούσιος mit Vater und Sohn ist, dass er also *aus demselben Wesen* ist, was Grundvoraussetzung dafür ist, dass kein Polytheismus besteht.[44]

In diesem Zusammenhang lassen sich Aussagen aufzeigen, die einen doppelten Ausgang des Geistes beschreiben. Zentral sind hier die Kapitel Anc 6–8 und Anc 66; 67; 70–75. In Anc 71,1 z.B. wehrt Epiphanius den pneumatomachischen Einwand ab, Sohn und Geist seien zwei Söhne, indem er anführt, der Vater nenne denjenigen „Sohn“, der aus (ἐκ) ihm ist, und denjenigen „Geist“, der von (παρά) beiden ist. Wie im Zusammenhang mit Anc 71,1 dargestellt, muss der entscheidende Unterschied bezüglich der Abstammung an dieser Stelle darin liegen, dass der Sohn nur aus *einem* (scil. dem Vater) ist, der Geist dagegen von *zweien*.[45] In diesem Sinne ist wohl auch die Aussage in Anc 75,3 zu deuten, dass der Geist „aus dem Vater und dem Sohn weht (πνέει; vgl. Joh 3,8)“. An drei Stellen spricht Epiphanius davon, dass der Geist „von beiden“ (παρ' ἀμφοτέρων) ist,[46] in Anc 8,6 heißt es, er sei „aus dem Vater und dem Sohn“, in Anc 73,2, er sei „aus dem Sohn“.

Bei allen angeführten Stellen ist zu bedenken, dass die Aussagen zum Ausgang des Heiligen Geistes aus Vater und Sohn nicht aus der Reflexion über das besondere Verhältnis Geist-Sohn resultieren, sondern aus derjenigen über das Verhältnis Geist-Gott. Epiphanius' Motivation ist es, gegen die Pneumatomachen die Gottheit des Geistes zu sichern. So heißt es in Anc 9,3: „Folglich ist der Geist Gott aus dem Vater und dem Sohn.“ Auch die doppelte Verhältnisbestimmung in Anc 8,5, die allein für den Heiligen Geist gilt („... im Heiligen Geist ist das ‚Gottes‘ und das ‚Gott‘“), weist auf diesen Sachverhalt hin. Es geht darum, den Heiligen Geist in eine ontologische Relation zur Gottheit zu stellen, seine Homousie aufzuzeigen. Wäre er nur „Gott“, bestünde Polytheismus. Der Heilige Geist muss zugleich „Gottes“ sein, also in einer ontologischen Relation zum einen Wesen stehen, so dass nur ein Gott ist. Gegen die Annahme, Epiphanius lehre reflektiert den Ausgang des Geistes aus dem Sohn, spricht auch die Gleichrangigkeit hinsichtlich der Gottheit, die er vor allem in Anc 68ff für Sohn

---

[44] Vgl. den Kommentar zu Anc 2 und oben, Teil III, A.

[45] Die Verhältnisbestimmung ἐκ kann dagegen nicht ausschlaggebend sein, da das ἐκ auch für die Gottheit des Geistes konstitutiv ist und schon mehrfach auf ihn bezogen wurde, auch mit direktem Bezug auf den Vater. Vgl. Anc 8,4; 119(120),10. Vgl. auch Anc 6,10; 9,3; 70,7.

[46] Vgl. Anc 67,1; 70,7; 71,1.

und Geist betont. Ein „filioque" impliziert dagegen eine leichte Stufung innerhalb der Gottheit. Außerdem ist zu unterscheiden zwischen Aussagen, die sich auf den innertrinitarischen Ausgang beziehen, und solchen, die sich auf die Oikonomia beziehen. Vor allem Anc 66f zeigt, dass Epiphanius diesbezüglich keine eindeutige Unterscheidung macht, womit sich bestätigt, dass er sich der Bedeutung seiner Aussagen hinsichtlich eines doppelten Ausgang des Geistes kaum bewusst gewesen sein wird.

Die Frage nach dem „filioque" ist damit nur in dieser Weise zu beantworten: Epiphanius vertritt an einigen Stellen den Ausgang des Geistes auch aus dem Sohn. Es ist eindeutig, dass Epiphanius mit Joh 16,14 auf eine ontologische Relation zwischen Sohn und Geist hinweisen will. Durch die regelmäßige Verbindung mit Joh 15,26 liegt es nahe, diese Relation als Ausgang zu bestimmen. Allerdings zeigen die für diesen Sachverhalt wichtigen Stellen in Haer 74,12,6f, Haer 76,39,13 oder Haer 76,3,3, dass eine endgültige Klärung der Frage nach dem Ausgang des Geistes für Epiphanius darin liegt, den Geist analog zur Zeugung des Sohnes aus dem Vater abstammen zu lassen. Der Punkt, um den es ihm geht, ist die Abstammung aus dem einen göttlichen *Wesen*.

Aus der Homousie der Trias ergeben sich bezüglich des Heiligen Geistes weitere Konsequenzen. Er ist wie erwähnt gleichrangig mit Vater und Sohn,[47] er ist nur einer,[48] der dritte der Benennung nach (Anc 7,1; 8,6), das dritte Licht neben Vater und Sohn (Anc 71,2; vgl. auch Anc 73,2). Beide Aussagen implizieren keinerlei Stufung, sondern rekurrieren darauf, dass die Gottheit erst in der Dreiheit vollkommen ist.[49] In diesem Sinne ist der Geist auch das „Siegel der Gnade" (Anc 7,1). Der Geist ist, analog zu der Aussage des Nizänums über den Sohn, wie dieser „Licht aus Licht" (Anc 73,2). Durch die Übertragung dieser Aussage auf den Geist stellt Epiphanius deutlich die Gleichrangigkeit mit dem Sohn heraus. Ein wichtiges Anliegen ist es ihm, den Geist von der Schöpfung abzuheben (vgl. z.B. Anc 5,3f; 7,7; 8,7ff), vor allem von den Engeln (vgl. z.B. Anc 16,2; 22,2) und den übrigen Geistern, die jedoch nicht in jedem Punkt überzeugend gelingt (vgl. zu Anc 71f). Die Abgrenzung gegenüber den Engeln vollzieht er vor allem im Zusammenhang mit der Exegese von I Kor 2,10–12.[50] Mit Hilfe dieser Schriftstelle zeigt er, dass der Geist, im Gegensatz zu den Engeln und allen Geschöpfen, die Tiefen Gottes erforscht und versteht, dass er also

[47] Für Sohn und Geist folgert Epiphanius in Anc 6,10: ἡ αὐτὴ θεότης καὶ ἐκ τῆς αὐτῆς θεότητος ὁ υἱὸς καὶ τὸ ἅγιον πνεῦμα. Damit ist einmal Bezug genommen auf die Gleichrangigkeit in der Gottheit und einmal auf die gleiche Abstammung aus derselben Gottheit. Sohn und Geist sind in den zentralen Fragen der Trinitätslehre gleichgestellt: In ihrer Gottheit und in ihrer Relation zum Wesen. Vgl. auch Anc 68ff.

[48] Die Einzigkeit des Heiligen Geistes betonen auch Athanasius, Ep. ad Serap. I,27 (PG 26, 593 B); III,6 (PG 26, 629 B) und Cyrill, Catech. XVI,3. Zur Bedeutung und Notwendigkeit der Einzigkeit der trinitarischen Personen bei Epiphanius vgl. oben, Teil III, A. zur *Theologie der Namen.*

[49] Vgl. Anc 7,1: Der Geist heiligt die Heiligen *durch die Dreiheit.*

[50] Vgl. Anc 11ff.

Wesenserkenntnis hat. Wesenserkenntnis kann aber nur derjenige haben, der zum Wesen gehört, Wesens*erkenntnis* und Wesens*zugehörigkeit* entsprechen einander (vgl. zu Anc 11,3ff; vgl. auch Anc 73,1). In dieser Entsprechung liegt eine wichtige Schnittstelle zwischen dem Wesen und dem Wirken des Geistes, denn seine vorzügliche Heilsfunktion ist die Vermittlung von Gotteserkenntnis.

2. Das Wirken des Geistes bezogen auf Schöpfung und Heil

Entsprechend der Einheit im Wesen besteht Einheit im Wirken der Trias. Zwar verwendet Epiphanius – anders als Athanasius – nicht die Formulierung μία ἐνέργεια,[51] doch wird aus zahlreichen Stellen deutlich, dass er die Wirkeinheit betont.[52] Das Wirken des Geistes kann für den *Ancoratus* unter zwei Aspekten gesehen werden: dem Schöpfungswirken und dem Heilswirken.

Aufgrund der Ewigkeit und Homousie der Trias ergibt sich auch für den Geist die ewige Existenz mit Vater und Sohn. Schon bei der Schöpfung wirkte er mit beiden zusammen,[53] ebenso bei der Erschaffung des Menschen.[54] In diesen Punkten besteht Übereinstimmung mit Athanasius, der mehrfach deutlich macht, dass der Heilige Geist am Wirken Gottes beteiligt ist.[55]

Zentral für Epiphanius ist die Funktion des Geistes für das Heilsgeschehen. Hier wird sein soteriologisches Grundanliegen deutlich. Hinsichtlich dieses Heilsgeschehens können zwei Aspekte unterschieden werden: ein dem Geist eigentümliches Wirken und ein Mitwirken im Zusammenhang mit der Inkarnation (vgl. v.a. Anc 65ff).

Wesentlich für das eigenständige Heilswirken des Geistes ist die Vermittlung von Gottes- bzw. generell Wahrheitserkenntnis an die Heiligen (vgl. Anc 2; 11ff; 16,7f), also die Gläubigen. Häresie und Falschglaube zeichnen sich dadurch aus, dass der Geist gerade nicht wirkt.[56] Virulent wird dieser Sachverhalt bei der Schriftauslegung (vgl. Anc 22,5). Nur wer des Geistes teilhaftig ist, ist in der Lage, die Schrift richtig, das heißt *pneumatisch* auszulegen (vgl. Anc 27ff). Die Bedeutung dieses Aspektes für das Wirken des Geistes zeigt sich daran, dass die Erkenntnisvermittlung bzw. die rechte Schriftauslegung das übergeordnete Leitthema des *Ancoratus* ist. Über die Schrift offenbart sich Gott den Gläubigen, so dass mit der rechten Auslegung der rechte Glaube und damit das Heil verbunden ist. Der Heilige Geist ist zum einen *Vermittler* des wahren Glaubens, zum anderen – das wird vor allem im *Ancoratus* deutlich – *Gegenstand* des wahren Glaubens, denn wer über ihn oder über die Trinität falsch lehrt,

---

[51] Für die *Serapionbriefe* ist der Gedanke der μία ἐνέργεια charakteristisch. Vgl. Ep. I,20 (PG 26, 580 A); I,28 (PG 26, 596 A); I,30; (PG 26, 600 BC).

[52] Vgl. v.a. die Gegenüberstellung τρία ἐνεργά – τρία συνεργά in Anc 67,4. Vgl. auch zu Anc 7,1.

[53] Vgl. Anc 70,2f; vgl. auch Anc 24,6; 67,4.

[54] Vgl. die Interpretation von Gen 1,26 in Anc 15,6ff und Anc 28,1–29,2.

[55] Vgl. dazu LAMINSKI, Geist, 146f; 155.

[56] Vgl. Anc 3,1–3; 12–14; 26f; 82ff; 102–106; 108–114; 115–118.

ist seiner notwendigerweise nicht teilhaftig. Es handelt sich bei diesem Ansatz um einen hermeneutischen, um einen „pneumatologischen“ Zirkel: Inhalt der Erkenntnis und Voraussetzung der Erkenntnis fallen zusammen.

Der Geist ist ferner Geber der Gnadengaben (vgl. z.B. Anc 7,1.4; 70,7), er heiligt die Heiligen durch die Trias, ist also selber auch Teil der Heiligung und wird nicht selber geheiligt, er ist „Siegel der Gnade“ (Anc 7,1). Der Geist erneuert alles (Anc 66,1) und macht lebendig (vgl. Anc 66,10–12). Er verherrlicht wahrhaft, lehrt alles, zeugt über den Sohn, ist Wegweiser zur Wahrheit, Ausleger der heiligen Gesetze, Verkünder des geistigen Gesetzes, Führer der Propheten, Lehrer der Apostel, Erleuchter der evangelischen Lehre und erwählt die Heiligen (vgl. zu allem Anc 73,2). Alle diese Charakterisierungen heben den Geist von der Schöpfung ab und weisen ihn dem Bereich des Göttlichen zu. Dazu gehört auch, dass der Geist beim Gericht mit Vater und Sohn zusammenwirkt (vgl. Anc 22,3).

An der Inkarnation ist der Geist insofern beteiligt, als der Sohn sich (vgl. Lk 1,35) aus Maria einen vollständigen Menschen *durch den heiligen Geist* bereitete (vgl. Anc 75,6) bzw. durch den Heiligen Geist empfangen wurde (vgl. Anc 75,5; Anc 30,7).[57] Eine Erlösungslehre nach Art der Vergottungslehre des Athanasius,[58] bei der der Geist vermittelnd die Verbindung zwischen den Gläubigen und dem Sohn wirkt,[59] findet sich in dieser Form bei Epiphanius nicht. Doch gibt es Anklänge daran. So werden die Menschen zwar nicht in erster Linie durch den Geist mit Christus verbunden, sondern die Heilstat Christi im Menschen geschieht unvermittelt und direkt (vgl. Anc 61,3ff; Anc 65f), indem er vollkommen Mensch und damit Mittler zwischen Gott und Mensch wurde.[60] Die Hoffnung auf das Heil ist aber ähnlich wie bei Athanasius darin begründet, dass der Inkarnierte in sich die Gottheit und die Menschheit vereint (vgl. Anc 61,8; 65,4ff) und damit die unüberbrückbare Kluft zwischen Schöpfer und Geschöpf geschlossen hat. Die „geistige Verbindung“ (vgl. Anc 61,8) geschah stellvertretend für die ganze Menschheit. Letztlich ist das Heil also ganz christozentrisch.[61] Der Heilige Geist ist an diesem Geschehen in der genannten zweifachen Weise beteiligt, indem er erstens Erkenntnis über dieses Geschehen[62] und die Gottheit vermittelt. Die Erkenntnis der Gottheit bedeutet Unsterblichkeit und aus dem Glauben an sie wird Sohnschaft (υἱοθεσία) zuteil (vgl. Anc 73,5), die allerdings nur κατὰ χάριν besteht, nicht κατὰ φύσιν.[63] Zweitens wirkt er bei

[57] Vgl. auch hierzu bereits Athanasius, z.B. Ep. ad Serap. I,31 (PG 26, 605 A).

[58] Vgl. z.B. Or. II c. Ar., 70,1(,5–7); Ep. ad Serap. I,25 (PG 26, 589 B). Zur Vergottungslehre vgl. auch LAMINSKI, Geist, 156–163.

[59] Vgl. Ep. ad Serap. III,6 (PG 26, 633); I,30 (PG 26, 600 C); I,27 (PG 26, 593 B).

[60] Vgl. Anc 44,5f; 66,1.

[61] Vgl. die Ausführungen zur Oikonomia im Kommentar zu Anc 30,1; vgl. auch die Exegese von Phil 2,7 in Anc 40,2–5; vgl. Anc 93–95.

[62] Vgl. Anc 65,3: Die Lehre über Christus ist Anfang und Ende des Lebens. Vgl. auch Anc 73,2.

[63] Vgl. z.B. Anc 30,6; 49,2f; vgl. auch Anc 71. Der Gedanke der Sohnschaft hat bei Epiphanius nicht den Stellenwert wie bei Athanasius. Die Unterscheidung zwischen Sohnschaft der Natur

der Inkarnation mit. Heilsgeschichtlich wird er von Christus gegeben (vgl. Anc 66,1). Ebenso wie bei Athanasius gilt bei Epiphanius, dass die pneumatologischen Aussagen eng an die christologisch-soteriologischen gebunden sind.[64]

Abschließend lassen sich - bei allen genannten Gemeinsamkeiten zu Athanasius - folgende wesentliche Unterschiede aufzeigen, die die Weiterführung der übernommenen Gedanken aufzeigen:

- Athanasius zieht, wie schon in den *Arianerreden* für Vater und Sohn,[65] zur Verdeutlichung der innertrinitarischen Verhältnisse den Vergleich mit dem Ebenbild, dem Abglanz, der Quelle, dem Fluss, dem Abdruck o.ä. heran.[66] Epiphanius dagegen vermeidet es völlig, solche Vergleiche zur Verdeutlichung der trinitarischen Verhältnisse zu verwenden.[67] Für ihn ist der Geist „drittes Licht" neben Vater und Sohn. Auch das Zitat von Hebr 1,3 in Anc 19,1 gibt ihm, anders als Athanasius, keinen weiteren Anlass, das Verhältnis des Sohnes zum Vater als ἀπαύγασμα τῆς δόξης καὶ χαρακτὴρ τῆς ὑποστάσεως αὐτοῦ zu hinterfragen. Die gesamte Symbolik spielt für Epiphanius keine Rolle. Der Grund dafür dürfte darin liegen, dass er, wie vor allem aus seinen späteren Äußerungen zum Bilderstreit deutlich wird, zwischen Bild und Abbild eine Abstufung sieht, weswegen er den Vergleich mit dem Abbild für ungeeignet hält, das Göttliche darzustellen (vgl. zu Anc 19,1). Umgekehrt wird aufgrund dieser Tatsache deutlich, wie wichtig und ernst ihm die Gleichrangigkeit der Trias ist.
- Athanasius betont, dass der Geist dasselbe Verhältnis zum Sohn hat wie der Sohn zum Vater.[68] Diesen Sachverhalt bezeichnet LAMINSKI als „Korrelationsprinzip".[69] Als eine „dogmatische Bedeutung" dieses Prinzips versteht LAMINSKI, „daß auf Grund der speziellen Einheit des Geistes mit dem Sohn der Heilige Geist durch den Sohn Glied der Trinität und in Einheit mit dem Vater ist. Die entscheidende Trinitätsformel des Athanasius lautet unter diesem Aspekt: ‚Der Geist ist nämlich nicht außer dem Logos, sondern ist im Logos und durch diesen in Gott'."[70] An dieser Stelle wird ein wichtiger Unterschied zu Epiphanius deutlich. Während Athanasius die Gottheit des Geis-

nach und Sohnschaft durch Gnade oder Teilhabe ist schon bei Athanasius grundlegend (vgl. Or. III c. Ar. 19,4(,25f); Or. I c. Ar. 9,3–7 (mit Bezug auf Aussagen aus der Thalia des Arius); 37,5f; Or. II c. Ar. 59,5f; 64,4f u.ö.

[64] Vgl. LAMINSKI, Heilige Geist, 128. Ebd., 30: „Athanasios kann seine Geistlehre nur von der Christologie her aussagen, umgekehrt gibt es bei ihm keine christologisch-soteriologischen Aussagen ohne die pneumatologischen Aspekte."

[65] Vgl. z.B. Or. I c. Ar., 20,3–7; 22,2; 58,5f; 60,2; Or. II c. Ar. 34,3 u.ö.

[66] Vgl. z.B. Ep. ad Serap. I,19f. Vgl. auch LAMINSKI, Geist, 67.

[67] Vgl. z.B. zu Anc 47. Auch Gregor von Nazianz äußerte Vorbehalte gegen die Gleichnisse (vgl. ebd.). Vgl. auch zu Anc 71,1.

[68] Vgl. Ep. ad Serap. I,2 (PG 26, 533 A); I,21 (PG 26, 580 B); I, 26 (PG 26, 588 B); I,31 (PG 26, 601 A); III,1 (625 C – 628 A).

[69] Vgl. LAMINSKI, Geist, 136–138; 56f. Ebenso SAAKE, Pneumatologie, 355.

[70] LAMINSKI, Geist, 137, mit Zitat von Ep. ad Serap. III,5 (PG 26, 633 A). Vgl. auch I,20 (PG 26, 576 D – 577A).

tes stark vermittelt durch die Gottheit des Sohnes versteht, stellt Epiphanius deutlicher beide, Sohn und Geist, in ein Verhältnis zur einen Usia des Vaters. Damit ist die Gleichrangigkeit stärker betont. Entsprechend kann man als die entscheidende Trinitätsformel bei Epiphanius die Formulierung „Dreiheit in Einheit" benennen. Signifikant für das Verständnis bei Athanasius ist die Formel ἐκ-διά-ἐν, mit der er das Wirken der Trinität zum Ausdruck bringt.[71] Bei Epiphanius hat diese Formel keine Bedeutung. Für ihn ist das σύν charakteristisch, mit dem er die Gleichrangigkeit des Geistes mit dem Sohn hinsichtlich der Wirksamkeit aufzeigt.[72]

– Anders als Epiphanius nennt Athanasius den Geist nie explizit im selben Sinne Gott wie Sohn und Vater,[73] auch wenn er die ganze Trinität als einen Gott bezeichnet[74] und den Geist damit als Gott versteht.[75]

C. Trinitätslehre und Christologie

Im Zusammenhang mit der Christologie ist zu fragen, inwiefern sie für die Trinitätslehre bedeutsam ist und inwiefern die Auseinandersetzung mit apollinaristischer Christologie dazu beigetragen haben mag, dass Epiphanius den Begriff ὑπόστασις in der Trinitätstheologie in einer Bedeutung verwendet hat, die ihm die Rede von den drei Hypostasen und der einen Usia ermöglichte.

Wie vor allem die Auseinandersetzung in Haer 77 gezeigt hat, geht es Epiphanius in der Kontroverse mit den Apollinaristen um die für das Heil notwendige Personeinheit Christi. Er wirft seinen Gegnern vor, durch die Lehre von der hypostatischen Selbstständigkeit des νοῦς eine zweite Hypostase neben der „Gottheit" einzuführen und damit die Einheit zu zerteilen. Wie aus Haer 77,33,6 hervorgeht, lehnt er ein konkurrierendes Prinzip neben der Hypostase der Gottheit ab, die er im selben Satz mit dem Gott-Logos gleichsetzt. Damit ist klar, dass nach Haer 77 der *Logos die göttliche Hypostase* in Christus ist. In dem Abschnitt über das Christentum (zwischen Haer 20 und 21) nennt Epipha-

[71] Vgl. z.B. Ep. ad Serap. I,14 (565 B); I,30 (PG 26, 600 B); III,5 (PG 26, 632 B). Vgl. LAMINSKI, Geist, 134; 146.

[72] Vgl. 74,3; Anc 75,3: ἐγένετο (scil. πάντα κτιστὰ καὶ γενητά) ἀπὸ πατρὸς καὶ υἱοῦ καὶ ἁγίου πνεύματος διὰ τοῦ ἀεὶ ὄντος λόγου σὺν τῷ ἀεὶ ὄντι πνεύματι. Vgl. auch Anc 15,6; 24,6. Vgl. auch die Formulierungen in Anc 10,5; 22,7; 24,7; 73,9; 119(120),14.

[73] Vgl. zu Athanasius LAMINSKI, Geist, 140: „Es fällt auf, daß Athanasios aber nie direkt aussagt, daß der Heilige Geist ‚Gott' ist wie der Sohn und der Vater." Vgl. dazu auch a.a.O., 97 Anm. 20. A.a.O., 173 markiert LAMINSKI in einem kurzen Vergleich zwischen Athanasius und Epiphanius diesen Punkt als Unterschied.

[74] Vgl. Ep. ad Serap. I, 17 (569 C).

[75] Vgl. LAMINSKI, Geist, 140–143.

nius Christus „eine pneumatische Hypostase“.[76] Dieser Redeweise von der *Hypostase der Gottheit* Christi entspricht im *Panarion* die Anwendung der neunizänischen Formel von den drei Hypostasen und der einen Usia, denn wenn Epiphanius die Gottheit Christi als Hypostase versteht, kann er keine Ein-Hypostasen-Lehre mehr vertreten.

Dieser christologische Ansatz führt allerdings in eine Aporie: Da der Logos einen vollkommenen Menschen angenommen hat und da Epiphanius den Menschen insgesamt als Hypostase versteht, stellt sich die Frage, wie sich die göttliche und die menschliche Hypostase zueinander verhalten. Auf dieses Problem geht er jedoch nicht ein. Er versteht Christus, ebenso wie den einzelnen Menschen, insgesamt als (eine) Hypostase.

Die Argumentation in Haer 77 macht insgesamt den Eindruck, als greife Epiphanius auf ältere Ergebnisse zurück. Dem entspricht, dass er vor allem auf das Gespräch mit Vitalis in Antiochien Bezug nimmt. Die Frage nach der hypostatischen Selbstständigkeit des νοῦς scheint für ihn grundsätzlich geklärt zu sein.

Dem gegenüber zeigt sich im *Ancoratus* ein anderes Bild. Hier scheint die Argumentation eine aktuelle Auseinandersetzung widerzuspiegeln, wie dies auch die unsystematische Diskussion zeigt. Deutlicher als im *Panarion* steht die Frage nach der hypostatischen Selbstständigkeit des νοῦς im Mittelpunkt. Zu beobachten ist eine Akzentverschiebung hinsichtlich des Begriffs ὑπόστασις im Zuge der christologischen Auseinandersetzung in Anc 76ff, die für das Verständnis in Haer 77 Voraussetzung ist.

In Anc 75,7 erklärt Epiphanius – erstmals – den Sachverhalt der Inkarnation mit dem Begriff ὑπόστασις: Der Erlöser nehme „mit der Fülle seiner eigenen Gottheit und der eigenen und konkret existierenden Hypostase des Gott-Logos das Menschsein und alles, was zum Menschsein dazugehört, zusammen.“ Diese Aussage dient im Vorfeld der folgenden thematischen Auseinandersetzung der Abwehr der gegnerischen Lehre, nach der der νοῦς die göttliche Hypostase ist (vgl. Anc 77ff). Die ungewöhnlich präzise Formulierung durch Epiphanius an dieser Stelle wird also kein Zufall sein, sondern mit der anschließenden Diskussion zusammen hängen. Hier begegnet der Begriff ὑπόστασις dann nur bezogen auf den νοῦς, nicht auf die Gottheit. Epiphanius kann den Begriff (anders als in Haer 77) in der Christologie nicht positiv verwerten. Es geht ihm allein darum, die hypostatische Selbstständigkeit des νοῦς abzulehnen, weil er die Personeinheit des Menschen und analog auch diejenige Christi gefährdet sieht. Bemerkenswert ist der Sachverhalt, dass sich in den an die christologische Argumentation anschließenden Ausführungen zur Trinitätstheologie (Anc 81) ein gegenüber den ersten Kapiteln des *Ancoratus* signifikant anderer Gebrauch von ὑπόστασις zeigt: Epiphanius kann den Begriff nun auf eine einzelne trinitarische Person anwenden (vgl. dazu unten, Teil III, D.3.).

---

[76] Vgl. „Christentum“ 4,1 (1,231,18,–20): καὶ ἀνελήφτη εἰς οὐρανὸν ἐν αὐτῷ τῷ σώματι καὶ τῇ ψυχῇ καὶ τῷ νῷ, συνενώσας εἰς μίαν ἑνότητα καὶ μίαν πνευματικὴν ὑπόστασιν καὶ ἔνθεον ἀποτελέσας...

Daraus ist zu folgern, dass bereits im *Ancoratus* ein deutlicher Zusammenhang besteht zwischen der christologischen Diskussion um die hypostatische Selbstständigkeit des νοῦς und der Präzisierung, die Epiphanius im Zusammenhang mit der Trinitätstheologie im Hinblick auf den Begriff ὑπόστασις vornimmt. Herausgefordert durch die gegnerische Lehre scheint er hier Klärungsbedarf gesehen zu haben.

Zwischen dem *Ancoratus* und dem *Panarion* fand das Gespräch mit Vitalis und den Apollinaristen in Antiochien statt. Hier ging es erneut um die Problematik, die bereits in Anc 76ff entscheidend war. Es ist davon auszugehen, dass Epiphanius in diesem Kontext zu einer weiteren Klärung gekommen ist. Der zeitliche Zusammenhang dieser Ereignisse mit der Ep. 258 des Basilius, in der er Epiphanius bescheinigt, die Rede von den drei Hypostasen übernommen zu haben, wird kaum zufällig sein.

Interessant ist abschließend eine Untersuchung des Begriffes φύσις. Es ist klar geworden: Christus ist *insgesamt eine* Hypostase, was im *Panarion* der trinitätstheologischen Redeweise entspricht. Zu fragen ist – auf der Grundlage des *Ancoratus* – ob Epiphanius analog von nur einer Natur ausgeht. Hier fällt folgender Sachverhalt auf:

Der Begriff φύσις begegnet im *Ancoratus* 26 mal, außerdem fünfmal das Adjektiv φυσικός. Er ist vor allem für die Christologie von Belang. Lediglich an fünf Stellen bezieht Epiphanius den Ausdruck analog zu οὐσία auf die Gottheit allgemein (jeweils mit Artikel):

Anc 31,1: εἰς τὴν ἄφραστον καὶ ἀκατάληπτον τοῦ θεοῦ φύσιν.

Anc 52,4: ὑπερβαίνει γὰρ ἡ θεία φύσις βουλὴν... Vgl. dazu auch die vorangehende Stelle in Anc 52,4 (ἀλλ' ὑπερβολῇ φύσεως) und Anc 52,5 (ἀλλ' ἐν τῇ ὑπερβολικῇ καὶ ἀφράστῳ αὐτοῦ φύσει). Die Stellen wurden im entsprechenden Zusammenhang diskutiert.

Anc 53,8: ἀλλὰ [καὶ] αὐτὸς εἶδεν ἀοράτως τὴν φύσιν...

Die φύσις ist wie die Usia nur eine, und zwar eine bestimmte und bleibende. Der Ausdruck begegnet in trinitätstheologischem Zusammenhang nie im Plural. Eine präzise Abgrenzung zu οὐσία ist nicht möglich, da Epiphanius entsprechende Anhaltspunkte, erst recht jegliche Definition, vermissen lässt. Auch der φύσις Gottes kommen wie der οὐσία Attribute wie unsichtbar, unbeschreiblich und unbegreiflich zu. Aus einem Vergleich mit den Stellen, an denen Epiphanius φύσις auf die geschöpfliche Natur bezieht, wird deutlich, dass ähnlich wie im Zusammenhang mit der οὐσία die geschöpfliche Natur unendlich verschieden ist von der göttlichen, denn die geschöpfliche ist wandelbar: Vgl. Anc 47,4 (von der Natur des Feuers, hier i.S. von „Substanz“), Anc 66,4 (von der Natur der Pflanze) und Anc 96,2 (von der Natur des Holzes, scil. des Holzstabes des Mose, hier wahrscheinlich in Abgrenzung zu dessen οὐσία). Dass die göttliche Natur unwandelbar ist, wird im Zusammenhang mit den anderen Stellen deutlich, die alle einen christologischen Bezug haben. In der Trinitätstheologie spielt der Begriff φύσις keine entscheidende Rolle.

Im christologischen Kontext ist zunächst festzustellen, dass Epiphanius sich zu der Frage, wie viele Naturen in Christus sind, nicht explizit äußert. Auch im christologischen Zusammenhang verwendet er φύσις nirgendwo im Plural. Insgesamt fällt auf, dass er den Ausdruck in Bezug auf die Menschheit vermeidet. Eindeutig ist die Verwendung in folgenden Fällen:

a) In der Verbindung κατὰ φύσιν i.S. von „naturhaft", „wahr":
Dreimal in Anc 30,5f: διὰ δὲ τὸ ἀίδιον αὐτοῦ τῆς γνησιότητος κατὰ φύσιν λέγει πατέρα μου ... διὰ δὲ τὸ κατὰ φύσιν αὐτῶν τῶν μαθητῶν πρὸς τὴν αὐτοῦ θεότητα ... θεὸν ὑμῶν. θεὸς γὰρ τῶν μαθητῶν, πατὴρ δὲ τοῦ κυρίου κατὰ φύσιν... (als Gegenpol zum κατὰ χάριν bei den Jüngern).
Anc 49,2: Im Gegensatz κατὰ χάριν – κατὰ φύσιν.
Anc 41,7 (im ausschließlich menschlichen Zusammenhang): υἱός σου κατὰ φύσιν;
Anc 53,1: τὸ ... γεγεννῆσθαι, ὅπερ ἐστὶν <ἐν> αὐτῷ κατὰ φύσιν ...
Anc 57,1: Im Zusammenhang mit der Ebenbildlichkeit in dem Gegensatz κατὰ χάριν – κατὰ φύσιν.

b) Als Adjektiv φυσικός in der Bedeutung „wahr", „naturhaft" (vgl. auch γνήσιος) und als Adverb φυσικῶς (fünfmal):
Anc 6,3: φυσικὸς υἱός, οὐ θετός.
Anc 44,4: ... ἵνα δείξῃ τὸ πάθος ἀπὸ τῆς ἀνθρωπότητος καὶ <τῶν> κατωτέρω, αὐτὸν δὲ εἶναι φυσικὸν υἱὸν τοῦ πατρὸς ἀπὸ τῶν ἄνωθεν. Vgl. auch Anc 44,6.
Anc 49,3: ... τῷ εἶναι αὐτὸν φυσικῶς υἱόν.
Anc 73,3: υἱὸς φυσικὸς υἱὸς ἀληθὴς υἱὸς γνήσιος...

c) In sonstigen Zusammenhängen:
Anc 52,3: Als feststehender Ausdruck „ἀνάγκῃ φύσεως", „aus einer Naturnotwendigkeit".
Anc 44,1 (als feststehender Ausdruck „φύσει", eigentlich „von Natur", hier i.S. von „wahrhaftig"): ἀλλὰ καὶ φύσει καὶ παρὰ τοῖς ἑρμηνευταῖς οὐχ οὕτως ἐκδέδοται ἡ λέξις. Vgl. auch Anc 77,4.

Problematisch ist der Gebrauch dagegen im Zusammenhang mit der Gottheit und der Menschheit Christi:
In Anc 44,6 geht es um die Mittlerschaft Jesu: ... πρὸς τὸν πατέρα αὐτοῦ θεὸς ὢν φύσει... πρὸς δὲ τοὺς ἀνθρώπους ἄνθρωπος φυσικὸς γνήσιος ἐκ Μαρίας ... οὕτω γάρ ἐστι μεσίτης θεοῦ καὶ ἀνθρώπων, θεὸς ὢν καὶ ἄνθρωπος γεγονώς, οὐ τραπεὶς τὴν φύσιν...

Auffallend ist hier der singulare Gebrauch mit bestimmtem Artikel am Schluss des Satzes. Christus ist im Verhältnis zum Vater *von Natur aus Gott*, im Verhältnis zu den Menschen *natürlicher Mensch*. Wenn er, obwohl er Gott und Mensch ist, *die Natur* nicht veränderte, kann das entweder strikt auf die göttliche Natur bezogen sein, die unter der Inkarnation nicht litt und um die es Epiphanius ausschließlich geht. In diesem Fall wäre keine Aussage darüber getroffen, ob es neben er göttlichen auch eine menschliche Natur gibt. Oder es bedeutet, dass Epiphanius insgesamt von einer einzigen Natur ausgeht, die sich je nach ihrem Verhältnis zu Gott und den Menschen definiert. Das würde bedeuten, dass Epiphanius sich auf eine Natur festgelegt hätte.

Hilfreich ist ein Blick auf eine ähnliche Stelle. In Anc 19,4 heißt es: ὁ ἄνθρωπος ἐν ἀληθείᾳ γεγονὼς καὶ θεὸς ἐν ἀληθείᾳ ὑπάρχων, μὴ τραπεὶς τὴν φύσιν, μὴ ἀλλοιώσας τὴν θεότητα... Vgl. ähnlich Anc 75,5.

Hier sind *die Natur* und *die Gottheit* parallel gesetzt, was ein Indiz dafür ist, dass Epiphanius mit τὴν φύσιν die göttliche Natur meint. Über eine menschliche Natur ist keine Aussage getroffen.

Dass Christus *von Natur aus Gott* ist, lässt sich im *Ancoratus* mehrfach belegen: Vgl. Anc 45,1: ... τὸ θεὸς εἶναι φύσει, ὅτι ἦν. Anc 49,6: εὐδόκησε γὰρ ὁ πατὴρ ἐν τῇ ἐνσάρκῳ τοῦ Χριστοῦ παρουσίᾳ, ἡ δὲ θεότης ἀπείρως ἔχει τῆς φύσεως. Hier sind θεότης und φύσις nicht parallel gebraucht, sondern der eine Begriff erläutert den anderen. Φύσις bedeutet hier so viel wie „Beschaffenheit".

Es stellt sich somit die Frage, ob es Stellen gibt, an denen Epiphanius explizit von einer menschlichen Natur Christi spricht. In diesem Zusammenhang sind lediglich zwei Stellen zu nennen, von denen nur eine eindeutig bezeugt ist. In Anc 36,4 ist der Text verderbt, was HOLL veranlasst hat, zwei Einfügungen vorzuschlagen. Es heißt hier: οἱ δὲ εὑρόντες αὐτὸν <οὐχ εὗρον αὐτὸν> διὰ τῆς ἀκαταλήπτου φύσεως, <ἀλλὰ διὰ τῆς καταληπτικῆς> τουτέστι τῆς ἐνσάρκου. Der Begriff φύσις ist hier nur zur Bezeichnung der *göttlichen* Natur bezeugt.

In Anc 66,6 schließlich ist die textkritische Situation eindeutig. Hier sagt Epiphanius, der Logos nehme *sterbliche Natur* an (προσλαμβανόμενος θνητοῦ φύσιν), damit er, der leidensunfähige Logos, leiden könne. Hierbei handelt es sich für den *Ancoratus* um eine singuläre Aussage. Dennoch ist diese Stelle ein eindeutiger Beleg dafür, dass Epiphanius eine zweite Natur neben der göttlichen in Christus kennt.

Damit kann Folgendes festgehalten werden:
An fast allen genannten Stellen bezieht Epiphanius φύσις auf die göttliche Natur. Lediglich an einer Stelle spricht er explizit von einer sterblichen, das heißt menschlichen Natur in Christus. Obwohl diese Stelle singulär ist, kommt ihr hohe Bedeutung zu, da sich der dortige Gebrauch gut mit dem Verständnis von der Unterscheidung zwischen der Gottheit und der Menschheit deckt, auf dem Epiphanius seine „inkarnatorische Exegese" aufbaut. Die Formulierung in Anc 66,6 überrascht folglich nicht in erster Linie wegen ihrer inhaltlichen Aussage, sondern wegen der Terminologie. Als terminus technicus spielt der Begriff φύσις in der Christologie bei Epiphanius keine Rolle.

Somit ergibt sich folgendes Bild: Die Frage nach den Hypostasen und den Naturen in Christus wird von Epiphanius nicht gestellt. In beiden Fällen lässt er eine Klärung vermissen. Dennoch zeigen einige Stellen eindeutig, dass er von einer Hypostase und zwei Naturen ausgeht, worauf auch seine ganze Argumentation hinweist. Damit deutet sich bei ihm ein wichtiges Ergebnis der christologischen Auseinandersetzung des 5. Jahrhunderts an. Allerdings gilt, dass nicht von einem systematischen Erfassen des Problems der Personeinheit Christi gesprochen werden kann und ebenso wenig von einer stringenten Begründung seines Ansatzes.

Abschließend ist nach der genauen Verwendung der zentralen trinitätstheologischen Begriffe οὐσία, ὑπόστασις und ὁμοούσιος und im Zuge dessen nach der Verwendung eines Personbegriffs zu fragen.[77] Die Bedeutung der Begriffe wird mit charakteristischen Verwendungen im *Panarion* verglichen. Außerdem wird gegebenenfalls die Verwendung bei Athanasius und Basilius als Referenzwert herangezogen.

D. Trinitätstheologische Begriffsdefinitionen

1. οὐσία

Der Ausdruck οὐσία begegnet im *Ancoratus* 29-mal, und zwar in folgenden Zusammenhängen:

1.) Mit dem Zahlwort μία zur Bezeichnung der Einzigkeit, jedesmal in Verbindung mit dem Bekenntnis zur Dreiheit (in Anc 10,6 in Verbindung mit dem Zahlwort τρία; in Anc 28,3 in Verbindung mit den Begriffen Vater, Sohn und Geist; vgl. Anc 118,3; [vgl. auch Anc 81,4][78]).

2.) Zur Bezeichnung der Identität des Wesens der Trias (τῆς αὐτῆς οὐσίας; vgl. Anc 6,10; 8,4; 67,4; 81,7).

3.) Negativ in der Abgrenzung, dass es keine andere Usia neben der Gottheit gibt (zweimal in Anc 6,10 [ebenso zweimal in Anc 81,4][79]).

4.) Im Zusammmenhang mit dem Ausgang des Sohnes aus dem Wesen (ἐκ τῆς οὐσίας) des Vaters (Anc 36,2) bzw. des Geistes aus dem Wesen des Vaters und des Sohnes (Anc 7,8). Vgl. Anc 116,10 (zweimal); [118,10 (119,2); 118,13 (119,5)][80]; 119(120),4.12[81]. Vgl. auch Anc 118,2 (in der Gegenüber-

[77] Da der Begriff φύσις fast ausschließlich im christologischen Kontext begegnet, wurde er im Zusammenhang mit der Christologie erörtert.

[78] Im Zusammenhang mit dem Häretikerzitat, dessen Abgrenzung nicht eindeutig ist. Die Konjektur HOLLs <μίαν> ist nicht zweifelsfrei zu rechtfertigen.

[79] Wiederum im Zusammenhang mit dem Häretikerzitat.

[80] Innerhalb des ersten, an dieser Stelle nicht ursprünglichen Symbols.

[81] Innerhalb des zweiten, von Epiphanius erweiterten Symbols.

stellung dessen, was nicht aus dem Wesen Gottes ist, zum Heiligen Geist, der aus diesem Wesen ist).

5.) Im Zusammenhang mit der Aussage, der Sohn bzw. dessen Gottheit sei nicht geringer oder fremd τῆς τοῦ πατρὸς οὐσίας (Anc 36,1; 40,1).

6.) Im Unterschied zu φύσις (vgl. Anc 96,2 und die Ausführungen zu dieser Stelle).

7.) Im Sinne von Substanz im Zusammenhang mit der Schöpfung: In Verbindung mit der geschöpflichen οὐσία der Sonne bzw. des Feuers (Anc 47,2.4), im Zusammenhang mit der Seelenlehre der Manichäer (Anc 48,1) und der Seelenlehre der Heiden (Anc 86,7).

8.) Im Häretikerzitat in Anc 81,4 in der Formel: τρεῖς ὑποστάσεις ἐν μιᾷ οὐσίᾳ.

Auffallend ist, dass Epiphanius den Begriff οὐσία nirgendwo definiert. Seine genaue Bedeutung scheint er als bekannt vorauszusetzen. Die aufgelisteten Stellen zeigen, dass der Usia-Begriff im *Ancoratus* im Hinblick auf die Gottheit einheitlich ist.

Bis auf die unter 7.) genannten Stellen wendet Epiphanius den Begriff nur auf die Gottheit an, und zwar nur auf sie, niemals auf die trinitarischen Personen.[82] Er kennt nur *eine* göttliche Usia. Weder im *Ancoratus* noch im *Panarion* verwendet er den Ausdruck im Plural. Die Gottheit des Sohnes und des Geistes wird maßgeblich daraus abgeleitet, dass sie aus (ἐκ) dieser einen Usia stammen, die häufig mit der Usia des Vaters gleichgesetzt wird, aber nicht auf diese Gleichsetzung festgelegt werden kann.[83] Wichtig ist, dass Epiphanius Usia und Gottheit z.T. gleichsetzt.[84] In Bezug auf die Usia (und damit auf die Gottheit) gilt, dass Vater, Sohn und Geist Identität zukommt. An drei Stellen im *Ancoratus* äußert er sich derart und verwendet in diesem Zusammenhang den Begriff ταυτότης.[85] In allen Fällen kann nur die *wesenhafte* (nicht etwa die personale) Identität ausgesagt sein.[86] Die *personale* Identität von Vater, Sohn und Geist bezeichnet Epiphanius dagegen als συναλοιφή, die er strikt ablehnt.[87]

---

[82] Nur an vier Stellen (Anc 47,2, 47,4, 48,1 und 86,7) wendet er ihn auf die Schöpfung an. In Anc 47,2.4 ist der Begriff im Zusammenhang mit der Sonne gerade in Abgrenzung zur göttlichen Usia als Substanzbegriff verwendet, ebenso im Zusammenhang mit den geschaffenen Seelen in Anc 48,1 und der Substanz der Leiber in Anc 86,7. Vgl. aber mit Anc 96,2 ein Beispiel dafür, dass offenkundig auch für den geschöpflichen Bereich die Bedeutung (unveränderbares) „Wesen" zutrifft.

[83] Vgl. die Bedeutung des ἐκ in Anc 2. Zur Abstammung des Geistes vgl. oben, Teil III, B.1.

[84] Vgl. v.a. Anc 6,10; 8,4; 28,3; 67,4. Vgl. auch Anc 10,5.

[85] Vgl. Anc 6,1 (τὸ γὰρ θεῖον ἐν ταυτότητι ὑπάρχει), Anc 10,7 (οὐκ ἠλλοτριωμένη ἡ τριὰς τῆς ἑνότητος καὶ τῆς ταυτότητος) und Anc 28,3 (οὐδὲ διεῖλέ τι τῆς ταυτότητος τοῦ πατρὸς πρὸς τὸν υἱόν). Vgl. auch die Formulierung τῆς αὐτῆς οὐσίας in Anc 6,10; 8,4; 67,4; 81,7.

[86] Vgl. auch seine Abgrenzung gegenüber dem Begriff ταυτοούσιον, den er positiv nicht verwendet, weil damit Sabellianismus verbunden ist: Im Zusammenhang mit Aëtius, Haer 76,7,8f (3,348,11–17): ἔστι γὰρ (scil. ὁ υἱός) οὐ μόνον ὅμοιος, ἀλλὰ καὶ ἴσος, ταυτὸν τῇ θεότητι, ταυτὸν τῇ ἀϊδιότητι καὶ δυνάμει. καὶ οὐ λέγομεν ταυτοούσιον, ἵνα μὴ ἡ λέξις παρά τισι

Aufgrund dieser Identität ist ausgeschlossen, dass die οὐσία eine vierte bzw. übergeordnete Größe zu Vater, Sohn und Geist darstellt. Vielmehr konstituiert sich die οὐσία aus dieser Dreiheit, wie auch aus den oben genannten Formeln zur „Dreiheit in Einheit“ deutlich wird. Usia ist folglich kein Gattungsbegriff, unter dem drei Wesen oder Götter zusammengefasst würden, sondern *Wesensbegriff*. Er bezeichnet das *Allgemeine*. Allerdings verwendet Epiphanius keinen Begriff wie z.B. τὸ κοινόν oder eine entsprechende Formulierung wie τὸ ἴδιον. Über das eine Wesen sind Vater, Sohn und Heiliger Geist ontologisch miteinander verbunden, was in Anc 8,5 auf sprachlicher Ebene damit zum Ausdruck gebracht ist, dass das „Gott-Sein“ in Vater, Sohn und Geist ist. Wie im Zusammenhang mit Anc 8 (vgl. auch oben, Teil III, A.) erwähnt, erinnert diese Formulierung an eine stoisch-materielle Auffassung. Doch vertritt Epiphanius kein solches Verständnis. Dies ergibt sich zum einen aus dem Axiom, dass die Usia unteilbar ist.[88] Wenn sie aber unteilbar ist, wäre bei einem stofflich-materiellen Usia-Verständnis das Faktum der Dreiheit nicht zu erklären, ohne einen Subordinatianismus oder eine Emanationsvorstellung zum Ausdruck zu bringen – beides lehnt Epiphanius ab. Eine andere Begründung gegen ein stoffliches Usia-Verständnis ist die Charakterisierung der Gottheit als Pneuma.[89]

Die Auffassung von der Gottheit als Pneuma ist für das Verständnis der Trinitätslehre des Epiphanius grundlegend. Damit ist die eine Seite dessen beschrieben, was in dieser Arbeit als „*ambivalenter Geistbegriff*“[90] bezeichnet wurde. Die andere Seite dieser doppelten Bestimmung bezieht sich auf die Charakterisierung des Heiligen Geistes als trinitarische Person.[91] Zu unterscheiden ist zwischen πνεῦμα als Wesensbezeichnung und τὸ ἅγιον πνεῦμα, der Person. Zwar stellt Epiphanius nirgendwo explizit die Gleichung οὐσία = πνεῦμα auf. Da er jedoch οὐσία und θεότης synonym verwenden kann (vgl. oben) und die Gottheit bzw. Gott als πνεῦμα charakterisiert, ist die Folgerung möglich, dass er das Wesen, also die Usia, als Pneuma bestimmt. An drei zentralen Stellen erläutert er seine Aussagen mit Joh 4,24 („Gott ist Geist“), davon zweimal im Zusammenhang mit dem Ausgang des Heiligen Geistes, was den ambivalenten Charakter kennzeichnet:

λεγομένη Σαβελλίῳ ἀπεικασθῇ. ταυτὸν δὲ λέγομεν τῇ θεότητι καὶ τῇ οὐσίᾳ καὶ τῇ δυνάμει <καὶ> κατὰ πάντα ἴσον τῷ πατρὶ καὶ τῷ ἁγίῳ αὐτοῦ πνεύματι, ὁμοούσιόν τε φαμέν, ὡς ἔχει ἡ ἁγία πίστις, ἵνα ἀπὸ τοῦ ὁμο σαφῶς σημανθῇ τὰ τέλεια, ὅτι ὁ υἱὸς ἐκ πατρὸς τέλειος ἐκ τελείου, τέλειον δὲ καὶ τὸ ἅγιον πνεῦμα. Deutlich ist hier, dass er den Begriff zwar ablehnt, der Sache nach aber die Identität der Usia aussagt. Vgl. auch die Abgrenzung zu Paul von Samosata in Haer 65,8,1, dazu unten).

[87] Zehnmal im *Ancoratus* bezieht Epiphanius den Begriff auf ein Verhältnis, das die Eigenständigkeit und wahre Existenz von Vater, Sohn oder Geist aufhebt: Anc 5,6; 6,3; 6,10; 7,3; 10,6; 47,5; 48,5; 81,2 (zweimal); 81,9. Zum Begriff vgl. den Kommentar zu Anc 5,6.

[88] Vgl. v.a. Anc 47.

[89] Zur Unvereinbarkeit eines solchen Ansatzes mit dem stoischen Verständnis vgl. STEAD, Divine Substance, 177.

[90] Vgl. vor allem zu Anc 7f.

[91] Vgl. oben, Teil III, B.1.

In Anc 7,8 stellt Epiphanius Eigenschaften von Vater, Sohn und Geist zusammen, die deren Unterschiedenheit deutlich machen. In erster Linie geht es hier um die Frage der Abstammung der drei Personen und (gegen pneumatomachische Einwände) um die Abgrenzung des Geistes zum Sohn. Obwohl Epiphanius die Herkunft des Geistes nicht positiv mit einem dem ἀγέννητος bzw. γεννητός entsprechenden Begriff beschreiben kann (der Geist ist lediglich οὐ γεννητόν), gilt für ihn, dass er „aus derselben Usia von Vater und Sohn“ ist. Mit dem Anschluss „*denn* Gott ist Geist“ erläutert er diesen Sachverhalt. Das bedeutet, dass zwischen der Aussage Joh 4,24 und der Abstammung des Geistes ein Zusammenhang besteht.

Dies wird durch eine andere Stelle bestätigt, an der Epiphanius Joh 4,24 anführt, nämlich in Anc 70,7. Wieder geht es um das Abstammungsverhältnis des Geistes, das er hier mit den Worten τὸ δὲ ἅγιον πνεῦμα παρὰ ἀμφοτέρων, πνεῦμα ἐκ πνεύματος beschreibt.[92] Erneut folgt die Begründung mit Joh 4,24: πνεῦμα γὰρ ὁ θεός. Vor allem diese Stelle macht den beschriebenen Sachverhalt deutlich, denn das Johannes-Zitat steht nun durch die Formulierung „Geist aus Geist“ unzweifelhaft in einem Zusammenhang mit der Beschreibung des Ausganges des Geistes.

Eine letzte Stelle, an der Epiphanius Joh 4,24 zitiert, zeigt die Implikationen auf, die er mit dem Pneuma-Begriff in Bezug auf die Wesensebene verbindet. Im Kontext von Anc 46,6 geht es um die Ablehnung der Anwendung geschöpflicher Kategorien auf Gott, woraus Epiphanius die Unveränderbarkeit Gottes ableitet. Auch angesichts der Zeugung gilt, dass die Usia unteilbar ist, wie vor allem die Argumentation in Anc 45ff zeigt. Die Begründung dafür, dass auf Gott keine geschöpflichen Kategorien zutreffen, liegt in Joh 4,24: πνεῦμα γὰρ ὁ θεός. Hier zeigt sich, dass Epiphanius mit dem Pneuma-Begriff Attribute wie unkörperlich und nicht-materiell verbindet. Vergleichsstellen im *Panarion* bestätigen diese Verwendung.[93] Analog spricht Epiphanius in Anc 46,6 von der „geistigen“ Zeugung. Dabei spielt ein weiterer Sachverhalt eine Rolle, der mit dem *ambivalenten Geistbegriff* im Zusammenhang steht: Alle Personen sowie Gott insgesamt können aufgrund des Pneuma-Verständnisses als „Geist“ bezeichnet werden.[94] In Anc 46,6 folgert Epiphanius, dass so, wie der Vater Geist ist (καθὸ τοίνυν ὁ πατὴρ πνεῦμά ἐστι), er auch den Sohn „geistig“ (πνευματικῶς) gezeugt habe.[95] Es besteht ein Zusammenhang zwischen Wesen und Wirken.[96] Aufgrund des Verständnisses des Wesens als Pneuma, kann er den Sohn auch als Gott κατὰ πνεῦμα bezeichnen (Anc 9,12).

---

[92] Vgl. oben, Teil III, B.1.

[93] Vgl. Haer 69,15,4 (3,164,27); Haer 69,36,6 (3,185,1); Haer 69,53,8 (3,200,28f); Haer 70,5,2 (3,237,2f).

[94] Vgl. z.B. Haer 76,35,12 (3,385,21–23): οὐ γάρ ἐστι σωματική τις διαστολή, ἀλλὰ λόγος ἐνυπόστατος, υἱὸς ἐκ πατρὸς ὤν, πενεῦμα ἐκ πνεύματος καὶ θεὸς ἐκ θεοῦ.

[95] Wie im dortigen Zusammenhang gezeigt, soll der Begriff πνευματικῶς die Zeugung in keiner positiven Weise deuten, sondern verweist auf den geheimnisvollen, dem Menschen verborgenen göttlichen Bereich. Für weitere Textbelege vgl. den Kommentar zu Anc 46,6.

[96] Vgl. auch den Kommentar zu Anc 7,1.

Insgesamt sind dem Ausdruck πνεῦμα Begriffe zugeordnet wie ἄπειρος, ἀκατάληπτος, ἄχραντος, ἄφραστον und ἄφθαρτον (vgl. Anc 47,3), ἀχρόνως oder ἀνάρχως (so Anc 46,6), also eine ganze Reihe negativer Gottesprädikate.[97] Aufgrund der Wesensidentität und der indirekten Bestimmung des Wesens als Pneuma, gelten diese Gottesprädikate sowohl für die Gottheit – in Anc 73,7 nennt Epiphanius μία θεότης ἄπειρος / ἄφθαρτος / ἀπερινόητος / ἀκατάληπτος / ἀνεκδιήγητος / ἀόρατος – als auch für die einzelnen trinitarischen Personen.[98] Hier wird deutlich, was Epiphanius in Anc 4,5 mit dem πᾶς σύνδεσμος τῆς τριάδος meint, nämlich die Möglichkeit, Prädikate, die auf die Gottheit zutreffen, von einer Person auf die andere zu übertragen, auch wenn die Schrift keine explizite Aussage darüber macht. Dieses Prinzip begegnet ähnlich bei Athanasius, allerdings mit dem wichtigen Unterschied, dass dieser die Möglichkeit, Aussagen über die Eigenschaften auf den Geist zu übertragen darin begründet sieht, dass der Geist dasselbe Verhältnis zum Sohn hat wie dieser zum Vater.[99] Epiphanius hingegen hat als Bezugspunkt die gemeinsame Usia, das Pneuma-Wesen, das die Übertragung von Eigenschaften von einer Person auf die andere ermöglicht. Dieser unterschiedliche Ansatz ist ein entscheidendes Kriterium für die Abgrenzung gegenüber Athanasius (vgl. auch oben, Teil III, B.2.).

Aus dem Genannten ergibt sich, dass die Usia, verstanden als Pneuma-Wesen, unergründlich und dem Menschen verborgen ist, was an dem kategorialen Unterschied zwischen Schöpfer und Schöpfung liegt.[100] Analogien aus der Menschenwelt können nicht gezogen werden.[101] Der Mensch ist auf Offenbarung angewiesen, die maßgeblich durch den Heiligen Geist vermittelt wird. Das Verständnis der Usia als unbeschreibbar und die Verwendung negativer Gottesprädikate steht dem Ansatz der Neuarianer, Aussagen über die Usia machen zu können und sie mit der ἀγεννησία zu identifizieren, diametral entgegen.

Eine Herleitung des Pneuma-Verständnisses von Athanasius scheidet aus, da dieser den Begriff nicht auf die Gottheit bzw. auf Vater und Sohn bezogen hat.[102] Wie im Zusammenhang mit Anc 7,8 (vgl. Teil II, A.1.c)) aufgezeigt, ist Epiphanius in dem Verständnis des Wesens als Pneuma wahrscheinlich von Markell beeinflusst, gegen den er sich ansonsten abgrenzt. Die Abgrenzung wird da offenkundig, wo Epiphanius das markellische Verständnis zu einem ambivalenten Verständnis erweitert: Die Bestimmung des Wesens als Pneuma wird bei ihm zur Ermöglichung der Abstammung des Heiligen Geistes, der so als gleichberechtigter, ewiger Teil der Trias mit Vater und Sohn existiert.[103]

---

[97] Vgl. auch Anc 57,1, wo Epiphanius Gott als ἀκατάληπτος und ἀπερινόητος bezeichnet und fortfährt: πνεῦμα ὢν καὶ πνεῦμα ὑπὲρ πᾶν πνεῦμα καὶ φῶς ὑπὲρ πᾶν φῶς.

[98] Vgl. Anc 70,2 für den Geist, Anc 81,1 für den Sohn.

[99] Vgl. Ep. ad Serap. III,1. Vgl. LAMINSKI, Geist, 139; SAAKE, Pneumatologie, 363.

[100] Vgl. v.a. Anc 7,5–7; Anc 23–25; Anc 47f; Anc 71,7f.

[101] Vgl. z.B. Anc 11,5–8.

[102] Vgl. STEAD, Divine Substance, 178. Als eine Ausnahme führt STEAD Ep. ad Serap. IV,19 (PG 26, 665 C) an, wo Athanasius mit πνεῦμα die Gottheit des Sohnes bezeichnet.

[103] Vgl. dazu oben, Teil III, B.1.

Dennoch offenbart sich an diesem Pneuma-Versändnis, dass es Epiphanius nicht gelungen ist, die Eigenexistenz der Person des Geistes adäquat zu begründen. Sein Ansatz steht insofern in der Gefahr missverstanden zu werden, als die Grenze zwischen dem Pneuma-Wesen und dem Heiligen Geist unscharf ist. Beides ist nicht klar voneinander abgegrenzt. Darüber hinaus wird der Annahme nicht gewehrt, dass das Pneuma als eine Vater und Sohn übergeordnete Ur-Substanz verstanden werden könnte, aus der beide abstammten.

Zur weiteren Bestimmung des οὐσία-Verständnisses ist der Begriff ὁμοούσιος heranzuziehen.

2. *ὁμοούσιος*

Im *Ancoratus* begegnet der Begriff in seinen verschiedenen Formen insgesamt 11-mal:

1.) Im Zusammenhang mit dem Ausgang des Sohnes aus dem Vater (zweimal in Anc 6,3).
2.) Zur inhaltlichen Bestimmung dessen, was das „Band des Glaubens" ist (Anc 6,4).
3.) In der Abgrenzung gegenüber Sabellius (Anc 6,4.5).
4.) In der Abgrenzung gegenüber arianischer Lehre (Anc 6,6).
5.) In Bezug auf die Trias (Anc 64,3).
6.) Als Adverb ὁμοουσίως in Verbindung mit δοξάζω, mit Bezug auf die Trias (Anc 26,1).
7.) Als Substantiv ὁμοουσιότης (Anc 74,1), mit Bezug auf θεός, im Zusam menhang mit der Trias.
8.) Jeweils einmal im Zusammenhang mit den beiden Bekenntnissen in Anc 118,10 (119,2); 119(120),4).

Der Ausdruck ὁμοούσιος begegnet dafür, dass er für Epiphanius die Bedeutung eines σύνδεσμος τῆς πίστεως hat (Anc 6,4), relativ selten. Allerdings lässt sich zeigen, dass seine gesamte Trinitätstheologie eine Explikation des ὁμοούσιος ist.

Grundlegend für die Bestimmung der Bedeutung des ὁμοούσιος im *Ancoratus* ist Anc 6. Die Stelle ist in zweifacher Hinsicht zentral: Zum einen handelt es sich um die einzige Stelle, an der Epiphanius im *Ancoratus* eine Definition für einen Begriff gibt. Zum anderen handelt es sich bei Anc 6,4 um die erste Stelle überhaupt, an der die Bedeutung des ὁμοούσιος bei Epiphanius fassbar wird.[104]

[104] Zwar erwähnt er den Begriff schon in seinem früheren Brief an arabische Christen, doch lässt sich der dort zu Grunde liegende Sinn des Ausdrucks lediglich von Anc 6 her erschließen. Im Kontext der Stelle in Haer 78,3,6 (3,454,4–7) geht es wie in Anc 6 auch um das ewige Verhältnis Vater-Sohn und um die Abstammung aus dem Vater: ...τὸν ὄντως ὄντα, ἐκ πατρὸς γεγεννημένον ἀνάρχως καὶ ἀχρόνως, τὸν ἀεὶ ὄντα ἐκ τοῦ πατρὸς καὶ σὺν πατρὶ ὄντα,

Wie im Zusammenhang mit Anc 6,3 gezeigt, ist das ὁμοούσιος untrennbar mit dem ἐκ (τοῦ πατρός) verbunden. Die Usia bzw. die Gottheit ist *eine*, weil der Sohn aus der Usia des Vaters ist (vgl. Anc 2,6; vgl. das nizänische τουτέστιν ἐκ τῆς οὐσίας τοῦ πατρός). Da Epiphanius die Homousie auf die ganze Trias, also auch auf den Geist ausdehnt, erhält das ἐκ umfassendere Bedeutung, indem er es auf die Gottheit bzw. die Usia allgemein bezieht (vgl. erstmals in Anc 6,10). Das ἐκ ist auch für die Homousie des Geistes konstitutiv.

Epiphanius bezeichnet in Anc 6 mit dem ὁμοούσιος zugleich die Identität im Wesen und die reale Differenziertheit der trinitarischen Personen. Entsprechend versteht er den Ausdruck zunächst als gegen Sabellius, sodann als gegen jede Trennungstheologie gerichtet. Bedeutsam ist die Terminologie: Er bezeichnet die Differenziertheit mit den drei Namen, jeweils ergänzt durch das Adjektiv ἐνυπόστατος, und die Einheit, das eine Wesen, mit ὑπόστασις.

Aufschlussreich ist ein Blick auf einige zentrale Stellen im *Panarion*, an denen die Bedeutung des ὁμοούσιος deutlich wird. Die jeweiligen Definitionen ähneln sich stark, und es lässt sich zeigen, dass sich das grundsätzliche Verständnis gegenüber Anc 6 nicht verändert hat:

1.) In Haer 65,8 im Zusammenhang mit der Lehre Pauls von Samosata.[105] Epiphanius grenzt das ὁμοούσιος in diesem Abschnitt klar vom ἑτεροούσιος ab, weil damit eine ontologische Trennung verbunden wäre. Die Abgrenzung gegenüber dem ταυτοούσιος ist dagegen nicht eindeutig: Einerseits lehnt er es ab, betont sodann aber, dass Sohn und Vater hinsichtlich der Usia und der Gottheit doch identisch (ταὐτόν) seien.[106] Die schwankende Haltung lässt sich eventuell damit erklären, dass die Homöusianer gegen Markell den Vorwurf erhoben, das ὁμοούσιος im Sinne eines ταυτοούσιος zu deuten, was sie als Leugnung der Eigenhypostase des Sohnes verstanden. Das erklärt, warum der Begriff für Epiphanius problematisch ist. Einerseits lehnt er ihn ab, um ein Verständnis zu vermeiden, dass die Hypostase des Sohnes leugnet, andererseits meint er eine

γεγεννημένον δὲ ἀκαταλήπτως καὶ ἀχράντως, ὁμοούσιον τῷ πατρὶ ὄντα καὶ οὐκ ἀλλοῖον παρὰ τὸν πατέρα. Von hierher lässt sich kein Bedeutungsunterschied zu Anc 6 aufzeigen. Die zweite Stelle in Haer 78,24,5 (3,475,6) stellt insofern einen Sonderfall dar, als dieser Abschnitt offensichtlich später von Epiphanius überarbeitet wurde (vgl. zu allem Teil I, A.2.a)).

[105] Vgl. insgesamt den Abschnitt Haer 65,8, aus dem hier wesentliche Teile wiedergegeben werden (3,11,7–14.18–21): οὐδὲ ἀνήρηται ἡ ὑπόστασις τοῦ λόγου, ὅτι οὐ μία συναλοιφὴ θεότητος υἱοῦ πρὸς πατέρα. οὐ γάρ ἐστιν ἑτεροούσιος ὁ υἱὸς τοῦ πατρός, ἀλλὰ ὁμοούσιος τῷ πατρί· οὐ δύναται δὲ εἶναι ἑτεροούσιος τῷ γεγεννηκότι οὐδὲ ταυτοούσιος, ἀλλὰ ὁμοούσιος. οὐδὲ πάλιν λέγομεν αὐτὸν μὴ εἶναι ταὐτὸν τῇ οὐσίᾳ τῷ πατρί· ἔστι γὰρ ταὐτὸν τῇ θεότητι καὶ τῇ οὐσίᾳ ὁ υἱὸς πρὸς τὸν πατέρα, καὶ οὐκ ἀλλοῖος παρὰ τὸν πατέρα οὐδὲ ἀπὸ ἄλλης ὑποστάσεως, ἀλλὰ ὡς ἀληθῶς υἱὸς πατρὸς τῇ τε οὐσίᾳ καὶ τῇ ὑποστάσει καὶ τῇ ἀληθείᾳ. ... ὅταν γὰρ εἴπῃς ὁμοούσιον, οὐ συναλοιφὴν σημαίνει<ς>. τὸ γὰρ ὁμοούσιον οὐχ ἑνός ἐστι σημαντικόν, οὐδὲ τοῦ ὄντος υἱοῦ πρὸς πατέρα γνησίου τὴν οὐσίαν διίστησι καὶ τὴν ὑπόστασιν ἀπαλλοτριοῖ διὰ τὸ ὁμοούσιον.

[106] Vgl. auch Haer 76,7,8f (dazu oben, S. 356, Anm. 86).

Identität im Wesen. Die Verwendung oder Ablehnung des ταυτοούσιος scheint von der jeweiligen Frontstellung abzuhängen.[107]

Es zeigt sich, dass Epiphanius zwischen der Wesensebene und der personalen Ebene unterscheidet. Allerdings gelingt ihm keine adäquate Formulierung dieses Sachverhaltes. So betont er im Weiteren, der Sohn sei nicht „von einer anderen Hypostase“, sondern wie der wahrhafte Sohn des Vaters, sowohl der Usia als auch der Hypostase und der Wahrheit nach. Der Begriff ὑπόστασις, den Epiphanius zu Beginn des Abschnittes explizit auf die einzelne Person bezieht (ἡ ὑπόστασις τοῦ λόγου; ebenso in Haer 65,8,6), ist zwar in seiner Verwendung nicht eindeutig. Zum Teil gebraucht er ihn in dem genannten Abschnitt parallel mit οὐσία und θεότης. Dennoch zeigt sich eine deutliche Entwicklung gegenüber Anc 6, denn hier bezeichnet Epiphanius die Differenziertheit allein mit den Namen, während ὑπόστασις ausschließlich Wesensbegriff ist. In Haer 65 benutzt Epiphanius den Ausdruck dagegen vornehmlich als Personbegriff.

Eindeutig ist ebenso die Betonung des zweifachen Aspekts in Haer 65,8, der mit dem ὁμοούσιος ausgesagt ist: Keine Identität im Sinne einer συναλοιφή, die entstehen würde, wenn die Hypostase des Logos geleugnet würde, zugleich Identität im Wesen und in der Gottheit. Inhaltlich entspricht die angegebene Stelle damit der Aussage von Anc 6.

2.) In Haer 69,72 im Zusammenhang mit arianischer Lehre. Der Abschnitt ist vor allem deshalb von Interesse, weil Epiphanius zu Beginn den gegnerischen (das heißt hier: homöischen[108]) Einwand, das Wort οὐσία sei nicht schriftgemäß und deshalb sei auch das ὁμοούσιος abzulehnen, mit dem Hinweis abwehrt: οὐκ ἴσασι δὲ ὅτι καὶ ὑπόστασις καὶ οὐσία ταὐτόν ἐστι τῷ λόγῳ.[109] Im Anschluss beweist er anhand einiger Stellen die Schriftgemäßheit von ὑπόστασις und aufgrund der Gleichsetzung auch von οὐσία. In dieser Argumentationsweise ist Epiphanius offenkundig durch Athanasius beeinflusst, der als Reaktion auf die Erklärung der Homöer in seiner Ep. ad Afros (367[110]) ebenfalls ὑπόστασις und οὐσία gleichsetzt und mit verschiedenen Schriftstellen zu belegen sucht, dass die Begriffe schriftgemäß sind.[111] Der Sachverhalt der

---

[107] Vgl. zur Problematik des Begriffs auch DINSEN, Homoousios, 80; 138. Die Homöusianer lehnten beide Begriffe ab (vgl. das Anathem des Synodalschreibens von Ankyra 358, Haer 73,11,10 (3,384,4f)).

[108] Die einzige Gruppe, die den Begriff οὐσία als unbiblisch ablehnte, waren die Homöer. Vgl. DRECOLL, Basilius, 8f.

[109] Haer 69,72,1 (3,220,11). Vgl. dazu HAMMERSTAEDT, Hypostasis, 1026.

[110] Zur Datierung vgl. STOCKHAUSEN (ad Afros, 25), die nach eingehender Diskussion des Forschungsstandes zu diesem Ergebnis kommt. An der Zuordnung der Schrift zu Athanasius ist STOCKHAUSEN zufolge festzuhalten (vgl. dies., 27–32).

[111] Vgl. Ep. ad Afros 4,3 (= STOCKHAUSEN, 169; PG 26, 1036 B): ἡ δὲ ὑπόστασις οὐσία ἐστὶ καὶ οὐδὲν ἄλλο σημαινόμενον ἔχει ἢ αὐτὸ τὸ ὄν, ὅπερ Ἱερεμίας ὕπαρξιν ὀνομάζει λέγων· καὶ οὐκ ἤκουσαν φωνὴν ὑπάρξεως (vgl. Jer 23,18.22). ἡ γὰρ ὑπόστασις καὶ ἡ οὐσία ὕπαρξίς ἐστι. ἔστιν γὰρ καὶ ὑπάρχει. Vgl. dazu STOCKHAUSEN, ad Afros, 173–176; DINSEN, Homoousios, 132f. Epiphanius verweist, wie auch Athanasius im Umfeld des Zitates, auf

Gleichsetzung bei Epiphanius darf also nicht gepresst werden, sondern ist wahrscheinlich vor diesem Hintergrund der Argumentation bei Athanasius zu verstehen.[112] Dies zeigt der weitere Kontext, in dem Epiphanius für das ὁμοούσιος argumentiert. Der Aussagegehalt entspricht dem der vorher genannten Beispiele: So betont er, dass die Vorsilbe ὁμο- auf eine Mehrzahl hinweise, jedoch auf keine ontologische Trennung.

Der genannte Abschnitt stellt in zwei Punkten eine wichtige Parallele zu Anc 6 dar: Zum einen wird auch hier das ὁμοούσιος als σύνδεσμος bezeichnet (σύνδεσμος τῆς ἀληθείας; Haer 69,72,3), zum anderen grenzt Epiphanius sich mit dem ὁμοούσιος namentlich gegen Arius und Sabellius ab. Außerdem präzisiert er, dass ohne das ὁμοούσιος keine Häresie überführt werden könne, was den Stellenwert als „Band des Glaubens“ (Anc 6,4) bzw. „Band der Wahrheit“ (Haer 69,72,3) unterstreicht.[113]

3.) Besonders aufschlussreich ist die Rechtfertigung des ὁμοούσιος gegenüber den Semiarianern (Homöusianern). In Haer 73,36 grenzt er dabei den Begriff gegenüber deren ὁμοιούσιος ab. Mit diesem Ausdruck könne man allenfalls Gold und Bronze vergleichen, Silber und Zinn, Eisen und Blei. Das ὁμοούσιος sei, so verteidigt Epiphanius den Ausdruck, nicht im Sinne einer συναλοιφή zu verstehen. Abzulehnen ist auch der Begriff ἁμαούσιος, der offenkundig auf eine ontologische Unterscheidung (παρηλλαγμένον) zwischen den Personen hinweist, also so zu verstehen ist, dass es verschiedene Usiai gebe. Grundlegend für die Definition des ὁμοούσιος ist das ἐκ πατρός (hier für den Sohn) in Abgrenzung zum ἐξ οὐκ ὄντων. Aufgrund dieser Abstammung sind Verhältnisbestimmungen wie συνάδελφος oder προπάτωρ abzulehnen. Wie in Haer 69,72 betont Epiphanius, dass die Vorsilbe ὁμο- auf eine Mehrheit hinweist. Allerdings spezifiziert er hier, dass damit zwei *Hypostasen* angezeigt seien, die in

---

Ex 3,14 und setzt Usia mit τὸ ὄν gleich (vgl. Haer 69,72,2 (3,220,15)). In der Forschung ist umstritten, inwiefern die Identifizierung beider Ausdrücke bei Athanasius allein mit dem Kontext zusammenhängt und auf diesen beschränkt ist. DINSEN geht davon aus, dass die Gleichsetzung beider Termini „ad hoc“ geschehen sei. Mit BARDENHEWER hält sie fest: „Durch sie [scil. die Gleichsetzung], ist der sonstigen Anwendung des Wortes ‚ὑπόστασις‘ in keiner Weise präjudiziert‘.“ DINSEN, Homoousios, 133, die BARDENHEWER, Geschichte, 56 Anm. 2 zitiert. STEAD dagegen bezieht sich auf dieselbe Stelle, wenn er im Hinblick auf den Kompromiss des Tomus ad Antiochenos feststellt: „Die offensichtliche Großzügigkeit des Tomus war von kurzer Lebensdauer, denn ep. ad episc. Afr. 4 (um 369/71) stellte Athanasius erneut heraus, οὐσία u. ὑπόστασις seien synonym.“ STEAD, Homousios, 423. Auch STOCKHAUSEN (ad Afros, 173) sieht in dieser Stelle einen Hinweis darauf, dass Athanasius zu den „Einhypostasentheologen“ zu rechnen ist. Zu weiteren Stellungnahmen vgl. DINSEN, a.a.O., 321f Anm. 133,4.

[112] Dies bestätigt sich vor allem dadurch, dass Epiphanius in Haer 69,80,3 in Bezug auf Vater, Sohn und Geist von „drei vollkommenen Hypostasen“ im Gegenüber zur einen Gottheit spricht.

[113] Vgl. Haer 69,72,3f (3,220,16–23): τὸ δὲ ὁμοούσιον οὐχ ἕνα πάλιν σημαίνει, ἀλλ᾽ ἀπὸ τοῦ ὁμο δύο σημαίνει τέλεια. ἀλλ᾽ οὐκ ἀλλοῖα ἀλλήλων ἐστὶν οὐδὲ ἀλλότρια τῆς αὐτῶν ἑνότητος. εἰ δὲ ἐχρησάμεθα εὐσεβείας χάριν τινὶ λέξει <μὴ γεγραμμένῃ> διὰ τὸν σύνδεσμον τῆς ἀληθείας (ἄνευ γὰρ τοῦ ὁμολογεῖν ὁμοούσιον πάντως αἱρέσεων οὐ δύναται εἶναι ἔλεγχος. ὥσπερ γὰρ μισεῖ ὁ ὄφις τὴν ὀσμὴν τῆς ἀσφάλτου... οὕτω καὶ Ἄρειος καὶ Σαβέλλιος μισεῖ τὸν λόγον τῆς ἐν ἀληθείᾳ ὁμολογίας τοῦ ὁμοουσίου)...

ihrer Natur nicht verschieden sind. Erneut bestimmt er das ὁμοούσιος als σύνδεσμος τῆς ἀληθείας.[114]

Einerseits sind die Übereinstimmungen mit Anc 6 augenfällig. Andererseits lässt sich an einem Punkt deutlich die Entwicklung aufzeigen, wenn Epiphanius die Differenziertheit nun mit der Formulierung δύο ὑποστάσεων zum Ausdruck bringt. In Haer 73,34 formuliert er schließlich sein ὁμοούσιος-Verständnis bezogen auf die ganze Trias und bezeichnet es als wahren Glauben, der in Nizäa bekannt wurde: ἀλλ᾽ ὁμοούσιον ὁμολογοῦντες πατέρα καὶ υἱὸν καὶ ἅγιον πνεῦμα, τρεῖς ὑποστάσεις, μίαν οὐσίαν, μίαν θεότητα· καθὼς ἐστιν ἡ ἀληθινὴ πίστις ... ἣν ὡμολόγησαν οἱ συνελθόντες πατέρες ἡμῶν καὶ ἐπίσκοποι ἐν τῇ Νικαίᾳ συνόδῳ...[115] Hier stellt Epiphanius die neunizänische Formel als Explikation des nizänischen ὁμοούσιος dar.

Der Vergleich mit den Stellen im *Panarion* zeigt, dass das ὁμοούσιος durchgängig als Abgrenzung gegen zwei Seiten zu verstehen ist. Die inhaltliche Aussage ist seit Anc 6 die gleiche: Es geht um die Identität in der Usia und die Differenziertheit der trinitarischen Personen. Ein wichtiger Unterschied besteht allerdings in der Bezeichnung der Differenziertheit. Während Epiphanius in Anc 6 mit der Kombination Name + ἐνυπόστατος auf sie verweist, verwendet er im *Panarion* ὑπόστασις als Personbegriff in Abgrenzung zu Usia. Obwohl eine solche begriffliche Klarheit im *Ancoratus* noch nicht begegnet, ist eine wesentliche Voraussetzung für das spätere Verständnis schon hier erfüllt: Der Begriff οὐσία bezeichnet immer das eine, einheitliche, unteilbare Wesen, die Gottheit (vgl. oben). Das gezeigte Verständnis ist einzuordnen in die zeitgenössische Verwendung des ὁμοούσιος.

Im Jahre 373/4 war das Bekenntnis zum ὁμοούσιος auch bei den ursprünglich nicht-nizänischen Theologen nicht mehr so ungewöhnlich wie Mitte des 4. Jahrhunderts. Ausgehend von der Synode in Alexandrien 362 akzeptierten im Laufe der folgenden Jahre immer mehr ehemalige Homöusianer und auch Homöer (so Meletius und seine Anhänger) das Nizänum und damit das ὁμοούσιος, um sich vor allem gegen den Neuarianismus, aber auch gegen ein homöisches und linkshomöusianisches Verständnis abzugrenzen und sich gegen

[114] Haer 73,36 (3,310,14–311,1): λέγετε ἡμῖν, ... τί ἐλύπει λέγειν τὸ ὁμοι[ο]ούσιον ὁμοούσιον; ... δύναται γὰρ καὶ ὁμοι[ο]ούσιον εἶναι πρὸς χρυσὸν χαλκός, πρὸς ἄργυρον κασσίτερος, πρὸς σίδηρον ὁ μόλιβδος. ... εἰ μὲν γάρ τινας βουλόμενοι ἀπατῆσαι βούλεσθε <προφασίζεσθαι> προφάσεις ψευδεῖς λέγοντες, ὅτι οὐ χρὴ λέγειν τὸ ὁμοούσιον, ἵνα μὴ συναλοιφὴν ποιήσωμεν τὸν υἱὸν πρὸς πατέρα ἢ τὸ πνεῦμα πρὸς τὸν υἱὸν καὶ πατέρα, καὶ ἐν τούτῳ διέπεσεν ὑμῶν ὁ ἐπιτετηδευμένος λόγος. οὐ γὰρ εἴπομεν ἀμαούσιον, ἀλλ᾽ ὁμοούσιον, ἵνα μηδὲν τοῦ πατρὸς παρηλλαγμένον <τὸν υἱὸν> ὁμολογήσωμεν, ἀλλὰ θεὸν ὄντως ἐκ θεοῦ γεγεννημένον, καὶ οὐκ ἀλλαχόθεν οὐδὲ ἐξ οὐκ ὄντων, ἀλλὰ <ἐκ> πατρὸς προελθόντα, ἀχρόνως καὶ ἀνάρχως καὶ ἀνεκδιηγήτως γεγεννημένον ... οὐ συνάδελφον, οὐ προπάτορον. τὸ γὰρ ὁμο δύο μὲν ὑποστάσεών ἐστι σημαντικόν, οὐκ ἀλλοτρίων <δὲ> τῇ φύσει. διὸ ὁ σύνδεσμος τῆς ἀληθείας ἐν τούτῳ ἐκ τοῦ πνεύματος τοῦ ἁγίου ᾠκονόμηται ἐν στόματι τῶν τοῦτο ἐκθεμένων. Epiphanius führt die Argumentation im gleichen Stil im ganzen Kapitel Haer 73,36 weiter.

[115] Haer 73,34,2f (3,309,10–14).

diese Gruppen zu vereinigen.[116] In diesen Zusammenhang würde die Bezeichnung des ὁμοούσιος als „Band des Glaubens" also durchaus passen. Basilius distanzierte sich bereits in Ep. 9, also vom Jahre 364 an[117] vom ὅμοιος κατ' οὐσίαν und befürwortete das Nizänum und das ὁμοούσιος.[118] Es kam bei alldem entscheidend auf die Interpretation des ὁμοούσιος an. RITTER kommt zu dem Ergebnis, dass das ὁμοούσιος „von den Kappadokiern und ihren Anhängern auf dem Konzil von Konstantinopel allem Anschein nach nicht anders verstanden worden [ist] als von Athanasios, nämlich als Ausdruck der numerischen Einheit der konkreten göttlichen Usie, des Seins Gottes selbst."[119] Allerdings ist dabei nur ein Aspekt genannt, nämlich der, der sich auf die identische Usia bezieht. Der andere wichtige Sachverhalt ist, dass für Basilius das ὁμοούσιος in Ep. 52 (datierbar auf ca. 375/6[120]) nicht nur der Abwehr des Arianismus dient (vgl. Ep. 52,2), sondern auch der des Sabellianismus (vgl. Ep. 52,3).[121] Es betont demnach die Einheit im Wesen, legt aber zugleich das Prinzip zugrunde, dass eine einzelne Sache nicht mit sich selbst ὁμοούσιος sein könne[122] und impliziert damit eine Differenziertheit. Hier begegnet also genau das Verständnis, das Epiphanius mindestens seit 373/4, wahrscheinlich schon länger vertritt.

DINSEN kommt zu dem Ergebnis, dass auch für Athanasius in dem Begriff eine Differenziertheit ausgesagt sei. Das ὁμοούσιος verstehe Athanasius als eine Homousie von „Erzeuger und Erzeugnis"[123], womit eine Zweiheit vorausgesetzt sei.[124] Allerdings liegt die Betonung nicht derart explizit auf der Differenziertheit wie bei Basilius und Epiphanius. Der primäre Sinn des Wortes bei

---

[116] Vgl. zur historischen Einordnung auch Teil I, A.2.c). Als Linkshomöusianer ist diejenige Gruppe bezeichnet, die sich auf der Synode von Antiochien/Karien 367 von den (Rechts-)Homöusianern, die auf der Synode von Tyana 366 zusammen mit den Meletianern (ehemaligen Homöern) das ὁμοούσιος akzeptiert haben, abspalteten.

[117] DRECOLL (Basilius, 42) datiert den Brief in das „unmittelbare Umfeld der Entstehung von Adversus Eunomium", also um 364. Vgl. auch HAUSCHILD, Briefe I, 169; 234 („Sommer? 364").

[118] Vgl. DRECOLL, Basilius, 41. Von Ep. 9 an ist Basilius „eindeutig als Nizäner zu bezeichnen ..., der die grundsätzliche Bedeutung des ὁμοούσιος vertritt" (ebenda, 42). Den Grund für die Favorisierung des ὁμοούσιος gegenüber dem ὅμοιος κατ' οὐσίαν sieht DRECOLL in der Notwendigkeit der Abgrenzung gegenüber der homöischen Position, denn Basilius sah die Gefahr, dass das ὅμοιος κατ' οὐσίαν als gleichbedeutend mit dem ὅμοιος von Konstantinopel 360 verstanden wird. Vgl. a.a.O., 41. Auch RITTER (Konzil, 287f) unterstreicht, dass das „kappadokische" ὁμοούσιος mehr besagt als das homöusianische Schlagwort ὅμοιος κατ' οὐσίαν, insofern es nämlich „Ausdruck der strikten ‚Wesenseinheit', der Einheit des konkreten ‚Seins Gottes selbst' ist." (RITTER, mit Bezug auf Basilius, AE I,10,42f: ἡ δὲ οὐσία ... αὐτὸ τὸ εἶναι τοῦ θεοῦ.)

[119] RITTER, Konzil, 293.

[120] Vgl. HAUSCHILD, Briefe I, 196 Anm. 252; 236.

[121] Vgl. dazu DRECOLL, Basilius, 276f; PRESTIGE, God, 204.

[122] Vgl. Basilius, Ep. 52,3,3f.

[123] DINSEN, Homoousios, 120.

[124] Vgl. dies., a.a.O., 133–135.

Athanasius sei, so DINSEN, ταὐτὸς τῇ οὐσίᾳ.[125] Diese Bedeutung zeige sich in allen Schriften des Athanasius und habe sich im Grunde nicht verändert.[126] Auch die Formulierung ἴδιος τῆς οὐσίας spiele eine wichtige Rolle.[127] Es ist anzunehmen, dass Epiphanius diese Seite der Bedeutung, die Identität im Wesen, von Athanasius übernommen hat. Mit ihm stimmt er ferner überein, das ὁμοούσιος in Bezug auf den Sohn im Wesentlichen als ἐκ πατρός zu definieren.[128] Während der Bezugspunkt bei Athanasius jedoch die Usia des Vaters ist,[129] ist es bei Epiphanius die Usia oder Gottheit schlechthin, die unter anderem mit der Usia des Vaters gleichgesetzt werden kann. Der Grund dafür liegt in der Ausweitung des ὁμοούσιος auf die ganze Trias unter Einbeschluss des Geistes. Eine Vorgabe dafür gibt es zwar bei Athanasius, der an einer einzigen Stelle in den *Serapionbriefen* die Homousie explizit auf den Geist bezieht.[130] Ansonsten vermeidet Athanasius aber die Verwendung dieses Begriffes in Bezug auf den Geist.[131] Epiphanius geht mit dem Schritt, die Homousie explizit auf die ganze Trias auszuweiten, den Geist also einzubeziehen, sowohl über Athanasius als auch über Basilius hinaus, der in Ep. 52 und auch darüber hinaus damit Schwierigkeiten hatte.[132] Unter den Kappadokiern nennt allein Gregor von Nazianz den Geist „explizit homoousios“[133].

Ein Unterschied zu Athanasius liegt ferner darin, dass dieser die (implizite) Homousie des Geistes mit dem Vater vermittelt über die Homousie mit dem Sohn aussagt.[134] Epiphanius hingegen stellt Sohn und Geist gleich, da in erster Linie das ἐκ τῆς αὐτῆς θεότητος (Anc 6,10) bzw. οὐσίας ausschlaggebend ist. Allerdings führt das dazu, dass die Aussagen über den Ausgang des Geistes unpräzise und uneinheitlich werden, denn diese Gottheit bzw. Usia ist, da die Usia keine vierte Größe neben Vater, Sohn und Geist sein kann, letztlich diejenige des Vaters bzw. die des Vaters und des Sohnes. Daraus ergibt sich die Frage, ob der Geist allein aus dem Vater oder aus beiden ist.[135]

---

[125] Vgl. z.B. Athanasius, Ad Afros 8,4 (= STOCKHAUSEN, ad Adfros, 264; PG 26, 1044 C). Dazu STOCKHAUSEN, ad Afros, 266; DINSEN, Homoousios, 132.

[126] Vgl. DINSEN, Homoousios, 134f.

[127] Vgl. dies., a.a. O. und STEAD, Homousios, 414.

[128] Vgl. z.B. Athanasius in seinem Brief an Epictet von Korinth, zitiert in Haer 77,3–13, hier 77,6,2–5.

[129] Vgl. STEAD, Homousios, 419f.

[130] Vgl. Ep. ad Serap. I,27 (PG 26, 593 C). Dazu LAMINSKI, Geist, 142.

[131] DINSEN (Homoousios, 125) stellt zwar fest, dass uns in den vier *Serapionbriefen* „auf Schritt und Tritt Aussagen über die Homousie des Geistes“ begegnen. Vgl. auch STEAD, Homousios, 419. Doch kann hier nur von einer „impliziten“ Homousie gesprochen werden, die Athanasius der Sache nach meint, aber nicht in der direkten Weise zum Ausdruck bringt wie Epiphanius.

[132] Zu Basilius vgl. DRECOLL, Basilius, 279–281. SIEBEN (De Spiritu Sancto, 42ff), nennt als Grund dafür, dass Basilius den Geist weder explizit als ὁμοούσιος noch als Gott bezeichnet, dessen Unterscheidung von κήρυγμα und δόγμα, wonach bestimmte Glaubenssätze in der Öffentlichkeit nicht geäußert werden, weil sie nur von wenigen verstanden würden. Vgl. a.a.O., 46.

[133] DINSEN, Homoousios, 161. Vgl. z.B. Gregor von Nazianz, Or. 31 (V),10,1; 11,16–20; 29,26 u.ö.

[134] Vgl. DINSEN, Homoousios, 125f.

[135] Vgl. zur Frage des „filioque“ oben, Teil III, B.1.

Fazit: Es ist davon auszugehen, dass Epiphanius das ὁμοούσιος aus athanasianischer Tradition rezipierte. Seit wann er es vertrat, lässt sich nicht genau sagen. Zum erstenmal begegnet der Begriff in dem Brief an arabische Christen, zitiert in Haer 78 (vgl. 78,3,6 (3,454,4–7)). Hier ist lediglich das ἐκ πατρός und die Ewigkeit des Vater-Sohn-Verhältnisses betont. Mit diesem Verständnis zeigt sich Epiphanius als Nizäner. Schon in Anc 6, der chronologisch zweiten Stelle, an der der Begriff vorkommt, zeigt sich, dass das ὁμοούσιος eine doppelte Frontstellung impliziert (Sabellius-Arius). Es sagt die Identität in der Usia aus und verweist zugleich auf die Differenziertheit der Personen. Dieses Verständnis bleibt, wie die Vergleiche mit dem *Panarion* gezeigt haben, bestehen. Eine Entwicklung lässt sich auf terminologischer Ebene aufzeigen. Hat das ὁμοούσιος nach Anc 6 noch auf die „eine Hypostase" und auf eine Differenziertheit verwiesen, die mit den drei Namen (jeweils ergänzt durch ἐνυπόστατος) zum Ausdruck gebracht wurde, so ist im *Panarion* die begriffliche Unterscheidung von οὐσία und ὑπόστασις vollzogen. Dies schlägt sich in der Verwendung der neunizänischen Formel bzw. in der Rede von drei Hypostasen und in der entsprechend präzisen Bestimmung des ὁμοούσιος nieder. In Haer 73,34 bezeichnet Epiphanius die neunizänische Formel als Explikation des nizänischen ὁμοούσιος. Dieses Verständnis entspricht demjenigen des Basilius in Ep. 52 aus dem Jahre 375/6.

Da die Verwendung des Begriffs οὐσία im *Ancoratus* und im *Panarion* ebenso wie die Bedeutung des ὁμοούσιος gleichbleibend ist, rückt der Begriff ὑπόστασις stärker in den Blickpunkt, denn seine Präzisierung ist grundlegend für die trinitätstheologische Einordnung.

3. ὑπόστασις

Der Ausdruck begegnet im *Ancoratus* 23 mal. Die Auflistung der Stellen erfolgt in der Reihenfolge ihrer Vorkommnisse im *Ancoratus*, wodurch die Bedeutungsverschiebung des Begriffs erkennbar wird:

1.) Als Wesensbegriff in Verbindung mit dem Zahlwort μία (Anc 6,5).
2.) In der Bedeutung „vollkommene Existenz", bezogen auf die Trias (Anc 7,3: Vater, Sohn und Geist existieren ἐν ὑποστάσει δὲ τελειότητος).
3.) Im Zitat von Hebr 1,3 (Anc 19,1; Epiphanius geht auf diese wichtige Stelle nicht näher ein).
4.) Als Wesensbegriff zur Bezeichnung der Selbigkeit in der Verbindung τῆς αὐτῆς (Anc 67,4; [Anc 81,7][136])
5.) In Verbindung mit und in Abgrenzung zu πρόσωπον (Anc 67,7).
6.) Im christologischen Kontext bezogen auf die Gottheit Christi (Anc 75,7).

---

[136] Die Stelle ist textkritisch nicht eindeutig, vgl. den Kommentar zu Anc 81,7.

7.) Im christologischen Kontext, im Zusammenhang mit der Diskussion um den νοῦς (Anc 77,4; 77,5 (siebenmal); 78,4).
8.) Im Häretikerzitat, im trinitätstheologischen Kontext (Anc 81,4).
9.) ὑπόστασις bezogen auf eine einzelne trinitarische Person (Anc 81,7, bezogen auf den Geist in der Verbindung ὑπόστασις καθ' ἑαυτό; [außerdem in der Verbindung ὑπόστασις ἐξ ὑποστάσεως τῆς αὐτῆς; die Stelle ist textkritisch unsicher]; zweimal in Anc 81,9, bezogen auf Sohn und Geist).
10.) Im Kontext mit den beiden Bekenntnissen (Anc 118,13 (119,5); 119(120),12).

Epiphanius definiert den Begriff ὑπόστασις ebenso wenig wie οὐσία. Eine genauere Bestimmung bzw. eine Abgrenzung zu οὐσία hält er offensichtlich nicht für nötig: Die Bedeutung wurde als bekannt vorausgesetzt.

Auszugehen ist von der ersten Verwendung in Anc 6,5. Hier versteht Epiphanius ὑπόστασις gleichbedeutend mit οὐσία. Darauf deutet vor allem das Zahlwort μία hin, außerdem der Sachverhalt, dass er in Anc 6,6 unvermittelt von θεότης statt ὑπόστασις spricht und in Anc 6,10 von οὐσία. Dadurch wird deutlich, dass er hier alle drei Begriffe gleichbedeutend zur Bezeichnung der Gottheit bzw. des Wesens versteht. Wie im Zusammenhang mit der Interpretation in Anc 6,5 gesagt, steht Epiphanius mit diesem Verständnis von ὑπόστασις in der Tradition von Nizäa und Alexandria 362, aufgrund des Kontextes und der Bedeutung des ὁμοούσιος jedoch nicht in derjenigen von Serdica 342.

In Anc 7,3 spricht Epiphanius von einer Vollkommenheits-Hypostase. Diese Formulierung kann als Beleg für eine Ein-Hypostasen-Lehre herangezogen werden, allerdings muss sie nicht derart verstanden werden. Die Formulierung wird hier eher mit „Existenz der Vollkommenheit" zu übersetzen sein, was durch das anschließende dreifache τέλειος bezogen auf Vater, Sohn und Geist gestützt wird.[137]

Das Zitat von Hebr 1,3 in Anc 19,1 hat keinerlei Bedeutung. Wichtig sind die beiden Stellen in Anc 67. In Anc 67,4 betont Epiphanius die Selbigkeit der Hypostase und setzt diese mit Usia und Gottheit gleich: τῆς αὐτῆς οὐσίας, τῆς αὐτῆς θεότητος, τῆς αὐτῆς ὑποστάσεως. Sowohl die Parallelisierung als auch die Rede von „derselben" Hypostase zeigt, dass er nur eine göttliche Hypostase kennt. Es zeigt sich dieselbe Bedeutung wie in Anc 6,5. Allerdings gilt auch hier, dass im selben Satz (wie im ganzen Kontext) die Differenziertheit betont wird: zuvor heißt es τρία ὄντα.

Einen besonderen Fall stellt Anc 67,7 dar. Dies ist die einzige Stelle im gesamten *Ancoratus*, an der Epiphanius explizit die Trias mit einem Personbegriff bezeichnet. Es heißt dort: τρία πρόσωπα ἁγίας λειτουργίας δεικνὺς ἡμῖν ἐξ ὑποστάσεως οὔσης τριττῆς. Die Formulierung ὑποστάσεως οὔσης τριττῆς ist in der zeitgenössischen Literatur singulär. Der gesamte Satz und die Funkti-

[137] Vgl. zu Anc 7,3.

on von πρόσωπον als Personbegriff (den Epiphanius eventuell von Apollinaris übernommen hat) ist im Zusammenhang mit der Stelle ausgiebig interpretiert worden. Zusammenfassend sind folgende Sachverhalte festzuhalten: Wichtig ist die negative Feststellung, dass Epiphanius nicht von drei Hypostasen spricht, sondern von drei Prosopa. Es ist weder von drei (τρεῖς) Hypostasen die Rede noch von der dritten (τρίτης) Hypostase, sondern von einer *dreifachen* Hypostase (τριττῆς). Vor diesem Hintergrund ist der Begriff ὑπόστασις nicht mehr deckungsgleich mit οὐσία, denn von einer dreifachen οὐσία ist nirgendwo die Rede. Ebenso wenig ist ὑπόστασις identisch mit πρόσωπον. Es lässt sich in Anc 67,7 der Übergang zu einem Verständnis von ὑπόστασις als Personbegriff und zu einer Identifizierung mit πρόσωπον markieren.

An dieser Stelle erfolgt im Hinblick auf das Verständnis von ὑπόστασις eine deutliche Zäsur. Diejenigen Stellen, an denen Epiphanius ὑπόστασις im Sinne von οὐσία gebraucht hat, sind genannt. Sie stehen alle in trinitätstheologischem Kontext. Von dem Zeitpunkt an, da Epiphanius in die Auseinandersetzung mit apollinaristischer Christologie eintritt, verschiebt sich der Bedeutungsgehalt des Begriffes. Die einzigen Stellen, an denen der Begriff noch den Sinn von οὐσία hat, sind entweder textkritisch nicht eindeutig (so Anc 81,7) oder stehen im Kontext der beiden Bekenntnisse im Schlussteil (vgl. Anc 118,13 (119,5); 119(120),12) und lassen sich aus diesem Zusammenhang erklären.

Zentral für den Nachweis der Bedeutungsverschiebung ist Anc 75,7. Erstmals wendet Epiphanius ὑπόστασις hier auf die einzelne trinitarische Person an, konkret auf die Gottheit Christi, den Gott-Logos: σὺν τῷ ἰδίῳ πληρώματι τῆς αὐτοῦ θεότητος καὶ τῇ ἰδίᾳ ὑποστάσει τοῦ θεοῦ λόγου καὶ ἐνυποστάτου συμπεριλαβὼν τὸ εἶναι ἄνθρωπος. Die Stelle muss vor dem Hintergrund gesehen werden, dass es in Anc 77f um die Frage geht, ob der νοῦς, nach Apollinaris das göttliche Prinzip in Christus, eine Hypostase ist oder nicht. In diesem Zusammenhang fällt mehrfach der Begriff ὑπόστασις. Da dieser Kontext zunächst anthropologisch bzw. christologisch ist, soll hier nicht weiter auf diese Kapitel eingegangen werden. Wichtig ist die Feststellung: Im Zuge der christologischen Auseinandersetzung verändert sich die Bedeutung des Begriffs. In Anc 81, dem trinitätstheologischen Kapitel, dass sich an die christologische Auseinandersetzung anschließt, wird dies augenscheinlich: Deutlich formuliert Epiphanius hier, dass der Heilige Geist ὑπόστασις καθ' ἑαυτό sei, wobei die Eigenexistenz durch das καθ' ἑαυτό betont wird. Die anschließende, ergänzende Formulierung ὑπόστασις ἐξ ὑποστάσεως τῆς αὐτῆς ist inhaltlich und textkritisch problematisch. Zu der vorangehenden Aussage stehen diese Worte in einem ausschließenden Gegensatz und passen nicht in den Gesamtkontext, so dass davon auszugehen ist, dass es sich hierbei nicht um die ursprüngliche Lesart handelt. In Anc 81,9 bezeichnet Epiphanius dann Sohn und Geist jeweils als Hypostase (ὑπόστασις καὶ ὑπόστασις).

Bemerkenswert ist noch, dass er im Zuge des Häretikerzitates in Anc 81,4 nicht etwa die dort genannte neunizänische Formel kritisiert hat, sondern ihre inhaltliche Bestimmung durch den Häretiker im Sinne einer bloß scheinbaren Differenzierung von Vater, Sohn und Geist.

Im *Ancoratus* zeigt sich damit eine Verschiebung der Bedeutung von ὑπόστασις, ausgehend von dem μία ὑπόστασις in Anc 6,5 bis hin zur Bezeichnung von Sohn und Geist als ὑπόστασις καὶ ὑπόστασις. Von Hypostasen im Plural spricht Epiphanius noch nicht. Außerdem geht er nicht so weit, das Anathem von N, nach dem derjenige zu verurteilen ist, der den Ausgang des Sohnes (Epiphanius: oder des Geistes) aus einer *anderen Hypostase oder Usia* lehrt, der neu verwendeten Bedeutung anzupassen. Es zeigt sich somit, dass im *Ancoratus* nur erste Anzeichen vorliegen, die auf die Differenzierung der Begriffe Usia und Hypostasis hinweisen.

Erneut ist ein Vergleich mit einigen Stellen im *Panarion* aufschlussreich. An sechs Stellen spricht Epiphanius hier von mehreren oder drei Hypostasen, an drei Stellen verwendet er die Formulierung τρεῖς ὑποστάσεις - μία οὐσία:
1.) Haer 25,6,4 (1,273,24–26): Gegen den Polytheismus und gegen die Götter der Heiden, die dies nur dem Namen nach sind (vgl. auch Anc 2), stellt Epiphanius hier, ausgehend von Joh 17,3 (vgl. auch dazu Anc 2) fest: εἷς γὰρ ἡμῶν ἐστιν ὁ θεός, πατὴρ καὶ υἱὸς καὶ ἅγιον πνεῦμα, τρεῖς ὑποστάσεις μία κυριότης μία θεότης μία δοξολογία, καὶ οὐ πολλοὶ θεοί. Er spricht hier von drei Hypostasen und stellt dieser Aussage verschiedene Einheitsaussagen gegenüber, wobei μία οὐσία hier nicht begegnet.

2.) Haer 69,80,3 (3,228,21f), gegen die Arianer: [τῶν] τριῶν οὐσῶν τελείων ὑποστάσεων, μιᾶς δὲ θεότητος, πατρὸς καὶ υἱοῦ καὶ ἁγίου πνεύματος. Auch hier begegnet das μία οὐσία als Gegenüberstellung nicht, sondern nur die „eine Gottheit".

3.) In Haer 72,1,3 (3,255,20–23) geht es um den Vorwurf gegen die Markellianer (also nicht gegen Markell selbst, dessen verborgene Gedanken allein Gott kennt): οὔτε τὰς τρεῖς ὑποστάσεις ὁμολογεῖν ἤθελον, ὡς ἔχει ἡ ἀλήθεια, ὅτι μία ἐστὶν ἡ θεότης, μία δοξολογία, ὁμοούσιος οὖσα ἡ τριὰς καὶ οὐδὲν διαλλάττουσα τῆς ἰδίας δόξης, τριὰς τελεία οὖσα καὶ μία θεότης, μία δύναμις, μία οὐσία, οὔτε συναλοιφή τις οὖσα οὔτε ὑποβεβηκυῖα. Hier begegnet die Formulierung μία οὐσία, wenn auch als eine Einheitsaussage unter vielen.

4.) Haer 73,34,2 wurde bereits oben im Zusammenhang mit dem ὁμοούσιος genannt. Epiphanius versteht die neunizänische Formel hier als Explikation des ὁμοούσιος und stellt beides als den wahren Glauben dar, der von den Vätern und Bischöfen in Nizäa bekannt wurde. Er nennt hier die drei Hypostasen in direktem Gegenüber zur einen Usia bzw. Gottheit.

5.) In Haer 73,36,4 spricht Epiphanius in der Explikation des ὁμοούσιος von zwei Hypostasen, die durch die Vorsilbe ὁμο- angezeigt werden (vgl. oben zu ὁμοούσιος).

6.) Die letzte Stelle befindet sich in Haer 78,24,5 (3,475,6–8). Wie im Zusammenhang mit den früheren Schriften des Epiphanius gezeigt, stellt er die Formulierung zwar in das Postskript seines Briefes an arabische Christen, doch ist davon auszugehen, dass dieser Schlussteil des Briefes von ihm überarbeitet wurde. Hauptargument dafür ist das Vorkommen der Formel: τιμῶντας δὲ ὁμοουσίως τὴν τριάδα, πατέρα καὶ υἱὸν καὶ ἅγιον πνεῦμα, τρεῖς ὑποστάσεις, μίαν οὐσίαν καὶ θεότητα μίαν καὶ ἀπαξαπλῶς μίαν δοξολογίαν. Erneut stehen die drei Hypostasen und die eine Usia bzw. Gottheit nebeneinander.

Damit sind die Stellen, an denen Epiphanius von mehreren Hypostasen spricht, genannt. Bemerkenswert ist, dass er an fast allen genannten Stellen auch die „eine Doxologie" betont. Darin spiegelt sich offenkundig die Frage wider, ob der Geist ebenso wie Vater und Sohn mitverherrlicht werden kann und soll, was für Epiphanius selbstverständlich ist. Als eigenständiges Thema verhandelt er das Problem der Doxologie jedoch nicht.

Insgesamt fällt auf, dass er die neunizänische Formel recht selten verwendet (in der Gegenüberstellung τρεῖς ὑποστάσεις - μία οὐσία nur dreimal: Haer 71,1; 73,34; 78,24). Es geht ihm um keine theoretische Durchdringung der Formulierung, sondern allein darum, den Sachverhalt „Dreiheit in Einheit" sprachlich zum Ausdruck zu bringen. Außerdem ist zu beobachten, dass Epiphanius die Unterscheidung von Usia und Hypostasis auch im *Panarion* nicht in allen Teilen durchhält. An wenigen Stellen verwendet er beide Begriffe weiterhin parallel bzw. synonym.[138] Ob es sich hierbei jeweils um ältere Passagen handelt, die Epiphanius in die entsprechenden Kapitel des *Panarion* mit aufgenommen hat, wie das vor allem für Haer 69 wahrscheinlich ist,[139] lässt sich nicht sicher sagen.

Es kann aufgrund der genannten Stellen davon ausgegangen werden, dass Epiphanius die Redeweise von den drei Hypostasen nicht als Ergebnis eigener Reflexion formuliert hat, sondern dass er sie von jemandem übernommen hat. Es ist anzunehmen, dass es sich dabei um Basilius von Cäsarea handelt, mit dem Epiphanius offenkundig in Verbindung stand und der sich zur Annahme der Rede von den drei Hypostasen durch Epiphanius äußerte.[140] Die wahrschein-

---

[138] Vgl. vor allem im Zusammenhang mit den Arianern, Haer 69,57,1 (3,204,20f); 69,72,1 (3,220,11; zur Stelle vgl. jedoch oben, S. 362f); im Zusammenhang mit der Zitierung von Anc 65–73 hat Epiphanius sich in Haer 74,4,4 zumindest nicht die Mühe gemacht, die Formulierung τῆς αὐτῆς οὐσίας, τῆς αὐτῆς θεότητος, τῆς αὐτῆς ὑποστάσεως (vgl. Anc 67,4) anzupassen. Vgl. ebenso Haer 74,12,3 (3,330,2f) = Anc 7,3.

[139] Vgl. den Kommentar zu Anc 27ff.

[140] Vgl. Basilius, Ep. 258,3.

lichen Gründe für die Annahme wurden zusammenfassend unter Punkt C. erörtert.

Mit der Adaption der Rede von den drei Hypostasen geht Epiphanius über Athanasius hinaus, der sich zeitlebens darüber ausschweigt, wie viele Hypostasen es in Gott gibt.[141] Formal hat Epiphanius mit diesem Schritt den Übergang zum Neunizäner vollzogen, wenn der von BRENNECKE genannte common sense zu Grunde gelegt wird, dass die begriffliche Unterscheidung zwischen οὐσία und ὑπόστασις und ihre Anwendung auf die Einheit im Wesen und die Differenziertheit der Personen den Unterschied zwischen Alt- und Neuniänzertum markiert.[142] Dieser neunizänische Sprachgebrauch ist grundsätzlich mit der im *Ancoratus* dargelegten Theologie, die die Einheit und die Dreiheit gleichermaßen betont, kompatibel.

E. Ergebnis

Wie die Untersuchungen in Teil I und die Interpretation des *Ancoratus* gezeigt haben, gibt es für das viel beschworene rigorose Altnizänertum des Epiphanius keine Belege. Seine Trinitätslehre steht in erster Linie in der Tradition des Athanasius, mit dessen Theologie er wohl schon als Mönch in Ägypten in Berührung gekommen ist, und ist nicht unbeeinflusst durch das origenistisch-eusebianische Milieu Palästinas, in dem Epiphanius 30 Jahre lang sein Kloster geführt hat. Stark durch Athanasius geprägt, entfaltet er seine Trinitätstheologie in der Auseinandersetzung mit (neu-)arianischer und modalistischer Lehre markellischer Art. Diese doppelte Frontstellung ist typisch für den *Ancoratus*. Sie deckt sich mit dem dort dargelegten Verständnis von ὁμοούσιος, das von der ersten historisch fassbaren Stelle an den Sachverhalt der Identität der Usia und der realen, ewigen Differenziertheit der trinitarischen Personen zum Ausdruck bringt und damit, wie der Vergleich mit Basilius gezeigt hat, einen ausgesprochen neunizänischen Charakter hat. Eine Verwendung von ὑπόστασις als Personbegriff begegnet im *Ancoratus* jedoch noch nicht. Vielmehr zeigt die Verwendung des Begriffs in dieser Schrift, dass Epiphanius von der Ein-Hypostasen-Theologie herkommt, die er offenkundig von Athanasius übernommen hat.

Grundlegend für den *Ancoratus* ist die *Theologie der Namen*, mit der Epiphanius Einheit und Differenziertheit bezeichnet und die ein Ersatz für die später übernommene Redeweise von den drei Hypostasen und der einen Usia ist. Ausgehend von den offenbarten Namen (Mt 28,19) entfaltet er eine Begriffstheorie, mit der er den zentralen Sachverhalt der „*Dreiheit in Einheit*" begründet zum Ausdruck bringen will. Dieser Ansatz ist einzigartig und als Proprium des Epiphanius zu bezeichnen. Bereits im *Ancoratus* vertritt er expli-

---

[141] Vgl. STEAD, Homousios, 415; DINSEN, Homoousios, 135.

[142] Vgl. BRENNECKE, Neunizänismus, 241.

zit die Homousie der ganzen Trias, die Ausgangspunkt seines Denkens ist. Der Geist ist von vornherein einbegriffen. Er ist aufgrund der Homousie wie Vater und Sohn gleichrangig Gott. In diesen Kernaussagen geht Epiphanius nicht nur über Athanasius sondern auch über Basilius hinaus. Beide kamen in dieser Radikalität nicht zu solchen Aussagen.[143] PRESTIGE bezeichnet Epiphanius als ersten Zeugen für die griechische Theologie, der den Geist derart explizit Gott nennt.[144] Allein Gregor von Nazianz gelangt zu gleichwertigen Formulierungen,[145] allerdings werden diese erst ca. 380 literarisch fassbar,[146] also ungefähr 6 Jahre nach Abfassung des *Ancoratus*. Insgesamt bestehen zu Gregor größere inhaltliche Übereinstimmungen als zu den beiden anderen Kappadokiern Basilius und Gregor von Nyssa. Ein genauerer inhaltlicher Vergleich zwischen Gregor und Epiphanius erscheint lohnend.

Trotz eines offenkundigen Rigorismus, der vor allem in Epiphanius' späteren Vorgehen gegen Origenes und dessen Anhänger virulent wurde, darf sein Denken nicht als unflexibel bezeichnet werden. Epiphanius war durchaus in der Lage, auf neu aufgekommene Häresien in entsprechender Weise zu reagieren. Dies zeigt sich vor allem in Bezug auf die pneumatomachische und die apollinaristische Häresie. Gegen die erste verteidigte er die vollkommene Gottheit des Geistes, gegen die zweite die Personeinheit Christi aus vollkommenem Gott und vollkommenem Menschen, wobei er offenkundig von einer Hypostase und zwei Naturen ausging. Bezüglich beider Häresien hielt er es nicht nur für notwendig sondern auch für legitim, das Nizänum mit entsprechenden Erklärungen zu erweitern und der Gemeinde in Suedra als Grundlage für den Taufunterricht, die Mission und die Rückgewinnung der durch die pneumatomachische Lehre verlorengegangenen Gemeindeglieder zur Verfügung zu stellen.

Es hat sich gezeigt, dass aller Wahrscheinlichkeit nach die christologische Auseinandersetzung entscheidend dafür war, dass Epiphanius die neunizänische Rede von den drei Hypostasen adaptiert hat. Da er herausgefordert war, den Logos als göttliche Hypostase zu definieren, musste er seine trinitätstheologi-

---

[143] Vgl. auch DRECOLL, Basilius, 280: „Es ist also nicht nur mäßigend-pädagogische οἰκονομία, sondern die eigene theologische Herkunft, die Basilius auf Dauer daran hindert, den Geist als ὁμοούσιος und in Konsequenz dessen als Θεός zu bezeichnen." Basilius hielt es nicht für eine Schande, in Bezug auf den Geist Unwissenheit (ἄγνοιαν) zuzugeben (vgl. AE III,6,25–28). Vgl. allerdings Ep. 8,11(,28), wo er die Gottheit des Geistes explizit aussagt (vgl. dazu auch LAMINSKI, Geist, 141 (mit Anm. 38)), sowie Ep. 189,5.

[144] Vgl. PRESTIGE, God, 92: „The Spirit is treated as divine, in common with the rest of the divine group, though apparently He is not in set terms called God (as the Son is, frequently) by any Greek till Epiphanius (Anc. 9.3)." PRESTIGE hat lediglich übersehen, dass bereits Anc 6,6 die erste Stelle ist. Vgl. auch MARTIN, Épiphane I, 616f; SWETE, Spirit, 226.

[145] Vgl. zu beidem Or. 31 (V),10,1f: τί οὖν; θεὸς τὸ πνεῦμα; πάνυ γε. τί οὖν, ὁμοούσιον; εἴπερ θεός. Zur Gottheit des Geistes vgl. ebenso Or. 31 (V),3,8ff. HOLL (Amphilochius, 159) sah in der „Frage der Gottheit des heiligen Geistes" den Punkt, „an dem sich die Abweichung ihrer [scil. der des Basilius und der des Gregor] dogmatischen Stimmung am frühesten offenbarte". Entsprechend deutlich ist in diesem Punkt die Übereinstimmung zwischen Gregor und Epiphanius.

[146] Vgl. GALLAY, SC 250, 14.

sche Redeweise anpassen: Wenn der Logos Hypostase ist, kann ὑπόστασις nicht mehr synonym mit οὐσία sein. Eine entsprechende Bedeutungsverschiebung zeichnet sich bereits im *Ancoratus* ab, ist aber erst im *Panarion* mit der Aufnahme der neunizänischen Formel und der Rede von mehreren Hypostasen vollzogen. Epiphanius verwendet nun, bis auf wenige Ausnahmen, die seine theologische Herkunft anzeigen, ὑπόστασις als Begriff, der die Differenziertheit im Gegenüber zur einen Usia bezeichnet. Er vertritt nun, wie Basilius,[147] ein ungestuftes Hypostasenmodell.

Basilius selber hat erst ab 373 die ontologische Fixierung im Sinne der Formel τρεῖς ὑποστάσεις - μία οὐσία vorgenommen. In Ep. 258,3, also ungefähr im Herbst 376, bescheinigt er Epiphanius bereits die Annahme dieser Redeweise. Daraus ergibt sich, dass Epiphanius sehr schnell bereit war, die Formulierung anzunehmen, woraus abzuleiten ist, dass ihm die Übernahme keine Problem bereitet hat. Dies passt wiederum zu den Untersuchungen seiner Trinitätslehre im *Ancoratus*. Die Entwicklung, die Epiphanius zwischen dem *Ancoratus* und dem *Panarion* vollzogen hat, ist von der Theologie her keine grundsätzliche Neuorientierung gewesen. Legt man den von BRENNECKE formulierten common sense zugrunde,[148] so ist Epiphanius' Theologie im *Panarion* als neunizänisch zu bezeichnen. Er unterscheidet sich damit von Altnizänern wie Paulinus, der zeitlebens eine Ein-Hypostasen-Lehre vertreten hat.[149]

Allerdings ist zu beachten, dass Epiphanius die begriffliche Trennung nicht in jedem Fall durchhält. Zudem hat er weder eine eigene Theorie zur Unterscheidung der Begriffe dargelegt noch das Verständnis etwa des Basilius explizit übernommen. Es handelt sich um eine bloß formale Übernahme der Formulierung. Seinen Niederschlag findet das darin, dass Epiphanius in manchen Punkten in älterer Tradition verhaftet bleibt, was vor allem für die Pneumatologie gilt. Hier formuliert er zwar die Homousie des Geistes und dessen Gottheit und zeigt an einigen Stellen im *Panarion* Lösungsansätze bezüglich des Kernproblems des Ausgangs des Geistes, doch fehlt es ihm an stringenter Begründung seiner Aussagen und vor allem an einer umfassenden Reflexion der Person des Geistes, an der Entfaltung einer wirklichen Pneumatologie. Grundlegend sind die Aussagen der Schrift, eine ontologische Diskussion fehlt. Charakteristisch dafür ist der unbestimmte, *ambivalente Geistbegriff*.

Ein ähnliches Bild ergibt sich für die Christologie. Epiphanius hat zwar wesentliche Aussagen, die später zur orthodoxen Wahrheit erhoben wurden, formuliert, hat sie aber letztlich nicht konsequent durchdacht. Seine Motivation ist soteriologisch, die Logik tritt dahinter zurück.

Aufgrund dessen ist Epiphanius' theologische Leistung nicht zu vergleichen mit derjenigen der drei „großen" Kappadokier Basilius, Gregor von Nazianz und Gregor von Nyssa. Doch gilt es, seine Einordnung in die Gruppierungen

---

[147] Vgl. BERGJAN, Theodoret, 36.

[148] Vgl. BRENNECKE, Neunizänismus, 241.

[149] Vgl. Acacius von Beröa, Ep. ad Cyrillum (= AOC; I,1,1,99,24–27; = Cyrill, Ep. 15, PG 77, 100). Vgl. ROUGIER, termes, 155.

des vierten Jahrhunderts dahingehend zu korrigieren, dass er das Stigma des bornierten Altnizäners verliert. Epiphanius zeigt sich bereits im *Ancoratus* als ein Vertreter einer Theologie, die die Schnittstelle zwischen Altnizänertum und Neunizänertum markiert und kann auf Grund der Übernahme der neunizänischen Formel im *Panarion* – mit Einschränkungen – sogar als Neunizäner bezeichnet werden.

Literaturverzeichnis

(Die Abkürzungen sind entnommen aus: Theologische Realenzyklopädie, Abkürzungsverzeichnis, 2., überarbeitete und erweiterte Auflage, zusammengestellt von Siegfried M. Schwertner, Berlin u.a. 1994.)

I. Quellentexte

Acacius von Beröa: Epistola ad Cyrillum. In: AOC I,1,1, Berlin u.a. 1927, 99f.

Amphilochius von Ikonium: Amphilochii Iconiensis. Opera. Orationes, pluraque alia quae supersunt, nonnulla etiam spuria. Quorum editionem curavit Cornelis Datema (= CChr.SG 3), Turnhout/Leuven 1978.

– Sententiae et excerpta. In: Didymi Alexandrini opera omnia. Accedunt S. Amphilochii Iconiensis episcopi et nectarii cp. patriarchae scripta quae supersunt. Accurante et denuo recognoscente J.-P. Migne (= PG 39), Turnhout 1965, 97ff.

Apollinaris von Laodicea: Apollinaris von Laodicea und seine Schule. Texte und Untersuchungen von Hans Lietzmann, Tübingen 1904.

Aristoteles: ΚΑΤΗΓΟΡΙΑΙ. In: Aristotelis Opera ex recensione Immanuelis Bekkeri edidit Academia Regia Borussica. Editio altera quam curavit Olof Gigon, Volumen I, Berlin 1960, zweiter, unverändertert ND 1970 (^{1}1831), 1–15.

Athanasius: De synodis. In: Athanasius Werke, II. Band, 1. Teil: Die Apologien, herausgegeben von Hans-Georg Opitz, Berlin 1935, 231–278.

– De sententia Dionysii. In: Athanasius Werke, II. Band, 1. Teil: Die Apologien, herausgegeben von Hans-Georg Opitz, Berlin 1935, 46–67.

– Athanasius, Werke, Erster Band, Erster Teil: Die Dogmatischen Schriften. Herausgegeben von der Patristischen Arbeitsstelle Bochum der Nordrhein-Westfälischen Akademie der Wissenschaften unter der Leitung von Martin Tetz. 2. Lieferung: Orationes I et II Contra Arianos. Edition vorbereitet von Karin Metzler, revidiert besorgt von Kyriakos Savvidis, Berlin u.a. 1998.

– Athanasius, Werke, Erster Band, Erster Teil: Die Dogmatischen Schriften. Herausgegeben von der Patristischen Arbeitsstelle Bochum der Nordrhein-Westfälischen Akademie der Wissenschaften unter der Leitung von Martin Tetz / Dietmar Wyrwa. 3. Lieferung: Oratio III Contra Arianos. Edition vorbereitet von Karin Metzler, revidiert besorgt von Kyriakos Savvidis, Berlin u.a. 2000.

– Apologia de fuga sua. In: Athanasius Werke, II. Band, 1. Teil: Die Apologien, herausgegeben von Hans-Georg Opitz, Berlin 1935, 68–86.

– Apologia secunda/Apologia contra Arianos. In: Athanasius Werke, II. Band, 1. Teil: Die Apologien, herausgegeben von Hans-Georg Opitz, Berlin 1935, 87–168.

– Sancti Patris nostri Athanasii, archiepiscopi Alexandrini, Epistola ad Palladium Presbyterum. In: PG 26, 1168f.

– Sancti Patris nostri Athanasii, archiepiscopi Alexandrini, Epistola ad Serapionem Thmuitanum Episcopum. Contra illos qui blasphemant et dicunt Spiritum sanctum rem creatam esse. In: PG 26, 529–608. Ejusdem ad eumdem Episcopum Serapionem adversus eos qui Filium rem creatam esse contendunt. In: PG 26, 608–624. Epistola ejusdem ad eumdem Serapionem Episcopum, De Spiritu Sancto. In: PG 26, 624–637. Ejusdem ad eumdem Serapionem Epistola item de Sancto Spiritu. In: PG 26, 637–676.

– Tomus Athanasii archiepiscopi Alexandrini ad Antiochenos. In: PG 26, 796–809.

PS.-ATHANASIUS: Ps. Athanasii Dialogi contra Macedonianos. Prolegomena, textum criticum, italicam interpretationem commentarium, indices curauit E. Cavalcanti/Ps. Atanasio Dialoghi contro i Macedoniani. Introduzione, testo critico, traduzione, commento e indici a cura di Elena Cavalcanti (= CorPat 10), Turin 1983.

– Sancti Patris nostri Athanasii, De aeterna Filii et Spiritus sancti cum Deo exsistentia, et contra Sabellianos. In: PG 28, 96–121.

BASILIUS VON CÄSAREA: Basile de Césarée, Contre Eunome. Suivi de Eunome, Apologie. Introduction, traduction et notes de Bernard Sesboüé, avec la collaboration pour le texte et l'introduction critiques de Georges-Matthieu de Durand et Louis Doutreleau. Tome I (= SC 299), Paris 1982. Tome II, (= SC 305), Paris 1983.

– Basile de Césarée, Sur le Saint-Esprit. Introduction, texte, traduction et notes par Benoît Pruche (= SC 17bis). Deuxième édition entièrement refondue, Paris 1968.

– Basilius von Cäsarea. De Spiritu Sancto. Über den Heiligen Geist. Übersetzt und eingeleitet von Hermann Josef Sieben (= FC 12), Freiburg u.a. 1993.

– Saint Basile, Lettres, Tome I (Epp. 1–100); Tome II (Epp. 101–218); Tome III (Epp. 219–366), Texte établi et traduit par Yves Courtonne (= CUFr), Paris 1957; 1961; 1966.

– Basilius von Caesarea. Briefe. Erster Teil (Epp. 1–94). Eingeleitet, übersetzt und erläutert von Wolf-Dieter Hauschild (= BGrL 32), Stuttgart 1990. Zweiter Teil (Epp. 95–213) (= BGrL 3), Stuttgart 1973. Dritter Teil (Epp. 214–368) (= BGrL 37), Stuttgart 1993.

CHRONICON PASCHALE: Chronicon paschale, a mundo condito ad Heraclii imp. annum XX; opus hactenus fastorum siculorum nomine laudatum, deinde chronicae temporum epitomes, ac denique chronici Alexandrini lemmate Vulgatum. Post Caroli Du Fresnii - Du Cangii curas ad exemplar Vaticanum recensuit Ludovicus Dindorfius (Bonnae 1882). Accedunt Georgii Pisidae opera quae reperiri potuerunt omnia. Accurante et denuo recognoscente J.-P. Migne (= PG 92), Turnhout 1965.

CYRILL VON JERUSALEM: Cyrilli Hierosolymarum archiepiscopi opera quae supersunt omnia. Ad libros MSS. et impressos recensuit notis criticis commentariis indicibusque locupletissimis, illustravit Guilielmus Carolus Reischl, Volumen I, München 1848. Volumen II, edidit Josephus Rupp, München 1860. Reprografischer Nachdruck der Ausgabe München 1848/1860, Hildesheim 1967.

DIDYMUS VON ALEXANDRIEN: Didymos der Blinde. Psalmenkommentar (Tura-Papyrus), Teil IV, Kommentar zu Psalm 35–39, herausgegeben und übersetzt von Michael Gronewald (= PTA 6), Bonn 1969.

EPIPHANIUS VON SALAMIS: Epiphanius (Ancoratus und Panarion), Erster Band, Ancoratus und Panarion Haer. 1–33, herausgegeben von Karl Holl (= GCS 25), Leipzig 1915; Zweiter Band (Panarion 34–64), herausgegeben von Karl Holl (= GCS 31), Leipzig 1922. 2., bearbeitete Auflage herausgegeben von Jürgen Dummer, Berlin 1980. Dritter Band (Panarion 65–80, De fide), herausgegeben von Karl Holl (= GCS 37), Leipzig 1933. 2., bearbeitete Auflage herausgegeben von Jürgen Dummer, Berlin 1985.

– ΤΟΥ ΕΝ ΑΓΙΟΙΣ ΠΑΤΡΟΣ ΗΜΩΝ ΕΠΙΦΑΝΙΟΥ ΕΠΙΣΚΟΠΟΥ ΚΩΝΣΤΑΝΤΕΙΑΣ ΤΗΣ ΚΥΠΡΟΥ ΤΑ ΣΩΖΟΜΕΝΑ ΠΑΝΤΑ. / S.P.N. Epiphanii Constantiae in Cypro Episcopi opera quae reperiri potuerunt omnia. Dionysius Petavius Aurelianensis ex veteribus libris recensuit, Latine vertit et animadversionibus illustravit. (Paris. MDCXXII; Colon. [Lipsiae] MDCLXXXII.) Accurante et denuo recognoscente J.-P. Migne (= PG 41–43), Turnhout 1863; 1864.

– ΕΠΙΦΑΝΙΟΣ ΣΑΛΑΜΙΝΟΣ ΚΥΠΡΟΥ (ΜΕΡΟΣ Α': ΕΙΣΑΓΩΓΙΚΑ; ΑΓΚΥΡΩΤΟΣ; ΠΑΝΑΡΙΟΝ 1–33). Γενικὴ 'Επιστασία καὶ 'Επιμέλεια ΗΛΙΑ Δ. ΜΟΥΤΣΟΥΛΑ. Καθηγητοῦ τοῦ Πανεπιστημίου 'Αθηνῶν (= ΒΙΒΛΙΟΘΗΚΗ ΕΛΛΗΝΩΝ ΠΑΤΕΡΩΝ ΚΑΙ ΕΚΚΛΗΣΙΑΣΤΙΚΩΝ ΣΥΓΓΡΑΦΕΩΝ (BHPES) 74), Athen 1997. (ΜΕΡΟΣ Β': ΠΑΝΑΡΙΟΝ 34–64) (= BHPES 75), Athen 1997. (ΜΕΡΟΣ Γ': ΠΑΝΑΡΙΟΝ 65–80; ΠΕΡΙ ΜΕΤΡΩΝ ΚΑΙ ΣΤΑΘΜΩΝ; ΠΕΡΙ ΤΩΝ Ο' ΕΡΜΗΝΕΥΤΩΝ ΚΑΙ ΤΩΝ ΠΑΡΕΡΜΗΝΕΥΣΑΝΤΩΝ; ΠΡΟΣ ΔΙΟΔΩΡΟΝ ΕΠΙΣΚΟΠΟΝ ΤΥΡΟΥ ΠΕΡΙ ΤΩΝ ΙΒ' ΛΙΘΩΝ ΤΩΝ ΟΝΤΩΝ ΕΝ ΤΟΙΣ ΣΤΟΛΙΣΜΟΙΣ ΤΟΥ ΑΑΡΩΝ ΒΙΒΛΙΟΝ καὶ ΠΕΡΙ ΤΟΥ ΑΔΑΜΑΝΤΟΣ ΛΙΘΟΥ) (= BHPES 76), Athen 1998.

– Epiphanii Episcopi Constantiae Opera. Edidit G. Dindorfius. Vol. I. Anonymi vita Epiphanii. Ancoratus. Anacephalaeosis. Panarii Libri I Tomus I, Leipzig 1859.

– Epistula Epiphanii ad Hieronymum (= Hieronymus, Ep. 91). In: Sancti Eusebii Hieronymi Epistulae, pars II: Epistulae LXXI–CXX. Edidit Isidorus Hilberg, editio altera supplementis aucta (= CSEL 55), Wien 1996, 145f.

– Epistula Epiphanii Cyprii missa ad Iohannem Episcopum a Sancto Hieronymo translata (= Hieronymus, Ep. 51). In: Sancti Eusebii Hieronymi Epistulae, pars I: Epistulae I–LXX, edidit Isidorus Hilberg, editio altera supplementis aucta (= CSEL 54), Wien 1996, 395–412.

– Acta S. Epiphanii, auctore R. P. Dan. Papebrochio. (Acta sanctorum Bolland., Maii tom. III, die 12, p. 36. Venetiis, 1738). In: PG 41, 115–152.

– Ausgewählte Schriften des Heiligen Epiphanius, Erzbischofs von Salamis und Kirchenlehrers, „Der Anker“. Aus dem Urtexte übersetzt von Cölestin Wolfsgruber (= BKV), Kempten 1880.

– Des Heiligen Epiphanius von Salamis Erzbischofs und Kirchenlehrers ausgewählte Schriften („Der Festgeankerte“, „Anakephalaiosis“, „Gegen die Antidikomarianiten“ (Haer 78)), aus dem Griechischen übersetzt von Josef Hörmann (= BKV 38), Kempten 1919.

– Epifanio. L'ancora della fede. Traduzione, introduzione e note a cura di Calogero Riggi (= CTePa 9), Rom ^{2}1993 (^{1}1977).

– The Panarion of Epiphanius of Salamis, translated by Frank Williams. Book I (Sects 1–46), Leiden u.a. 1987; Books II and III (Sects 47–80, De Fide), Leiden u.a. 1994 (= N.H.M.S. 35; 36).

– The Panarion of St. Epiphanius, Bishop of Salamis. Selected Passages. Translated by Philip R. Amidon, Oxford 1990.

EUNOMIUS: The Extant Works. Text and translation by Richard Paul Vaggione (= OECT), Oxford 1987.

EUSEB VON CÄSAREA: Die Kirchengeschichte. In: Eusebius Werke, zweiter Band. Herausgegeben von Eduard Schwartz. Die Lateinische Übersetzung des Rufinus, bearbeitet von Theodor Mommsen, Zweiter Teil, die Bücher VI–X; Über die Märtyrer in Palästina (= GCS 9^{2}), Leipzig 1908.

– Gegen Marcell. In: Eusebius Werke, vierter Band. Herausgegeben von Erich Klostermann. Dritte, ergänzte Auflage durchgesehen von Günther Christian Hansen (= GCS), Berlin 1989, 1–58.
– Über die Kirchliche Theologie. In: In: Eusebius Werke, vierter Band. Herausgegeben von Erich Klostermann. Dritte, ergänzte Auflage durchgesehen von Günther Christian Hansen (= GCS), Berlin 1989, 60–182.

EUSTATHIUS VON ANTIOCHIEN: Recherches sur les écrits d'Eustathe d'Antioche, avec une édition nouvelle des fragments dogmatiques et exégétiques par Michel Spanneut (= MFCL), Lille 1948.

GREGOR VON NAZIANZ: Grégoire de Nazianze, Discours 27–31 (Discours théologiques). Introduction, texte critique, traduction et notes par Paul Gallay avec la collaboration de Maurice Jourjon (= SC 250), Paris 1978.
– Grégoire de Nazianze, Discours 42–43. Introduction, texte critique, traduction et notes par Jean Bernardi (= SC 384), Paris 1992.
– Grégoire de Nazianze, Lettres théologiques. Introduction, texte critique, traduction et notes par Paul Gallay, avec la collaboration de Maurice Jourjon (= SC 208), Paris 1974.

GREGOR VON NYSSA: Contra Eunomium Libri, iteratis curis edidit Wernerus Jaeger. Pars prior, Liber I et II (vulgo I et XII B) (= GNO I), Leiden 1960. Pars altera, Liber III (vulgo III–XII). Refutatio confessionis Eunomii (vulgo Lib.II) (= GNO II), Leiden 1960.
– Antirrheticus adversus Apolinarium, edidit Fridericus Mueller. In: GNO III,1, Leiden 1958, 131–233.
– Ad Graecos (ex communibus notionibus), edidit Fridericus Mueller. In: GNO III,1, Leiden 1958, 19–33.

HIERONYMUS: Hieronymus und Gennadius. De viris inlustribus. Herausgegeben von Carl Albrecht Bernoulli (= SQS 11), Freiburg u.a. 1895.
– Sancti Eusebii Hieronymi Stridonensis Presbyteri, De viris illustribus liber ad dextrum praefectum praetorio. In: PL 23, 632–760.
– Sancti Eusebii Hieronymi Stridonensis Presbyteri, Contra Joannem Hierosolymitanum ad Pammachium. In: PL 23, 371–412.
– Sancti Eusebii Hieronymi Stridonensis Presbyteri, Vita S. Hilarionis Eremitae. In: PL 23, 29–54.
– Epistula ad Theophilum (= Ep. 82). In: Sancti Eusebii Hieronymi Epistulae, pars II: Epistulae LXXI–CXX. Edidit Isidorus Hilberg, editio altera supplementis aucta (= CSEL 55), Wien 1996, 107–119.
– Saint Jérôme, Apologie contre Rufin. Introduction, texte critique, traduction et index par Pierre Lardet (= SC 303), Paris 1983.

HOMER: The Iliad. With an English translation by A.T. Murray, Vol. II (= LCL), London 1963.

IRENÄUS VON LYON: Irénée de Lyon, Contre les Hérésies. Livre I–III. Édition critique par Adelin Rousseau et Louis Doutreleau (= SC 264; 294; 211), Paris 1979; 1982; 1974. Livre IV. Édition critique d'après les versions arménienne et latine, sous la direction de Adelin Rousseau avec la collaboration de Bertrand Hemmerdinger, Louis Doutreleau, Charles Mercier (= SC 100^2), Paris 1965. Livre V. Édition critique d'après les versions arménienne et latine par Adelin Rousseau, Louis Doutreleau, Charles Mercier (= SC 153), Paris 1969.

JOHANNES CHRYSOSTOMUS: S. P. N. Joannis Chrysostomi archiepiscopi Constantinopolitani, opera omnia quae exstant vel quae eius nomine circumveruntur, accurante et denuo recognoscente J.-P. Migne (= PG 52), Turnhout 1859.

JOHANNES VON DAMASKUS: Epistola de hymno Trisagio. In: Die Schriften des Johannes von Damaskos, herausgegeben vom Byzantinischen Institut der Abtei Scheyern. IV, Liber de haeresibus. Opera polemica, besorgt von Bonifatius Kotter (= PTS 22), Berlin u.a. 1981, 304–332.

– Die Schriften des Johannes von Damaskos. Herausgegeben vom Byzantinischen Institut der Abtei Scheyern. III: Contra imaginum calumniatores orationes tres. Besorgt von Bonifatius Kotter (= PTS 17), Berlin u.a. 1975.

– Sacra Parallela. In: S. P. N. Joannis Damasceni, monachi et presbyteri Hierosolymitani, opera omnia quae exstant, cura et studio Michaelis Le Quien, accurante et denuo recognoscente J.-P. Migne, Tomus secundus (= PG 95), Turnhout 1864, 1069–1588; Tomus tertius (PG 96), Turnhout 1891, 9–441.

JOHANNES SCOTTUS ERIUGENA: Iohannis Scotti Eriugenae Periphyseon (De Diuisione Naturae), liber quartus, edited by Édouard A. Jeauneau, with the assistance of Mark A. Zier. English translation by John J. O'Meara and I. P. Sheldon-Williams (= SLH 13), Dublin 1995.

JOHANNES STOBÄUS: Ioannis Stobaei Anthologium recensuerunt Curtis Wachsmuth et Otto Hense, Volumen I. Anthologii Libri duo priores, qui inscribi solent Eclogae physicae et ethicae, recensuit Curtius Wachsmuth. Editio altera ex editione anni 1912–1923 lucis ope expressa, Berlin 1958 (^{1}1884).

JUSTIN: Iustini Martyris, Dialogus cum Tryphone, edited by Miroslav Marcovich (= PTS 47), Berlin u.a. 1997.

MARKELL VON ANKYRA: Die Fragmente Marcells. In: Eusebius Werke, vierter Band. Herausgegeben von Erich Klostermann. Dritte, ergänzte Auflage durchgesehen von Günther Christian Hansen (= GCS), Berlin 1989, 185–215.

NICEPHORUS VON KONSTANTINOPEL: S. Nicephori Constantinopolitani. Antirrheticus liber adversus Eusebium et Epiphanidem. Ἀντίρρησις καὶ ἀνασκευὴ τῶν Εὐσεβίου καὶ Ἐπιφανίδου λόγων, τῶν κατὰ τῆς τοῦ Σωτῆρος ἡμῶν Χριστοῦ σαρκώσεως ληρωδηθέντων. In: Jean Baptiste Pitra, Spicilegium Solesmense. Complectens Sanctorum Patrum Scriptorumque Ecclesiasticorum Anecdota hactenus opera selecta e Graecis Orientalibusque et Latinis codicibus. Tomus Quartus, Graz 1963 (= Paris 1858), 292–380.

NOVUM TESTAMENTUM GRAECE: Post Eberhard et Erwin Nestle, editione vicesima septima revisa, communiter ediderunt Barbara et Kurt Aland, Johannes Karavidopoulos, Carlo M. Martini, Bruce M. Metzger. Apparatum criticum novis curis elaboraverunt Barbara et Kurt Aland una cum Instituto Studiorum Textus Novi Testamenti Monasterii Westphaliae, Stuttgart ^{27}1996.

ORIGENES: ΩΡΙΓΕΝΟΥΣ ΠΕΡΙ ΑΡΧΩΝ ΤΟΜΟΙ Δ' / Origenes, De Principiis Libri IV. Origenes, Vier Bücher von den Prinzipien, herausgegeben, übersetzt, mit kritischen und erläuternden Anmerkungen versehen von Herwig Görgemanns und Heinrich Karpp. Dritte, gegenüber der zweiten unveränderte Auflage, Darmstadt 1992.

PALLADIUS: Palladii Dialogus de Vita S. Joannis Chrysostomi. Edited with revised text, introduction, notes, indices and appendices by P.R. Coleman-Norton, Cambridge 1928.

PETRUS DIACONUS: Petri Diaconi, Liber de locis sanctis. In: Itinera Hierosolymitana, Saeculi IIII–VIII, recensuit et commentario critico instruxit Paulus Geyer (= CSEL 38), Wien 1898, 105–121.

PHOTIUS: Photius, Bibliothèque, tome II („codices“ 84–185), texte établie et traduit par René Henry (= Collection Byzantine), Paris 1960.

PLATON: ΠΟΛΙΤΙΚΟΣ/Politicus. In: Platonis Opera, recognovit brevique adnotatione critica instruxit Ioannes Burnet (= SCBO). Tomus I, Tetralogias I–II continens, Oxford 1950 ([1]1900), 257–311.

– ΠΟΛΙΤΕΙΑΣ/Respublica. In: Platonis Opera, recognovit brevique adnotatione critica instruxit Ioannes Burnet (= SCBO). Tomus IV, Tetralogiam VIII continens, Oxford 1949 ([1]1902), 327–621.

RUFIN: Rufini Aquileiensis Presbyteri Historiae Ecclesiasticae libri duo. In: PL 21, 467–540.

SEPTUAGINTA: Id est Vetus Testamentum graece iuxta LXX interpretes edidit Alfred Rahlfs. Duo volumina in uno, Stuttgart 1979 (= 1935).

SEVERUS VON ANTIOCHIEN: Severi Antiocheni liber contra impium Grammaticum. Orationis tertiae pars posterior, interpretatus est Iosephus Lebon (= CSCO 102; Scriptores Syri 51), Louvain 1952.

SIMPLICIUS: Simplicii in Aristotelis Categorias commentarium. Consilio et auctoritate Academiae litterarum regiae Borussicae edidit Carolus Kalbfleisch (= Commentaria in Aristotelem Graeca 8), Berlin 1907.

SOKRATES: Sokrates, Kirchengeschichte. Herausgegeben von Günther Christian Hansen. Mit Beiträgen von Manja Širinjan (= GCS N.F. 1), Berlin 1995.

SOZOMENUS: Sozomenus, Kirchengeschichte, herausgegeben von Joseph Bidez. Eingeleitet, zum Druck besorgt und mit Registern versehen von Günther Christian Hansen. Zweite, durchgesehene Auflage (= GCS N.F. 4), Berlin 1995.

TERTULLIAN: Q. Septimii Florentis Tertulliani, Adversus Praxean. Editionem criticam cum prolegomenis, italica interpretatione, notis et indicibus curauit Iosephus Scarpat/Q.S.F. Tertulliano, Contro Prassea. Edizione critica con introduzione, traduzione italiana, note e indici a cura di Giuseppe Scarpat (= CorPat 12), Turin 1985.

THEODORET VON CYRUS: Theodoret, Kirchengeschichte. Hrsg. von Léon Parmentier, 3., durchgesehene Auflage von Günther Christian Hansen (= GCS, N.F. 5), Berlin 1998.

II. Quellensammlungen

HAHN, LUDWIG: Bibliothek der Symbole und Glaubensregeln der Alten Kirche, herausgegeben von August Hahn. Dritte, vielfach veränderte und vermehrte Auflage von G. Ludwig Hahn mit einem Anhang von Adolf Harnack, Hildesheim [3]1962 ([1]1897).

KELLY, JOHN NORMAN DAVIDSON: Altchristliche Glaubensbekenntnisse. Geschichte und Theologie, Göttingen 1972.

OPITZ, HANS-GEORG: Urkunden zur Geschichte des Arianischen Streites 318–328. In: Athanasius Werke, Dritter Band, erster Teil, herausgegeben von Hans-Georg Opitz, 1. Lieferung, Berlin u.a. 1934.

SCHWARTZ, EDUARD: Acta Conciliorum Oecumenicorum iussu atque mandato Societatis scientiarum argentoratensis edidit Eduardus Schwartz (= AOC) I,1,6, Berlin u.a. 1928; I,1,7, Berlin u.a. 1929.

III. Sekundärliteratur

ABEL, FELIX MARIE: Géographie de la Palestine. Tome II: Géographie Politique. Les Villes, Paris 1938.

ABRAMOWSKI, LUISE: Artikel „Eunomios". In: RAC 6, Stuttgart 1966, 936–947.

– Trinitarische und christologische Hypostasenformeln. In: ThPh 54, Freiburg 1979, 38–49.

– Der Geist als „Band" zwischen Vater und Sohn – ein Theologoumenon der Eusebianer? In: ZNW 87, Berlin 1996, 126–132.

ALTANER, BERTHOLD / STUIBER, ALFRED: Patrologie. Leben, Schriften und Lehre der Kirchenväter, unveränderter ND der Ausgabe [8]1978, Freiburg u.a. 1993.

ANDRESEN, CARL: Zur Entstehung und Geschichte des trinitarischen Personbegriffes. In: ZNW 52, Berlin 1961, 1–39.

BACHT, HEINRICH: Das Vermächtnis des Ursprungs. Studien zum frühen Mönchtum II. Pachomius – Der Mann und sein Werk (= STGL 8), Würzburg 1983.

BARDENHEWER, OTTO: Geschichte der altkirchlichen Literatur. Dritter Band. Das vierte Jahrhundert mit Ausschluss der Schriftsteller syrischer Zunge. Nachdruck der zweiten, unveränderten und mit Nachträgen versehenen Auflage Freiburg 1923, Darmstadt 1962 ([1]1912).

– Patrologie (= ThBib), dritte, großenteils neu bearbeitete Auflage, Freiburg 1910.

BARDY, GUSTAVE: Arikel: „Cyrille de Jérusalem". In: DHGE 13, Paris 1956, 1181–1185.

BARNES, TIMOTHY DAVID: The new Empire of Diocletian and Constantine, Cambridge (Mass.), 1982.

BARONIUS, CAESAR / THEINER, AUGUSTINUS: Annales Ecclesiastici a Christo nato ad annum 1198, Tomus 5, Rom [2]1866.

BAUTZ, FRIEDRICH WILHELM: Biographisch-Bibliographisches Kirchenlexikon. Bearbeitet und herausgegeben von Friedrich Wilhelm Bautz, Stuttgart 1975.

BEER, GEORG: Artikel „Kypros. 1)". In: PRE XII,1, 23. Halbband, Stuttgart 1924, 59–117.

BERGJAN, SILKE-PETRA: Theodoret von Cyrus und der Neunizänismus. Aspekte der Altkirchlichen Trinitätslehre (= AKG 60), Berlin u.a. 1994.

BIENERT, WOLFGANG: Artikel „Epiphanius von Salamis". In: LThK 3, dritte, völlig neu bearb. Auflage, Freiburg 1995.

– Das vornicaenische ὁμοούσιος als Ausdruck der Rechtgläubigkeit. In: ZKG 90, 1979, 5–29.

BLECKMANN, BRUNO: Artikel „Diocletianus". In: DNP 3, Stuttgart 1997, 577–587.

BÖHM, THOMAS: Die Christologie des Arius. Dogmengeschichtliche Überlegungen unter besonderer Berücksichtigung der Hellenisierungsfrage (= STG 7), St. Ottilien 1991.

BRENNECKE, HANNS CHRISTOF: Erwägungen zu den Anfängen des Neunizänismus. In: Oecumenica et Patristica. Festschrift für Wilhelm Schneemelcher zum 75. Geburtstag, Herausgegeben von Damaskios Papandreou, Wolfgang A. Bienert, Knut Schäferdiek, Stuttgart 1989, 241–257.

– Studien zur Geschichte der Homöer. Der Osten bis zum Ende der homöischen Reichskirche (= BHTh 73), Tübingen 1988.

CAMELOT, PIERRE-THOMAS: Artikel „6. Hilarion de Gaza". In: DHGE 24, Paris 1993, 471f.

CASPARI, CARL PAUL: Ungedruckte, unbeachtete und wenig beachtete Quellen zur Geschichte des Taufsymbols und der Glaubensregel. Band I, Christiania 1866.

CAVALLERA, FERDINAND: Le schisme d'Antioche (IVe–V[e]) siècle. (Thèse pour le doctorat des lettres), Paris 1905.

CHITTY, DERWAS J.: The Desert a city. An introduction to the Study of Egyptian and Palestinian Monasticism under the Christian Empire, Oxford 1966.

CLARK, ELIZABETH ANN: The Origenist Controversy. The Cultural construction of an early Christian debate, Princeton (New Jersey), 1992.

DE CLERCQ, V. C.: Artikel „Eusèbe de Verceil". In: DHGE 15, Paris 1963, 1477–1483.

DABIS, WILHELM: Abriss der Römischen und Christlichen Zeitrechnung, Berlin 1873.

DECHOW, JOHN FREDERICK: Dogma and Mysticism in Early Christianity. Epiphanius of Cyprus and the Legacy of Origen (= PatMS 13), Revision of the author's Ph.D. thesis, University of Pennsylvania, 1975, Macon (GA) 1988.

– The heresy charges against Origen. In: Origeniana Quarta. Die Referate des 4. Internationalen Origeneskongresses (Innsbruck, 2.–6. September 1985), Innsbruck 1987, (= IThS 19), 112–122.

DINSEN, FRAUKE: Homoousios. Die Geschichte des Begriffs bis zum Konzil von Konstantinopel (381). Diss. Theol. Kiel (masch.), 1976.

DÖLGER, FRANZ JOSEPH: Sonne und Sonnenstrahl als Gleichnis in der Logostheologie des christlichen Altertums. In: AuC 1, Münster 1929, 271–290.

DÖRRIE, HEINRICH: Ὑπόστασις. Wort- und Bedeutungsgeschichte (= NAWG.PH 1955 Nr. 3, S. 35–92). Zitiert nach: Platonica Minora (= StTA 8), München 1976, 12–69.

DÖRRIES, HERMANN: De Spiritu Sancto. Der Beitrag des Basilius zum Abschluß des trinitarischen Dogmas (= AAWG.PH, dritte Folge, Nr. 39), Göttingen 1956.

DRECOLL, VOLKER HENNING: Die Entwicklung der Trinitätslehre des Basilius von Cäsarea. Sein Weg vom Homöusianer zum Neonizäner (= FKDG 66), Göttingen 1996.

DROBNER, HUBERTUS: Lehrbuch der Patrologie, Freiburg u.a. 1994.

DUMMER, JÜRGEN: Artikel „Epiphanios von Konstanteia (Salamis)". In: Metzler-Lexikon antiker Autoren, herausgegeben von Oliver Schütze, Stuttgart 1997, 241f.

– Epiphanius von Constantia und die Apologie des Aristides. In: Philologus. Zeitschrift für klassische Philologie 138, Berlin 1994, 267–287.

– Die Sprachkenntnisse des Epiphanius. In: Franz Altheim und Ruth Stiehl, Die Araber in der Alten Welt. Fünfter Band, erster Teil, Berlin 1968, 392–435.

– Zur Epiphanius-Ausgabe der ‚Griechischen Christlichen Schriftsteller'. In: Texte und Textkritik. Eine Aufsatzsammlung. In Zusammenarbeit mit Johannes Irmscher, Franz Paschke und Kurt Treu herausgegeben von Jürgen Dummer (= TU 133), Berlin 1987, 119–125.

– Epiphanius, Ancor. 102,7 und die Sapientia Salomonis. In: Klio Band 43–45, Berlin 1965, 344–350.

ENSSLIN, WILHELM: Artikel „142) Valerius Diocletianus, Kaiser 284–305 (316)." In: PRE II 7, Stuttgart 1948, 2419–2495.

ERDIN, FRANZ: Das Wort Hypostasis. Seine Bedeutungsgeschichtliche Entwicklung in der altchristlichen Literatur bis zum Abschluss der trinitarischen Auseinandersetzungen (= FThSt 52), Freiburg 1939.

FABRICIUS, JOHANN ALBERT / HARLESS, ADOLF GOTTLIEB CHRISTOPH: Bibliotheca Graeca sive notitia Scriptorum Veterum Graecorum, quorumcumque monumenta integra aut fragmenta edita exstant tum plerorumque e mss. ac deperditis ab auctore recognita. Editio nova variorum curis emendatior atque auctior curante Gottlieb

Christophoro Harless, accedunt Christophori Augusti Heumanni supplementa inedita, Bd. 8, Hamburg 1802 (= Hildesheim 1970).

FEIGE, GERHARD: Die Lehre Markells von Ankyra in der Darstellung seiner Gegner (= EthSt 58), Leipzig 1991.

FRAENKEL, PIERRE: Histoire sainte et hérésie chez Saint Épiphane de Salamine, d'après le tome I du Panarion. In: RThPh 12, Lausanne 1962, 175–191.

FÜRST, ALFONS: Artikel „Hieronymus“. In: Lexikon der Antiken Christlichen Literatur (LacL). Herausgegeben von Siegmar Döpp und Wilhelm Geerlings, Freiburg ²1999, 286–290.

GAMS, PIUS BONIFACIUS: Series Episcoporum ecclesiae catholicae, quotquot innotuerunt a beato Petro Apostolo. A multis adjutus edidit Pius Bonifacius Gams. Unveränderter Abdruck der 1873 bis 1886 in Regensburg erschienenen Ausgabe, Graz 1957.

GELZER, HEINRICH: Patrum Nicaenorum nomina Latine, Graece, Coptice, Syriace, Arabice, Armeniace. Sociata opera ediderunt Henricus Gelzer, Henricus Hilgenfeld, Otto Cuntz. Adiecta est tabula geographica (= Bibliotheca Scriptorum Graecorum et Romanorum Teubneriana). ND der 1. Auflage (1898). mit einem Nachwort von Christoph Markschies, Stuttgart 1995.

GIZEWSKI, CHRISTIAN: Artikel „Consul(es).“ In: DNP 3, Stuttgart 1997, 149f.

GOTTLIEB, GUNTHER: Artikel „Gratianus“. In: RAC 12, Stuttgart 1983, 718–732.

GRAF, GEORG: Geschichte der christlichen arabischen Literatur. Erster Band: Die Übersetzungen (= StT 118), Città del Vaticano 1944, 356–358.

GRILLMEIER, ALOIS: Jesus der Christus im Glauben der Kirche, Band 1. Von der Apostolischen Zeit bis zum Konzil von Chalcedon (451), Freiburg (u.a.), ³1990 (¹1979).

– Fragmente zur Christologie. Studien zum altkirchlichen Christusbild. Herausgegeben von Theresia Hainthaler, Freiburg u.a. 1997.

– Ὁ ΚΥΡΙΑΚΟΣ ἌΝΘΡΩΠΟΣ. Eine Studie zu einer christologischen Bezeichnung der Väterzeit. In: Traditio 33, New York 1977, 1–63.

GROTEFEND, HERMANN: Zeitrechnung des Deutschen Mittelalters und der Neuzeit, erster Band: Glossar und Tafeln, Hannover 1891.

GRUMEL, VENANCE: Traité d'études Byzantines. Publié par Paul Lemerle. I: La Chronologie, par V. Grumel (= Bibliothèque Byzantine), Paris 1958.

HACKETT, JOHN: A History of the Orthodox Church of Cyprus. From the coming of the Apostles Paul and Barnabas to the commencement of the British Occupation (A.D. 45 – A.D. 1878). Together with some account of the Latin and other Churches existing in the island, London 1901.

HAMMERSTAEDT, JÜRGEN: Artikel: „Hypostasis (ὑπόστασις)“. In: RAC 16, Stuttgart 1994, 986–1035.

HANSON, RICHARD P.C.: The search for the Christian doctrine of God. The Arian Controversy 318–381, Edinburgh 1988.

HAUSCHILD, WOLF-DIETER: Die Pneumatomachen. Eine Untersuchung zur Dogmengeschichte des vierten Jahrhunderts, (Diss. Ev. Theol. masch.) Hamburg 1967.

– Artikel „Nicäno-Konstantinopolitanisches Glaubensbekenntnis“. In: TRE 24, Berlin 1994, 444–456.

– Artikel „Eustathius von Sebaste“. In: TRE 10, Berlin, 1982/93, 547–550.

– zur Übersetzung der Basilius-Briefe (= BGrL) vgl. unter „Quellen“, Basilius von Cäsarea.

HAYKIN, MICHAEL A.G.: The Spirit of God. The Exegesis of 1 and 2 Corinthians in the pneumatomachian controversy of the fourth century (= SVigChr 27), Leiden 1994.

HEUSSI, KARL: Der Ursprung des Mönchtums. Neudruck der Ausgabe Tübingen 1936, Aalen 1981.

HOLL, KARL: Die handschriftliche Überlieferung des Epiphanius (Ancoratus und Panarion) (= TU 36, Leipzig 1913, 1–98), Leipzig 1910.

– Amphilochius von Ikonium in seinem Verhältnis zu den grossen Kappadoziern, dargestellt von Karl Holl, Tübingen u.a. 1904.

– Ein Bruchstück aus einem bisher unbekannten Brief des Epiphanius. In: Karl Holl, Gesammelte Aufsätze zur Kirchengeschichte. II Der Osten, Tübingen 1928, 204–224.

– Die Schriften des Epiphanius gegen die Bilderverehrung. (Von 1916). In: Karl Holl, Gesammelte Aufsätze zur Kirchengeschichte II, Der Osten, Tübingen 1928, 351–387.

– Die Zeitfolge des ersten origenistischen Streits. (Von 1916). In: Karl Holl, Gesammelte Aufsätze zur Kirchengeschichte II, Der Osten, Tübingen 1928, 310–335.

HOLZE, HEINRICH: Erfahrung und Theologie im frühen Mönchtum. Untersuchungen zu einer Theologie des monastischen Lebens bei den ägyptischen Mönchsvätern, Johannes Cassian und Benedikt von Nursia (= FKDG 48), Göttingen 1989.

HOLZMEISTER, URBAN: Spricht Epiphanius (Ancoratus 31,4) v. Blutschweiß des Herrn oder von seinen Tränen? In: ZKTh 47, Innsbruck 1923, 309–314.

HÖRMANN, JOSEF: Artikel „Epiphanius v. Salamis (Konstantia)." In: LThK 3, zweite, neubearbeitete Auflage, Freiburg 1931, 728–730.

HÜBNER, REINHARD: Die Schrift des Apolinarius von Laodicea gegen Photin (Pseudo-Athanasius, Contra Sabellianos) und Basilius von Caesarea (= PTS 30), Berlin u.a. 1989.

– Epiphanius, Ancoratus und Ps-Athanasius, Contra Sabellianos. In: ZKG 92, vierte Folge XXX, Stuttgart u.a., 1981, 325–333.

– Die Hauptquelle des Epiphanius (Panarion, haer. 65) über Paulus von Samosata: Ps-Athanasius, Contra Sabellianos. In: ZKG 90, Stuttgart u.a. 1979, 55–74 [201–220] (= Von Konstantin zu Theodosius. Beiträge zur Kirchen- und Theologiegeschichte des 4. Jahrhunderts. Wilhelm Schneemelcher zum 65. Geburtstag. Herausgegeben von Wolfgang A. Bienert und Knut Schäferdiek).

HUGGER, VIKTOR: Des heiligen Athanasius Traktat in Mt 11,27. In: ZKTh 42, Innsbruck 1918, 437–441

IRMSCHER, JOHANNES: Die Epiphaniosausgabe der „Griechischen Christlichen Schriftsteller". In: Helikon 22–27, Rom 1982–87, 535–541.

JANIN, RAYMOND: Artikel „Chypre". In: DHGE 12, Paris 1953, 791–820.

– Artikel „2. Éleuthéropolis ('Ελευθερόπολις)". In: DHGE 5 (1963), 154f.

JONES, ARNOLD H. M.: The Prosopography of the later Roman Empire, by A.H.M. Jones, J.R. Martindale and J. Morris, Volume I, A.D. 260–395, Cambridge 1971.

JÜLICHER, ADOLF: Bemerkungen zu der Abhandlung des Hrn. Holl: Die Zeitfolge des ersten origenistischen Streits. In: Karl Holl, Gesammelte Aufsätze zur Kirchengeschichte II, Der Osten, Tübingen 1928, 335–350.

KALETSCH, HANS: Artikel „Zeitrechnung II/III". In: KP 5, München 1975, S. 1475–1489.

KATTENBUSCH, FERDINAND: Das Apostolische Symbol. Seine Entstehung, sein geschichtlicher Sinn, seine ursprüngliche Stellung im Kultus und in der Theologie der

Kirche. Ein Beitrag zur Symbolik und Dogmengeschichte. Erster Band: Die Grundgestalt des Taufsymbols, Leipzig 1894.

KINZIG, WOLFRAM: Novitas Christiana. Die Idee des Forschritts in der Alten Kirche bis Eusebius (= FKDG 58), Göttingen 1994.

KIRSTEN, ERNST: Artikel „Cyprus". In: RAC 3, Stuttgart 1957, 481–499.

KNORR, ORTWIN: Die Parallelüberlieferung zum ‚Panarion' des Epiphanius von Salamis. Textkritische Anmerkungen zur Neuausgabe. In: WSt 112, Wien 1999, 113–127.

KRAUSE, MARTIN: Artikel „Libraries". In: The Coptic Encyclopedia. Aziz S. Atiya, editor in Chief, Volume 5, New York u.a. 1991, 1447–1450.

– Das Mönchtum in Ägypten. In: Ägypten in spätantik-christlicher Zeit. Einführung in die koptische Kultur. Herausgegeben von Martin Krause (= Sprachen und Kulturen des christlichen Orients 4), Wiesbaden 1998.

KORNEMANN, ERNST: Artikel „Dioecesis (διοίκησις)". In: PRE V, Stuttgart 1905, 716–734.

LAMINSKI, ADOLF: Der Heilige Geist als Geist Christi und Geist der Gläubigen. Der Beitrag des Athanasios von Alexandrien zur Formulierung des trinitarischen Dogmas im vierten Jahrhundert (= EthSt 23), Leipzig 1969.

LAUSBERG, HEINRICH: Handbuch der Literarischen Rhetorik. Eine Grundlegung der Literaturwissenschaft, Münschen [3]1990 ([1]1960).

LE QUIEN, MICHAEL: Oriens Christianus I. Unveränderter Abdruck der 1740 in der Typographia Regia in Paris erschienenen Ausgabe (= Oriens Christianus, in quatuor patriarchatus digestus; quo exhibentur ecclesiae, patriarchae, caeterique praesules totius orientis. Tomus primus, Paris 1740), Graz 1958.

LEBON, JOSEPH: Sur quelques fragments de lettres attribuées à Saint Épiphane des Salamine. In: Miscellanea Giovanni Mercati. Volume I. Bibbia, Letteratura Cristiana antica (= StT 121), Città del Vaticano 1946.

LEPPIN, HARTMUT: Artikel „[2] Flavius Gratianus". In: DNP 4, Stuttgart 1998, 1208–1210.

LIETZMANN, HANS: Apollinaris von Laodicea und seine Schule. Texte und Untersuchungen von Hans Lietzmann, Tübingen 1904.

– Geschichte der Alten Kirche. Mit einem Vorwort von Christoph Markschies, 4./5. Auflage in einem Band, Berlin 1999.

– Zeitrechnung der römischen Kaiserzeit, des Mittelalters und der Neuzeit für die Jahre 1–2000 n. Chr., Berlin [4]1984.

LIPSIUS, RICHARD ADELBERT: Artikel „Epiphanius (1)". In: A Dictionary of Christian Biography, Literature, Sects and Doctrines, edited by William Smith and Henry Wace. Volume 2, New York 1967, 149–156.

– Zur Quellenkritik des Epiphanios, Wien 1865.

LÖHR, WINRICH ALFRIED: Artikel „Epiphanius von Salamis". In: Lexikon der Antiken Christlichen Literatur (LacL). Herausgegeben von Siegmar Döpp und Wilhelm Geerlings, Freiburg [2]1999, 196–198.

– Artikel „Palladius von Suedri". In: Lexikon der Antiken Christlichen Literatur (LacL). Herausgegeben von Siegmar Döpp und Wilhelm Geerlings, Freiburg [2]1999, 474.

– Die Entstehung der homöischen und homöusianischen Kirchenparteien. Studien zur Synodalgeschichte des 4. Jahrhunderts (= BBKT 2), Witterschlick/Bonn 1986.

LOOFS, FRIEDRICH: Die Christologie der Macedonianer. In: Geschichtliche Studien. Albert Hauck zum 70. Geburtstage, Leipzig 1916, 64–76. = Friedrich Loofs, Patristica. Ausgewählte Aufsätze zur Alten Kirche, hrsg. von Hanns Christof Brennecke und Jörg Ulrich (= AKG 71), Berlin 1999, 351–369.

LORENZ, RUDOLF: Zur Chronologie des Pachomius. In: ZNW 80, Berlin 1989, 280–283.

MAAS, PAUL: Die ikonoklastische Episode in dem Brief des Epiphanios an Johannes. In: ByZ 30, Leipzig 1929/30.

MANSI, JOANNES DOMINICUS: Sacrorum Conciliorum nova et amplissima collectio. Ed. Joannes Dominicus Mansi, Florenz, 1901–1906.

MARKSCHIES, CHRISTOPH: Artikel „Epiphanius (Ἐπιφάνιος) [1] Von Salamis“. In: DNP 3, Stuttgart1997, 1152f.

MARTIN, JULES: Saint Épiphane. In: APhC 155, Paris 1907/8, 113–150.

– Saint Épiphane. La connaissance religieuse. In: APhC 155, Paris 1907/8, 604–618 und AphC 156, Paris 1908, 32–49.

MEER, FRITS VAN DER / MOHRMANN, CHRISTINE: Bildatlas der frühchristlichen Welt. Deutsche Ausgabe von Heinrich Kraft, Gütersloh 1959.

MEES, MICHAEL: Die frühe Rezeptionsgeschichte des Johannesevangeliums. Am Beispiel von Textüberlieferung und Väterexegese. Herausgegeben von Georg Scheuermann und Andreas-P. Alkofer (= Forschung zur Bibel), Würzburg 1994. Darin aufgenommen die Aufsätze: MEES, Die antihäretische Polemik des Epiphanius von Salamis und ihr Gebrauch von Joh 4. In: Augustinianum 22, 1982, 405–425. Ders., Textverständnis und Varianten in Kap. 5 des Johannesevangeliums bei Epiphanius von Salamis. In: Lateranum n.s. 46, 1980, 250–284. Ders., Textformen und Interpretationen von Joh 6 bei Epiphanius. In: Augustinianum 21, 1981, 339–364. Ders., Text und Textverständnis von Jn 8,12–59 in den Werken des Epiphanius von Salamis. In: Laurentianum 20, Brindisi 1979, 501–525.

MEINHOLD, PETER: Artikel: „Pneumatomachoi.“ In: PRE 21, Stuttgart 1951, 1066–1101.

MOSSHAMMER, ALDEN A.: Artikel „Chronologie IV. Christliche Zeitrechnung“. In: RGG, vierte, völlig neu bearbeitete Auflage, herausgegeben von Hans Dieter Betz u.a., Band 2 (C–E), Tübingen 1999, 356–360.

MOUTSOULAS, ELIAS: Der Begriff „Häresie“ bei Epiphanius von Salamis. In: StPatr 7 (= TU 92), Berlin 1966, 362–371.

– Zur Textausgabe der BHPES siehe unter „Quellen“.

MÜHLENBERG, EKKEHARD: Apollinaris von Laodicea (= FKDG 23), Göttingen 1969.

– Artikel „Apollinaris von Laodicea“. In: TRE 3, Berlin u.a. 1978, 362–371.

– Der Versuch einer neuplatonischen Alternative zu Augustin: Johannes Scottus. In: HDThG Band 1, Die Lehrentwicklung im Rahmen der Katholizität, Göttingen ^{2}1999, 534–542.

MÜLLER, BARBARA: Der Weg des Weinens. Die Tradition des „Penthos“ in den Apophthegmata Patrum (= FKDG 77), Göttingen 2000.

MÜLLER, CASPAR DETLEF GUSTAV: Besprechung von: Samuel Rubenson, The Letters of St. Antony. Origenist Theology, Monastic Tradition and the Making of a Saint, Lund University Press 1990 (Bibliotheca historico-ecclesiastica Lundensis 24). In: OrChr 76, Wiesbaden 1992, 255–258.

NAGL, ASSUNTA: Artikel „Valens 3) römischer Kaiser 364–378 n. Chr.“ In: PRE II 7, Stuttgart 1948, 2097–2137.

– Artikel „Valentinianus 1)“. In: PRE II 7, Stuttgart 1948, 2158–2204.

NAUTIN, PIERRE: Artikel „Eutychius, évêque d'Éleuthéropolis en Palestine". In: DHGE 6 (1967), 95–97.

– Artikel „Épiphane (Saint) de Salamine". In: DHGE 15 (1963), 617–631, Paris 1963.

OBERDORFER, BERND: Filioque. Geschichte und Theologie eines ökumenischen Problems, Göttingen, 2001.

OBERHUMMER, EUGEN: Artikel „Salamis 3)". In: PRE; zweite Reihe [R–Z], erster Band (Ra – Sarmathon), Stuttgart 1920, 1832–1844.

OEHLER, KLAUS: Aristoteles, Kategorien. Übersetzt und erläutert von Klaus Oehler. Dritte, gegenüber der zweiten, durchgesehenen, unveränderte Auflage (= Aristoteles, Werke in deutscher Übersetzung, Band 1, Teil 1: Kategorien), Berlin 1997 ([1]1984).

ORPHANOS, MARKOS A.: The Procession of the Holy Spirit according to certain greek fathers. 8. Epiphanius. In: Theologia 51, Athen 1980, 95–99.

PAPAGEORGHIOU, ATHANASIOS: Cities and countryside at the end of Antiquity and the beginning of the Middle Ages in Cyprus. In: ‚The sweet Land of Cyprus'. Papers given at the Twenty-Fifth Jubilee Spring Symposium of Byzantine Studies, Birmingham, March 1991. Edited by A.A.M. Bryer and G.S. Georghallides, Nicosia 1993, 27–51.

PERIN, JOSEPH: Siehe unten unter „Hilfsmittel", Forcellini (u.a.), Lexicon.

POHLENZ, MAX: Die Stoa. Geschichte einer geistigen Bewegung, Göttingen [7]1992 ([1]1959).

PORTMANN, WERNER: Artikel „[2] Flavius Equitius." In: DNP 4, Stuttgart 1998, 38f.

POURKIER, ALINE: L'Hérésiologie chez Épiphane de Salamine (= CAnt 4), Paris 1992.

POWELL, DOUGLAS: Artikel „Arkandisziplin". In: TRE 4, Berlin 1979/93, 1–8.

PRESTIGE, GEORGE LEONARD: God in patristic thought, London [4]1977 ([1]1936).

PRONAY, ANDREAS: Artikel „Homonym". In: HWP 3, Basel u.a. 1974, 1181–1183.

QUASTEN, JOHANNES: Patrology. Vol. III, The Golden Age of Greek Patristic Literature from the Council of Nicaea to the Council of Chalcedon, Westminster, Maryland 1963.

RAVEN, CHARLES E.: Apollinarianism. An essay on the christology of the early church, Cambridge 1923.

RICHARD, MARCEL: L'introduction du mot „Hypostase" dans la théologie de l'incarnation. Darin: I. Le IVe siècle. In: Opera Minora II, Turnhout 1977, 6–32.

DE RIEDMATTEN, HENRI: La Correspondance entre Basile de Césarée et Apollinaire de Laodicée. In: JThS n.s. vol. VII, Oxford 1956, 199–210.

RIGGI, CALOGERO: Epifanio. L'ancora della fede. Traduzione, introduzione e note a cura di Calogero Riggi (= Collana di testi patristici 9), Rom [2]1992.

– Artikel „Epifanio di Salamina." In: DPAC 1, Casale Monferrato 1983, 1162–1164. = Ders., Artikel „Epiphanius of Salamis." In: EECh I, Cambridge 1992, 281f.

– Il termine „Hairesis" nell'accezione die Epifanio di Salamina (Panarion, t. I; De fide). In: Sal. 29,1, Turin 1967, 3–27.

– La figura di Epifanio nel IV secolo. In: StPatr 8 (= TU 93), Berlin 1966, 86–107.

– Artikel „Palladius of Suedri". In: EECh II, Cambridge 1992, 637.

RITTER, ADOLF MARTIN: Dogma und Lehre in der Alten Kirche. In: HDThG Band 1: Die Lehrentwicklung im Rahmen der Katholizität, Göttingen [2]1999, 99–283.

– Das Konzil von Konstantinopel und sein Symbol. Studien zur Geschichte und Theologie des II. Ökumenischen Konzils (= FKDG 15), Göttingen 1965.

RODZIANKO, V.: „Filioque" in patristic thought. In: StPatr 2. Papers presented to the Second International Conference on Patristic Studies held at Christ Church, Oxford, 1955, Part II (= TU 64), Berlin 1957, 295–308.

ROUGIER, LOUIS: Le sens des termes οὐσία, ὑπόστασις et πρόσωπον dans les controverses trinitaires post-nicéennes. In: RHR 74 (37. Jahrgang), Paris 1916, 133–189.

RUBENSON, SAMUEL: Der Vierte Antoniusbrief und die Frage nach der Echtheit und Originalsprache der Antoniusbriefe. In: OrChr 73, Wiesbaden 1989, 97–128.

– The Letters of St. Antony. Monasticism and the making of a Saint, Minneapolis 1995 (Titel der früheren Fassung, ohne englische Übersetzung der Briefe: The Letters of St. Antony. Origenist Theology, Monastic Tradition and the Making of a Saint (= BHEL 24), Lund University Press 1990) (vgl. dazu die Besprechung von C.D.G. MÜLLER).

RUGE, WALTHER: Artikel „Pamphylia". In: PRE XVIII,3, 36. Halbband, zweites Drittel, Stuttgart 1949, 354–407.

SAAKE, HELMUT: Beobachtungen zur athanasianischen Pneumatologie. In: NZSTh 15, Berlin 1973, 348–364.

SCHERMANN, THEODOR: Die Gottheit des Heiligen Geistes nach den griechischen Vätern des vierten Jahrhunderts. Eine dogmengeschichtliche Studie (= StrThS vierter Band. Viertes und fünftes Heft), Freiburg 1901.

SCHIWIETZ, STEPHAN: Das morgenländische Mönchtum. Zweiter Band: Das Mönchtum auf Sinai und in Palästina im vierten Jahrhundert, Mainz 1913.

SCHNEEMELCHER, WILHELM: Artikel „Epiphanius von Salamis". In: RAC 5, Stuttgart 1962, 909–927.

SCHRIMPF, GANGOLF: Artikel „Johannes Scottus Eriugena". In: TRE 17, Berlin 1988, 156–172.

SCHULTZE, BERNHARD: Das Filioque bei Epiphanius von Cypern (im Ancoratus). In: Ostkirchliche Studien 35, Heft 1, Würzburg 1986, 105–134.

– Das Filioque bei Epiphanius von Cypern (im Panarion). In: Ostkirchliche Studien 36, Würzburg 1987, 281–300.

– Epiphanius über Petrus. In: AHP 17, Rom 1979, 7–68.

SCHULTZE, VIKTOR: Altchristliche Städte und Landschaften, II 2. Kleinasien, 2. Hälfte, Gütersloh 1926.

SCHWARTZ, EDUARD: Der s.g. Sermo maior de fide des Athanasius. In: Sitzungsberichte der Bayerischen Akademie der Wissenschaften, philosophsich-philologische und historische Klasse, Jahrgang 1924, 6. Abhandlung, München 1925, 1–63.

– Über die Bischofslisten der Synoden von Chalkedon, Nicaea und Konstantinopel (= ABAW.PH, N.F. 13), München 1937.

– Das Nicaenum und das Constantinopolitanum auf der Synode von Chalkedon. In: ZNW 25, Gießen 1926, 38–88.

SEECK, OTTO: Artikel „Gratianus 3)". In: PRE VII, 13. Halbband, Stuttgart 1910, 1831–1839.

– Geschichte des Untergangs der antiken Welt. Band 5, unveränderter reprografischer ND der 2. Auflage 1920, Darmstadt 1966.

– Regesten der Kaiser und Päpste für die Jahre 311 bis 476 n. Chr. Vorarbeit zu einer Prosopographie der christlichen Kaiserzeit, unveränderter Nachdruck der Ausgabe Stuttgart 1919, Frankfurt 1964.

SEIBT, KLAUS: Artikel „Marcell von Ancyra". In: TRE 22, Berlin 1992, 83–89.

– Die Theologie des Markell von Ankyra (= Tübingen, Univ., Diss., 1992), Berlin 1994 (= AKG 59).

SESTON, WILLIAM: Artikel „Diocletianus“. In: RAC 3, Stuttgart 1957, 1036–153.

SIEBEN, HERMANN JOSEF: De Spiritu Sancto, vgl. oben unter „Quellen“ zu Basilius von Cäsarea.

SMITH, WILLIAM: Artikel „Dimoeritae“. In: A dictionary of christian biography, literature, sects and doctrines; being a continuation of ‚The dictionary of the Bible‘. Edited by William Smith and Henry Wace, Volume I., New York 1967, 830–832.

SPANNEUT, MICHEL: Recherches sur les écrits d’Eustathe d’Antioche, avec une édition nouvelle des fragments dogmatiques et exégétiques par Michel Spanneut (= MFCL), Lille 1948.

STEAD, CHRISTOPHER: Divine Substance, Oxford 1977.

– Artikel „Homousios (ὁμοούσιος)“. In: RAC 16, Stuttgart 1994, 364–433.

STEIN, ERNEST: Histoire du Bas-Empire. Tome premier, avec un fascicule de notes et 4 cartes hors-texte. De l’État Romain à l’État Byzantin (284–476). Édition française par Jean-Remy Palanque. I, Texte. II, Notes et cartes, (Réimpression de L’Édition Paris/Bruges 1959) Amsterdam 1968.

STOCKHAUSEN, ANNETTE VON: Athanasius von Alexandrien: Epistula ad Afros. Einleitung, Kommentar und Übersetzung von Annette von Stockhausen (= PTS 56), Berlin u.a. 2002.

STUDER, BASIL: Schola christiana. Die Theologie zwischen Nizäa (325) und Chalzedon (451), Paderborn 1998.

SWETE, HENRY BARCLAY: The Holy Spirit in the ancient church. A study of christian teaching in the age of the fathers, London 1912.

TETZ, MARTIN: Artikel „Athanasius von Alexandrien“. In: TRE 4, Berlin u.a. 1979, 333–349.

– Über nikäische Orthodoxie. Der sog. Tomus ad Antiochenos des Athanasios von Alexandrien. In: ZNW 66, Berlin 1975, 194–222. = Ders., Athanasiana. Zu Leben und Lehre des Athanasius. Herausgegeben von Wilhelm Geerlings und Dietmar Wyrwa (= BZNW 78), Berlin u.a. 1995, 107–134.

– Zur Theologie des Markell von Ankyra I. Eine Markellische Schrift „De incarnatione et contra Arianos“. In: ZGK 75, Stuttgart 1964, 217–270. Ders., Zur Theologie des Markell von Ankyra II. Markells Lehre von der Adamssohnschaft Christi und eine pseudoklementinische Tradition über die wahren Lehrer und Propheten. In: ZKG 79, Stuttgart 1968, 3–42; Ders., Zur Theologie des Markell von Ankyra III. Die pseudathanasianische Epistula ad Liberium, ein Markellisches Bekenntnis. In: ZKG 83, Stuttgart 1972, 145–194.

– Markellianer und Athanasios von Alexandrien. Die markellianische Expositio fidei ad Athanasium des Diakons Eugenios von Ankyra. In: ZNW 64, Berlin u.a. 1973, 75–121.

– Zwei De fide-Fragmente des Epiphanius (Miszelle). In: ThZ, 11. Jahrgang, Basel 1955, 466f.

THÜMMEL, HANS GEORG: Die bilderfeindlichen Schriften des Epiphanius von Salamis. In: BySl 47, Prag 1986, 169–188.

– Die Frühgeschichte der Ostkirchlichen Bilderlehre. Texte und Untersuchungen zur Zeit vor dem Bilderstreit (= TU 139), Berlin 1992.

TILLEMONT, LENAIN DE: Memoires pour servir à l'histoire ecclesiastique des six premiers siècles. Justifiez par les citations des Auteurs originaux. Bde. 6/10, Paris [2]1704/1705.

TANDONNET, ROGER: Artikel „Épiphane (saint) de Constantia (Salamine)". In: DSp 4, 854–861, Paris 1960.

THEODOROS, ANDREAS: Ἡ περὶ ἐκπορεύσεως τοῦ ἁγίου πνεῦματος διδασκαλία Κυρίλλου τοῦ Ἀλεξανδρείας καὶ Ἐπιφανίου Κύπρου. In: Theologia 45, Athen 1974, 478–510.

TINNEFELD, FRANZ: Artikel „Indictio". In: DNP 5, Stuttgart 1998, 970.

TURNER, CUTHBERTUS HAMILTON: Canones et concilia Graeca ab antiquis interpretibus Latine reddita, fasciculi primi, pars prior/altera (= Ecclesiae Occidentalis monumenta iuris antiquissima. Canonum et conciliorum Graecorum interpretationes Latinae), Oxford 1899.

WEISCHER, BERND MANUEL: Die ursprüngliche nikänische Form des ersten Glaubenssymbols im Ankyrotos des Epiphanios von Salamis. Ein Beitrag zur Diskussion um die Entstehung des konstantinopolitanischen Glaubenssymbols im Lichte neuester äthiopistischer Forschungen. In: ThPh 53, Freiburg 1978, 407–414.

– Traktate des Epiphanios von Zypern und des Proklos von Kyzikos. Qerellos IV 2 (= ÄthF 6), Wiesbaden 1979.

WILAMOWITZ-MOELLENDORFF, ULRICH VON: Ein Stück aus dem Ancoratus des Epiphanios. In: SPAW, zweiter Halbband (Juli bis December), Berlin 1911, 759–772.

YOUNG, FRANCES M.: Did Epiphanius know what he meant by Heresy? In: StPatr 17,1, Oxford 1982, 199–205.

ZAHN, THEODOR: Geschichte des neutestamentlichen Kanons. Zweiter Band: Urkunden und Belege zum ersten und dritten Band. Erste Hälfte, Erlangen u.a. 1890.

ZELLER, EDUARD: Die Philosophie der Griechen in ihrer geschichtlichen Entwicklung. Dritter Teil, erste Abteilung: Die nacharistotelische Philosophie, erste Hälfte, Darmstadt 1963 (2. ND 1990).

ZGUSTA, LADISLAV: Kleinasiatische Ortsnamen (= BNF n.F. Beiheft 21), Heidelberg 1984.

IV. Hilfsmittel

CLAVIS PATRUM GRAECORUM: Volumen II. Ab Athanasio ad Chrysostomum, cura et studio Mauritii Geerard, Turnhout 1974.

FORCELLINI/FURLANETTO/CORRADINI/PERIN: Lexicon totius Latinitatis ab Aegidio Forcellini, deinde Iosepho Furlanetto, nunc vero curantibus Francisco Corradini et Iosepho Perin, Tom. I Curante Iosepho Perin, cum appendice eiusdem, Bononiae [4]1965 ([1]1864).

GIGNAC, FRANCIS THOMAS: A Grammar of the greek papyri or the Roman and Byzantine periods, Volume I, Phonology, Mailand 1976.

LAMPE, GEOFFREY W. H.: A Patristic Greek Lexicon, Oxford 1961.

LEXICON GREGORIANUM: Wörterbuch zu den Schriften Gregors von Nyssa. Herausgegeben von der Forschungsstelle Gregor von Nyssa an der Westfälischen Wilhelms-Universität. Bearb. von Friedhelm Mann, bisher erschienen Band I–III, Leiden 1999–2001.

LIDDELL, HENRY GEORGE / SCOTT, ROBERT: A Greek-English Lexicon. Compiled by Henry George Liddell and Robert Scott. A new edition revised and augmented throughout by Sir Henry Stuart Jones, with assistance of Roderick McKenzie and with the co-operation of many scholars, Oxford [9]1953 (reprint [9]1940) ([1]1843).

PASSOW, FRANZ: Handwörterbuch der Griechischen Sprache. Neu bearbeitet und zeitgemäß umgestaltet von Val. Chr. Fr. Rost und Friedrich Palm. Bd. 1, Abt. 1 (= unver. reprogr. ND der 5. Auflage, Leipzig 1841), Bd. 1, Abt. 2 (= unver. reprogr. ND der 5. Auflag, Leipzig 1847), Bd. 2, Abt. 1 (= unver. reprogr. ND der 5. Auflag, Leipzig 1852), Bd. 2, Abt. 2 (= unver. reprogr. ND der 5. Auflag, Leipzig 1857), Darmstadt 1993.

SCHWYZER, EDUARD: Griechische Grammatik. Auf der Grundlage von Karl Brugmanns Griechischer Grammatik. Zweiter Band: Syntax und syntaktische Stilistik. Vervollständigt und herausgegeben von Albert Debrunner, München 1950.

REGISTER

(Auf ein Sachregister wird aufgrund des Aufbaus der Arbeit verzichtet.)

I. Bibelstellen

II. Antike Personen